U0552772

西安建筑科技大学华清学院教材建设项目资助

中国教育发展简史

赵安启 | 编
陈东立 | 著

A Brief History of
Educational Development
in China

中国社会科学出版社

图书在版编目（CIP）数据

中国教育发展简史／赵安启，陈东立编著．—北京：中国社会科学出版社，2019.8

ISBN 978-7-5203-2834-0

Ⅰ.①中… Ⅱ.①赵…②陈… Ⅲ.①教育史—研究—中国 Ⅳ.①G529

中国版本图书馆 CIP 数据核字（2018）第 160969 号

出 版 人	赵剑英
责任编辑	赵 丽
责任校对	闫 萃
责任印制	王 超

出　　版	中国社会科学出版社
社　　址	北京鼓楼西大街甲 158 号
邮　　编	100720
网　　址	http://www.csspw.cn
发 行 部	010-84083685
门 市 部	010-84029450
经　　销	新华书店及其他书店
印　　刷	北京明恒达印务有限公司
装　　订	廊坊市广阳区广增装订厂
版　　次	2019 年 8 月第 1 版
印　　次	2019 年 8 月第 1 次印刷
开　　本	710×1000 1/16
印　　张	36.75
字　　数	530 千字
定　　价	158.00 元

凡购买中国社会科学出版社图书，如有质量问题请与本社营销中心联系调换
电话：010-84083683
版权所有　侵权必究

《中国教育发展简史》编委会

编委会主任：姚继涛
主　　　编：赵安启　陈东立
副 主 编：姚继涛　刘子实　赵立莹
编　　　委：张　健　王建斌　王为民
　　　　　　李仙娥　赵光华　高瑞龙
　　　　　　李小鸽　韩晓旭　康　景

前　言

国运兴衰，系于教育；百年大计，教育为本。早在春秋战国时期，古人就提出"建国君民，教学为先"的思想；中国近代思想家则明确提出"教育为立国之本"的主张。在当今社会，科学技术已经成为第一生产力，人才已经成为最重要的战略资源，而学校，特别是高等院校乃是立德树人、培养人才、创新知识、服务社会、传承文明、以及文化人的重要基地。《国家中长期教育改革和发展纲要》指出：教育是民族振兴、社会进步的基石，是提高国民素质、促进人的全面发展的根本途径。强国必先强教。优先发展教育、提高教育现代化水平，对全面建成小康社会、建设富强民主文明和谐的社会主义现代化国家具有决定性意义。习近平总书记指出：教育强则国家强。高等教育发展水平是一个国家发展水平和发展潜力的重要标志。实现中华民族伟大复兴，教育的地位和作用不可忽视。党中央作出加快建设世界一流大学和一流学科的战略决策，就是要提高我国高等教育发展水平，增强国家核心竞争力。

要切实贯彻落实《国家中长期教育改革和发展纲要》和党中央关于建设一流大学和一流学科的战略部署，推动教育事业在新的历史起点上科学发展，加快我国从教育大国向教育强国、从人力资源大国向人力资源强国迈进，就必须深入研究中国教育发展的历史，把握中国教育的历史渊源、发展脉络、价值理念和鲜明特色，探索中国教育发展的特殊规律，总结中国教育发展的历史经验和教训。

一　深入研究和学习中国教育史的重要意义

概括起来，深入研究和学习中国教育史至少有以下三个方面的意义。

其一，历史是一个客观过程，是无法割断的。中国当代的教育源于中国历史上的教育，如果说当代教育是中国教育的"今天"，那么，古代教育是中国教育的"前天"，自鸦片战争到辛亥革命前教育的近代转型则是中国教育的"昨天"。没有中国教育的前天和昨天，哪有中国教育的今天！没有中国教育的前天、昨天、今天，哪有中国教育的明天！我们不能割断历史，搞"历史虚无主义"，必须尊重中国教育的历史，必须敬畏中国教育发展的历史逻辑。正如习近平总书记指出的那样："人类已经有了几千年的文明史，任何一个国家、一个民族都是在承前启后、继往开来中走到今天的。当代中国是历史中国的延续和发展，当代中国思想文化也是中华传统思想文化的传承和升华，要认识今天的中国、今天的中国人，就要深入了解中国的文化血脉，准确把握滋养中国人的文化土壤。"中国传统教育也是中国教育的"文化血脉"，滋养中国教育的"文化土壤"。

其二，中国教育的优秀传统是中国教育之"根"和"魂"。中国教育源远流长，历史悠久，中国的先贤在教育方面有不少历史创举。如春秋末期以孔子为代表的教育家创立私学，打破了"学在官府""官师合一"的局面，将文化教育下移到民间，为中国教育的相对独立发展和知识文化的普及作出了开创性的贡献；再如隋唐时期创立的科举制度，不仅为民间知识分子参与社会治理活动提供了较为平等的机会，为中国古代文化教育事业的发展提供了强大的动力，而且首开了人类文官制度的先河，对西方产生过深远的影响。更为重要的是，"自古教养之道，莫备于中华"（孙中山语），中国教育在几千年的发展过程中积淀了众多的优秀传统，如有教无类、尊师重教、德育为先、修身为本、穷则独善其身，达则兼济天下、因材施教、寓教于乐、"博学之，审问之，慎思之，明辨之，笃行之"、"经世致用"、"实学"

精神等等。这些教育思想、价值理念、精神境界乃是中国教育发展的民族"基因"。如果抛弃中国教育的优秀传统，就意味着丢掉了中国教育的"根"和"魂"，就"割断了精神命脉"，那么，要建设中国特色的社会主义教育体系就会成为一句空话。

其三，以史为鉴，才能继往开来；善于继承才能更好地创新。历史是一面镜子，只有以史为鉴，才能吸取前人的智慧，继往开来、有所发现、有所发明、有所创新、有所进步；只有以史为鉴，才能避免重犯前人的错误，使我们当代的教育少走弯路；只有以史为鉴，才能预见教育发展的历史趋势，开创教育的明天。特别需要强调的是，中国传统教育是典型的人文教育，典型的道德教育，提出过不少深邃的思想，积累了许多成功的经验，对我们今天克服教育功利主义和破解素质教育的难题具有重要的借鉴价值。"不忘本来才能开辟未来，善于继承才能更好创新"，"历史是最好的教科书，也是最好的清醒剂"。因此，我们认为每一位教育工作者不仅应当学习教育学原理，而且应当学习中外教育史，特别应当研究、学习中国教育史。正是基于上述认识，我们团队编写了《中国教育发展简史》一书。

二 编写《中国教育发展简史》的基本原则

1. 尊重历史，尊重事实。在充分收集教育史资料的基础上，按照我国教育发展历史的本来面貌来描述历史，力求客观地反映各个时代教育发展的状况，把握我国教育发展的历史轨迹。

2. 以历史唯物主义为指导思想。将各个时代的教育活动、教育政策、教育制度、教育思想放在当时特定的社会经济、政治、文化发展的条件下，进行实事求是地评价，既不溢美历史，也不丑化历史，以客观的尺度来判断前人的功过是非，区分精华与糟粕。

3. 坚持古为今用的原则。将教育史研究的重点放在发掘和阐发前人对教育的本质、教育的规律、教育的方法等方面的真知灼见，注重对中国教育的优秀传统进行"创造性转化"和"创新性发展"，为当代教育发展提供历史借鉴。

4. 集当代教育史研究之所长，广泛吸收近年来教育史学界科学研究的新成果。过去我国教育史学界与其他领域一样，也受到"左"的思潮的影响，对许多教育历史事件、教育家的评价有失客观公正；改革开放以来，教育史学界重新恢复了实事求是的科学态度，教育史研究进入了新境界、开创了新局面，也取得了许多新的成果。只有吸收这些新成果，才能使《中国教育发展简史》一书跟上时代前进的步伐，达到当代应当达到的学术水平。

三 《中国教育发展简史》的结构

本书吸取近年来中国教育史研究的新成果、新观点，遵照马克思关于人类社会是一个自然历史过程的思想，把中国教育史看作一个相对独立的历史过程，将中国教育史划分为古代、近代和现代三大阶段，将中国古代教育史分为古代教育的缘起、奠基、鼎盛、调整、衰落五个历史时期，从而对中国教育史的章节结构做了较大的调整。具体来说，本书共安排了八章内容，分别论述各个历史时期中国教育的发展状况。第一章中国古代教育的缘起，介绍自原始社会到夏商周三代教育发展的线索，重点论述西周时期的教育；第二章中国古代教育的奠基，介绍春秋战国与秦汉时期的教育，重点论述春秋战国时期儒、墨、道、法等教育流派的主要代表人物对中国古代教育思想的奠基和汉代对儒学教育制度的奠基；第三章中国古代教育的鼎盛，介绍魏晋南北朝与隋唐时期的教育，重点论述儒学教育的危机、教育思想与教育内容的多元发展和隋唐时期创立科举制度与书院的新教育组织形式；从中央到地方教育体系、政府教育管理体制和学校管理制度的完善及其学校教育的繁荣昌盛；第四章中国古代教育的调整，介绍宋元明时期的教育，重点探讨宋明时期教育思想的调整——宋明理学教育思想兴起及其深远影响，宋明时期在教育制度、学校管理制度、书院制度、科举制度等方面的创新与改革；第五章中国古代教育的衰落与启蒙思想的产生，介绍明清之际至鸦片战争前的教育，重点论述清代儒学教育由盛而衰的历史轨迹，科举八股取士危害的暴露和启蒙思潮的产生；

第六章中国教育的近代转型，介绍鸦片战争至清末"新政"时期的教育，重点论述1840年鸦片战争以后，西方资本主义列强用大炮打开了中国的大门，中国社会开始由封建社会向半殖民地半封建社会演变，中国传统教育日益腐朽，教会学校的冲击、太平天国农民起义对旧教育的猛烈打击，洋务派创办新式学堂、派遣留学生，客观上开启了中国教育近代转型的进程；第七章中国现代教育的曲折探索，介绍辛亥革命及民国时期的教育，重点介绍辛亥革命时期对封建教育的批判与改革，北洋军阀统治时期爱国民主知识分子群体反对封建教育回潮和对教育理论、教育制度改革的新探索，1927年至抗日战争前及抗日战争时期国统区教育的曲折发展；第八章中国新民主主义教育的勃兴，介绍五四运动至中华人民共和国成立时期新民主主义教育产生、发展的历史轨迹，重点介绍五四新文化运动对封建教育的巨大冲击、早期马克思主义教育思想的形成与传播，中国共产党领导的农村革命根据地与抗日民主根据地、解放区新民主主义教育发展的概况。

《中国教育发展简史》之所以能够成书，得益于西安建筑科技大学前校长徐德龙院士的大力倡导；得益于学校领导、校党委和校长办公室、人事处、国资处、高教研究所、图书馆等处室的大力支持和多方面的帮助；尤其得益于华清学院领导的鼎力支持，华清学院在本书的后期研究、修改中发挥了关键作用，在此一并表示衷心的感谢！

在编写过程中我们借鉴了教育史学界学者的许多研究成果，在此向各位学者表示诚挚的感谢！

本书的错误和问题肯定不少，敬请各位学者不吝赐教，多提宝贵意见。

目　录

第一章　中国古代教育的缘起
　　——原始社会与夏、商、西周时期的教育 …………… (1)
　第一节　原始社会自然形态教育的萌芽 ………………… (1)
　第二节　夏、商时期的教育 ……………………………… (3)
　第三节　西周的教育 ……………………………………… (6)

第二章　中国古代教育的奠基
　　——春秋战国与秦汉时期的教育 ………………………… (13)
　第一节　春秋战国时期的教育 …………………………… (13)
　第二节　秦朝的教育 ……………………………………… (63)
　第三节　汉朝的教育 ……………………………………… (66)

第三章　中国古代教育的鼎盛
　　——魏晋南北朝与隋唐时期的教育 …………………… (88)
　第一节　魏晋南北朝时期的教育 ………………………… (89)
　第二节　隋唐时期的教育 ………………………………… (117)

第四章　中国古代教育的调整
　　——宋元明时期的教育 ………………………………… (158)
　第一节　宋朝的教育 ……………………………………… (159)

第二节　辽金时期的教育 …………………………………（236）

第三节　元朝的教育 ………………………………………（241）

第四节　明朝的教育 ………………………………………（248）

第五章　中国古代教育的衰落与启蒙思想的产生
　　　　——明末清初至鸦片战争前的教育 ……………（284）

第一节　清朝的文教政策 …………………………………（286）

第二节　清朝的官学制度 …………………………………（291）

第三节　清朝的书院 ………………………………………（300）

第四节　清朝的科举制度 …………………………………（308）

第五节　清朝的教育思想家 ………………………………（316）

第六章　中国教育的近代转型
　　　　——鸦片战争至清末"新政"时期的教育 ………（344）

第一节　鸦片战争及洋务运动时期的教育 ………………（344）

第二节　维新运动到清末"新政"时期的教育 …………（376）

第七章　中国现代教育的曲折探索
　　　　——辛亥革命及民国时期的教育 ………………（415）

第一节　辛亥革命及民国初期的教育改革 ………………（416）

第二节　北洋军阀统治时期的教育 ………………………（426）

第三节　抗日战争前南京国民政府统治地区的教育 ……（449）

第四节　抗日战争时期国统区的教育 ……………………（457）

第五节　20世纪上半期的教育家 …………………………（462）

第八章　中国新民主主义教育的勃兴
　　　　——五四运动到解放战争时期中国共产党领导的教育 ……（507）

第一节　"五四"新文化运动对封建教育的批判 ………（507）

第二节　新民主主义教育的产生 …………………………（513）
第二节　自1927年至抗日战争前农村革命根据地的
　　　　教育 ……………………………………………（534）
第三节　抗日战争和解放战争时期的教育 ………………（553）

参考文献 ……………………………………………………（572）

第一章

中国古代教育的缘起
——原始社会与夏、商、西周时期的教育

中国教育与中国历史一样悠久,在距今200万年以前中国大地已出现了原始人群,当时应当有原始教育的萌芽。中国在父系氏族社会后期就开始出现了相对独立的教育活动。夏、商、西周时期逐渐设置了教育机构,西周的学校教育制度已比较完整,注重礼乐和道德教育。

第一节 原始社会自然形态教育的萌芽

在中国古代历史文献中,"教"字,最早出现在《尚书·舜典》中;"教育"一词最早出现在《孟子·尽心上》中。《尚书·舜典》:"帝曰:'夔(kui),命汝典乐,教胄子。'"唐代著名学者孔颖达在《尚书正义》中解释说:"帝呼夔曰:'我令命女典掌乐事,当以诗乐教训嫡长子,使长子正直而温和,宽弘而庄栗,刚毅而不苛虐,简易而不傲慢。'"由于《尚书·舜典》记载虞舜任命夔典掌乐事,并兼管教育氏族首领的嫡长子,因此,有学者认为中国相对独立的教育活动肇始于虞舜时期。然而,从广义教育,即人类传授知识技能的活动而言,中国古代自然形态的教育活动可能萌芽于距今200万年前的重庆市"巫山人"时代。

一　自然形态教育的萌芽

据德国"灵长类考古学"家研究，在距今大约 4300 年前，甚至更早，一些灵长类就学会了挑选和使用重量适合的石头砸开坚果的硬壳，或敲开蛤蜊的外壳，非洲的黑猩猩、南美洲的卷尾猴、泰国的食蟹猕猴将这一经验代代相传，一直延续到现在。从灵长类考古发现的事实可以合理地推断，作为"万物之灵"的人类，自"人猿相揖别"的时候开始，原始形态的教育就随之产生了。

1985 年 10 月，考古工作者在重庆市巫山县大庙区龙坪村龙骨坡发现了古人类臼齿和下颌骨化石。后经科学测定，其地质年代距今约 201 万—204 万年。"巫山人"是迄今为止我国境内发现的最早的人类化石。中国的原始教育可能在那个时代就开始萌芽了。

氏族社会末期，发明了文字，为教育的产生奠定了一定基础。西安半坡遗址出土的陶器刻画符号有 50 种，四川大凉山耳苏人的图画文字和山东大汶口的象形文字，标志着中国文字的萌芽。文字的发明被汉代《淮南子》的作者看作是惊天地/泣鬼神的重大事件；文字的发明和使用不仅为人类提供了更便利的记录、传播、继承和积累经验的工具，而且促进了直接经验向间接知识的演变，为教育的产生提供了不可或缺的基础条件。

原始社会的教育属于自然形态的教育，即一种在生产和生活实践中自发地传授生产和生活经验的活动，其教育内容应包括三个方面的内容。其一，原始生活经验的传授，如传授"钻木取火""构木为巢"的办法等。其二，原始的劳动经验的传授，《尸子》："伏羲之世，天下多兽，故教民以猎。"《周易·系辞》："神农氏制耒耜（lěi sì），教民农作。"这里"教民以猎"和"教民农作"，实际上传授的是原始的狩猎和农作经验。其三，原始的道德教育和军事训练，约 5000 年前中国进入父系氏族公社时期，是传说中的三皇五帝时代，据《尚书·舜典》记载："契，百姓不亲，五品不逊，汝作司徒，而敬敷五教，在宽。""五教"当属道德教育的范畴，据《世本》记载："蚩尤作五兵：戈、矛、戟、酋矛、夷矛。""牟夷作矢，挥作弓。"由此推断，由于部落战争的需要，决定了对新一代的氏族成员进行制造和使用戈、矛、戟、弓、矢等兵器的军事训练是那个时代教育的重要内容。

二　原始社会末期学校的萌芽

学校教育的出现标志着人类相对独立的教育活动的产生，是人类教育史上的重要进步。学校教育的出现需要具备一定的条件：生产力发展，为脑力劳动与体力劳动的分离及教师的出现提供物质基础；积淀了丰富的生产、生活经验和一定的文化知识，为学校提供可以传授的内容；文字的发明和使用，为学校教育提供最基本的工具和手段。而这些基本条件在人类文明社会出现之前已经初步形成。

据文献记载，传说中的五帝时代可能出现了学校的雏形。《尚书·舜典》："帝曰：'夔（kuí），命汝典乐，教胄子。'""夔"可能是最早负责对氏族贵族子弟进行乐教的官员。传说进行乐教的场所称为"成均"。汉代董仲舒认为："成均，五帝之学。"《尚书·舜典》："契……汝作司徒，而敬敷五教，在宽。""契"可能是最早负责道德教育的官员。

《礼记·王制》："有虞氏养国老于上庠（xiáng），养庶老于下庠。""有虞氏"是指"虞舜"，虞舜时期设有"上庠"和"下庠"。孟子说："庠者，养也。""庠"是养老场所。氏族社会教育年青一代的任务通常由具有丰富生活经验的老人承担，教育活动一般在养老的地方进行，所以，"庠"便具有养老兼教育的双重功能，"庠"可能是学校的幼芽。

第二节　夏、商时期的教育

中国在夏代进入了奴隶制社会。夏、商、西周时期设置了教育机构，形成了学校制度。这种学校制度的特点是：学在官府、政教合一、官师不分。

一 夏代的教育

约公元前 21 世纪，禹的儿子启改变了禅让制度，建立了中国历史上第一个奴隶制王朝——夏。在夏朝约 470 年的历史中，可能已经设立了学校。

据南宋思想家朱熹说，"校"以教民为义，指"乡学也"；"学，国学也"①。"乡学"泛指国都以外的地方学校。"国学"是指国都的贵族学校。后世将"乡校"和"国学"教育机构统称为"学校"。

传说，夏代的国都设有东序——"大学"；西序——"小学"。②

夏代在国都以外设立的教育场所称为"校"。③ 夏代教育以"射"（军事训练）和"明人伦"（道德教育）为主要内容。④

二 商代的教育

（一）商代教育发展的条件

商王朝建立于约公元前 17 世纪，有约 554 年的历史，是中国奴隶社会的发展时期。商代文字已经成熟。安阳出土的甲骨文，单字数量达 4672 个，已经被辨认的字有 1072 个。数学上已采用十进位法，并出现了典册。《尚书·多士》："惟殷先人，有册有典。"已经具备了发展学校教育的基础条件。

（二）商代的学校

商代出土的文物，特别是殷墟出土的甲骨文确证了商代有正式的学校。据文献记载，商代在国都已设立了"右学"（大学）、"左学"（小学）和专门进行乐教的"瞽宗"。《礼记·明堂位》："殷人设右学为大学，左学为小学，而作乐于瞽宗。"《礼记·王制》："殷人养国老

---

① 朱熹：《仪礼经传通解》卷九，四库书馆 1968 年版。
② 《礼记·明堂位》。
③ 司马迁：《史记·儒林外传》，光明日报出版社 2015 年版。
④ 马端临：《文献通考·学校考》，浙江古籍出版社 1988 年版。

于右学，养庶老于左学。"郑玄注："右学，大学，在西郊；左学，小学，在国中王宫之东。"

商代可能在国都的郊区还设有称为"序"的乡学。《孟子·滕文公上》："殷曰序。"《史记·儒林外传》："博士平等议曰：'闻三代有道，乡里有教，夏曰校，殷曰序，周曰庠，其劝善也。'"朱熹注："序以习射为义，皆乡学也。"

在出土的甲骨文中发现了"庠"和"大学"的记载。片号为四二四五的甲骨文的卜辞："壬子卜，弗，酒小求学?"其意思是说，壬子这一天举行占卜，弗求问上帝，为了王子入学，要设酒祭祖以求赐福，这样办是否可行？《小屯南地甲骨》第六十片卜辞："……于大学?"证明商代确已建立"大学"。据陈梦家研究，甲骨文经常出现"庠"的字样，证明商代有"庠"的设置。这里所谓的"大学"是指比幼儿启蒙教育程度更高的学校。

三 商代教育的内容

商代的教育主要包括道德教育、军事、礼乐教育及书、数教育。

（一）道德教育

商代道德教育的主要内容是"孝"道。甲骨文的"教"字，左边是"孝"字，像"子曲于父"；右边是"攴（pū）"字，像手持棒子的样子。从"教"的造字形式可以推想，当时是在棍棒体罚的威胁下，教下一代尽"孝"。所以《孝经·开宗明义章》有"夫孝，德之本也，教之所由生也"之说。

（二）军事、礼乐教育

商代"国之大事，在祀与戎"。[①] 祭祀天地、祖先需要有相应的礼仪与音乐舞蹈；战争需要培养具有作战能力的武士和士兵。因此，礼乐教育和军事训练当是贵族教育的主要内容。"以乐造士"是殷人国学教育的特点，习射是乡学"序"教育的主要内容。

---

① 《左传·成公十三年》，商务印书馆1947年版。

(三) 书、数教育

出土的一片甲骨文，上面有五行字，重复地刻着从"甲子"到"癸酉"的十个干支表。其中只有一行刻得精美整齐，其余四行字迹歪歪斜斜，不能成字，但中间也夹着二三个字刻得整齐。有学者分析认为，那一行整齐精美的字是教师刻的范本，另四行是学生学刻的，有几个字则是在教师手把手之下才刻得较好。[①] 由此可知，刻写、用干支记数是当时重要的教育内容。

第三节 西周的教育

西周（公元前 11 世纪至公元前 771 年）是中国奴隶制的全盛时期。其重要特征是在分封制、井田制的基础上实行宗法世袭禄位制。在政治上，采用分封制，全部土地和人民在名义上都属于周王所有。《诗·小雅·北山》："溥天之下，莫非王土；率土之滨，莫非王臣。"就是这种情况的反映。周王把土地和人民分封给诸侯，建立大小不一的七十多个诸侯国。诸侯在自己的领地里，又把土地和人民分封给卿、大夫，卿、大夫在私家采邑里，委派士来帮助管理家业。在实行分封制的基础上形成严格的等级制度。

社会经济以农业为主，农业实行井田制。统治者把成片土地按一定的亩制和道路系统规划成井田形状，奴隶主支配奴隶们耕种方块土地，榨取劳动成果。

在意识形态上，西周统治者注重"敬德""尊礼"。重视礼乐教育与道德教育。

一 西周教育的特点

西周教育有两大特点：学在官府、官师合一。

---

① 郭沫若：《殷契粹编考释》，第 1468 片。

(一) 学在官府

这是西周教育的主要特征。其原因是：其一，唯官有书，而民无书。由于书写的材料是竹简、木椟，书写的工具是刀笔，只有官府才有制作书册的财力和人力，书册都是孤本；其二，唯官有器，而民无器。西周时期的礼、乐、舞、射都是教育的重要内容，而学习、演习这些知识，必须有礼器、乐器等设备，民间没有这些器物；其三，唯官有学，而民无学。一方面，子承父业，造成了学术垄断；另一方面，只有贵族子弟享有受教育的权利，庶人与奴隶子弟没有受教育的权利。

(二) 官师合一

教师的称谓最早出现在西周时期的金文中，称为"师氏"。汉代经学集大成者郑玄认为："师，教人以道者之称谓也。"西周时期教师尚未成为一种独立的社会职业，"官师合一"的特点十分明显。其主要体现在两个方面：一方面，从中央到地方的行政长官，都担负着一定的教育职责，如"治官"之首的"大宰"就肩负着"县治象之法于象魏，使万民观治象"的教化职责，大司乐、司乐既是朝廷的礼官，同时也是音乐舞蹈教师；另一方面，既是被称为"教官之属"的"地官"系列的官员，他们同时也是政务官，其中，肩负着教育国子的"师氏"首先是"居虎门之左"，"掌以兵守门"的国王卫队的军官，其次才是"训以兵守门"的教官。

二 西周的教育制度

西周的学校分为国学和乡学。建立在国都的学校称为"国学"，而建立在国都远郊"六乡"的地方学校称为"乡学"。国学主管为大司乐。《周礼·春官宗伯》："大司乐掌成均之法，以治建国之学政，而合国之子弟焉。凡有道者有德者，使教焉。"由"师氏""保氏"负责道德与"六艺"教育。

乡学主管为大司徒。《周礼·地官司徒》："立地官司徒，使帅其属而掌邦教，以佐王安扰邦国。"

西周教育分为家庭教育、小学教育和大学教育等阶段。

(一) 家庭教育

据《礼记·内则》记载，贵族对子弟从小就进行生活技能和良好习惯的家庭教育。《礼记·内则》："子能食食，教以右手；能言，男唯女俞。男鞶革，女鞶丝。六年，教之数与方名。七年，男女不同席，不共食。八年，出入门户及即席饮食，必后长者，始教之让。九岁，教之数日。"这一记载反映了西周家庭教育的状况：从幼儿开始到九岁，主要教育子弟学会说话、穿衣系带、数数和辨别东南西北的方位、懂得朔望（初一、十五）和用天干地支纪年、月、日以及懂得男女有别、尊敬长者的礼节礼仪。

(二) 小学教育

在西周，社会地位越低，入小学越晚。王侯太子8岁可以入国学的小学。《公羊传》注："礼，诸侯之子八岁受之少傅，教之以小学，业小道焉，履小节焉。"平民子弟15岁入小学。小学学习年限约为7年。小学对奴隶主贵族子弟进行道德行为准则和社会生活知识技能的基本训练，主要包括：德、行、艺、仪等内容。《周礼》中有较详细的记载。《周礼·地官司徒》："师氏掌以媺诏王，以三德教国子：一曰至德，以为道本；二曰敏德，以为行本；三曰孝德，以知逆恶。""教三行：一曰，孝行以亲父母；二曰，友行以尊贤良；三曰，顺行以事师长。……凡国之贵游子弟学焉。""保氏掌谏王恶，而养国子以道。乃教之六艺……乃教之六仪……"《礼记·内则》也记载："十年出就外傅，居宿于外，学书计……朝夕学幼仪，请肄简谅。十有三年，学乐诵诗舞勺。"

道德教育的内容为"三德"："至德""敏德""孝德"。"至德"，即天地中和之德；"敏德"，即仁义顺时之德；"孝德"，即尊祖爱亲之德。行为教育内容分为"三行"："孝""友""顺"。"孝行"即亲父母、"友行"即尊贤良、"顺行"即事师长。技艺教育包括礼、乐、射、御、书、数等"六艺"。此外，还进行"六仪"——"祭祀之容""宾客之容""朝廷之容""丧纪之容""军旅之容"和"车马之容"。教育，即进行祭祀以敬、宾客以和、朝廷以肃、丧纪以哀、军旅以严、车马以谨等礼节仪容的教育。

(三) 大学教育

西周的大学分为两个等级，即天子设立的大学称为"辟雍"，诸侯设立的大学称为"泮宫"。《礼记·王制》："大学在郊，天子曰辟雍，诸侯曰泮宫。"

据南宋学者宋锷解释，"辟雍"是在四周环水，中间高地上建设的学宫。其堂室东西南北皆相对，组成四合院式的大院。这些堂室居于不同方位有不同的用途：东边的堂室称为"东序"或"东学"，是学习干、戈、羽之所，由乐师主持；西边的堂室称为"瞽宗"或"西学"，用于演习礼仪之所，由礼官主持；南边的堂室称为"成均"或"南学"，是学乐之所，由大司乐主持；北边的堂室称为"上庠"或"北学"，是学习文字书写之所，由诏书者主持。

大学入学年龄：王大子15岁入大学（15岁行冠礼），其他人20岁入大学（20岁而冠），学习期限大约为9年。

(四) 乡学

所谓乡学，是指西周时期建立在国都远郊的地方学校。

西周乡的行政组织为：五"家"为"比"；五"保"为"间"；四"间"为"族"；五"族"为"党"；五"党"为"州"；五"州"为"乡"。西周的地方学校：乡学曰"校"，州学曰"序"，党学曰"庠"，家族学校曰"塾"。

乡学由管理民政的司徒负责总的领导。乡学教育的内容为"六德""六行"和"六艺"。《周礼·地官·司徒》记载说："以乡三物教万民而宾兴之。一曰六德，知、仁、圣、义、忠、和；二曰六行，孝、友、睦、姻、任、恤；三曰六艺，礼、乐、射、御、书、数。"

三 西周教育的主要内容——"六艺"

西周不论是国学或是乡学，不论是小学或是大学，都是以"六艺"，即以"礼""乐""射""御""书""数"为基本课程，只是在要求上有层次的不同。六艺教育起源于夏代，经过商代的发展，到西周时期其内容已经相当充实。

(一) 礼、乐

"礼乐"是六艺教育的中心内容。《礼记·文王世子》："凡三王教世子，必以礼乐。乐所以修内也，礼所以修外也。礼乐交错于中，发形于外，是故其成也怿，恭敬而温文。"礼包含的内容相当广泛，包括奴隶社会的宗法等级制度、道德规范和礼仪等。其中宗法等级制度是根本，道德规范是内在精神约束，礼节、礼仪是外在行为约束。宗法等级制度被看作"经国家，定社稷，序人民，利后嗣"[1]，即立国之本，维护国家命运之基，具有国家根本大法的性质。道德规范和礼仪被看作"定亲疏，决嫌疑，别同异，明是非"[2] 的准绳。

《周礼·大宗伯》把礼分为五类：吉礼、凶礼、宾礼、军礼、嘉礼。吉礼是祭祀鬼神之礼，凶礼是哀悼丧葬凶荒之礼，宾礼是朝会及诸侯晋见之礼，军礼是兴师动众，征讨不服之礼，嘉礼是宴饮婚冠等喜庆活动之礼。从道德要求方面来说，最基本的原则是"亲亲"与"尊尊"，即孝亲与尊长，反映了奴隶社会政治、经济、伦理道德的根本要求。

"乐"是综合艺术课。郭沫若认为："中国旧时的所谓乐，它的内容包含得很广。音乐、诗歌、舞蹈，本是三位一体不用说，绘画、雕刻、建筑等造型艺术也被包含着。甚至于连仪仗、田猎、肴馔等都可以涵盖。所谓'乐者，乐也'。凡是使人快乐，使人的感官可以得到享受的东西，都可以广泛地称之为乐。"[3] 传说西周继承了自黄帝、尧、舜到夏、商的《云门》《大咸》《大韶》《大夏》《大濩》等乐舞，并新创作了《大武》乐舞，成为六代乐舞，简称"六乐"。六代乐舞是周代的所谓"雅乐"的主要内容。

"乐"是配合"礼"的，《乐记》说："乐者，通伦理者也。"它是通过美育来进行伦理道德教育。"乐"的作用在于陶冶人们内心的

---

[1] 《左传·隐公十一年》，商务印书馆1947年版。
[2] 《礼记·曲礼》。
[3] 郭沫若：《郭沫若文集》第十六卷，人民文学出版社1962年版，第186页。

情感。礼乐教育对西周社会改变风俗习惯、安定社会秩序、加强各诸侯国与王室的联系，发挥了重要作用。

(二) 射、御

"射"，指射箭的技术训练。"御"，指驾驭马拉战车的技术训练。西周王朝统治其他部族，需要依靠有组织的军事力量。因此，贵族子弟都要成为"执干戈以卫社稷"的武士，射箭、驾驭战车是必不可少的军事训练项目，也是国学、乡学中训练的重要内容。

(三) 书、数

"书"指的是文字读写，"数"指的是算术。西周的文字和数学比商代进步，其字体为大篆，书写的材料通常为竹木，所用的工具为刀笔。小学进行文字教学，据《汉书·艺文志》记载："《史籀》十五篇"，传说是周宣王时（公元前827—公元前782年）太史籀（zhòu）所编撰的供小学文字教学之用书，这是中国历史上记载最早的儿童识字课本，今已失传。据汉代学者许慎说，西周注重字音、字形、字义的教学，即"六书"教学。《说文解字》："《周礼》，八岁入小学，保氏教国子，先以六书：一曰指事，指事者，视而可识，察而可见，上下是也；二曰象形，象形者，画成其物，随体诘诎，日月是也；三曰形声，形声者，以事为名，取譬相成，江河是也；四曰会意，会意者，比类合谊，以见指㧑，武信是也；五曰转注，转注者，建类一首，同意相受，考老是也；六曰假借，假借者，本无其字，依声托事，令长是也。"这种按汉字构成进行字音、字形、字义教学的方法，对后世识字教学产生了重要影响。

数学知识到西周有更多的积累，为较系统地教学创造了条件。据《周礼·地官·保氏》记载，西周数学教育的主要内容是"九数"，即传授多种计算方法。

"六艺"教育是西周教育的特征和标志。它既重视道德教育，又重视文化知识传授；既重视军事技能教育，又重视美育和文字、算术基础知识的教育。这种六艺教育为后世教育提供了可借鉴的历史经验。

四　西周教育的考核与奖励制度

（一）大学考核制度

据《学记》记载：西周时期的"大学"，"比年"（每年）入学，中年考校，一年视离经辨志，三年视敬业乐群，五年视博习亲师，七年视论学取友，谓之"小成"。九年知类通达，强立而不反，谓之"大成"。也就是说，西周的大学每年都可以入学，在校期间，第一、三、五、七、九学年定期考核，既要考核德行，又要考核技艺，第七学年考核合格谓之"小成"，第九学年考核合格谓之"大成"。

（二）小学考核奖励制度

汉代学者郑玄、唐代学者孔颖达认为，西周时期小学考核奖励制度大致为：通过乡大夫考核的学生称"秀士"，报送司徒的学生称为"选士"，免去地方徭役，升入国学的学生称为"俊士"，免去国家徭役。免除徭役是当时重要的奖励制度。

第 二 章

中国古代教育的奠基

——春秋战国与秦汉时期的教育

自公元前770年周平王东迁至公元220年曹丕代汉,建立曹魏政权,前770—公元220年是中国古代教育思想和教育制度的奠基时期。春秋战国时期,西周传统官学衰落,私学兴起。先是孔子及孔门弟子掀起第一波私学教育高潮,接着墨子及墨家弟子掀起第二波私学教育高潮,到战国中期,稷下学宫的讲学活动又掀起第三波教育高潮[①]。在百家争鸣的过程中,形成了中国古代第一个教育思想创新的高潮,涌现出儒、墨、道、法等教育学派,为整个中国古代教育奠定了思想基础。自秦到汉武帝初期,约一个世纪,是中国古代教育制度第一个创新高潮,经过秦代法家教育思想的探索、汉初的黄老教育思想的尝试,到汉武帝时期,选择了"独尊儒术"的统治思想,"兴太学"、立"五经博士",建立了以儒学为主体的教育制度,后来又经过汉宣帝和东汉汉章帝时期的发展,为此后中国的封建教育制度的发展奠定了深厚的基础。

第一节 春秋战国时期的教育

自公元前770年周平王东迁洛阳至公元前221年秦始皇兼并六

[①] 姜国钧、杜成宪:《试论中国古代教育发展周期》,《华东师范大学学报》(教育科学版)2005年第1期。

国，建立了第一个统一的专治主义的中央集权的封建国家，约五个半世纪的时间段，史称春秋战国时期或东周列国时期。这一时期是我国奴隶制崩溃而向封建制转变的社会大变革、大动荡时期。随着铁器的使用和牛耕的发展，为大量开垦荒地提供了技术条件，也促使私田的发展和土地私有制的确立。一方面，周平王迁都洛阳以后，周王室衰微，周天子逐渐丧失了"天下宗主"的权威，出现了"君不君，臣不臣，父不父，子不子""礼崩乐坏"的局面；另一方面，由于周天子不再有控制诸侯的力量，出现了大诸侯国兼并小诸侯国，小诸侯国兼并更小的诸侯国和诸侯国内势力强大的宗族兼并弱小的宗族的"大夫兼并"的动荡局面。政治、经济上的大变革也反映在文化教育领域，即是诸侯国养士之风大盛，出现了诸子蜂起、学派纷呈、百家争鸣的局面。汉初司马谈将"百家"总括为六家，即阴阳、儒、墨、法、名、道。西汉末年，刘歆又总括为十家，即儒、道、阴阳、法、名、墨、纵横、杂、农、小说家，并以为除小说家外，"其可观者九家而已"[①]。但对教育发展影响最大的则为儒、墨、道、法四家。春秋末期突破了西周"学在官府"的传统格局，出现了官学衰废，私学兴起的历史巨变。在众多私学中，孔子办学的规模空前，影响深远，在我国的教育史上的地位以及学术贡献是他人无法比拟的。战国时期在私人讲学基础上形成人才培养和学术传播的众多流派，并出现稷下学宫这样汇集诸多学派、以自由讲学为特色的著名学府。由孔丘创立的儒家教育，至战国发展出注重"仁义"内心修养的孟轲学说和注重"礼法"外在约束的荀况学说。儒家教育思想在战国后期形成的《礼记》中实现了第一次总结。代表小生产者利益的墨家教育脱胎于六艺教育，但在培养教育目标、教育内容和教学方法方面显示出特色。道家追求人的自然天性的教育，因而视遵循社会原则的教育是对人性的摧残，并倡导认识和学习中的独立思考。

---

① 班固：《汉书·艺文志·诸子略》，浙江古籍出版社2000年版。

法家排斥知识和道德的价值,强调专制主义的教育原则,这意味着战国教育思想争鸣的终结。[1] 这些教育学派的教育思想创新,为中国古代教育奠定了理论基础。

一 官学衰落

西周曾经创造了从中央的"国学"到地方的"乡学"的官学体系,但到了春秋时期,诸侯国很少留意教化,导致国学日益衰微。据宋代学者王应麟考证,"春秋时诸侯急攻战而缓教化,其留意学校者唯鲁僖公能修泮宫、卫文公敬教劝学,他无闻焉。郑有《子衿》城阙之刺,子产仅能不毁乡校而已"[2]。国学衰落的主要原因在于:其一,"天子失官"。所谓"失官",即官不修其职。"天子失官",即周王室衰微,周天子形同虚设,以周天子为代表的官府已经无力维持正常、正规的贵族教育。其二,"公卿不说学"。"公卿不说学"是由于周王朝实行世卿世禄世袭制度,公卿依靠世袭,"可以无学,无学不害",所以,就出现了"公卿不说学"现象,而"公卿不说学,必是一国风俗皆不说学也"[3]。也就是说,上层贵族高官"不说学"必然影响整个社会的风气,使整个社会失去学习动力,"皆不说学"。因此,官学的衰落也就成为历史的必然。其三,"乱世则学校不修","国乱,人废学业"。春秋战国时期诸侯国争霸的战争频繁,使诸侯国都无心留意立校兴教,诸侯国内大夫兼并的战乱不断,使得新生代不得不废弃学业。

二 私学兴起

先秦的私学发端于春秋中叶,繁荣于春秋战国之交,鼎盛于战国中期,衰落于战国末期。

私学兴起有多方面的历史原因:其一,周王室衰落,"礼崩乐

---

[1] 孙培清:《中国教育史》,华东师范大学出版社2009年版,第49页。
[2] 王应麟:《困学纪闻》卷三,上海古籍出版社2008年版。
[3] 《左传·昭公十八年》。

坏",社会控制松弛,为新的社会阶层——士阶层的崛起和私学的兴起创造了较宽松的社会政治、文化环境;其二,战乱不断,以往从事礼仪、演奏乐章、传授"六艺"的专业人士和接受过官府正统教育的贵族没落子弟流亡各地,为私学的兴起提供了初始人才;其三,春秋战国时期是一个"得士则昌,失士则亡"的时代,"天下诸侯方欲力争,竞招英雄以自辅翼",各诸侯国的统治者为了维护其统治地位和扩张其势力,十分重视招揽人才,于是出现"养士"之风。如史称"四公子"的魏国的信陵君、齐国的孟尝君、赵国的平原君、楚国的春申君以热衷于养士而闻名,其门下食客多达数千人。养士之风加速了士阶层的形成,为私学兴起提供了重要条件。

春秋末期私学已在不少诸侯国兴起,比较有名的私学有三家:郑国的邓析(约公元前545—公元前501年),曾创办专门传授法律的私学。鲁国的少正卯(?—公元前468年),也曾开办私学。据《论衡·讲瑞》说:"少正卯在鲁,与孔子并。孔子之门,三盈三虚……"少正卯的私学与孔丘的私学并立。他"聚徒成群",讲学内容很有号召力,社会影响很大。鲁国的孔丘所创办的私学,是许多私学中的一家,但影响最大。据说孔丘私学弟子三千,贤者七十二,是当时办学规模最大、教学内容最充实、教学经验最丰富、培养人才最多、影响最为深远的一所,在历史上作出了不可磨灭的贡献。

战国时期私学有了进一步发展,诸子百家为了传播他们的思想,都开展了收徒讲学活动,其中儒家、法家的私学和齐国的稷下学宫的教育活动最具代表性。

(一)儒家私学

春秋末期孔丘创立了儒家学派,战国时期,儒家分为八派。"子思之儒"和"孟氏之儒"合称的"思孟"学派在教育理论方面颇有造诣,在教育史上地位重要。以荀况为代表的"孙氏之儒"的私学活动也很有名。荀况曾长期执教于齐国稷下学宫,培养出韩非和李斯两位著名的法家学者和政治家。

(二) 法家私学

早期法家以李悝、吴起、商鞅、慎到、申不害等人为代表,其私学活动比较集中在被称作"三晋"的韩赵魏地区。商鞅是李悝的学生,商鞅的出现,意味着法家的成熟。后期法家以韩非和李斯为代表。韩非是先秦法家思想的集大成者,而李斯则是将法家理论引向实践道路的人。从商鞅到韩非又到李斯,这是法家理论由形成到付诸实施的过程。

(三) 齐国的稷下学宫

稷下学宫是战国时代齐国一所著名的学府,它既是战国百家争鸣的中心,也是当时教育上的重要创造。稷下学宫对中国古代学术、文化和教育的发展,产生过重大的历史影响。

所谓"稷下",乃是指齐国都城临淄(今山东省淄博市)的稷门(城西南门)附近地区。齐国君主在此设立学宫,稷下学宫因此而得名。齐国地处东方,偏离征战频繁的中原,农业、手工业和商业都较发达,境内人烟稠密,是一个富强的大国。齐桓公在公元前4世纪60年代前后,为了适应对内变革、对外争霸的需要,不仅要招纳、网罗天下贤才,而且还创办稷下学宫。学宫历经齐桓公、威王、宣王、湣王、襄王、齐王建六代,历时约150年。

稷下学宫既不是传统的官办的贵族学校,也不是纯粹的私学,而是一种由齐国统治者官办与著名学者私家主持相结合的学术研究和教育机构。它有以下特点。

其一,稷下学宫以"招致贤人""得士以治之"为办学目标,以包容百家为办学特色。齐宣王曾说:"寡人忧国爱民,固愿得士以治之。"[①] 这些表明了创办稷下学宫的根本目的。学宫的重要特色是容纳百家、思想自由。当时,稷下学宫曾招收和聘请过儒家、道家、法家、名家、阴阳家以及无所归属的学者,学宫不仅为百家学者开展学术活

[①] 徐干:《中论·亡国》。

动创造了良好的物质条件，而且在学术上，允许各家"各著书言治、乱之事，以干世主"①，自由发展。

其二，稷下学宫是一所集讲学、著述、育才活动为一体的高等学府。稷下学宫首要功能是讲学，其讲学活动十分兴盛。其次是著书立说。稷下学者留下的著作堪称宏富。仅据《汉书·艺文志》记载，与稷下有关的子书就有《孙卿子》《公孙固》《蜗（环）子》《田子》《捷（接）子》《邹子》《邹子终始》《邹奭子》《慎子》《尹文子》《宋子》等，分属儒、道、阴阳、法、名诸家。托名管仲所著的《管子》一书，实则是一部兼容并包的稷下先生的论著汇集，故人称为"稷下丛书"。《汉书·艺文志》将其列入道家类著作；《隋书·经籍志》则将其列入法家类著作。从其内容看，它以黄老道家为主，法家为辅，同时包含着儒家、阴阳家、名家、兵家和农家等学派的思想观点。稷下学宫不仅学术研究成果丰富，而且培养了一批学者，如以宋钘、尹文为代表的道家黄老学派，就是稷下学宫造就的重要学者。

其三，稷下学宫十分尊重知识和人才，给稷下学者以非常优厚的待遇。如齐宣王时，邹衍、淳于髡等各派学者76人"皆赐列第为上大夫"②。齐宣王为了使孟轲不离齐，曾许诺："我欲中国而授孟子室，养弟子以万钟，使诸大夫国人皆有所矜式。"③ 稷下学宫独创的由官方兴办、私家主持的办学形式、自由游学和自由听讲的教学方式和集讲学、著述、育才与咨政为一体的学术研究模式，既体现了战国时期教育和学术研究创新精神，也在中国教育史上留下了尊重知识、尊重知识分子的弥足珍贵的历史经验。

春秋战国时期，私学取代了官学，是中国古代教育制度史上一次历史性变革。春秋战国时期的私学突破了官学"政教合一""官师合一"的组织形式，具有政教分离的性质，学校是相对独立的教育组织机构。私学改变了"学术官守"的文化传统，体现了"学术下移"的

---

① 司马迁：《史记·孟子荀卿列传》，三秦出版社2008年版。
② 司马迁：《史记·田敬仲完世家》，三秦出版社2008年版。
③ 《孟子·公孙丑下》。

新趋势。私学打破了贵族垄断受教育权利的局面，向平民开放，扩大了教育对象的范围，使文化知识能向民间下移。私学具有思想自由、自由讲学的特点，教育内容突破传统的"六艺"教育，传授有独立性的学派的思想和学术观点。总之，春秋战国时期首开了私人办学的历史先河，在学校性质、办学组织形式、教育内容、教师构成、教育对象等方面都是一次重大的变革，也为后世私学，乃至书院的发展积淀了宝贵的历史经验。

三 春秋战国时期的教育思想家

春秋战国时期是中国古代教育思想史上第一个创新高潮期，教育思想家辈出，其中以孔子、孟子、荀子及《大学》《学记》为代表的儒家教育思想、以墨子为代表的墨家教育思想、以老子庄子为代表的道家教育思想、以商鞅和韩非子为代表的法家教育思想各具特色，百花争艳，为中国古代的教育发展奠定了深厚的思想基础。

（一）孔丘的教育思想

孔丘，字仲尼，鲁国陬邑人。生于公元前551年（周灵王二十一年），卒于公元前479年（周敬王四十年）。他是中国古代伟大的思想家、教育家，儒家学派的创始者，儒学教育理论的奠基人。

1. 孔丘的生平和教育活动

孔丘的祖先是宋国贵族，后来迁徙鲁国。孔丘的父亲孔纥，字叔梁，是鲁国的一位下级武官，曾任陬邑宰。孔丘3岁丧父，在贫贱中长大，曾在季氏门下当过委吏（管理仓库），还当过乘田（管理畜牧），学会了不少生活本领，他自称："吾少也贱，故多能鄙事。"孔丘自述"吾十又五而志于学"。立志学习传统的礼、

孔子画像

乐、射、御、书、数等六艺，博通多能。"三十而立"，在他30岁左右时，正式招生办学。"四十而不惑"，在他40岁左右，形成了自己的学说，创立了儒家学派，在鲁国产生了较大的政治影响。大约50岁时，他获得从政机会。鲁定公任命他为中都宰（中都在今山东汶上县西），颇有政绩，后提拔为管理建筑工程的司空，再提拔为管理司法事务的司寇。担任大司寇只有3个月，因与执政者季桓子政见不一，终于弃职出走。他带领数十位弟子开始周游列国，先后到过卫、陈、宋、曹、郑、蔡、楚等国，奔波14年，不仅未被各诸侯国任用，而且屡遭冷遇，很是狼狈，被老农形容为"累累如丧家之犬"，但他仍不消沉，还是讲诵弦歌不衰。68岁那年，他受礼聘返鲁，被尊为国老。他把主要精力用于教育和古代文献的整理上。据说他晚年完成《诗》《书》《礼》《乐》《易》《春秋》的编纂和校订工作，作出了重大的历史贡献。公元前479年，一代教育家孔丘病逝。由孔丘的弟子及再传弟子编辑的《论语》一书，是研究他的事迹和思想的最重要的资料。

2. 孔丘的教育思想

（1）重视教育特别是道德教育的作用

据《礼记·学记》记载："古之王者，建国君民，教学为先。"孔丘继承了商周以来重视教育的传统，把教育看作治国理政的三大事之一。在孔子看来，要治理好一个国家必须做好三件大事：即"庶"（有较多的人口和劳动力）、"富"（国家有较强的经济实力，人民有较丰足的物质生活）、"教"（要使人民受到政治伦理教育）[①]。其中增加人口和劳动力是前提；使国家和百姓富足是基础；教育是关键。

孔丘所说的"教"主要是指"德"与"礼"的教化。他高度重视道德教育，与他的治国思想密切相关。他认为"德治"是治国之本。《论语·为政》："子曰：'为政以德，譬若北辰，居其所而众星共之……道之以政，齐之以刑，民免而无耻；道之以德，齐之以礼，有耻且格。"意思是说，如果以德治国，国君就犹如北极星一样，处在

[①]《论语·子路》。

天的中央，受民众的尊崇。这是因为，用行政手段、法律手段治国，老百姓只会避免违反政令和刑罚，但解决不了民众的荣辱观念问题，如果用道德来诱导他们，用礼教来整顿风俗，民众不仅会归服于统治者，而且能形成廉耻之心，自觉地规范自己的行为。

（2）提倡"有教无类"的办学方针

《论语·卫灵公》："子曰：'有教无类'。""有教无类"本来的意思是：不分贵贱、贫富和种族，人人都可以入学受教育。《论语·述而》："子曰：'自行束脩以上，吾未尝无诲焉'。"宋代朱熹注释说："脩，脯也。十脡为束，古者相见必执赞以为礼，束脩其至薄者。"[①]孔子在教育实践中，虽要求求学者奉上"至薄"的见面礼，即自愿送上十条干肉，还是坚持了"有教无类"的办学方针。"有教无类"的提出和践行，打破了贵贱、贫富和种族的界限，把受教育的范围扩大到平民，这是历史性的进步。

（3）以培养德才兼备的君子为教育目标

孔丘属于没落贵族的后裔，但他对统治者推行残酷地奴役和剥削老百姓的政策深表愤懑，谴责"苛政猛于虎"。他"祖述尧舜，宪章文武"，主张恢复西周时期的社会秩序，追求尧舜之世的大同理想在政治上是一个改良主义者。为实现他的政治抱负，在组织路线方面提出了"学而优则仕"的主张，在教育上提出培养"君子"的教育目标。所谓"君子"就是具有"修己""安人""安百姓"[②]和"仁""知"（智）"勇"[③]等素质的德才兼备的官吏。

（4）以"文、行、忠、信"等"四教"为主的教学内容

孔丘继承西周贵族"六艺"教育传统，向学生主要进行以"文、行、忠、信"为主要内容的"四教"[④]教育。"文"是指讲授《诗》《书》《礼》《乐》等文化典籍的辞意。《史记·孔子世家》记载："孔子

---

① 朱熹：《四书章句集注·论语集注》卷四，商务印书馆1938年版。
② 《论语·宪问》。
③ 同上。
④ 《论语·述而》。

以《诗》《书》《礼》《乐》教弟子。""行",即传授孝悌恭睦等行为规范;"忠""信",即传授为人臣则忠,与朋友交则信等传统道德观念。

孔丘"四教"教育的主要特点是:其一,把道德教育放在一切教育内容的首要地位。《论语·述而》:"行有余力,则以学文。"其二,对鬼神持存疑态度,不讲"乱、力、怪、神"。《论语·述而》:"子不语乱、力、怪、神。"其三,轻视科技与生产劳动。他认为,社会分工有君子之事,有小人之事。"君子谋道不谋食",他要培养从政"谋道"的"君子",而不是"谋食"的"小人"。《论语·子路》:"樊迟请学稼,子曰:'吾不如老农'请学为圃,曰:'吾不如老圃',樊迟出,子曰:'小人哉,樊迟也'。"这一记载说明,孔子将农业生产经验与技术排除在学校教育的视野之外。

(5)"学""思""行"结合的学习方法

孔子虽有"生而知之者上也,学而知之者次也,困而学之者其次也。困而不学,民斯为下矣"[1]的观点,但"学而知之"是孔丘求知、教学的主导观念,并总结出将学、思、行结合起来的学习方法。在学习方面,孔子强调及时诵读的重要性,他说:"学而时习之,不亦说乎!"[2] 在他看来,儿童在最佳的年龄段,及时学乐诵诗,使学业有成,是一件令人愉悦的事情。孔子已经揭示了学习的成效与儿童的年龄段有关,错过了最佳年龄段,学则勤苦而难成。

孔丘不仅看重"时习",而且提倡在学习的过程中要深入思考,反复琢磨,他说:"学而不思则罔,思而不学则殆。"强调"学"是基础,"思"是"学"的提高与深化,二者不可或缺。

在孔子心目中,"学""思"与"行"相比较,"行"更重要、更根本。《论语·宪问》:"君子耻其言而过其行。"《论语·里仁》:"君子欲讷于言而敏于行。"君子应以夸夸其谈,言行脱节为耻,说话要谨慎,做事要勤快。

---

[1] 《论语·季氏》。
[2] 《论语·学而》。

(6) 启发诱导、因材施教等教学方法

孔丘是世界上最早提出启发式教学的教育家。《论语·述而》："不愤不启，不悱不发。举一隅不以三隅反，则不复也。"朱熹解释说："'愤'者，心求通而未得之意；'悱'者，口欲言而未能之貌；'启'谓开其意也；'发'谓达其辞。物之有四隅者，举一可知其三，返者还以相证之义。'复'，再告也。"① 孔丘说这段话的意思是：在教学时必先让学生认真思考，已经遇到"心求通而未得之意"时，然后可以去启发他；虽经思考并已有所领会，但"口欲言而未能之貌"时，才可以去开导他。启发之后，应让学生再思考，达到"举一可知其三"，即触类旁通的效果。这种启发教学强调教师的启发工作应以激发学生强烈的求知欲和积极思考为前提条件，在学生提出疑惑不解的问题时，再去启发，目的在于帮助学生提高思考、表达和概括能力。

在启发式教学中，孔丘注意训练学生的思考方法。其一，"由博返约"思维方法。《论语·述而》："君子博学于文，约之以礼。"即在博学基础上，进行综合、归纳，从而形成简约的原则与观点的方法。其二，"叩其两端"的思考方法。《论语·子罕》："吾有知乎哉？无知也。有鄙夫问于我，空空如也。我叩其两端而竭焉。"即用反问的方法，引导对方对事物的始终、正反两方面进行透彻分析，从而找出解决矛盾的答案的方法。孔丘的启发式教学，极大地调动了学生的学习欲望，他的学生颜回说："夫子循循然善诱人，博我以文，约我以礼，欲罢不能。"②

孔丘是我国历史上首倡因材施教的教育家。他对自己学生的个性、品格、优缺点了如指掌，并针对学生的特点分别进行有侧重的教育。如他曾评价说："由也果，赐也达，求也艺"③，"柴也愚，参也鲁，师也辟，由也喭"，"师也过，商也不及"，"求也退"，"由也兼人"。④

---

① 朱熹：《论语集注》卷四，商务印书馆1938年版。
② 《论语·先进》。
③ 《论语·雍也》。
④ 《论语·先进》。

这里所说的"由""赐""求""柴""参""师""商"都是他的学生，各有特点。孔丘对他们因材施教，把其中的不少人培养成了优秀人才。

孔丘十分注重培养学生"好学""乐学"精神。孔丘认为"知之者不如好之者，好之者不如乐之者"①。因此，他注重培养学生的好学、乐学精神。他解释好学说："君子食无求饱，居无求安，敏于事而慎于言，就有而正焉，可谓好学也已。"② 也就是说，不计较吃住条件，专心学习做事、做人，就是好学。但"好之者不如乐之者"。所谓乐学就是把学习作为最大快乐，乐而忘忧。在孔子看来，要做到好学、乐学，就要"敏而好学，不耻下问"③"以能问于不能，以多问于寡，有若无，实若虚"④，要坚持"知之为知之，不知为不知，是知也"引自的精神，做到"毋意、毋必、毋固、毋我"。⑤ 即不要从个人私意猜测出发，不要主观认定必然是怎么样，不要固执自己的成见，不要自以为自己的意见绝对正确。

（7）主张自觉修养道德品质

孔丘认为，道德修养要以学习文化知识为基础，他曾对子路说："好仁不好学，其蔽也愚；好知不好学，其蔽也荡；好信不好学，其蔽也贼；好直不好学，其蔽也绞；好勇不好学，其蔽也乱；好刚不好学，其蔽也狂。"⑥ 他的意思是说，仁、知、信、直、勇、刚这六种道德品质，如果没有知识学问为其基础，行为上就要出现偏向，好的道德品质就难以形成和提高。

"仁"是孔丘学说的核心思想，也是他进行道德教育的主要内容。"仁"的基本含义是"爱人"，也就是承认他人也是人，把人当作人来爱。"仁"的基本内容有三：一是处理血缘关系的"孝悌"之道；二

---

① 《论语·雍也》。
② 《论语·学而》。
③ 《论语·公冶长》。
④ 《论语·泰伯》。
⑤ 《论语·子罕》。
⑥ 《论语·阳货》。

是处理社会关系的"忠恕"之道；三是处理官民关系的"惠民"之道。"君子务本，本立而道生；孝弟也者，其为仁之本与。""孝"是处理纵向血缘关系的原则，要求尊敬和顺从父母；"悌"① 是处理横向血缘关系的原则，要求顺从兄长。

据曾参的理解，"夫子之道，忠恕而已矣。"② 照朱熹的解释："尽己之谓忠，推己之谓恕。""忠"是处理上下关系、君臣关系的原则，"尽己之谓忠"是要求臣对君要尽心竭力、诚实负责；"恕"就是"推己"，即"能近取譬"，由己推人。从积极的方面讲，要"己欲立而立人，己欲达而达人"③。从消极的方面讲，"己所不欲，勿施于人"。仁者要做一个有益于他人的人，无害人之心。"己所不欲，勿施于人"是孔丘提出的道德底线。孔丘的仁学思想，既包含着原始的人道主义精神——"恕"道，又包含着"忠""孝"之道，有益于维护"亲亲""尊尊"宗法等级制度，进步与保守因素杂陈。

孔丘总结了一些进行道德修养的原则和方法。他强调道德自觉的重要性，他说："为仁由己，而由人乎哉？"④ "仁远乎哉？我欲仁，斯仁至矣。"意思是说，道德修养完全靠自己，只要你愿意修养，仁德就来了。他强调培养"仁"德需要遵循下述原则。其一，立志。他说："三军可夺帅也，匹夫不可夺志也。"⑤ "苟志于仁矣，无恶也。""士志于道，而耻恶衣恶食者，未足与议也。"⑥ 如果追求衣食享受，也就谈不上有远大志向了。他倡导安贫乐道精神。其二，克己。"君子求诸己，小人求诸人。"⑦ 应"躬自厚而薄责于人"⑧，严以责己，

---

① 《论语·学而》。
② 《论语·里仁》。
③ 《论语·述而》。
④ 《论语·颜渊》。
⑤ 《论语·子罕》。
⑥ 《论语·里仁》。
⑦ 同上。
⑧ 《论语·卫灵公》。

宽以待人，这样才会消除矛盾。其三，力行。孔丘提倡"力行"，即践行道德原则。"力行近乎仁。"① "言必信，行必果。"② 其四，中庸。朱熹注："中庸者，不偏不倚，无过不及，而平常之理也。"做事要恰到好处，防止发生偏向，一切行为都要中道而行。其五，内省。他认为内省是日常必要的修养方法之一。学生曾参说："吾日三省吾身，为人谋而不忠乎？与朋友交而不信乎？传不习乎？"③ "见贤思齐焉，见不贤而内自省也。"④ 其六，改过。"君子之过也，如日月之食焉，过也，人皆见之，更也，人皆仰之。"⑤ 意思是说，君子之过，如日月之食，众人都看到了，及其改过之时，则众人会重新仰慕其品德，犹如日月之食过后，万物亦仰其明一样。

(8) 树立为师之道

关于为师之道，孔丘有不少论述。在他看来，"学而不厌""诲人不倦"是为师的基本条件。他说："德之不修，学之不讲，闻义不能徙，不善不能改，是吾忧也。"⑥ 德在修行，学在讲习，闻义事当思齐，有不善应改过，孔丘常以"不修""不讲""不徙""不改"这四者为忧。他就是这样一个"学而不厌"的典范，他"发愤忘食，乐以忘忧，不知老之将至"⑦。孔丘之所以强调教师要"诲人不倦"就在于对学生"爱之，能勿劳乎？忠焉，能勿诲乎？"⑧ 诲人不倦是对学生的爱和高度负责的思想基础。

孔丘认为"以身作则"是教师育人的基本原则。他说："其身正，不令而行；其身不正，虽令不从。"⑨ 又说："不能正其身，如正

---

① 《礼记·中庸》。
② 《论语·子路》。
③ 同上。
④ 《论语·学而》。
⑤ 《论语·里仁》。
⑥ 《论语·子张》。
⑦ 《论语·述而》。
⑧ 《论语·宪问》。
⑨ 《论语·子路》。

人何?"①

孔丘是世界公认的伟大的思想家和教育家。他毕生从事教育活动，建树了丰功伟绩。他在实践基础上提出的一些首创的教育思想，为中国古代教育奠定了理论基础。我们应当以历史唯物主义为指导，正确、全面地评价孔丘的教育思想，批判地继承这一份珍贵的教育遗产，以促进我国建设一流大学和一流学科，培养一大批德才兼备的现代创新人才。

(二) 墨翟和墨家的教育思想

墨子（约公元前 480—前 420 年），姓墨，名翟，宋国人，一说鲁国人。工匠出身，曾做过宋国大夫。在先秦时期他的名声仅次于孔子。儒、墨并称为"显学"。墨子是中国历史上第一个为劳动人民呐喊的思想家，他提出了十大主张，即"墨者十事"：尚贤、尚同、兼爱、非攻、节用、节葬、天志、明鬼、非乐、非命。由墨子所创立的墨家学派是一个组织严密的禁欲主义团体，其成员称为"墨者"，大多来自从事生产劳作的社会下层。他们具有见义勇为、劳身苦志以救天下的崇高精神。生活俭朴，"日夜不休，以自苦为极"。② 墨家私学曾经兴盛一时。"徒属弥众，弟子弥丰，充满天下。"③ 据说墨翟有追随者180人，"皆可使赴火蹈刃，死不旋踵"④。

到汉代儒家独尊，墨家成为绝学。《墨子》一书是研究墨子及墨家的

---

① 《论语·子路》。
② 马叙伦：《庄子·天下》，龙门联合书局1958年版。
③ 杨红伟译：《吕氏春秋·尊师》，岳麓书社2016年版。
④ 陈广忠译注：《淮南子·泰族训》，中华书局2012年版。

主要资料。

1. 墨家的教育思想

(1) 环境造就人的"染丝"说

墨子十分重视环境对人的影响，把人性的形成比喻为"染丝"，形象地论述了有什么样的环境就造就什么样的人。有一次他见染丝而颇有感慨："染于苍则苍，染于黄则黄，所人者变，其色亦变，五入必（毕）而已则为五色矣。故染不可不慎也。非独染丝然也，国亦有染……非独国有染也，士亦有染。"① 意思是说，人性不是先天所成，人性的形成过程如同染丝一样，有什么样的环境就造就什么样的人。因此，必须谨慎地选择环境。

(2) 培养"兼士"的教育目的

在社会伦理方面，"兼相爱，交相利"的"兼爱"是墨子的核心思想，他"兼以易别"，即用不分彼此、亲疏、贵贱、贫富的互利、互爱来代替孔丘贵贱有等、亲疏有别的"别爱"。这种"兼爱"思想，反映在教育目的方面，就是要培养一大批"兼士"或"贤士"。

关于兼士或贤士，墨翟曾提出过三条具体标准："博乎道术""辩乎言谈""厚乎德行"，即有渊博的知识技能、良好的思维论辩能力和以兴天下之利、除天下之害为己任、勇敢侠义的道德素质。

(3) 墨家私学的教育内容

出于培养兼士的需要，墨翟及其弟子确定了一套有特色的教育内容。这大致上可以归纳为以下几类。

其一，政治和道德教育。墨子的教育学是"教世之学"，他以"上说下教"为己任，主张以教治国，以教济世。他自信"上说王公大人，次说匹夫徒步之士。王公大人用吾言，国必治；匹夫徒步之士用吾言，行必修"②。他"上说下教"的内容主要是他的十大

---

① 《墨子·所染》卷一。
② 《墨子·鲁问》。

主张，即兼爱、非攻、尚贤、尚同、节用、节葬、非乐、非命、天志、明鬼。他主张平等地不分彼此地兼爱天下之人、反对兼并战争、尊重贤人、崇尚统一思想、倡导节约、节俭、反对厚葬、批判天命思想，并认为天志与神鬼是一种公平正义并且能惩恶扬善的强大力量。

其二，科学和技术教育。墨子是一个在物理学、数学、心理学、生理学、逻辑学等方面造诣很高的科学家，也是精于器械制造的能工巧匠。墨子及其弟子（后期墨家）的自然科学研究成果主要保留在《墨子》一书的《经上》《经下》《经说上》《经说下》《大取》《小取》等六篇（被称为《墨经》或《墨辩》）中。李约瑟在他的《中国科学技术史》中将墨子及其弟子的科学技术成就概况为十个方面，涉及原子论、天文学、数学、物理学、机械学、动力学、光学、声学、机械工程学、火灾防御技术等，其在数学、力学、光学和机械制造方面的成就最为突出。在数学方面，《墨经》界定了丰富的数学概念，如："倍""同长""中""圆""方""端"（点）、"尺"（线）、"区"（面）"厚"（体）等基本概念，第一次总结了商周以来的十进制；在力学方面，定义了"力"，阐述了杠杆、滑轮、轮轴、斜面及物体沉浮、平衡和重心等问题；在光学方面，阐述了影、小孔成像、光的直线传播、平面镜、凹面镜、凸面镜成像及焦距与物体成像的关系等问题；在机械工程学方面，创造了军用四轮车、云梯、连弩车、掷石车、转射机等。梁启超曾高度评价墨家的科技研究成果与科技教育，指出救中国"厥惟墨学""假使今日有墨子，则中国可救"。毛泽东在评点《二十四史·史记》时说："墨子是一个劳动者，他不做官，但他是比孔子高明的圣人。"遗憾的是，自汉武帝开始历代封建统治者选择了孔圣人，而罢黜了首开科学技术教育先河的墨圣人，使墨家成为绝学，对中国古代乃至近代科学技术的发展产生了巨大的负面影响。

其三，注重逻辑思维能力的培养。墨家与名家比亚里士多德早了近一个世纪创造了中国古代的形式逻辑——名辩学。墨家比较系统地研究了"名"（概念）、"辞"（判断）、"说"（推理）等逻辑形式，简明扼要地论述了基本的逻辑问题，如在概念方面，论述了概念的定义、分类、概念之间的关系；在判断方面，阐述了判断的种类（全称判断、特称判断、假言判断）、判断的条件（必要条件、充分必要条件）等问题；在推理方面，论述了推理的过程——"以名举实，以辞抒意，以说出故"、推理的形式，即"或"（选言推理）、"假"（假言推理）、"效、辟、侔、援"（类比推理）、"推"（归纳推理）等问题，揭示了基本的逻辑思维规律，即同一律、矛盾律、排中律、充足理由律等；在判断立论的标准方面，墨子提出了"三表法"："有本之者"，立论要"上本之于古者圣王之事"，即历史的经验和知识，"有原之者"，立论还要"下原察百姓耳目之实"，依据民众的经历，以广见闻，"有用之者"，必须在社会实践中检验思想与言论的正确与否，也就是"发以为刑政，观其中国家人民百姓之利"[①]。这种集"本""原""用"三位一体的"三表法"既是逻辑立论的标准，也是价值判断和检验认识正确与否的标准。

墨翟及其弟子重视逻辑方法的研究和逻辑思维的训练，是对中国古代教育和科学思维的一大贡献，如果中国古代沿着墨家、名家开辟的重视逻辑思维的方向发展，中国古代有可能避免"重经验，而轻逻辑"的思维缺陷，有可能在抽象概括科学理论、科学原理方面取得更大的成绩。

（4）墨家的教育方法

墨翟和墨家的教育方法也表现出鲜明的学派特色，与儒家有较大的不同。

其一，重视教师的主导作用，主张"强说人""行说人"的主动教育。儒家强调师道尊严，主张"待问"而教，"不问不言"，以为"善待问者如撞钟，叩之以小者，则小鸣；叩之以大者，则大

---

① 《墨子·非命上》。

鸣"①。墨子在《非儒》篇中批判儒家这一被动的教育方法，指出："今击之则鸣，弗击则不鸣，隐知豫力，恬漠待问而后对……不问不言，是夫大乱之贼也。"② 墨子以强烈的使命感和担当精神，主张主动施教，认为在乱世中，"求美女者众，美女不出，人多求之。今求善者寡，不强说人，人莫之知也"。与其像儒家那样隐藏知识储蓄力量，清静恬淡，待问而教，不如积极行动，主动出击，"行说人者，其功亦多，何故不行说人也"③。如果遇到国家危难之际或兼并战争爆发之时，"虽不叩必鸣"，义无反顾地去宣讲正确的主张。庄子在《庄子·天下》篇中评价说："以此周行天下，上说下教，虽天下不取，强聒而不舍者也，故曰上下见厌而强见也。"庄子反映了墨家这种"强说人"，以教育救国，以教育治世的锲而不舍精神。

其二，强调创造。墨子批评孔子"述而不作"，主张"古之善者则述之，今之善者则作之，欲善之益多也"，④ 即"述""作"并重，强调创新精神。

其三，注重将观念、知识转化为实践，高度重视学习知识的实用性。在"学"与"行"的关系方面，墨子提出"以行为本"的思想，他说："士虽有学，而行为本焉。"⑤ 在墨子看来，只说不行，是言说者本人的思想与行为的混乱。他曾批评告子说："政者，口言之，身以行。今子口言之，而身不行，是子之身乱也。子不能治之身，恶能治国政？"⑥ 与"以行为本"的思想相联系，墨子非常注重知识的实用性。他指出："用而不可，虽我亦将非之；且焉有善而不可用者？"⑦ 显然，墨子将"可用"作为评价思想观点及其各种知识价值的根本标准。

---

① 《礼记·学记》。
② 《墨子·非儒下》。
③ 《墨子·公孟》。
④ 《墨子·耕柱》。
⑤ 《墨子·修身》。
⑥ 《墨子·公孟》。
⑦ 《墨子·兼爱下》。

其四，因材施教，"量力"教育。墨子认为教育内容应因国因事因人而异，因材施教。墨子告诉他的弟子，要根据诸侯国的特点开展教育。他指出："凡入国必择务而事焉：国家昏乱，则语之尚贤、尚同；国家贫，则语之节用、节葬；国家熹音湛湎，则语之非乐、非命；国家淫僻无礼，则语之尊天、事鬼；国家务夺侵凌，则语之兼爱、非攻。"① 对于学生而言，墨子主张要根据学生的能力、特长区别对待。墨子主张选择学习的内容应根据自己的能力，量力而学。"二三子有复于子墨子学射者，子墨子曰：'不可'。夫知者必量其力所能至而从事焉。"墨子主张重视充分发挥学生的特长，因材施教。《墨子·耕柱》："能谈辩者谈辩，能说书者说书，能从事者从事，深其深，浅其浅，然后义事成也。"因材施教，"量力"教育方法的提出，说明墨翟积累了丰富的培养专门人才的经验。

(三) 道家的教育思想

1. 老庄及道家学派

在中国学术史上，汉代以后墨家学派消失无闻了，而道家思想历经几千年不衰，是唯一能与儒家相抗衡的最大的学派，儒家和道家思想是中国古代传统文化的两大主干。老庄认为"道"是天地万物的"本根"和宇宙变化的总规律，"道"是他们思想体系的核心范畴，因此，人们称其为道家。道家学派大致经历了由老子到关尹、列御寇、庄周，再到战国后期的稷下黄老道家的发展过程。西汉早期，黄老学派在政治上颇为得势，成为居诸家之上的显学，著名的"文景之治"当与推行黄老道家思想有关。魏晋时期，老庄备受文人推崇，生发出有重要影响的"玄学"思潮。

老子是道家的创始人。据《史记》记载，"老子者，楚苦县（今河南鹿邑县厉乡曲仁礼人）也。姓李氏，名耳，字聃，一字或谥伯阳，周守藏室史也。"② 他是春秋晚期的人，开创了道家学派，传说孔

---

① 《墨子·鲁问》。
② 司马迁：《史记·老庄申韩列传》，三秦出版社2008年版。

老子　　　　　　　　庄子

丘曾"问礼于老子"。

庄周是战国中晚期的著名思想家。宋国蒙人（今河南商丘人），他的生卒年不可考，略小于孟子。他曾做过"漆园小吏"，因厌恶仕途生活，辞归故里，"终身不仕"，是愤世嫉俗的隐士。他"剽剥儒、墨"，"以诋訾孔子之徒，以明老子之术"，使道家思想有较大的发展。

老庄批判儒、墨等学派的传统教育，历史文献虽未见老庄开设私学的记载，但问学之徒颇有其人，甚至有弟子相从。历史文献记载的老子的弟子有柏矩、庚桑楚、阳子居、蜎渊（环渊）、关尹子等人，古代文献中不乏记载他向求问者传授道家理论的活动。庄子隐世之时，也不避来学。《庄子·山木》开篇有一段记述庄子与弟子讨论处世哲学的对话，《庄子·列御寇》中有"庄子将死，弟子欲厚葬之"的记载，明代学者陈士元在《名疑》卷二中明确记载"庄子弟子兰且，兰一作藺，一作藹"，说明庄子不仅有门徒，而且个别弟子的名字还流传于世。

稷下道家的代表人物田骈是稷下学宫的著名学者，列为上大夫，作《田子》二十五篇，有"徒百人"，也是一位道家的教育家。

道家教育思想可以说是中国乃至世界教育史上最早的教育异化论。老庄愤世嫉俗，认为当时的统治者都是强盗头子。老子称其为"不道"的"盗夸"，庄子认为他们是用虚伪的道德装饰门面的窃国大盗。

"窃钩者诛，窃国者为诸侯，诸侯之门而仁义存焉。"① 他们揭示了道德异化，技术异化，教育异化的现象。他们的教育思想就是建立在异化论的基础之上。

2. 道家的政治主张

道家既不赞成儒家的"德治""礼制"思想，也不认同法家的"法治"思想，而主张"无为"政治。老子认为"道"的根本属性就是自然无为，主张"人法地，地法天，天法道，道法自然"②。"法"即师法，天、地、人都应师法道，道运行的规则就是无意识、无目的的自然而然的无为，"常无为而无不为"。统治者师法道，推行无为政治，可以达到"为无为，则无不治"的理想效果。"道常无为而无不为，侯王若能守，万物将自化。"③ "为无为，则无不治。"④ "无为"并不是无所作为，而是"惟道是从"，即按照道的规律而行，不妄为。在政治上，它是针对统治阶级的所谓"有为"政治而发的。当时的统治者的有为集中体现在两个方面：一是大国争霸，发动兼并战争；二是残酷地剥削老百姓。针对前者，老子发出反战的呼声："师之所处，荆棘生焉，大军之后，必有凶年。"⑤ 针对后者，老子发出反剥削的呐喊："民之饥，以其上食税之多，是以饥。民之难治，以其上之有为，是以难治。民之轻死，以其上求生之厚，是以轻死。"⑥ 老子的无为政治具有反战争、反剥削的性质。"无为"在经济上就是"均富"。老子告诫人们"金玉满堂，莫之能守；富贵而骄，自遗其咎"⑦。反对"持盈"，反对"不均"，提出"损有余而补不足"的均富思想。《老子·七十七章》："天之道损有余而补不足；人之道则不然，损不足以奉有余。孰能有余以奉天下？惟有道者。""无为"就是要"以百姓心为

---

① 《庄子·胠箧》。
② 《老子·二十五章》。
③ 《老子·三十七章》。
④ 《老子·三章》。
⑤ 《老子·三十章》。
⑥ 《老子·七十五章》。
⑦ 《老子·九章》。

心",相信老百姓有自我管理与发展的能力,顺其自然,不干预,或少干预老百姓的生活。"我无为而民自化,我好静而民自正,我无事而民自富,我无欲而民自朴。"① 无为政治的精神实质就是赋予老百姓以自治的权利,让他们"自化""自正""自富""自朴"。"无为而治"的理想社会就是"小国寡民"的自治社会,《老子·八十章》:"小国寡民,使有什伯之器而不用,使民重死而不远徙,虽有舟舆无所乘之,虽有甲兵无所陈之,使复结绳而用之。甘其食,美其服,安其居,乐其俗。邻国相望,鸡犬之声相闻,民至老死,不相往来。"希望回归到纯朴的初民时代。这显然是不切实际的幻想,但体现了对宗法等级制度的批判精神。

3. 教育异化论

道家的思维范式乃是"正言若反",即"正言合道而反俗"。"反俗"是老子思维方式的重要特点。在世俗肯定的地方,他提出否定的看法。在世俗认为进步的地方,他恰恰看到了退步的一面。儒家将道德教育放在一切教育的首位,老子则相反,认为仁义是一种社会退化。《老子》:"大道废,有仁义;智慧出,有大伪;六亲不合,有孝慈;国家昏乱,有忠臣。"② 在他看来,宗法等级制度的礼仪、道德是造成社会混乱的首要原因。"夫礼者,忠信之薄而乱之首。"③ 庄子则揭示了道德的虚伪性,认为窃国大盗——诸侯"之门而仁义存焉"。并认为道德教育与人性是相背离的。"意仁义其非人情乎?"他说:"自虞氏招仁义以扰天下也,天下莫不奔命于仁义……天下尽殉也。彼其所殉仁义也,俗谓之君子;其殉货财,则俗谓之小人,其殉一也。"意思是说自从虞舜举起仁义的旗帜以来,造成了天下人为仁义而奔命,为仁义去殉葬。为仁义殉葬之人,世俗称为"君子",为货财殉葬之人世俗称为"小人",但他们以生命去殉葬则是相同的。因此,庄子把宗法道德教育者比作木工、陶工,认为他们是用"钩绳规矩而正

---

① 《老子·九章》。
② 《老子·十八章》。
③ 《老子·三十八章》。

者",他们的教育活动是"削其性""侵其德""残生伤性",① 即残害人的自然本性。正是由于他们揭示了宗法教育的异化问题,所以老子提出"绝学,无忧"的主张。② 老庄反对儒家的德育主张,认为,教育的根本任务不在于矫正人性,而在于恢复人的自然本性,在于返璞归真。

4. "复归于朴"的教育作用论

道家强调人的自然属性,认为人是自然人。人性是婴儿那种无知无欲的素朴性。老子强调教育应当使人"复归于婴儿"③,"见素抱朴,少私寡欲"④。庄子设想的最理想的社会是人与自然浑然一体、和谐共生的社会,他说:"至德之世,其行填填,其视颠颠。当是时也,山无蹊隧,泽无舟梁。万物群生连属其乡,禽兽成群草木遂长。是故禽兽可系羁而游,鸟鹊之巢可攀援而窥,夫至德之世,同与禽兽居,族与万物并。"在这种社会里,人"同乎无知,其德不离;同乎无欲,是谓素朴。素朴而民性得矣"⑤。显然,他设想的理想社会是人与自然未揖别的原始社会,在他看来,当时人们无知、无欲就叫作"素朴",就是人的自然本性。他认为宗法等级制度下的教育就像伯乐治马、陶人治埴一样残害人的自然本性。伯乐治马造成马"死者十二三矣",陶人使陶土"圆者中规,方者中矩",改变了自然物的本然状态,都是违背自然的。"夫残朴以为器,工匠之罪;毁道德以为仁义,圣人之过也。"⑥ 正因为"素朴"是人的美好的自然天性,所以,他们主张"复归于朴"。可以说,"复归于朴",返璞归真,就是道家对教育作用的看法。

在道家看来,人性的复归过程,就是"为道"的过程,即"损之又损"的过程。《老子》:"为学日益,为道日损。损之又损,以至于

---

① 《庄子·骈拇》。
② 《老子·二十章》。
③ 《老子·二十八章》。
④ 《老子·十九章》。
⑤ 《庄子·马蹄》。
⑥ 同上。

无为。"① 意思是说，传统的政教礼乐之学是世俗情欲文饰日益增多的过程，而遵循自然之道则是世俗情欲文饰日益消损的过程。不断地消损世俗的情欲，就可以进入"与道为一"的自然无为境界。

5."不言之教"的教育模式论

道家以"道"为核心范畴，以"自然"为最高价值，认为凡是自然生成的东西就是最好的，而"人为"是对自然价值的破坏。这种自然无为思想体现在教育领域就是"行不言之教。"老庄对"不言之教"有不少论述。《老子·二章》："处无为之事，行不言之教。"《老子·四十二章》："人之所教，我亦教之。强梁者不得其死，吾将以为教父。"汉代河上公注释说："众人所以教去弱为强，去柔为刚；我教众人使去强为弱，去刚为弱。"强梁不得正常死亡，"我以强梁为教戒之始也"。《老子·四十三章》："不言之教，无为之益，天下希及之。"河上公解释说："法道不言，师之以身。""法道无为，治身则有益精神；治国则有益万民不劳烦也。""天下，人主也，希能有及道无为之治身治国也。"②《庄子·知北游》也说："夫知者不言，言者不知。故圣人行不言之教。"古人对"行不言之教"有不同的解释。汉代河上公解释为"以身师导之也"。晋郭象注释说："任其自行。斯不言之教也。""行不言之教"的命题，有两层含义：一是因为"道"生化万物是一个自然而然的过程，是"不言"的，并且是不可言说的，"知者不言，言者不知"，所以要效法道的"不言"的特征，以人的生命活动的本身为师。河上公是从这个角度解释的。二是"行不言之教"就是效法道自然无为，"任其自行"。郭象就是从这种意义上注释的。道家倡导的"不言之教"强调受教育者的主体性，反对儒、墨、法各家将教育内容强加给受教育者的"教化"说，强调教育是受教育者"自知""独见"，自我教育，自我发展的自然过程。

道家主张不言之教，但也重视教师的作用。《老子·二十七章》：

---

① 《老子·四十八章》。
② 河上公：《老子道德经·上卷》。

"善人者，不善人之师；不善者，善人之资。不贵其师，不爱其资，虽智大迷，是谓要妙。"意思是说，行道的善人可以成为不善人的老师。而不善的人也可以是善人的借鉴。若不尊重他的老师，不爱惜他的借鉴，虽自以为聪明，其实也会有大困惑的。能从不善之中获得身心之助，这是最重要的学习方法。这种以善人为师，以不善人为戒的尊师思想，在当时可为首举。

在教育内容方面，道家也与众不同。道家的教育内容既不是儒家、墨家的伦理规范，也不是法家的法规，而是"知常""明道"，即把"道"作为天地之"本根"、万物运行的客观规律。《老子·十五章》："知常曰明，不知常，妄作，凶"。河上公解释为："能知道之常行则为明。不知道之常行，妄作巧诈则失神明，故凶也。"

6. 培养"至人""真人"的教育目标论

道家的培养目标与世俗目标不同，儒家以培养圣人、君子为目标，墨家以培养"兼士"为目标，而道家以培养"至人""神人""圣人""真人"为目标。《庄子·逍遥游》："若夫乘天地之正，而御六气之辩，以游无穷者，逼且恶乎待哉？故曰：至人无己，神人无功，圣人无名。"所谓"至人""神人""真人"就是进入三无境界，即"无己""无功""无名"的人。所谓"无己"就是丧失世俗之我，进入物我两忘，"与天为徒"，与造化为友，消融于自然界，无牵无挂的自由境界；"无功"就是体道而无为，不追求世俗之功；"无名"就是捐弃权势，不为浮名，贵生轻名。总而言之，"三无"境界就是进入对是非、功名、利害、生死一切都无动于衷，达到精神绝对自由的逍遥自得的境界。

（四）孟轲的教育思想

1. 孟轲的生平和政治主张

孟轲（约公元前 372—前 289 年），字子舆，邹（今山东省邹县）人。孟轲为鲁国贵族孟孙氏之后裔，其父早逝，其母仉氏有贤德，善导幼子，她十分重视对孟轲成长环境的选择，先后将居舍从墓地之旁迁徙到市场之旁，又从市场之旁迁徙到学宫之旁。后来孟子稍长就学，孟母发现小孟轲有"废学"的现象，"母以刀断织"，警示小孟轲"学以立名，问以广知"，自此"孟轲惧，日夕勤学不息"①。这就是历史上广为传颂的"孟母三迁"和"断杼教子"的故事，反映了孟轲从小受到良好的家庭教育。

孟轲十分崇拜孔丘，自称："乃所愿，则学孔子也。"他一生主要从事政治活动和聚徒讲学，曾率弟子游历宋、滕、魏、齐、梁诸国，以王道、仁政游说于诸侯，也曾讲学于稷下学宫。

孟子

其私学弟子有数百人，曾经显赫一时。孟轲自视甚高，以为"如欲平治天下，当今之世，舍我其谁"②？他不仅自信，而且有强烈的历史使命感。虽得各国君主礼遇，但始终未受重用。孟轲于晚年归邹，专心著述、讲学。据司马迁记载，孟轲"退而与王章之徒序《诗》、《书》，述仲尼之意，作孟子七篇"。他非常热爱教育事业，以"得天下英才而教育之"为人生三大乐趣之一。他留下《孟子》一书，是其弟子万章等人所记述的他的言行录，也有人说系孟轲本人所著。孟轲的教育思想散见在《孟子》各篇之中。

孟轲得孔丘学说的嫡传，"受业子思之门人"。子思为孔丘之孙，从孔丘到孟轲，传承关系较为直接。人们将子思与孟子视为一派，称为"思孟"学派。

孟轲创立了以"性善"论为核心，以"尽心"说为修养方法，以"王道"政治为目的的思想体系。

"王道"政治，亦称"仁政"。它是与当时各诸侯国推行的"以力

---

① 陈士元：《孟子杂记》卷一，商务印书馆1937年版。
② 《孟子·公孙丑下》。

服人"的霸道政治相对立的,主张"以德服人"的"仁政";是一种地主阶级的政治改良思想。其主要包括以下内容。

其一,温饱型小农经济思想。他认为允许小农"有恒产"是社会安宁的根本。"民之为道,有恒产者有恒心;无恒产者无恒心。苟无恒心,放辟邪侈,无不为己。"① 主张实行"井田制",使小农有100亩土地,在5亩宅基地上养家畜、种桑树,能过一种"仰足以事父母,俯足以蓄妻子,乐岁终年饱,凶年免于死亡"② 的"养生送死而无憾"的生活。

其二,以民为本的政治思想。他痛感于当时诸侯国之间"争地以战,杀人盈野;争城以战,杀人盈城"③ 的残酷现实,反对兼并战争,主张"善战者服上刑,连诸侯者次之"④,在组织路线上,主张"尊贤使能,俊杰在位"⑤。他的政治思想的核心是"以民为本"。他认为"民为贵,社稷次之,君为轻"⑥。因为,"桀纣之失天下也,失其民也;失其民者,失其心也。得天下有道,得其民,斯得天下矣;得其心,斯得其民也"⑦。因此,统治者必须"保民",应当"乐民之乐,忧民之忧""乐以天下,忧以天下,然而不王者,未之有也"⑧。孟子把教育作为实施仁政的重要手段,他说:"善政不如善教之得民也。善政,民畏之;善教,民爱之。善政得民财,善教得民心。"⑨ 他认为教育关乎国家的命运,"城郭不完,兵甲不多,非国之灾也;田野不辟,货财不聚,非国之害也;上无礼,下无学,贼民兴,丧无日矣"⑩。孟子的仁政思想是中国古代人道主义的绝唱,在客观上对于巩

---

① 《孟子·滕文公上》。
② 《孟子·梁惠王上》。
③ 《孟子·离娄上》。
④ 同上。
⑤ 《孟子·公孙丑上》。
⑥ 《孟子·尽心下》。
⑦ 《孟子·离娄上》。
⑧ 《孟子·梁惠王下》。
⑨ 《孟子·尽心上》。
⑩ 《孟子·离娄上》。

固封建制度也是有益的。

2. "性善论"——教育思想的理论基础

战国时代,人们对人性问题进行过热烈的论争。告子主张,人性是生来就有的,人性的内容就是"食色",无所谓善不善。孟子针锋相对提出了"性善"论。"人性之善也,犹水之就下也。人无有不善,犹水无有不下。"① 在他看来,人生来就具有"四心""四端",他说:"恻隐之心,人皆有之;羞恶之心,人皆有之;恭敬之心,人皆有之;是非之心,人皆有之。恻隐之心,仁也;羞恶之心,义也;恭敬之心,礼也;是非之心,智也。仁义礼智,非由外铄我也,我固有之也,弗思耳矣。"② 意思是说:人都有"恻隐之心""羞恶之心""恭敬之心""是非之心"。这"四心"也就是"仁、义、礼、智"四种善端。这些是人"不虑而知""不学而能"的"良知""良能",是人所固有的,不是外界强加的。显然,这是一种唯心主义的道德先验论,但他也揭示了人与动物的本质区别和对人进行道德教育的内在可能性,为他的德育教育思想奠定了理论基础。

3. "明人伦"的教育目的论

孟子第一次概括出中国古代学校教育的目的——"明人伦",他说:"设为庠序学校以教之。庠者,养也;校者,教也;序者,射也。夏曰校,殷曰序,周曰庠,学则三代共之,皆所以明人伦也。人伦明于上,小民亲于下。"③ "人伦"就是处理五种人伦关系的原则,即"父子有亲,君臣有义,夫妇有别,长幼有序,朋友有信"④。在这"五伦"中,孟子把"孝"看作最重要的道德原则。"不得乎亲,不可以为人。"⑤ 在他看来,通过教育达到"明人伦"的目的,可以实现整个社会的德治。需要指出的是,孟子提出的"明人伦",并非仅仅局

---

① 《孟子·告子上》。
② 同上。
③ 《孟子·滕文公上》。
④ 同上。
⑤ 《孟子·离娄上》。

限在人伦范围，而是将道德关怀的范围扩大到动植物。他提出对动物要有"不忍尽之心"和"君子远庖厨"的思想，一方面，主张对动植物资源"取之以时""用之有节"，反对"竭泽而渔""焚林而猎"；另一方面，主张对禽兽要有怜悯和同情心，他说："君子之于禽兽也，见其生不忍见其死，闻其声不忍食其肉，是以君子远庖厨也。"①

4. 扩充"善心"的教育作用论

与性善论相联系，孟子认为教育的作用就在于扩充人固有的善端。在他看来，恻隐、羞恶、恭敬（也称为辞让）、是非四种心理倾向不过是处在萌芽状态的"善端"，它有发展为"仁义礼智"的可能性。但天赋"善端"变成现实的道德观念或道德品质，必须通过教育以促成其转化，否则"善端"就会失散。教育过程就是对善端的"扩充"的过程。孟子说："凡有四端于我者，知皆扩而充之矣。若火之始燃，泉之始达。苟能充之，足以保四海；不能充之，不足以事父母。"② 这段话的意思是说：教育的全部作用就在于引导人"扩充"其固有的善端，如同使星星之火，发展为燎原烈火，使汩汩的泉水，汇集成江河。人的"善端"得到"扩充"，就为行仁政奠定了思想感情基础，就能使天下安定；反之，则将"失其本心"，连赡养父母都不能做到。

5. 培养具有"浩然之气"的"大丈夫"精神

孟子提出的"大丈夫"的精神丰富了中国人的精神境界，是他对中国文化的重要贡献之一。

所谓"大丈夫"就是具有"富贵不能淫，贫贱不能移，威武不能屈"③的独立人格和精神气质。他将这种气质叫作"浩然之气"。孟子解释说：浩然之气"难言也"，不好描述。"其为气也，至大至刚，以道直养而无害，则塞于天地之间。"④古今学者对"浩然之气"见仁见智，提出各种诠释。赵岐认为"浩然之气"就是"至大至刚正直之

---

① 《孟子·梁惠王上》。
② 《孟子·公孙丑上》。
③ 《孟子·滕文公下》。
④ 《孟子·公孙丑上》。

气"；焦循认为"浩然，纯一之气"；朱熹解释说："浩然，盛大流行之貌。""至大，初无限量；至刚，不可屈挠；盖天地之正气，而人得以生者。"① 他又说，浩然之气"似今人说气魄相似。有这气魄便做得这事，无气魄便做不得"②。当代著名哲学家冯友兰则认为，"气"是所谓"士气"之气，这种气可以说是"一股劲"。孟子所说的"气"不是古代唯物主义哲学家所说的物质性的"气"，而是指人的精神力量，即基于对"道义"信仰坚信不疑而生发出来的一种为实现信仰而不受任何利诱、不向任何强权屈服的刚毅、果决、无所畏惧的大无畏精神。它既是一种对崇高信仰的坚守和对正义行为的内心自觉，也是一种大勇、大气、不屈不挠，为理想而献身的精神"气魄"。

孟子认为培育"大丈夫"的"浩然之气"主要路径在于：其一，"持志养气"。"夫志，气之帅也；气，体之充也。夫志至焉，气次焉。"③ "志"，即人的志向，或信念与追求；"持志"，即坚持崇高的志向。"养气"就是培育"浩然之气"。孟子认为"志"与"气"相比较，"志"是气的统帅，树立专一的志向是第一位的，而养气是第二位的。"养气"的关键在于"志于道"，即将实现"道义"作为自己的价值取向。其二，"配义与道"。他说："其为气也，配义与道，无是馁也。"据朱熹解释，"配者，合而有助之义"；"义者，人心之裁制"；"道者，天理之自然"；"馁，饥乏而气不充体也"。所谓"配义与道"，一方面，在内心深处要对儒家所谓的"道"有明确的认识，做到思想自觉；另一方面，用作为价值标准、价值规范的"义"裁制人的行为；只要做到这两点，就不会出现精神贫乏，使人全身充满"浩然之气"。其三，"集义"。他说：浩然之气"是集义所生，非袭而取之也。行有不慊于心则馁也。"④ 也就是说，要培养浩然之气，就要积累善行，经常去做应当做的事，使事事都符合道义，勿使有一事不

---

① 朱熹：《四书章句集注·公孙丑章句上》，上海古籍出版社2006年版。
② 黎靖德：《朱子语类》卷五十二，中华书局1986年版。
③ 《孟子·公孙丑上》。
④ 同上。

安于心，这样浩然之气就会自然发生于人的心中。实际上，孟子是在强调培养人的良好的精神气质，不只是一个认识问题，同时也是一个实践问题。仅仅由于偶尔做一件善事是不可能形成"浩然之气"的，必须时时、事事按"道义"办事，"浩然之气"便会自然而生。孟子培养"浩然之气"的思想在尔后两千多年的中国历史上对仁人志士产生过重要影响，也是对中国古代教育理论的重要贡献，不重视培育学生高尚的精神追求和良好的精神气魄的教育，注定是失败的教育。

6. 教学方法

孟子在长期的教育实践中积累了不少真知灼见，比较重要的教学经验有以下几个方面。其一，"深造自得"。孟子说："君子深造之以道，欲其自得也。自得之，则居之安；居之安，则资之深；资之深，则取之左右逢其源，故君子欲其自得之也。"① 这是孟子讲述君子教人学"道"之法，大意是说，君子所以要深刻把握"道"的奥妙，目的在于使"道"成为自己所自有的东西。只有成为自己所有的"自得"的东西，才能牢固掌握，深信不疑，才能成为深邃的知识储备，也才能左右逢源，即认识万物的本源。在这里，孟子强调的关键词是"自得"，即将外在的、典籍中的知识内化为学生自己自有的知识，这是对学生学习的一个基本要求。为了实现"深造自得"，一方面，要充分发挥理性思维的功能，"心之官则思，思则得之，不思则不得也"②。另一方面，对前代文献典籍和已有之见不轻信、不盲从，要敢于怀疑，有所取舍。"尽信书，则不如无书。"③ 其二，"盈科而进"。所谓"盈科而进"就是循序渐进，持之以恒。孟子形象地说："原泉混混，不舍昼夜，盈科而后进，放乎四海。"④ 有源头的泉水昼夜不停地流淌，等到灌满了沿途的沟沟坎坎，再继续前进，终于流到了大海。教学也如此，只有坚持不懈努力渐进，日积月累到一定程度才能通达。"流

---

① 《孟子·离娄下》。
② 《孟子·告子上》。
③ 《孟子·尽心下》。
④ 《孟子·离娄下》。

水之为物也，不盈科不行；君子之志于道也，不成章不达。"① 由此出发，孟子既反对半途而废，又反对揠苗助长。他说："有为者辟若掘井，掘井九轫而不及泉，尤为弃井也。"② 做事情好比掘井，虽然掘得很深但并未达到地下水泉，还是个废井。他认为学习是一个自然过程，教育者不能违背规律，急躁冒进，揠苗助长。孟子举例说："宋人有悯其苗之不长而揠之者，茫茫然，归谓其人曰：'今日病矣，予助苗长矣。'其子趋而视之，苗则槁矣"。他得出结论："助之长者，揠苗者也，非徒无益而又害之。"③

（五）荀况的教育思想

荀况是先秦儒家最后一位大师，也是先秦思想的集大成者，杰出的唯物主义哲学家、教育家。其思想和社会实践对战国末期社会政治和思想学术的发展以及对中国古文化的传承产生过重大的影响。

1. 荀况生活的时代和生平活动

荀况，字卿，又叫孙卿，战国末期赵国人，生卒年未能确定，他的重要活动在公元前298—前238年之间。荀况50岁到齐国游学，长期居齐，曾在稷下学宫"三为祭酒"，是一位声名显赫、威望甚高的学术首领，讲学则"最为老师"，是公认的最有德望的先生，并被齐国君主授予"列大夫"头衔。晚年受春申君之邀到了楚国，任兰陵令，后来退而著书授徒。他的学生除了著名的政治家李斯、法家集大成者韩非子之外，还有浮邱伯、毛亨、张苍等当世名儒。《荀

荀子

---

① 《孟子·尽心上》。
② 同上。
③ 《孟子·公孙丑上》。

子》一书，共32篇，大部分是他的作品，是研究他的教育思想的主要历史资料。

2. 以性恶论为基础的"化性起伪"的教育作用论

在中国历史上，荀子较早地提出了性恶论。他认为"凡性者，天之就也，不可学、不可事。"也就是说，性是人与生俱来的自然属性。具体来说，人性就是人"饥而欲食，寒而欲暖，劳而欲息，好利而恶害"的生理本能和"目可以见，耳可以听"的感知、认识能力。他说："今人之性，生而有好利焉，顺是，故争夺生而辞让亡焉……生而有耳目之欲，有好声色焉，顺是，故淫乱生而礼义文理亡焉。"①

荀子在关于人性和教育的作用问题上提出了"性伪之分"的观点，试图区别人的自然本性和社会属性，认定人的道德品质是在社会环境和教育的影响下形成的，人性的发展，不决定于自然本性，而决定于环境和教育。

在他看来，教育的作用就在于"化性起伪"，即"起礼仪法度以矫饰人之性情而正之，以扰化人之性情而道之也，使皆出于治、合于道者也"②。人性是可以转化的，小人可以为君子，君子可以为小人。改造人性的根本手段就是礼仪、法度。禹之所以为禹是礼仪法度矫正的结果。孟子的道德教育强调个体修养的"内求"，而荀子则强调"外铄"，即社会教化。认为社会风俗环境对人的影响巨大，"蓬生麻中，不扶自直"。

3. 培养"雅儒""大儒"的教育目的论

荀子的教育学说是为他的政治主张服务的。他的教育目的就是要培养"积文学，正身行，能属于礼义"的"贤能"之士，即封建官僚卿相士大夫的后备军。

在荀子的著作中，"贤能"之士即是儒者。他把儒者分为三等：

---

① 《荀子·性恶篇》。
② 同上。

"俗儒""雅儒""大儒"。"俗儒",即徒有儒者的外表,宽衣博带,"术缪学杂",仅能诵读先王之道和《诗》《书》条文,全然不知其用,而且谄谀当权者,苟图衣食,而不以为耻的"贱儒"。

"雅儒",即不侈谈"先王",而能取法"后王"的现行制度,其言行大体上合于《诗》《书》的礼法精神。但是他们很拘执,对于新出现的问题拙于对策,且不自欺欺人,尊贤畏法,不骄不慢。他们能使"千乘之国安"。

"大儒"是最理想的一类人才,他们不仅知识广博,而且能"以浅持博,以古持今,以一持万"①,以已知推知未知,自如地应对从未闻见过的新事物、新问题,自如地治理好国家,有统一天下的能力。显然,教育应当以大儒作为理想目标。

4. "诵经""读礼"的教育内容

荀子在教学中注重培养学生"法后王,一制度"的治理国家的能力。教育内容主要是儒家经典和礼制制度。荀况说:"学恶乎始?恶乎终?曰:其数则始乎诵经,终乎读礼。"② 以学习《诗》《书》开始,以学习《礼》告终。他很注重读《诗》《书》《礼》《乐》和《春秋》等儒家经典。荀子称颂儒家经典,并非把孔子传授下来的东西,原封不动地继承下来,而是有所取舍和改造,这主要表现在两个方面:在哲学思想方面,他扬弃了儒家学说中"天"的宗教性,直接把"天"解释为自然界,肯定"天行有常",自然界有自身的规律,由此提出了"制天命而用之"③的著名命题,把先秦的唯物主义思想发展到一个高峰;在政治思想方面,荀子提倡"王道""法治"。荀子所讲的"礼"与孔孟所讲的"礼"有所不同,他把"礼"解释为法典的大义和纲领,"礼"已与"法"相通。他把礼义放在第一位,把《诗》《书》放在第二位。所以在他的教学科目中,《礼》的位置也高出于其他学科之上。体现了他更重视法治的思想。

---

① 《荀子·效儒》。
② 《荀子·劝学》。
③ 《荀子·天论》。

从中国教育史上看，由于荀况的传经，使先秦儒家经典得以保存，这就使后世中国封建社会教育有了经典教科书，为汉代儒家"定于一尊"提供了依据。

5. 注重"行"的学习目的论与"解蔽"的思想方法

在荀况看来，学习的目的和归宿就是"行"，即指导自己的行为。荀况说："不闻不若闻之，闻之不若见之，见之不若知之，知之不若行之，学至于行之而止矣。"[①] 他把闻、见、知、行看作一个统一的道德学习过程。在知行关系上，他更重视行。这里的"行"是指道德实践、道德行为。他认为学习的归宿就是要"本仁义，当是非，齐言行，不失毫厘，无它道焉，已乎行之矣"。[②]

荀况以为，"凡人之患，蔽于一曲而暗于大理"，"一曲"就是一端之曲说、偏见。被一隅的偏见所遮蔽，而不能全面地看问题，这是人们常犯的错误。产生遮蔽的原因有二：一是固执一己之偏见，坚持己见"必是"，他见"必非"的态度；二是万物都有特殊性。"欲为蔽，恶为蔽；始为蔽，终为蔽；远为蔽，近为蔽；博为蔽，浅为蔽；古为蔽，今为蔽。凡万物异则莫不为蔽，此心术之公患也。"[③] 他倡导学生不偏执于某一事物和事物的某一方面，对事物作全面、广泛的比较、分析、综合，择其所是而弃其所非，以求如实地把握事物及其关系。

6. "贵师""重傅"思想

荀况十分重视教师和师傅的地位与作用。他把"师"提高到与天地、祖宗、君主并列的地位。他说："天地者，生之本也；先祖者，类之本也；君师者，治之本也。无天地恶生？无先祖恶出？无君师恶治？"[④] 他把"师法"看作人们获得知识和学会做人的捷径。"人无师

---

① 《荀子·儒效》。
② 《荀子·效儒》。
③ 《荀子·解蔽》。
④ 《荀子·礼论》。

无法而知，则必为盗；……人有师有法而知，则速通……"① 荀子把是否"贵师""重傅"看作国家兴衰的重要标志。"国将兴，必贵师而重傅；贵师而重傅，则法度存。国将衰，心贱师而轻傅；贱师而轻傅，则人有快，人有快则法度坏。"②

荀况在中国古代教育史上有不少理论创新，他提出"性恶论"，开创了与孟子教育"内发说"截然相对的教育"外铄说"，促进了德育理论的发展。荀况对于教育目的、教育内容、解蔽方法、教师地位和作用的阐发都颇具新意，其中不少主张及其实践对后世历代封建教育与政治发生过实际影响。

（六）法家的社会教育思想

法家是先秦著名的思想流派之一，秦以法家为指导思想，秦以后的统治者多以"外儒内法"为统治思想，也是具有巨大的实际影响的思想之一。法家较少论述学校的教育思想，更多的是社会教育思想——法制教育思想。

1. 法家的源流

法家的社会实践渊源于春秋时期郑国的子产和齐国的管仲等人。战国时期出现了李悝、吴起、慎到、申不害等一批早期法家思想家，其中魏国的李悝（约公元前455—前395年）是战国初期法家思想的前驱，他撰写了中国第一部刑法法典——《法经》。法家著名的代表人物是商鞅，韩非子是总其成者。

商鞅

商鞅（约公元前395—前338年），卫国人，原名卫鞅，亦称公孙鞅。他在秦被封为商君，被称为商鞅。他"少好刑名之学"，深受早

---

① 《荀子·儒效》。
② 《荀子·大略》。

期法家思想的熏陶。他的法制主张未被魏国采纳，于是来到当时还相当落后的秦国，以"霸道"和"强国之术"游说秦孝公，受到重用，执政20年，先后两次实行变法。他的法制思想"行之十年，秦民大悦，道不拾遗，山无盗贼，家给人足，民勇于公战，怯于私斗，乡邑大治"①。但由于商鞅的变法剥夺了贵族的特权，因此秦孝公死后，他被贵族势力车裂。商鞅虽死，而其变法却使秦国社会发生了深刻的巨变，为100多年后秦王嬴政统一六国奠定了基础。商鞅留有《商君书》一书，其中也掺入了商鞅一派法家后学的著作。

战国末期的韩非（约公元前280—前233年）乃是韩国的公子。早年与李斯同为荀况的学生。他早年曾向韩王建议变法未被采纳，于是"观往者得失之变"，总结前期法家变法的经验教训，从事著述，著有《孤愤》《五蠹》《内外储》《说难》《显学》等十余万言的著作，集法家理论之大成。韩非的著作流传至秦，秦王嬴政读后十分喜爱，将他招至秦国。后受李斯陷害入狱，被迫自杀。

韩非子

2. 性恶论——法家教育思想的理论基础

正如性善论是儒家德育教育的理论基础，性恶论则是法家法制教育的理论前提。早在《管子》书中就已认为，趋利避害是人性之常："夫凡人之情，见利莫能勿就，见害莫能勿避"②，商鞅坚持了这种看法。到了韩非，他不仅以为人"不免于欲利之心"③，而且列举了造车的舆人"欲人之富贵"，做棺材的匠人"欲人之夭死"，"主卖官爵，臣卖智力""产男则相贺，产女则杀之"等社会现象，论证了人离不

---

① 司马迁：《史记·商君列传》，光明日报出版社2015年版。
② 《管子·禁藏》。
③ 韩非：《韩非子·解老》，岳麓书社2015年版。

开"计算之心"。他说:"父母之于子也,产男则相贺,产女则杀之。此俱出父母之怀衽,然男子受贺,女子杀之者,虑其后便,计之长利也。故父母之于子也,犹用计算之心以相待也,而况无父子之泽乎!"① 这样一来,他把人的一切活动归结为一个"利"字,把一切社会关系都浸入冷冰冰的利害关系的计较之中,进一步发展了性恶论。

在韩非子看来,人性恶正是推行以法治国的根本依据。"凡治天下,必以人情。人情者有好恶,故赏罚可用。赏罚可用,则禁令可立而治道具矣。"② 在教育方面,他提出了"不务德而务法"的主张。他认为"母厚爱处,子多败,推爱也;父薄爱教笞,子多善,用严也"③。"父母之爱不足以教子",而严刑峻法则可以使人"变其节,易其行矣"。于是他做出了一个著名结论:"夫严家无悍虏,而慈母有败子。吾以此知威势之可以禁暴,而德厚之不足以止乱也。"④ 因此,他主张"不务德而务法"。

韩非子看到了道德教育的非强制性和有限性,但他走向了极端,根本否定道德教育的诱导和感化作用,走向了单一的法制教育的强制之途。

3. 禁私学、建"壹教"的教育专制思想

法家在政治上主张中央集权君主专制主义,韩非子认为:"一家二贵,事乃无功。"因此他主张"明君贵独"⑤,并设计出"事在四方,要在中央,圣人执要,四方来效"⑥ 的中央集权君主专制的理想社会。与其政治思想相一致,法家对百家争鸣的学术自由讨论持否定态度,反对对诸子百家兼收并蓄的态度。韩非子说:"夫冰炭不同器,寒暑不兼时而至,杂反之学不两立而治。今兼听杂学谬行同异之辞,安得

---

① 韩非:《韩非子·六反》,岳麓书社2015年版。
② 韩非:《韩非子·八经》,岳麓书社2015年版。
③ 韩非:《韩非子·六反》,岳麓书社2015年版。
④ 韩非:《韩非子·显学》,岳麓书社2015年版。
⑤ 韩非:《韩非子·扬权》,岳麓书社2015年版。
⑥ 同上。

无乱乎？"① 意思是说，就像冰与炭火不相容、寒暑不同时一样，杂乱之学之间是互相矛盾的、势不两立的。如果君主同时听取杂乱之学、矛盾之说，效法悖谬之行，那么，国家怎能不乱呢？因此，他主张禁止"私学"，取缔"杂反之学"。

商鞅较早提出了"贱游学之人"，而代之以"壹教"的主张。他说："所谓壹教者，博闻、辩慧、信廉、礼乐、修行、群党、任誉、清浊，不可以富贵，不可以评刑，不可独立私议以陈其上。坚者破，锐者挫。"② 意思是说，对那些博学诗书、长于谈辩、讲究信廉、论说礼乐、注重修行、集结朋党、互相标榜、议人长短之类人等，不能让他们得到富贵，不许他们评说刑罚，更不准他们创立私家学说向君主陈述，顽固的就打倒他，露锋芒的就挫败他。

韩非子将私家学派之人称为"乱上反世者"，将他们的学说称为"二心私学"。主张对私学及其学派应"禁其行""破其群""散其党"③。法家是百家争鸣的产物，他们禁止私学的主张则预示着百家争鸣的终结，文化专制主义的兴起。

法家禁止私学的目的在于统一思想，在于建立"以法为教""以吏为师"的"壹教"。

4. "以法为教""以吏为师"的教育模式论

"以法为教""以吏为师"是韩非子明确提出的教育主张，但其首倡者则是商鞅。商鞅认为："法令者，民之命也，为治之本也。"④ 法令就像充饥的食物，御寒的衣服一样，是治理国家不可或缺的准绳。因此，他主张"燔诗书而明法令"。所谓"明法令"就是使官吏与老百姓都"知法"；而明法令的基本途径就是"为法令置官"；"吏民知法者，皆问法官，故天下之吏民无不知法者。吏明知民知法令也，故

---

① 韩非：《韩非子·显学》，岳麓书社2015年版。
② 商鞅等：《商君书·赏刑》，上海人民出版社1974年版。
③ 韩非：《韩非子·诡使》，岳麓书社2015年版。
④ 商鞅等：《商君书·定分》，上海人民出版社1974年版。

吏不能敢以非理法遇民，民不敢犯法，"① 在这里，商鞅已经提出了以法令为社会教育的根本内容和以"主法之吏为天下师"的教育主张，并认为一旦天下的官吏和老百姓都知法、守法，官吏就不敢残害老百姓，老百姓也不敢犯法。就能实现"天下大治"的目的。

韩非子继承发展了商鞅的思想，明确提出："故明主之国无书简之文，以法为教；无先王之语，以吏为师。"② 这是法家教育思想和教育实践的一个基本概括，它要求对社会实行普遍的法治教育，使维护封建统治的政治、经济、思想、文教等法令妇孺皆知，深入人心。

法家以为，法制教育应从"信赏必罚"开始。"'信赏必罚'教育的目的在于树立法令的权威，取信于民，使官吏与老百姓树立法不阿贵，绳不挠曲。法之所加，智者弗能辞，勇者弗敢争；刑过不避大臣，赏善不遗匹夫。"③ 商鞅为了证明"赏厚而信"，在第一次变法时"恐民不信己，乃立三丈之木于国都市南门，募民能徙置北门者予十金。民怪之，莫敢徙。复曰：'能徙者予五十金。'有一人徙之，辄予五十金，以明不欺"④。在第二次变法中，太子犯法，他毫不留情地"刑其傅""黥其师"，追究太子两位老师的失教之过，证明"罚严而必"。

如果说"以法为教"主要表达了法家推行法治教育的内容，而"以吏为师"则主要表达了法制教育的实现手段。"以吏为师"，就是选拔知晓法律主管法律事务的官员为"天下师"，负责对官吏和民众进行法制教育。

法家"以法为教""以吏为师"的主张强调了法制教育，有其合理成分，但否定了其他知识的教育，走向了极端。

（七）《大学》《学记》中的教育思想

战国末年，百家争鸣进入学术总结时期，荀况、韩非子及《吕氏春秋》的作者对先秦学术思想进行了较全面的初步总结，而《礼记》

---

① 商鞅等：《商君书·定分》，上海人民出版社1974年版。
② 韩非：《韩非子·五蠹》，岳麓书社2015年版。
③ 韩非：《韩非子·有度》，岳麓书社2015年版。
④ 商鞅等：《史记·商君列传》，上海人民出版社1974年版。

中的《大学》《学记》两篇则是集中论述教育理论的著作，对儒家教育思想也进行了初步总结，将儒家的教育理论研究推向历史的高峰。

1. 《大学》——儒家的"大学之道"

《大学》是《礼记》中的一篇。《礼记》则是儒家重要典籍之一，写作年代大约在战国后期到西汉初期。在流传的过程中逐渐形成两个版本，一是汉宣帝时戴德所传85篇的《大戴礼记》；二是戴德的侄儿戴圣所传49篇的《小戴礼记》。《小戴礼记》在唐代列于五经，即通常所称的《礼记》。《礼记》是一部内容丰富而杂驳的丛书。其中《大学》《中庸》《学记》《乐记》等篇集中阐发了儒家的教育理论。《大学》着重阐明"大学之道"，即大学的教育的纲领。在中国古代，"大学"是与"幼学"相对应的概念，是指"大人之学"，即年龄在15岁以上的有较高层次的文化与道德教育。学术界一般认为，《大学》是儒家思孟学派的作品。南宋时期，经朱熹整理，将《大学》《中庸》《论语》《孟子》合称为"四书"，成为宋以后中国封建教育的基本教科书。

作为四书之首的《大学》对大学教育的目的、程序和要求作了完整、扼要、明确的概括，对后人的为学、为人产生了深远的影响。

《大学》的主要内容可概括为"三纲领"和"八条目"。

(1) "三纲领"

《大学》开宗明义说："大学之道，在明明德，在亲民，在止于至善。"这里提出了大学的教育目的和为学做人的三大目标："明明德""亲民""止于至善"，即所谓的"三纲领"。

"明明德"，"明"指彰明、自明；"明德"是指儒家所说的人人具有的天赋的善性，即孟子所说的仁义礼智等四种德性。"明明德"就是指通过讲学穷理，解除物欲的遮蔽，使人自明其先天具有的德性。"明明德"就是"修身""修己"。儒家认为"明明德"是教育的首要目标，也是每个人为学和做人的第一步，体现了儒家以道德教育为先的一贯思想。

"亲民"，程颐认为，应将"亲民"改作"新民"，他解释说，

"亲民"就是推己及人，使人们去其"旧染之污"，臻于善的境界。也就是说将"明明德"民众化，提高所有社会成员的道德水平，使人人都成为道德之民，这是更高一级的目标。

大学教育的终极目标是"止于至善"。《大学》对此的解释是："为人君止于仁，为人臣止于敬，为人子止于孝，为人父止于慈，与国人交止于信。"每个主体都应该负起其社会角色义务与责任，做到尽善尽美。

"三纲领"，从"明明德"到"亲民"到"止于至善"，是一个从个体自我修养开始，进而影响民众，并建立和巩固最良善的社会秩序的层层递进，浑然一体的过程。"三纲领"是儒家高度重视道德力量和以德治国的思想及其"内圣外王"人生理想在大学教育中的具体体现。

（2）"八条目"

为了实现"三纲领"，《大学》进一步提出一系列具体的步骤，它说："古之欲明明德于天下者，先治其国；欲治其国者，先齐其家；欲齐其家者，先修其身；欲修其身者，先正其心；欲正其心者，先诚其意；欲诚其意者，先致其知；致知在格物。物格而后知至，知至而后意诚，意诚而后心正，心正而后身修，身修而后家齐，家齐而后国治，国治而后天下平。"

《大学》的作者看来，从个人道德修养到治理国家的政治实践是一个统一的过程，这个过程有八个步骤：格物、致知、诚意、正心、修身、齐家、治国、平天下。所谓"八条目"实际上就是儒家建构的"修己治人"的封建道德教育体系。"八条目"的主要内涵如下。

其一，"格物""致知"。以道德认知为起点。"格物""致知"被视为"为学入手"或"大学始教"的阶段。"格物""致知"被儒家看作道德修养的基础和前提。按照唐代学者孔颖达的解释，"格物"，即接触、学习，尤其是指对道德规范的学习。意思是说，只有接触、学习，才能获得知识。致知在格物者，言若能学习，招至所知。①"致"作穷尽解。"致知"就是在与事物接触中，穷究其理。"致知"是一种"以积蓄学问开始引导出豁然贯通的最后阶段的方法"，"即从寻求事物之理开始，旨在借着综合而得最后的启迪"②。简单地说，"致知"就是对道德之理的把握。

其二，"诚意""正心""修身"。以克服偏私情感、树立道德信念、规范行为为根本要求。《大学》解释"诚意"说："毋自欺也，如恶恶臭，如好好色，此之谓自谦。故君子必慎其独也！""诚意"就是不要自欺欺人，要在心灵深处树立真诚的道德信念，要做到"慎其独"。"慎独"就是在闲居独处之时，在没有别人监督的情况下，也要谨慎小心，不敢有一念差池，坚守道德原则和规范。这里强调的是道德的自觉性，反对道德行为的虚伪性，要求做到表里一致、言行统一。"意诚而后心正"。《大学》认为树立道德信念需要克服个人的偏私情感，即"正心"。所谓正心，就是不受各种个人的情感左右，始终保持认识的中正。《大学》解释"正心"说："身有所忿懥（怒），则不得其正；有所恐惧，则不得其正；有所好乐，则不得其正；有所忧患，则不得其正。"意思是说，为个人愤怒、恐惧、偏好、忧虑等心理情绪的左右，对事物的认识判断就会产生偏差。"爱而知其恶，恶而知其美者，天下鲜矣。"一个人厌恶其喜爱的东西，赞美其厌恶的东西，是罕见的。因此，要获得客观、全面的认识，做出公正的判断，就必须"正心"。诚意与正心的区别在于：诚意主要指人的意念、动机的纯正；正心则要求摆脱情感对人认识和道德活动的影响。它们的共同特点在于：都是行为发生前的心理活动。如果说"格物""致知"的功夫着重于对客观准则的体会与把握，"诚意""正心"就更进了一步，深入人的意志与情感之中了。

如果说"诚意""正心"侧重于道德信念和道德情感，那么，"修

---

① 《礼记正义·大学》。
② 胡适：《先秦名学史》，学林出版社1984年版，第6页。

身"则是对人的行为的道德要求。《中庸》假孔子之口的解释"修身"说："好学近乎知，力行近乎仁，知耻近乎勇。知斯三者，则知所以修身。""好学""力行""知耻"就是修身，在态度上，要以极大的热情主动地去追求道德信念；在行为上，要努力实践，竭力执行道德规范；在道德价值观上，要树立明确的荣辱观。其核心是"力行"。"修身"就是行为方面的"正己""修己"的过程。孔子认为"正己"是"正人"的基础和前提，因此，《大学》主张，上自天子，下至庶人，都应"以修身为本"。从"诚意"到"正心"再到"修身"，就是一个由意念、动机到感情再到行为的修养过程，"由内及外"的道德养成过程。

其三，"齐家""治国""平天下"。道德教育的实践目标。如果说"格物""致知""诚意""正心""修身"是儒家所倡导的由内及外的个体道德修养过程，那么，"齐家""治国""平天下"则是由己及人、由近及远的道德修养的不断扩展、深化的过程。在《大学》的作者看来，个人"修身"是教育家族、治理国家、平定天下的基础，"齐家"就是以自己的道德行为影响、教育家族的过程。因此，朱熹在《大学章句》中解释"修身"与"齐家"的关系时说："身修，则家可教矣。孝、悌、慈，所以修身而教于家者也。""齐家"就是以自己的"孝""悌""慈"等道德行为影响、教育家族的过程。"治国必先齐家"，这是因为：一方面，"其家不可教而教人者，无之"。另一方面，"一家仁，一国兴仁；一家让，一国兴让；一人贪戾，一国作乱，其机如此"。《大学》的作者认为只要一个家族成为道德修养的榜样，就可以影响整个国家和社会。朱熹也是如此解释的："孝者所以事君，弟者所以事长，慈者所以使众，此道理皆我家里做成了，天下人看着，自能如此，不是我推之于国。"如果说"治国"是"齐家"的扩大和深化，而"平天下"则是"治国"的扩大与深化，其精神实质就是以德治国。"治国""平天下"既是儒家道德教育的最高目标，也是人生奋斗的理想。

如果说"格物""致知""诚意""正心""修身"这五条目讲的

是"内圣"之道,那么"齐家""治国""平天下"这三条目则讲的就是"外王"之道。它们都从政治着眼,在道德上探索,提出了一整套由小到大、由浅入深、由近及远、由简单而丰富,环环紧扣的德育、德治体系。"三纲领""八条目"所体现的道德至上精神和"内圣""外王"之道对汉以后中国知识分子的为学、为人与为政有极大的影响。

《大学》第一次对先秦儒家的德育思想作了纲领性的总结和论述,明确了德育的目的、任务、基本环节和要求,突出了德育与治理国家、平定社会的重要作用,对西汉以后的封建社会的教育提供了指导思想,在中国教育史上占有重要地位。但它也有明显的时代局限性,一方面,它过度夸大了道德的作用,走上了道德至上主义之路;另一方面,它反映了中国古代家国同构的宗法等级制度的要求。

2. 《学记》的教育思想

《学记》也是《礼记》中的一篇,一般认为是思孟学派的著作,成文于战国末期。它是中国古代第一部系统论述教育、教学理论的著作,被誉为"教育学的雏形"。《学记》与《大学》是姊妹篇,《大学》侧重论述教育的纲领,而《学记》侧重论述教育的具体实施,着重说明教学过程中的各种关系,是先秦以教学论为主的代表作。

《学记》全文不过1200字,但内容相当丰富,主要概括了教育的作用与目的、教育制度与学校管理、教育与教学的原则和方法等方面的思想观点。

(1) 教育的作用

《学记》明确提出:"建国君民,教学为先",即治理国家、管理社会,必须优先发展教育,它把教育上升到国家发展战略的高度。在《学记》的作者看来,"建国君民"之所以要"教学为先",就在于教育是实现以德治国的最佳路径。教育的作用概括起来,主要有两点:一是"化民成俗","君子如欲化民成俗,其必由学乎",认为教育具有教化人民群众遵守社会秩序,养成良好社会风俗的作用;二是培育人才,"玉不琢,不成器;人不学,不知道"。只有兴办学校,对人进行有目的、有计划的教育，才能使人懂得立身处世之道，成为德才兼备的人才。《学记》对教育价值的判断，成为以后历代学者看待教育的基本出发点。

（2）教育制度与学校管理

《学记》关于教育制度和学校管理的设想包括学制与学年、视学制度与考核制度两部分的内容。

①学制与学年的设想

关于学制系统，《学记》以托古的方式，提出了从中央到地方按行政建制建学的设想。它说："古之教者，家有塾、党有庠，术（遂）有序，国有学"，即设想从中央到地方按行政区划分设不同级别的学校，建立完善的学校系统。这一设想具有重要意义，从汉代开始，历代封建王朝基本上是依据这个设想去兴办学校教育事业的。

关于学年，《学记》把大学教育的修业年限规定为九年，分为"小成"与"大成"两个阶段。第一学年至第七学年为第一阶段，考核合格，学成后谓之"小成"。第八、第九学年为第二阶段，考试合格，学成之后谓之"大成"。这种学制体现循序渐进、不断提高的特点。

②视学制度与考核制度

《学记》主张天子必须亲自过问教育事业。大学开学，天子要率百官参加开学典礼，祭祀"先圣先师"，以示"敬道"。每年夏季，天子要举行隆重的大祭活动，并亲临学宫视察。这种君主视学的制度为后世所继承，成为中国古代教育管理制度的一个传统。

《学记》设计的考核制度是：由主管学校的官员主持，"中年考校"，即每间隔一年考查一次。考查内容包括学业成绩和道德品行，不同的年级有不同的要求。第一年"视离经辨志"，即考查学生分析经书章句的阅读能力和是否确立高尚的志向；第三年"视敬业乐群"，即考查学生对学业是否专心和与同学相处是否和睦；第五年"视博习亲师"，即考查学生学识的广博和对老师是否亲密尊敬；第七年"视论学取友"，即考查学生的学术见解和对朋友的选择情况。七年结束，考查合格者谓之"小成"。第九年考查"知类通达，强立而不反"，即考查在学识上是否能融会贯通和志向上是否坚定不移。合格者谓之"大成"。

(3) 教育教学的原则与方法

《学记》在总结先秦教育经验的基础上，提出了一系列教育、教学的原则与方法，这一部分内容是《学记》的精华，有重要的历史价值。

在教育教学原则方面，《学记》提出了预防性原则、及时施教原则、循序渐进原则、学习观摩原则、长善救失原则、启发诱导原则及藏息相辅原则。

预防性原则："禁于未发之谓豫。"即预先采取措施，防止学生产生种种不良倾向。否则，"发然后禁，则扞格而不胜"。"扞格"，即互相抵触，格格不入，意思是说，当不良倾向已经发生甚至积习已深时再去纠正它，就会困难重重。

及时施教原则："当其可之谓时"，掌握学习的最佳时机，适时而学，适时而教。否则，"时过而后学，则勤苦而难成"。这是因为"学时已过，则心情放荡，虽追悔欲学，精明已散，徒勤苦四体，终难成也"[1]。提出这一原则，说明当时教育界已经注意到学生学习和受教育的效果与学生的年龄特征、心理发育密切相关，把握学生学习和受教育的最佳时机，适时施教，是提高教学效果的重要原则。

循序渐进原则："不陵节而施之谓孙"，"陵节"，即超越次序；"孙"可以理解为教学内容的顺序和年龄的顺序。"不陵节而施之谓孙"，就是要求教学必须遵循一定的顺序。如果"杂施而不孙"，其效果将适得其反。因此，要"学不躐等"。

学习观摩原则："相观而善之谓摩"，即在学习中要相互观摩，取长补短。现代学习型组织理论高度重视团队学习，而《学记》在两千多年前已开始重视群体的教育作用，认为"独学而无友，则孤陋而寡

---

[1] 李光坡：《礼记述注》卷十五，四库书馆 1868 年版。

闻",这是经验之谈。

长善救失原则:《学记》认为,"学者有四失,教者必知之。人之学也,或失则多,或失则寡,或失则易,或失则止。此四者,心之莫同也。知其心,然后能救其失也。"这里指出了学生学习中存在的四种偏颇的倾向:"多""寡""易""止",即贪多务得,片面专精,浮躁轻心,畏难不前。这四种偏向是由"心之莫同",即个体的心理差异造成的,并在不同的学生身上表现出两重性,即"多、寡、易、止,虽各有失,而多者便于博,寡者易于专,易者勇于行,止者安其序,亦各有善焉,救其失,则善长矣"。[1] 所以,《学记》要求"教也者,长善而救其失者也"。教师要注意学生的个别差异,帮助他们发扬优点,克服缺点。

启发诱导原则:"君子之教,喻也。""喻"就是形象比喻、启发、善诱。《学记》提出了启发式教学三个要点。其一,"道而弗牵",孔颖达解释说:"'道',犹示也;'牵'谓牵逼,令速晓。""道"就是用形象的语言展示、引导,但又不能牵逼着学生使其迅速掌握知识;其二,"强而弗抑",孔颖达解释说:"'强'谓微劝学者,不推抑而教之。"即教师应督促勉励学生学习,但不能勉强、压抑学生;其三,"开而弗达",孔颖达解释说:"'开'谓开发大意,不事事使之通晓也。"[2] 即教师应当帮助学生打开解决问题的思路,揭示主旨,但不提供具体的答案。采用这三种方法教学,可以使学生"心和意悟",乐于学习,并能"使之思,则所得者深"。

藏息相辅原则:《学记》提出了"藏修"与"息游"、"正业"与"居学"相结合的原则,"藏焉修焉,息焉游焉","时教必有正业,退息必有居学"。汉代郑玄解释说:"藏谓怀抱;修习也;息谓作劳休止;游谓闲暇无事之游。"[3] "藏修"就是既要牢固地掌握已知的知识,蕴藏于心,又要不断地学习未知的知识,温故而知新,将知识积累与

---

[1] 王夫之:《礼记章句·学记》,岳麓书社2011年版。
[2] 卫湜:《礼记集说》卷八十九,国家图书馆出版社2003年版。
[3] 同上。

知识扩展结合起来;"正业"是指教师按时讲授的正课;"息游""居学"是指学生课外活动与学生之间的交流活动。它认为必须将有计划的正课学习与课外活动和自习有机结合起来,有张有弛。如果如此教学,可以达到使学生"安其学,亲其师,乐其友而信其道"的良好效果。

在教学方法方面,《学记》总结了三点重要的教学经验。《学记》曰:"善歌者使人继其声,善教者使人继其志,其言也,约而达,微而臧,罕譬而喻,可谓继志矣。"在这里它提出了:"约而达""微而臧""罕譬而喻"三种教学方法。孔颖达诠释说:"善教者出言寡约而理显易解,义理微而说之精善,其譬罕少而听者皆晓,为教如此,则可使后人继其志也。"① 意思是说,善于讲授的教师的教学方法是:用简约的语言使道理彰显、易解,将微妙的哲理解说得精确完善,举少量典型的例证而使听讲者都知晓道理,如果如此教学,就可以使后人继承教师的意志。这三点经验不失为高明的教学方法,至今仍有重要的价值。

在问答方法方面,《学记》提出了先易后难的提问法和随问而答的应答之法。《学记》:"善问者如攻坚木,先其易者,后其节目。相说以解。不善问者反此。善待问者如撞钟,叩之以小者,则小鸣;叩之以大者,则大鸣。待其从容然后尽其声。不善答问者反此。此皆进学之道也。"意思是说,善于提问者,如木匠加工坚硬的木材那样,先易后难,善于回答提问者,如钟之应撞,也随提问者所问事的大小而有针对性地回答问题。通过师徒之间先易后难的问答探讨,把问题搞清楚了,再得出最终的答案,这是提升学术水平的重要法则。

(4) 关于教师的论述

《学记》提出"尊师"的思想。《学记》:"凡学之道,严师为难。师严然后道尊,道尊然后民知敬学。""严",即尊敬。意思是说,办教育的法则,以尊师为难。师以传道为本,无师则道不传,所以,师

---

① 卫湜:《礼记集说》卷八十九,国家图书馆出版社2003年版。

尊然后道尊；学习的目的在于把握道，因此，道尊然后老百姓才懂得敬学。《学记》的作者主张，虽然天子至尊，但必须带头尊师，不能以臣下之礼对待老师。在祭祀礼仪方面，应当将"师"摆在"祭主"的尊位。

《学记》也对教师提出了自我提高、"教学相长"的要求，它说："虽有佳肴，弗食，不知其旨也；虽有至道，弗学，不知其善也。是故学然后知不足，教然后知困。知不足，然后能自反也；知困，然后能自强也。故曰教学相长也。"它强调"学然后知不足，教然后知困"，即学习实践与教学实践的重要性，认为教师的学习和教学实践本身就是一种学习的动力。正是这两种实践相互推动，使教师不断进步。可以说，提出"教学相长"的观点，是《学记》对中国古代教育理论的一大贡献。

《大学》和《学记》初步总结了儒家教育思想，是中国教育理论发展史上的一个高峰，对中国古代教育理论发展曾产生过深远的影响。

第二节　秦朝的教育

公元前221年，秦统一了六国，结束了长期以来诸侯割据称雄的分裂局面，建立了中国历史上第一个中央集权的封建专制国家。《史记·秦本记》："秦王政立二十六年，初并天下为三十六郡，号为始皇帝。始皇帝五十一年而崩，子胡亥立，是为二世皇帝。三年诸侯并起叛秦，赵高杀二世，立子婴。子婴月余，诸侯诛之，遂灭秦。"秦王朝在短短的十五年时间里，采取了一系列政治、经济和文化措施，废弃分封制，建立郡县制，统一度量衡和文字，为巩固新创立的封建专制制度和国家的统一做出了不少的建树，为汉王朝封建制度的确立、发展奠定了基础。

秦朝"设三老以掌教化"，设"博士官"，重视社会教育问题，采用了法家的文化教育思想，推行"以吏为师""以法为教"的教育政策，导致官学不修，私学禁绝，是中国古代教育史上一次失败的探索。

一 秦朝的文教政策

秦代在文教方面采用了统一文字、严禁私学和焚书坑儒等政策。统一文字有利于国家文化统一,而严禁私学和焚书坑儒则是对中国传统文化和教育的大破坏、大浩劫。

(一)统一文字

战国时期,由于地理环境和文化传统不同,各诸侯国"言语异声、文字异形"①,语言文字差异很大。这种差异,严重影响着秦王朝政令的实施和各地区的文化交流。秦始皇采纳了李斯的建议,对文字进行整理、简化和统一工作,秦始皇二十六年下令"书同文字"。据文献记载,李斯以秦国字形为基础,吸收六国字形,总结出一种新的字体——小篆(又称秦篆),编成字书颁发全国。这部名为《仓颉篇》的字书,成为儿童习字的课本。由于小篆书写比较困难,狱吏程邈又对小篆进行改进,简化成为隶书。小篆和隶书的出现和推广,对于文化的普及、教育的发展和中央集权制度的进一步巩固和加强具有重要意义。

(二)严禁私学、焚书坑儒

在中国教育史上,春秋战国时期是私学萌发、发展的时期。秦始皇统一六国后,经过几年实践,深感私学不利于中央集权制的巩固和政令的贯彻,李斯指出:"今皇帝并有天下,别黑白而定一尊。私学而相与非法教,人闻令下,则各以其学议之,入则心非,出则巷议,夸主以为名,异取以为高,率群下以造谤。如此弗禁,则主势降乎上,党与成乎下,禁之便。"② 他认为私学群起,百家争鸣是诸侯割据的产物。私学的存在有严重的弊端:一方面,各派学者会以自己的学说对国家政令进行议论、诽谤,必然会削弱皇帝的权威,阻碍政令的实施;另一方面,如不禁止私学,会为人们结党营私创造条件。因此,他提

---

① 司马迁:《史记·秦始皇本纪》,北京出版社 2006 年版。
② 同上。

出对私学"禁之便"。图书是私学存在的重要条件，因此，李斯提出"焚书"的主张，他说："史官非秦记皆烧之。非博士官所职，天下敢藏《诗》《书》百家语者，悉诣守、尉杂烧之。有敢偶语《诗》《书》者弃市，以古非今者族。……所不去者，医药卜筮种树之书。若欲学法令，以吏为师。"① 除秦国的历史、卜筮用书、农书不烧之外，其他文史书籍一律烧毁。敢于私下议论《诗》《书》者杀头，"以古非今者"灭族。这一建议得到秦始皇认可，并在全国执行。秦试图维护国家的思想统一，是可以理解的，但其采取的禁私学、烧书等手段则是简单粗暴的，造成了中国历史上一次文化大浩劫。

"焚书"的第二年（公元前212年），又爆发了更为残暴的"坑儒"事件。"坑儒"事件起因于方士侯生、卢生等人谎称能找到长生不死之药，但他们不仅长期求药未得，而且散布了抨击秦始皇的言论，引起秦始皇震怒，下令将460多诸生"皆坑之咸阳"。"坑儒"的目的是为了打击方士，但也坑了一批儒生，引起儒生的强烈不满，加速了秦王朝的灭亡。

二 秦朝"以法为教""以吏为师"的教育制度

"以法为教""以吏为师"是法家的一贯思想。商鞅提出："置立法之吏，以为天下师。"② 韩非子则进一步提出："明主之国，无书简之文，以法为教；无先王之语，以吏为师。"③ 李斯也主张："今天下已定，法令出一，百姓当家则力农工，士则学习法令辟禁。""若有欲学法令，以吏为师。"④ 法家的主张得到了秦始皇的采纳，并在全国推行，"以法为教""以吏为师"成为秦王朝一项基本的教育制度。

在秦统一六国之前就在政府机关附设"学室"，招收"史子"。"史子"是指政府中管理文书、档案、书记的文职官吏的子弟。"学

---

① 司马迁：《史记·秦始皇本纪》，北京出版社2006年版。
② 《商君书·定分》。
③ 《韩非子·五蠹》。
④ 司马迁：《史记·秦始皇本纪》，北京出版社2006年版。

室"的教育目标是训练刀笔小吏。从1975年湖北省云梦县睡虎地出土的秦简记载的有关内容看,秦代培养官吏的教育内容,除占主导地位的"法律令"之外,还包括诸物名称、百官职守、典章制度等知识和"为吏之道"。秦"为吏之道"对官德的规定,主要是:"精洁正直,慎谨坚固,审悉毋私,审当赏罚。"要求官吏要"除害兴利,兹(慈)爱百姓"①。

秦王朝"以法为教",法律法令是社会教育和学校教育的主要内容,但在法学教育中也包括一些道德教育的内容,如对老百姓开展移风易俗教育,"以矫端民心,去其邪僻,除其恶俗"②。如对官吏也开展道德教育,主要包括"宽容忠信,和平毋怨""恭敬多让,宽以治之"等内容。

秦王朝沿袭了战国时期设博士官的做法。据《汉书·百官公卿表》记载:"博士,秦官,掌通古今。"据《史记·秦始皇本纪》记载,秦朝至少有70位博士官。他们是博通古今的专家、学者,主要起朝政顾问的作用。秦王朝禁止私学,实行"吏师制度",既有害于传统文化的继承和发展,又废除了教师的社会职业,这无疑是中国古代教育发展史上的一次倒退。

第三节 汉朝的教育

公元前206年,秦王朝被农民起义推翻,刘邦打败项羽后建立了西汉王朝(公元前206年—公元8年)。汉朝是继秦朝之后中国历史上第二个建立中央集权的统一的封建王朝。"汉承秦制","改立郡县,主有专己之威,臣无百年之柄"③,即在建立郡县制、中央集权制、皇帝专权制、职官制度、法律和行政区划等方面继承了秦制。西汉末年,王莽篡夺皇权,建立"新朝"。由于王莽推行过于理想的变革,引起

---

① 睡虎地秦墓竹简整理小组:《睡虎地秦墓竹简》,文物出版社1978年版,第14页。
② 睡虎地秦墓竹简整理小组:《睡虎地秦墓竹简》,文物出版社1978年版,第15页。
③ 班固:《汉书·班彪传》,浙江古籍出版社2000年版。

社会各阶层的反对，加之天灾严重，农民走投无路，爆发了赤眉、绿林起义。刘秀联合农民起义军推翻了"新朝"政权，并击败了赤眉义军，恢复汉王朝，史称"东汉"（公元25年—公元220年）。

西汉初年，统治者总结了秦朝灭亡的经验教训，开始重新选择统治思想和创新教育制度，汉初以黄老思想为指导开始了新的教育尝试，到汉武帝时期，确立了"独尊儒术"的教育制度，后又经过汉宣帝主持的石渠阁会议统一了儒学的内容，用至高无上的皇权使儒学学术观点变成了国家的最高法典，东汉时期汉章帝主持白虎观会议又将儒学神学化。两汉时期为中国古代以儒学为主体的教育制度奠定深厚的历史根基。中国教育史进入向儒家教育体系的历史转向和建构时期，为后世封建教育体系的发展奠定了基础。

一 汉朝的文化教育政策

（一）汉初崇尚"黄老之学"的文教政策

汉朝初期（汉高祖、惠帝、吕后、文帝、景帝等几朝君主主政时期，前后60多年），选择了以"黄老之学"为治国思想，推行"扫除烦苛，与民休息"的方略，创造了著名的"文景之治"。选择"黄老之学"的主要原因在于：其一，汉初，社会残破不堪，人口锐减，"大城明都散亡，户口可得而数者十二三"[①]，社会财富极端困乏，"自天子不能具均驷，而将相或乘牛马，齐民无盖藏"[②]，统治阶级不得不推行医治战争的创伤，与民休养生息的政策；其二，秦王朝以法家为指导思想，但二世而亡，汉统治者注意吸取秦兴亡的教训，认为"仁义不施""焚文书而酷刑法"和大兴土木是秦灭亡的主要原因，因此，必须改变治国的指导思想；其三，汉初的统治者也不喜欢儒家，汉高祖"不好儒"，汉文帝"好道家之学，以为繁礼饰貌，无益于治"[③]，

[①] 司马迁：《史记·高祖功臣侯者年表》，北京出版社2006年版。
[②] 司马迁：《史记·平准书》，北京出版社2006年版。
[③] 司马迁：《史记·礼书》，北京出版社2006年版。

汉景帝"不任儒者",窦太后"好黄帝老子之言"①;其四,汉初的黄老之学不同于先秦的古典道家,它假托黄帝,依据《老子》,并"采儒墨之善,撮名法之要,兴时迁移,应物变化"②,主张"无为而治",顺应了汉初急需恢复发展经济和人民渴望休养生息的客观要求。

汉初统治者奉黄老之学为基本治国方略,采取了"废除挟书律"和允许各家并存,开办私学的文化教育政策。

"废除挟书律。"据《汉书·惠帝纪》记载:四年(公元前191年)"除挟书律。"即废除秦朝"敢有挟书者族"的法律,允许人们收藏、挟带、讨论《诗》《书》等历史典籍。此举有益于人们收集、传抄、整理古代典籍。

允许各家并存,开办私学。汉初由于在社会上推行"无为而治"的政策,在客观上为各种学术派别的并存和私学的发展提供了一种较为宽松的政治环境。汉初允许私学的发展,当时的私学传授的学术思想主要有黄老之学、"申商刑名"之学和儒学。学习与传授黄老之学者众多,如曹参、陈平、汲黯、直不疑等人都崇尚黄老,身居要职,显名于世。儒学传授学术的活动比较活跃,出现了一批经学大师,如《易经》为卜筮之术,秦朝不禁此书,所以传授《易经》者不绝。汉初,田何传授《易经》颇为有名;济南人伏生乃秦朝的博士,汉初传授今文《尚书》的影响颇大;鲁人申公(申培)为《诗》作训诂,"教于乡里,弟子为大官、博士者十有余人"。

(二)武帝"独尊儒术"的文教教育政策

西汉王朝经过半个世纪的"休养生息",经济日益繁荣,政治局势逐渐趋于安定,但一些新的矛盾也逐渐暴露出来,一方面,社会分化加速,贫富悬殊加剧,社会矛盾加大;另一方面,统治阶级内部矛盾突出,刘姓诸侯王与皇室争权夺利,甚至发动武装叛乱,"所由异术,所闻殊方"③,亟待统一治国思想,安定人心。此

---

① 司马迁:《史记·外戚世家》,北京出版社2006年版。
② 司马迁:《史记·太史公自序》,北京出版社2006年版。
③ 张溥:《汉魏六朝百三家集·董仲舒集》卷三,人民文学出版社1960年版。

外，匈奴贵族的侵扰不断，汉初采取的"和亲"退让政策难以为继。依靠黄老之学已无力解决这些重大的社会问题，统治阶级需要选择一种积极进取的指导思想，于是儒家应时而显，取得定于一尊的地位。

公元前140年，汉武帝即位。他积极探索新的治国之策，董仲舒在"贤良对策"中提出兴办太学，罢黜百家，独尊儒术的主张。他说："《春秋》大一统者，天地之常经，古今之通谊也。今师异道，人异论，百姓殊方，指意不同，是以上亡以持一统；法制数变，下不知所守。臣愚以为诸不在六艺之科孔子之术者，皆绝其道，勿使并进。邪僻之说灭息，然后统纪可一而法度可明，民知所从矣。"[①] 汉武帝采纳了董仲舒的建议，采取了一系列新的文教政策。

1. 置五经博士

武帝建元五年（公元前136年），"置五经博士"。"五经"是指儒家的《诗》《书》《礼》《易》《春秋》。设置五经博士，是汉武帝采取的"推明孔氏，抑黜百家"，建立学校之官的重要举措。

2. 兴办太学

兴办太学的建议也是董仲舒提出来的，他说："养士之大者，莫大乎太学；太学者，贤士之所关也，教化之本原也。""愿陛下兴太学，置明师，以养天下之士。"[②] 他把兴办太学看作培养人才的重大举措，推动社会教化的根本。汉武帝采纳了他的建议，元朔五年（公元前124年），开始"为博士官置弟子五十人"[③]。从此，博士从秦朝的朝廷备顾问之官转化为一种以教授为主要职能的学官。汉武帝还"令天下郡国，皆立学校官"。太学的设立，是中国教育史上的一件大事，开了以后各代王朝设立太学的先河。

3. 确立"察举"制度

汉王朝重视人才的选拔，选拔人才采用"察举"制度。汉代察举

---

① 班固：《汉书·董仲舒传》，浙江古籍出版社2000年版。

② 同上。

③ 司马迁：《史记·儒林列传》，北京出版社2006年版。

分两类，一是有特殊才能之人，称为"贤良"；一是品行端正的孝子、廉吏，称为"孝廉"。察举，即察言观行而举荐之。汉代的察举除继承了西周"乡察里选"之法外，一般由地方官员负责考察举荐。察举出来的人才到中央后，一般还要进行面试，皇帝用一些军国大事来询问贤良之士，这称为"贤良对策"。汉文帝曾下诏"举贤良方正能直言极谏者"，但未能形成正式的选拔人才的制度。汉武帝即位后，十分重视选拔人才，"举贤良文学之士，前后百数"，并于元光元年（公元前134年）诏令郡国举孝廉各一人，确立了察举取士制度。汉武帝对察举制度有所创新：一是增加了察举的类别，除选拔"贤良"之士外，增加了"举孝廉"和"文学之士"（通常是指精通经学之士）。尤其选拔"文学之士"，首开了以儒术取士的先河，为儒学独尊提供了制度保障。东汉蔡邕评价汉武帝确立的察举制度说："孝武之世，郡举孝廉，又有贤良文学之选，于是名臣辈出，文武并兴，汉之得人数路而已。"[1]

4. 独尊儒术

《史记·儒林列传》："孝文帝本好刑名之言，及至孝景不任儒者，而窦太后又好黄老之术。"到汉武帝时才确立了"独尊儒术"的治国方略。儒家思想乃是汉王朝统治者在总结秦朝短命而亡的教训和经过采用黄老之学的尝试之后，最终选择的统治思想体系。"独尊儒术"为汉代创立经学教育体系提供了指导思想。"独尊儒术"，虽然有利于维护汉王朝的统一，却扼杀了其他学派的自由发展，是一种新的文化专制政策。汉统治者在施政过程中，实际上是软硬兼施、"霸王道杂之"。汉宣帝就曾说："汉家自有制度，本以霸王道杂之。奈何纯任德教、用周政呼？且俗儒不达时宜，好是古非今，使人眩于名实，不知所守，何足委任？"[2] 他的这段话，反映了汉代统治者"阳儒阴法"，儒法并用的治国文化策略。

---

[1] 范晔：《后汉书·蔡邕传》卷九十下，中华书局1965年版。
[2] 班固：《汉书·元帝纪》卷九，浙江古籍出版社2000年版。

二 汉朝学校教育的发展和经学教育的特点

汉王朝高度重视学校教育，使学校教育体系趋于完善，为中国封建社会的学校教育制度的发展奠定了基础。

（一）汉朝的学校体系

汉朝的学校有官学和私学两大类型。官学又可分为中央官学和地方官学两种，中央官学最重要的是由九卿之一的太常直接管理的以传授儒家经典为主的太学。东汉时期除太学外，又出现了两种中央官学，即"鸿都门学""宫邸学"（又称四姓小侯学，即为郭、樊、阴、马四姓外戚子弟专门设立的学校）。

地方官学主要是指郡国学。私学按其程度可分为书馆和经馆两类。

1. 太学

汉武帝元朔五年（公元前124年），"为博士置弟子五十人"，标志着太学的正式设立，也意味着以经学教育为基本内容的中国封建教育制度的正式确立。

太学创立之后，规模不断扩大，据《汉书·儒林传》记载：汉"昭帝时曾博士弟子满百人，宣帝末增倍之，元帝好儒……更为设千员，成帝末或言孔子布衣养徒三千，今天子太学弟子少，于是增弟子三千人。"汉元帝、成帝时先后将太学生人数增加到1000人和3000人，规模空前。汉平帝时期，王莽大规模修建太学校舍，"启明堂、辟雍、灵台，为学者筑舍万区"[①]。

东汉迁都洛阳，于建武四年（28年）重建太学。汉章帝重修太学，扩建校舍，"凡所造构二百四十房，千八百五十室"[②]，东汉质帝本初元年（146年），太学生曾增加到30000多人，盛极一时。

太学的教师 汉朝太学的教师一般由五经博士担任。西汉博士任职有两个途径，一是察举推荐，或由皇帝征召社会名流，或由

---

① 班固：《汉书·王莽传》卷九十九，浙江古籍出版社2000年版。
② 范晔：《后汉书·儒林列传》卷一百九上，中华书局1965年版。

大臣推举"文学之士"。二是他职迁移,多为中央官署的属官转任太学博士,以郎官为主。汉武帝创立了中央试策制,西汉时期,一般博士任职都要经过试策。东汉时期,将推举与考试相结合,实行博士"选试之法",由太常主持选任博士考试,或试儒家经典,或试策,择优选取。博士任职的标准高,人数较少,一般都受到社会的尊重和朝廷的礼遇。

汉代的太学生 太学生在西汉被称为"博士弟子""太学弟子"。东汉称其为"诸生""太学生"等。据《史记·儒林列传》记载,"太常择民年十八以上,仪状端正者,补博士弟子。郡国、县、道、邑有好文学,敬长上,肃政教,顺乡里,出入不悖所闻者,令相长丞上属所二千石,二千石谨察可者当与计偕诣太常得授业如弟子"。这段史料说明,汉代太学生的选拔途径有二:一是由太常直接选拔;二是由郡国、县、道、邑等地方长官推荐,郡守相(二千石)考察,上报中央太常审核。对太学生的年龄、仪表、道德品质、政绩和儒学水平都有严格的要求。太学生作为"天子太学弟子",朝廷对他们的待遇优厚,不仅可以免其赋役赋税,而且还享有一定的俸禄。

汉代太学的教学内容和教学形式 太学实际上是一所高级的儒学专修学校,以儒家经典为教学的主要内容。汉代经学分为今文经学与古文经学两大派,三者纷争不断,这既不利于太学教材的统一,又妨碍政治思想的稳定,于是汉统治者召开了著名的"石渠阁"会议和"白虎观"会议,讨论经学文本,到东汉熹平四年(175年),才基本确定了太学的经学教材,即《尚书》《周易》《春秋公羊传》《礼记》《论语》等。蔡邕等人将这些经书镌刻在46块石碑上,立于太学门外,史称"熹平石经"。

太学的教学形式 太学初建时,学生的名额较少,太学博士"各以其家法教授",也就是各经学流派按照他们自己的观点、方法对学生进行个别教学,大致相当于现代的导师制。汉元帝、成帝时学生数量迅速增加,不得不采用集体讲授的方式,称之为"大都授"。唐代著名学者颜师古解释说:"都授,谓总集诸生大讲授也。"集体讲课一般在大"讲堂"里进行,东汉太学的讲堂长十丈,广三丈。主讲的博士称为"都讲"。《后汉书·郭丹传》:"既至京师,常为都讲,诸儒咸敬之。"郭丹就是当时讲大课的硕儒。采用"大都授"的教学方式,既提高了教育效率,又在一定程度上缓解了教师不足的矛盾。

太学生的考试及太学生的出路 在汉代,太学考试不仅是考查学生掌握经学程度的主要手段,而且是决定学生入仕的选拔制度,受到朝廷和学生的高度重视。太学的考试基本上采用"设科射策"的形式。《汉书·儒林传》:"自武帝立五经博士,开弟子员,设科射策,劝以官禄。讫于元始百余年,传业者寖盛,支叶蕃滋。一经说至百余万言,大师众至千余人,盖利禄之路然也。"由此可知,西汉"设科射策"的考试方式推行了100多年。颜师古解释说:"射策者,谓为问难疑义,书之于策,量其大小,置为甲乙科,列而置之,不使彰显有故。射者,随其所取而释之,以知优劣。射之言投射也。"[1] 大意是说,"射策"就是由考官将所出的试题书于简策,并列排放,加以覆盖,防止作弊,考生随机抽取一策进行解答,类似于现代的抽签考试。所谓"设科"就是考官根据考题的难易程度分为甲、乙两科。通常甲科考试合格者授郎中,乙科考试合格者授文学掌故。这种将太学考试与学生的利禄挂钩的政策,极大地鼓励了儒学教育、儒学研究的发展和儒学大师的大量涌现。

西汉时期,考试通常为一年一试,东汉恒帝永寿二年(156年)改为两年一试。设科标准也改为以通经多少(二经、三经、四经、五经)来评定等级高下,合格者分别授予官职。

2. 鸿都门学和宫邸学

东汉时期,中央官学除太学外,还有鸿都门学和宫邸学。《东汉会要》:"明帝永平九年(66年)为四姓小侯开设学校,置五经师。"

---

[1] 马端临:《文献通考·学校考》卷四十,山西古籍出版社2003年版。

"四姓小侯学校"又称为"官邸学"。东汉灵帝"光和元年（178年）遂置鸿都门学，画孔子七十二弟子像……其诸生皆勅州郡三公举用辟召"。

鸿都门学 东汉灵帝光和元年（178年），宦官集团为迎合汉灵帝的个人嗜好创办的一种研究文学艺术的专门学校。因校址位于洛阳的鸿都门内而得名。鸿都门学的"诸生皆敕州郡三公举召，能为尺牍、辞赋及工书鸟篆者。课试至千人焉"。也就是说，鸿都门学的学生都是由州郡地方长官或朝中三公举荐，擅长写作、诗赋、绘画和鸟形篆字的文学艺术的少年。学生规模达到1000人。这些学生毕业后"或出委刺史、太守、入为尚书、侍中，乃有封侯赐爵者"。[①] 因鸿都门学生专门学习诗、赋、书画，与当时"独尊儒术"的太学格格不入，因此，"君子皆耻与为列"，但鸿都门学的创立具有特殊的意义：它是世界上最早的文学艺术专门学校，突破了汉武帝以来国学以儒家经典为唯一教学内容的局限，首开了中央国学文学艺术专门教育的先河，堪称中国古代教育史上的重要创新。

官邸学 官邸学是东汉王朝专为皇室、外戚、功臣子弟创办的贵胄学校。东汉明帝永平九年（66年），"为四姓小侯开立学校，置'五经'师"[②]，即为外戚樊氏、郭氏、阴氏、马氏四姓子弟设立学校于南宫。因四姓不曾封侯，而称它为"四姓小侯学"。学校教学内容与太学相似，传授儒家经典，但设备和师资条件比太学优越。安帝邓太后临朝施政时，又于元初六年（119年）设立了另一所贵胄学校，诏征"济北、河间王子男女年五岁以上四十余人，又邓氏近亲子孙三十余人"[③] 入学。邓太后亲自监试，目的在于用儒家思想教育贵族子弟。这些贵胄学校的设立，反映了东汉贵族子弟享有受教育的特权。

---

① 范晔：《后汉书·蔡邕传》卷九十下，中华书局1965年版。
② 范晔：《后汉书·明帝纪》卷二，中华书局1965年版。
③ 范晔：《后汉书·邓皇后纪》卷十上，中华书局1965年版。

3. 地方官学

汉朝的地方行政区划分为：郡国、县、道、邑、乡、聚。郡国是最大的地方单位。"皇子封王，其郡为国。"① 汉朝郡国学校创始于汉景帝时期。蜀郡守文翁深感蜀地"有蛮夷之风"，在成都修建"石屋讲堂"，以司马相如等人为教官，传授儒家经典，这便是教育史上所称颂的"文翁兴学"。汉武帝即位后，对文翁兴学一事极为赞赏，下令各郡国仿效蜀郡设立学校。此后，各地方纷纷建立地方官学。汉平帝元始三年（公元3年），平帝下令，立"学官。郡国曰'学'，县、道、邑、侯国曰'校'，校、学置经师一人；乡曰'庠'，聚曰'序'，序、庠置孝经师一人"。郡国以下县、邑、乡、聚都分别设立了称之为"学""校""庠""序"不同等级的学校，出现了"四海之内，学校如林，庠序盈门"②的盛况。

4. 私学

秦汉之际，私学开始恢复，汉武帝之后，私学发展迅速，东汉时期，私学进入繁盛时期，教师和学生人数远远超过了官办学校。经过汉武帝以来大力推崇儒学，东汉时期"专事经学"成为一种浓厚的社会风尚。《后汉书·蔡玄传》记载了当时私学繁荣发达的盛况："其服儒衣，称先王，游庠序，聚横塾者，盖布之邦域矣。若乃经生，不远万里之路。精庐暂建，赢粮动有千百。其著名高义开门受徒者，编牒不下万人。"东汉私学出现了不少特点。其一，私学数量多，规模大。据学者统计，《后汉书·儒林传》及其他传记所载，较大规模的私学共计38家，授业弟子千人以上者15家，万人以上者两家，尚未统计官僚士大夫之家私学及家学；③ 其二，经学大师积极创办私学或主持私学教学，如马融"才高博洽，为世通儒，教养诸生常有千数"④。蔡

---

① 范晔：《后汉书·百官志》卷三十八，中华书局1965年版。
② 班固：《汉书·班固传》卷七十下，浙江古籍出版社2000年版。
③ 杨振梅：《东汉经学世家述纪》，硕士学位论文，曲阜师范大学，2006年，第26页。
④ 范晔：《后汉书·马融列传》卷九十上，中华书局1965年版。

玄"学通五经，门徒常千人，其著录者万六千人"①；其三，私学形成了由浅入深的结构体系。私学大致形成了"书馆"—"乡塾"—"经庐"或"精舍"等三个结构层次，其中"书馆"的教学目的是教儿童识字习字，也传授一些数学常识。"书馆"所用字书种类较多，有《仓颉篇》《凡将篇》《急就篇》等。其中《急就篇》流传最广，并一直保存至今。"乡塾"以学习《孝经》《论语》为主，让学生接受儒家学说的基础知识，也学习字书《尔雅》。"精庐"亦称"精舍""经馆"，一般是由通经大儒创办以专习儒家经典为主的高级私学。如"刘淑……少明《五经》，遂隐居，立精舍讲授，诸生常数百人"②，再如"姜肱……博通《五经》，兼明星纬，士之远来就学者三千"③，如丁恭，当世称为大儒，"诸生自远方至者著录数千人"。楼望"教授不倦，世称儒宗，诸生著录九千余人"④。

汉代尤其东汉时期私学繁盛的原因是多方面的，其中最主要的原因是自汉武帝以后，汉代将明经作为选拔官吏的主要条件，儒生只要通晓经学，便可以入仕做官。正如汉昭帝时的博士夏侯胜对学生所说："士病不明经术。经术苟明，其取青紫，如俛拾地芥耳。经学不明，不如归耕。"⑤"青紫"指卿大夫之服；"俛"，"俯"的异体字。意思是说，士人最主要的忧虑就是不通晓儒家学术，一旦通晓儒家学术，入仕当卿大夫，犹如弯腰捡拾地上的草芥一样容易。学不好经学，只能回家种地了。研习经学是当时入仕当官的捷径，这是推动私学发展的源动力。此外，汉代古文经学与今文经学之争十分激烈，东汉时今文经学独占官方教育，古文经学家为了宣传自己的学术思想，便坚持在私学中传授，这是推动私学发展的重要原因。东汉豪门世族追求书香门第、学风优美，为了保障世代显赫，便占领学术制高点，垄断仕

---

① 范晔：《后汉书·儒林列传》卷六十九下，中华书局1965年版。
② 范晔：《后汉书·刘淑传》卷九十七，中华书局1965年版。
③ 范晔：《后汉书·姜肱传》卷八十三，中华书局1965年版。
④ 范晔：《后汉书·楼望传》卷一百九下，中华书局1965年版。
⑤ 班固：《汉书·夏侯胜传》卷七十五，浙江古籍出版社2000年版。

途，使子弟世代为官，也热衷于兴办私学，积淀家学优势，这也是私学繁盛的原因之一。

(二) 汉朝经学教育的内容与特点

1. 汉朝经学教育的内容

汉朝的官学和私学教育的主要内容是经学，而经学分为今文经学和古文经学。"经"的本意是指订书的线，引申为各学术流派的代表性著作，即经典，后来演变为儒家经典的特称。儒家经典有一个演变的历史过程，在春秋末期，传说孔子修订、整理了一批历史文献，形成了"六经"，即《诗》《书》《礼》《乐》《易》《春秋》。西汉时期，《乐》失传，剩下"五经"。东汉时期，在原来"五经"的基础上，增加了《孝经》和《论语》，成为"七经"。经过唐宋时期的发展，儒家经典被确定为"十三经"，即《易经》《尚书》《诗经》《周礼》《仪礼》《礼记》《春秋左传》《春秋公羊传》《春秋谷梁传》《论语》《孝经》《尔雅》《孟子》。朱熹又对儒家经典进行了新的界定，提出"四书五经"的概念。"四书"是指《大学》《中庸》《论语》《孟子》，"五经"是指《诗经》《尚书》《礼记》《周易》《春秋》。此后"四书五经"便成了儒家经典的代名词。汉代经学是指研究、阐释儒家经典的学问。汉武帝推行"独尊儒术"，学经便成为两汉教育的主要内容。

汉朝经学有两大流派，即今文经学与古文经学。今文经学是指研究今文经的学派。这一派所依据的儒家经典，大都没有先秦旧本，而是由战国时期口头传授下来的、到汉代用隶书写成的。隶书是秦汉时期流行的文字，故称其为今文经学。今文经学始于西汉初年，汉宣帝时期达到极盛，代表人物是董仲舒。这一派以阴阳灾异思想贯穿经学研究，阐述天人之道，建立了以天人感应思想为特征的思想体系，在解释儒家经典章句中，动辄几十万言，甚至百万言，流于烦琐、庸俗、后来公开与谶纬迷信合流。

古文经学是指以训解古文经典为特征的经学流派，其所依据的儒家经典是汉代从地下或孔壁中挖掘出来，或通过其他途径保存下来的、用秦以前的大篆或小篆写成的儒经藏本，故称为古文经学。它偏重于文字考证和考古学，后世称之为"汉学"。古文经学始于西汉末年，王莽新政时期，曾一时得势。其代表人物有西汉末年的刘歆和东汉末年的郑玄。今文经学得到统治者的扶持，独霸太学讲坛。而古文经学则多以私学为阵地。

2. 汉朝经学教育的特点

汉朝经学教育有两个显著的特点：以"章句"教学为形式；注重"师法""家法"。

以"章句"教学为形式　汉朝经学教育中多采用章句的形式教学。所谓"章句"是指经师在教学中，注重对儒家经典进行划分章节、段落、标点、断句，然后逐字逐句地进行解说，形成了注经之风。章句之学最初较为简单，但后来经师在注释经典时旁征博引，阐释发微，任意发挥，使章句趋于烦琐、庸俗。如"说'尧典'二字，至十余万言。说'曰若稽古'，犹三万言也"[1]。汉代经学教育烦琐之弊端致使"幼童而守一经，白首而后能言"[2]。

注重"师法""家法"　所谓"师法"是指汉代经师解释、阐发儒家经典的"经说"，代表该经师的一家之言。"家法"是指由著名经师创立的被弟子继承的有重要影响的一家之言。"先有师法，而后能成一家之言。师法者，溯其源；家法者，衍其流也。"[3] 西汉多论师法，东汉多论家法。汉代经学教育注重"师法""家法"有两面性，一方面，有利于学术思想的传承；另一方面，阻碍了学术交流，导致经学教育宗派林立，相互封闭，也易于形成崇拜书本和权威、不敢创新的不良风气。

三　汉朝的教育思想家

汉代经学家辈出，他们中许多人同时也是经学教育大师，如马融、

---

[1] 杨士奇：《历代名臣奏议·论议下》卷四十，四库书馆1968年版。
[2] 班固：《汉书·艺文志》卷三十，浙江古籍出版社2000年版。
[3] 皮锡瑞：《经学史》，中华书局1963年版，第136页。

蔡玄、楼望、董仲舒、郑玄、王充等就既是经学大师，也是经学教育家。其中，董仲舒、王充的教育思想最为著名。

(一) 董仲舒的教育思想

董仲舒（约公元前179—前104年），广川（今河北省景县）人，是西汉最著名的经学大师，以研究《公羊春秋》而闻名于世。他早年发奋研习儒学，"三年不窥园"，学术造诣高深，"为群儒首"，"学士皆师尊之"。汉景帝时为博士。在汉武帝举行的贤良对策中，提出著名的三篇对策，为汉代"独尊儒术"的文教政策奠定了理论基础。但他在政治上并不得志，于公元前121年托病弃官归家，潜心著书讲学。董仲舒的著述颇多，但流传下来的仅有《春秋繁露》82篇，是研究他的教育思想的主要文献。

董仲舒是西汉儒学的最著名的代表人物和对中国古代教育有重大历史影响的教育思想家。

1. 论德育教育的作用

董仲舒心目中的教育主要是道德教育。在他看来，道德教育的作用主要表现在两个方面：一方面，"性待教而为善"，即德育具有培育人的善性的功能；另一方面，"教，政之本也"，即德育教育是实行德治的根本途径。董仲舒对道德教育作用的论述与他的人性论思想密不可分。

在人性论方面，董仲舒不认可孟子性善论，质疑孟子"性已善"的观点，主张"性未善"。他以阴阳思想为哲学基础，将人性一分为二，认为人性是"性"与"情"的矛盾统一体。"性"是人天生的本质；"情"是人的欲望。"性者，生之质；情者，人之欲。"[①] 人的性情是自然生成的，二者相互交织在一起，情也是性。"天地之所生谓之

---

① 班固：《汉书·董仲舒传》卷五十六，浙江古籍出版社2000年版。

性情，性情相与为一瞑，情亦性也。"他以人生来具有性与情两个因素为根据，反对孟子"性已善"的观点，他说："谓性已善，奈其情何？故圣人莫谓性善累其名也。身之有性、情也，若天之有阴阳也。言人之质而无情，犹言天之阳而无其阴也。"① 他的意思是说，主张"性已善"，那么，如何解释"情"的问题？所以圣人不主张性善论，以避免有损于他的名声。人生来就有性与情，犹如天有阴与阳一样。如果只讲性而不讲情，犹如只讲天有阳的一面而不讲天有阴的一面一样。在董仲舒看来，人性中既有善的根基，也蕴藏着恶的成分，是善与恶的矛盾统一体。"天两有阴阳之施，身亦两有贪仁之性。"② 正是由于人性有"或仁或鄙"两种因素，人"性未可全为善"，因此董仲舒提出人"性待教而后善"的主张。在他看来，离开了道德教育，就不能培养出人的善性。"无教之时，何处能善？善如米，性如禾；禾虽出米，而禾未可谓之米也。性虽出善，而性未可谓善也。"如果像孟子那样，主张"性已善"，就等于否定了教育的必要性。"今谓性已善，不几于无教，而如其自然？又不顺于为政之道矣。"③ 董仲舒在将人性一分为二的基础上，又将社会个体的具体人性一分为三，提出了"性三品"说，认为现实的人性可划分为三种等级："有斗筲之性，中民之性，圣人之性。"但"名性不以上，不以下。以其中民之性"。而"中民之性，如茧如卵。卵待覆二十日而后能雏；茧待操以绾汤而后能为丝。性待渐于教训而后能为善。善，教训之所然也，非质朴之所至能也"④。在他看来，教育对绝大多数的"中民"向善具有决定性的作用。

董仲舒不仅认为"性待教而为善"，而且认为"教，政之本也"。他以神学目的论为哲学基础，认为"天道之大者在阴阳，阳为德，阴为刑；刑主杀而德主生……此天意也。王者承天意以从事，故任德教

---

① 董仲舒：《春秋繁露·深察名号》卷十，中华书局1975年版。
② 同上。
③ 董仲舒：《春秋繁露·实性》卷十，中华书局1975年版。
④ 同上。

而不任刑"①。在他看来,"教,政之本也;狱,政之末也"②。他认为设立学校,重视教化是历史的经验。他说:古之王者"莫不以教化为大务,立大学以教于国,设庠序以化于邑,渐民以仁,摩民以谊,节民以礼,故其刑罚甚轻而禁不犯者,教化行而习俗美也"③。董仲舒已经把道德教育上升到根本国策的高度。

2. 德育教育的内容

在学校德育教学方面,董仲舒主张以儒家经典为基本教材。他善治《公羊春秋》,特别强调《春秋》的教育意义。在社会教化方面,他主张"先之以博爱,教以仁也。难得者君子不贵,教以义也。虽天子必有尊也,教以孝也;必有先也,教以弟也。此威势之不足,独恃而教化之功不大乎"④,主张以"仁""义""孝""弟"(悌)等道德理念为德育的基本内容。董仲舒对封建道德体系的最大贡献在于提出了"王道三纲"的命题,确立了中国封建道德体系的核心理念——"三纲五常"。"五常"就是指处理君臣、父子、夫妇、兄弟、朋友等"五伦"关系的基本原则,即仁、义、礼、智、信。董仲舒的新颖之处在于:他突出君臣、父子、夫妇三种关系,强化等级名分思想,进一步提出了所谓的"王道三纲":"君为臣纲,父为子纲,夫为妻纲。"他并用"天人感应""阳尊阴卑"的理论对这一思想进行论证。董仲舒的"王道三纲"思想对后世产生深刻影响。从此以后,臣忠、子孝、妻顺成为封建社会中最重要的道德规范。

3. 学习的原则与方法

在道德学习方面,董仲舒提出了"强勉""贱二贵一""精思要旨"等原则和方法。

(1)"强勉"进取。"事在强勉而已矣!强勉学问,则闻见博而智

---

① 班固:《汉书·董仲舒传》卷五十六,浙江古籍出版社2000年版。
② 董仲舒:《春秋繁露·精华》卷三,中华书局1975年版。
③ 班固:《汉书·董仲舒传》卷五十六,浙江古籍出版社2000年版。
④ 董仲舒:《春秋繁露·为人者天》卷十一,中华书局1975年版。

益明；强勉行道，则德日起而大有功。"① 意思是说，无论是治学还是修身，都在个人的主观努力，要想博闻智明，学有所成，德有所长必须强勉进取，刻苦钻研，笃信践行。

（2）"贱二贵一。"人的感知能力与动手能力都是有限的，"目不能二视，耳不能二听，手不能二事，一手画方，一手画圆，莫能成。……故君子贱二而贵一"②。"君子贱二而贵一"，强调学习必须精力集中，不能一心二用，这是符合现代心理学关于注意问题的基本规律的。

（3）"精思要旨。"董仲舒认为，读书的目的在于把握要旨，而把握要旨的关键在于精心思考。在他看来，《春秋》等文献文辞简约而蕴含大义，"辞不能及，皆在于指，非精心达思者，其孰能知之"③。"指"，即要旨，即精神实质、大义。要从微言之中把握大义，需要学者精心思考。

4. 论教学艺术

董仲舒对教学艺术也有一些论述。他说："善为师者，既美其道，有（又）慎其行，齐（剂）时蚤（早）晚，任多少，适疾徐，造而勿趋，稽而勿苦，省其所为，而成其所湛，故力不劳而身大成。此谓之圣化，吾取之。"④ 所谓"圣化"就是现代教育学所重视的教学艺术。其中"美其道，有（又）慎其行"是要求教师要有良好的信仰，以身作则，为人师表。"齐（剂）时蚤（早）晚"是要求教师把握学生的年龄与学习的心理特征，掌握好传授知识的时机，及时施教。"任多少，适疾徐"是要求教师根据学生的接受能力，安排教学任务的多少和教学进度的快慢。"造而勿趋，稽而勿苦"强调教师造就学生但不要改变学生的旨趣，稽查督促学生学习但不使学生太辛苦。"省其所为，而成其所湛"是在告诉教师要帮助学生减轻学习的负担，注重成

---

① 班固：《汉书·董仲舒传》卷五十六，浙江古籍出版社2000年版。
② 董仲舒：《春秋繁露·天道无二》卷十二，中华书局1975年版。
③ 董仲舒：《春秋繁露·竹林》卷二，中华书局1975年版。
④ 董仲舒：《春秋繁露·楚庄王》卷一，中华书局1975年版。

就学生的特长，促进学生个性发展。他认为达到这些要求就可以"力不劳而身大成"。在这里他既论及了教师的职业修养，又提出了把握学生的接受能力、尊重学生的旨趣和促进学生个性发展等经验，难能可贵。

(二) 王充的教育思想

王充（公元27—约97年），字仲任。会稽上虞（今浙江上虞）人，出生在以"农桑"和商贩为业的"细族孤门"家庭。他自幼天资聪慧，刻苦好学，18岁被郡县选举进入京师洛阳的太学，曾拜著名的今文经学、史学大师班彪为师。他不满太学的学习风气，"好博览而不守章句"。因无钱购书，他常到洛阳书肆里读书，记忆力超群，过目成诵，博通了"众流百家之言"。王充当过几年县、州的小吏，一生在政治上没有施展才能的机会，将主要精力和大部分时间用于教书和著书立说，先后撰写了《讥俗》《政务》《论衡》《养性》等著作。但流传至今的只有他的代表作——《论衡》一书。在儒学独尊、孔子被抬上"素王""元圣"宝座之时，他撰写了《问孔》《刺孟》的篇章，并高举"疾虚妄"的批判旗帜，对当时盛行的"天人感应"论、谶纬迷信展开了系统的批判和抨击，是东汉时期杰出的唯物主义和无神论思想家。

王充将教育的作用归结为两个方面，一是具有"变性，使恶为善"的作用；二是具有使人"知能十倍"的作用。

1. "变性"——"使恶为善"的作用

在人性问题上，王充认为人性善恶与先天因素有关，并试图对人性的先天差异进行唯物主义的解释。认为在人受胎之时，"禀气有厚薄，故性有善恶也"。但他强调人性是可变的，环境和教育对人性有决定性的影响。他说"人之性善可变为恶，恶可变为善"。正如"蓬生麻间不扶自直，白纱入缁不练自黑"。"习善而为善，习恶而为恶。"环境和教育决定人性的善恶。他以孔子的弟子子路为例，子路未入孔门时，顽皮无礼，入孔门后，"孔子引而教之，渐渍磨砺，阖导牖进……卒能政事。序在四科斯盖变性，使恶为善之明效也"①。在他看来，教育具有防止善渐变为恶和将恶化于善的两方面的作用。他说：教育者对"善则养育劝率，无令近恶；近恶则辅保禁防，令渐于善。"②

传授圣贤言行，可以"练人之心，聪人之知"③。

2. "知能十倍"的作用

王充是人类历史上比英国哲学家培根早一个半世纪提出了知识就是力量的学者。他说："人有知学，则有力矣。""良医服百病之方，治百人之疾；大才怀百家之言，故能治百族之乱。"④ 他以孔子的私学为例，指出"孔门弟子七十之徒皆任卿相之用，被服圣教，文才雕琢，知能十倍，教训之功而渐积之力也"⑤。

这里所说的"知能十倍"正是对教育功能的概括。

王充将当时的人才分为"文吏""儒生""通人""文人""鸿儒"等五类，但他更看重"文人"和"鸿儒"。他说："能说一经者为儒生，博览古今者为通人，采掇传书以上书奏记者为文人，能精思著文连结篇章者为鸿儒。故儒生过俗人，通人胜儒生，文人逾通人，鸿儒超文人。"⑥ 显然，"文人""鸿儒"是他心目中的教育目标。他将"鸿儒"誉为"世之金玉"，是最理想的培养目标。王充反对将学生培养成为只会诵读诗书的人，既重视将学生培养成为好学勤力，博闻强识的博学之士，更注重培养学生"兴论立说"的学术创新能力

---

① 王充：《论衡·率性》卷二，上海人民出版社1974年版。
② 同上。
③ 王充：《论衡·别通》卷十三，上海人民出版社1974年版。
④ 同上。
⑤ 王充：《论衡·率性》卷二，上海人民出版社1974年版。
⑥ 王充：《论衡·超奇》卷十三，上海人民出版社1974年版。

和参与治理社会的实践能力。在汉代经学教育热衷于注经，严守师法、家法，墨守成规的学术环境中，王充提出重视学生的"立义创意"能力和实践能力的教育目标实属难能可贵，是对汉代教育理论的深沉反思。

（1）"学"与"问"获得知识的根本路径

王充批判圣人"生而知之"的先验论，认为圣人不是神，他获得知识的路径与一般学者没有区别，有所区别的地方在于圣人比一般学者学习、领会知识要快一些，一般学者则要慢一些。他说："圣不能神矣，不能神则贤之党也；同党则所知者无以异也。及其有异，以入道也，圣人疾，贤者迟"[1]，人获得知识和才能的根本路径是"学"与"问"。"人才有高下，知物由学。学之乃知。不问不识。"[2] 不学不知，不问不识，这就是学习的重要性。

（2）以"众流百家之言"为教育内容

自汉武帝以来，儒家经典成了官学唯一法定的教材，王充不满儒家经典独霸教育阵地的局面，指出："俗儒守文，多失其真"，因此，他"博览而不守章句"，主张"博通众流百家之言"。他说："夫人含百家之言，犹海怀百川之流也。"反之，"人不博览者，不闻古今，不见事类，不知然否，犹目盲、耳聋、鼻痈者也"。在他看来，"能博学问谓之上儒"，才高知大之人，"其于道术，无所不包"[3]。因此，王充强调"博通百家"，这一思想是对当时学校仅传授儒术的教育内容的重要变革。

3. 学习的原则与方法

王充从唯物主义认识论出发，也提出了"引效验""贵其能用""距师""问难"等有见地的学习方法。

（1）"引效验"

学习首先要判断认识的真伪。他认为判断认识的真伪主要有三种

---

[1] 王充：《论衡·实知》卷二十六，上海人民出版社1974年版。
[2] 同上。
[3] 王充：《论衡·别通》卷十三，上海人民出版社1974年版。

方法：其一，"须任耳目以定情实"，即实际考察事物原委，用感性事实判断认识的真伪；其二，引事物以验其言行，即用历史知识和生活常识去判断传闻和传记；其三，"引效验"，他说："凡论事者，违实不引效验，则虽甘义繁说，众不见信。"[①] "效"，即效果；"验"，即验证，他所说的"效验"主要是指是否符合客观事实，即将是否符合客观事实作为检验真理的标准。

（2）"贵其能用"

王充十分强调知识的应用。他说："凡贵通者，贵其能用也。即徒诵读，读诗讽术，虽千篇以上，鹦鹉能言之类也。"他举例说："入山见木，长短无所不知；入野见草，大小无所不识。然而不能伐木以做室屋，采草以和药，此知草木所不能用也。"[②] 在这里，他把应用知识的能力，看作是否精通知识的判断标准，强调学习知识的目的在于应用。

（3）"距师"与"问难"

王充对汉代经学学者的学习风气持批判态度，指出："世儒学者好信师而是古，以为贤圣所言皆无非，专精讲习，不知难问。"他认为"贤圣安能皆是"？实际上"贤圣之言上下多相违，其文前后多相伐"。也就说，贤人圣人所说的东西，怎么可能都是正确的呢！实际上贤圣所说的话存在着上下相矛盾和所写的文章存在着前后相冲突的现象。因此，王充提出了"距师"的学习原则。他说："凡学问之法，不唯无才，难于距师，核道实义，证定是非也。""距师"，即与老师保持距离，不盲目崇拜老师和权威，对老师所讲述的观点要敢于怀疑，"核道实义，证定是非"。树立"距师"的态度，就应当对老师进行"问难"，即对"有不晓解之文"进行追问。通过"问难"，可以使知识"激而深切，触而著明"。在他看来，即使对孔子这样的圣人也要敢于追问，敢于辩论。"追

---

① 王充：《论衡·实知》卷二十六，上海人民出版社1974年版。
② 王充：《论衡·超奇》卷十三，上海人民出版社1974年版。

难孔子，何伤于义"；"伐孔子之说，何逆于理？"① "距师""问难"方法的提出，体现了王充不唯"师"，不唯"圣"，敢于怀疑、勇于求真的科学精神。

---

① 王充：《论衡·问孔》卷九，上海人民出版社1974年版。

第 三 章

中国古代教育的鼎盛
——魏晋南北朝与隋唐时期的教育

自汉武帝推行独尊儒术之后，儒学及其教育经历了由盛而衰的历史过程。汉代儒学研究及其教育有两个内在的弊端，一是烦琐，解释儒家经典动辄几十万言，甚至几百万言；二是粗糙的神学，西汉时期儒学与董仲舒的神学目的论融合，东汉时期，儒学与谶纬迷信紧密结合。这两个弊端将儒学教育引向死胡同，特别是东汉末年黄巢大起义既推翻了东汉王朝，同时也将官方儒学打翻在地，儒学教育陷入全面危机。曹魏正始年间（240—249 年）玄风兴起，儒学教育遇到严峻的挑战，曹魏政权创办了律学，突破了儒学独霸的局面。两晋之际儒学教育降至低谷。东晋南渡后，家族教育兴起，士大夫重新开始重视儒学教育的同时，出现学校教育内容多元化的新趋势。南北朝时期，佛教广泛传播，道教逐渐系统化，出现了儒、道、佛三教鼎立的局面，儒学教育受到严重的冲击。南朝刘宋政权，将玄学、史学、文学、儒学均纳入官学教育内容，开创了教育内容多样化的新局面。梁武帝崇尚儒学，儒学曾兴盛一时。南朝家族教育发展到前所未有的高峰，注重培养家风和家族学术的传承，儒、玄、文、史、书法、绘画皆为家族学校的重要教学内容，文学、史学、书法、绘画教育成绩突出，培养了不少杰出的文学艺术人才。北朝少数民族贵族尊孔崇儒，北齐、北周掀起两次复兴儒学的高潮，同时扩大了教学内容，律学、书学、算学、天文学、医学成为私学的重要教学内容，为隋唐时期教育的大发展奠定了一定的基础。隋唐时期，特别是唐朝国力强盛，中国古代教育进入鼎盛时期，特别是贞观年间（627—649年）中国古代教育进入继汉朝之后的第二个历史高峰。但由于道教、佛教进入全盛时期，大大地削弱了儒学独尊的地位。元和年间（806—820年）韩愈、李翱等人坚决反对佛教，极力恢复儒家"道统"，昌明师道，标志着封建统治思想转向儒学复兴，对儒学教育产生了深远的影响。这就是魏晋到隋唐中国古代教育发展的大致情况。

第一节　魏晋南北朝时期的教育

东汉末年黄巾起义动摇了汉王朝。自公元220年曹丕称帝代汉，到公元589年杨坚灭陈，建立隋王朝，这段约370年的历史时期，史称魏晋南北朝时期。在这一时期，王朝更迭频繁，先后出现过33个王朝，割据政权林立，战乱不断。从总体而言，学校教育呈衰落趋势，但出现了家族学校（家学），新的学校形式和教学内容多元化，儒、玄、文、史、书法、绘画、天文、医学教育并存等重大变化，对隋唐教育发展产生了重要影响。

一　魏晋时期的学校教育

自公元220年曹丕称帝，到公元420年刘裕灭东晋，建立南朝的刘宋政权，约200年，史称魏晋时期。这一时期，在政治上，门阀士族凭借自己的门第清望、血统高贵独占政权，出现了"上品无寒门，下品无士族"的局面；经济上出现了庞大的庄园经济，加强了人身依附；在学术思想上，玄学占主流地位，儒学陷入了全面危机。这种时代背景，对学校教育产生了重大影响。

（一）三国时期的学校教育

东汉末年，中央官学已不复存在，地方官学普遍荒废。魏、蜀、吴三国都采取了一些恢复教育的措施。其中魏国国土面积最大，实力最为雄厚，恢复官学最早，办学规模最大。

1. 魏国的学校教育

曹魏政权（220—265年）建立初年，对文教事业比较重视。其官学设置，基本上承袭汉制，既有太学，也设立地方官学。

太学 曹魏统治者重视儒术，采取了立太学，制五经课试之法等措施恢复儒学教育。《三国志·魏志》："黄初五年（224年）四月，立太学，制五经课试之法。"所谓"五经课试法"，就是"恭学者始旨太学为门人，二岁试通二经补文学掌故，……满三岁试通三经者擢高第为太子舍人……舍人满二岁试通四经者擢其高第为郎中……郎中满二岁能通五经者擢高第随才叙用"①。意思是说，初入太学者称为门人；学满两年并考试能通二经者，可补文学掌故的官缺；文学掌故满三年并能通三经者，擢其高第为太子舍人；太子舍人满两年并试通四经者，擢其高第为郎中；郎中满两年并能通五经者，擢其高第而量才任用。每一等级的考试未合格者，皆允许"随后辈复试"，补考合格者也按等级任用。"五经课试法"维持了汉代以文立治，以经选士的传统，依据通经多少，分别授予不同等级的官职，采用此法的目的在于维持太学的稳定和发展，但其作用有限，推行了20多年，而"寡有成者"。

曹魏时期的太学与两汉的太学相比，有一些新特点：一是改变了今文教学独占太学讲坛的局面，转而以教授古文经学为主；二是玄学家的著作（如王弼、何晏玄学的奠基人的著作）也成为太学的重要学习内容。

曹魏政权开办太学数十年，到景元年间（260—263年），太学生增至3000人。但办学效果不佳。太学初立，"有博士十余人，学多褊狭，又不熟悉，略不亲教，备员而已"②。多数学生"本亦避役，竟无能习学，冬去春来，岁岁如是"③。"故太学者，虽有其名而无其人，

---

① 郑樵：《通志·学校》卷五十九，上海古籍出版社2007年版。
② 郑樵：《通志·儒林传第一》卷一百七十二，上海古籍出版社2007年版。
③ 陈寿：《三国志·王肃传》，浙江古籍出版社2000年版。

虽设其教而无其功。"①

地方官学 曹魏政权也很重视地方办官学。曹操"挟天子以令诸侯"之时,在建安八年颁布了《修学令》,"令郡国学各修文学,县满五百户置校官,选其乡之俊造而教学之"②。州设文学从事,郡设文学掾,县设校官掾,以主持地方学校。

律学 曹魏政权在教育制度上的创新在于创办律学。魏明帝时,采纳尚书卫觊的建议,"置律博士",在官吏中转向传授由萧何制定"九章之律",打破了经学一统的局面。

2. 蜀国、吴国的官学

刘备于公元221年称帝后,即立太学,设博士,州设典学从事。《晋·文立传》:"文立,蜀时游太学。"这是蜀国有太学的历史记载。《三国志·许慈传》:"先主定蜀,承丧乱历纪,学业衰废,乃鸠合典籍,沙汰众学。慈、潜并为博士,与孟光、来敏典掌旧文。"蜀国也重视建设地方官学。据《通志·列传第三十以下》记载,谯周"徙为典学从事,总州之学者"。由此可见,蜀国不仅设立州学,而且设置了"典学从事",统一管理地方教育。

孙权公元229年称帝,于黄龙二年(230年)下诏设立"都讲祭酒",此为东吴管理教育的专职官员。吴景帝孙休于永安元年(258年)下兴学令:"古者建国,教学为先。……宜按旧制置学官,立五经博士……"③吴国的官学照搬汉代的教育制度。吴国地方也有一些官员热心创办学校,例如孙瑜领丹阳郡时,款待笃学之士马普,使二府将吏子弟数百人就其门下受业,"遂立学官,临飨讲肄……虽在戎旅,诵声不绝"。④吴国在州、郡设置"师友从事""师友祭酒"等教育管理官员。

魏、蜀、吴三国,虽采取一些恢复教育事业的措施,但因战乱频

---

① 陈寿:《三国志·魏志.刘馥传》卷十五,浙江古籍出版社2000年版。
② 陈寿:《三国志·武帝纪》,浙江古籍出版社2000年版。
③ 陈寿:《三国志·吴志·孙休传》卷三,浙江古籍出版社2000年版。
④ 杨晨:《三国会要·学校》卷六,中华书局1956年版。

繁，教育处于低潮。

（二）两晋时期的教育

司马氏集团于公元265年，击败了曹魏集团，司马炎称帝，建立了西晋王朝，280年消灭了吴国，统一了全国。但西晋王朝国祚短暂，仅存50年。因内部发生贾后乱政和八王之乱，国力衰弱，少数民族贵族趁机崛起，在北部中国和四川先后建立了许多割据政权，史称"十六国"。西晋王室渡江逃到建康（今南京）重新建立了政权，史称"东晋"。东晋偏安于江左103年，到公元420年，刘裕灭晋，中国进入了南北朝时期。

两晋（西晋，266—316年；东晋，317—420年）的官学教育与三国时期相比较，有所发展。西晋实现了半个世纪的全国统一，国学教育强于东晋。

1. 两晋的官学教育

两晋继承了汉、魏开办太学的传统，并为门阀士族设立了"国子学"；地方官员自发兴办了一些地方官学，私学相对官学而言较为发达。

太学　西晋武帝司马炎崇儒术，"置博士十九人，二十州中，师徒相传学士如林"。西晋初期，太学置博士19人，由太常总理之。《文献通考·学校考（二）太学》："晋武帝初，太学生三千人，泰始八年（272年）……，太学生七千余。"太学生人数并不逊色于两汉太学。

东晋王朝曾进行了三次兴学，建武元年（317年）"制立学官，第五品以上得入国学"；咸康三年（337年）国子祭酒袁环"请兴学校，集生徒"，新建太学于秦淮水南，史称"国学之兴，自环始也"；孝武太元初"于中堂行太学"。但当时士大夫习尚老庄，"终不能革清谈之俗，还孔孟之教"，"儒术终不振"[①]。

国子学　国子学是两晋王朝为门阀士族享受教育特权专门设立的

---

① 马端临：《文献通考·学校考（二）太学》卷四十一，中华书局1986年版。

贵族子弟学校。咸宁二年（276年）西晋武帝下令立国子学；咸宁四年（278年）确定了国子学的学官制度，定置国子祭酒、博士各1人，助教15人；惠帝元康三年（293年）进一步规定了国子学的入学资格："第五品以上的入国学"，即官品第五以上的子弟方能入学。正如南齐国子助教曹思文所指出的那样："太学之与国学，斯是晋世殊其士庶，异其贵贱耳。"① 国子学的设立反映了两晋中央官学的等级制和贵族化，这是教育制度上的一个退步。

东晋在孝武帝太元九年（384年）始建国子学于太庙之南，但有名无实。

地方官学 两晋注意兴办地方官学，晋武帝司马曜，太元九年（384年）"颁下州郡普修乡学"。值得赞赏的是在两晋政局不稳，甚至战乱不断的年代，尚有一批地方官热心教育，积极兴办地方学校。如西晋泰康时期的鄱阳内史虞溥，将教育看作"大成之业，立德之基"，在鄱阳"大修庠序，广招学徒"，颁布告示，殷切劝学，要求属县"宜崇尚道素，广开学业"②。西晋荆州都督羊祜，于泰始五年（269年）"出镇南夏，开设庠序"③。杜预镇荆州，"修立泮宫"。④ 东晋东阳太守范旺"在郡大兴学校，甚有惠政"。范汪之子范宁担任豫章太守时，"在郡又大设庠序。……改革旧制，不拘常宪。远近至者千余人，资给众费，一出私禄"⑤。这些地方官员或苦口婆心劝学建学，或拿出私人的俸禄资助教育，实属可贵！他们的壮举，对当时地方学校的艰难维持起了积极的促进作用。

2. 两晋私学教育

两晋官学衰落，私学却有所发展，诸多潜心学术的学者创办私学成风。生徒往往几百人甚至几千人。如庐江杜夷"博览经籍百家之

---

① 萧子显：《南齐书·礼志》卷九，中华书局1972年版。
② 房玄龄：《晋书·虞溥传》卷八十二，中华书局1974年版。
③ 房玄龄：《晋书·羊祜传》卷三十四，中华书局1974年版。
④ 房玄龄：《晋书·杜预传》卷三十四，中华书局1974年版。
⑤ 房玄龄：《晋书·范汪传》卷七十五，中华书局1974年版。

书，算历图纬靡不毕究。寓居汝颍之间，十载足不出门。年四十余，始还乡里，闭门教授，生徒千人"①；又如敦煌松纤，"隐居于酒泉南山，明究经纬，弟子授业三千人"②。

东晋家族教育发达，不少著名历史人物是家学培养出来的。如王羲之出身于东晋著名家族琅琊王氏，世传书学，为王羲之成为"书圣"提供了优越的条件。王羲之的次子、幼子也深受家学的影响，书法成就颇高，其中幼子王献之书法造诣颇高，"尤善草隶，兼妙丹青"，"竟能极小真书，穷微入圣，筋骨紧密，不减于父，故人谓之小圣"③。

两晋时期私学的特点是，在重新重视儒学教育的同时，出现了教学内容多元化的趋势，百家之言、文学、史学、书学、天文、占卜皆在教授之列。

（三）十六国时期的学校教育

"十六国"（304—439 年）是指西晋后期，北方的游牧民族乘"八王之乱"纷纷侵入汉族地区，其中以匈奴、羯、鲜卑、羌、氐为主，史称"五胡"。游牧民族及汉族在中国北方建立了二十几个政权，因北魏历史学家崔鸿著《十六国春秋》（五凉、四燕、三秦、二赵、一成、一夏），因此史称"十六国"或"五胡十六国"，与偏安江左的东晋对立。少数民族统治者面对人口比其多、文化比其强的汉族，他们几乎都选择了模仿汉制统治汉人的策略，比较重视崇儒兴学，学校教育获得了局部的、暂时的恢复和发展。例如，前赵刘曜，率二十余万众，迁都长安，于太兴三年（320 年）"立太学于长乐宫东，小学于未央宫西。简百姓年二十五岁已下十三岁已上、神志可教者千五百人，选朝贤宿儒明经笃学以教之"④。后赵石勒（上党武乡羯人）重视教育，石勒曾在襄国（今河北邢台西南）立太学，"简（选）明经善书吏署为文学掾，选将佐子弟三百人教之"。后又"曾置宣文、宣教、

---

① 房玄龄：《晋书·杜夷传》卷九十一，中华书局 1974 年版。
② 房玄龄：《晋书·宋纤传》卷九十四，中华书局 1974 年版。
③ 《书小史·传四》卷五。
④ 房玄龄：《晋书·刘曜载记》卷一百三，中华书局 1974 年版。

崇儒、崇训十余小学于襄国四门，简（选）将佐豪右子弟百余人以教之"。后赵元年（319年）石勒称赵王后，在中央设立"经学祭酒、律学祭酒、史学祭酒"等教育官员。后赵建平三年（332年）"命郡国立学官，每郡置博士、祭酒二人，弟子百五十人，三考修成，显升台府"。[①] 前燕的慕容皝迁都龙城（今辽宁朝阳），"立东庠于旧宫，……每月临观，考试优劣。皝雅好文籍，勤于讲授，学徒甚盛，至千余人。亲选《太上章》，以代《急救篇》，又著《典戒》五十篇以教胄子"[②]。一个少数民族国君，在战乱年代，能每月到学校考察教学，考试学生的学习成绩，勤于讲授，教授了一千多名学徒还亲自选编儿童识字课本《太上章》和《典戒》以教育贵族子弟，如此热心教育，难能可贵。前秦苻坚定都长安，永嘉之乱导致"经纶学废"，"庠序无闻"，苻坚留心儒学，"广修学宫"，"亲临太学，考学生经义优劣，品而弟之"，甚至"一月三临太学，躬亲奖励"[③]，他对儒学教育的重视可见一斑。后秦、南凉、北燕、南燕、前凉、后凉、西凉等政权也有兴学之举。这些少数民族统治者重视学校教育，留心儒学，兴办学校有益于提高各少数民族的文化水平和促进各民族的大融合，并为北魏教育的发展奠定了基础。

二 南朝的学校教育

公元420年，刘裕称帝，东晋灭亡，到589年，隋文帝杨坚灭南朝陈政权，这段时间，中国南北分裂对峙，史称南北朝时期。这一阶段，官学废置无常，数量大大减少，学校教育处于衰落时期。但也出现了一些具有重要历史意义的新变化和新特点。

（一）南朝的官学教育

南朝经历宋、齐、梁、陈四代，共计170年。其中刘宋、萧梁存在超过半个世纪，学校教育较为兴盛；南齐、南陈政权存在的时间短

[①] 房玄龄：《晋书·石勒载记上》卷一百四，中华书局1974年版。
[②] 房玄龄：《晋书·慕容皝载记》卷一百九，中华书局1974年版。
[③] 房玄龄：《晋书·苻坚载记》卷一百十三，中华书局1974年版。

促，只有十几年或三十几年，在学制方面多沿袭前朝。南朝前期学校教育受玄学影响较大，而后期深受佛学的影响。

1. 刘宋政权的官学教育

宋武帝刘裕比较重视教育，他在永初元年（420年）下昭"大启庠序"。永初三年（422年）下诏"有司立学，未就而崩"。宋文帝刘义隆"励精勤民，元嘉之治比于文景，国富兵强，更务远略"[1]。官学教育出现了短暂的繁荣。宋文帝雅好艺文，于元嘉十五年（438年）在京师开设学馆于鸡笼山，"聚徒教授，置生百余人"。宋文帝留心艺术，又设置玄学、史学、文学、儒学"凡四学"，并数次亲临学馆，奖励生徒。当时由于宋文帝好文章，士大夫悉以文章相尚，无以专经为业者。开设玄、史、文、儒四学馆正是这种学术风气的体现，四学馆的开设打破了汉以来学校教育"专以经为业"的局面，开创了学校教育内容多样化的新局面，是中国古代教育制度史上的重要变革。

元嘉十九年（442年），宋文帝下令"立国子学"，并提出"本立化成，教学之为贵"，即学校教育是教化民众和养成良好社会习俗之本，设置国子祭酒、博士、助教等教职人员。国子学仍以传授儒家学说为主。元嘉兴学，颇有成效，被《宋书》的作者沈约评价为元嘉兴学："雅风盛烈"，"颇有前王之遗典"[2]。

泰始六年（470年），国学颓废，未暇修复，宋明帝刘彧下令"置总明观以集学士，或谓之东观。置祭酒一人，总明访举郎二人，儒、玄、文、史四科；置学士十人"[3]。所谓"四部书"是指儒学、玄学、文学、史学四类书籍。"总明观"（又名东观）是一所多科性学校，设儒学、玄学、文学、史学四科。因宋武帝好文章，"天下悉以文采相尚，莫以专经为业"。"总明观"的创办，反映了当时儒学的危机和学校教育内容多样化趋势。将专科学校发展为综合性学校，这是中国古代教育管理史上的一个创新。

---

[1] 马端临：《文献通考·户口考》卷十，中华书局1986年版。
[2] 沈约：《宋书·列传第十五》卷五十五，中华书局1974年版。
[3] 李延寿：《南史·列传十二》卷二十二，中华书局1920年版。

2. 南齐政权的官学教育

南齐存在时间短促，但也创办过学校。齐高帝萧道成于建元四年（482年）下诏"立国学，以张绪为祭酒，置生百五十人，取王公以下子孙年十五以上，二十以下，家上都二千里为限"①。国子学建立不久，因齐太祖病故而停办。

齐武帝萧赜在永明三年（485年）诏令兴复国子学，招收2020名公卿以上子弟为学生。因恢复了太学，停办了"总明观"。尚书令王俭兼领国子祭酒。他崇尚儒术，重视国子学的管理，"十日以还学，监试诸生巾卷"，督查学生的学习成绩和服饰，反对当时重文采、轻儒学的学风，并在自己家中开办学士馆，将原"总明观"的儒、道、文、史等四科书籍藏于学士馆。"儒教于此大兴。"②

3. 萧梁政权的官学教育

公元502年，梁武帝萧衍灭南齐建立梁朝。梁武帝"少而笃学，洞达儒、玄"，"尤长释典"③，是南朝罕见的博学之士。他在位近半个世纪，社会稳定，高度重视教育，是整个南朝官学最为兴盛的时期。

天监四年（505年），梁武帝"诏开五馆，建立国学，总以五经教授，设置五经博士各一人……馆有数百生，给其饩廪，其射策通明经者即除为吏，于是怀经负笈者云会矣。"④"五馆"，即五所以教授五经为主的经学馆，由当时的硕儒明山宾、陆琏、沈峻、严植之、贺玚补博士，各主一馆。每个经学馆有数百名学生就读。其中严植之博学，兼五经博士，"植之讲，五馆生必至，听者千余人"⑤。五馆学生由国家供给膳宿等费用，并规定学生射策通明经者，即委派官职，于是儒学之士及学子云集京师。天监七年（508年）他下诏说："建国君民，立教为首"，要求"大启庠教，博延胄子"。天监八年（509）他再次

---

① 马端临：《文献通考·学校考》卷四十一，中华书局1986年版。
② 李延寿：《南史·列传第十二》卷二十二，商务印书馆1937年版。
③ 姚思廉：《梁书·武帝纪》卷三，中华书局1973年版。
④ 李延寿：《南史·儒林列传》卷七十一，商务印书馆1937年版。
⑤ 姚思廉：《梁书·严植之传》卷四十八，中华书局1973年版。

下诏，重申"能通一经始末无卷者"，量才录用，"随才试吏，勿有遗隔"。天监九年（510），梁武帝"车驾幸国子学，亲临讲肆，赐国子祭酒以下帛各有差"①。梁武帝对官学的重视和将通经与做官结合起来的用人制度有力地促进了教育的发展。梁武帝在学校建设方面也很有建树，除开办了"五馆"、国子学之外，还开办了"集雅馆""士林馆"和"律学"等中央官学。

梁武帝晚年舍身佛教，将梁王朝引向衰亡，兴盛一时的国学又归于沉寂。

4. 南陈政权的官学教育

公元557年，陈霸先灭梁，建立陈王朝。南陈在陈文帝陈蒨天嘉元年（560年）才开始建立国子学。国子学生皆为贵族子弟。南陈学校的教学内容因袭南梁，仍以儒经为主，但受玄学影响很大，如张讥为国子博士，讲授《周易》《老子》《庄子》等"三玄"，影响很大。南陈的官学教育效果不佳，据《陈书·儒林传序》记载："世祖以降，稍置学官，虽博延生徒，成业盖寡。"反映了陈朝的官学处于没落的状态。

（二）南朝的私学教育

南朝官学处于衰败时期，为私学的发展在客观上提供了较大的空间，加之统治者对私学采取鼓励态度，为私学的发展提供了便利。创办私学者既有隐逸之士，也有豪门望族子弟。如南齐隐士沈骥士"隐居馀干吴差山，讲经教授，从学者数十百人，各营屋宇依止其侧"②。再如刘宋王朝时的贵戚豪家子弟徐湛子"善尺牍，音辞流畅……伎乐之妙，冠绝一时。门生千余人，皆三吴富人之子"③。南朝私学有以下特点。

第一，家学成为私学的重要形式。西晋末年，少数民族入居中原，北方社会动荡，战乱频繁，汉人纷纷南迁，他们大都选择了聚族而居，

---

① 姚思廉：《梁书·武帝纪》卷二，中华书局1973年版。
② 萧子显：《南齐书·隐逸列传》卷五十四，商务印书馆1937年版。
③ 沈约：《宋书·列传第三十一》卷七十一，中华书局1974年版。

以家族集体生存的形式以自保。一些豪门望族，特别是文化素养深厚的家族纷纷发展教育，使家族教育发展到前所未有的高峰。儒学、玄学、文学、史学、书法、绘画等都是家族私学教育的重要内容。家族私学的文学教育的成绩显著。如陈郡谢氏、琅琊王氏、彭城刘氏等著名的文学世家，文人辈出，其中谢灵运的文学成就最高，成为当时最具盛名的诗人。家族私学注重家风的培养和家族学术的传承。家风培养表现在家训之类的撰写极盛，出现了任昉的《家戒》、王僧虔的《诫子书》、王褒的《幼训》、魏收的《枕中篇》、颜子推的《颜氏家训》等，其中《颜氏家训》是这一时期家族教育的代表作。

第二，教学内容多元化。经学失去了独霸教育地位，不仅《周易》《老子》《庄子》——"三玄"成了私学传授的重要内容，而且诗、文、书、画也是一些家族学校传授的主要内容，从而推动南朝的文学和书法艺术有了空前的发展。继魏晋以来，南朝文人摆脱了经学的束缚，他们的文学观念、审美观念发生重要的变化，山水诗的兴起、"近体诗"的开创、刘勰的《文心雕龙》和钟嵘的《诗品》文学批评巨著的问世、萧统的《文选》和徐陵的《玉台新咏》文学总集的出现，都标志着中国古代文学进入理论自觉的新阶段。南朝不仅文学家辈出，而且书法家、书论家众多，如刘宋时期的羊欣、范晔，南齐的王僧虔，梁朝的陶弘景、萧子云、陈朝的僧人智永等当时颇有影响的书法家。王僧虔著《论书》、袁昂著《古今书评》、庾元威著《论书》、庾肩吾著《书品》，他们将书法理论研究发展到新的水平。这些文学、书法艺术成就的取得都与南朝官学和私学重视文学、书法教育密切相关。如果说南北朝时期是儒学教育的冬天，那么，它则是文学、艺术教育的春天，为唐宋时期中国文学艺术的高度繁荣奠定了重要的基础。

第三，蒙学教材有了新的发展。蒙学也是私学的重要组成部分。这一时期编写的蒙学教材——《千字文》，四字一句，韵语连贯，内容丰富，便于诵读，流传 1000 余年，对古代蒙学教育作出了重要贡献。

三 北朝的学校教育

西晋末年，匈奴、羯、鲜卑、羌、氐等游牧民族入居中原，北方进入五胡十六国时期。游牧民族和贵族相互攻杀兼并、混战了一百多年。北魏太武帝拓跋焘统一了北方，结束了混战局面，北方历史进入北朝时期。北魏乃是鲜卑贵族联合汉族豪强地主统治的政权，一个半世纪后分裂为东魏、西魏，后来又分别为北齐、北周所代替，最后被汉族杨坚建立的隋朝所统一。在北魏、东魏、西魏、北齐、北周等少数民族建立的王朝中，北魏统治时期最长，北魏始建于公元386年，延续了约150年，而其他四个政权存在时间较短，西魏、东魏只存在了一二十年。北朝虽都是少数民族贵族统治的政权，但他们为了巩固其统治，大半积极利用汉族文化，尊孔崇儒，注重儒学教育，这对于少数民族学习汉文化，促进民族大融合起了积极的作用。

（一）北朝的中央官学

1. 北魏的中央官学

公元386年，鲜卑族拓跋珪登代王位，同年四月改称魏王，改国号为"魏"，史称北魏。北魏推崇儒学，重视教育，建立了太学、中书学、皇宗学、四门小学等多样化的官学。

太学 天兴元年（398年）拓跋珪迁都平城（今山西大同），称帝。"始于平城立太学，置五经博士，生员千余人。天兴二年（399年）增国子，太学生员三千人。"中央官学颇具规模。北魏太武帝拓跋焘于始光三年（426年）春，"别立太学于城东；后征卢玄、高允等，令州郡选送才学，于是人多砥砺，儒术转兴"[1]。拓跋焘在复兴儒学的同时，严令禁止私学，他于太平真君五年（444年）下令："自王公以下至于卿士，其子息皆诣太学。其百工伎巧、驺卒子息，当习其父兄所业，不听私立学校。违者师身死，主人门诛。"[2] 这一诏令反映

---

[1] 马端临：《文献通考·学校考二》卷四十一，中华书局1986年版。
[2] 魏收：《魏书·世祖纪》卷四，中华书局1974年版。

出北魏的太学是为贵族及其官吏子弟开办的，而老百姓只允许以父传子形式传承手工业技艺，并以杀师、诛"主人门"的血腥政策禁止开办私学。

中书学 北魏明元帝拓跋嗣，改国子学为中书学，立博士教授。后来孝文帝元宏太和十年（486年），又改中书学为国子学，中书学存在70年。

皇宗学 亦称皇子之学，是北魏专门为皇子皇孙设立的学校。皇宗学最早建立于北魏孝文帝太和九年（485年），文明太后下诏："皇子皇孙，教训不立，温故求新，盖有阙矣。可于娴静之所，别立学馆，选忠信博闻之士为之师傅，以匠成之。"北魏孝文帝十分重视皇宗学，于太和十六年（492年）"幸皇宗学，问博士经义"。

四门小学 北魏孝文帝迁都洛阳后，于太和二十年（496年）"树小学于四门，大选儒生为小学博士，员四十人"。在中国教育史上小学之名肇始于此。小学建设在国都洛阳的四门，所以称为"四门小学"。小学生以习字为主，兼学五书，即《诗》《书》《礼》《易》《春秋》等儒家经典。

北魏迁都洛阳后，创建国子、太学、四门小学，对中国北方的兴学起到了一定的示范作用，推动了北方教育和文化事业的发展。《魏书》的作者魏收评价说："时天下承平，学业大盛，故燕、齐、赵、魏之间横经著录不可胜数，大者千余人，小者犹数百。"[①] 公元534年，北魏分裂为东魏、西魏，中央官学衰落。

2. 北齐的中央官学

公元534年孝静帝元善见，建立东魏政权，定都于邺（今河南安阳市北），立国16年。东魏开办过国子寺、国子学、太学、四门小学，但太学的教师徒有虚名，教育效果不佳。据《隋书·百官志》记载，北齐置"国子寺掌训教胄子，祭酒一人……博士五人，助教数十人，学生七十二人；太学博士十人，助教二十人，太学生二百人；四门学

[①] 魏收：《魏书·儒林列传》卷八十四，中华书局1974年版。

博士二十人，助教二十人，学生三百人"。"国子寺"是一个独立的官学教育管理机构，这是教育管理史上的一个突破。这种教育管理行政机构为隋唐所因袭。但"太学博士徒有虚名，惟国子一学，生徒数十人耳"。国子学学有所成的只有二人，官学处于萧条废弃时期。

3. 北周的中央官学

公元557年，宇文觉废西魏恭帝，建立北周政权。北周的历代统治者重视教育。北周除了沿袭旧制设立太学外，在教育制度上有一些新的建树，创办了麟趾学、露门学、通道观等中央官学。

麟趾学 据《周书·列传二十二》记载，北周明帝宇文毓"雅好文士，立麟趾学。在朝有艺业者不限贵贱皆预听焉"。麟趾学是研究、传授文史知识的专门学校。武成二年，宇文毓下诏令（杨）宽与麟趾学士参定经籍，整理文化典籍，对传承中国古代文化作出了一定的贡献。

露门学 《周书·武帝纪》：天和二年（567年）春，"立露门学，置生七十二人。"露门是北周国都长安宫廷内最里层的门，露门学乃是位于露门左右的塾，即为北周皇太子和贵族子弟开设的小学。选配萧㧑、唐瑾、元伟、王褒等四人为文学博士，一代儒宗沈重为太子讲论。北周宣帝宇文赟于大象二年（580年），幸露门学，亲自行释奠礼，祭祀孔子。社会崇儒之风大盛。

通道观 北周武帝建德三年（574年）诏立通道观，这是官方的道教教育机构，主要学习"圣哲微言，先贤典制，金科玉篆，秘迹玄文"①。"通道观"的设立，说明道教在中央官学中占有重要地位。

北朝除上述学校外，还设立了律学、书学、算学等专门学校。北周官学类型和教育内容多样化的特点十分突出，为隋唐教育发展奠定了一定基础。

（二）北朝的地方官学

北朝统治者比较重视地方官学，学制较为完备。北魏献文帝拓跋

---

① 令狐德棻：《周书·武帝纪》卷五，中华书局1971年版。

弘于天安（466—467年）初，接受当时著名学者高允（性好文学，博通经史、天文、术数，尤好《春秋公羊》）的建议，诏立乡学，制定了较为完善的地方官学制度，诏"大郡立博士二人，助教四人，学生一百人；次郡设博士二人，助教二人，学生八十人；中郡立博士一人，助教二人，学生六十人；下郡立博士一人，助教一人，学生四十人"。并对地方官学的博士、助教与生员的资格作了较为严格的规定："博士取关经典，世履忠清，堪为人师者，年限四十以上；助教亦与博士同，年限三十以上。若道业夙成，才任教授，不拘年齿。学生取郡中清望，人行修瑾，堪循名教者。先尽高门，次及中第"[1]。北魏对地方官学教官的品德、才学及年龄有明确的要求，对学生的名声、品行也有较严格的规定，在选拔学生的秩序上，先高门士族子弟，后中等官吏子弟，体现了门阀士族的教育特权，史称"郡国立学自此始也"。

北齐也注重州郡立学，文宣帝高洋好位后"诏郡国修立黉序，广延髦俊，敦述儒风"[2]，并首开在各级学校内设孔庙的先河。

北周在州县设立学校，按县的地域大小设立县学博士。

（三）北朝的私学教育

北朝的私学发展不平衡，北魏时期一度严禁私学，迁都洛阳之后私学才有较大发展。北齐、北周的私学发展空间较大，比较发达。由于北齐"朝章宽简，政纲疏阔"在客观上为私学提供了发展空间，加之北齐推行以通经为选拔官吏的重要条件，促进了私学的发展，出现了"横经授业之侣，遍于乡邑，负笈从宦之徒，不远千里"[3]的社会景象。如大儒徐遵明颇为有名，经学诸生多自其门下。张买奴"经义该博，门徒千余人"，马敬德"教授燕赵之间，生随之者众"。[4]

北周私学有所发展，私学先生"衣儒者之服，挟先王之道，开黉舍延学徒者比肩；励从师之志，守专门之业，勤苦者成市。虽通儒盛

---

[1] 魏收：《魏书·高允列传》卷四十八，中华书局1974年版。
[2] 李百药：《北齐书·文宣帝纪》卷四，中华书局1972年版。
[3] 李延寿：《北史·儒林传上序》卷八十一，中华书局1974年版。
[4] 李百药：《北齐书·儒林列传》卷四十四，中华书局1972年版。

业，不逮魏、晋，而风移俗变，抑亦近代之美也。"①

北朝私学的教学内容有较大扩展，天文学、医学成为一些私学教育的重要内容。如崔彧"少逢隐沙门，教以《素问》《甲乙》（亦称《针灸甲乙经》），遂善医术。……性仁恕，见疹者喜，与疗之广。教门生，令多救疗"②。北朝的教学内容也具有多样化的特点。

四 魏晋南北朝时期的教育思想家

魏晋南北朝时期，有不少教育思想家，如刘劭、傅玄、嵇康、颜之推等，其中后两者更具代表性。

（一）嵇康的自然主义教育思想

魏晋时期，儒、玄、佛互相斗争、碰撞，又互相吸收，并逐步走向合流。其中玄学是占主流地位的思潮。当时的名士以"三玄"——《老子》《庄子》《周易》为研究的主要经典和玄谈的内容，因此，史家称他们的思想为玄学。玄学主要是继承了先秦道家和西汉以来的黄老道家的思想和旨趣，基本上是道家的新发展。玄学家探讨的主题是"自然"与"名教"的关系问题。"自然"是指天道、人性的本然状态；"名教"是指以"三纲""五常"为主要内容的封建礼教。

玄学家继承了老庄的志趣，在价值观上，树立了崇尚"自然"的价值观，认为"自然"是万物发展的最高法则，凡是符合自然之道和人的自然天性的理论、教育就是合理的、有益的，反之，就是不合理的、有害的。如正始年间玄学的代表人物何晏、王弼认为，教育是循"道"而为的过程，是顺其自然的过程。"我之教人，非强使而用夫自然。举其至理，顺之必吉，违之必凶。故人相教，违之必自取其凶也。亦如我之教人，勿违之也。"③

在"自然"与"名教"之辩中，尽管玄学家们对"名教"的看法各异，何晏、王弼主张"名教出于自然"，嵇康、阮籍提出"名教

---

① 李延寿：《北史·儒林传上》卷八十一，中华书局1974年版。
② 李延寿：《北史·列传第十二》卷二十四，中华书局1974年版。
③ 楼宇烈校释：《王弼集校释·老子道德经注》，中华书局1980版，第93页。

不合自然论",裴頠、向秀、郭象等人则认为"名教即是自然",但他们都把是否合乎"自然"作为价值评价的最高标准。他们将崇尚自然的价值观创造性地应用于教育领域,较系统地提出了自然主义的教育观。

在魏晋玄学家中,嵇康的自然主义教育思想最为突出,是中国教育史上一朵奇葩。他的教育思想是唐代柳宗元提出的"顺木之天以致其性"的教育思想和近代蔡元培提出"尚自然""展个性"的教育思想的重要理论来源。

1. 嵇康其人其书

嵇康(公元 223—公元 262 年),字叔夜。谯国铚县(今安徽宿州西南)人。魏晋之际的著名思想家、文学家、玄学异端思想的代表人物。他自幼博览群书,尤好老庄。曾任曹魏时期的"中散大夫",世称"嵇中散"。曾与阮籍、山涛、向秀、刘伶、阮咸、王戎等人在竹林之下饮酒清谈,被称为"竹林七贤"。他有济世之志,曾在太学中评议时政,对太学生产生了巨大影响。当他被司马氏集团下狱

嵇康

之时,"太学生三千人上书,请以为师"。[1] 他对司马氏采取不合作态度,后被司马昭以言论放荡,违背名教的罪名所杀。临刑时,表现出无所畏惧的气概,神气不变,索琴弹之,奏《广陵散》。曲终曰:"《广陵散》于今绝矣!"

嵇康留下诗 60 首,论著 10 卷。现流行的是由鲁迅编辑校订的《嵇康集》。他是自汉武帝以来,中国历史上批判封建名教,主张自然主义教育的第一人。他所提出的"越名教而任自然"的教育思想,为

---

[1] 沈海波译注:《世说新语·雅量第六》,中华书局,2010 年版。

中华民族深刻把握教育的本质提供了珍贵的思想资源。

2. "名教不合自然"的教育思想

在价值观上，玄学家继承了老子"道法自然"的思想，提出了"崇本息末"思想。在他们看来，"本"就是生化天地万物的"道"，"崇本"就是崇尚"道常无为而无不为"的特性，即道所具有的生化天地万物，但生而不有，为而不恃，长而不宰，让万物自然而然地自主、自由地发展的自然无为的特性。简而言之，"崇本"就是崇尚"自然"。

嵇康以是否符合"自然"为判断是非曲直的最高价值标准，提出"名教不合自然"论，以大无畏精神，对经学教育进行了系统的批判。

在教育的起源上，嵇康认为，名教教育不是人类社会所固有的，它不过是"大道凌迟"的产物。"洪荒之世，大朴未亏，君无文于上，民无竞于下，物全理顺，莫不自得。饱则安寝，饥则求食，怡然鼓腹，不知为至德之世也。若此，则安知仁义之端，礼律之文？及至人不存，大道凌迟，乃始作文墨以传其意，区别群物，使有类族；造立仁义，以婴其心；制其名分，以检其外；劝学讲文，以神其教。"① 意思是说，在至德之世，原始人群根本不知道所谓的仁义礼法，却过着一种"大朴""自得""无竞"的自由自在的"生活，而仁义礼法教育完全是人为的东西，是至人不存，大道沦落的产物"。

在教育性质上，嵇康认为经学教育是违背人的自然本性的。"夫民之性，好安而恶危；好逸而恶劳。故不扰则其愿得，不逼则其志从。"而"六经以抑引为主，人性以从欲为欢，抑引则违其愿，从欲则得自然。然则，自然之得不由抑引之六经，全性之本不须犯情之礼律。故仁义务于理伪，非养真之要术，廉让生于争夺，非自然之所出也"②。

在这里，嵇康崇尚的是"不扰""不逼"、能"养真""全性"的

---

① 嵇康：《嵇中散集·难自然好学论》卷七，中州古籍出版社1997年版。
② 同上。

教育，认为"六经以抑引为主"，不仅不合乎人的自然本性，而且甚至使人丧失天性、真情。"刑教争驰，天性丧真"。①

在价值观上，嵇康批判张辽叔"六经为太阳，不学为长夜"的观点，他"以虚堂为丙舍，以诵讽为鬼语，以六经为芜秽，以仁义为臭腐"。尖锐地指出："不学未必为长夜，六经未必为太阳。"②

当时的经学教育本质上是在"开荣利之涂"，培养出来的是一些脱离耕种劳动、贪生、求安之士。他说："六经纷错，百家繁炽，开荣利之涂，故奔骛而不觉，是以贪生之禽，食园池之粱菽；求安之士，乃诡志以从俗；操笔执觚，足容苏息；积学明经，以代稼穑。"③ 而学生们皆"学以致荣，计而后习"。④ 这样的教育培养出来的只能是追求名利之徒，没有存在的社会价值。

嵇康批判名教，还突出地表现在对名教所推崇的圣人偶像提出质疑，他"轻贱唐虞而笑大禹"，⑤"非汤武而薄周孔"。⑥

3. "越名教而任自然"的教育思想

"越名教"就是否定、超越名教；"任"，即听凭，听任。"任自然"就是尊重人的自然天性，不加干涉，任其自然而然地自由发展。如果说"越名教"是"破"，即破儒学独尊的局面，否定虚伪的违背人自然本性的封建名教；那么"任自然"则是"立"，即建构自然主义的理想的教育模式。

嵇康设想的自然主义教育模式是："古之王者，承天理物，必崇简易之教，御无为之治。君静于上，臣顺于下；玄化潜通，天人交泰，枯槁之类，浸育灵液，六合之内，沐浴鸿流，荡涤尘垢，群生安逸，自求多福，默然从道。怀忠抱义，而不觉其所以然也。和心足于内，和气见于外……然后文之以采章，照之以《风》《雅》，播之以八音，

---

① 嵇康：《嵇中散集·太师箴》卷十，中州古籍出版社1997年版。
② 嵇康：《嵇中散集·难自然好学论》卷七，中州古籍出版社1997年版。
③ 同上。
④ 同上。
⑤ 嵇康：《嵇中散集·卜疑》卷三，中州古籍出版社1997年版。
⑥ 嵇康：《嵇中散集·与山巨源绝交书》卷二，中州古籍出版社1997年版。

感之以太和"。① 可见，嵇康的理想教育模式是一种"天人交泰"和"无为之治"大环境下的教育；是一种崇尚"简易之教""玄化潜通"，潜移默化式的教育；是一种能使人身心和谐、人与人和谐、人与自然和谐的"太和"之教。这种自然主义教育模式的实质就是："承天理物""默然从道"，即遵循自然法则，顺从人的自然性情。

嵇康自然主义教育培养的目标是"以无措为主，以通物为美"的君子。他在《释私论》中说："夫称君子者，心无措乎是非，而行不违乎道者也。何以言之？夫气静神虚者，心不存乎矜尚，体亮心达者，情不系于所欲。矜尚不存乎心，故能越名教而任自然。情不系于所欲，故能审贵贱而通物情。物情顺通，故大道不违。越名任心，故是非无措也。是故言君子则以无措为主，以通物为美。"②"无措"就是无我，"吾无身，吾又何患"？无私、无我，才能不为名利所累，超越名教。"通物"就是超越自我，与万物融为一体。"无措""通物"，进入"大道不违"境界的人是嵇康追求的理想。

嵇康的教育思想虽然存在着时代的局限性，如他对人性的理解具有先验性，根本否定社会道德教育的价值等思想是偏颇的，但他以大无畏精神从多角度批判了经学教育，破除了对周、孔的迷信，提出建构一种遵循自然法则的、符合人的天性的、和谐的自然主义教育模式，这是对中国教育思想的重要贡献。

(二) 颜之推的教育思想

颜之推（公元513—约590年），字介，梁朝金陵（今江苏南京）人，祖籍琅琊临沂。南北朝时期著名的文学家和教育家。他出生在世代仕宦之家，自幼深受家传《周官》《左氏》等儒家经典的熏陶，博览群书，"生于乱世，长于戎马"，19岁入仕，历官四朝——梁、北齐、北周、隋，饱经社会战乱之苦，三次被俘，三度成为亡国之人，著有《颜氏家训》。这是他一生关于立身、治家、处世、为学的经验

---

① 嵇康：《嵇中散集·声无哀乐论》卷五，中州古籍出版社1997年版。
② 嵇康：《嵇中散集·释私论》卷六，中州古籍出版社1997年版。

总结，代表了这一时期士大夫的教育思想。

《颜氏家训》始作于北齐，成书于隋朝。"述立身治家之法，辨正时俗之谬。"全书为上、下两卷，共计20篇，内容广博，涉及历史、文学、音韵、民俗、社会、伦理、教育等方面内容。问世以后，备受历代士大夫推崇，被宋代学者陈振孙誉为"古今家训，以此为祖"。他的思想对中国古代家庭教育产生过深远的影响。

1. 教育价值观

颜之推

颜之推认为教育有多方面的价值，首先，接受教育是一般人获取知识的基本途径。他说："上智不教而成，下智虽教无益，中庸之人，不教不知也。"① 在这里，他受董仲舒的影响，将人性分为"上智""中庸""下智"三等，在理论上没有创新，但他提出作为大多数的"中庸之人，不教不知"，强调了教育对一般人道德修养和获取知识的重要性。其次，接受教育关系着个人的荣辱和前途。在颜之推看来，"夫圣贤之书，教人诚孝、慎言、检迹、立身、扬名，亦已备矣。"②。是否勤奋学习圣贤之书，决定着一个人的社会地位的提升或下降。他说："自慌乱以来，诸见俘虏。虽百世小人，知读《论语》《孝经》者，尚为人师。虽千载冠冕，不晓书记者，莫不耕田、养马。"由此得出结论："若能常保数百卷书，千载不为小人也。"如果不学无术，在社会活动中，毫无脸面，羞愧难当！"及有凶吉大事，议论得失，蒙然张口，如坐云雾；公私宴集，谈古赋诗，塞默低头欠伸而已。"再此，学习一技之长，乃是谋生的

---

① 颜之推：《颜氏家训·教子》，文史出版社2003年版。
② 颜之推：《颜氏家训·序致篇》，文史出版社2003年版。

资本和手段。他说:"明六经之旨,涉百家之书,纵不能增益德行,敦厉风俗,犹为一艺,得以自资。……谚曰:'积财千万,不如薄伎在身'。伎之易学,而可贵者无过读书也。"①"积财千万,不如薄伎在身",这是颜之推的经验之谈,至今仍然是人们劝学的千古良言。

颜之推的教育价值观有别于传统的儒家教育价值观,其主要不是从政治统治出发,而是回归社会个体,回归生活实际,显得更为切近生活实际,更易为人们所认同。

2. 教育目标论

颜之推的教育目标主要是,培育"应世经务"的"国之用材"。他认为,"君子处世,贵能有益于物耳;不徒高谈虚论,左琴右书,以废人君禄位也。"教育应当培养"应世经务"的"国之用材"。他说:"吾见世中文学之士,品藻古今,若指诸掌;及有试用,多无所堪。居承平之世,不知有丧乱之祸;处庙堂之下,不知有战阵之急;保俸禄之资,不知有耕稼之苦;肆吏民之上,不知有劳役之勤,故难可以应世经务也。"②有些经学之士,"空守章句,但诵师言,施之世务,殆无一可。"③他对这种腐朽空泛的士大夫教育深恶痛绝,认为当时的玄学教育必须抛弃,传统的儒家教育也应改革,教育要培养的既不是难于应世经务的清淡家,也不是空疏无用的章句博士,而是应当为国家培养实用性人才。他概括出六类国家实用人才:"国之用才,大较不过六事:一则朝廷之臣,取其鉴达治体,经纶博雅;二则文史之臣,取其著述宪章,不忘前古;三则军旅之臣,取其断决有谋,强干习事;四则蕃屏之臣,取其明练风俗,清白爱民;五则使命之臣,取其识变从宜,不辱君命;六则兴造之臣,取其程功节费,开略有术。此则勤学守行者所能办也。"④"朝廷之臣""文史之臣""军旅之臣""蕃屏之臣""使命之臣""兴造之臣"这六类实用人才都是社会不可

---

① 颜之推:《颜氏家训·勉学篇》,文史出版社2003年版。
② 颜之推:《颜氏家训·涉务篇》,文史出版社2003年版。
③ 颜之推:《颜氏家训·勉学篇》,文史出版社2003年版。
④ 颜之推:《颜氏家训·涉务篇》,文史出版社2003年版。

缺少的，但"人性有长短，岂责具美于六涂"，也就是说，人的能力有限，不可能人人都具有政治家、思想家、军事家、政务家、外交家，工程建设专家等能力的全才，但只要能专精一职，就无愧于世。

颜之推的教育目标论既是对玄学教育思想的批判，又是对经学教育思想的修正，切中时弊，在中国古代教育史上具有重要意义。

3. 家庭教育思想

颜之推认为家庭教育具有特殊意义。他指出：儿童"同言而信，信其所亲；同命而行，行其所服。""师友之戒，不如傅婢之指挥"；"尧舜之道，不如寡妻之诲谕。"① 意思是说，老师、朋友的告诫，不如亲近的侍女的调度；尧舜之道，不如寡居之妻的教诲与劝说。儿童信服那些与自己亲近的人的话，并愿意按照他们的训示以行事。因此，家庭教育具有特殊的意义。

他在《颜氏家训》中提出了不少家庭教育思想，主要包括"固需早教"与"犹当晚学""威严而有慈""德艺周厚"等思想。

"固须早教，勿失良机"和"犹当晚学"思想。颜之推主张家庭教育应及早进行，一方面要注意"胎教"，他指出："古者圣王有胎教之法：怀子三月，出居别宫，目不斜视，耳不妄听，音声滋味，以礼节之。"注意胎教是中国古老的传统。另一方面，要高度重视幼儿教育。婴幼儿开始萌发认知能力之际是教育的极佳时期，他指出："当及婴稚识人颜色、知人喜怒，便加教诲，使为则为，使止则止。比及数岁，可省笞罚"。②

颜之推之所以重视早教，其原因在于：幼年时期是教育的关键时机和最佳阶段。其一，幼儿时期，可塑性强。"人在少年，神情未定，所与款狎，熏渍陶然，言笑举动，无心于学，潜移暗化，自然似之。"意思是说，少年时期，幼儿的精神、性情尚未定型，可塑性强，周围的良好因素和有害因素以及人们的言笑举动，都会对儿童产生熏陶、

---

① 颜之推：《颜氏家训·序致篇》，文史出版社2003年版。
② 颜之推：《颜氏家训·教子篇》，文史出版社2003年版。

侵染作用，儿童会无意识地学习，这些因素会不知不觉地、自然而然地改变和塑造着儿童，犹如"与善人居，如入芝兰之室，久而子芳也；与恶人居，如入鲍鱼之肆，久而自臭也"①。其二，幼儿时期，受外界干扰少，精神专注，学习效果最佳。"人生小幼，精神专利，长成以后，思虑散逸，固须早教，勿失良机。"② 他以自己的经验为例进一步说明幼儿时期记忆力强，能把学习的内容牢固地记住，而20岁以后记忆力衰退，学习效果不佳。他说："吾七岁时，诵《灵光殿赋》，至于今日，十年一理，犹不遗忘；二十之外，所诵经书，一月废置，便至荒芜矣。"③ 颜之推所倡导的"及早施教，勿失时机"的思想符合儿童的心智成长的规律，对于人们认识早期教育的功能与地位仍具积极的现实意义。

颜之推在主张早教、早学的同时，也强调"犹当晚学"，他列举了从孔子五十以学《易》到皇甫谧二十始授《孝经》《论语》终成大儒的例子说明"晚学"也可以大成，他形象地说："幼而学者，如日出之光；老而学者，如秉烛夜行，犹贤乎瞑目而无见者也。"④

"威严而有慈"，均爱勿偏思想。家庭教育以"骨肉之爱"为基础，"骨肉之爱，不可以简，简则慈孝不接"⑤。重视亲情，慈爱儿童的同时，不能溺爱和放任，必须坚持"威严而有慈"的原则。他说："父母威严而有慈，则子女畏慎而生孝矣。"⑥ 如果"无教而有爱，每不能然；饮食运为，恣意所欲，宜诫翻奖，应诃反笑，至有识别，谓法当尔"⑦，即一味溺爱，在饮食、言论、行为等方面放纵孩子，做错了事不训诫反而奖励，说错了话不责备反而一笑了之。这种是非不分，有爱无教的状况持续下去，一旦孩子形成了不良习惯，再进行教育就

---

① 颜之推：《颜氏家训·慕贤篇》，文史出版社2003年版。
② 颜之推：《颜氏家训·勉学篇》，文史出版社2003年版。
③ 同上。
④ 同上。
⑤ 颜之推：《颜氏家训·教子篇》，文史出版社2003年版。
⑥ 同上。
⑦ 同上。

为时晚矣。一味溺爱,遗患无穷。他指出:"骄慢已习,方复制之,捶挞至死而无威,忿怒日隆而增怨,逮于成长,终为败德。"①"爱"就转变成"害"。

坚持"威严而有慈"的原则,就必须树立父母的尊严,"父子之严,不可以狎","狎则怠慢生焉"②。在教育方法上要注重正面引导,"赐以优言,问所好尚,励短引长"③。但怒责与鞭笞是必要的,"笞怒废于家,则竖子之过立见"④。

颜之推还提出了均爱勿偏的原则。他说:"人之爱子罕亦能均,自古及今此弊多矣。贤俊者自可赏爱,顽鲁者亦当矜怜。有偏宠者,虽欲以厚之,更所以祸之。"⑤ 意思是说,人对子女能均等相爱是罕见的,自古以来这种弊端很多。他主张智慧有才的孩子自然可以得到赏识和爱好,顽皮笨拙的孩子也应当得到尊重和爱怜。偏爱孩子虽然主观上要厚待他,但实际上是为其招来更大的祸害。颜之推关于"均爱"的思想对于多子女家庭具有警示作用。

"德艺周厚"思想。颜之推主张"德艺周厚",即道德教育与知识技艺教育并重,德艺双修。在德育方面,颜之推认为家庭教育应当以"礼为教本"⑥,以"人伦为重"⑦。他认为,"君子当守道崇德"⑧,因此在幼儿时期就应当进行道德启蒙,"明孝仁礼义,导习之矣",使幼儿养成良好品性与行为习惯,否则,幼儿的恶习一旦养成,"习若自然,卒难洗荡";难以有效矫正。甚至"逮于成长,终为败德"⑨。

在道德教育内容方面,颜之推注意以"人伦为重",强调"诚"

---

① 颜之推:《颜氏家训·教子篇》,文史出版社2003年版。
② 同上。
③ 颜之推:《颜氏家训·序致篇》,文史出版社2003年版。
④ 颜之推:《颜氏家训·治家篇》,文史出版社2003年版。
⑤ 颜之推:《颜氏家训·教子篇》,文史出版社2003年版。
⑥ 颜之推:《颜氏家训·勉学篇》,文史出版社2003年版。
⑦ 颜之推:《颜氏家训·兄弟篇》,文史出版社2003年版。
⑧ 颜之推:《颜氏家训·省事篇》,文史出版社2003年版。
⑨ 颜之推:《颜氏家训·教子篇》,文史出版社2003年版。

"孝"等伦理意识教育。在他看来"诚""孝"是为人处世之本。他说:"人之虚实真伪在乎心,无不见乎迹。""巧伪不如拙诚,承之以羞大矣。""以一伪丧百诚,乃贪名不已故也。"① 他指出虚伪源于人的心里意识,看不见摸不着,但不可能不露出行迹,一旦被人发现,就要承受巨大的羞辱,所以"巧伪不如拙诚"。

在当时社会战乱不断,政权更替频繁,"君不足君"或"无君可忠"的世代背景下,颜之推十分重视家庭伦理。他说:"夫有人民而后有夫妇,有夫妇而后有父子,有父子而后有兄弟:一家之亲,此三而已矣。自兹以往,至于九族,皆本于三亲焉,故于人伦为重者也,不可不笃。"② 他把处理夫妇、父子、兄弟三亲的原则看作人伦的基础和最重要的内容。在家庭伦理方面,他强调"孝为百行之首,犹须学以修饰之"。③ 他主张亲戚要互救互助:"亲友之迫危难也,家财己力,当无所吝;若横生图计,无理请谒,非吾教也。"④ 颜之推把家庭道德推广到社会领域,他既不主张墨子那种不分亲疏的舍己为人的"热腹",也反对杨朱极端利己的个人主义的"冷肠",而是提倡一种推己及人的儒家伦理精神。他说:"墨翟之徒,世谓热腹,杨朱之侣,世谓冷肠。肠不可冷,腹不可热,当以仁义为节文尔。"⑤

此外,颜之推还告诫子孙要树立"俭而不吝"的美德,做到"施而不奢,俭而不吝";同时还应"知稼穑之艰难"、做到"少欲止足"、不"多言"、不"多事"。

在"艺"的教育方面,颜之推主张首先要学习"圣人之教";同时要学习"百家之言",博学多才;此外,还应学习"杂艺"。所谓"杂艺"就是文章、琴、棋、书、画、算术、卜筮、医学、习射、投壶等技艺。他认为这些"杂艺"具有"救急""畅神情""陶冶性灵"

---

① 颜之推:《颜氏家训·名实篇》,文史出版社2003年版。
② 颜之推:《颜氏家训·兄弟篇》,文史出版社2003年版。
③ 颜之推:《颜氏家训·勉学篇》,文史出版社2003年版。
④ 颜之推:《颜氏家训·省事篇》,文史出版社2003年版。
⑤ 同上。

等作用，但他反对以杂艺取宠，认为对杂艺的学习"不须过精"，因为"巧者劳而智者忧。常为人所役使，更觉为累"。"被公私指令，亦为猥役"，成为累赘或负担。因此，颜之推主张"杂艺""可以兼明，不可以专业"①。颜之推这一思想既肯定了技艺的生活价值，又体现了士大夫"羞务工伎"的传统观念。

颜之推重视语言教育，认为古今语言和不同地域的方言差异很大，因此父母有责任使子女学习正确的语言。他说："九州之人，言语不同"；"古今言语，时俗不同；著述之人，楚、夏各异"，所以，必须对儿童进行语言规范和通用语言教育，而不应强调方言。颜之推对子女的语言教育十分严谨，他说："吾家儿女，虽在孩稚，便渐督正之。一言讹替，以为己罪矣。云为品物，未考书记者，不敢辄名。"②

4. 学习态度与方法的思想

颜之推十分重视学习态度和方法，提出了虚心务实、贵能博闻、勤学、切磋、眼学等思想、观点。

"虚心务实"的学习目的。颜之推针对当时士大夫学习的目的是为了高谈阔论和获取晋升之阶的时代之弊，提出学习的目的应当是"求益""修身利行"。他说："夫学者，所以求益耳。见人读数十卷书，便自高大，凌忽长者，轻慢同列。人疾之如仇敌，恶之如鸱枭。如此以学自损，不如无学也。"又说："夫学者犹种树也，春玩其华，秋登其实；讲论文章，春华也；修身利行，秋实也。"③ 这里所说的"求益"，乃是指对"修身利行"之益，即有利于提高道德素养、获取广博的知识，以指导"利世"之行。他反对读了数十卷书便自高自大，目中无人的浮夸的学风，认为这种学风容易引起他人的仇视，对己无益而有害，"不如无学"；学习犹如种树，目的在于获得"秋实"，即"修身利行"。

"贵能博闻"思想。颜之推倡导博闻、博学，他说："夫学者贵能

---

① 颜之推：《颜氏家训·杂艺篇》，文史出版社2003年版。
② 颜之推：《颜氏家训·音辞篇》，文史出版社2003年版。
③ 颜之推：《颜氏家训·勉学篇》，文史出版社2003年版。

博闻……观天下书未遍,不得妄下雌黄。或彼以为非,此以为是;或本同末异;或两文皆欠,不可偏信一隅也。"博闻是学术严谨的必然要求。博闻、博学具有多方面的实际功效,"博学求之,无不利于事也。"博学可以使人"开心明目,利于行耳"①,从这可以学习古人恭俭节用、贵义轻财、少私寡欲、尊贤容众、达生委命、强毅正直、立言必信等优良品德。

勤学、切磋、眼学的学习方法。在学习方法方面,颜之推根据自己积累的经验,提出了勤学、切磋、眼学等主张。他认为勤学是学有所成的前提,任何学习者都应勤学,"自古明王圣帝,犹须勤学,况凡庶乎!"② 他指出,即便是迟钝之人,只要勤学不倦,也是可以达到精通和熟练的程度。"钝学累功,不妨精熟。"他倡导子弟向古人学习,"古人勤学,有握锥投斧,照雪聚萤,锄则带经,牧则编简,亦为勤笃"③。

颜之推非常重视切磋交流在学习中的作用。他援引《尚书》中"好问则裕"和《礼记》中"独学而无友,则孤陋而寡闻"的观点,强调学习"盖须切磋相起明也",认为切磋交流是增进知识与避免错误的有效方法。

颜之推认为在学习中应当坚持亲自观察获取真实知识的原则,提出了"眼学"的概念。所谓"眼学",就是亲自考察,不听信道听途说。他说:"必须眼学,勿信耳受。"④ "眼学"包括两个方面的要求:一是"谈说制文,援引古音"必须阅读典籍,查考原文,正本清源;二是对于经验知识,也必须经深入实际亲自询问、勘查,不可道听途说,以免以讹传讹。颜之推的"眼学"观突出一个"实"字,强调知识的真实性、客观性。

颜之推的教育思想是当时社会现实的反映。他的教育思想代表了

---

① 颜之推:《颜氏家训·勉学篇》,文史出版社 2003 年版。
② 同上。
③ 同上。
④ 颜之推:《颜氏家训·勉学篇》卷上,文史出版社 2003 年版。

士大夫的利益与愿望，有不少迂腐的观点，如"羞务工伎"的思想。他的一些处世哲学反映了士大夫面对乱世的无奈，但是，他的许多主张是自己治学的经验之谈，揭示了一些家庭教育的规律，对于现代家庭教育仍有重要的参考价值。

第二节 隋唐时期的教育

自公元581年杨坚发动宫廷政变建立隋王朝，到公元907年朱全忠篡唐，自立为帝，建立后梁，这300多年的历史阶段，其间先后经历了隋（581—618年）、唐（618—907年）两个历史时期，史称隋唐。在这段历史中，隋王朝重新统一了中国；唐王朝将中国封建社会发展到鼎盛时期。隋唐时期建立了从中央到地方的学校教育体系，创立了科举考试选官制度，产生了新的教育组织形式——书院，完善了政府教育管理体制和学校管理制度，这些历史性的制度创新和进步标志着中国古代教育步入了发展的鼎盛时期。

一 隋唐的文教政策

文教政策是统治者所制定的文化教育施政的策略，它直接影响着教育事业的兴旺或停滞、衰落。隋、唐王朝对政治制度、文化教育制度进行了重大改革，有力地推动了文化教育事业的大发展。

公元581年，杨坚篡夺北周政权而建立隋朝，589年又攻灭南朝的陈国，结束了长达300多年的分裂对立的局面，重新建立了统一的中央集权的封建王朝。隋朝为强化中央集权，首先进行政治体制改革，在中央创设三省六部制，所谓"三省"，即内史省（决策机构）、门下省（审议机构）、尚书省（执行机构），三省相互制衡，决策权归于皇帝。"六部"，即尚书省统辖下的吏部、户部、礼部、兵部、刑部、工部，它们有明确分工，统管全国政务。在地方将州、郡、县三级制改为州县二级制，有利于精简机构，裁减冗官、提高行政效率、加强中央对地方的控制。

唐袭隋制，继续实行中央集权的三省六部制和地方的州、县制，增设巡察使分道监督州县官吏，加强中央对地方的控制。唐王朝在沿袭隋朝各种制度的同时，也进行了重大改革，科举考试选官制度进一步改善，城市的较大发展和经济的繁荣为教育发展创造了良好的条件。

隋代文化教育事业有所发展，唐代文化教育事业的发展进入了鼎盛时期。

影响教育的关键因素是文教政策。隋唐时期文教政策的主要内容是：崇儒兴学、佛道兼用、创立科举、任立私学。

（一）崇儒兴学，道佛兼用

隋唐两朝的文教政策面对的主要问题是如何处理儒、佛、道三教之间的关系。隋王朝对待三教的态度，在不同时期虽有所变化，但从总体上说，他们采用了以儒学为主，兼用佛、道的多元文化政策。

隋文帝幼年寄养在尼寺里，笃信佛教。他即皇帝位之前，就下令恢复佛、道两教；即帝位后宣称"我兴由佛"，"普诏天下，任听出家，仍令计口出钱，营造经、像……天下之人，从风而靡，竞相景慕，民间佛经多于六经数十百倍"①，把佛教发展推向了新的高潮。但佛教并未进入教育领域，隋文帝制定了以德治国的施政策略，把儒学作为政治指导思想。开皇三年（583年），他明确提出了以德治国的基本国策，在诏令中宣布："朕君临区宇，深思治术，欲使生人从化，以德代刑。"在同年的《劝学行礼诏》中又进一步提出了"劝学行礼"的主张，"建国重道，莫先于学，尊主庇民，莫先于礼。……始自京师，爰及州郡，宜祗朕意，劝学行礼"。他把兴办学校，推行礼教看作"建国"的首要任务。隋文帝在仁寿元年（601年）下诏进一步指出："儒学之道，训教生人，识父子君臣之义，知尊卑长幼之序，升之于朝，任之以职，故能赞理时务，弘益风范。朕抚临天下，思弘德教，延集生徒，崇建庠序，开仕进之路，伫贤隽之人。"② 在他看来，儒学

---

① 魏征：《隋书·志三十·经籍四》卷三十五，中华书局1973年版。
② 魏征：《隋书·帝纪第二·高祖下》卷二，中华书局1973年版。

具有教化社会，维护父子君臣之义，尊卑长幼之序的功能和培养贤隽之人的育才作用，所以，隋文帝推行尊儒兴学的文教政策。

隋文帝晚年沉湎于佛教，文教政策发生了较大变化，他"不悦儒学，专尚刑名"，"暨仁寿间，遂废天下之学，唯存国子一所，弟子七十二人"。① 使儒学教育出现了曲折。

隋炀帝即位后，纠正了隋文帝废除学校的政策，"复开庠序，国子、郡县之学盛于开皇之初"。② 大业元年（605年）颁布《兴学诏》："君民建国，教学为先，移风易俗，必自兹始。……将欲尊师重道，用阐厥繇，讲信修睦，敦奖名教。"③ 并采用选拔为官或"量准给禄"等措施鼓励笃志好古的儒生和精研儒术的学者。这一诏令体现了隋炀帝"尊师重道"，奖励儒学教育的文教政策。

唐王朝存在290年之久，以安史之乱为标志，分为前后两期。前期130多年，国家统一，经济繁荣，文化昌盛，后期逐步走向衰落。除武则天当政时期以外，唐王朝总的文教政策是：抑佛、崇道、崇儒、兴学。

唐开国皇帝李渊为了抬高自己家族的地位，为李唐皇权披上神秘的宗教外衣，极力尊崇道教。武德三年（620年）晋州道士吉善行宣称他在羊角山遇到一位骑白马的仪容甚伟的老叟，教他传话给唐天子："吾汝祖也，今年平贼后，子孙享国千岁。"④ 李渊听后极为高兴，借此大肆宣传道教始祖李耳与唐天子是祖孙关系，在羊角山立老君庙。他于武德八年（625年）亲自到国子监宣布三教的地位：道教第一，儒教第二，佛教第三。形成了尊道、崇儒、抑佛的基本政策格局。

尽管李唐王朝高度尊崇道教，但仍然把崇儒兴学作为文教政策的核心内容。李渊鉴于隋代"周孔之教，阙而不修；庠序之仪，泯焉将坠"的历史教训，于武德七年（624年）颁布《兴学敕》，申明"自

---

① 魏征：《隋书·列传第四十·儒林》卷七十五，中华书局1973年版。
② 同上。
③ 魏征：《隋书·帝纪第三，炀帝上》卷三，中华书局1973年版。
④ 王溥：《唐会要·尊崇道教》卷五十，中华书局1960年版。

古为政,莫不以学为先。学则仁、义、礼、智、信五者具备,故能为利深博。朕今欲敦本息末,崇尚儒宗,开后生之耳目,行先王之典训"。他对唐初佛教兴旺,儒学衰微的状况甚为不满,责问王公大臣说:"岂有沙门事佛,灵宇相望,朝贤宗儒,辟雍顿废,王公以下,宁不惭?"要求充实国子学,早日建立地方学校。

一方面,唐太宗时期继续推行尊崇道教,抑制佛教的文化政策。唐太宗总结了梁武帝痴迷佛教的历史教训,并受太史令傅奕的佛教"无益于民,有害于国"[①]的思想的影响,对佛教采取抑制的措施。贞观十一年(637年),唐太宗对佛教盛行导致"殊方之典为众妙之先,诸华之教翻居一乘之后"的局面不满,下《道士女冠在僧尼之上诏》,明确宣布"道士女冠可在僧尼之前"[②],抑制佛教的发展。另一方面,唐太宗"益崇儒术"。"太宗即位,益崇儒术。"[③]他总结历代统治经验教训说:"朕看古来帝王以仁义为治者,国祚延长;任法御人者,虽救弊于一时,败亡亦促。既见前王成事,足是元龟。"[④]于是选择"专以仁义诚信为治"的德治策略,把儒学作为中央集权统治的精神支柱。据《贞观政要·慎所好》卷六记载,李世民说:"朕今所好者,惟在尧舜之道,周孔之教,以为如鸟有翼,如鱼依水。失之必死,不可暂无耳。"他在贞观二十二年(648年)撰写的《帝范·崇文》中也指出"夫功成设乐,治定制礼,礼乐之兴,以儒为本。弘风导俗,莫尚于文,敷教训人,莫善于学。因文而隆道,假学以光身。"[⑤]在这里他进一步论述了以儒学为统治思想之本,以文治为基本政策,把兴学看作教化社会、培养人才的根本途径的思想。唐太宗采取了许多措施,如"大征天下名儒为学官",特诏颜师古考订"五经",诏孔颖达等撰定《五经正义》,使儒学有了全国统一的教材。创造了儒学教育

---

① 司马光:《资治通鉴·唐纪八》卷一百九十二,中华书局2011年版。
② 宋敏求:《唐大诏令集·道士女冠在僧尼之上诏》卷一百十三,中华书局2008年版。
③ 欧阳修、宋祁:《新唐书·选举志》卷四十四,中华书局1980年版。
④ 吴兢:《贞观政要·仁义》卷五,光明日报出版社2013年版。
⑤ 宋敏求:《唐大诏令集·道士女冠在僧尼之上诏》卷一百十三,中华书局2008年版。

发展的黄金时代。

唐高宗李治继续推行兴道崇儒的文教政策。乾封元年（666年）唐高宗李治尊追老君为"太上玄元皇帝"，令百官学《老子》，增加《老子》为科举考试项目，使道教在全国发展。武则天先迎合唐高宗，后来自立皇帝，改国号为"周"后，推行兴佛、抑道、贬儒的文教政策。佛教势力积极支持武则天称帝，武则天称帝后则运用皇权大力扶持佛教。天授二年（691年），武则天颁布《释教在道法之上制》，明确宣布"自今以后，释教宜在道法之上，缁服在黄冠之前"。[①] 把佛教提升到第一位，道教降到第二位，儒学贬为第三位。在她大力扶植下，佛教势力极度膨胀；而学习儒学的"国学废散"。

唐玄宗纠正了武则天的文教政策，采取抑佛、崇道、复兴儒学的政策。佛教大发展给唐王朝带来诸多潜在的威胁。景云二年（711年），京兆人辛替否上疏指出："当今出财依势者，尽度为沙弥；避役奸讹者，尽度为沙弥。其所未度，惟穷人与善人耳。将何以作范乎？将何以租赋乎？将何以力役乎？……今天下佛寺，盖无其数，一寺堂殿，倍陛下一宫，壮丽甚矣，用度过矣。是十分天下之财，而佛有七八，陛下何有之矣，百姓何食之矣。"[②] 他的意思是说：有钱有势的人和避役奸诈之人都剃度为沙弥了，直接威胁着国家赋税和服役的劳动力的来源。佛教寺院的财富占全国总财富的七八成，直接影响着国家经济实力和老百姓的生计。面对这种局面，唐玄宗采取了淘汰僧尼、不许私度僧尼、禁止州县铸佛像和抄写经书、禁止佛教寺院敛财、限制活动范围、降低社会地位等措施抑制佛教。

在崇道方面，唐玄宗崇奉老子，三次追封尊号，天宝二年（743年）加封老君为"大圣祖玄元皇帝"，天宝八年（749年）、十三年（754年）又先后加封为"大圣祖大道玄元皇帝""大圣高上大道金阙玄元皇帝"。把老君册封到至高无上无以复加的地位。认为《老子》

---

① 宋敏求：《唐大诏令集·释教在道法之上制》卷一百十三，中华书局2008年版。
② 王溥：《唐会要·议释教下》卷四十八，中华书局1960年版。

一书远在儒家六经上,"岂六经之所拟"。① 设崇玄学,要求每家藏一《道德经》;广置宫观,令两京及诸州各置玄元皇帝庙。

唐玄宗在崇道的同时也尊孔崇儒。他于开元二十七年下制曰:"弘我王化,在乎儒术",褒扬孔子"德配乾坤,身揭日月,故能立天下之大本,成天下之大径。美政教,移风俗,君君臣臣父父子子,人到于今受其赐",并封孔子为"文宣王"②。

唐玄宗以后的皇帝,大都继续采用崇道、尊儒和三教兼用的政策。唐宪宗信佛,迎法门寺佛骨舍利入宫供奉祈福,助长佛教风靡一时。唐武宗对佛教采取贬毁的政策。会昌四年(844年)唐武宗下禁佛令,"拆寺四千六百余所,还俗僧尼二十六万五百人,收充两税户,拆招提、兰若四万余所,受膏腴上田数千万顷,收奴婢为两税户十五万人"③,沉重打击了佛教。但唐宣宗则废除禁佛令,佛教又东山再起。

总的来说,李唐王朝对佛教的政策时抑时兴,起伏不定。但崇道、尊儒、兴学则是较为一贯的政策。

(二) 创立和发展科举

在世界历史上,中国第一次创立全国统一考试——科举考试。这是中华民族对人类文明的伟大贡献,可以和四大发明媲美。④ 科举考试创立于隋代,发展于唐代,完善于宋代,一直延续到1905年,有1300年的历史,积累了丰富的经验,也存在严重的缺陷。它曾对中国封建社会的发展与稳定起了巨大的作用。

魏晋南北朝时期,吏员选拔采用"九品中正制"。公元220年,曹丕改革选官制度,建立了九品中正制,亦称"九品官人法",即在州郡各设立"中正"官,考察所属地区人才的高下,分为九等(上上、上中、上下;中上、中中、中下;下上、下中、下下)以备选

---

① 王钦若:《册府元龟·帝王部·尚黄老第二》卷五十四,中华书局1982年版。
② 刘昫等:《旧唐书·礼仪志》卷二十四,中华书局1975年版。
③ 刘昫等:《旧唐书·武宗纪》卷一八上,中华书局1975年版。
④ 孙培青等:《中国考试制度通史》(卷一),华东师范大学出版社2000版,第7页。

拔。这一制度与汉代察举制度相比较，是一个进步。它设立了专职负责考察工作的官员"中正"；且对人的评价实行量化。但是，豪门势族很快把持了所有中正官职，使这一制度成为排斥中小地主、维护门阀士族利益的工具，造成"上品无寒门，下品无士族"的局面。

隋文帝为了加强中央集权，首先将任用官吏的权力收归中央政府的吏部；废除由士族门阀垄断的九品中正制，并改革察举制度，将察举与设科考试结合起来，为科举制度奠定了基础。科举制度创立于隋炀帝大业二年（606年）七月，"始建进士科"①，标志着科举制度的形成。大业三年（607年）又下诏："宜依令十科举人。"②大业五年（609年），又将十科精简为四科举人，突出强调了选拔实用人才的科目。可以说，科举考试是隋炀帝具有历史意义的重要创举。

唐承隋制，逐步形成了一套较为完备的科举考试制度。据〔五代〕王定保《唐摭言·统序科第》卷一记载："自武德辛巳岁四月一日，勅诸州学士及早有明经及秀才、俊士、进士，明于理体，为乡里所称者，委本县考试，州长重复，取其合格，每年十月，随物入贡，斯我唐贡士之始也。"这段史料说明，唐自武德四年（621年）恢复了科举考试制度。考试对象是各州的学士和以前的明经、秀才、俊士、进士等；考试程序是县初试，州复试，每年十月送合格者入京城考试。

李肇《唐国史补》："进士科，始于隋大业中，盛于贞观、永徽之际。"唐太宗贞观年间，科举考试制度进一步发展，确立为一种常规的以考试选拔人才的制度。

唐高宗当政时，除了"常科"每年举行之外，科举考试增加了"制科"，即根据需要设置科目，不定期举行。武则天时期，创设了选拔军事人才的"武科"。到了唐玄宗时期，科举制度中大部分科目已经形成，考试内容和形式基本确立，参加科举的人数日益增多，"一

---

① 郑樵：《通志·选举略第一·历代制》卷五十八，上海古籍出版社2007年版。
② 魏征：《隋书·炀帝纪上》卷三，中华书局1973年版。

岁贡举，凡有数千"①，科举制度趋于完备。

唐代科举考试分文科举和武科举两大类。文科举又分为"常科"和"制科"两种。"常科"每年定期举行，科目主要有秀才、明经、俊士、进士、明法、明字、明算等六科。"秀才科"注重选拔学识渊博，出类拔萃的人才，隋唐皆以此科为最高。"明经科"注重考核考生掌握儒家经典的程度；"进士科"是隋唐高度重视的科目之一，唐中期考试内容定型，要进行贴经、杂文、策论三场考试。"贴经"相当于现代填充试题，注重考查应试者对儒家经典的记诵能力，只要熟读儒家经典就能答此类题目；"杂文"注重考查应试者写诗作赋的水平；"策论"则考查应试者依据儒家经典、历史知识，针对现实时务，或时弊，提出解决问题的对策能力。"明法"侧重考核法律知识，选拔司法人才；"明字"侧重考核文字理论与书法；"明算"侧重考核算术知识与才能。六科中的后三科（明法、明算、明字）为专门科目，虽为常科却不经常举行。前三科中的秀才科虽地位最高，但后来被废除，仅有明经和进士科受士人重视。

（三）任立私学

重视学校，任立私学发展是隋唐时期重要政策之一。隋文帝开皇三年（583年）《劝学行礼诏》要求利用闲暇时间学经习礼，"今者民丁非役之日，农亩时候之余，若敦以学业，劝以经礼，自可家慕大道，人希至德。岂止知礼节，识廉耻，父慈子孝，兄恭弟顺者乎？始自京师，爰及州郡，宜祗朕意，劝学行礼"。此诏对私学的发展起了推动作用。据《隋书·儒林传》记载，当时"京邑达乎四方，皆起黉校。齐鲁赵魏，学者尤多，负笈追师，不远千里，道路不绝。"这段记载反映隋文帝时期私学在中原地区繁荣的景象。

唐代实行官学与私学并举的政策，继续鼓励私学发展。唐高祖武德七年（624年）《置学官备释奠礼诏》中明确要求："州县及乡里，各令置学。"州、县学校责成由地方政府兴办，而乡学村学则由民间

---

① 马端临：《文献通考·选举考十》卷三十七，中华书局1986年版。

人士自己筹办，自己经管。唐中宗景龙四年（710年）颁发《集学生制》，要求效法古代，自下而上设立学校，"古之教者，家有塾，党有庠，术有序，国有学，盖立训之基也。故上务之则敦本，下由之则成俗。"① 唐玄宗在开元二十一年（733年）下敕令明确规定："许百姓任立私学，其欲寄州县学授业者亦听。"② 这一敕令以政令的形式肯定了民间创办私学的自由，允许在地方官学内办私学，为私学的大发展提供了政策保证。开元以后，社会上形成了浓厚的办学、读书的社会氛围。"开元以后，四海宴请，无贤不肖，耻不以文章达。""五尺童子，耻不言文墨焉。"③ 人们以没有文化为耻，以文章水平不高为耻，这种强烈的学习文化的社会心理有利于民间私学进一步发展。

隋唐时期私学繁荣昌盛，一些著名学者，如颜师古、孔颖达、韩愈、柳宗元等都办过私学。私学地区分布广泛，规模有所扩大。据《隋书·儒林传·包恺》记载："东海包恺，字和乐。……聚徒教授，著录者数千人。"据《新唐书·儒学传·马嘉运》记载："马嘉运，魏州繁水人。……退隐白鹿山，诸方来授业者至千人。"

二 隋唐时期学校教育的发展

隋唐两代，特别是唐代在崇儒兴学文教政策的指导下，学校教育制度已相当完备，是中国古代学校教育繁荣昌盛的时代。

（一）隋唐时期的中央官学

1. 隋唐时期的中央官学体系

隋王朝统治时间虽短暂，但却建立了从中央到地方的官学体系。隋文帝开皇（581—600年）中，下令国子寺不隶属太常寺，在中央设立国子寺，置祭酒，专门管理学校教育事业。它首开了中国在中央政府设立专门教育行政管理机构的历史先河。在国子寺的统辖之下，中央设有国子学、太学、四门学、书学、算学等五学。《隋书·百官志》

---

① 宋敏求编：《唐大诏令集·集学生制》卷一百五，中华书局2008年版。
② 王溥：《唐会要·学校》卷三十五，中华书局1960年版。
③ 杜佑：《通典·选举·历代制下》卷十五，中华书局1984年版。

记载:"国子寺,国子、太学、四门、书、算学,各置博士、助教、学生等员。"仁寿元年(601年),隋文帝下诏"以天下学校生徒多而不精,唯简留国子学生七十人,太学、四门及州县学并废"。中央官学发展遇到较大波折。"炀帝即位后,开庠序,国子、郡县之学,盛于开皇。"①

唐代中央官学经历了两次高潮两次停滞的曲折发展过程。唐高祖武德年间,沿袭隋制,恢复了中央官学;唐太宗贞观年间建立了独立的教育行政机构,发展了新的学校,形成了新的中央官学体系,使中央官学教育进入第一个发展高潮;武则天时期,中央官学教育停滞;到唐玄宗开元年间制定了相当完备的学校教育法规,中央官学教育进入第二次发展高潮;"安史之乱"之后,中央官学处于恢复、徘徊、停滞时期。唐代前期100余年经济繁荣,中央官学、地方官学和私学教育相当发达。

隋朝的中央官学体系由国子学、太学、四门学、书学、算学"五学"构成。

唐朝的中央官学体系比隋朝更为完善。唐建国之初,恢复了国子学、太学、四门学等三学;"贞观元年(627年),改国子学为国子监。"② 国子监既是独立的中央教育行政机构,又是国家最高学府,兼有教育行政管理职能和办学育才职能。国子监的设立,标志着学校管理走向专门化。唐代以后的封建王朝仍然坚持设立国子监,直到清末学部成立为止。

唐代中央官学大致可分为两大体系:一是直系学校;二是旁系学校。直系学校主要包括中央专设的六学:国子学、太学、四门学、律学、书学、算学。由独立的中央教育管理机构——国子监统一管理。

(1)国子学

是一种专收贵族和高官子弟的贵胄特权学校。据《文献通考》记

---

① 马端临:《文献通考·学校考太学》卷四十一,中华书局1986年版。
② 刘昫等:《旧唐书·志第二十二·职官一》卷四十二,中华书局1975年版。

载。唐代"国子学生三百人,以文武三品以上子孙、若从二品以上曾孙及勋官二品、县公京官四品带三品勋封之子为之"①。学生出身等级最高,待遇最好。国子学有博士、助教,博士负责分经教授,助教负责助博士分经教授。

(2) 太学

是与国子学并设的高级中央学校,以教授五经为主要教学内容。"太学生五百人,以五品以上子孙、职事官五品朞亲、若三品曾孙及勋官三品以上有封之子为之。"② 设置太学博士、太学助教负责分经讲授。其教官的官品和学生的门第品级要求均低于国子学。

(3) 四门学

也是以传授《五经》为主要教学内容。设四门博士、四门助教。"四门学生千三百人,其五百人以勋官三品以上无封、四品有封及文武七品以上子孙为之;八百人以庶人之俊异者为之。"四门学生四分之三左右,从地方州县选送,多属于庶族优秀子弟。

国子学的地位和学术水平最高,太学次之,四门学的优秀学生可以补太学,太学优秀生可以补国子学。

(4) 书学、律学、算学

是中央专门学校,"律学生五十人,书学生三十人,算学生三十人。以八品以下及庶人之通其事者为之"③。"书学","日纸一幅,间习时务策;读《国语》《说文》《字林》《三苍》《尔雅》"④,以培养书法专门人才。"算学"主要学"《孙子》《五曹》《九章》《海岛》《张丘建》《夏侯阳》《周髀》《五经算》"、"《缀术》《缉古》;《记遗》《三等数》皆间习"⑤。以培养天文、历法、财务、工程等专门计算人才。律学以研究刑制、讲授律令格式为主,培养专门的法律人才。书

---

① 马端临:《文献通考·学校考太学》卷四十一,中华书局1986年版。
② 同上。
③ 同上。
④ 欧阳修、宋祁:《新唐书·选举志》卷四十四,中华书局1975年版。
⑤ 同上。

学、律学、算学学生主要为"通其事"的下级官吏子弟和庶人子弟。

贞观年间中央官学规模不断扩大，高丽、百济、新罗、高昌、吐蕃相继遣子弟入学，学生人数多达8000余人，中央官学极为繁荣昌盛。

唐朝除了直系中央官学学校之外，还建立了旁系中央官学学校。所谓旁系学校是指由中央政府一些行政部门设立并对口管理的一些附设学校。包括崇文馆、弘文馆、医药学校、天文历法学校、乐舞学校、兽医学校、工艺学校等。《新唐书·选举志》卷四十四记载："太宗即位，益崇儒术，乃于门下别置弘文馆，又增置书、律学……十三年（639年）东宫置崇文馆"。弘文馆归门下省管辖；崇文馆归东宫管辖；崇玄学归礼部的祠部管辖。唐玄宗开元二十九年（741年）下令"置崇玄学，习《老子》《庄子》《文子》《列子》，亦曰道举其生，京都各百人，诸州无常员"。① 医药学校、天文历法学校分别由太医署、司天台管理；乐舞学校、兽医学校则分别归太乐署、兽太仆寺管辖；工艺学校归少府监管理。这种统一管理与对口管理相结合的管理体制，既益于经学教育的发展，又促进了实用专业教育的进步。

2. 唐代中央官学的教育管理制度

唐代在唐玄宗开元年间已经形成了较为完备的中央专设直系学校的管理制度，被纳入《唐六典》的内容，成为法定的制度。唐代的教育管理制度主要有：学官制度、入学制度、学礼制度、教学制度、考核制度、惩罚制度、休假制度等。

（1）学官制度

唐代官学可分为两个系列：一是学校管理人员：祭酒、司业、丞、主簿、录事等；二是教师：博士、助教、直讲。这两类人都是朝廷的职官，并定有高低不等的品级。唐代学官的任职条件较高，学校管理人员要求必须有较高的德望和学识。据《通典·职官九》记载："凡

---

① 刘昫等：《旧唐书·玄宗本纪》卷九，中华书局1975年版。

祭酒、司业之选，皆儒重之官，非其人不居。"《唐会要·东都国子监》亦载："国子祭酒、司业及学官，其须取有德望学识人充。"也就是说，他们必须是专精儒学的大师，德行学识卓越，受人尊重者。对博士的德行、学识、口才、仪表等方面都有严格的要求。据《唐会要·东都国子监》记载，"择博士，兼通《孝经》《论语》。依凭章疏，讲解分明，注引旁通，问十得九，兼德行纯洁，文辞雅正，仪刑规范。可为师表者。"① 也就是说，博士除精通儒学主要经典之外，还必须兼通《孝经》《论语》；讲授艺术精湛；而且必须是"德行纯洁，文辞雅正，仪刑规范。可为师表者"。其对博士要求之高，可见一斑。

唐代学官有严格的编制，并授予一定的品级，学校等级不同，学官的品级也各异。据《新唐书·百官志》记载：

国子祭酒一人，从三品；司业二人，从四品下；丞一人，从六品；主簿一人，从七品。国子博士五人，正五品上；助教五人，从六品上；直讲四人（无品）；五经博士各二人，正五品。

太学博士六人，正六品上；助教三人，从七品上。

广文馆博士四人，正六品；助教二人，从七品上。

四门博士六人，正七品上；助教六人，从七品上；直讲四人（无品）。

律学博士六人，从八品下；助教一人，从九品下。

书学博士二人，从九品下；书学助教一人，（无品）。

算学博士二人，从九品下；助教一人，（无品）。

学官属官吏序列，享受相同品级官吏的俸禄待遇。学官的基本经济收入包括月俸、岁禄、职田等方面。月俸，即每月按学官的品级所发放的俸料钱，作为学官本人、家属及仆役的生活费。月俸随国家政治经济形势的变化而变化。据《唐会要·内外官料钱上》记载，唐玄宗开元二十四年（736年），国子祭酒的月俸总数为17000

---

① 王溥：《唐会要·东都国子监》卷六十六，中华书局1960年版。

文，其中月俸 5000 文，食料 1100 文，防阁（亲王府以及五品以上职事官的侍从）10000 文，杂用 900 文。国子司业月俸总数为 11867 文。国子博士月俸总数 9200 文。太学博士月俸总数 5300 文，其中月俸 2300 文，食料 400 文，庶仆 2200 文，杂用 400 文。律学博士月俸总数 2475 文，其中月俸 1300 文，食料 300 文，庶仆 625 文，杂用 250 文。书学博士、算学博士月俸总数 1917 文，其中月俸 1050 文，食料 250 文，庶仆 417 文，杂用 200 文。从月俸上体现了中央官学各类学校的等级差异。

在不同时期，学官的俸禄也不同，如唐初，武德元年（618 年），学官的俸禄分别为：国子祭酒 360 石，国子司业 260 石，国子博士 200 石，国子助教 90 石；太学博士 100 石，太学助教 70 石；四门博士 80 石，四门助教 70 石；书学、算学博士各 30 石。

隋唐的学官与其他官员一样，除朝廷给月俸、岁禄之外，还分给职分田、永业田。唐武德年间国子祭酒分职分田 9 顷，永业田 20 顷；国子博士职分田 6 顷，永业田 8 顷；太学博士职分田 4 顷，永业田 2.5 顷；律学助教职分田 2 顷，永业田 2 顷。

唐代对现任官吏实行考核、晋级制度。学官亦须接受考核。唐代实行一年小考，四年大考。三品以上官员由皇帝亲考，四品以下官员分京官、外官两类，分别由专人考核。考核的一般标准是"四善"："一曰德义有闻，二曰清慎明著，三曰公平可称，四曰恪勤匪懈。"① 《考课令》将官吏分为二十七种职务，对每一种职务提出了特定的考核标准，称为"二十七最"。其中与学官有关的标准有："训导有方，生徒充业，为学官之最"；"礼义兴行，肃清所部，为政教之最"；"音律克谐，不失节奏，为乐官之最。"凡"一最以上有四善为上上；一最以上有三善，或无最而有四善为上中；一最以上有二善，或无最而有三善为上下……"② 以此等差排列共分九等。凡享有俸禄的官员考

---

① 李林甫等：《唐六典·尚书吏部》卷二，中华书局 1960 年版。
② 杜佑：《通典·选举通典三》卷十五，中华书局 1984 年版。

核等级在中上以上者，每进一等，加禄一季；中中者保持本禄；中下以下，每退一等，夺禄一季……被评为下下者，解除现任官职，夺当年禄。

(2) 入学制度

在唐代中央官学，贵族与官僚子弟享有优先入学的特权，入学对象首先有身份限制。学生依其父、祖父的身份、品级的高低进入不同等级、类别的学校。

据《唐六典·国子监》卷二规定：国子学接收"文武官三品已上及国公子孙、从二品已上曾孙之为生者"。太学接受"文武官五品已上及郡县公子孙、从三品曾孙之为生者"。四门学则招收"文武官七品已上及侯伯子男之子为生者，若庶人子之为俊士生者"。律学招收"文武官八品已下及庶人子之为生者"。书学招收"文武官八品已下及庶人子之为生者"。算学招收"文武官八品已下及庶人子之为生者"。这些规定载入《唐六典》，使各类学校对学生的身份要求成为一种法定制度。

唐代中央官学学生入学也有一定的年龄限制。一般限年14岁以上，19岁以下；律学18岁以上，25岁以下。唯有广文馆的学生不受年龄限制。

(3) 学礼制度

唐代中央官学的学生必须参加一系列礼仪活动，这是礼仪教育重要形式，也是官学教育制度重要的组成部分。唐代主要的学礼制度有：束脩礼、释奠礼、谒先师礼、番客观礼等。

束脩礼：体现尊师重学的重要礼仪。学生入学首次与教师见面，要举行隆重的拜师礼，按礼制规定要向教师敬献礼物，称之为"束脩"。《唐六典·国子监》：国子学"其生初入，置束帛一篚、酒一壶、脩一案，号为束脩之礼。"唐中宗曾颁布的《令入学行束脩礼敕》对束脩礼的数量作了明确的规定："束帛一篚"，即"国子、太学各绢三匹，四门学绢二匹，俊士及律、书、算学、州县各绢一匹"。"酒一壶",即二斗酒;"脩一案",即五条干肉。①

拜师时向教师敬献束脩是中国古代教育的历史传统。隋唐以前,这是一种传统的习惯;隋唐则进一步以敕令的形式立法,并加载法典,使束脩礼成为一种法定的教育制度。

释奠礼:是中国古代学校的一种祭奠先圣先师的典礼。这项礼制起源较早,西周时就已经出现。《礼记·文王世子》云:"凡学,春,官释奠于其先师,秋冬亦如之。"自西汉独尊儒术,以孔子为先圣,颜回为先师。历代相承,以为传统。隋唐五代官学继续前代的教育传统,均实行释奠礼。《隋书·礼仪志四》卷九:"隋制,国子寺,每岁以四仲月上丁,释奠于先圣先师。""四仲月",即仲春、仲夏、中秋、仲冬;"上丁",即第一个"丁日",也就是当月的第四日。依定制举行释奠礼,全体学官学生都必须参加,由国子祭酒讲学。有时皇帝也亲临释奠,文武百官也随皇帝到场行礼,恭听讲学。

唐代将释奠礼改为每年春秋季第二月上丁日举行。《唐六典·国子监》卷二十一:"凡春秋二分之月上丁,释奠于先圣孔宣父,以先师颜回配,七十二弟子及先儒二十二贤从祀焉。祭以太牢,乐用登歌轩县六佾之舞。……祭酒为初献,司业为亚献,博士为终献……凡释奠之日,则集诸生执经论议,奏请京文武七品以上清官并与观焉。"一年两度释奠活动,庄严肃穆。既要敬献牛羊猪三牲,又要演奏歌舞;学官要依次献祭,还要奏请在京的七品以上文武官员观礼。行礼完毕,接着举行讲论儒经的学术活动。唐代以法定形式举行释奠礼的目的,就是要对学生进行尊孔崇儒教育。

谒先师礼:这是唐开元年间专为乡贡明经进士而设的礼仪活动。开元五年(717年)唐玄宗下《令明经进士就国子监谒先师敕》,规定:"诸州乡贡明经、进士,见讫,宜令引就国子监谒先师,学官为之开讲,质问其义,仍令所司优厚设食。两馆及监内得举人亦准此。其清官五品已上及朝集使,并往观礼,即为例程。"即要求每年各州

---

① 萧嵩:《大唐开元礼·学生束修》卷五十四,国家图书馆出版社2009年版。

乡选贡的明经、进士朝见完毕之后，要被引导到国子监拜谒先师；学官为他们举行讲学活动，质问疑义，并集体会餐。五品以上清官及朝集使，也前往观礼。唐玄宗明确指出制定谒先师礼的目的在于"重学尊儒，兴贤造士"，"美风俗，成教化"。

番客观礼：是唐开元年间制定的增进中外文化交流，扩大中国文化影响的礼仪制度。开元二年（714年），唐玄宗颁布《令番客国子监观礼敕》，规定："自今以后，番客入朝，并引向国子监，令观礼教。"制定这一制度目的在于，使外邦使臣"慕我华风，敦先儒礼"，从而传播中华礼教文化。

（4）教学制度

唐代的教学制度主要包括：课程设置制度、教材制度和考试制度等内容。

课程设置：课程设置是教学制度的核心内容，它直接影响人才培养的规格。唐代中央官学可分为经学类学校和专科类学校，二者培养目标不同，因而课程设置有较大区别。

中央经学类学校以国子学、太学、四门学为代表，其课程设计与科举考试相适应，以学习经书为基本课程。大体可分为三类课程。其一，主修课，即以九经为基础课程。《唐六典·国子监》卷二十一："凡教授之经，以《周易》《尚书》《周礼》《仪礼》《礼记》《毛诗》《春秋左传》《公羊传》《谷梁传》各为一经。"这九经是法定的基础课程；其二，兼修课，即《孝经》《论语》及《老子》。《老子》作为公共课时设时停；其三，闲暇课，包括杂文、书法、时务策等课程。

专科类学校课程设计差异较大，各具特色。其课程可分为专业课与兼习课。

律学，以学习唐律令为专业课，以格式法例为兼习课。

书学，以《三体石经》《说文解字》《字林》为专业课，其他字书则是兼习课。

算学，其课程设计更具体，可分为主业课与专业公共课。算学的专业课分为两组，第一组15人，以习《九章》《海岛》《孙子》《五曹》《张丘建》《夏侯阳》《周髀》《五经算》为专业课；第二组15人，以习《缀术》《缉古》为专业课。而《记遗》《三等数》则为专业公共课，两组都要兼习之。

广文馆，以进士科三场考试的帖经、杂文、时务策为学习内容。

编写统一教材　战国时期，儒分为八，汉代又有今文经学与古文经学之别，魏晋以来经学传授支离破碎，差异较大。于是自唐太宗从贞观四年（630年）开始先后下诏由颜师古、孔颖达、司马方章等当世名儒考订、编写《五经定本》《五经正义》等教材，颁布全国，成为各级各类学校的法定标准教材。唐文宗开成二年（837年）又校订九经字，并与《孝经》《论语》《尔雅》共十二经刻石于国子监，作为标准教材。

（5）考试制度

唐朝高度重视完善学校的考试制度，唐高祖武德七年在《置学官备释奠礼诏》中就强调："明设考课，各使励精，琢玉成器，庶其非远。"唐代中央官学形成了旬试、月试、季试、岁试和毕业试等考试系列。

旬试，是由各学校的博士主持的平时考试。规定在旬假前一日举行，所试的是本旬内学习的内容；采用的考试方法是试读（试读者每千言内试一帖）、试讲（试讲者每两千言内问义一条）。试题的总量是三条，答对二条试题为及格，答对一条及都答错者要予以处罚。

月试，即每月月底进行的考试，试一月内所讲习的内容。唐宪宗元和元年（806年）取消了旬试，实行"每月一度试"，减轻了博士和学生的负担。自此月试成为唐代后期国子监比较固定的一种考试。

季试，每季将结束时总一季内所学课业举行的一次考试。唐代后期由于政局动荡，管理松弛，难以坚持月试，于是唐武宗会昌五年（845年）规定，不举行月试，只举行季试。三季考试不及格，或三次不参加季试的学生，取消参加科举考试的资格。

岁试，即每年年终举行的考试，对全年学业进行总检查，由各校的博士任考官。据《新唐书·选举志上》卷四十四记载："岁终，通一年之业，口问大义十条，通八为上，六为中，五为下。"意思是说，一年一度的岁试，采用口试的形式，由考官口问儒家经典大义10条，学生答对8条者评为上，答对6条者评为中，只答对5条者评为下。岁试成绩作为奖惩的依据。

毕业试，是判定学生是否完成学业、能否获取科举考试资格的考试。参加毕业考试的学生必须完成规定的学业。毕业考试由祭酒、司业主考。"其试法皆依考功"，即模拟科举考试。考试形式有四种：贴经、口试、杂文、策试。对明经试帖经（十帖通五）、口试（十通六）、时务策（三道）；进士试帖一大经（十帖通四）、试杂文（两道）、时务策（五道）。明法，试律令每部十帖（十帖通八）；策试律七条令三条（十通八）。明算，各试所习学业，《九章》三帖，其余七部各一帖（十帖通六）；《缀术》六帖，《缉古》四帖（十帖通六）；《记遗》《三等数》（十帖通九）；又录大义本条为问答。可见不同科目考试的要求有一定差别。

毕业考试合格者，名册经祭酒审阅，然后报送礼部，参加科举考试。

（6）奖惩制度

奖惩是唐代官学管理的重要手段。在国子监机构中设有主管奖惩的专职人员——主簿，"主簿掌印，勾检监事。凡六学生有不率师教者，则举而免之"[1]；唐穆宗李恒长庆二年（822年）在各学馆中设置"知馆博士"，专门负责处理违规的学生。

奖励制度：据文献记载，唐代对学生的奖励制度主要有三项：其一，对入国子监考试合格者，补为国子监生，享受监生的公费待遇。其二，完成学业，毕业考试登第者，给予参加科举考试的资格。其三，考试及第者，允许升入高一等级的学校深造。《新唐书·选举志上》："诸学生通二经，俊士通三经，已及第而愿留者，四门学生补太学，太学生补国子学。"

---

[1] 李林甫等：《唐六典·国子监》卷二十一，中华书局1960年版。

惩罚制度据:《唐六典》所载的规定,有以下的情节,要给予惩罚处分。

其一,不尊师长者惩罚。"凡六学生有不率师教者,则举而免之。"① "凌慢有司,不修法度,有一于此,并请解退。" "如有悖慢师长,强暴斗打,请牒府县,锢身递送乡贯。"② 凡六学学生不尊师长,不服从老师的教诲者,作退学处理;欺侮学官,违法乱纪者,开除其学籍,令其退学;悖逆师长,强暴斗殴者,通知州府、县衙,枷锁加身,押送原籍。

其二,学业无成者处罚。学习不努力,"等第不进者,停厨",不再供应饭食。连续三年成绩不合格,在学达九年者,律生在学达六年者,令其退学。

其三,违犯学规者惩罚。《唐会要·国子监》卷六十六:"其有艺业不勤,游处非类,樗蒲六博,酗酒喧争,……有一于此,并请解退。" 荒废学业,游荡惹事,赌博玩六博棋,酗酒争吵者,解除学籍,令其退学。"作乐杂戏","无辜喧争"者,作退学处理。"如有假代,并准法处分。"③ 考试作弊,请人代考者,按法规处分。

其四,假违程限者处罚。有事请假回乡,"岁中违程满三十日,事故百日,缘亲病二百日,皆罢归。"④ 一年中超过规定的日程30日者、因事故超过100日者、缘于亲属之病超过200日者,都按退学回原籍处理。

(二) 隋唐时期的地方官学

隋唐两代在兴办中央官学的同时,也颇为重视在州、县兴办地方官学,并采取了许多措施支撑和发展州学、县学,使中国古代地方官学发展进入繁荣时期。

隋文帝在开皇三年(583年)颁布了《劝学行礼诏》,"自是天下

---

① 李林甫等:《唐六典·国子监》卷卷二十一,中华书局1960年版。
② 李林甫等:《唐六典·国子监》卷六,中华书局1960年版。
③ 王钦若:《册府元龟·贡举部》卷六百四十,中华书局1982年版。
④ 欧阳修、宋祁:《新唐书·选举志》卷四,中华书局1975年版。

州县皆置博士，习礼"，但仁寿元年（601年），隋文帝又下令太学、四门、州县学并废，"所散遣者数千万人"，地方官学夭折，隋炀帝时期，恢复了中央及地方官学，且有一定的发展。

唐高祖李渊相当重视兴办地方官学，强调"州县及乡，各并令置学。官僚牧宰，或不存意。普更颁下，早遣立修"。① 唐太宗时期更加重视文教事业，形成了较完备的教育体系，地方官学规模进一步扩大。唐玄宗开元二十六年下敕："古者乡有序，党有塾，将以弘长儒教，诱进学徒，化人成俗，率由于是。其天下州县，每乡之内，里别各置一学，仍择师资，令其教授"，进一步完善了地方官学的建设体制，推动地方官学走向繁荣昌盛。

隋唐的地方官学实行州县两级管理，州（郡）、县学由州、县长负责。隋唐时期以区域内户口的多少，将州县分为上、中、下三等。地方官学专业的设置、博士、助教师资的配置与学生人数的安排与州县的大小等级相适应。

唐朝初期，郡（州）县学，都是以学习经典为主要内容，属于经学学校；贞观、开元时期先后增加了医学、崇玄学等新的专业。《新唐书·百官志四下》载："贞观三年，置医学，有医药博士及学生。开元元年，改医药博士为医学博士，诸州置助教。"《旧唐书·礼仪志四》记载："开元二十九年正月己丑，诏两京及诸州各置玄元皇帝庙一所，并置崇玄学。"在地方设置医学，在教育历史上是一大创新，增设崇玄学体现了李唐王朝对道家及其道教的推崇。

州县学皆设置博士，他们皆由"醇儒"充任。据《封氏闻见记》卷一记载："国朝以来，州县皆有博士，县则州补，州则吏曹授焉。然博士无吏职，多以醇儒处之。"意思是说，州学、县学皆设置博士教官，但州学博士由吏部任命，有官品，享受国家俸禄；而县学的博士由州长官聘任，地位较低，无官品。州县学生人数依据其大小规定

---

① 宋敏求：《唐大诏令集·崇儒》卷一百五，中华书局2008年版。

名额，就地招生。招生本地化，使庶族子弟占多数，有利于淡化等级意识。

按照开元年间的皇帝敕令，地方官学学生除学习主业（经学、医学、崇玄学等），还要兼习文辞、史学、吉凶礼仪等，公私有礼事时，令他们参加行礼仪式。《唐会要·学校》卷三十五："诸州县学生习本业外，仍令兼习吉凶礼。公私有礼事处，令示仪式，余皆不得辄使。"

州县学的毕业生，既可经过考试升入四门学充俊士，继续深造，也可参加州县的选拔考试，合格者以"乡贡"身份参加科举考试，或被选任为地方的小官吏，参与公共管理事务。

（三）隋唐时期的私学

隋唐两代统治者鼓励民间办学，"许百姓任立私学"，对私学不加限制，为私学发展创造了较为宽松的发展空间。唐代社会稳定，经济繁荣，形成了重视文化、重视教育的社会风气。在这诸多因素的推动下，使私学得以蓬勃发展。

隋唐私学可分为初级私学与高级私学。初级私学是指对小区域内有条件上学的儿童进行启蒙识字教育和一般的生活与伦理常识教育的民办学校。高级私学是相对于初级私学而言的，它在初级私学的基础上，进行儒学的专经传授或史学、文学、书学、科技等专业知识传授的民办学校。

1. 初级私学

（1）初级私学的办学形式

初级私学的主要任务是对儿童进行启蒙教育，因此，也称为蒙馆、蒙学。隋唐时期初级私学主要有乡学、村学、私塾、家塾等办学形式。

乡学、村学是以乡或村为办学主体，往往由官绅或富户提倡，乡民或村民响应，筹办学校，聘请教师，招收本乡或本村的子弟入学。

私塾是比较典型的初级私学办学形式。它以塾师为办学主体，自主办学，自己任教讲学。隋唐时期城市乡村都有私塾，比较普遍。

家塾，通常是由贵族、官僚、富商、地主家庭或家族在自己家里或家族聚集地专为自家子弟或家族子弟建立的学馆。

（2）初级私学的教学内容及教材

初级私学教学的基本内容是识字、写字、算术，使学生具有一定的读写能力和初步的计算能力，养成一些基本的生活习惯，懂得一些礼节及道德规范。

隋唐初级私学最重视识字、写字。社会上流行多种识字教材，可供选用。比较著名的教材有：《急就篇》（汉史游撰，唐颜师古注，现存）、《劝学》（汉蔡邕撰，已佚，有辑录本）、《发蒙记》（晋束皙撰，已佚，有辑录本）、《启蒙记》（为晋顾恺之撰，已佚）、《开蒙要训》（为六朝时期马仁寿撰，现存敦煌写本）、《千字文》（梁周兴嗣撰，现存）、《训俗文字略》（为齐颜之推撰，已佚）、《兔园册府》（唐杜嗣先撰，原三十卷，今存两卷）、《蒙求》（唐李翰撰、现存）、《太公家教》（唐佚名氏撰，现存）。[①]

2. 高级私学

（1）高级私学教学方式

高级私学的教育对象是已受过初级私学教育而要求进一步提高的青年。教师传授知识主要有两种形式：一是当面讲授；二是书面答疑解惑，类似于现代的函授。学生在高级私学学习也有两种形式：一是长期随师听讲；二是短期游学请益。

开办高级私学的教师主要有以讲学著书为业的士人、具有学术专长的在职官员、退休或被贬职的官员及隐逸之士等。学识精博、在学术上有专长、社会影响大是高级私学教师的共同特点。有些高级私学教师收徒较多，门下多知名之士，他们的生活条件优于初级私学教师，可以衣食无忧，受人们尊崇。

（2）高级私学的教学内容及教材

隋唐私学的教学内容主要有以下几类，经学类：《易》学、《三

[①] 孙培青等：《中国教育史》（第三版），华东师范大学出版社2009年版，第171页。

礼》学、《春秋》学；史学类：《史记》学、《汉书》学；文学类：文学、《文选》学；科技类：天文历法、医药学；书法类。

《易》学：《周易》由《易经》和《易传》构成，简称为《易》。《周易》列为儒学的"五经"之首，是中华传统文化之源。隋唐时期，《周易》是官学、私学都开设的重要课程。隋代研究和传授《易》学的著名学者有何妥、房晖远等人，其中隋代杰出的经学家房晖远兼通九经，专长《周易》，"远方负笈而从者，动以千计"①。

唐代陆德明、尹知章传授《易》学颇为知名。国子博士陆德明"撰《经典释文》三十卷、《老子疏》十五卷、《易疏》二十卷，并行于世。"其中《易疏》被当时士人称为"一时之最"。国子博士尹知章是一位《易》学专家。据《旧唐书·尹知章传》记载："知章虽居吏职，归家则讲授不辍，尤明《易》及《庄》《老》玄言之学，远近咸来受业。"

《三礼》学："三礼"是指《周礼》《仪礼》《礼记》。隋唐时期，《三礼》是学校教育和科举考试的重要内容。隋开皇初的太学博士马光"尤明《三礼》，为儒者所宗"。"初教授瀛、博间，门徒千数，至是多负笈从入长安"②。

唐代传授《三礼》学的士人较多，如贞观初太学博士王恭"其所讲《三礼》，皆别立义证，甚为精博"③。雍州咸阳人王方庆"博学好著述，所撰杂书凡二百余卷，尤精《三礼》，好事者多询访之。每所酬答，咸有典据，故时人编次名曰《杂礼问答》"。④ 唐代最著名的《三礼》专家是张士衡，他"遍讲五经，尤攻《三礼》"。唐贞观年间任崇贤馆学士，"士衡既礼学为优，当时授业擅名于时者，唯贾公彦为最焉"⑤。贾公彦是唐高宗时期的太学博士，撰《周礼义疏》五十

---

① 魏征：《隋书·房晖远传》卷七五，中华书局1973年版。
② 魏征：《隋书·马光传》卷七五，中华书局1973年版。
③ 刘昫等：《旧唐书·王恭传》卷七三，中华书局1978年版。
④ 刘昫等：《旧唐书·王方庆传》卷八九，中华书局1978年版。
⑤ 刘昫等：《旧唐书·张士衡传》卷一八九上，中华书局1978年版。

卷、《仪礼义疏》四十卷。

《春秋》学：《春秋》是现存中国古代第一部编年体史书，是春秋时期鲁国的史书，相传为孔子所作，西汉被尊为儒家《五经》之一。解释《春秋》的著作主要有"春秋左氏传""公羊传""谷梁传"，史称"三传"。唐"三传"列入九经。《春秋》学是指研究、传授《春秋》及"三传"之学。隋唐时期士人广泛重视研究和传授《春秋》。隋代弘农华阴人杨汪是研究和传授《春秋》的代表人物之一。他少年时好打架斗殴，但"长更折节勤学，专精《左氏传》，通《三礼》。……后历荆、洛二州长史，每听政之暇，必延生徒讲授，时人称之。……炀帝即位……拜国子祭酒。帝令百僚就学，与汪讲论。天下通儒硕学多萃焉，论难锋起，皆不能屈"①。

《史记》学：《史记》是史学首选的必读书。据《隋书·经籍志二》记载："唯《史记》《汉书》，师法相传，并有解释。"隋代推崇研究和传授《史记》的名家有包恺、柳顾言等人。柳顾言既对《史记》有深入的研究，也有精细的讲授，他的弟子将他讲授的内容，记录、整理成《史记音解》三十卷。

唐代开元时期研究《史记》的名家有司马贞、张守节等人。司马贞著有《史记索隐》三十卷；张守节撰写了《史记正义》三十卷。

《汉书》学：隋代重视《汉书》的研究和传授，唐初《汉书》学进入昌盛时期。据《隋书·包恺传》记载，隋炀帝大业年间，"《汉书》学者，以萧、包二人为宗匠。聚徒教授，著录者数千人"。其中萧该官拜国子博士，"尤精《汉书》，著有《汉书音义》十二卷"，"咸为当时所贵"。包恺"从王仲通受《史记》《汉书》，尤称精研"，著有《汉书音》十二卷；唐太宗认为"以古为镜，可以知兴替"，注重历史经验，因此贞观时期《汉书》学大兴。唐代研究和传授《汉书》学的名家众多，其中颜师古最为著名，他受命注释《汉书》，"解

---

① 魏征：《隋书·杨汪传》卷五六，中华书局1973年版。

释详明,深为学者所重"①。《汉书注》至今仍是研究者对《汉书》进行研究的主要依据。

文学:隋代高度重视语言文学,认为"文之为用其大矣哉,上之所以敷德教于下,下之所以达情志于上,大则经纬天地,作训垂范,次之风谣歌颂,匡主和民"。因此,当时"凡百君子,莫不用心焉"②。隋文帝相当重视文风,采取行政措施,摒弃魏晋以来的浮华文风,倡导朴实文风,促进了文学的发展。

唐代中国古代文学发展进入一个全面繁荣的新阶段。爱好诗歌成为普遍的社会风尚,诗人辈出,盛唐时期诗歌创作达到新的历史高峰。在散文方面,唐代文人创造出许多传记、游记、寓言、杂说等新型短篇散文。在小说方面,打破了六朝志怪小说的格局,创造了许多富有文采与意想的传奇作品。诗歌的新形式——词,从萌芽走向成熟,为后世文学的新发展开拓了道路。

唐代社会崇尚文学,诗歌成为科举考试的重要内容之一。在这些因素的影响下,一些专以文学为传授内容的私学出现。如祖籍京兆的杜正玄、正藏、正伦兄弟三人,"世以文学相受","并以文章才辩籍甚于三河之间"。杜正藏"著《文章体式》,大为后进所宝,人号文轨,乃至海外高丽、百济,亦共传习,称为《杜家新书》"③。中唐时期,中国文坛掀起了古文运动。韩愈是古文运动的集大成者,贞元、元和年间,后进之士学文,竞以韩愈为师法,一时"韩门弟子"甚众。韩愈"颇能诱励后进,馆之者十六七,虽晨炊不给,怡然不介意"④。柳宗元是古文运动另一位旗手,他"少聪警绝众,尤精西汉诗骚,下笔构思,与古为侔,精裁密致,璨若珠贝"。元和十年,移为柳州刺史,"江岭间为进士者,不远千里皆随宗元师法;凡经其门,必为名士。著述之盛,名动于时"。柳宗元是唐代被贬的高官传授文

---

① 刘昫等:《旧唐书·颜师古传》卷七三,中华书局1978年版。
② 魏征:《隋书·列传第四十一·文学》卷七十六,中华书局1973年版。
③ 魏征:《隋书·杜正玄传》卷七十六,中华书局1973年版。
④ 刘昫等:《旧唐书·韩愈传》卷一百六十,中华书局1978年版。

学的代表人物之一。①

《文选》学：《文选》是梁朝诏明太子萧统组织编撰的一部诗文总集。隋唐时期学者视《文选》为历代文学作品的典范，竞相研究与学习，成为私学讲授的专门学问之一。盛唐时期，《文选》学大兴。据《旧唐书·曹宪传》记载："曹宪，扬州江都人也。仕隋为秘书学士。每聚徒教授，诸生数百人。当时公卿已下，亦多从之受业。……贞观中，扬州长史李袭誉表之……所撰《文选音义》，甚为当时所重。初，江淮间为《文选》学者，本于宪，又有许淹、李善、公孙罗复相继以《文选》教授，由是其学大兴于代。"在曹宪、许淹、李善、公孙罗等四位《文选》学专家中，李善是《文选》学的集大成者，著有《文选注》六十卷，大行于时，成为文士必读之书。此书流传至今，仍然是研究《文选》的重要参考资料。

书法：书法是隋唐私学传授的专门知识之一。隋唐继承六朝崇尚书法的遗风，士大夫大多家传世习书法。隋朝随着国家的统一，南方书法与北方书法互相借鉴、融合，使中国古代书法进入新的发展时期。唐代统治集团上层重视书法，唐太宗李世民就特别爱好书法，科举选士专设明书科、中央官学专设书学、楷法遒美也是选官的极其重要的标准之一。在这些因素的影响下，书法自然成为私学教授的重要学科。唐代书法家辈出，著名的书法家有虞世南、欧阳询、褚遂良、薛稷、张旭、李邕、李阳冰、颜真卿、释怀素、柳公权、卢肇、陆希声等。其中虞世南是初唐最著名的书法家，弟子也最多，欧阳询、褚遂良、陆柬之、杨师道、上官仪、唐太宗李世民等皆师法虞世南，成为书法名家。

科学技术：隋唐私学传授的科学技术主要是天文历算、医药学。因统治者在君权神授、天人感应思想的影响下，把天文观测视为重大机密，因此禁止民间传授、学习天文知识。凡私习者被发现则以违律定罪，但却禁而不止，民间仍然有传授天文历法之学者，并培养了不

---

① 刘昫等：《旧唐书·柳宗元传》卷一百六十，中华书局1978年版。

少专门人才。如隋代的卢太翼就是一位传授天文历算的私学学者。《隋书·卢太翼传》："卢太翼，字协昭，河间人也。博综群书……尤善占候算历之书。隐于白鹿山，数年徙于茱庚涧，请业者自远而至，初无所拒，后惮其烦，逃于五台山。地多药物，与弟子数人庐于岩下。"再如隋代修改旧历，撰《开皇历》的张胄玄"博学多通，尤精数术"，既是一位养成于民间的天文人才，也是一位传授天文知识的名家，"时辈多出其下"。① 唐代著名天文学家僧一行（张遂）"少聪敏，博通经史，尤精历象，阴阳五行之学"。早年曾求教于道士尹崇，开元年间，为改撰《开元大衍历经》，"求访师资，以穷大衍"②，赴天台山国清寺向僧人学习历法算法，他是民间培养的杰出天文人才。隋唐时期，士人认为"人子不知医，古人以为不孝"，从孝道的高度重视学习医药知识。民间学习医药知识的途径主要有自学、祖传、名医传授三种形式。如隋代的甄权"以母病，与弟立言究习方书，遂为名医"，著有《脉经》《针方》《明堂》等图传于世。③ 这是自学医学的例证之一；隋代的名医许智藏的医药知识就是祖传的。"许智藏，高阳人也。祖道幼，尝以母疾，遂觅医方，因而究极，世号名医。诫其诸子曰：'为人子者，尝膳视药，不知方术，岂谓孝乎？'由是世相传授。"④

唐代著名医药学家孙思邈是传授医药学知识的代表之一。"孙思邈，京兆华原人也。七岁就学，日诵千余言。弱冠，善谈《庄》《老》及百家之说，兼好释典。……当时知名之士宋令文、孟诜、卢照邻等，执师资之礼以事焉。"⑤

隋唐高级私学除传授医药学之外，还传授姓氏谱学、道教、佛教经典等。

---

① 魏征：《隋书·张胄玄传》卷七十八，中华书局1973年版。
② 刘昫等：《旧唐书·僧一行传》卷一百九十一，中华书局1978年版。
③ 刘昫等：《新唐书·甄权传》卷二百四，中华书局1978年版。
④ 魏征：《隋书·许智藏传》卷七十八，中华书局1973年版。
⑤ 刘昫等：《旧唐书·孙思邈传》卷一百九十一，中华书局1978年版。

中唐时期，私学开始出现新的教育组织形式——书院。书院的创立，标志着私学步入新的发展阶段。

（四）唐朝书院的创立

1. 书院名称的由来

"书院"的名称，最早见于唐代，但较早使用这一名称的不是教学机构，而是指国家图书馆。据《唐会要·史馆杂录下》《新唐书·百官志二》等文献记载，唐玄宗即位，大校群书，开元五年（717年），乾元殿写四部书，置丽正修书院于集仙殿。开元十三年（725年）玄宗下诏，将集仙殿改为集贤殿，以丽正修书院为集贤殿书院。它是唐中央政府专设的一个征求、编校、收藏图书及咨询的机构。集贤殿书院（丽正修书院）实际上就是唐代的国家图书馆。

后来书院衍变为一种专用名词，是指既聚徒讲学，又聚书供读的高级私学。书院与一般私学的区别在于它增加了新的因素，即添置了相当数量的图书，设立了藏书专室，或图书堂、图书楼，能使学生在听讲之余，可以自由地博览群书，扩大视野，丰富知识。书院的创立是中国私学教学发展的里程碑。

2. 书院产生的历史条件

书院创始于唐代，发展于五代，昌盛于宋代，延续起伏于元明清。[①] 书院的出现有其深刻的历史原因和条件。

第一，私学的长期发展与进步为书院的产生奠定了历史基础。私学兴起于春秋末期，初步繁荣于战国时期。秦代私学发展中断，两汉时期，儒学私学有较大发展。魏晋南北朝时期，官学时兴时废，儒学衰落，但私学仍然在缓慢发展。隋唐时期，国家重新统一，经济繁荣，私学步入空前繁荣时期。私学的新发展自然要求突破教材和阅读资料缺乏的瓶颈制约，改变学生仅仅依赖教师讲课的局面。从这个意义上讲，私学一千多年的发展是书院出现的历史基础，而书院则是私学发展进入新阶段的必然产物。

---

① 孙培青等：《中国教育史研究》（隋唐卷），华东师范大学出版社2010年版，第303页。

第二，科举考试催生书院创立。在隋唐科举考试中，设有秀才、明经、进士、明法、书、算等六科，其中进士科是选拔政府骨干官员的科目，及第后仕途较畅达，因此备受士人的重视，吸引力也最大。但进士科考试难度较大，要求考生精通经史知识，通古博今，熟悉治乱之道，所写策论洞识文律，义理惬当，直逼时弊，甚至直言极谏。要应付这样的考试，考生就必须博览群书，博学多才。进士科等科举考试的要求迫使高级私学增加图书，改善学习条件和学习方式。可以说，正是科举考试催生了书院的产生。

第三，雕版印刷术的发明和推广，为书院的发展提供了技术条件。书籍是文化知识的载体，学习的重要工具，也是书院必备的基本条件。初期书院的藏书，都是手工抄写的，数量有限。而雕版印刷术的发明，则为书院增加藏书和图书品种创造了条件，从而加速了书院的发展。

据明代学者胡应麟研究，"雕本肇于隋时，行于唐世，扩于五代，精于宋人。此余参酌诸家确然可信者也"[1]。意思是说，雕版印刷术发明于隋代，传播于唐代，广泛推广于五代时期，到了宋代此项技术已很成熟。他的这个结论参考了许多人的研究成果，真实可信。这项技术的发明及推广，可以反复印书，批量印书，大大提高了出书的效率，降低了出书的成本，为书院购置大批图书提供了便利条件。

3. 唐代书院概况

书院创立于唐德宗贞元（785—804年）与唐宪宗元和（806—820年）年间。最早见于志书的有三处：一为张九宗创办的遂州（四川遂宁市）张九宗书院（唐贞元年间）；二为幸南容创办的江西高安桂岩书院（唐宪宗元和九年）；三为李宽中创办的湖南衡阳石鼓书院（元和年间）。

有研究者从《全唐诗》中查出了11所书院：李秘书院、第四郎新修书院、赵氏昆季书院、杜中丞书院、费君书院、李宽中书院、南溪书院、田将军书院、子侄书院、曹唐书院、沈彬进士书院等。地方

---

[1] 胡应麟：《少室山笔丛·经籍会通四》卷四，中华书局1958年版。

志记载的书院有 20 多所：张九宗书院、丹梯书院、凤翔书院、瀛州书院、李公书院、丽正书院、青山书院、松州书院、鳌峰书院、草堂书院、空林书院、光石山书院、天宁书院、李宽中秀才书院、南岳书院、韦宙书院、卢藩书院、杜陵书院、皇寮书院、桂岩书院、景星书院、东佳书堂等。

衡山李沁书院，创建者为李沁（722—789 年），家住京兆（今西安市），幼聪颖能文，长而好道术。唐肃宗时（756—761 年），隐居衡岳烟霞峰下，建书堂，著述讲学授徒。李沁数次应诏入京，官至宰相，封为邺侯。其书堂被称为邺侯书堂。书堂藏书颇多，韩愈在诗中说："邺侯家多书，架插三万轴。"① 其子李繁，于贞元末在南岳庙侧建南岳书院。

李秘书院，唐韩翃在《题玉真观李秘书院》一诗中写道："白云斜日影深松，玉宇瑶坛知几重？把酒题诗人散后，华阳洞里有疏钟。"② 可见李秘书院的风景优美。

南雄孔林书院，为孔子裔孙孔振玉所创建。《明一统志》卷八十记载："孔林书院在府城（南雄府）东南一百里。唐宪宗时曲阜孔戣为岭南节度使，因家焉。后孙振玉始建书院。"

书院是唐代教育的一个创举，它承担起培育人才和传播、发展中华文化的双重任务，在中国教育发展史上具有重要而深远的历史意义。

（五）隋唐时期中外文化、教育交流

隋唐时期中国经济文化发达，处于世界领先地位，为许多国家所仰慕。他们不仅积极与中国通商，而且频繁派留学生、留学僧到中国学习先进文化，其中朝鲜半岛的新罗、日本派遣的留学生较多。

唐太宗贞观年间，新罗、百济、高丽等相继"遣子弟入学"③。据《旧唐书·新罗国》记载，唐文宗开成五年（840 年）一次就批准 105 名新罗留学生回国，可见其来唐留学的人数不少。

---

① 夏力恕、迈柱：《湖广通志·学校志》卷二十三，四库书馆 1968 年版。
② 彭定求等编：《全唐诗·韩翃》卷二百四十五，上海古籍出版社 1986 年版。
③ 欧阳修、宋祁：《新唐书·儒林传上》卷一百九十八，中华书局 1075 年版。

据日本的史书《古事记》和《日本书记》记载，日本自隋文帝开皇二十年（600年）止唐昭宗乾宁元年（894年），日本共向中国派出4次遣隋使、19次遣唐使（实际成行的遣唐使为12次）。每次随遣隋使、遣唐使都要派遣留学生和留学僧。名留史册的留学生有27人，留学僧92人。著名的留学生有南渊请安、高向玄（留学30年，回国后成为日本"大化改新"运动的有力推动者）、吉备真备（留学18年，回国后成为日本的著名教育家和日本国史的撰修人）、大和长冈（留学18年，回国后成为日本的法学教育家）、阿倍仲麻吕（16岁入唐，曾参加唐科举考试，并获得进士及第，改名晁衡，仕唐终身，为中日文化交流作出了重要贡献）等人。

隋唐时期也有一些中国人东渡日本，为中日文化、教育交流作出了积极的贡献。最著名的是鉴真和尚，他5次策划东渡失败，双眼被海水侵蚀而失明，公元753年第六次东渡成功。在日本建造戒坛院、唐招提寺，致力于传播佛教，并为日本的医药事业、建筑事业的发展作出了贡献。

新罗、日本及百济、高丽等国家的留学生、留学僧将隋唐的先进文化带回本国，为他们各自国家的教育、文化、科技的发展作出了很大贡献，对各国的发展产生了深远的影响。

三 隋唐时期的教育思想家

隋、唐两代教育发达，教育思想活跃，出现了不少儒学、佛教、道教教育思想家，其中王通、韩愈等人的教育思想在中国教育史上有重要的影响。

（一）王通的教育思想

王通（584—617年），字仲淹，隋绛州龙门（今山西河津市）人。隋代经学家、教育家。他出生在一个教育世家，家学渊源深厚，自幼受到儒学的熏染。18岁"有四方之志"，四处游学，"受《书》于东海李育，学《诗》于会稽夏典，问《礼》于河东关朗，正《乐》于北平霍汲，考《易》于族父仲华"，刻苦钻研儒家经典，"不解衣六岁"①。隋文帝仁寿三年（603年），他有济苍生之心，西游长安，受到隋文帝的召见，他"奏太平十有二策，遵王道，推霸道，稽古验今"，受文帝的赏识。后来任蜀郡司户书佐，隋炀帝大业末，"弃官归，以著书讲学为业"②。王通英年早逝，但著作颇丰，撰写《续六经》一百六十卷和《中说》，唯《中说》流传后世。他聚徒讲授经学，先后有千余人集于门下受业，李密、魏征、房玄龄等著名政治家曾受过他的教育。在儒学教育发展史起到了继往开来的作用。

王通

1. 教育的作用

王通认为国家的兴衰在于人才，治乱的得失在于教育。他说："文、武治而幽、厉散，文、景宁而桓、灵失。斯则治乱相易，浇淳有由，兴衰资乎人，得失在乎教。"

在他看来，学习和教育是培养人才的根本途径，"天下未有不学而成者"；学习是获得知识的唯一途径。他说："居近识远，处今知古，惟学矣乎！"③

2. 德育教育思想

王通继承了儒家传统，认为仁义是教育之本。他说："仁义，其教之本乎？先王以是继道德而兴礼乐者也。"④ 在德育与智育的关系问题上，他更重视德育。他说："小人任智而背仁为贼，君子任智而背

---

① 朱轼：《史传三编·名儒传三》卷三，四库书馆1968年版。
② 刘昫等：《旧唐书·列传第一百四十·文苑上》卷一百九十上，中华书局1978年版。
③ 王通：《中说·礼乐篇》卷六，中国文史出版社2012年版。
④ 同上。

仁为乱。"智育与德育相比较，仁义道德教育更根本。在他看来，道德教育的根本任务是"存道心，防人心"。所谓"道心"就是孟子所说的善端、善心；"人心"就是人欲、人情。"道心""人心"之说，开了宋明理学道德教育一些重要观念的先河。他认为道德教育的内容就是以仁为核心的三纲五常。在道德修养方法方面，他提出了"三有七无"之法。所谓"三有"就是"有慈、有俭、有不为天下先"；所谓"七无"就是"无诺责，无财怨，无专利，无苟说，无伐善，无弃人，无蓄憾"①，即不责人必诺，不以财使人怨，必先利人，所说的话以道为依据，不自矜伐，片善亦取，不念旧恶。他所说的"三有"继承了老子的"三宝"思想，说明王道深受道家思想的影响；"七无"是他接人待物的经验总结，体现了儒家的修养风格。

3. "三教可一"的教育主张

王通在坚持教育以"仁义"为本思想的基础上，提出了"三教可一"的教育主张。他认为，儒、道、佛三教虽然是异道殊方；佛教、道教也都有缺陷，但它们对治理国家都有价值，不可偏执一隅，"执其方天下无善教"；因此，应当在"知其不可废而知其各有弊"的基础上，效法司马谈"善述九流"的变通方法，使"三教可一"，即"不废而同归于儒"②。在他看来，"通其变"，可以达到"天下无弊法"的理想目标。王通"三教可一"的教育思想，既反映了儒、道、佛三教合流的趋势，又发出了引佛、道入儒，改造儒学的先声，对后世新儒学——宋明理学的发展产生了重要影响。

(二) 韩愈的教育思想

韩愈（768—824年），字退之，唐河内南阳（今属河南孟州市）人，自谓郡望昌黎，世称昌黎先生。唐代著名的文学家、思想家和教育家。

韩愈生于世代官僚家庭，自幼勤奋好学，青年时钻研古文，潜心

---

① 王通：《中说·魏相篇》卷八，中国文史出版社2012年版。
② 王通：《中说·周公篇》卷四，中国文史出版社2012年版。

儒道。25岁进士及第。历任观察推官、四门博士、监察御史、国子博士、刑部侍郎、国子祭酒、兵部侍郎、吏部侍郎等职。他是当时复兴儒学运动、新古文运动、师道运动的主要倡导者。他坚决反对佛教，元和十四年（819年），唐宪宗遣使往凤翔迎佛骨入禁中，长安掀起了一股信佛狂潮，韩愈特意撰写了《谏迎佛骨表》，对这一活动表示反对，惹怒了宪宗，被贬潮州。在文学上他反对四六排比的骈体文，主张接近口语的散体文，倡导新古文运动，被后人尊为"唐宋八大家"之首，有"文章巨公"和"百代文宗"之美誉。在教育上倡导师道运动，发表《师说》，对后世教师树立职业理念和职业价值观产生过深远的影响。他著述颇丰，流传于世的《韩昌黎集》是研究韩愈的主要文献。

1. 攘斥佛老，倡导复兴儒家"道统"

"安史之乱"之后，唐王朝进入后期。中央集权政府与地方割据势力之间的矛盾日益激化、社会矛盾尖锐。韩愈试图以回归儒家"道统"之法来挽救社会危机。隋唐时期，佛教、道教进入鼎盛时期，佛寺、道观林立，寺院经济不断扩张，影响巨大；士大夫"不入于老，则入于佛"；而儒学日益衰微，其"大经大法皆亡灭"，"其危如一发引千钧，绵绵延延，浸以微灭"；面对如此局面，韩愈以"虽灭死万万无恨"的无畏精神，立志"欲全之于已坏"[①]，他大声疾呼攘斥佛老，捍卫孔孟之道，并仿照佛教传授的世系"祖统"，创立了儒家"道统"说。所谓"道"就是"先王之道"。他在《原道》一文中解释"先王之道"说："夫所谓先王之教者，何也？博爱之谓仁；行而

---

① 韩愈：《韩昌黎集·与孟尚书书》卷十八，商务印书馆1933年版。

宜之之谓义；由是而之焉之谓道；足乎己无待于外之谓德。其文《诗》《书》《易》《春秋》，其法礼乐刑政，其民士农工贾，其位君臣、父子、师友、宾主、昆弟、夫妇，其服麻丝，其居宫室，其食粟米果蔬鱼肉。其为道易明，而其为教易行也。是故以之为己，则顺而祥；以之为人，则爱而公；以之为心，则和而平；以之为天下国家，无所处而不当。"① 他所说的"先王之道"包括了封建社会精神生活和物质生活的一切方面，其中"仁义"纲常是其核心内容。所谓"统"就是指中国古代有一个一脉相承的传授"先王之道"的传统。韩愈认为这个"道"的传统是以尧为开端的，"尧以是传之舜，舜以是传之禹，禹以是传之汤，汤以是传之文、武、周公，文武、周公传之孔子，孔子传之孟轲"。其中孔子是"其贤过于尧舜远矣"的最高圣贤；孟子在战国时期"辟杨墨，传圣人之道"，功绩不在禹之下。但孟子死后，儒家道统就中断了，无人继传。韩愈决心"使其道由愈而粗传，虽灭死万万无恨"②。他要成为道统的继承人，即使牺牲生命也在所不辞。韩愈创立"道统"说的目的在于树立儒家的仁义道德思想在中国文化中的正统地位，从而复兴儒学。

2. 人性三品说与教育的作用

人性论是韩愈教育思想的基础。他指出：孟子言"人之性善"，荀子言"人之性恶"，杨子言"人之性善恶混"，他们"皆举其中，而遗其上下者也，得其一而失其二者也"③。也就是说他们都存在以偏概全的弊端。他受董仲舒的影响，提出了"性三品""情三品"说。他的基本观点是：其一，性是先天的，情是后天的。他认为人有性有情。性是与生俱来的，是先天的；情是后天习染的结果。他说："性也者，与生俱生也；情也者，接于物而生也。"其二，性与情皆分为三品。他说："性之品有上、中、下三。上者，善焉而已矣。中焉者，可导

---

① 姚铉：《唐文粹·原道》卷四十三，四库书馆1968年版。
② 韩愈：《韩昌黎集·与孟尚书书》卷十八，商务印书馆1933年版。
③ 韩愈：《韩昌黎集·原性》卷十一，商务印书馆1933年版。

上下也。下焉者，恶焉而已矣。"① 性的内容有五：仁、义、礼、信、智；情与性是相对应的，"情之品有三：上、中、下，其内容有七：喜、怒、哀、惧、爱、恶、欲"。他并不认为"情"本身是恶的，而是认为"动而处其中"之情是上品，是善的；而"亡与甚，直情而行者"，即完全任凭感情支配行为，过犹不及，不符合道德规范之情是下品，是恶的。他与董仲舒的性三品说相比较，增加了新的内容。他把性与情并提，将三品说推广到情的领域，既反对"直情而行"的任情纵欲，也反对绝情禁欲；而主张以封建道德规范来节制情欲。其三，上品、中品之性可教，下品不可教。他固守孔子"唯上知与下愚不移"的观点，认为人性上品与下品不移。上品可学，下品可制。他说："上之性就学而愈明；下之性畏威而寡罪，是故上者可学；而下者可制也。"② 也就是说，对上品之人，教育可以使他们先天具有的仁义之善性发扬光大，他们可以接受教育；而下品之人，害怕刑罚而避免犯罪，只能用强制的手段去控制他们的行为。但他又认为，中品人性"可导而上下"，既可以引导其向上发展，也可以诱导其向下退步，这部分人被改造可能性最大，教育对他们的作用也更大。

3. 论学校教育的职能

韩愈继承了儒家的德治思想，认为道德教化比行政、法律手段更重要。要实行德治，必须先"德礼"，而以政（行政）、刑（刑法）为辅；若以"德礼"为先，就必须发展学校。学校是培养推行"德礼"人才的根本途径。他说："孔子曰：'道之以政，齐之以礼，则民免而无耻。'不如以德礼为先，而辅以政刑。夫欲用德礼，未有不由学校师弟子者。"

韩愈认为，学校教育的职能就是要为国家培养"纯信之士，骨鲠之臣，忧国如家，忘身奉上者"③，即为国家培养纯正的儒士和刚直的治国之臣。

---

① 韩愈：《韩昌黎集·原性》卷十一，商务印书馆1933年版。
② 同上。
③ 韩愈：《韩昌黎集·论今年权停选举状》卷三十七，商务印书馆1933年版。

为了充分发挥学校教育的职能，他任国子祭酒后，对国子监进行整顿。首先改革招生制度，放宽了太学入学的等级限制。文武八品之子可入太学，从而弱化了中央官学的贵族化。其次，严格选任学官。他反对选择学官"循资叙，不考艺能"，主张对新学官"必加研试"，凡"非专通经传，博涉坟史，及进士五经诸色登科人，不以比拟"。①最后，他加强了国子监的教育管理，恢复了教学秩序，改变了"生徒不子劝励"的局面。

4. 论教学

在教学内容方面，韩愈提出"读六艺之文，修先王之道"②的主张。"修先王之道"是教学的根本目的，而"读六艺之文"是学先王之道的基本途径。

在教学方法方面，韩愈主张因材施教，注重讲课生动活泼。他的弟子黄甫湜在《韩文公墓志铭》中描述道：他"讲评孜孜，以磨诸生，恐不完善，游以诙笑啸歌，使皆醉义望归"。

5. 论学习方法

在学习方法方面，他总结了自己的经验，提出了"勤奋""博学""思义""创新"等重要见解。

"勤奋"韩愈认为勤奋学习就会有知识，不勤奋只能腹中空空。"诗书勤乃有，不勤腹空虚。"③他在《进学解》中说："业精于勤，荒于嬉；行成于思，毁于随。"意思是说，学业的精进在于勤奋刻苦，学业的荒废在于嬉戏游乐；为人行事的成功在于深思熟虑，而失败在于因循苟且。韩愈本人是一个勤奋学习的典范。《进学解》："先生口不绝吟于六艺之文，手不停披于百家之编，记事者必提其要，纂言者必钩其玄，贪多务得，细大不捐，焚膏油以继晷，恒兀兀以穷年，先生之业，可谓勤矣。"

"博学"。韩愈注重博学，他说："读书患不多，思义患不明，患

---

① 韩愈：《韩昌黎集·国子监论新注学官牒》卷四十，商务印书馆1933年版。
② 韩愈：《韩昌黎集·请上尊号表》卷三十九，商务印书馆1933年版。
③ 韩愈：《韩昌黎集·符读书城南》卷六，商务印书馆1933年版。

足已不学，既学患不行。"① 学生应"穷究于经传史记，百家之说"②。他在《答侯继书》中介绍自己的读书经验说："仆少好学问，自五经之外，百氏之书，未有闻而不求，得而不观者。"博学是他在散文写作方面取得很高成就的重要原因。

"思义"。所谓"思义"就是要深入掌握所读文章的核心思想，就是要精深钻研。他告诫弟子"子诵其文，则思其义"③。

他强调"思义患不明"，不明白其思想内涵是学习的弊病。按照他的经验，要把握书籍的深层次的思想内涵，就应当"记事者必提其要，纂言者必钩其玄"，即对于历史著作要概括出其纲要，对于理论著作要揭示其精神实质。对于著名作品，应"沉浸浓郁，含英咀华"。

"独创"。韩愈主张以古人为师，应"师其意，不师其辞"④，即不必拘泥于章句文辞，而是要学习古人文章中的思想、方法。他主张"不蹈袭前人"，"辞必己出"；⑤ 反对沿袭剽窃。他看重独创，"能者非他，能自树立，不因循者是也"⑥。正是这种"不因循""能自树立"的独创精神，使韩愈在文学上有高深造诣，他写文章"务反近体，抒意立言，自成一家新语，后学之士取为师法"⑦。

6. 论师道

师道观是韩愈对中国古代教育思想的重要贡献之一，曾产生过深远的历史影响。唐德宗贞元十八年（802年）他发表了《师说》一文，较系统地阐述了他的师道观。韩愈的主要观点有四。

其一，"学者必有师"——教师存在的价值。

唐后期，儒学的师道观已经被淡化，士人中普遍存在"耻学于师"的风气，"士大夫之族，曰师曰弟子云者，则群聚而笑之。问之，

---

① 韩愈：《韩昌黎集·赠别元十八协律六首》卷六，商务印书馆1933年版。
② 韩愈：《韩昌黎集·上兵部李侍郎书》卷十五，商务印书馆1933年版。
③ 韩愈：《韩昌黎集·送陈密序》卷十九，商务印书馆1933年版。
④ 韩愈：《韩昌黎集·答刘正夫书》卷十八，商务印书馆1933年版。
⑤ 韩愈：《韩昌黎集·南阳樊绍述墓志铭》卷三十四，商务印书馆1933年版。
⑥ 韩愈：《韩昌黎集·答刘正夫书》卷十八，商务印书馆1933年版。
⑦ 刘昫等：《旧唐书·韩愈传》卷一百六十，中华书局1978年版。

则曰:'彼与彼年相若也,道相似也,位卑则足羞,官盛则近谀。'"官本位价值观盛行,教师严重贬值。韩愈忧叹说:"嗟乎!师道之不传也久矣。"柳宗元也说:"今世不闻有师,有辄哗笑之以为狂人。"即使有教师,也会受到众人的嘲笑,被当作"狂人"。正是在这种社会背景下,"独韩愈不顾流俗,犯笑侮,收召后学,作《师说》"。在《师说》中,他开宗明义,首先提出"学者必有师"的教师价值观。他从认识论入手,提出:"人非生而知之者,孰能无惑?惑而不从师,其为惑也终不解矣。"他否定了"生而知之"的唯心主义先验论,强调后天学习的必要性和产生困惑的必然性,从而为树立"学者必有师"的价值观奠定了理论基础。他进而以古代圣人"犹且从师"的历史事实,说明"圣人之所以为圣,愚人之所以为愚"的重要原因就在于是否从师学习,从而肯定了教育的重要性和教师存在的价值。

其二,"传道、授业、解惑"——教师的基本任务。

战国时期,荀况曾说:"师者,所以正礼也。"[1] 汉代扬雄说:"师者,人之楷模也。"[2] 他们都只是从某一方面概括了教师的职业使命。韩愈在总结前人和自己教育经验的基础上,对教师的使命做出了较全面的概括,他说"师者,所以传道、授业、解惑也"。确定了教师的三大基本任务。所谓"传道"就是传授"先王之道"、儒家的仁义之道。体现了韩愈所注重的教育的政治功能和道德教化功能。所谓"授业"就是讲授儒学的"六艺经传"和古文。所谓"解惑"就是解答学生在学"道"与学"业"过程中的疑惑。这三项任务,以"传道"为首,"授业"为次,"解惑"为辅。在韩愈看来,教师的任务重在"传道",古文、六经只不过是载道的工具;"授业"是为传道服务的,传道是通过授业完成的。他认为如果教师只是"授之书而习其句读"而不传道、解惑,那是"小学而大遗",即因小而失大,忘掉了自己的根本任务。韩愈对教师基本任务的概括简明扼要,主次分明,强调

---

[1] 荀况:《荀子·修身》,上海古籍出版社1989年版。
[2] 扬雄:《法言·学行》,中华书局1992年版。

了教育的政治功能、德育功能和教师的主导作用。一经提出，便广为流传，为后世的教师所认同，产生了深远的历史影响。

其三，"学无常师"——求师的标准。

韩愈在《师说》中说："生乎吾前，其闻道也固先乎吾，吾从而师之；生乎吾后，其闻道也，亦先乎吾，吾从而师之。吾师道也。夫庸知其年之先后生于吾乎？是故无贵无贱，无长无少，道之所存，师之所存也。"韩愈反对以社会地位的高低和年龄的长幼作为教师的标准，主张"道之所存，师之所存也"，即以是否有"道"作为评价教师的根本标准，谁先闻道、能传道，谁就可以为师。

与以"道"为师的观点相联系，韩愈主张"学无常师"。他举孔子问礼于老聃、学乐于苌弘、学鼓琴于师襄、问古官名于郯子的历史事例，说明"圣人无常师"，一般人更应向一切有专长的人学习。这种观点对于打破士大夫妄自尊大的心理，倡导学习他人长处，具有积极的意义。

其四，师生"相师"。

韩愈指出"巫医乐师百工之人，不耻相师"的传统比士大夫"耻学于师"的风气高明得多。所谓"相师"，即相互为师，相互学习。在师生关系方面，他主张师生也应"相师"。他说："孔子曰：'三人行，则必有我师'，故弟子不必不如师，师不必贤于弟子。闻道有先后，术业有专攻，如是而已。"意思是说，虽然教师与弟子在"闻道有先后，术业有专攻"方面有差别，但并非在所有方面弟子都不如教师，教师也未必一定比弟子高明。弟子在某一方面有专长，也可以为师。教师与弟子应互相学习，教学相长。这种师生"相师"的观点，否定了教师的绝对权威，有一定的民主性，具有重要的进步意义。

第 四 章

中国古代教育的调整
——宋元明时期的教育

  自唐朝末年开始，中国封建社会进入后期，农民对地主的人身依附关系相对减弱，科学技术有了重大发展，促进了封建经济的高度成熟，并出现了资本主义经济的萌芽；阶级矛盾和民族矛盾交织在一起，十分尖锐，从而使这一时期封建专制制度极度强化。在这种历史背景下，唐代实行的儒、佛、道三教并用的文化政策已经过时，亟须创立一种更精致的思想体系来加强思想统治。与此相一致，唐代推行的史、文、儒、佛、道和科学技术多元融合的教育政策也已经过时，教育思想和教育制度也亟待改变，从而使中国古代教育思想和教育制度进入调整时期，或者称之为中国古代教育结构的重构时期。[①] 一方面，作为新儒学的理学思想体系的不断成熟，并被定为官学教育的内容，历元明清而不变；另一方面，宋、明王朝在教育制度、地方教育管理制度、书院制度、科举制度等方面进行了不少创新与改革。这些教育思想的重要创新和教育制度的不断调整，推动了这一阶段的中国古代教育危而不衰。教育规模、教育普及率越来越超过前代，私学再度复兴，书院教育高潮迭起，科举制度日益完善，在中国古代教育发展史上写下了壮丽的篇章。

---

  ① 姜国钧、杜成宪：《试论中国古代教育发展周期》，《华东师范大学学报》（教育科学版）2005 年第 1 期。

第一节 宋朝的教育

　　唐朝末年爆发了声势浩大的黄巢农民起义。黄巢起义的叛徒朱温背叛了农民起义，并于公元 907 年废唐哀帝自立，建立梁王朝，史称后梁。自此中国进入五代十国（五代：后梁、后唐、后晋、后汉、后周；十国：吴、吴越、前蜀、楚、闽、南汉、南平、后蜀、南唐、北汉）的历史时期。在这 53 年间，中国南北分裂割据，朝代更替频繁，战乱不断，虽各王朝重视招贤用儒，沿用科举取士，维持国子监的存在，雕版印刷经籍广泛流传，但教育处于极度衰落时期。公元 960 年，赵匡胤发动兵变，废后周恭帝柴宗训，自立为帝，建立宋王朝，中国教育进入一个新的历史时期。

　　宋朝分为北宋（960—1127 年）和南宋（1127—1279 年），共 320 年。宋朝的建立，结束了自唐"安史之乱"以后至五代十国长期的分裂割据和战乱不断的局面，重新建立了统一的中央集权的封建国家政权。相对稳定的社会环境，为农业、手工业、商业和教育事业恢复与发展创造了有利条件。

　　宋朝以"兴文教，抑武事"为国策，北宋中期先后发动了三次兴学运动，建立了中央和地方官学体系，设立了武学、画学、道学等新型学校，创立了分斋教学制度、学田制度和地方教育行政管理机构。两宋书院兴旺发达，形成了著名的六大书院；出现了著名教育改革家王安石和理学教育思想家张载、朱熹等。宋代人民书写了中国教育史上的新篇章。

一　宋朝的文教政策

　　宋统治者吸收了唐末、五代以来藩镇拥兵自重，割据称雄，武装叛乱的历史教训，赵匡胤"杯酒释兵权"，在政治、军事上不断强化中央集权，在文教政策上确立了"兴文教，抑武事"的国策。

（一）抑武重文

抑武重文是北宋统治者对五代军阀分裂割据、权臣悍将篡权夺位历史反思的结果。宋太祖开宝五年（972年），赵匡胤对宰相赵普说："五代方镇残虐，民受其祸。朕今选儒臣干事者，百余分治大藩，纵皆贪浊，亦未及武臣一人也。"① 在他看来，军人武装割据危害最大，因此主张地方官员应选用儒臣；在中央政府，"宰相须用读书人"。② 太平兴国七年（982年），宋太宗赵炅也说："王者虽以武功克定，终须用文德致治。"③

抑武重文的政策，虽影响了宋王朝的武备建设，使其在对西夏、辽、金的斗争中处于劣势，但却有益于文化教育的发展和文官制度的完善。

（二）尊孔崇儒，兼容佛道

尊孔崇儒，兼容佛道是宋代基本文教政策之一。北宋开国之年——建隆元年（960年），赵匡胤就下令修复孔庙，塑绘先圣先师之像；并先后下令贡举人至国子监拜谒先师；一品礼祭祀孔庙。宋真宗尊孔崇儒更为突出，大中祥符元年（1008年），他仿效秦始皇、汉武帝"封禅"故事，亲自至曲阜孔庙行祭奠礼，加谥孔子为"玄圣文宣王"。他认为儒术是"帝道之纲"，命国子祭酒邢昺负责校订《周礼》《仪礼》《公羊》《谷梁》《孝经》《论语》《尔雅》等七经疏义。后来邢昺又撰《论语正义》《尔雅疏》《孝经正义》、孙奭撰《孟子正义》，唐人《九经正义》，为《十三经正义》，大量印行，指定为官方教材。宋王朝注重对文化遗产的整理、积累。宋太祖时，收集原割据政权的藏书，藏于三馆（昭文馆、集贤院和史馆）；太宗时组织学者整理古籍，编成《太平广记》《太平御览》。真宗时编修了《册府元龟》，保存了大批历史文献，客观上为文化教育的发展提供了重要条件。

宋代在尊孔崇儒的同时，也容许佛教、道教传播。建隆元年

---

① 彭百川：《太平治迹类·太祖经略幽燕》卷二，江苏广陵古籍刻印社1990年版。
② 李焘：《续资治通鉴长编·宋纪四》卷四，中华书局1979年版。
③ 李焘：《续资治通鉴长编·太宗》卷二十三，中华书局1979年版。

(960年)赵匡胤下令修复废寺,塑造佛像。开宝四年(971年)开始在益州雕印《大藏经》,这是政府刊印的第一部佛经总集。宋太宗认为佛教与孔孟之道是"迹异而道同","有裨政治"①。

道教在宋代的地位仅次于儒学。宋太宗时在开封、苏州修建道观。宋真宗加封老子为"太上老君混元上德皇帝"。宋徽宗册封自己为"教主道君皇帝",任用道士参与政事,令各州县设道学。宋虽容佛、道,但更重视儒学。这种政策,促进了儒、道、佛走向合流,从而孕育出新儒学——理学。

(三)崇尚理学

宋初,百废待兴,急需大批治国安邦的管理型人才,但当时的学校教育只重经术,培养的学生大都缺乏治国理政的才干与谋略,于是宋初"三先生"胡瑗、孙复、介石等学者开始对传统儒学及儒学教育进行反思,出现了疑《传》、疑《经》的疑古思潮,力图改造儒学,从而掀开了创造新儒学——理学发展的序幕。继"三先生"开理学之先河之后,真正阐明理学思想体系者,当推周敦颐。周敦颐以儒家伦理道德为核心,吸收道教的宇宙生成模式论和佛教的哲学思辨,为建立理学体系提供了楷模。周敦颐被称为"道学宗主",理学的开山之祖。宋神宗熙宁(1068—1077年)前后是理学的奠基时期,形成了以张载为代表的"关学",程颢、程颐为代表的"洛学",以王安石为代表的"新学",以苏轼、苏辙为代表的"蜀学"等四大派别,其中"关学""洛学"被视为主流派,张载和二程乃是理学的奠基人。南宋时期,理学家辈出,主流派代表人物有朱熹和陆九渊,其中朱熹是理学集大成者。

理学高举孔孟的旗帜,以恢复孔孟"道统"为己任;但它在思想内容、理论结构和学风旨趣方面既不同于汉代经学,又与孔子的原始儒学有很大的区别,它将儒家伦理学说概括、升华为哲学问题,注重讲"义理",不拘泥于儒家经典的字句,着眼于对儒家精神实质的把

---

① 李焘:《续资治通鉴长编·太宗》卷二十四,中华书局1979年版。

握和发挥，建构了一个包括自然、社会、人生为一体的庞大的思辨哲学体系。它将封建伦理抬高到"天理"的高度，把"人欲"当作罪恶之源，提出了"存天理，灭人欲"的命题，为宋及以后封建王朝实行政治、文化专制统治提供了理论依据，受到北宋王朝的关注和南宋王朝的推崇。南宋宁宗于嘉定二年（1209年）诏令学校立周子（敦颐）祠，诏赐朱熹遗表恩泽，尊称为"朱文公"。嘉定五年（1212年）将朱熹的《论语集注》《孟子集注》正式定为官学学生必读之书。宋理宗宝庆三年（1227年）下诏"特赐熹太师，追封信国公"。[①] 确立了程朱理学的统治地位。

理学的形成与发展，对宋代官学的发展、书院的兴盛、科举制度的完善，以及教育内容、教学方法与学风，都产生了深刻的影响。

（四）重视科举，三次兴学

1. 北宋前期重视科举

以"文德"治国必然需要大批的文官，文官的来源主要是通过科举考试选拔，因此，宋初诸帝都十分重视科举考试。宋立国当年即开科取士。开宝六年（973年）宋太祖在讲武殿亲自批阅试卷，由此殿试作为一种制度被确定下来。宋代科举取士的人数不断增加。太平兴国二年（977年）地方选送的举人达5300人，被朝廷录取的进士达109人，诸科录取300余人，录取人数远远超过了前代。宋真宗咸平三年（1000年）录取进士409人，诸科1129人，创宋代录取人数之最。

及第的士人受到优厚的待遇，取中的进士，一律算作"天子门生"，不仅出金榜奏乐唱名，朝廷赐给袍、靴、笏等官家服饰，摆"琼林宴"庆贺，而且立即可受官职。名列前列者，日后可以成为公卿。如宋仁宗时期，一甲前三名共计39人，其不至公卿者，5人而已。[②]

[①] 脱脱等：《宋史·道学三·朱熹传》卷四二十九，中华书局1985年版。

[②] 王炳照、郭齐家：《中国教育史研究》（宋元分卷），华东师范大学出版社2009年版，第181页。

北宋前期高度重视科举制度，但却忽视了兴建学校、培养人才，致使宋前期80多年间，学校教育衰微不振，官学的状况与唐末、五代时期差不多。到北宋中期才开始把兴学作为实施文教政策的重点，从宋仁宗庆历年间开始，先后出现了三次著名的兴学运动。

2. 北宋中期"三次兴学"

（1）"庆历兴学"

宋仁宗庆历四年（1044年）范仲淹任宰相时发起了北宋第一次兴学运动。范仲淹（989—1052年），北宋著名的政治家、文学家、教育家。他高度重视教育，认为"善国者，莫先育才；育才之方，莫先劝学"。① 他认为当时只重视科举考试，不重视教育的做法，犹如"不务耕而求获"。庆历四年，他应诏条陈十事，发动了"庆历兴学"运动。兴学运动的主要内容如下。其一，改革科举考试的内容。"先策，次论，次诗赋，通考为去取，而罢贴经、墨义。"② 即取消儒经章句考试，降低诗赋考试的地位，注重策论和经义考试。改革的目的在于考察考生的理论造诣和联系实际的能力，从而选拔出具有"实学"的人才。其二，创建太学，改革太学教学模式。因原国子监规模狭小，不足于容学者，便以原锡庆院为校址，修建讲堂，创建太学。诏令取胡瑗的苏湖教法为太学教学模式。胡瑗（993—1059年），泰州海陵（今江苏泰州市姜堰区）人，世居陕西安定，人称安定先生。他曾在苏州、湖州执教，创立了分斋教学法，即改变崇尚辞赋的学风，注重提高学生经学理论造诣和治国的实际能力。在苏州府学、湖州州学中设立经义和治事二斋，"经义斋"讲授《六经》经义；"治事斋"讲授治兵、水利、算数等知识。根据学生专长和爱好分斋教学，使学生各专修一专业，兼修一专业。目的在于培养有实际才能的人才。他创立的教学方法受到范仲淹的赞赏和推广。其三，普遍设立地方学校。据《宋会要辑稿·崇儒二》记载，庆历四年，宋仁宗下诏：令"诸路、

---

① 范仲淹：《范文公集·上时相议制举书》卷九，商务印书馆1937年版。
② 脱脱等：《宋史·选举志》卷一百五十五，中华书局1985年版。

州、府、军、监,除旧有学外,余并各立学"。诏令规定了地方学校的规模、教师任职升迁、学生入学及学规等,相当详备;并强调"使士皆土著",即学校面向本地全体士人开放的地方化原则。此诏令推动了地方学校的普及。欧阳修曾赞美说:"宋兴,盖八十四年(即庆历四年),而天下之学,始克大立,岂非盛美之事!"① 其四,教学与科举接轨。一方面,把学生在校听课的时数作为参加科举考试的限制条件,据《宋会要辑稿·崇儒二》记载,朝廷规定"旧举人听一百日,新人三百日,方许取解"。这一规定有益于学校教育的发展。另一方面,学校一改过去只讲儒家经典的章句的习惯,增加了诗赋和策论等内容,以适应科举考试的变化。

"庆历兴学"虽由于范仲淹被排挤而失败,但它对改变宋初重科举、轻教育的局面起了促进作用。

(2)"熙宁、元丰兴学"

宋神宗熙宁、元丰年间(1068—1085年),王安石两度为宰相,在推行变法中,实行教育改革,这是北宋第二次兴学。王安石对教育进行改革的内容主要有以下五个方面。

其一,改革太学,创立"三舍法"。"三舍法"是在欧阳修提出的教育改革建议的基础上形成的,据《宋会要辑稿·职官二八》记载,其做法是:将"生员分三等,以初入学生为外舍,不限员。自外舍升内舍,内舍升上舍。上舍以一百员为限,内舍以二百员为限。其生员各治一经,从所隶官讲授。至判官、直讲逐月考试,到优等举业,并申约中书。"即将太学生分为三等——外舍、内舍、上舍;初入学的生员为外舍生,相当于旁听生或预备生,不限名额;内舍生为正式学生,名额为200人;上舍生名额仅100人。学生各治《易》《书》《诗》《周礼》《礼记》一经,由所隶属的学官讲授;每月由判官与直讲教师负责考试。优等生才能举业,并申报中书省。太学实行"月一私试,岁一公试,补内舍生;间岁一舍试,补上舍。弥封誊录,如贡

---

① 欧阳修:《欧阳文忠全集·吉州学记》卷三十九,中华书局1912年版。

举法，而上舍试，则学官不预考校"①。即对太学生每月进行一次考试，称为"私试"，每年进行一次考试，称为"公试"。外舍升内舍是每年一次，升上舍是两年一次。考试采用"弥封誊录"，即实行试卷糊名弥封，并派书吏将试卷抄成副本，供考官评卷；考试形式与科举考试"省试法"相同；补上舍生的考试，太学学官回避，不得参与，由朝廷差官考校。公试外舍生人，第一、第二等升内舍；内舍生考试成绩达到"优""平"二等，并参考"所书、行、艺"，可升入上舍；上舍生考试成绩分为上、中、下三等，名列上等的，即不再经过科举考试而直接授以官职。中等的可以免除礼部考试，直接参加殿试。"三舍法"是对太学教学管理制度的重要创新，它把学校教学与科举接轨，把学生的学业与前途联系起来，增强了学生学习的竞争机制，使太学既具有培养人才的职能，又具有部分选官取士的功能，大大地提高了学校的地位，调动了学生学习的积极性，促进了学校教育的发展。

其二，改革科举制度。基于对治国人才的迫切需要和过去科举考试的弊端，"罢明经及诸科，进士罢诗赋"，② 即科举常科只保留一个进士科，进士科考试不再考诗赋。考试前两场为经义，后两场为论策。改革的目的在于考察考生的思维能力、解决实际问题的能力和文笔水平，使人士从旧章句之学的束缚下解脱出来，转向把握儒家经典的精神实质的义理之学。

其三，整顿地方官学。熙宁四年（1071年），由朝廷派遣专员赴各地主持地方官学的建设工作，"京东、陕西、河东、河北、京西五路先置学官，使之教导"。"中书选择三五人，虽未仕，有经术行宜者，亦许权教授"，③ 并给州学校配置学田10顷。这一改革措施，在当时是一个创举，既解决了地方办学的经费和师资问题，又由中央政府承担起为各地选派专职学官的责任，推动了地方官学的迅速发展。

其四，设置专科学校。熙宁年间，恢复和创建了武学、律学、医

---

① 脱脱等：《宋史·选举志·选举三》卷一百五十七，中华书局1985年版。
② 《钦定续通典·选举》卷十八。
③ 李焘：《续资治通典长编·神宗》卷二百二十，中华书局1979年版。

学等专科学校，以培养专门人才。

其五，编撰《三经新义》，作为统一教材。王安石十分重视通过学校教育"一道德"，即统一思想。熙宁六年（1073年）特设经义局，王安石亲自撰写讲义——《周官新义》，其子王雱与吕惠卿共同诠释《诗》《书》合谓《三经新义》。经宋神宗批准，颁发给各类学校，作为学校教材，也为科举考试的内容和标准。

王安石变法，改革教育，官学发展成果显著。锐意改革的神宗去世后，反对变法的旧党人物上台，熙宁、元丰的各项新法几乎被全部推翻，第二兴学失败；但这次改革对北宋后期教育发展产生了深刻的影响，北宋的第三次兴学乃是对熙宁、元丰教育改革的继承与发展。

（3）"崇宁兴学"

宋徽宗崇宁元年（1102年），蔡京执政时发起了北宋第三次兴学，史称"崇宁兴学"。此次兴学的措施主要有以下五个方面。

其一，新建辟雍，扩大太学规模。崇宁元年，在京城开封南门外营建规模恢宏的辟雍，作为太学的外舍。同时扩大太学的招生规模，"曾太学上舍三百人，内舍六百人，外舍三千人"，外舍生定员3000人，比元丰时增加了50%；内舍生定员600人，上舍生定员200人，均比元丰时扩大了一倍。太学总人数达到3800人。

其二，普遍设立地方官学。据《宋史·选举志》记载："崇宁元年，宰臣请天下州县并置学，州置教授二员，县亦置小学。"《东都事略·徽宗本纪》："诏诸路、州、军未置学处，并置学养士。"当时不仅州学、县学全面设立，而且要求各州县都要办小学。普遍建立官办小学，这在中国古代是绝无仅有的。

其三，建立小学、县学、州学、太学四级相衔接的官学体系。崇宁元年（1102年）开始，北宋建立了较为完备的小学—县学—州学—太学四级相衔接的官学体系。据《宋史·选举志·选举三》："县学生选升诸州学；州学生每三年贡太学，至则附试，别立号。考分三等：入上等，补上舍；入中等，补下等上舍；入下等，补内舍；余居外舍。"即每三年从州学中选拔上舍生参加太学入学考试，考试等次为上等者补为太学上舍中等生；中等者补为太学上舍下等生；下等者补为太学内舍生，其余补为太学外舍生。州学也实行"三舍法"，每月举行"私试"，次年正月举行"公试"，合格者即可升舍。这种按考试等次高低，分别进入上级学校的不同档次的升学制度，有利于调动学生刻苦学习的积极性，以争取更好的升级待遇。

其四，恢复医学、创设算学、书学、画学、武学等专科学校。崇宁二年置医学；崇宁三年创设算学、书学和画学。"崇宁间，诸州置武学，立考选升贡法。"①

其五，改革科举，改由学校取士。熙宁、元丰年间，太学已有部分取士的功能；崇宁三年则赋予州学部分取士的功能，宋徽宗下诏："天下取士，悉由学校升贡，其州郡发解及试礼部法并罢。"② 这次改革，并不是完全废除科举制度，而是用学校考试升级取代了相应的科举考试中间场次的考试（州郡和礼部考试），殿试仍然保持，朝廷仍然控制着取士的最终决定权。这一改革虽在宋徽宗宣和二年（1120年）被废除，但它确实是治理重科举轻学校的顽疾、保证学校教学顺利开展的③根本性措施，是一次有益的尝试。

二 宋朝的教育制度

宋代基本沿袭唐代的学校制度，中央仍以礼部统管全国文化教育事业。礼部"掌国之礼乐、祭祀、朝会、宴飨、学校贡举之政令"④。礼部下设国子监，为中央的教育行政机构。官学分为中央官学和地方官学。

中央官学分为三个系统，一是由国子监管辖的国子学、太学、辟雍、四门学、广文馆、武学、律学、小学等；二是由中央各局管辖的医学、算学、书学、画学等；三是直属于中央政府的贵胄学校资善堂、

---

① 脱脱等：《宋史·选举志·选举三》卷一百五十七，中华书局1985年版。
② 脱脱等：《宋史·选举志》卷一百五十五，中华书局1985年版。
③ 脱脱等：《宋史·官职志》卷一百六十三，中华书局1985年版。
④ 同上。

宗学、诸王宫学、内小学等。宋代在地方设立府学、州学、军学、监学以及县学，由诸路提举学事司和各级地方政府管辖。

（一）宋朝的中央官学

宋朝的中央官学主要有国子监、太学、辟雍、小学、四门学、广文学、小学及武学、律学、医学、算学、书学、画学等专科学校。

1. 国子监

国子监亦称国子学，它既是宋朝的最高教育管理机构，又是最高学府。宋初建立，宋太祖建隆三年（962年）开始招收七品以上子弟为生，较之唐代，品第限制有所放宽。宋真宗景德四年（1007年）又置京西国子监。举《文献通考》记载："宋国子监，判监事二人，以两制或带职朝官充，凡监事皆总之；直讲八人，以京官选人充，掌以经术教授诸生。……元丰正官名，置祭酒、司业、丞、簿各一人，太学博士十人……祭酒掌国子、太学、武学、律学、小学之政令。"[①] 南宋在临安也建有国子监，管理制度基本相同。

2. 太学

始建于宋仁宗庆历四年（1044年）。因仅有国子监，"生员无所容"，不能满足学生学习的需要，宋仁宗便提出"无后于汉唐生员学舍之盛，乃诏尽以锡庆院及朝集院西庑建讲书堂四，诸生斋舍"[②]。实行"三舍法"，初定上舍一百人，内舍二百人，外舍不限员。太学的规模不断扩大，宋神宗元丰二年（1079年），2400人；宋徽宗崇宁时期（1102—1106年）最盛，在学生达3800人。南宋高宗绍兴十三年（1143年）始建太学，宁宗时有较大发展，学生总数达1560人。

太学设祭酒总掌学校政令，司业协助祭酒管理学校事务，设博士负责教授经术和训导，此外还设有学正、学录、学谕、直学及斋长等管理人员。

太学的教学内容基本是儒家经典，但也有几次较大变动，熙宁年

---

① 马端临：《文献通考·职官考十一》卷五十七，浙江古籍出版社2000年版。
② 马端临：《文献通考·学校考三·太学》卷四十二，浙江古籍出版社2000年版。

间以王安石《三经新义》为教材；宋徽宗时将道教经典也作为教材，向学生讲授黄老之学；南宋后期教材中增入程朱语录及《四书》。

3. 辟雍

太学分校，称为"外学"。始建于崇宁元年，"崇宁建辟雍于郊，以处贡生"①。"太学专处上舍生、内舍生，而外学则处外舍生，初贡至皆入外学，经试补入上舍、内舍，始得进处太学。"② 辟雍主要用于接收各地州县学选送的贡士和安排太学外舍生研习的学校。设置司业、丞各1人，博士10人，学正、学录各5人，学谕10人，直学2人。辟雍的建筑形制体现了浓厚的文化内涵，"外圆内方，为屋千百七十二楹"。设置司业、丞各1人，博士10人，学正、学录各5人，学谕10人，直学2人。

4. 小学

初级经学学校，分为隶属于中央官学的小学和隶属于地方官学的小学两种。中央官学的小学创办于宋哲宗时期，"哲宗时初置在京小学"。宋徽宗"政和四年（1114年），小学生近一千人，分十斋以处之。自八岁至十二岁，率以诵经书字多少差次，补内舍生"③。中央小学设十斋，招收8岁至12岁儿童入学，宋徽宗时达近千人。小学生的主要任务是诵读儒学经书，也实行"三舍法"，优秀者可补入太学内舍。

5. 四门学

始建于仁宗庆历三年（1043年），据《宋史》记载："初立四门学，自八品至庶人子弟充学生，岁一试补差，学官锁宿弥封，校其艺疏，名上闻而后给牒；不中试者仍听读；若三试不中，则出之。未几学废。"④ 四门学招生大大降低了对学生出身的规定，面向下级官员和普通老百姓的子弟，制定了严格的考试制度和升学、留级、退学制度。其存在的时间很短。

---

① 脱脱等：《宋史·选举志三》卷一百五十七，中华书局1985年版。
② 徐乾学：《资治通鉴后编·宋纪九十五》卷九十五，上海古籍出版社1987年版。
③ 同上。
④ 脱脱等：《宋史·选举志三》卷一百五十七，中华书局1985年版。

6. 广文馆

设立于哲宗元祐七年（1092年），据《宋史》记载："元祐间，置广文馆生二千四百人，以待四方游士试京师者。"① 绍圣二年（1095年）"罢广文馆"。广文馆是为士子准备参加科举考试而设立的预备学校，只存在了四年左右的时间。

7. 专科学校

宋代的专科学校有：武学、律学、医学、算学、书学、画学。

（1）武学

仁宗庆历三年（1043年）初置武学，后因所谓"太白昼见"的迷信缘由而罢武学。神宗熙宁五年（1072年），重建武学于武成王庙，以兵部郎中韩缜、内藏库副使郭固总管武学事务。"生员以百人为额，选文武官知兵者为教授……习诸家兵法。教授纂次历代用兵成败、前世忠义之节足以训者，讲释之。"② 徽宗崇宁初，诸州皆置武学，武学教育普及到地方。南宋高宗绍兴十六年（1146年），始建武学。二十六年（1156年）加以整顿，规定："凡武学生习《七书》兵法、步骑射，分上、内、外三舍，学生额百人。置博士一员，以文臣有出身或武举高选人为之；学谕一员，以武举补官人为之。"③ 学制三年。宋代武学的设立及普及，反映了当时西夏、辽、金等少数民族贵族频繁侵扰，急需军事人才的时代需要。宋代在创办武学中积累了培养军事人才的经验，对后来元、明、清的教育产生了深刻影响。

（2）律学

北宋开国之初，重视法学教育，"国初置博士，掌授法律"。宋神宗熙宁六年（1073年）"始即国子监设学，置教授四员。凡命官、举人皆得入学，各处一斋。举人须得命官二人保任，先入学听读而后试补"。律学设"断案"和"律义"两个专业，学成可参加新科明法考试。元丰六年（1083年）允许"命官在学，如公试律义、断案俱优，

---

① 脱脱等：《宋史·选举志三》卷一百五十七，中华书局1985年版。
② 同上。
③ 同上。

准吏部试法授官"①,"命官在学",即允许官员在职学习法律知识,这是宋朝在教育政策上的一个创新。律学的设置及鼓励官员在职学习法律的政策,有利于为宋朝培养法律人才。

(3) 医学

宋朝社会比较稳定,经济、科技有较大发展,医学也得到了全面发展,医学教育呈现繁盛的局面。一方面,"盖有宋一代于医学最为留意",两宋历代、朝皇帝都重视医学,视医学为实施仁政的重要途径,宋徽宗还亲自撰写医学著作《圣济经》;另一方面,士大夫以知医、懂医为时尚,如苏颂、林亿、文彦博、范仲淹、苏轼、沈括等名臣、科技巨匠都精通医学或养生学。宋代中央医学设立于宋初,"医学初隶太常寺。神宗时始置提举判局官及教授一人,学生三百人。设三科以教之。曰:方脉科、针科、疡科。凡方脉以《素问》《杂经》《脉经》为大经;以《巢氏病源》《龙树论》《千金翼方》为小经;针、疡科则去《脉经》而曾《三部针灸经》"②。即医学分设三科:方脉科、针科和疡科。学习内容各有侧重,方脉科以《素问》《难经》《脉经》为大经,以《巢氏病源》《龙树论》《千金翼方》为小经。针科、疡科去《脉经》,而增《三部针灸经》。徽宗崇宁年间,"医学改隶属于国子监,设置博士、学正、学录各四员,分科教导,纠行规矩。立上舍四十人,内舍六十人,外舍二十斋,各置长谕一人","一斋可容三十人",外舍20斋,可容外舍生600人,宋徽宗时期,中央医学的规模比宋朝初年增加了两倍多,得到了较大发展。宋代医学教育实行"三舍法",经过严格考试,考试成绩为"高等为尚药局医师,以下职余,各以等补官,为本学博士、正录及外州医学教授"。③ 中央医学培养的人才或为中央医药局医师,或为中央医学的博士、正录,或为地方医药学校的教授,地位很高。

南宋高宗"绍兴中,复置医学,以医师主之"④,但医学生人数不

---

① 脱脱等:《宋史·选举志三》卷一百五十七,中华书局1985年版。
② 同上。
③ 同上。
④ 同上。

断缩减，医学教育日益被边缘化。

（4）算学。宋徽宗崇宁三年（1104年）正式设立算学，隶属国子监，大观四年（1110年）并入太史局。学生定额210人。教学内容为：《九章》《周髀》《海岛》《孙子》《五曹》《张丘建》《夏侯阳》算法以及历算、三式、天文等。大观四年（1110年），算学归属太史局。算学实行三舍法，考试升舍制度与太学相同。南宋时也设有算学，为太史局培养、补充历算人才。

（5）书学。徽宗崇宁三年（1104年）设立，隶属国子监；大观四年（1110年），并入翰林院书艺局。学习内容主要有"习篆、隶、草三体字，明《说文》《字说》《尔雅》《博雅》《方言》，兼通《论语》《孟子》义"等。学习篆字，"以古文、大小二篆为法"；学习隶书，"以二王（王羲之、王献之）、欧（欧阳询）、虞（虞世南）、颜（颜真卿）、柳（柳公权）真行为法"；学习草书，"以章草、张芝九体为法"。考试分为上、中、下三等："以方圆肥瘦适中，锋藏画劲，气清韵古，老而不俗为上；方而有圆笔，圆而有方意，瘦而不枯，肥而不浊，各得一体者为中；方而不能圆，肥而不能瘦，模仿古人笔画不得其意，而均齐可观为下。"①

（6）画学。设立于徽宗崇宁三年（1104年），隶属国子监；大观四年（1110年），并入翰林院书画局。开设六种专业课程，"曰佛道，曰人物，曰山水，曰鸟兽，曰花竹、曰屋木"② 等，并教授《说文》《尔雅》《方言》《释名》等基础理论知识。学生分为士流和杂流，分斋而居。士流另兼习一大经或一小经，杂流则诵小经或读律，授官低于士流。作画考试的评分标准是："以不仿前人而物之情态形色俱若自然，笔韵高简为工。"③

8. 贵胄学校

宋朝专为教育宗室子孙而设立的贵胄学校主要有四：资善堂、宗

---

① 脱脱等：《宋史·选举志三》卷一百五十七，中华书局1985年版。
② 同上。
③ 同上。

学、诸王宫学和内小学。

资善堂。在北宋时为皇子就学之所，南宋时曾为太子就学之所。资善堂创建于真宗大中祥符九年（1016年）；"诏以皇子就之所名资善堂。"① 南宋绍兴五年（1135年）"立书院宫中教之，既成，遂以为资善堂"②。

宗学。是为皇族子孙设立的学校。宋初"宗学废置无常。凡诸王属尊者立小学于其宫，其子孙自八岁至十四岁皆入学"。徽宗崇宁年间，在"两京皆置敦宗院，院皆置大、小学教授，立考选法"③。南宋高宗绍兴十四年（1144年），重建宗学于临安，仍继续设置，亦是大、小学混合设置。

诸王宫学。专为皇族子弟和功臣子弟建立的学校。据《续文献通考·学校考》记载：南宋"高宗绍兴十四年（1144年）建宗学及诸王宫大小学，置教授。至帝嘉定九年（1216年）以宫学并为宗庠，改教授为博士宗谕"。诸王宫学存在了70余年，后并入宗学。期内学校内设有大学和小学，配置教授授课。

内小学。创立于宋理宗时期，淳祐二年（1242年），"建内小学，置教授二员，选宗子就学"④，招收十岁以下的宗子。

（二）宋朝的地方官学

宋代的基本行政区划实行路、州、县三级制；在国都、陪都、皇帝出生地等设府，与州同级，但地位高于州；在军事重镇设军；在重要的矿冶、铸钱、制盐之地设监。地方官学主要有府学、州学、军学、监学以及县学，由诸路提举学事司和府、州、军、监、县各级地方政府管辖。

宋初一些地方就开始创办县学、府学，中央政府通过赐书、赐学田等形式予以积极支持。

---

① 脱脱等：《宋史·真宗本纪》卷八，中华书局1985年版。
② 脱脱等：《宋史·孝宗本纪》卷三十三，中华书局1985年版。
③ 脱脱等：《宋史·选举志三》卷一百五十七，中华书局1985年版。
④ 同上。

宋朝地方官学的大发展开始于"庆历兴学"。庆历四年"诏令州县皆立学"，于是各地纷纷奉诏兴学。中央政府采取为地方选任学官和赐学田的措施，推动地方兴学。经过王安石第二次兴学和宋徽宗时掀起的第三次兴学运动，地方官学盛况空前。据《宋史·选举志》记载："自仁宗命郡县建学，而熙宁以来，其法浸备，学校之设遍天下，而海内文治彬彬矣"，"学校之设遍天下"，虽为溢美之词，但也反映了宋仁宗、宋神宗以来，地方官学比较普及。据宋徽宗时期的提举京西南路学事的路瑗说："臣所领八州三十余县，比诸路最为褊，小学舍乃至三千余区，教养生徒三千三百余人，赡学田业等岁收钱斛六万三千余贯石，窃计诸路学舍、生徒、田业钱斛之数何翅数百万，此旷古所未尝有也。"① 在当时一个最狭小的京西南路，尚且教养3300多名学生，其地方官学之繁盛可见一斑。

宋朝地方官学一般都有颇具规模的校舍，分成教学、祭祀、娱乐、膳食、住宿、藏书楼等几大部分。在教师和学生管理上也形成了一定的规章制度，如熙宁八年（1075年）创立的"教官试"，即诸州学官必先赴学士院考试，"优通者"才能任职等。

在办学经费上，采用以学田为主，政府资助、社会献田、捐款集资、学校刻书创收等多种途径筹集经费。

在教学制度上，创立了分斋教学法。该制度是宋初教育家胡瑗所创立的一种新的教学制度，其主要内容是在学校内分设经义斋和治事斋。"经义斋择疏通有器局者居之；治事斋者，人各治一事，又兼治一事，如边防、水利之类。"② 经义斋主要学习儒家经义，以培养通达有才的高级管理人才为目标；治事斋学习"农田、水利、边防、算数"等实用学科，以培养有专长的技术、管理人才为目标。所培养的学生"为政多适世用"。这种在同一学校中实行经学与实用学科分科教学，将实用学科正式纳入官学教学体系之中，在中国古代教育上是

---

① 徐乾学：《资治通鉴后编·宋纪九十七》卷九十七，上海古籍出版社1987年版。
② 马端临：《文献通考·学校考·郡国乡党之学》卷四十六，浙江古籍出版社2000年版。

第一次，是对以学习儒学为主的官学制度的一次重要改革，要求学习实用知识的学生，主修一种实用学科，兼学另一种实用学科。首开实用学科主修和辅修制度的先河。

宋代，除继续设置国子监管理中央官学之外，还在诸路创设"提举学事司"，建立了从中央到地方专门的教育行政管理机构。官学类型进一步多样化，除设置儒学、律学、医学、算学、书学之外，还创立武学、画学。地方官学的普及和学校规模超过以往任何朝代，并创立了分斋教学制度，确立了学田制度。所有这些探索和创新，为中国古代教育的发展做出了不可磨灭的历史贡献。

三 宋朝的书院

书院，"萌芽于唐朝后期，推行于五代，至宋朝而大盛"[1]。北宋初，书院兴起，出现了著名的"四大书院"；南宋时，书院的数量剧增、规模扩大、制度完备、内容充实、特色鲜明，进入发展的鼎盛时期。

（一）宋朝书院兴盛的原因

书院在宋代蓬勃发展并非偶然，而是有其多方面的原因。

第一，兴文崇儒，鼓励读书，是书院兴起的政治因素。清代学者秦蕙田在《五礼通考》中说："书院之设于古未闻，宋初始有白鹿洞、石鼓、应天、岳麓四书院。有司以上闻，辄为赐额、赐书，以优异之。逮于南宋之季及元代，诸路立书院尤多，固理学昌明之效；而太宗、真宗风厉儒术以开一代文明之治，其功顾不多哉。"他认为，宋初书院兴起固然与理学昌明有关，但宋太宗、真宗厉行儒术，对书院采用赐额、赐书等鼓励政策则是书院勃兴的更重要的原因。他的分析很有见地。宋太宗、真宗时期，大力推行兴文崇儒政策，用扩大科举名额吸引士子读书做官；宋真宗甚至用"书中自有千钟粟""书中自有黄金屋""书中车马多如簇""书中有女颜如玉"等十分功利的文字诱导

---

[1] 陈青之：《中国教育史》中册，福建教育出版社2009年版，第146页。

士子读书，极大地调动了人们读书的积极性，为书院的兴起营造了社会氛围。

第二，官学未兴或官学衰落是书院勃兴的直接原因。私学从来是官学的补充，春秋战国时期，官学衰落，私学兴起。书院作为私学发展的高级形式，它的发展状况与官学的兴衰直接有关。北宋初期，社会急需文治人才，但朝廷只注重扩大科举名额，无暇也无力兴办官学，当时官学数量极少，远远不能满足青年读书需要和社会培养人才的需要，于是一批书院应运而生。南宋学者吕祖谦在《白鹿洞书院记》中说："国初斯民，新脱五季锋镝之厄，学者尚寡，海内向平，文风日起，儒生往往依山林，即闲旷以讲授，大率多至数十百人。"宋元之际的历史学家马端临在《文献通考》中亦云："是时未有州县之学，先有乡党之学……乡党之学，贤士大夫留意斯文者所建也。故前规后随，皆务兴起。后来所至，书院尤多。而其田土之锡，教养之规，往往过于州县学。"他们将官学未兴看作书院兴起的直接原因。北宋中期经过三次兴学，从中央到地方普遍建立了官学，"士子各有群居肄业之所，拟不赖乎私家之书院矣"①，于是书院相对沉寂。南宋时期，官学有名无实，科举日趋腐败，而书院迅速发展，达到鼎盛时期。

第三，理学的成熟是书院勃兴的内在依据。北宋"五子"（周敦颐、程颐、程颢、张载、邵雍）构建了理学体系的基本框架。南宋时期，理学家辈出，朱熹集理学之大成，将理学发展到成熟阶段。理学的成熟为南宋书院的大发展准备了难得的文化学术条件，理学家辈出也为书院昌盛提供了中坚力量。一方面，书院是理学家们研究和传播学术思想的理想场所和发展理学学术的教育基地，另一方面，一批著名的理学家往往是书院的积极倡导者、创办者、主持者、主讲人。由于他们在书院讲学授徒，极大地提高了书院的学术地位和社会影响。正如清代学者方观承指出的那样，书院的发展离不开"理学昌明，真

---

① 吴澄：《吴文正集·鳌溪书院记》卷二十三，商务印书馆 1937 年版。

儒辈出"。①

理学成熟与书院勃兴，互相依托，相得益彰。

第四，受佛教禅林的影响是书院昌盛的重要因素。在选址方面，书院深受佛道寺观选址思想的影响。佛教、道教为了追求清静潜修的环境，往往将寺院、道观建立在名山之上，山林幽隐之处；书院受其影响，也往往建于名山之下自然景观优美的地方。如白鹿洞书院建在江西庐山五老峰下，岳麓书院建在湖南长沙岳麓山抱黄洞旁，石鼓书院建在湖南衡阳石鼓山回雁峰下，嵩阳书院建在河南登封嵩山之下，武夷精舍建在福建武夷山风景区。在教学方式方面，书院深受佛教讲经制度的影响。隋唐时期，佛教已形成了一套禅林讲学制度，高僧讲经说法通常所采取的升座讲说、论辩问难等方式，自南唐以来，书院教学也采用升堂讲说，质疑问难的形式。

第五，印刷术的发达为书院的兴盛创造了重要的技术条件。隋唐时期，中国发明了雕版印刷术；五代时期，雕版印刷术得到较广泛地推广；两宋时期，雕版印刷术进一步完善，并在北宋发明了活字印刷术。宋代印刷术的新突破，大大提高了刊印图书的效率和质量，不仅为书院藏书提供了更为便利的条件，而且开创了书院刻印图书的历史。对书院的发展起了较大的推动作用。

(二) 北宋时期的著名书院

古代学者一致认为宋初出现了一批著名的书院；有四书院、六书院、八书院、十二书院之说，其中"四大书院"之说最为流行。吕祖谦认为嵩阳书院、岳麓书院、应天府（睢阳）书院和白鹿洞书院"尤著，天下所谓四书院者也"②。南宋以后学者多从吕祖谦之说。

1. 白鹿洞书院

位于江西南康府（今九江市）北庐山五老峰下，距九江十余里。唐代贞元年间（785—804年），洛阳处士李渤与其兄李涉隐居庐山读

---

① 秦蕙田：《五礼通考·学礼》卷一百七十一，商务印书馆2013年版。
② 吕祖谦：《东莱集·白鹿洞书院记》卷六；江苏古籍出版社1988年版。

书，养一白鹿为宠物，"因名其山曰白鹿洞"。唐穆宗长庆（821—824年）初，李渤任江州刺史，在其读书旧址建筑台榭，引流植花，白鹿洞之名开始流传。唐末，颜真卿后人颜翊率子弟30余人，授经洞中。五代南唐升元四年（940年），官府开始在此地置田建学，命国子监九经李善道任洞主，教养生徒数百人，当时又名"白鹿国庠"。北宋初，在南唐国学旧址上创建书院，宋太宗太平兴国二年（977年），应知江州周述的请求，朝廷赐给国子监印本《九经》，白鹿洞书院遂名闻天下。宋仁宗皇祐五年（1053年），礼部郎孙琛在书院旧址建学舍10间，以便弟子居住和读书，定名为"白鹿洞之书堂"。翌年，毁于兵火，后长期废弃。南宋孝宗淳熙六年（1179年），朱熹知南康军，亲访白鹿洞书院遗址，重新修复书院，建屋宇20余间，置田购书，书院为之一新。宋宁宗嘉定十年（1217年），朱熹之子朱在继承父志，扩建书院，"鸠工度材，缺者增之，为前贤之祠，寓宾之馆。阁东之斋，趋洞之路，狭者广之，为礼殿，为直舍，为门为墉，已具而弊者新之，虽庖湢之属不苟也……其规模宏壮，皆它郡学所不及，于康庐绝特之观其称，于诸生讲肄之所甚宜"[①]。经多次重修和扩建，白鹿洞书院的规模宏大，环境优美，扬名于世。

2. 岳麓书院

位于湖南善化县（今长沙市）西岳麓山抱黄洞下。原为智璇等僧人所建佛寺。宋太祖开宝九年（976年），潭州太守朱洞在此基础上"因袭增拓"，建讲学堂5间，斋舍52间，创建岳麓书院。咸平二年（999年），潭州太守李允则又加以扩建。中开讲堂，揭以书楼，塑先师十哲之像，画七十二贤。咸平四年（1001年），应李允的请求朝廷赐诸经释文义疏，以及《史记》《玉篇》《唐韵》等书。大中祥府五年（1012年），湘阴人周式主持书院，为岳麓书院第一任山长。他呈请太守刘师道扩建书院，于是书院规模大为扩展，生徒增至数百人。大中祥符八年（1015年），宋真宗亲书"岳麓书院"匾额以褒奖。南宋绍

---

① 宋黄干：《勉斋集·南康军新修白鹿洞书院记》卷二十，商务印书馆1937年版。

兴元年（1131年），金兵南进，毁于兵火。乾道元年（1165年），湖南安抚使刘珙重建，并聘请著名理学家张栻主讲，岳麓书院发展进入鼎盛时期。南宋光宗绍熙五年（1194年），朱熹出任湖南安抚使，申请重修书院，立定教规，岳麓书院的面貌为之一新，使书院扬名四方。淳祐年间，南宋理宗御书"岳麓书院"匾额。

3. 应天府书院

位于今河南商丘。商丘在唐代称为睢阳，北宋景德三年（1006年）升为应天府，后又升为南京，所以应天府书院亦称睢阳书院、南京书院。应天府书院渊源于五代后晋杨悫、戚同文师徒所建的睢阳学舍；宋真宗大中祥符二年（1009年），应天府民曹诚家资雄厚，出资"三百万"在学舍旧址建造学舍150间，聚书1500余卷，"博延生徒，讲习甚盛"，曹诚愿以所建书院捐赠入官，受到宋真宗的赞许，诏赐"应天府书院"匾额，命曹诚为助教，太常博士王渎主教，从而使书院取得官学的地位，成为宋代较早的一所官办书院。著名的政治家、军事家、思想家、文学家范仲淹曾就读于应天府书院，后来又曾在书院讲学，撰写了有名的《南京书院题名记》。北宋靖康元年（1126年），被金兵所毁。

4. 嵩阳书院

嵩阳书院位于河南登封市太室山（即嵩山）南麓。北魏时为嵩阳寺，唐睿宗时改为嵩阳观；五代后周时建太室书院。宋太宗至道二年（996年），赐"太室书院"匾额及印本《九经注疏》。宋仁宗景祐二年（1035年），秘书著作郎王曾奏准置学官，重修书院，赐学田一顷，改名嵩阳书院。程颢、程颐先后到书院讲学，宣扬理学。范仲淹、司马光等亦曾来此讲学，书院名声远播，南宋时衰废无闻。明、清时曾在旧址重建书院。

除以上四大书院外，北宋的著名书院还有石鼓书院、茅山书院、徂徕书院等，它们曾先后受到朝廷褒奖，或赐院额，或赐书，或赐学田，甚或兼而有之，一度社会影响较大。

（三）南宋时期书院的昌盛

南宋时期，设置了国子监和太学，地方州县学校也相继恢复和建立。但是，由于重科举轻学校，士人的荣辱升沉完全由科举考试决定，使学校有名无实，生徒"视庠序如传舍，目师儒如路人。季考月书，尽成具文"。① 同时，理学发展到南宋已趋成熟，著名理学家辈出，形成了以朱熹、张栻、吕祖谦为代表的闽学派、湖湘学派、婺学派；以陆九渊为代表的心学派和以陈亮、叶适为代表的事功学派。在宋理宗热心提倡下，各派学术大师为了传授自己的学术主张，纷纷创办书院，使书院进入发展的高峰期。与北宋时期相比，南宋书院的数量成倍增长。宋代有书院近700所，北宋时期约百所，南宋时期300余所，还有200所书院只称建于宋，难分南北宋。② 清代编撰的《续文献通考》的作者指出："宋自白鹿、石鼓、应天、岳麓四书院后，日增月益"，书院发展迅猛，仅南宋宁宗、理宗、度宗统治时期就新建了书院22所：南岳书院（衡山）、北岩书院（涪州）、明道书院（应天）、鹤山书院（苏州）、丹阳书院（丹阳）、天门书院（太平）、紫阳书院（徽州）、考亭书院（建阳）、庐峰书院（建阳）、武夷书院（崇安）、丽泽书院（金华）、甬东书院（宁波）、柯山书院（衢州）、稽山书院（绍兴）、河东书院（黄州）、濂溪书院（丹徒）、涵江书院（兴化）、宣成书院（桂州）、清湘书院（全州）、石峡书院（淳安）、清献书院（衢州）。卷五十。③ 这些书院都较为有名，有的得到皇帝御赐匾额，有的得到皇帝御赐书籍，有的得到朝廷认可，设置学官。士大夫自建的书院数量更多，不在统计之列。

南宋时影响较大的也有四大书院，它们是：白鹿洞书院、岳麓书院、丽泽书院和象山书院。

---

① 脱脱等：《宋史·选举志三》卷一百五十七，中华书局1985年版。
② 王炳照、郭齐家：《中国教育史研究》（宋元分卷），华东师范大学出版社2009年版，第260页。
③ 王圻：《续文献通考·学校考》卷五十，上海古籍出版社2000年版。

(四) 宋朝书院的组织、教学与教规

书院有私办、官办、私办公助等多种形式。其组织形式最初比较简单，书院的主持人既负责组织管理工作，又承担日常的主要教学工作。规模较小的书院一般不设其他管理人员和管理机构。书院的主持人称为"山长""洞主""院长""堂长"，其中"山长"的称谓比较普遍。规模较大、学生较多的书院往往增设副山长、副讲、助教等职，协助山长管理书院事务。

书院供给学生膳食。书院的经费主要来源于院田，院田由私人捐赠或官府拨充。教材书籍由书院刻印、私人捐赠和官府赐给。

宋朝书院的教学活动有不少创新。其一，聘请名师主持教学。不少书院坚持聘请名师任"山长""洞主"主持教学，例如，朱熹曾在白鹿洞书院、岳麓书院和武夷精舍、沧州精舍等处讲学；张栻曾在岳麓书院讲学；吕祖谦创办和主讲丽泽书院；陆九渊曾主讲象山书院。他们把书院作为讲论和传播自己学说思想的重要基地，从而形成了不同的学术流派。其二，建立不同学术派别的讲会制度。南宋时期，书院注重邀请不同学术流派的大师到自己主讲的书院来会讲，目的在于开展不同学派之间的学术交流与辩论，扩大教师与学生的学术视野。例如，张栻邀请朱熹到他主讲的岳麓书院讲学，朱熹邀请陆九渊到他主讲的白鹿洞书院讲学等。讲会制度使著名书院成为教学与学术交流的中心。其三，形成了比较自由的探讨学术的风气。它的主要特点是：学生以自学为主；授课由名师主讲，高足弟子代讲；探讨学术问题时，师生可以互相质疑问难和论辩。其四，出现了讲学讲义和听讲笔记等教学与学习的新载体。大师讲学往往把所讲内容整理成讲义，如陆九渊有《书堂讲义》，吕祖谦有《丽泽讲义》，而学生听讲注重作课堂笔记，有的将笔记整理汇编成书，如《朱子语类》就是朱熹弟子的笔记辑录。后世教师讲课注重撰写讲义，学生听课做笔记盖由此沿袭而来。

宋代书院普遍制定了严格的"学规""教约"，规定了书院的办学方向、教学的基本原则与学生的行为规范。其中最著名的学规是朱熹在担任白鹿洞书院洞主期间亲自制定的《白鹿洞书院揭示》（亦称

《白鹿洞书院学规》《白鹿洞书院教条》）。它是中国书院发展史上一个纲领性学规，标志着书院管理制度的完善。

《白鹿洞书院揭示》规定了五个方面的内容：其一，书院教育的核心内容——"五教"，即"父子有亲，君臣有义，夫妇有别，长幼有序，朋友有信"；其二，"为学之序"与方法，即"博学之，审问之，慎思之，明辨之，笃行之"；其三，"修身之要"，即"言忠信，行笃敬，惩忿窒欲，迁善改过"；其四，"处事之要"，即"正其义，不谋其利，明其道，不计其功"；其五，"接物之要"，即"己所不欲，勿施于人，行有不得，反求诸己。右接物之要"[1]。《白鹿洞书院揭示》强调书院教学的根本任务就是"讲明义理"，阐释清楚人伦道德之理；教育的目的在于使学生"以修其身，然后推以及人"，即使学生用人伦道德修身，成为推行内圣外王之道的有用人才，而不在于使学生博览群书，死记一些知识，会写华丽的文章，借以沽名钓誉，谋取利禄；学生学习的目的在于"穷理"，即探究人伦道德之所以然的道理，践履立身的基本要求。总而言之，《白鹿洞书院揭示》的关键词是"道德"二字，其精神实质在于强调道德至上的教育理念和注重道德践履的精神。

它问世后，很快就成为南宋书院统一的学规，明清时期也被推崇为书院学规的范本，并影响到各级各类官学，成为封建社会后期办学的准则。

四　宋朝的蒙学

"蒙者，童稚之名，暗昧之义"，[2] 古代将幼稚、不明事理的儿童称为"童蒙"；将带有启蒙性质的儿童教育活动称为蒙学。"蒙，学者之事始之事也。"[3] 蒙学教育一般是指七八岁至十五六岁少儿的教育。宋代十分重视蒙学教育，并积累了一些宝贵经验。

---

[1] 朱熹：《晦庵集·讲礼记序说》卷七十四，上海古籍出版社1987年版。
[2] 史征：《周易口诀义·蒙卦》卷一，中华书局1985年版。
[3] 朱鉴：《文公易说·蒙卦》卷三，上海古籍出版社1989年版。

（一）宋朝蒙学教育的发展

中国古代的蒙学教育，在汉代已基本成熟，到宋代，蒙学已经从唐以前贵族和官僚子弟普及至一般庶民子弟之中，在学生数量、教育内容、教学方法以及教材等方面都有了较大发展，对明清时期的蒙学教育产生了重要影响。

宋代在全国城乡较普遍地开办了蒙学。据成书于南宋理宗端平二年（1235年）的《都成纪胜》记载，南宋"都成内外，自有文武两学，宗学、京学、县学之外，其余乡学、家塾、舍馆、书会，每一里巷须一二所，往往相闻"，可见当时南宋的都城的蒙学教育相当发达。据南宋学者赵与旹所撰《宾退录》记载，"嘉眉多士之乡，凡一成之聚，必相与合力建夫子庙，春秋释奠，士子私讲礼焉，名曰乡校，亦有养士者谓之小学。眉州四县，凡十有三所。嘉定府五县，凡十有八所"。由此可见，蒙学在州县比较普及。

宋代蒙学的办学主体有两类：一类官办蒙学，如在京城宫廷内的贵胄小学和官府在各县办的小学；一类民办蒙学，其称谓不一，或称"小学"、或称"冬学"、或称"乡校""家塾""私塾""蒙馆"等，这一类私人设立的蒙学较为普遍。

（二）宋朝蒙学教育的内容和方法

宋代蒙学教育以识字、写字、背书为主，并进行初步的道德行为训练。朱熹在《题小学》中明确指出："古者小学，教人以洒扫、应对、进退之节，爱亲、敬长、隆师、亲友之道。"并认为这是"所以修身、齐家、治国、平天下之本"。除礼节、道德教育外，还要学习"诵诗、读书、咏歌、舞蹈"等。

宋代蒙学教育形成了一些显著特点，主要有以下几方面。

第一，十分注重培养儿童的礼节习惯和道德品质。宋代教育家认为儿童心智未有主，应及时进行礼节和道德教育，程端礼、董铢二先生曾要求儿童居处必恭，步立必正，视听必端，言语必谨，容貌必庄，衣冠必整，饮食必节，出入必省，几案必齐整，堂室必洁，相呼必以齿，接见必有定。① 其目的在于使儿童"习与智长，化与心成"，即使儿童的道德观念与智力同时增长，使道德教育转化为儿童的道德心理。

第二，严格要求，注重良好学习习惯的养成。例如，程端礼、董铢撰写的《程董二先生学则》，在学习方面，要求儿童读书必专一，写字必楷敬，勿草勿欹斜②。朱熹在《训学齐规》中要求儿童"凡读书，须整顿几案，令洁净端正。将书册整齐顿放，正身体，对书册，详缓看书，仔细分明读之"；读书必须"字字响亮，不可误一字，不可少一字，不可多一字，不可倒一字"，做到"心到、眼到、口到"且要熟读成诵；"凡书册，须要爱护，不可损污皱折"；写字必须"一笔一画，严正分明，不可潦草"。③ 这些规定使儿童的一言一行，一举一动，都有章可循，有规可依，对于培养他们的行为习惯，有一定的积极作用。

第三，重视儿童的心理特点，注重对基础知识的熟读牢记和提高学习的趣味性。

宋代许多教育家认为，儿童的记忆力最强，应利用这一特点，强调熟读牢记，如朱熹就反复强调"熟读"的重要性，认为诵读的遍数多，不仅会"自然上口，久远不忘"，而且"读得熟，则不待解说自晓其义"。但他反对死记硬背，要求儿童在熟读的基础上"继以精思"，他说："先须熟读，使其言皆若出之于吾之口；继以精思，使其意皆若出之于吾之心。"④ 将"诵读"与"思考"紧密地结合起来。

蒙学阶段的儿童活泼好动，宋朝教育家从这个特点，注重儿童教育的趣味性。如程颐曾说："教人未见意趣，必不乐学。"朱熹亦主张用历史故事、诗歌来教育儿童，并开展"咏歌舞蹈"等文娱活动，寓教于乐。宋代编写的蒙学教材和读物也十分注重趣味性，通俗易懂，具体形象，朗朗上口，情趣盎然。

---

① 程端礼：《读书分年日程·程董二先生学则》卷首，商务印书馆 1936 年版。
② 同上。
③ 陶宗仪：《说郛·训学齐规》卷七十一，上海古籍出版社 1986 年版。
④ 同上。

(三) 宋朝的蒙学教材

我国古代一直重视蒙学教材的编写,自周秦以来各个朝代都编写了一些有影响的蒙学教材和读物,比较有名的有:西汉史游所作的《急就篇》、东汉蔡邕撰写的《劝学》、晋顾恺之撰写的《发蒙记》、梁周兴嗣撰写的《千字文》、唐李瀚撰写的《蒙求》及唐人编著的《太公家教主》《兔园策》等。

宋元时期的蒙学教材,继承和发展了前人编写蒙学教材的经验,开始出现分类按专题编写的现象,使我国古代蒙学教材的发展进入了一个新的阶段。宋代蒙学教材大体有识字类、道德类、历史知识类、诗词类、名物制度类等五大类;其中《三字经》《百家姓》流传最广,影响最大。

《三字经》相传是南宋著名学者王应麟编撰的,是中国传统启蒙教材中最有代表性的一种,也是影响最大的一种。全书只有千余字,结构严谨,文字简练,内容丰富,涵盖面广;三字一段,形式整齐,句子短小,隔句押韵,读来上口,听来悦耳,通俗易懂,便于记诵。它用300多字概述了中华五千年历史,被清人紫巢氏誉为"一部袖里《通鉴纲目》"。自宋末,经元、明、清至近代,广为流传,几乎家喻户晓,人尽皆知。并被择成英、日、朝等多种文字,在国际上也产生了较大影响,广泛流传。1990年联合国教科文组织把《三字经》列入儿童道德读物之一。

《百家姓》既是一本蒙学教材,也是一本记录中国姓氏的杰作。成书于北宋初。原收集姓氏411个,后增补到504个。它将常见的姓氏编成四字一句的韵文,很像一首四言诗,读来顺口,易学好记。《百家姓》与《三字经》《千字文》被称为中国古代三大蒙学教材。

宋代蒙学教材和读物中蕴含着许多封建文化的糟粕,但在蒙学教材的编写方法方面却有一些值得总结、借鉴之处。它注重结合儿童心理特点,内容丰富,体裁多样,文字通俗,句子押韵,易读好懂,有的图文并茂,形象生动,为儿童所喜爱,百读不厌。这些经验十分宝贵,值得现代教育工作者汲取。

五　宋朝的科举制度

宋代的科举制度，有许多创新，使科举制度渐趋成熟和完善，对社会发展和学校教育发生了重要影响。

（一）宋朝科举的种类

北宋哲宗、徽宗时期曾罢科举，采用"三舍法"直接从学校选拔人才，但这项改革只施行了22年，其他时间基本沿袭了唐代的科举制度。据《宋史·选举志一》记载："宋之科目有进士，有诸科，有武举、常选之外又有制科。有童子举，而进士得人为盛。"这一记载表明，宋代科举考试有两种形式：一是贡举；二是制科。"贡举"，即由州县贡入，礼部选考的一种考试形式。其考试时间固定、科目固定，所以又称"常科"。"制科"，亦称"制举"，宋代称"特科"，是由皇帝下诏而临时设置科目的一种科举考试形式，目的在于选拔"非常之人"，即特殊人才。

宋代贡举（常科）考试科目可分为三类：一是文科，二是武科，三是童子科。

文科，贡举考试的主要科目。北宋前期，承唐及五代，贡举考试科目主要有进士、明经、诸科。所谓"诸科"，在唐代是对所有科举考试科目的总称；在宋代是对除进士科之外的"九经、五经、开元礼、三史、三礼、三传、学究、明法等科"的总称。熙宁四年（1071年），王安石改革贡举，废除明经、诸科，专以进士一科取士，简化了考试科目。

武科，亦称"武举"，是以选拔军事人才为目的的一种科举考试。武举始于唐武则天长安二年（702年）；宋代武举始于宋仁宗天圣七年（1029年），考试内容为先骑射后策问，其中策问决定去留，弓马区分高低。武举分解试、省试、殿试，规定武科殿试之后，"依文科给黄牒，榜首赐武举及第，余并赐武举出身"。[①]

[①] 脱脱等：《宋史·选举志三》卷一百五十七，中华书局1985年版。

童子科，亦称"童子举"，是唐、宋特设科举考试科目之一。唐制，十岁以下能通经者，以及《孝经》及《论语》的儿童，可以参加此科的考试。能背诵十卷的可以得官职。宋改为十五岁以下能通经作诗赋者，由州官推荐，经皇帝亲自考试，中试者赐进士出身。目的在于特殊培养和破格举用特异儿童。童子科为非常设科目，至南宋理宗后废止。

（二）宋朝科举制度的改革

宋代对科举制度进行了多项改革，使科举制度日益完善。其一，简化了贡举考试科目。王安石变法期间，将贡举考试科目九科简化为一科——进士科，此后成为定制。其二，确立了"三年一贡举"的制度。宋神宗时，将过去贡举考试一年一举，或二年一举，改为三年一举。此后三年一科举成为定制，一直延续到清末科举考试制度被废除。其三，确立了三级考试制度。隋唐、五代贡举考试分为解试、省试两级。从宋太祖开宝六年（973年）创立殿试制度，使科举取士变为：解试（亦称州试，由州府考官主持，于秋天进行，谓之"秋试"，考试合格者称为贡士，或举人。）—省试（由尚书省礼部主持）—殿试（由皇帝主持）。三级考试制度的确立是中国科举制度史上的重要变化，对宋代及其后世都有深远的影响。其四，严格考试纪律。采用主要措施有五。（1）"锁院"，亦称"锁宿"，即考官从受命之日起，即赴贡院锁宿，到放榜之日至，完全隔离与外界的联系，以防权臣近侍请托。（2）"别试"，即回避亲嫌的考试制度，即解试、省试应考者为考官的亲戚故旧单独设立考场，另外规定录取名额。此制度始于宋太宗雍熙二年（985年），"始令试官亲戚别试者，凡九十八人"[①]。（3）按榜就座，即考试前安排座次，张榜公布，应举人按榜就座，不得移易，以防止应举人私相传义作弊。（4）实行昼试，禁止燃烛。唐代白天答卷未完，可以燃烛夜试；宋代禁止燃烛，尽用昼试。目的在于把考试安排在光天化日之下，增加作弊的难度。（5）严格禁止挟书、传

---

① 李焘：《资治通鉴长编·太宗》卷二十六，中华书局1979年版。

义、代笔，一旦发现，严厉惩罚。如宋高宗绍兴二十六年（1156年）下诏："近年士风浸薄，冒户、挟书、代笔、传义靡所不为，负国家选举之意，岂所望哉！自今委监司觉察重寘于发，务在必行。"①

（6）建立"封弥""誊录"试卷等制度。"封弥"，即试卷糊名，即将考生试卷上的姓名、籍贯等密封起来，防止考官徇私舞弊；但实行"弥封"之后，考官还可以辨认考生试卷上的字画特点，于是又采取"誊录"制，即将应举人的试卷由书吏"誊录"，成为"朱卷"，再交阅卷官评定等级，使阅卷官无法辨认笔迹、防止阅卷官作弊。这些防止科场作弊的措施比较严密，在当时也取得了一定成效；尽管宋代没有且不可能完全革除科场作弊现象，但宋代采用的这些措施有益于构建一种自由报名、公开考试、平等竞争、择优录用的官吏选拔制度，为宋以后各朝代的科举考试提供了宝贵的经验。

（三）宋朝科举考试的内容

宋代科举有不同的科目，其考试内容也就不同。以进士科为例，宋初沿袭唐代及五代旧制，进士科试诗、赋、论各一首，策五道，贴《论语》十贴，《春秋》或《礼记》墨义十条。熙宁四年（1071年）王安石改革科举考试内容，为了使考试内容经世致用，取消诗赋及贴经、墨义，专以经义、论、策取士。并将《易官义》《诗经》《书经》《周礼》《礼记》称为大经；《论语》《孟子》称为兼经。规定进士考试为四场：第一场，大经义；第二场，兼经义；第三场，论一首；第四场，策五道。宋哲宗元祐元年（1086年），旧党秉政，复试诗赋与经义并行；绍圣元年（1094年），新党又起，再罢辞赋，专试经义。

（四）宋朝科举名额与及第的待遇

"宋制省试进士合格者谓之正奏名，其屡经乡贡而绌于礼部或廷试所不录者，积前后举数、参其年而差等之遇亲策士，则别籍其名以

---

① 李心传：《建炎以来系年要录》卷一百七十二，上海古籍出版社1992年版。

奏径试附试谓之特奏名"①。也就是说，宋代科举录取名额分为两类：一是"正奏名"，即省试进士合格者；二是"特奏名"，亦称"恩科及第"，即特赐连续多次应省试及殿试而不第的年老举子以进士出身。唐代科举录取人数很少，而宋代科举考试录取的进士的名额则不断增多，如宋仁宗天圣五年（1027年）录取正奏名进士诸科及第出身1776人；皇祐元年（1049年）录取正奏名进士诸科及第出身1309人，创历史新高。

宋代科举及第者的待遇十分优厚。自宋太宗太平兴国八年（983年）开始，殿试进士以三甲放榜，后来又分为三甲五等：一、二等为第一甲，赐以"及第"；第三、第四等为第二甲，赐以"出身"；第四、五等为第三甲，赐以"同出身"。据《宋史全文》记载：元符三年（1100年）"礼部放正奏名进士李釜以下五百六十人。第一、第二等赐及第；第三、第四等赐出身；第五等赐同出身"②。省试第一名称"省元"，殿试第一名称"状元"，第二名称"榜眼"，第三名称"探花"。科举及第之后，要举行由皇帝主持的隆重的唱名赐第仪式；朝廷设宴庆贺，号称"琼林宴"；并由朝廷派仪仗队送往住处，俗称"跨马游街"。除皇帝赐宴、金榜题名等荣誉外，最主要的是进士及第后即可直接授以官职。这些优厚待遇对广大士人，尤其是寒门子弟产生了巨大的吸引力。无怪乎读书人将"金榜题名"作为人生的三大喜事之一。

六 宋朝的教育思想家

宋朝是中国古代教育发展史上教育思想创新和教育制度调整的重要阶段，涌现了众多的教育思想家，其中北宋庆历至元祐年间（1041—1094年），教育名人在80人以上；熙宁、元丰年间（1078—1085年）教育名人在90人以上，峰值达97人；南宋末年教育名人峰

---

① 秦蕙田：《五礼通考·嘉礼·学礼》卷一百七十四，商务印书馆2013年版。
② 汪圣铎校注：《宋史全文·宋徽宗》卷十四，中华书局2016年版。

值达 137 人。① 其中王安石、张载、朱熹是宋朝最具代表性的教育思想家。王安石是著名的教育改革家;张载是理学教育思想的奠基人之一;而朱熹则是理学教育思想的集大成者。他们的教育思想及其实践经验对当时及其后世曾产生了深远的影响。

(一) 王安石的教育思想

王安石(1021—1086),字介甫,号半山,抚州临川(今江西省临川)人,人称临川先生。他 22 岁,"擢进士上第",官至宰相,晚年受封荆国公,故亦称王荆公。他是北宋时期著名的政治家、文学家、哲学家和教育改革家,被列宁誉为"中国十一世纪时的改革家"。②

他曾讲过学,授过徒;在宋神宗熙宁年间,领导了著名的"熙宁兴学",整顿太学,改革学校教育制度和科举制度;恢复和创设武学、律学和医学;恢复和发展地方学校,推进了北宋教育的发展。他崇尚实用的教育思想和陶冶人才理论,对宋代及后世教育的发展产生了深远影响。王安石现存著作主要有《临川先生文集》和《王文公文集》等,其中《上仁宗皇帝言事书》《原教》《伤仲永》《慈溪县学记》《虔州学记》等,比较集中地反映了王安石的教育思想。

王安石

1. 崇尚实用的教育思想

王安石认为学校教育是社会发展之本,下自乡射饮酒,上至尊贤使能,考艺、选言之政,"无不出于学";因此"天下不可一日而无政

---

① 姜国钧、杜成宪:《试论中国古代教育发展周期》,《华东师范大学学报》(教育科学版) 2005 年第 1 期。

② 《列宁全集》第十卷,人民出版社 1988 年版。

教，故学不可一日而亡于天下"①。但他反对学校教育脱离实际，主张学校应传授具有实用价值的知识，培养能"遇事而事治，画策而利害得，治国而国安利"②的"为天下国家之用"的人才。他在《上仁宗皇帝言事书》中指出，当时的教育存在着许多弊端：一是州县学校徒具虚名。它既"非有教导之官"，又不干"长育人才之事"，即州县学校既缺少懂教育的学官，又不干培养人才的本职工作。二是学校的教学内容脱离实际，学非所用。"学者之所教，讲说章句而已"，"课试之文章"（应科举考试的文章）；而将"天下国家之用，今悉使置之不教"。他指出这样的教育是"教之非其道也"，违背了教育的规律。他认为"苟不可以为天下国家之用则不教也，苟可以为天下国家之用者无不在学，此教之之道也"。凡是对社会、国家发展无用的东西，学校一概不教；凡是对社会、国家发展有用的东西，学校都应当教。在这里，王安石将"实用"作为学校教什么，不教什么的根本标准，反映了他崇尚实用的教育思想。

在他看来，当时的学校教育，不仅不能使学生成才，而且残害学生、妨碍学生成才。他说："盖今教者非特不能成人之才而已，又从而困若毁坏之。"这是因为：学校的教学内容不仅空疏无用，"大则不足以用天下国家，小则不足以为天下国家之用。故虽白首于庠序，穷日之力，以帅上之教，及使之从政，则茫然不知其方者，皆是也"，而且使学生"耗精疲神""夺其日力，以朝夕于无补之学"。学习这样的"无补之学"，有害而无益。因此，他主张"今士之宜学者，天下国家之用也"。

王安石认为，所谓"天下国家之用"的实用知识主要是"经术""朝廷礼乐刑政之事""武事"等三类知识。他认为经术有"经世务"的实用价值，他说"经术正所以经世务，但后世所谓儒者，大抵皆庸人，故世俗皆以经术不可施于世务尔"③。在他看来，懂得"朝廷礼乐

---

① 王安石：《临川集·慈溪县学记》卷八十三，商务印书馆1929年版。
② 王安石：《临川集·论议》卷六十四，商务印书馆1929年版。
③ 脱脱等：《宋史·王安石列传》卷三百二十七，中华书局1977年版。

刑政之事"则是为官从政的基本条件。学校不传授这些知识，士人一旦从政，就会陷入"茫然不知其方"的窘境。他认为学习"文武之道"是自古以来的传统，他说："先王之时，士之所学者，文武之道也。士之才，有可以为公卿大夫，有可以为士。其才之大小、宜不宜则有矣，至于武事，则随其才之大小，未有不学者也。"① 在当时边患频繁的形势下，学生更应当学习射箭等"武事"，具有戍卫边疆的本领。

王安石反对学校空谈儒家章句、不务实际、重文轻武的教育弊端，注重教育内容实用功能的思想十分突出。他的教育思想不仅指导了当时的教育改革，而且对后来南宋事功学派的代表人物如陈亮、叶适，以及明末清初早期启蒙教育家黄宗羲、颜元等人的思想，也产生了一定影响。

2. 陶冶人才理论

王安石认为重视和任用人才是国家兴衰、安危、荣辱的关键，这是"古今之通义"。他说："国以任贤使能而兴，弃贤专己而衰。此二者必然之势，古今之通义，流俗所共知耳"②，又说："夫才之用，国之栋梁也。得之则安，以荣；失之则亡，以辱。"③ 他指出："然则今之急在于人才而已，诚能使天下之才众多，然后在位之才可以择其人而取，足焉；在位得其人矣，然后稍视时势之可否，而因人情之患苦，变更天下之弊法，以趋先王之意甚易也。"④ 其意思是说，当时最急迫的问题是人才，如果能使天下之才众多，然后加以选拔任用，变更天下之弊法，恢复先王时期太平盛世的理想就容易了。于是他从变法图强的需要出发，提出了一套以教育为基础，以"教之之道""养之之道""取之之道""任之之道"为主要环节的较完整的陶冶人才理论。

---

① 王安石：《临川文集·上仁宗皇帝言事书》卷三十九，商务印书馆1929年版。
② 王安石：《临川文集·兴贤》卷六十九，商务印书馆1929年版。
③ 贺复征：《文章辨体录选·才论》卷四百一十七，中华书局1912年版。
④ 王安石：《临川文集·上仁宗皇帝言事书》卷三十九，商务印书馆1929年版。

(1) 教育是人才成长的基础

王安石在培养人才问题上，既不赞成天才论，又不简单否认人的先天禀赋，认为一个人的聪明才智，取决于两大方面因素：一是"受之于天"，即先天的遗传因素；一是"受之于人"，即后天的学习和教育。而后天的学习、教育对一个人成才更重要。庆历三年（公元1043年），王安石在一篇名为《伤仲永》的文章中，讲述了一个"神童"方仲永的故事。他是农民的儿子，天资聪颖，五岁多能"指物作诗立就，其文理皆有可观者"，被当地人视为奇才；后来有人出钱购买伤仲永的诗作，其父贪图金钱，不让他再接受教育，到20岁左右而变成一个普通人。王安石深有感触地说道："仲永之通悟，受之天也。其受之天也，贤于材人远矣。卒之为众人，则其受于人者不至也。彼其受之天也，如此其贤也；不受之人，且为众人。今夫不受之天，固众人；又不受之人，得为众人而已耶。"[①] 这里所说"受之天"是指人的遗传因素；"受之人"则是指后天的学习和教育。王安石通过分析方仲永先天条件优越，智力超常，而因"不受之人，且为众人"的典型案例，形象地阐述了后天的学习和教育对于人才成长的决定性作用。并告诫当时的人们，缺乏优越的天赋条件，固然只是一个普通人，如果又不接受教育，恐怕要想做一个普通人都困难了。[②] 显然，王安石把后天的接受教育和学习看作成才的基础条件。

(2) 陶冶人才的四环节说

王安石在《上仁宗皇帝言事书》中，明确提出人才都是"陶冶而成之者"，"所谓陶冶而成之者何也？亦教之、养之、取之、任之有其道而已"，并具体地论述了陶冶人才的这四个环节。

其一，"教之之道"。

王安石说："所谓教之之道何也？古者天子诸侯自国至于乡党皆有学，博置教道之官而严其选。朝廷礼乐刑政之事皆在于学，学士所

[①] 王安石：《临川文集·伤仲永》卷七十一，商务印书馆1929年版。
[②] 黄明善：《论王安石的陶冶成才观》，《华东师范大学学报》（教育科学版）2000年第1期。

观而习者,皆先王之法言德行治天下之意,其材亦可以为天下国家之用。苟不可以为天下国家之用,则不教也。苟可以为天下国家之用者,则无法在于学,此教之之道也。"① 王安石所说倡导的"教之之道"的主要内容是:第一,效法古代,从首都到乡村普遍建立学校;第二,严格选聘教师;第三,教学内容以"实用"为准则;第四,所培养的学生必须有为社会、国家所用的实际才能。在他看来普遍建立学校是前提,严格选聘教师是关键,而教授实用知识是根本,培养实用人才是目的。

关于兴建学校,他说:"古之取士,皆本于学校,……自先王之泽竭,教养之法无所本,士虽有美材而无学校师友以成就之,议者之所患也。"② 王安石不仅把学校看作自古以来教育人才的根本,而且对当时学校未兴深表忧虑。

关于教师的主导作用,他说:"君不得师,则不知所以为君;臣不得师,则不知所以为臣。为之师,所以并持之也。"③ 其意思是说,如果没有教师,君、臣就不知为君、为臣的道理;从更大的视域看,"人之类其不相贼杀以至于尽,非幸欤信乎其为师之重也",人类之所以不互相残杀甚至灭绝,难道不是由于人们有幸相信教师所坚持的信念吗?正因为王安石十分强调"师之重",所以,他主张选聘教师必须严格、谨慎。"教授必可以为人模范者"④,"得宜为师者为之师",只有能为人模范者、各种素质适宜为师者,才能选聘为教师。在他执政期间规定了一套严格选聘教师的制度,促进了当时学校教师素质的提高。

关于教学内容,他主张以是否对社会、国家有实用价值为学校确定讲授内容的标准,实用的知识学校都应当传授,而没有实用价值的东西"则不教也"。

---

① 王安石:《临川文集·上仁宗皇帝言事书》卷三十九,商务印书馆1929年版。
② 王安石:《临川集·乞改科条制札子》卷四十二,商务印书馆1929年版。
③ 王安石:《临川集·请杜醇先生入县学书》卷七十七,商务印书馆1929年版。
④ 李焘:《续资治通鉴长编·神宗》卷二百三十三,中华书局1979年版。

其二,"养之之道"。

所谓"养之之道",就是人才的管理方法。王安石说:"所谓养之之道何也?饶之以财,约之以礼,裁之以法也"①。

"饶之以财",就是以优厚的俸禄"养廉耻"。他认为"人之情,不足于财,则贪鄙苟得,无所不至。先王知其如此,故其制禄,自庶人之在官者,其禄已足以代其耕矣。由此等而上,每有加焉,使其足以养廉耻而离于贪鄙之行。犹以为未也,又推其禄以及其子孙,谓之世禄。使其生也,即于父子、兄弟、妻子之养,婚姻、朋友之接,皆无憾矣;其死也,又于子孙无不足之忧焉"。②

他的意思是说,在财物不足的情况下,人们大都会产生贪婪卑鄙之心,并且会用不正当的手段去获取财物,什么事情都做得出来。先王知道这些情状,所以才制定俸禄制度,使由平民出身当官的,他们的俸禄足够代替耕种田地的收入。由此往上,逐级增加,使得他们足以保持廉洁知耻的品德而远离贪婪卑鄙的行为。这样还不算完善,又规定他们的俸禄可以传给子孙继续享受,叫作世禄。使他们活着的时候无论对于父子、兄弟、妻子的养育,还是对于婚姻、朋友的来往应酬,都不会感到有什么缺憾;他们死后,子孙也没有财用不足的忧虑。③在中国古代历史上,王安石是较早提出"高薪养廉"的思想家之一。他立论的根据是:"夫出中人之上者,虽穷而不失为君子;出中人之下者,虽泰而不失为小人。唯中人不然,穷则为小人,泰则为君子。计天下之士,出中人之上下者,千百而无十一,穷而为小人,泰而为君子者,则天下皆是也。先王以为众不可以力胜也,故制行不以己,而以中人为制,所以因其欲而利道之,以为中人之所能守,则其志可以行乎天下,而推之后世。以今之制禄,而欲士之无毁廉耻,盖中人之所不能也。故今官大者,往往交赂遗,营资产,以负贪污之

---

① 王安石:《临川文集·上仁宗皇帝言事书》卷三十九,商务印书馆1929年版。
② 同上。
③ 黄明善:《论王安石的陶冶成才观》,《华东师范大学学报》(教育科学版)2000年版第1期。

毁；官小者，贩鬻、乞丐，无所不为。夫士已尝毁廉耻以负累于世矣，则其偷惰取容之意起，而矜奋自强之心息，则职业安得而不弛，治道何从而兴乎？又况委法受赂、侵牟百姓者，往往而是也。此所谓不能饶财也。"① 王安石的主要观点是：首先，"人性有善有恶"，道德有差异。他将人性分为上、中、下三等，认为"中人之上者"，虽穷困也不失为君子；"中人之下者"，虽经济宽裕仍然是小人；只有"中人"可善，亦可恶，穷困时为小人，宽裕时为君子。其次，绝大多数人属于"中人"，制定政策必须从"中人"的性情出发。"中人之上者"和"中人之下者"都只是极少数，而"中人"则天下皆是也，因此，只有依据"中人"特点制定的政策，才能推行于天下。再次，"中人"人数众多，不可用强力加以控制，只能"因其欲而利道之"，即依据他们的需要，用"利"加以诱导。不实行优厚的俸禄制度是导致吏治腐败的重要原因。他认为北宋当时的俸禄制度有严重的缺陷，即使是"中人"都不能"无毁廉耻"。官大的往往不得不互相贿赂，谋求金钱财产，从而招致贪污的名声；官小的往往热衷于买卖，向对方索取，什么坏事都干得出来。而造成了官德失范，违法受贿，侵害百姓的重要原因就是"不能饶财也"。因此，他将"饶之以财"作为"养之之道"不可或缺的内容。

"所谓约之以礼"，就是用具体的制度约束官吏的行为。王安石解释说："何谓约之以礼？人情足于财而无礼以节之，则又放辟邪侈，无所不至。先王知其如此，故为之制度。婚丧、祭养、燕享之事，服食、器用之物，皆以命数为之节，而齐之以律度量衡之法。其命可以为之，而财不足为具，则弗具也；其财可以具，其命不得为之者，不使有铢两分寸之加焉。"② 他的主要观点是，给予各级官吏充裕的俸禄，解决他们及家人生活的后顾之忧，只是养育和保护人才的基础，还必须用"礼"加以约束，这是因为官吏一旦有了充裕的物质生活条

---

① 王安石：《临川文集·上仁宗皇帝言事书》卷三十九，商务印书馆1929年版。
② 同上。

件之后，如果缺乏必要的制度加以限制和约束，就有可能使官吏奢侈放任，形成一种以奢为荣、以俭为耻的不良作风。因此，王安石主张必须制定各级官吏严格的衣、食、住、用，以及婚丧、祭养、燕享等方面的消费标准，用制度规范他们的行为。这就是所谓"约之以礼"。

"裁之以法"，就是用法律制裁违法官吏。王安石解释说"何谓裁之以法？先王于天下之士，教之以道艺矣，不帅教则待之以屏弃远方终身不齿之法。约之以礼矣，循礼则待之以流、杀之法。"①。他的意思是说，先王管理士人先采用教育和礼制约束的方法，不服教育者，则放逐远方，永不录用；不遵循礼制制度者，则用流放、杀头等手段加以惩处。在王安石看来，用法律制裁"不循礼"者，是保证"天下所以服众、无抵冒者"的必要手段；应当像西周那样"加小罪以大刑"，依法严惩违法者，不如此，"不足以一天下之俗而成吾治"。②严格执法，可以达到"天下之不罚而止者众"的理想效果。

总之，王安石认为"饶之以财""约之以礼""裁之依法"都不可缺少，只有三者环环相扣，才能保证人才健康成长。

其三，"取之之道"。

所谓"取之之道"，就是选拔人才的办法。王安石提出的选拔人才的主要观点是：第一，在选拔程序方面，"必于乡党，必于庠序，使众人推其所谓贤能，出之以告于上而察之"③。也就是说，选拔人才的程序，应该采用传统的自下而上推荐，然后由中央考察、考试的模式，他强调乡党推荐和学校考试是选拔人才基本途径。第二，在考察的办法方面，王安石说："所谓察之者，非专用耳目之聪明而听私于一人之口也。欲审知其德，问以行；欲审知其才，问以言；得其言行，则试之以事。所谓察之者，试之以事是也。"④ 就是说，考察人才不能偏听偏信，应当通过听其言、观其行和"试之以事"等途径来考察士

---

① 王安石：《临川文集·上仁宗皇帝言事书》卷三十九，商务印书馆1929年版。
② 同上。
③ 同上。
④ 同上。

人的道德品质和才能。他认为"试之以事",即在实践中考察实际办事能力是考察人才的最主要的途径。① 第三,在选拔人才的原则上,他主张必须"随其德之大小、才之高下而官使之",即根据其德、才的大小授予相应的官职这是王安石提出的选拔人才的总原则。王安石还主张不拘一格任用人才。他认为一个人的才能有其长,也有其短,应像汉高祖那样"取其长则不问其短","我以其长于某事而任之,在它事虽短,何害焉"②。

其四,"任之之道"。

所谓"任之之道",即任用人才的原则。王安石解释说:"所谓任之之道者,何也?人之才德,高下厚薄不同,其所任有宜有不宜。先王知其如此,故知农者以为后稷,知工者以为共工。其德厚而才高者以为之长,德薄而才下者以为佐属。又以久其职,则上狃习而知其事,下服顺而安其教,贤者则其功可以至于成,不肖者则其罪可以至于著。"③ 在这里王安石提出了使用人才的两大原则。第一,任其所长。他认为人的才能、德行有高下厚薄之别,其所任的官职有的适宜,也有的不适宜。必须任其所长,任其所宜。"知农者以为后稷,知工者以为共工。其德厚而才高者以为之长,德薄而才下者为之佐属"。有某方面的知识才能就任命为某方面的官员;德高才大者官长,德薄才小者为佐属。第二,"久其任",即任职要相对稳定。他说:"以久于其职则上狃习而知其事,下服训而安其教。贤者则其功可以至于成,不肖者则其罪可以至于著。故久其任而待之以考绩之法。夫如此,故智能才力之士则得尽其智以赴功,而不患其事之不终,其功之不就也。偷惰苟且之人虽欲取容一时,而顾僇辱在其后,安敢不勉乎!"④ 他的意思是说,任职时间久了,一个官员就会懂得如何处理好其所管辖的事务,并形成一定的习惯;他的下属也会信任和服从他的指挥。任职

---

① 王安石:《临川文集·上仁宗皇帝言事书》卷三十九,商务印书馆1929年版。
② 王安石:《临川文集·委任》卷六十九,商务印书馆1929年版。
③ 同上。
④ 王安石:《临川文集·上仁宗皇帝言事书》卷三十九,商务印书馆1929年版。

相对稳定，可以使贤能之人充分发挥才能，成就他的功绩；也可以使不肖者充分暴露其恶劣。在任职相对稳定的基础上，再推行考绩之法，就可以使有智慧有能力的官员消除办不成事、难以建立功绩的顾虑，尽心尽力地去建立功业；而对于那些偷懒苟且之人来说，则会形成可能被刑罚和忍受耻辱的心里顾虑，怎敢不努力！

王安石认为，他提出的四个环节是一个有机的系统，缺一不可，如果某一个环节出了问题，就会"败乱天下之人才"。"夫教之、养之、取之、任之，有一非其道，则足以败乱天下之人才。"他指出，当时社会"在位之人才不足矣，而闾巷草野之间亦少可用之才[①]"的主要原因就是由于在这四个环节上都有问题。

王安石能够从"教之""养之""取之""任之"等四个方面，系统、完整地论述人才教育、管理、选拔、任用问题，这在中国古代教育史上实不多见。他的人才理论虽然是为了挽救北宋王朝的危机，维护其封建统治，但他所提出的实用教育、厚禄养廉、制度约束、法律严惩、实践考察、量才选拔、任其所长等主张反映了人才成长的某些共同规律。依据这些主张不仅可以教育、培养、选拔、任用有真才实学的人才，而且可以使人才不需贪腐、不能贪腐、不敢贪腐，对现代人才培养有一定的启发意义。

(二) 张载的教育思想

张载（1020—1077年），字子厚。自幼定居陕西郿县横渠镇，故后世称他为横渠先生。他少年时喜谈兵事，经范仲淹的指点，后求之儒家"大经"。他钻研学问十分刻苦，《宋史·张载传》说张载："终日危坐一室，左右简编，俯而读，仰而思，有得则识之，或中夜起坐，取烛以书。其志道精思，未始须臾息，亦未尝须臾忘也。"张载38岁登进士第，曾任县令、军事判官、著作佐郎、崇文院校书等职。他做官的时间不长，大半生是在研究学术和聚徒讲学的过程中度过的。他一生著述甚丰，主要有《西铭》《东铭》《正蒙》《易说》《经学理窟》

[①] 王安石：《临川文集·上仁宗皇帝言事书》卷三十九，商务印书馆1929年版。

《张子语录》《孟子解》等。他是北宋著名的唯物主义哲学家、教育家,他以"为天地立心,为生民立命,为往圣继绝学,为万世开太平"为己任,独树一帜,创立关学学派,是宋明理学的奠基人之一。在教育方面,他精辟地阐述了许多独到的见解,为理学教育思想奠定了基石。

1. 教育哲学思想

人性论历来是中国古代重要的教育哲学思想。张载也是如此,他提出的二重人性论乃是他的教育思想的哲学基础。张载认为整个宇宙,从无形的太虚到有形的万物,都是"气"变化的结果,都统一于"气"。"太虚"不是虚无的真空,而是"气"散而未聚的本然状态,万物则是"气"暂时凝聚的"客形"。他说:"太虚无形,气之本体,其聚其散,变化之客形尔","太虚不能无气,气不能不聚而为万物,万物不能不散而为太虚"[1]。在争论不休的人性问题上,张载力图把他的"气化论"贯彻到底,第一次提出了"合虚与气,有性之名"[2]的命题,这里所说的"虚"是指无形的"太虚",即气的本然状态,"有天之名",具有至高无上的本体性;因此,张载又将太虚之性称之为"天地之性",或"天性""性";"气"是指"气质之性",即气聚而成人以后,各个人所具有的特殊的性。他认为人性就是"天地之性"与"气质之性"相结合的统一体。

张载对"天地之性"的主要观点是:其一,天地之性具有本体性、超越性,他说:"天所性者,通极于道;气之昏明,不足以蔽

---

[1] 张载:《张子全书·正蒙·太和篇》卷二,商务印书馆1935年版。
[2] 同上。

之。"① 也就是说，天地之性与终极的道相通，它超越于阴阳二"气之外"，是性之本体。其二，天地之性具有永恒性，他说："和乐，道之端乎！和则可大，乐则可久，天地之性，久大而已矣。"②"天地之性"是"和"与"乐"，既"久"且"大"，具有永恒性。其三，天地之性具有普遍性，它是人类与万物共同的本性，他说："性者，万物之一源，非有我之得私也。"③ 又说："天性在人，正犹水性在冰，凝释虽异，为物一也。"④ 张载的这一观点是对佛教关于众生皆有佛性，众生平等思想的改造，他试图为人与万物寻找一个共同的"性"的本原，也为他提出"民胞物与"的命题奠定了哲学基础。其四，天地之性具有"至善"性，表现在人性上，就是仁与义，他说："性之本原，莫非至善"⑤，"天地以虚为德，至善者虚也"⑥。又说："虚则生仁，仁在理以成之。"⑦

张载对"气质之性"有较多的论述，他认为气质之性是每个人"形而后"才有的，是由他所禀受的那一部分气所决定的。他说："形而后有气质之性，善反之则天地之性存焉。故气质之性，君子有弗性者焉。"⑧ 由于各人所禀受的气不同，故气质之性在每个人身上的表现都是不同的。张载说："人之性虽同，气则有异。天下无两物一般，是以不同。"⑨"人之刚柔、缓急、有才与不才，气之偏也"⑩，也就是说，人的刚柔、缓急、有才与不才等气质之性的差异，是由于人秉气之偏所造成的。张载认为，气质之性的主要内容是"攻取之性"。他说："湛一，气之本；攻取，气之欲。口腹于饮食，鼻舌于臭味，皆

---

① 张载：《张子全书·正蒙·诚明篇》卷二，商务印书馆1935年版。
② 同上。
③ 同上。
④ 张载：《张子全书·正蒙·太和篇》卷二，商务印书馆1935年版。
⑤ 朱熹：《四书或问·孟子》卷三十六，上海古籍出版社2001年版。
⑥ 张载：《张子全书同·语录》卷十二，商务印书馆1935年版。
⑦ 同上。
⑧ 张载：《张子全书·正蒙·诚明篇》卷二，商务印书馆1935年版。
⑨ 张载：《张子全书同·语录》卷十二，商务印书馆1935年版。
⑩ 张载：《张子全书·正蒙》卷二，商务印书馆1935年版。

攻取之性也。知德者属厌而已，不以嗜欲累其心，不以小害大、末丧本焉尔。"① 张载把"攻取之性"视作源于"气之欲"，表现为人的生理欲望。在张载看来，气质之性是善恶相混，有善的成分，更有恶的根源，他说："性未成则善恶混，故而继善者斯为善矣。"在他看来，天地之性与气质之性的关系就是"天性"、"天理"与"人欲"的关系，因他主张"立天理""去人欲"。他说："今之人灭天理而穷人欲，令复反归其天理。古之学者便立天理，孔孟而后，其心不传，如荀扬皆不能知。"张载试图从唯物主义"气化论"的视域解释人性，认为人类与万物都具有共同的自然本性——天地之性，并赋予天地之性以自然本性和至善的道德属性，进而提出了"民胞物与"的著名命题，这种观点与现代西方生态中心主义伦理学的观点相近，可以说是一个前无古人的思维创造。张载既讲抽象的人性——天地之性，又讲现实的具体的人性——气质之性；尽管他不懂人的本质是一切社会关系的总和，而用人禀受的气的清浊、厚薄、偏全来解释气质之性，是不科学的，但他认为气质之性是善恶相混，有善的因素，也有恶的可能，是可以变化的，这种观点却是比较客观的、准确的。张载人性论也有其历史的局限性，这就是他立论的目的在于为封建伦理道德提供哲学基础，他的理论创新受到朱熹的高度赞扬，认为他的思想极有功于圣门，有补于后学。

2. 论教育的作用、目的和内容

张载认为"养正"是蒙学教育的根本任务，使受教育者不失其正，不走入歧途，就是教育者的圣功。他在《正蒙》中说："蒙以养正，使蒙者不失其正，教人者之功也。尽其道，其惟圣人乎！"而"养正"，也就是"变化气质"的过程。

与二重人性说相联系，张载认为教育的主要作用就是"变化气质"。他说："为学大益，在自能变化气质。不尔，卒无所发明，不得

---

① 张载：《张子全书·正蒙·诚明篇》卷二，商务印书馆1935年版。

见圣人之奥。故学者先须变化气质。变化气质与虚心相表里。"[1] 他又说："如气质恶者，学即能移。今人所以多为气所使者而不得为贤者，盖不知学。古之人在乡闾之中，其师长、朋友日相教训，则自然贤者多。"[2] 张载所说的"学"是指广义的教育；"为学大益，在自能变化气质"，意思是说，教育的功能在于能变化受教育者的气质。"气质"，即张载所讲的气质之性。气质有美的，有恶的；美之中又有纯全的或未纯全的，教育可使恶的变化为美的，未纯全的变化为纯全。[3] "学即能移"，即教育可以使受教育者将气质之性转移为天地之性，回归人的自然天性。

那么，如何学以变化气质，回归人的天性呢？张载认为最主要的修养方法有二，一是"强学"，"强学以胜其气习"[4]，"但学至于成性，则气无由胜"[5]。他强调了"强学"是战胜恶劣的习气，回归天地之善性的关键所在，离开了学习、修养的功夫，气质之性就难以克服。二是知礼、守礼，他说："知及之而不以礼性之，非己有也。故知礼成性，而道义出，如天地位而易行。"[6] 他又说"礼所以持性，盖本出于性，持性反本也。凡未成性，须礼以持之，能守礼已不畔道也"[7]。所谓礼，最初主要指祭祀鬼神的器物和仪式，后来逐步发展为以等级制度为核心的道德规范、政教典章制度、礼节礼仪等等。他认为以礼为行为准绳，就能"持性"（即保持天地之性），就在于礼本于天地之性，源于天地之性，所以，只有知礼、守礼，用礼规范自己的行为，便是转化气质之性，养成和回归人的自然本性的主要途径。

张载主张教育的基本目的就是"学所以为人"，而最高目标则是学"为圣人"。他说："学者当须立人之性。仁者，人也；当辨其人之

---

[1] 张载：《张子全书·义理》卷六，商务印书馆1935年版。
[2] 张载：《张子全书·理窟·气质》卷五，商务印书馆1935年版。
[3] 陈青之：《中国教育史》（中册），吉林人民出版社2013年版，第268页。
[4] 张载：《张子全书·语录》卷十二，商务印书馆1935年版。
[5] 张载：《张子全书·理窟·气质》卷五，商务印书馆1935年版。
[6] 张载：《张子全书·正蒙·至当篇》卷三，商务印书馆1935年版。
[7] 张载：《张子全书·礼乐》卷五，商务印书馆1935年版。

所谓人，学者学所以为人。"① 他常对学生讲："学必如圣人而后已，以为知人而不知天，求为贤人而不求为圣人，此秦汉以来学者大蔽也。"② 张载所谓"圣人"，就是能穷神知化，了解天地万物产生变化规律，达到"民胞物与"的精神境界的人。他在《西铭》中说："乾称父，坤称母，予兹藐焉，乃浑然中处。故天地之塞吾其体，天地之帅吾其性。民吾同胞，物吾与也。"这段话的意思是说，乾，天也，为阳，至健，位于上，万物所资以始者，所以为天下万物之父；坤，地也，为阴，至顺，位于下，万物所资以生者，所以为天下万物之母。人禀气于天，赋形于地，今以藐然微小之身与天地混同无间。所以，天地之"塞"（气）构成了我的形体，天地之"帅"（常理）便是我的本性。民众是我的同胞，万物是我的朋友。成为具有这种拯救众生、泛爱万物的圣人情怀和抱负的人，也就是张载所希望达到的教育目标。

为了实现在"学所以为人"和"为圣人"的教育目的，张载主张教师的主要任务就是传授"天理"，"使蒙者不失其正"，即传授封建伦理道德，使学生走上符合道德规范的人生道路。他说："天理者时义而已，君子教人，举天理以示之而已。"③ 又说："蒙以养正，使蒙者不失其正，教人者之功也。尽其道，其惟圣人乎！"④ 在张载思想体系中，自然本体论与道德价值本体论合一，天理与天性、天性与人性合一。这里张载所说的"天理"就是至善的天地之性、天性、人性，也就是封建人伦道德，他也称其为"道"。所谓"正"是指人应树立的"大中至正之道"，即儒家倡导的封建人伦之道。张载在教学实践中身体力行，他所教授的主要内容"以《易》为宗，以《中庸》为体，以孔、孟为法"⑤。他认为《六经》是不可缺少的教材，他说："《诗》《礼》《易》《春秋》六经真是少一不得。"⑥ 但更要重视学习《论语》

---

① 张载：《张子全书·语录》卷十二，商务印书馆 1935 年版。
② 脱脱等：《宋史·张载传》卷四百二十七，中华书局 1985 年版。
③ 张载：《张子全书·义理》卷六，商务印书馆 1935 年版。
④ 张载：《张子全书·正蒙·中正篇篇》卷二，商务印书馆 1935 年版。
⑤ 脱脱等：《宋史·张载传》卷四百二十七，中华书局 1985 年版。
⑥ 张载：《张子全书·义理》卷六，商务印书馆 1935 年版。

和《孟子》。他说："要见圣人，无如论、孟为要。论、孟二书于学者大足。"① 他倡导读书学习必须重视掌握万物发展的规律，即"穷理"，他说："万物皆有理，若不知穷理，如梦过一生。"②

此外，张载还注重自然科学和军事知识的教育。他的代表作《正蒙》中就论述了不少天文、地理、生物、算学、医学、生理知识，这是他数十年研究的结晶。他使"从之游者，多能道边事"③ 培养了种师道、游思雄、李复等戍边名将。

3. 教学方法

张载的大半生从事聚徒讲学，积累了丰富的教学经验和方法。他提出主要教学方法如下。

（1）"尽人之材"，因材施教

张载说："不尽材，不顾安，不由诚，皆是施之妄也。教人至难，必尽人之材，乃不误人。观可及处，然后告之，圣人之明。直若庖丁之解牛，皆知其隙，刃投余地，无全牛矣。"④ 意思是说，不顾受教育者的接受能力，不顾受教育者已知、已能的学习程度和求知的意愿而盲目施教，是教育的大忌。教师应当如庖丁解牛那样，对学生了如指掌，找到教学的恰当时机和切入点，充分发挥学生的才能，因材施教，才能不误人子弟。

张载用孔子"问同而答异"的教学经验来论证依据学生的个性特点进行教学的重要性。他说："教人者必知至学之难易，知人之善恶……知至学之难易，知德也；知其善恶，知人也。知其人，且知德。故能教人使入德。仲尼所以问同而答异，以此。"⑤ 也就是说，教师必须懂得所传授的教学内容的难易程度，了解学生的道德修养的状况，在"治其人，且知德"的基础上，才能针对学生的个性特点进行教

---

① 张载：《张子全书·义理》卷六，商务印书馆1935年版。
② 张载：《张子全书·语录》卷十二，商务印书馆1935年版。
③ 程颢：《二程遗书·附录》卷二十五，上海古籍出版社2000年版。
④ 张载：《张子全书·语录》卷十二，商务印书馆1935年版。
⑤ 张载：《张子全书·正蒙·大心篇》卷二，商务印书馆1935年版。

育，才能引导学生走入道德的殿堂。孔子之所以对同一问题，有不同的回答，就是依据这个原则。

(2)"求之有渐"，循序渐进

张载认为人的认知过程从简易开始，人经历了险阻艰难然后心亨通，不可急于求成，应当循序渐进。"道义虽不可缓，又不欲急迫，在人固须求之有渐。"① 当儿童处在"玩心未熟"时期，教学内容"可求之平易"，不可讲授太深奥的道理；"若始求太深，恐自兹愈远。"② 在教学的过程中，如果"人未安之，又进之；未喻之，又告之"③，乃是教学的大忌。

(3)"当其可、乘其间而施之"，适时、因势利导

张载形象地指出："洪钟未尝有声，由扣乃有声。圣人未尝有知，由问乃有知。有如时雨之化者，当其可，乘其间而施之，不待彼有求有为而后教之也。"④ "当其可，乘其间"是指教师要把握恰当的教育时机。恰当的教育时机有三：一是学生有一定的接受能力之时，"当其可告而告之"；并且要及时施教，不可滞后，如"若洒扫应对乃幼而孙弟之事，长后教之，人必倦弊"⑤。当幼儿已经长大成人，才进行洒扫教育，人必然感到厌倦；二是学生有求知、成德意愿之时，"成德，其人之有是心，当成之"，"成德者……本有是善意，因而成之。答问者，必问而后答也"⑥。即当学生有求知意愿的时候，"答问者，必问而后答也"；当学生有向善的道德意愿时，"成德，其人之有是心，当成之"；如果学生没有求知、向善的主观意愿，那么，教育就难以达到预期的效果，"教之而不受，虽强告之无益，譬之以水投石，必不纳也"⑦；三是受教育者"有为"之时，应因事而教。

---

① 朱熹：《孟子精义·尽心章句上》卷十三，四库书馆 1968 年版。
② 张载：《张子全书·理窟·学大原下》卷七，商务印书馆 1935 年版。
③ 张载：《张子全书·语录》卷十二，商务印书馆 1935 年版。
④ 张载：《张子全书·正蒙·中正篇》卷二，商务印书馆 1935 年版。
⑤ 同上。
⑥ 张载：《张子全书·理窟·学大原下》卷七，商务印书馆 1935 年版。
⑦ 张载：《张子全书·语录》卷十二，商务印书馆 1935 年版。

张载在强调教育必须把握恰当的时机,"如时雨之化"的同时,也注重"不待彼有求有为而后教之也。"即教师不能"待望而后雨",应当主动适时、灵活地开展教育。

4. 学习方法

张载一生勤奋好学,刻苦钻研,积累了不少学习经验,提出了"立志""慕学""好问""博学""疑问""精思""来新意""践行"等学习的原则和方法。

(1) 立志

张载认为学习当以"立志"为本,他说:"学者不论天资美恶,亦不专在勤苦,但观其趋向著心处如何。"① 又说:"有志都更不论气的美恶,只看志如何?匹夫不可夺志也,惟患学者不能坚勇。"② 张载根据自己的经验认为,学生天资如何?是否勤奋?都不是最重要的因素,最重要的是看有没有求知的坚强意志。张载强调,学习不仅要立志,而且要立大志。他说:"学者大,不宜志小,气轻志小,则易足;易足则无由进。"③ 人若志趣不远,心不在焉,虽学无成。如果志小、浮躁,就容易满足;容易满足,就失去了进步的动力。所以,学习必须立大志。人若缺乏远大的志趣,心不在焉,即使学习也难取得成功。学习如登山,到了峭峻之处,不可止步不前,必须树立"刚决果敢以进"的学习精神。

(2) 慕学

所谓"慕学",就是要树立追求学问兴趣,向慕学问、向往学习,有"求是之心"。张载认为这是学习的起点。他说:"慕,学之始,犹闻都会纷华盛丽,未见其美而知其有美无疑。"④ 张载发挥了《学记》的思想,认为读书人不仅要有学习的兴趣,要树立学习的愿景;而且

---

① 张载:《张子全书·理窟·学大原下》卷七,商务印书馆1935年版。
② 张载:《张子全书·语录》卷十二,商务印书馆1935年版。
③ 张载:《张子全书·理窟·学大原下》卷七,商务印书馆1935年版。
④ 同上。

要"乐学","学至于乐,则不自已,故进也"①。如果以学习为快乐,就会产生一种强大的内在动力,推动自己去学习,就一定会进步。

(3) 好问

张载认为学习不能好强,要虚心,"不耻就问"。他说:"人之好强者,以其所知少也,所知多则不自强。满学然后知不足。有若无,实若虚,此颜子之所以进也。"他又说:"人之有耻于就问,便谓我好胜人,只是病在不知求是为心,故学者当无我。"② 在他看来,逞强、自傲是由于所知甚少的缘故,"满学然后知不足"。应当像颜渊那样,"有若无,实若虚",虚心学习,才能进步;耻于就问的病根在于缺乏"求是"之心。他认为:"假使今日问于人,明日胜人,有何不可?"不耻就问,可以聚天下众人之善,"聚天下众人之善者,是圣人"③。

(4) 博学

张载主张博学,他说:"惟博学然后有可得,以参较琢磨。博学则转密察,钻之弥坚,于实处转笃实,转诚转信。故只是要博学。学愈博,则义愈精微。"④ 在他看来,博学的意义在于,唯有博学才能进行比较、琢磨;学愈博,解愈周密,钻研愈深刻,使义理更精微,从而使学问更笃实,转化为诚信的信念。

博学就要多读书,"不读书,则终看义理不见";"读书少,则无由考校得义精"⑤,博学仅仅多读书还不够,还要多接触事物,"见物多,穷理多,如此可尽物之性"⑥。

(5) 疑问

张载不仅主张博学,而且强调"学则须疑"。他说:"在可疑而不疑者,不曾学。学则须疑。譬之行道者,将之南山,须问道路之出。

---

① 张载:《张子全书·理窟·义理》卷六,商务印书馆1935年版。
② 张载:《张子全书·理窟·学大原下》卷七,商务印书馆1935年版。
③ 同上。
④ 张载:《张子全书·理窟·气质》卷五,商务印书馆1935年版。
⑤ 张载:《张子全书·理窟·义理》卷六,商务印书馆1935年版。
⑥ 张载:《张子全书·语录》卷十二,商务印书馆1935年版。

自若安坐，则何尝有疑。"① 在可疑的地方不怀疑等于没有学习。张载认为不仅"在可疑"处必须怀疑，而且"在不疑处有疑"。他说："观书者，释己之疑，明己之未达。每见每知所益，则进矣。于不疑处有疑，方是进矣。"② 读书的过程就是解决自己的疑问、获得自己未了解的新知识的过程。虽然每有所见、所知都是进步，但在一般人没有疑义的地方能提出疑问，才是真正的进步。

张载发展了孟子"尽信书，则不如无书"③ 的思想，明确提出了"学则须疑"的学习方法，特别强调"于不疑处有疑"。张载的这一思想揭示了认识的客观规律。人类认识都发端于问题，认识过程就是不断追问的过程，不断地发现问题和解决问题的过程。

（6）精思

张载指出："书须成诵、精思；多在夜中或静坐得之，不记则思不起。"④ "精"与"粗"相对，即细密的，有精密、精细、精确等内涵，"思"，即"想""思考""思虑"动脑筋。"精思"，即精密地精细、精确的思考。读书要在熟读成诵的基础上，进行精细、精确地思考，精思往往发生在夜间或静坐之时，一旦有所得，"即且志之纸笔"，将心得记录下来，以免遗忘，并引起新的思考。这是张载读书的经验之谈。在张载看来，精思与疑问密不可分，疑问来自深入研究和思考。他说："不知疑者，只是不便实作；既实作，则须有疑。必有不行处，是疑也。无，则只是未尝思虑也。"⑤ 这里所说的"实作"是指扎扎实实的探索、体认和实践活动。他意思是说，提不出疑问者，就是因为没有下实际功夫去探索与实践。在探索、实践中，必然遇到有行不通的地方，这就是疑问。没有疑问，就是由于没有思考。有"思"才有"疑"，有"思"才能"释疑"。

---

① 张载：《张子全书·理窟·学大原下》卷七，商务印书馆1935年版。
② 张载：《张子全书·理窟·学大原下》卷七，商务印书馆1935年版。
③ 孟轲：《孟子·尽心下》，远方出版社2007年版。
④ 张载：《张子全书·理窟·义理》卷六，商务印书馆1935年版。
⑤ 张载：《张子全书·理窟·气质》卷五，商务印书馆1935年版。

张载认为，疑问是进入知识殿堂的必由之路，而精思则是走出知识殿堂，"自立说"的重要方法。他说："探知于外人，或隔墙听人之言，终不能自到说得，皆未是实。观古人之书，如探知于外人，闻朋友之论，如闻隔墙之言，皆未得其门而入，不见宗庙之美，家室之好。"即使进入知识的殿堂，也还须探索思考，"比岁方似入至其中，知其中是美、是善，不肯复出，天下议论莫能易；此譬如既凿一穴，已有见，又若既至其中，却无烛，未能尽室中之有；须索移动，方有所见。言'移动'者，谓逐事要思。"① 这里所说的"须索移动"，是指探索、思考。在张载看来，即使进入了知识的殿堂，也必须进行广泛的探索思考，只有如此，才能发现知识殿堂里的所有珍宝，才能有所取舍，走出知识殿堂，方有所见。

张载强调，"精思"要有良好的心态，必须心静、心宁、心清；"心静时，常少乱；时常多其静，即视明听聪"，"静而能虑"。因此，"始学者亦要静以入德；至成德亦只是静"②。

（7）来新意

张载认为学习贵在自己求索，自开道路，自凿孔洞，自体认，自悟，自得，才能获得自己的知识，从而"自立说"，成一家之言。他说："闻见之善者谓之学则可，谓之道则不可。须是自求，己能寻见义理，则自有旨趣。自得之，则居之安矣。"③ 在他看来，真正的认知规律就是自己亲自去寻求。自求，才能发现义理，才有浓厚的旨趣。自求的才是"自得"的知识，自得的知识，才能使用得当，守得住。

"自求"的过程就是自己"了悟""体认"万物之理的过程，也就是发明道理，"以来新意"的创新过程。他说："学贵心悟，守旧无功。观书解大义，非闻也。必以了悟为闻。"④ 又说"人有得，是从各自体认至。……若人体认，尽可以发明道理；若不体认，亦是一场闲

---

① 张载：《张子全书·自道》卷七，商务印书馆1935年版。
② 吕柟：《张子抄释·理窟学大原》卷四，四库书馆1868年版。
③ 张载：《张子全书·自道》卷七，商务印书馆1935年版。
④ 张载：《张子全书·理窟·义理》卷六，商务印书馆1935年版。

言长语"①。

张载注重通过了悟、体认获得自己的真知灼见的同时，明确提出了"以来新意"的知识创新的命题，他说："义理有疑，则濯去旧见，以来新意。"②张载的这一思想受到了朱熹的高度赞扬，朱熹指出："此说甚当。若不濯去旧见，何处得新意来。"③

（8）践行

学习必须处理好知行问题。张载认为，人求知的目的在于"行"，他说："闻而不疑，则传言之；见而不殆，则学行之，中人之德也。闻斯行，好学之徒也。见而知其善而未果于行，愈于不知耳。"意思是说，闻而于心不疑，则可以传言之；见而于心不殆，则可以学行之，一般人的道德大抵如此。行而践其知，乃为好学者，最可贵。若见而徒识其善，未能果于行，是知而不行，仅仅好于不知。他注重知行统一，强调"践行"的重要性。道德修养的关键就是"速行"，"若要成德，须是速行"④"行"，就是干实事。当行而不行，是不诚的表现。他说："当行不行，则无诚。不诚则无物，故须行实事。惟圣人践形，为实之至。"⑤显然，张载是把"行"看作学习的出发点和归宿。

张载的教育思想不仅丰富，而且独具特色，对当时的程颐、程颢及后来的朱熹、王廷相、王夫之和关学后学都产生了重要的影响，有些观点对我们当代的教育仍有一定的启迪作用。

（三）朱熹的教育思想

朱熹是南宋时期最著名的思想家、哲学家、教育家。他是宋代理学思想的集大成者，也是儒家教育思想的集大成者。他继承、发展了二程的思想，高举孔孟的旗帜，以恢复儒家"道统"为己任，创立了一个包括自然、社会、人生为一体的庞大的、思辨的客观唯心主义理

---

① 张载：《张子全书·理窟·学大原下》卷七，商务印书馆1935年版。
② 张载：《张子全书·理窟·学大原下》卷七，商务印书馆1935年版。
③ 黎靖德编：《朱子语类·读书法下》卷十一，中华书局1986年版。
④ 张载：《张子全书·理窟·义理》卷六，商务印书馆1935年版。
⑤ 张载：《张子全书·语录》卷十二，商务印书馆1935年版。

学体系。他的思想曾被元、明、清三朝统治者奉为官学,统治中国社会意识形态长达六百余年,并成为朝鲜李朝和日本江户时期的官学。他的教育思想对中国封建社会后期的教育也产生了深远的影响。陈青之先生评价他为"孔子以后,孙中山以前第一人"[①]。

1. 朱熹的生平和教育活动

朱熹（1130—1200 年）,字元晦,后改为仲晦,号晦庵。祖籍婺源（现江西婺源县）,他出生在福建南剑（今福建南平）尤溪县,并长期在福建讲学授徒,故后世称他为闽人,他创立的学派成为闽学。

朱熹的父亲朱松,是二程的再传弟子罗从彦的学生,受过二程思想的洗礼。朱熹 5 岁从父读书,从小也深受二程思想的影响。朱熹 14 岁时,父亲病逝。他跟从其父的同门学友李桐等人学习,朱熹可谓是二程的四传弟子。他 18 岁中举人,19 岁登进士第,从此走上了为官兴学和讲学授徒的人生道路。

朱熹一生历经南宋高宗、孝宗、光宗、宁宗四朝,曾先后任泉州同安县主簿、知江西南康军、知漳州、知潭州等地方官;主张抗金,反对讲和,也反对盲目用兵,强调"畜锐待时","先安内而后攘外"。在中央曾任焕章阁待制待讲之职,为宁宗主讲《大学》。因他的一些主张与宁宗的政见不合,被解除职务。他所倡导的理学被斥为"伪学"。此后,朱熹回到福建考亭,专心著述讲学。

朱熹任地方官期间,每到一地,便注重兴学。在同安县任职时,整顿县学,将县学分为"志道""据德""依仁""游艺"四斋,实施"分斋"教学;并广泛收集书籍,建设"经史阁",改变县学的办学条

[①] 陈青之:《中国教育史》（中册）,中国社会科学出版社 2010 年版,第 307 页。

件，使同安县学名声大振。他在知南康军时，主持修建白鹿洞书院，并自任山长，制定了著名的《白鹿洞书院教条》，亦称《白鹿洞书院揭示》。这个学规，成为自南宋以后至清朝末年，各类书院和各地方官学共同遵循的学规，对书院和官学教育做出了重要贡献。知漳州时，他曾花很大精力整顿州学和县学，把原本只能容纳百人的州学扩大到能容纳近千人的规模。并且每旬的逢二、逢六都亲自到州学、县学督察或给学生授课。知潭州时，除了热心改善州学、县学的办学条件之外，他主持修复和扩建了岳麓书院。他还在福建倡导或主持修建了"寒泉精舍""武夷精舍""竹林精舍"（后改名为"沧州精舍"）等书院。

朱熹一生十分热心讲学，他"讲论经典，商略古今，率至夜半；虽疾病支离，至诸生问辨，则脱然沉疴之去体，一日不讲学则惕然，常以为忧"[①]。他先后在官学和私学讲学共计50多年，讲学时间之长，在中国教育史上是不多见的。

朱熹博习群书，对经学、史学、文学等文化典籍进行过广泛研究，他的著述甚丰，主要著作有《晦庵先生朱文公文集》100余卷，《朱子语类》（门人辑录）140卷、《四书集注》、《近思录》（与吕祖谦合著）、《小学集解》等。其中《四书集注》和《小学集解》成为中国封建社会后期最有影响的蒙学教材。他的主要教育著作有《大学章句序》《白鹿洞书院揭示》《学校贡举私议》《读书之要》《童蒙须知》等。他的教育思想博大精深，对当时及后世教育的发展，产生过重大而又深远的影响。

2. 朱熹教育思想的哲学基础

宋以前的儒家教育思想主要建立在人性论的基础之上，但都缺乏本体论的论证。从周敦颐、张载、程颐、程颢以来，北宋理学家坚持天人合一论，将人性上升到本体论的高度，在理论上将宇宙观与人性

[①] 王炳照、郭齐家：《中国教育史研究》（宋元分卷），华东师范大学出版社2009年版，第64页。

论统一起来，使教育思想有了坚实的哲学基础。在哲学上，朱熹继承了北宋二程的思想，建立了"理"一元论的本体论和二重人性论。他的本体论与人性论是他的教育思想的两块基石。①

（1）理一元论

"理"是朱熹理学的最高范畴。"理"主要是指法则、规律。最早出现在战国时期，孟子把理看作当然的准则。北宋张载视理为物质运动的规律。二程提出"天理"说，将理视为宇宙之本原。朱熹继承了二程的思想，对"理"进行了多方面的阐释；归纳起来，他对"理"的规定，可概括为两个方面。其一，"理"是宇宙的本体，是天地万物的总根源。他说："总天地万物之理，便是太极。""圣人谓之太极者，所以指天地万物之根也。"在他看来，理之所以是天地万物之根，宇宙之本体，就在于"天地之间，有理有气。理也者，形而上之道也，生物之本也；气也者，形而下之器也，生物之具也"。② 形而上之道（理）高于形而下之器（气），所以，"理是本""理为主"。虽然"理气相依""理在气中"，理与气无先后可言；但"以本体言之，则有是理然后有是气；而理之所以行又必因气以为质也"③。有是理才有天地万物，无是理就没有天地万物。"夫有天地之先，毕竟也只是理。有此理，便有此天地。若无此理，便亦无天地、无人、无物，都无该载了。有理便有气流行发育万物。"④ 朱熹设想在天地万物产生之前，只有"理"存在，"理"就是"太极"，是天地万物产生、变化的根本，他把理提高到永恒的、至高无上的本体地位。这种"理一元论"宇宙观与张载的唯物主义的"气一元论"和"气化论"是根本对立的，是典型的客观唯心主义的宇宙观。

其二，"理"同时又是自然和社会发展的普遍规律和最高准则。

---

① 朱熹：《晦庵集·答黄道夫》卷五十八，上海古籍出版社1987年版。
② 黎靖德：《朱子语类·训门人五》卷一百一十七，中华书局1986年版。
③ 黎靖德：《朱子语类·学七》卷十三，中华书局1986年版。
④ 黎靖德：《朱子语类·理气上》卷一，中华书局1986年版。

朱熹说："天下万物当然之则便是理，所以然底便是原头处。"[①]"至于所以然，则理也。理无精粗本末，皆是一贯。"[②] 所谓"当然之则"，即必然如此的法则；"所以然"，即一定如此趋势。朱熹认为"道即理"，"物理即道理，天下初无二理"[③]。显然，"理"在朱熹那里有规律、法则的含义。但他更强调"理"的本体意义。认为理是"万物之源"，"只是此一个理，万物分之以为体"[④]。

朱熹建立理本论的目的在于论证"性即理"，从而建立他的"革欲复理"的人性论。

（2）"革欲复理"的人性论

人性论是朱熹教育思想的又一块基石。朱熹总结了宋以前的人性论，认为孟子说性善，他只见得大本处，未说得气质之性细碎处；荀子只见得不好人的性，便说性恶；杨子见半善半恶人的性，便说性善恶混，他们都有所见，也有所未见，失之于偏。他继承了二程的人性论思想，认为人性有两重性：一是"天地之性"或"天命之性"；二是"气质之性"。探讨人性，离不开这两个方面。"伊川是兼气质而言，要之，不可离也。"[⑤] 在朱熹看来，程颐就是在说气质之性的同时，讨论天命之性的。重要的是这二者不可分离。因为天命之性，离开气质之性，"则无所寓""无所寄"。论天命之性，不论气质之性，对人性就论述不完备；反之，论气质之性，不论天命之性，对性的本体就论述不透彻。朱熹认为，"论天地之性，则专指理言；论气质之性，则以理与气杂而言之"[⑥]。也就是天地之性或天命之性专指"理"。他说："性即理也，在心唤做性，在事唤做理。""这理，在天则曰命，

---

① 黎靖德：《朱子语类·训门人五》卷一百一十七，中华书局1986年版。
② 黎靖德：《朱子语类·论语三十一》卷四十九，中华书局1986年版。
③ 黎靖德：《朱子语类·大学二》卷十五，中华书局1986年版。
④ 黎靖德：《朱子语类·周子之书》卷九十四，中华书局1986年版。
⑤ 黎靖德：《朱子语类·性理一》卷四，中华书局1986年版。
⑥ 胡广等：《性理大全·性理二》卷三十，山东友谊出版社1989年版。

在人则曰性。"① 又说:"天地间元有这个浑然道理,人生禀得便是性。"② 在朱熹看来,"理"在自然界表现为不可抗拒的规律,即绝对命令;人禀赋的理,便是性。由于它是天赋予人的,所以称为"天命之性"。有弟子问:"天之所命者果何物也?"朱熹回答说:"仁义礼智信。"③ "仁义礼智,天道。此天之所以命于人,所谓本然之性者也。"④ 在朱熹看来,"仁义礼智信"或"仁义礼智"就是人的本然之性的主要内容。他认为"仁义礼智信"是"当然之理,无有不善"⑤。

通过这样的一番阐述,朱熹把封建纲常提升到了本体论的高度,目的在于确立封建纲常至高无上的地位。朱熹继承了张载的思想,认为气质之性是由"人之气禀有清浊、偏正之殊"所造成的。"气禀之清者为圣、为贤;禀气之浊者为愚、为不肖"⑥,气质之性有善也有恶。

概括起来,朱熹的人性论的主要内容是:性包括"天地之性"与"气质之性"两方面;天地之性,即天命之性,也就是理,或天理,它是浑然至善的;气质之性是理与气相杂所构成的,是善恶相混的。人先天所禀赋的天理无不善;人先天的气禀与后天的物质利诱造成了性恶的可能。

在上述二重人性说的基础上,朱熹又论述了天地之性与气质之性的关系,就是"道心"与"人心"、"天理"与"人欲"的关系。他说:"心是管摄主宰者",即心是人身的主宰,是管摄一切精神活动的。心有两种形态:一是有形之心,即心脏,形而下的物质实体;一是无形的之心,即人的大脑和意识活动,是形而上的精神性存在。朱熹所说的心主要指后者,他把作为精神存在的"心"也分为两种:"人心"与"道心"。他解释说:人"只是这一个心,知觉从耳目之欲

---

① 黎靖德:《朱子语类·性理二》卷五,中华书局1986年版。
② 黎靖德:《朱子语类·训门人五》卷一百一十七,中华书局1986年版。
③ 黎靖德:《朱子语类·周子之书》卷九十四,中华书局1986年版。
④ 黎靖德:《朱子语类·孟子·尽心下》卷六十一,中华书局1986年版。
⑤ 黎靖德:《朱子语类·性理一》卷四,中华书局1986年版。
⑥ 胡广等:《性理大全·性理二》卷三十,山东友谊出版社1989年版。

上去,便是人心;知觉从义理上去,便是道心。"① 又说"心,一也。方寸之间,人欲交杂,则谓之人心;纯然天理,则谓之道心"②。他所说的"心"就是指具有知觉功能的人的意识器官和活动。人都只有一个意识器官,但意识活动有两重性,从人的生理本能和感性需要出发就是"人心"。"饥欲食、渴欲饮者,人心也。"③ 如果从"仁义礼智"等"义理"出发就是"道心"。"人心"就是"人欲","道心"就是"天理"。这两者是根本对立的,他说:"人之一心,天理存则人欲亡;人欲胜则天理灭。未有天理、人欲夹杂者,学者需要于此体认省察之。"④ 因此,他主张,人们应当静心修养,以"道心"主宰"人心";存天理,灭人欲。强调"学者须是革尽人欲,复尽天理,方始是学"⑤。

朱熹正是从他的理一元论和两重人性论出发,建立了他的教育理论的。

3. "尊德性""道问学"的教育理念

朱熹的基本教育理念是"尊德性"和"道问学"。宋代以来的学者普遍认为朱熹的教育思想以"道问学"为主,陆九渊的教育思想以"尊德性"为宗。如明代思想家冯从吾在《元儒考略》卷三中说:"朱子于道问学之功居多,陆子静以尊德性为主。"实际上,朱熹既注重"尊德性",又强调"道问学"。"君子尊德性而道问学"是《中庸》首先提出来的命题,朱熹解释说:"尊者,恭敬奉持之意;德性者,吾所受于天之正理;道,由也。……尊德性所以存心而极乎道体之大也;道问学所以致知而尽乎道体之细也。二者修德凝道之大端也。"⑥ 他的大意是说,"尊德性"就是对天所赋予人的"正理"、天道心怀"恭敬奉持"之心,从总体上趋近大道的本体;而"道问学"就是通

---

① 黎靖德:《朱子语类·书五》卷四十五,中华书局1986年版。
② 黎靖德:《朱子语类·训门人六》卷一百一十八,中华书局1986年版。
③ 黎靖德:《朱子语类·尚书一》卷七十八,中华书局1986年版。
④ 黎靖德:《朱子语类·学七》卷十三,中华书局1986年版。
⑤ 同上。
⑥ 赵顺孙:《中庸纂疏·朱子章句》卷三,华东师范大学出版社1992年版。

过"问学"的功夫体认天道的具体细微的内容。他对这两个范畴还有另一种解释:"圣人之教学者不过博文、约礼两事尔。博文是道问学,于天下事物之理皆欲知之;约礼是尊德性之事,于吾心固有之理无一息而不存。"① 他的意思是说,"尊德性"和"道问学"是圣人教学者所做的两件事,"道问学"就是"博文",即广泛地学习《诗》《书》《礼》《易》及格物致知,全面了解天下事物之理;"尊德性"就是"约礼",即用礼的规范约束人的行为,目的在于每时每刻都保存人生来就禀有的善心、天理。朱熹认为"尊德性"与"道问学"相比较,"尊德性"更重要,"盖尊德性,便能道问学。所谓本得而末自顺也"②。"尊德性"是一个信念问题、态度问题,是"本";"道问学"是具体的勤学、探索、体验的过程,是"末";信念、态度决定一切,所以,"盖尊德性,便能道问学"。

古代学者之所以认为朱熹的教育思想以"道问学"为主,主要在于朱熹反对陆九渊只强调"尊德性"的思想,更多地强调"道问学"。他说:"大抵子思以来教人之法,惟以尊德性、道问学两事为用功之要。今子静所说专是尊德性事,而熹平日所论却是道问学上多了。"③ 朱熹之所以反对仅仅强调"尊德性",主要原因在于,其一,他担心只讲"尊德性",不讲"道问学",会导致将道德教育变成空话、大话。他说,道德教育"不要将一个大底言语都来罩了,其间自有轻重不去照管,说大底说得太大,说小底又说得都无巴鼻。"其二,他认为只重视"尊德性","其弊至于废学不读书"。其三,只讲"尊德性",不过是"自了之学","出门动步便有碍,做一事不得"④,使学者缺乏应变能力。他认为"关门独坐",不能成圣贤,要成圣贤就必须"博学之、审问之、慎思之、明辨之,笃行之"。因此,朱熹虽以"尊德性"为教育之本,但又更强调"道问学",主张道德教育应当高

---

① 黎靖德:《朱子语类·论语六》卷二十四,中华书局1986年版。
② 黎靖德:《朱子语类·中庸三》卷六十四,中华书局1986年版。
③ 朱熹:《晦庵集·答项平父》卷五十四,中华书局1986年版。
④ 黎靖德:《朱子语类·训门人五》卷一百一十七,中华书局1986年版。

度重视"道问学"。

总而言之,"尊德性"就是树立恭敬奉持"天理",即树立仁义礼智等道德的信念与态度,强调的是人的内在德性的培养;"道问学"则是所谓学、问、思、辨、行等勤学功夫和格物致知的"穷理"的过程,重视的是人的外在伦理知识的积累。总而言之,朱熹的教育理念实质上就是封建道德教育的理念,他与陆九渊的分歧,乃是客观唯心主义与主观唯心主义教育理念的分歧。朱熹的教育理念的价值在于,他反对将道德教育变成空话、大话,主张道德教育应当是一个扎扎实实的勤学和不断探索的过程。

4. 教育的作用与目的

在教育的作用方面,朱熹继承了张载的思想,也认为教育的作用就是变化"气质之性"。他评价张载"为学大益在自求变化气质"的观点时说:"此意甚善。但如鄙意,则以为学乃能变化气质耳。若不读书、穷理、主敬、存心,而徒切切计较于昨非今是之间,恐亦劳而无补也。"① 朱熹强调说,要发挥教育能改变气质的作用,就必须下功夫读书和进行道德修养。在他看来,古代设立小学、大学的目的就是为了改变气质之偏,恢复人的本然的善性。他说"古之圣王,设为学校,以教天下之人……必皆有以去其气质之偏,物欲之蔽,以复其性,以尽其伦而后已焉。"② 他告诫学者说:"学者须是革尽人欲","复尽天理,方始是学"③。即克服"气质之偏",革尽"物欲之蔽",恢复善性,才是为学之始。

与关于教育作用的思想相连,朱熹主张学校教育的目的在于"明人伦"。他说:"先王之学以明人伦为本"④。又说:"父子有亲,君臣有义,夫妇有别,长幼有序,朋友有信,此人之大伦也。庠、序、学、

---

① 黎靖德:《朱子语类·吕伯恭》卷一百二十二,中华书局1986年版。
② 朱熹:《晦庵集·讲义》卷十五,上海古籍出版社1987年版。
③ 黎靖德:《朱子语类·学七》卷十三,中华书局1986年版。
④ 朱熹:《四书或问·孟子》卷三十,上海古籍出版社2001年版。

校皆以明此而已"①。在《白鹿洞书院揭示》中，也明确把上述五伦列为"教之目"，置于首位，指出"学者学此而已"。

朱熹从学校教育"以明人伦为本"的思想出发，主张学校教育要以道德教育为主，反对功利主义的教育。他说："古昔圣贤所以教人为学之意，莫非使之讲明义理以修其身，然后推己及人，非徒欲其务记览、为辞章，以钓声名取利禄而已。"他认为当时的学校教育违背了古代道德教育的传统，士人"所以求于书，不越乎记诵、训诂、文词之间，以钓声名，干利禄而已"，完全违背了"先王之学以明人伦为本"的本意。他尖锐地指出，这样的学校是造成"风俗日蔽，人材日衰"②的重要原因。

5. 教育阶段论

朱熹认为，人的理解力的提高有一个渐进的过程，因此教育也应当遵循一定的秩序。他说："人学习是从粗底小底理会起，方渐而至于精者大者。"所以明道曰："君子教人有序，先传以小者近者，后传以远者大者。非先传以近小，而后不教以远大也。"③在这种认识的基础上，朱熹总结了宋以前的教育经验，根据人的年龄和智力发展的特征把一个人的教育分为"小学"和"大学"两个阶段，并分别对两个阶段的教育任务、教学内容和方法进行了深入的探索。

（1）小学阶段

8岁至15岁为小学教育阶段。这一阶段的教育十分重要，从读书而言，"盖儿时读书终改口不得。尝见人教儿读书，限长短，后来长大后都念不转"。在儿童时期，若教师教错了字音，或断句不妥，长大后很难纠正；从道德修养而言，小学阶段如果将儿童培养成了"圣贤坯模，"到长大时再提高其道德素养就不费力了。他说："古者小学已自暗养成了，到长来已自有圣贤坯模，只就上面加光饰。"④ 反之，

---

① 赵顺孙：《孟子纂疏·朱子集注》卷五，文史哲出版社1975年版。
② 朱熹：《晦庵集·静江府学记》卷七十八，上海古籍出版社1987年版。
③ 黎靖德：《朱子语类·论语》卷三十一，中华书局1986年版。
④ 黎靖德：《朱子语类·小学》卷七，中华书局1986年版。

"蒙养弗端，长益浮靡"①，如果小学阶段，儿童行为不端，长大后就会更加浮华奢侈；而且要弥补小学阶段道德教育的缺失，也极为困难，"自小失了，要补填，实是难"②。

为了搞好小学教育，他亲自编著《小学》一书，作为这一阶段的教材，并对小学教育内容、方法进行了深入研究。

在小学教育内容方面，朱熹提出了以"教事"为主的思想。他说："古者初年……只是教之以事，如礼、乐、射、御、书、数及孝、弟、忠、信之事。"③又说："人生八岁，则自王公以下，至于庶人之子弟，皆入小学，而教之以洒扫、应对、进退之节，礼、乐、射、御、书、数之文。"④所谓"教之以事"，即"事君、事父兄等事"，主要包括两方面的内容：一是传授儿童以"节"，即接人待物的礼节礼仪和道德规范，如教之洒水扫地、应尊长的呼唤和回答尊长的问话的礼节和爱父母、敬长者、尊老师、亲近朋友的规范等，也就学会如何事君，事父，事兄，处友等事；二是教给儿童以"文"，即教儿童学习"礼、乐、射、御、书、数"，学到初步的文化知识和技能。其中前者更为根本，朱熹认为这些都是"所以修身、齐家、治国、平天下之本"。他认为小学教育的目的就是要让儿童"讲而习之，于幼稚之时，欲其习与智长，化与心成，而无扞格不胜之患也"。也就是说，小学阶段，通过讲明道理和让儿童熟悉接人待物的礼节礼仪，要使儿童在幼年时期，良好的道德习惯与智力共同增长、变化气质与培养善心同时形成，而不产生抵触情绪和逆反心理，从而把儿童培养成为"圣贤坯模"。

在小学教育方法方面，朱熹强调以下四点：第一，及早施教，以灌输为先。他认为少成若天性，习惯成自然，儿童在心智未成熟之时，应及时进行灌输。他说："人之幼也，知思未有所主，当以格言、至

---

① 黎靖德：《朱子语类·小学题辞》卷七十六，中华书局1986年版。
② 黎靖德：《朱子语类·小学》卷七，中华书局1986年版。
③ 同上。
④ 朱熹：《晦庵集·大学章句序》卷七十六，上海古籍出版社1987年版。

论日陈于前,虽未晓知,且当熏聒,使盈耳充腹,久自安习,若固有之,虽以他言惑之,不能入也。"① 意思是说,在幼年时期,应当用格言和至理名言去熏陶、影响儿童,即使不理解,也要进行灌输,使儿童"盈耳充腹",这样一来,时间久了就会形成道德习惯,变成儿童的固有观念,可以抵制其他思想的蛊惑。第二,贴近儿童、贴近生活,从衣服、冠履、语言、步趋、洒扫、清洁、读书、写字、接人待物等日常生活琐事开始,培养儿童良好的生活、学习习惯;使儿童从"切身处理得道理"②,学习礼节、礼仪。第三,形象、生动,激发兴趣。朱熹认为,在对小学儿童进行教育时,应力求形象、生动,以激发其兴趣,使之乐于接受。在此思想指导下,他广泛地从经传史籍以及其他论著中采集有关忠君、孝宗、事长、守节、治家等内容的格言、训诫诗、故事等,编成《小学》一书,作为儿童教育用书,使儿童学习"做人底样子"。《小学》一书广为流传,产生了重要影响。第四,注重制定简明、贴合实际的"规矩",要求儿童因此去做,养成良好的生活和学习习惯。朱熹认为用一定的"规矩"严格要求儿童,可以使儿童"积久成熟","不知不觉自好"。因此,他首创了《须知》《学则》,亲自制定了《童蒙须知》和《训蒙斋规》等规矩,使儿童的一言一行,一举一动,都有章可循,有规可依,有利于儿童道德行为习惯的形成。如朱熹在《训蒙斋规》中对小学学生的生活、学习的行为方式做出了十分详细的规定。在生活方式方面,要求"大抵为人,先要身体端整。自冠巾、衣服、鞋袜,皆须收拾爱护,常令洁净整齐";"凡脱衣服,必整齐折叠箧中。勿令散乱顿放,则不为尘埃杂秽所污,仍易于寻取,不致散失。著衣既久,则不免垢腻,须要勤洗浣。破绽,则补缀之。尽补缀无害,只要完洁";"凡为人子弟,当洒扫居处之地,拂拭几案,当令洁净。文字笔砚,百凡器用,皆当严肃整齐,顿放有常处。取用既毕,复置元所";"凡饮食之物,勿争较多少美恶"。

---

① 朱熹、吕祖谦:《近思录·教学》卷十一,江苏古籍出版社2001年版。
② 黎靖德:《朱子语类·小学》卷七,中华书局1986年版。

在学习方式方面，要求"凡读书，整顿几案，令洁净端正。将书册整齐顿放。正身体，对书册，详缓看书，仔细分明读之。须要读得字字响亮。不可误一字，不可少一字，不可多一字，不可倒一字。不可牵强暗记，只是要多诵遍数，自然上口，久远不忘……"，"凡书册，须要爱护，不可损污皱褶"；"凡写字，未问写得工拙如何，且要一笔一画，严正分明，不可潦草"①。在朱熹所制定的学规中虽有不少封建道德糟粕，但他主张从日常琐事抓起，一举一动、一言一行，严格要求学生，注重道德习惯的养成却是今天值得借鉴的历史经验。

（2）大学阶段

大学教育阶段是指十五岁以后的阶段。朱熹认为大学教育与小学教育不同，小学教育重在"教事"，大学重在"教理"，即重在探究"事物之所以然"。他说："及其有十五年，则自天子之元子、众子，以至公卿大夫元士之适子，与凡民俊秀，皆入大学。教之以穷理、正心、修己、治人之道。"②朱熹在《小学辑说》中说："小学是事，如事君、事父兄等事。大学是发明此事之理，就上面讲究所以事君、事父兄等事是如何。"又说："小学之事，知之浅而行之小者也；大学之道，知之深而行之大者也。"大学教育任务也与小学教育不同。小学教育任务是打好根基，培养"圣贤坯璞"；而大学教育任务在于培养治国平天下的国家有用之才。他说道："国家建立学校之官，遍于郡国，盖所以幸教天下之士，使之知所以修身、齐家、治国、平天下之道，而待朝廷之用也。"③朱熹精心规划了大学教学的内容，他从众多儒家经典中选择出《论语》《孟子》《大学》《中庸》四书，并进行了重新阐释，作为大学的基础教材，对当时及后世的教育产生了深远的影响。

在大学教育方法方面，朱熹重视自学和学术交流。他认为做学问要靠自己读书，要靠自己探究，别人是帮不上忙的。他说："读书是

---

① 陶宗仪：《说郛·训学斋规》卷七十一，文史哲出版社1979年版。
② 朱熹：《晦庵集·大学章句序》卷七十六，上海古籍出版社1987年版。
③ 朱熹：《晦庵集·送李伯谏序》卷七十五，上海古籍出版社1987年版。

自家读书，为学是自家为学，不干别人一线事，别人助自家不得。"①他认为教师的责任就是教给学生"学之之法"，当好学生的指导者。他说："指引者，师之功也。""君子教人，但授以学之之法，而不告以得之之妙；如射者之引弓而不发矢，然其所不告者，已如踊跃而见于前矣。"② 大学的学习主要靠自学，朱熹曾告诫学生说："书用你自去读，道理用你自去究索，某只是做得个引路底人，有疑难处同商量而已。"③

朱熹提倡不同学术观点之间的相互交流。他曾邀请持不同学术见解的著名学者陆九渊到他主持的白鹿洞书院讲学，并将其讲稿刻石为记。朱熹胸怀宽广，不囿门户之见，热心开展不同学术观点之间交流的做法，长期以来一直是学术史和教育史上的美谈。

朱熹关于小学和大学教育阶段的观点，反映了人才培养的某些客观规律，为中国古代教育理论的发展作出了贡献。

6. 关于道德教育的思想与方法

道德教育是朱熹教育思想的核心内容。朱熹主张德育为先。他说："德行之于人大矣……士诚知用力于此，则不唯可以修身，而推之可以治人，又可以及夫天下国家。故古之教者，莫不以是为先。"④ 意思是说，德行对人有重大意义，不仅可以修身，而且还可以推而广之去治人、治国，因此，古代的教育者都把道德教育置于优先地位。他认为，道德教育的根本任务是"明天理、灭人欲"。朱熹说："圣贤千言万语，只是教人明天理，灭人欲"⑤，又说，"修德之实，在乎去人欲，存天理"⑥。朱熹所说的"天理"，是指以"三纲五常"为核心的封建伦理道德。对此他说得十分明确："所谓天理，复是何物？仁义礼智，

---

① 黎靖德：《朱子语类·训门人七》卷一百十九，中华书局1986年版。
② 朱熹：《孟子集注》卷十三，中国社会出版社2013年版。
③ 黎靖德：《朱子语类·力行》卷十三，中华书局1986年版。
④ 朱熹：《晦庵集·学校贡私议》卷六十九，上海古籍出版社1987年版。
⑤ 黎靖德：《朱子语类·持守》卷十二，中华书局1986年版。
⑥ 朱熹：《晦庵集·与刘共父》卷三十七，上海古籍出版社1987年版。

岂不是天理！君臣、父子、兄弟、夫妇、朋友，岂不是天理！"① 在朱熹看来，"人欲"就是为"嗜欲所迷，利害所逐"所形成的人的心理欲望。诸如追求"声色货利之娱""宫室观游之侈"的欲望就是人欲。要"明天理、灭人欲"，就必须进行以"三纲五常"为核心的封建伦理道德教育，这是朱熹道德教育的基本内容，也是他道德教育思想的重要特点。

朱熹在阐述德育教育的任务的同时，也提出了一套道德教育、道德修养的方法，概括为以下几点。

（1）立志

所谓"志"，就是指人们确立的价值取向、所要达到的价值目标。朱熹告诫学者首先应该树立坚定的志向。有门徒"问为学功夫，以何为先？曰：亦不过如前所说，专在人自立志。既知这道理，办得坚固心，一味向前，何患不进"②。意思是说，为学必须自己先立志；人一旦树立了坚固的志向，就有了前进的方向和远大的目标，就会一心一意地奋勇向前，就不怕不进步。那么，学人应当立什么志呢？朱熹主张不能立志"做贵人"，而要立志"做好人""做圣人"，他说："所谓志者，不是将意气去盖他人，只是直截要学尧舜"；又说："学者大要立志，才学便要做圣人，是也。"③ 他批评当时的世俗之人"贪利禄而不贪道义，要作贵人而不要做好人"，原因在于"志不立之病"④。

（2）涵养

朱熹继承和发展了程颐"涵养须用敬，进学在致知"的思想，认为穷理与涵养是道德修养的两大基本途径。他说："穷理、涵养穷索二者不可废一，如车两轮，如鸟两翼。"⑤ "涵养"是儒家提倡的一种道德修养方法，是个人内心的自我道德修养功夫。"涵养"包括正心、

---

① 李光地等：《御纂朱子全书·道理德》卷四十六，吉林出版社2005年版。
② 黎靖德：《朱子语类·训门人四》卷一百一十六，中华书局1986年版。
③ 黎靖德：《朱子语类·总论为学之方》卷八，中华书局1986年版。
④ 李光地，等：《御纂朱子全书·小学·总论为学之方》卷一，吉林出版社2005年版。
⑤ 黎靖德：《朱子语类·论知行》卷九，中华书局1986年版。

诚意、修身，其最高境界为慎独。"涵养"的实质，就是保存儒家所说的人先天固有的善心，不让其丧失掉。"涵养"功夫，就是在人心与物交接而产生各种私欲的时候，能够保持中道，发明本心，体认天理，遏制私欲，从而使人的言行合于理止于情，保证内心的清澈明洁，形成谦谦君子的风仪。① 朱熹受张栻的启发，将人的心理过程分为"心之已发"即思虑已萌和"心之未发"即思虑未萌两个阶段，认为在"心之已发阶段"重在"省察已发"，以"猛醒提斯"，而在"心之未发"阶段，则涵养主敬。朱熹将涵养与省察统一起来，把主观上的道德修养与勤学精思结合在一起，既重向外探索，也重向内求索，这样就构成了朱熹所主张的道德修养的两个基本方法。

(3) 主敬

"主敬"是程颐所提出的一种道德修养方法。朱熹认为"程先生所以有功于后学者，最是敬之一字有力"。在朱熹看来，"主敬"是"为学之大要"，道德修养第一要义。他说："敬字工夫，乃圣门第一义，彻头彻尾，不可顷刻间断。"又说："敬之一字，真圣门之纲要，存养之要法。"②

何谓"敬"？朱熹解释说：敬"只是有所畏谨，不敢放纵，如此则身心收敛。"③ 又说："敬，不是万虑休置之谓，只是随事专一，谨畏不放逸耳。非专是闭目静坐，耳无闻，目无见，不接事物，然后为敬。整齐收敛这身心，不敢放纵，便是敬。尝谓敬字似甚字，却是个畏字。"④ 概括起来，"敬""畏"，就是对天理、对道德责任的敬畏态度。而这种敬畏的态度，具有严肃认真、不放纵、小心谨慎、精神专一、表里如一等特征。朱熹认为"主敬"只是"内无妄思，外无妄

---

① 王炳照、郭齐家：《中国教育史研究》（宋元分卷），华东师范大学出版社 2009 年版，第 85 页。
② 黎靖德：《朱子语类·持守》卷十二，中华书局 1986 年版。
③ 同上。
④ 王炳照、郭齐家：《中国教育史研究》（宋元分卷），华东师范大学出版社 2009 年版，第 86 页。

动,整齐严肃便是"①。也就说,主敬,须从两方面努力:"内无妄思",即自觉抑制人欲的诱惑,自觉执守封建伦理道德;"外无妄动",即在服饰动作、言语态度等外貌方面"整齐严肃",行为符合封建伦理道德规范。朱熹之所以十分看重主敬功夫,是因为在他看来"敬则天理常明,自然人欲惩窒消治。""敬则德聚,不敬则散了,敬胜百邪。"②

(4) 存养

朱熹认为,道德修养,不仅要有对天理的敬畏态度,还需要有"存养"功夫。所谓"存养",即"存心养性"。他继承和发展了孟子性善论的思想,认为每个人都有与生俱来的善心、善性,但同时又有气质之偏和物欲之蔽。因此,需要用"存养"的功夫,来发扬善性,发明本心。他说:"如今要下工夫,且须端庄存养,独观昭旷之源。不须枉费功夫,钻纸上语。"③朱熹所说的"存养"包括两个方面的内容:一是存其善心,不使本心丧失,他说:"圣贤千言万语,只要人不失其本心。""心若不存,一身便无所主宰。"④ 一个人若不保存住自己的善心,就失去了精神支柱;二是收敛人心,即把人心安顿在义理之上,"存养"的实质就是唤醒人先天固有的善心,唤醒人的道德自觉,他说:"心只是一个心,非是以一个心治一个心,所谓'存'、所谓'收',只是唤醒"。⑤

(5) 省察

"省"即反省,"察"即检察。"省察"即是经常进行自我反省和检查的意思。朱熹认为"省察"有两种情况:"谓省察于将发之际者,谓谨之于念虑之始萌也;谓省察于已发之后者,谓审之于言动已见之后也。念虑之萌,固不可不谨,言行之著,亦安得而不察。"⑥ 所谓

---

① 黎靖德:《朱子语类·持守》卷十二,中华书局1986年版。
② 同上。
③ 黎靖德:《朱子语类·训门人三》卷一百一十五,中华书局1986年版。
④ 黎靖德:《朱子语类·持守》卷十二,中华书局1986年版。
⑤ 同上。
⑥ 朱熹:《晦庵集·答胡季随》卷五十三,上海古籍出版社1987年版。

"省察于将发之际",就是在不良念头刚刚露头时,就应进行反省和检查,将其消灭在"始萌"状态;所谓"省察于已发之后",就是在不良言行已经发生后,要及时进行检查和纠正,不让其继续滋长。朱熹的这一见解,表明他在道德教育中既强调防微杜渐,同时又重视纠失于后。

朱熹强调,人应当无时不省察,他说:"凡人之心,不存则亡,而无不存不亡之时。故一息之顷,不加提省之力,则沦于亡而不自觉。天下之事,不是则非,而无不是不非之处。故一事之微,不加精察之功,则陷于恶而不自知。"① 因此,为了使人心不"沦于亡",做事不"陷于恶",经常进行自我反省和检查。他十分赞赏孔丘的学生曾参"吾日三省吾身"的修养方法,认为这是"得为学之本",是抓住了道德修养的根本。

(6) 力行

在知行观方面,朱熹主张知行相须,不可偏废。认为:"知与行,功夫须著并到。知之愈明,则行之愈笃;行之愈笃,则知之益明。二者不可偏废。"② 又认为:"论先后,知为先;论轻重,行为重。"③ 在朱熹看来,虽然知与行不可偏废,但二者相比较,"行"更重要,"力行"是穷理的目的和归宿。他说:"故圣贤教人,必以穷理为先,而力行以终之。"④ 朱熹所说的"知",指认识、知识、道德意识;"行"指行动、行为、实行,他所说的"力行",主要是指道德践履,即将伦理道德知识付之于自己的实际行动,转化为道德行为。

朱熹反对知而不行,认为这"与不学无异";同时,他又反对不知而行,以及知之不深而行,指出"行而未明于理,则其践履者又未知其果为何事","穷理不深,则安知所行之可否哉?"⑤

---

① 黎靖德:《朱子语类·训门人五》卷一百一十七,中华书局 1986 年版。
② 黎靖德:《朱子语类·纲领》卷十四,中华书局 1986 年版。
③ 黎靖德:《朱子语类·论知行》卷九,中华书局 1986 年版。
④ 朱熹:《晦庵集·答郭希吕》卷五十四,上海古籍出版社 1987 年版。
⑤ 朱熹:《晦庵集·答曹元可》卷五十九,上海古籍出版社 1987 年版。

他还认为,"行"具有检验"知"的作用。"欲知之真不真,意之诚不诚,只看做不做,如何真个如此做底,便是知至意诚。"①朱熹既强调道德践履的重要性,又强调道德认识对道德行为的指导,涉及了道德教育的基本问题。

朱熹认为道德践履的最高境界就是"孔颜乐处"和"圣贤气象"。"孔颜乐处"源于《论语·述而》和《论语·雍也》篇。在《论语·述而》中,孔子自述:"饭疏食饮水,曲肱而枕之,乐亦在其中矣。不义而富且贵,于我如浮云。"此为孔子之乐;在《论语·雍也》中,孔子称赞颜回:"贤哉回也!一箪食,一瓢饮,在陋巷,人不堪其忧,回也不改其乐。"此为颜子之乐。"孔颜乐处"受到北宋理学家周敦颐和二程高度重视,成为理学家探究的重大课题。

朱熹认为"孔颜乐处"并非有"物"之乐,而是指"安其所得后与万物为一,泰然无所窒碍,非有物可玩而乐之也"②。也就是说,"孔颜乐处"不是"有物可玩"的世俗之乐,而是一种超越物质感受,"有得乎此道从而乐之"的体认天道、天理之乐,一种达到"与万物为一"的天人合一精神境界之乐。孔颜乐处也是一种不受逆境和物质生活的窘境"所窒碍"的"安贫乐道"的道义情怀和洒落宽广的胸襟。

这种精神境界的外在表现和流露就是"圣贤气象"。"圣贤气象"实际上是指圣贤的风度和胸襟。朱熹《近思录》专列《总论圣贤》一节,从尧、舜到孔子、颜回,再到周敦颐、程颢、程颐、张载,系统地描述了圣贤气象,概括起来,朱熹心目中的圣贤气象,既包括执着道义,不谋私利,关怀社会,心忧天下,积极入世,经世济民的理想人格,又包括穷尽天下之理的探索精神、"民胞物与"的博大胸怀和"洒落自得"的风度。朱熹告诫门人,为学应注重"去看圣贤气象,识他一个规模"③。

---

① 黎靖德:《朱子语类·大学二·经下》卷十五,中华书局1986年版。
② 朱熹:《晦庵集·答陈安卿》卷五十七,上海古籍出版社1987年版。
③ 黎靖德:《朱子语类·训门人八》卷一百二十,中华书局1986年版。

7. 论读书之法

朱熹认为读书是"穷理之要",他说:"为学之道,莫先于穷理;穷理之要,必在于读书。"他自己一生不仅酷爱读书,而且对于如何读书有深切的体会,并提出了许多精辟的见解。他的弟子取其枢要,将其概括为"朱子读书法"六条:"曰循序渐进,曰熟读精思,曰虚心涵泳,曰切己体察,曰着紧用力,曰居敬持志。"[1] 这六条读书法,既包括前贤之所言,亦有朱熹的之独见。

(1) 循序渐进

朱熹认为读书应当循序渐进。读书的秩序有二:一是阅读群书的先后缓急之序,二是诵读研究每书的秩序。关于前者,朱熹解释说:"以二书(《论语》《孟子》)言之,则先《论》后《孟》。通一书而后又一书。"若不遵循读书的先后缓急的次序,读书就会走弯路。朱熹解释"每书诵读考索之序"说:"以一书言之,篇章文句,首尾次第,亦各有序而不可紊也。量力所至,约其程课而谨守之。字求其训,句索其旨,未得乎前,则不敢求乎后;未通乎此,则不敢志乎彼。如是循序而渐进。"[2] 意思是说,对于一本书而言:一要遵循一书的篇、章、文、句的结构的先后次序;二要根据自己情况和能力,制定读书与课程的进度计划,谨慎遵守;三要逐字、逐句一一推敲,一段一段地理会,未读前一段,不敢急于读后一段;未搞通这一部分的主旨,不敢又去考虑另一部分,如此读书就是循序而渐进焉。

(2) 熟读精思

"熟读精思"是朱熹重要的读书之法。他说:"大抵观书,先须熟读,使其言皆若出于吾之口;继以精思,使其意皆若出于吾之心,然后可以有得尔。"他非常重视"熟读",指出:"读书不贵多,只贵熟尔。"

朱熹十分重视"熟读",在他看来,熟读的意义在于,一方面,

---

[1] 张伯大、齐充甫:《朱子读书法》原序,天津社会科学院出版社2016年版。
[2] 同上。

熟读是记忆的前提。"暗记只要多诵遍数,自然上口,久远不忘。"有些人读书"所以记不得,说不去,心下若存若亡,皆是不精不熟之患"。另一方面,熟读是理解的基础。古人云:"'读书千遍,其义自见'谓读得熟,则不待解说自晓其一也。""熟读玩味,道理自见。""通诵得熟,方能得通晓。若不熟,亦无可思索。""熟读滋味自出,今学者看文字往往不曾熟,何缘贯通?"[1]

朱熹赞赏张载"读书必须成诵"的观点,指出:"横渠教人读书必须成诵,真道学第一义";"熟读成诵"也是朱熹初学时的主要经验。他说:"某之始学,亦之如此尔,更无别法。"熟读的基本要求有两条,一是"成诵""烂熟""记得"。他说:"看一段,须反复看,看来看去,要十分烂熟,方见意味,方快活。"又说:"古人记得,故晓得;今人鲁莽,记不得,故晓不得。不论紧要处皆须成诵,自然晓得。"二是,通过熟读,逐渐形成一种语言习惯,"使其言皆若出于吾之口"。他强调熟读需要读足一定的遍数,在他看来,"百遍时自是强五十遍时,二百遍自是强一百遍时"。朱熹提出熟读要做到心、眼、口"三到"。他说:"余常谓读书有三到:心到、眼到、口到。心不在此,则眼看不仔细;心、眼既不专一,却只浪漫诵读,决不能记,记亦不能久远也。三到之中,心到最急。心即到矣,眼、口岂有不到者乎?"学者之所以不能熟读,主要原因在于"只是贪多"和"只是不会耐得苦耳"。

朱熹认为熟读经典,牢记于心之后"亦须精专精研,使一书通透烂熟,都无记不得处,方别换一书,乃为有益"。又说:"凡人读书须虚心入里,玩味道理,不可只说得皮肤上。""读书要反复玩味得熟,便方是活,受用不尽。"朱熹所说的"精专精研""虚心入理""玩味道理"等都是对"精思"的表述。所谓"精思"就是对所读书籍的内容进行一番由表及里的仔细分析、比较、反思、概括的理性思维过程。在朱熹看来,"精思"的要求是"读书时,体认得亲切,解时,别白

---

[1] 张洪等:《朱子读书法》卷一,浙江人民美术出版社2017年版。

得分晓","直要见得道理是自家底方住",即读书时要深刻体认道理、哲理;解释经典时,要对分析明白是非曲直,从而将书本知识转化为自家的学问。

精思意义有三:其一,只有精思,才能透彻理解全书,抓住经典中所阐述的道理、哲理;其二,只有精思才能使自己把书本知识学活,懂得书本知识的妙用,将书本知识转化为自家的真才实学;其三,只有精思,才能真正品尝出书的滋味,体会到学习的"快活"。"凡人读书,若穷得到通透,心中也潜地快活。"

朱熹还总结了精思的基本方法。一要细看,不能粗心性急。他说:"读书须痛下功夫,须要细看,心粗性急终不济事。"他批评他的学生,读书只"看个大概,都有个生之病"。二既要"宽著心,即视野宽广",又要"紧著心",即注意力集中。他说:"看文字需要得言外之意。便要看义理难,又要宽著心,又要紧著心。不宽心不足以见其规模之大;不紧,不足以见其文理之细密。"① 三要下一番由表及里的分析功夫。朱熹认为书中的道理"似数重物包裹",要见得道理,"须是今日去了一重,又见得一重;明日去了一重,又见得一重。去尽皮,方见肉;去尽肉,方见骨;去尽骨,方见髓。使粗心大气不得"。四要做到"无疑者,须要有疑;有疑者,却要无疑",即要善于提出疑问和解决疑问。朱熹认为读书过程是一个"无疑—有疑—解疑"的过程。他说:"读书始读,未知有疑。其次则渐渐有疑。中则节节是疑。过了这一番,疑渐渐释,以至融会贯通,都无所疑,方始是学。"② 根据这一客观过程,朱熹提出:"大疑,则大进也"的命题。因此,要做到:"无疑者,须要有疑;有疑者,却要无疑。"一旦"群疑并兴,寝食俱废"就会有所见。他强调,解决疑问,需要靠自己努力,不能靠别人。其五,要应用比较法。朱熹注重比较法,认为,对一书而言,要一段一段、一章一章地进行比较,看"孰得孰失,孰是孰非";参

---

① 张洪等:《朱子读书法》卷一,浙江人民美术出版社2017年版。
② 同上。

考诸家注解时，也要进行比较分析，发现它们之间的异同。

在朱熹看来，精思好像"从大火中锻炼，教他通红，熔成汁，泄成铤，方得"。经过理性思维之火的锻炼，使书本知识变成自己可以"纵横舒卷皆由自家，搦成团，捺成匾，放得去，收得来"① 的自家知识。这才是熟读精思的根本目标。

（3）虚心涵泳

所谓"虚心"，是指读书时要虚怀若谷，静心思虑，仔细体会书中的意思，不要先入为主，牵强附会。朱熹说："读书之法，惟笃志虚心，反复详玩为功耳。""虚心"的主要要求是：一要"除去自家私意，而逐字逐句只依圣贤所说……不敢自家杜撰见识"。朱熹批评当时一些学者"多是先立私意，自主张己说，在里只借圣人言语做起头，便自把他意接说"，认为这是主要克服的毛病。二要不要固守己见，"若执着一见，则此心便被此见遮蔽了"。要求"人读书，宁失之拙，不可失之巧；宁失之卑，不可失之高"。读书中发现了疑问，"众说纷错"，也应虚心静虑，切勿匆忙决定取舍。

"涵泳"，即玩味，细细体会。朱熹解释"涵泳"说："所谓涵泳者，只是仔细读书之异名也。""涵泳"强调的四个字："沉潜反复"，即要求读书要心地宽平，从容不迫，沉下心，潜心思索，反复咀嚼，细心玩味，朱熹认为，通过长时间的潜心思索，反复玩味才有可能豁然开朗，融会贯通，领会要旨。

（4）切己体察

朱熹认为，古人读书的目的首先是"为己"、以"治己为先"，即读书的目的首先在于提高自己的道德素养、培养自己的理想人格，以"治心修己"为先；他批判当时的"学者治病在于为人而不为己""不知古人为己之意，不以读书治己为先，而急于闻道"，只为科举而已。因此，朱熹强调读书要注重"切己体察"的方法。所谓"切己体察"，即"切于日用治心修己处，深自省察，有不合处，却痛加矫革，如此

---

① 张洪等：《朱子读书法》卷一，浙江人民美术出版社2017年版。

方是为己工夫，不可至于语言上着力也"。意思是说，切己体察，就是要紧密结合自己的日用生活和道德修养的实际，自觉地反省和检查自己，发现有不符合道德规范之处，要痛加矫正、革新，而不只在语言上下功夫。"切己体察"的主要要求是，一方面，"先须辨义利所在"，处理好"义"与"利"的关系；另一方面，要严格要求自己，将道德践履作为"为学之本"。他说："大抵见善必为，闻恶必去，不使有顷刻悠悠意态，则为学之本立矣。异时渐有余力，然后以次渐读诸书，旁通当世之务，盖亦未晚。"朱熹强调，"诵读虽精，而不践其实，君子盖深耻之"①。

"切己体察"的实质，就是强调读书必须注重治心修己和道德践履。

（5）着紧用力

朱熹所提倡的"着紧用力"读书方法的实质，就是告诫学者，一定要痛下决心，发愤读书、刻苦钻研，勉力学问。他认为作一般事尚且需要认真去做，才能成功，做学问是学人的大事，更应"着紧用力"。"着紧用力"的主要要求是，其一，学者要"痛自鞭策"，不可悠闲自得，虚度时光，他说："岁月如流，易得空过"，"时乎！时乎！不再来，如何可失？"其二，要有刚毅果决的读书意志和勇往直前的学习精神。他说："为学要刚毅果决，悠悠不济事。且如发愤忘食，乐以忘忧是甚么精神？甚么骨筋？"读书学习"如见阵厮杀，擂着鼓，只是向前，有死无二，莫要回头，始得"。其三，要有急迫感和如饥似渴刻苦精神。他说，读书学习"如救火、治病，然岂可悠悠岁月"。又说："为学须是痛切恳恻去做功夫，使饥忘食，渴忘饮，方得。"其四，要持之以恒，毫不放松。他说："为学正如撑上水船，一篙不可放缓。"他赞赏欧阳修的观点，"欧公言'作文章有三处好思量：枕上、马上、厕上。'他只是做文章尚且如此，况求道乎！"他推崇贾岛说："贾岛作诗，只思推敲两字，在驴上坐，只把手作推敲势。"其

---

① 张洪等：《朱子读书法》卷二，浙江人民美术出版社2017年版。

五，排除干扰，一心一意读书学习。他说："读书时，当将心葬在此书中，往往坐卧，念念在此。誓以必晓彻为期。外面有甚事，我也不管，只一心在书上，方为之善读书。"朱熹提倡向苏轼学习，"依老苏法，归家杜户，以二三年为期，正襟危坐，反复阅读、玩索《大学》《论语》《中庸》《孟子》及《诗》《书》《礼记》、程张诸书"①。

(6) 居敬持志

居敬持志是朱熹道德修养和读书的重要方法。他说："读书之法，莫贵乎循序而致精，而致精之本，则又在于居敬而持志。此不易之理也。"又说，所谓"居敬"，就是读书时精神专一，注意力集中，"心只在书上"。朱熹说："读书须将心贴在书册上，逐句逐字，各有着落，方始好商量。大凡学者须是收拾此心，令专静纯一，日用动静间，都无驰走散乱，方始看得文字精审。"②又说："看文字须此心在上面，心不在，便是不曾看相似，所谓视之而不见，听之而不闻。"③

所谓"持志"就是要树立远大的志向，高尚的目标，并要以顽强的毅力长期坚持。他说："立志不定，如何读书？"④只有树立了明确的志向，才能"一味向前"，学业不断长进。

朱熹的读书法，既有前人的经验，又有他独到的见解，比较集中地反映了中国古代学者对读书的经验，其中包含不少的合理成分，如朱熹倡导的"刚毅果决"的读书决心、发愤忘食的刻苦精神、以"治己为先"的道德践履精神以及他所倡导的比较法、由表及里分析法和强烈的问题意识，都反映了读书学习的一些客观要求；这些思想不仅对中国封建社会后期的学者产生了影响深远，而且对现代的学生也有重要的启迪作用。朱熹的读书法也具有明显的时代局限性，如他所倡读的书，主要是宣扬封建道德的儒家经典，忽视对古代科学技术的研究与学习；再如，朱熹只强调学习书本知识，忽视社会实践的重要性。

---

① 张洪等：《朱子读书法》卷二，浙江人民美术出版社2017年版。
② 张洪等：《朱子读书法》卷三，浙江人民美术出版社2017年版。
③ 同上。
④ 黎靖德：《朱子语类·读书法》卷十一，中华书局1986年版。

他的读书法,容易促成"两耳不闻窗外事,一心只读圣贤书"的不良风气。

第二节 辽金时期的教育

公元10世纪至13世纪,我国历史上先后出现了由北方少数民族——契丹、女真贵族的统治集团建立起来的辽(907—1125年)、金(1115—1234年)两个重要的王朝。这两王朝的统治者为了巩固政权,维护统治,都在文化上大力推行"汉化"政策,吸收汉族"尊孔崇儒"的传统,重视教育,仿效唐、宋建立了官学体系。金朝还建立起了比较完整的民族教育体系,推动了民族教育事业的发展。

一 辽代的教育

据学者考证,公元4世纪末,隐匿在今赤峰地区的鲜卑人的一支将自己部族改名为契丹。北魏时在辽河上游游牧,发展为八个部族,唐末耶律阿保机统一了契丹各部族,公元916年称帝,建立契丹国。公元927耶律德光继位,后唐河东节度使石敬瑭为谋夺帝位,求助契丹,上表称臣,割燕云十六州与契丹,契丹势力更为强大,以幽州为燕京,改国号为辽。北宋时期,辽国的面积为宋朝的两倍,颇为强大,长期与北宋王朝对峙。共历9帝,统治210多年。

辽代的教育制度草创于辽太祖时期。耶律阿保机曾"谒孔庙,命皇后、皇太子谒寺观",[①] 以示"尊孔崇儒",并积极推行"汉化"政策,注意把儒学引入契丹族中来。他定都皇都(今内蒙古巴林左旗唐波罗城),神册三年(918年),"诏建孔子庙、佛寺、道观",[②] 儒、佛、道并行,更尊崇儒教。辽太祖时,仿效唐代,在皇都创建国子监,设置祭酒、司业、监丞、主簿等职。辽圣宗、兴宗、道宗三朝是辽王

---

① 脱脱等:《辽史·太祖本纪下》卷二,商务印书馆1937年版。
② 脱脱等:《辽史·太祖纪上》卷一,商务印书馆1937年版。

朝发展的高峰时期，中央官学也有较大的发展，共有五所国子学：上京（皇都，今内蒙古巴林左旗南）、东京（今辽宁辽阳）、中京（今内蒙古宁城西）、南京（今北京）、西京（今山西大同）国子学；三所国子监：上京、中京、西京国子监。

辽代地方官学有府学、州学和县学。历史记载有黄龙府府学、兴中府府学、涿州州学、应州州学、滦州州学、新城县学、永清县学等。府学、州学和县学均设有博士、助教。

辽代统治者也十分重视贵族子弟教育，曾专门创立"诸王文学馆"置"诸王教授，诸王伴读"[①]。

辽代立国的200余年间，比较重视教育事业，特别是与北宋澶渊结盟以后，社会相对安定，经济较为繁荣，各地设学渐多，教育得到进一步发展，促进了民族融合和辽代社会的进步。

二 金代的教育

金人亦称女真人。女真人的祖先长期生活在长白山和黑龙江流域，最早称肃慎，南北朝时称勿吉，隋唐时称靺鞨，其较强的一支曾以龙泉府（今吉林宁安县东）为中心建立渤海国；五代时改称女真，被契丹所灭。约公元10世纪后期，定居于黑龙江阿什河一带的女真人的一支逐步发展壮大，公元1114年完颜部首领阿骨打会合诸部落举兵反辽，打败辽军；公元1115年，阿骨打正式建国称帝，国号"金"（1115—1234年），建都会宁府（今黑龙江省哈尔滨市阿城区），此后女真人亦称金人。金人于1125年灭辽，于1127年打败北宋，统一了包括黄河流域在内的广大北方地区，长期与南宋对峙。公元1234年在蒙古与南宋的联合进攻中灭亡。共历9帝，统治120多年。

与辽代比较，金代效法唐、宋，逐渐建立起了较为完整的官学体系和相应的管理制度，创立了由中央到地方的女真教育体系。金世宗、

[①] 嵇璜：《钦定续通志·职官》卷三十五，商务印书馆2013年版。

章宗时期，金代教育达到全盛。

(一) 金代的中央官学

金代先后建立了6所中央学校：国子监、小学、太学、女真国子学、女真小学和女真太学。

1. 国子监

国子监既是金代的最高学府，专门教育宗室、贵戚、功臣及三品以上官员的15岁以上的子弟；又是管理中央其他学校的管理机构；还是当时金代教科书的刊印发行中心。国子监始设于海陵（完颜亮）天德三年（1151年），据《金史·选举志一》记载："国子监始置于天德三年，后定制词赋、经义生百人，小学生百人，以宗室及外戚、皇后大功以上亲、诸功臣及三品以上官兄弟子孙，年十五以上者入学，不及十五者入小学。"金朝的国子监招收15岁以上的贵族子弟；设有词赋、经义两科；并附设小学，招收15岁以下的贵族子弟。

2. 太学

金代的太学始设于金世宗完颜雍大定六年（1166年），设置博士、助教等教职，专掌教授。"初养士百六十人；后定五品以上官兄弟子孙百五十人"，后又招收地方各府推荐的生员250人。"凡四百人。"① 即金代的太学既招收五品以上官员的兄弟子弟，也招收地方推荐的学生，学生总数达400人。所学教材采用"九经"（《易经》《尚书》《诗经》《春秋左氏传》《礼记》《周礼》《论语》《孟子》《孝经》）、"十七史"（《史记》《前汉书》《后汉书》《三国志》《晋书》《宋书》《齐书》《梁书》《陈书》《后魏书》《北齐书》《周书》《隋书》《旧唐书》《新唐书》《旧五代史》《新五代史》）以及《老子》《荀子》《扬子》等书，并十分重视对教材版本的选择，如《易经》用王弼、韩康伯的注本，《尚书》用毛苌作注、郑玄作笺的版本，《诗经》用杜预作

---

① 脱脱等：《金史·选举志一》卷五十一，中华书局1975年版。

注的版本。这些教材"皆自国子监印制,授诸学校"①。

太学形成了较严格的考试制度,"凡学生会课,三日作策论一道,又三日作赋及诗各一篇。三个月一私试,以季月初先试赋,间一日试策论,中选者以上五名申部"②,报中央补官。金世宗完颜雍大定二十九年(1189年),为了兴学,中央尚书省官员还讨论了宋朝推行的"三舍法"的利弊,对太学管理制度进行了一定的改革;对太学生进行严格管理,"犯学规者罚,不率教者黜"。

3. 女真国子学、女真小学、女真太学

为了培养女真官吏,大定十三年(1173年),金代在中都(今北京)"始设女真国子学,诸路设女真府学,以新进士为教授。国子学策论生百人,小学生百人,府州学二十二"③。女真国子学招收策论生100人;女真小学,招收不足15岁的女真人的子弟,定额100人。女真国子学也设词赋、经义两科。大定二十八年(1188年),又创建女真太学,规定"诸教授必以宿儒高才者充"。

中央学校除上述6所之外,还有一些专科学校,如"司天台学生女真二十六人,汉人五十人。听官民家年十五以上三十以下试补"④。

(二)金代的地方官学

金代的地方官学主要有府、镇、州学和女真府、州学,此外还有医学。

1. 府、镇、州学

金代地方府学、州学始设于世宗大定十六年(1176年)。《金史·选举志一》记载:"府学亦大定十六年置,凡十七处,共千人。"大定二十九年(1189年),金世宗又诏令在全国京、府、节镇、防御州普遍设立学校,"各设教授一员",并根据各府、节镇、州人口的多寡,规定设学规模。当时共建府学二十有四,学生九百

---

① 脱脱等:《金史·选举志一》卷五十一,中华书局1975年版。
② 同上。
③ 嵇璜:《钦定续通志·选举略·学校》卷一百四十三,商务印书馆2013年版。
④ 脱脱等:《金史·选举志一》卷五十一,中华书局1975年版。

五人；节镇学三十九，共六百一十五人；防御州学二十一，共二百三十五人，凡千八百人。① 金世宗大定年间所建府学、节镇学、州学共计 101 所（含京府学 17 所），在校学生约 2800 人（含京府学生 1000 人）。金代"府州学则以提举学校官主之"。金世宗时期，地方官学教育进入全盛时期。

2. 女真府、州学

大定十三年（1173 年），金代在中央设立女真国子学的同时，又在女真人居住集中的地区设"府州学二十二"，以新进士为教授。大定四年（1164 年），女真府州学学生"诸路至三千人"，规模较大。

3. 地方医学

据《金史·选举志》记载："凡医学十科，大兴府学生三十人余，京府二十人，散府、节镇十六人，防御州十人。每月试疑难，以所对优劣，加惩劝。三年一次试诸太医，虽不系学生亦听试补。"当时不少府、州都设有医学，学生数多寡不同。医学学生出路较优越，可以通过考试补太医之缺。

在金代，无论是中央官学还是地方官学的学生，都由政府供养。经费的主要来源是学田。据《金史·章宗本纪》记载，泰和元年（1201 年），"更定赡学养士法：生员，给民佃官田人六十亩，岁支粟三十石；国子生，人百八亩，岁给以所入，官为掌其数。"金代官学生除在经济上得到供养外，还终身免除杂役。

金代学校教育制度最显著特点是建立起了从中央到地方较为完整的女真族教育体系。这一举措既有利于改变女真民族文化教育落后的局面，培养了不少女真人才，又促进了女真人的汉化进程，并在客观上为后来元朝建立蒙古族教育体系提供了经验。

---

① 脱脱等：《金史·选举志一》卷五十一，中华书局 1975 年版。

第三节 元朝的教育

元朝（1271—1368年）是由蒙古族贵族统治者于公元1271年建立的统一的封建王朝，1368年被朱元璋领导的农民起义军所推翻。

蒙古族兴起于黑龙江上游额尔古纳河流域，司马迁在《史记》中称其为"东胡"，隋唐时期称鞑靼，13世纪初，蒙古族开始勃兴。公元1204年，铁木真统一了蒙古高原的各部族，1206他被各部落推举为"成吉思汗"，在漠北建立了蒙古国。随即接连发动了对西夏、金的战争和西征，不到80年，征服了整个中亚细亚、俄罗斯和中国境内的西夏、金、南宋，并一度侵入东欧，建立了横跨亚欧两大洲的蒙古大帝国。

公元1271年，蒙古大汗忽必烈称帝，改国号为"大元"，建都大都（今北京）。元朝时，中国实现了历史上最大范围的统一，成为当时世界上面积最大、军事实力最强大的国家。1368年，朱元璋领导农民起义推翻了元朝的统治。

元朝在其统治近100年的历史中，在政治上，采用武力镇压和民族歧视政策，将全国人民分为蒙古人、色目人、汉人、南人四个等级，进行残暴的民族压迫和阶级统治；积极推行"汉化"，采用尊孔重儒、崇尚程朱理学、包容佛教和道教、重教兴学的文教政策。推行"汉化"的目的在于使蒙古等西域游牧民族逐渐改变他们虽彪悍善战，但草昧初辟，几无文化可言的落后状况，培养蒙古族人才；尊孔重儒，重教兴教的目的在于笼络和培养汉人知识分子，软化汉族，缓解矛盾，长治久安。元成宗铁穆耳即位时，诏令天下崇奉孔子。元武宗时加封孔子为"大成至圣文宣王"，大修孔庙。元仁宗时，确立了程朱理学在思想文化领域中的支配地位，在科举考试中规定"《六经》至于《论语》《大学》《中庸》《孟子》，专以周、程、朱子之说为主，定为国是，而曲学异说悉罢黜之"①。这些文教政策，推动了元代文化教育事业的发展。至元世祖忽必烈时期，学校教育的发展进入兴盛时期，从中央到地方建立起了较为完备的官学体系和教育管理机构。

一　元朝的官学教育

（一）元朝的中央官学

元朝的中央官学主要有国子学、蒙古国子学和回回国子学。

1. 国子学

国子学，始创于元世祖忽必烈至元六年（1269年）。至元二十八年（1291年）改为国子监。至元二十四年（1287年），"其生员之数，定二百人"；元成宗大德四年（1300年），"生员三百人"；仁宗延祐二年（1315年）"定国子生额为三百人，仍增陪堂生二十人"。国子学招收"七品以上朝官子孙为国子生"；"凡民之俊秀者入学"需经三品以上朝官之保举，方能为陪堂生伴读（类似现代的旁听生）。国子监设祭酒、博士、助教、学正、学录、典给等职。

国子学的教学内容，以朱熹撰写的《小学》和注释的《四书》《五经》为基本教材。"先学《孝经》《小学》《论语》《孟子》《大学》《中庸》，次及《诗》《书》《礼记》《周礼》《春秋》《易》。"②

元朝国子学实行"升斋积分法"和"贡生制"。升斋积分法就是将国子学分为下、中、上三个等级六个斋舍，下两斋叫"游艺""依仁"，程度最低，习《小学》；中两斋叫"据德""志道"，习《四书》，做诗律；上两斋叫"时习""日新"，程度最高，习《五经》，明经义。学生按程度分别进入各个斋舍学习不同的内容。汉人学生升至"时习""日新"两斋，蒙古、色目学生升至"志道""据德"两斋，则实行积分法。所谓"积分法"，即学生每月考试成绩为上等者，

---

① 苏天爵：《滋溪文稿·伊洛渊源录序》卷五，中华书局1977年版。
② 宋濂等：《元史·选举志》卷八十一，中华书局1976年版。

积一分，为中等者积半分，每岁终，积分达到八分以上者升充高等生员。其具体做法是："汉人私试，孟月试经疑一道，仲月试经义一道，季月试策问、表章、诏诰科一道。蒙古、色目人，孟、仲月各试明经一道，季月试策问一道。辞理俱优者为上等，准一分；理优辞平者为中等，准半分。每岁终，通计其年积分，至八分以上者升充高等生员，以四十名为额，内蒙古、色目各十名，汉人二十名。岁终试贡，员不必备，惟取实才。"①

"升斋积分法"是对宋朝分斋制和三舍法的延续与发展。"积分法"近似于现代的学分制，注重学生平时的考试成绩，它具有督促学生平时认真学习的积极作用。

"贡生制"是指，国子学学生坐斋三年以上者即可以充贡举，获得参加礼部科举考试的资格，其中最优者六人可直接授官。"贡生制"将学生的学习成绩与参加礼部科举考试和授予官职联系起来，有利于增加学生学习的动力。

2. 蒙古国子学

少数民族建立的王朝，往往注重为本民族子弟设立学校，培养本民族的人才，金人、西夏人是这样做的，蒙古人也不例外。至元八年（1271年）春正月，元世祖"始下诏立京师蒙古国子学"，从随朝蒙古、汉人百官的子弟中选俊秀者入学。设博士、助教、教授、学正、学录、典书等学官。初期生员未有定额，生员较少，后规模有所扩大，元仁宗延祐二年（1315年），"所设生员百人，蒙古五十人，色目二十人，汉人三十人，而百官子弟之就学者常不下二三百人"。蒙古国子学以用蒙古语言翻译编写《通鉴节要》为主要教材；学生学成，通过出题试问，"观其所对精通者，量授官职"。

(二) 元朝的地方官学

元世祖认为"事有似缓而实急者，学校是也。盖学校者，风化之

---

① 宋濂等：《元史·选举志一》卷八十一，中华书局1976年版。

出治之源也"①，比较重视学校教育。元代的地方官学主要有路学、府学、州学、县学、小学、社学及蒙古字学、医学、阴阳学等。

元朝路学创立于元世祖忽必烈中统二年（1261年），据按《元史·选举志一》记载："世祖中统二年，始命置诸路学校官，凡诸生进修者，严加训诲，务使成材，以备选用。"到元世祖至元二十八年（1291年），按行政区划，在地方普遍设立了路学、府学、州学、县学以及小学、社学。主要学习儒家经典。路学设教授、学正、学录；府学、州学设教授、学正；县学设教谕。教授由朝廷任命，学正、学录、教谕则由礼部、行省或宣慰司任命。

元代地方官学中最具特色的是"社学"。社学创立于至元二十三年（1286年）。据《新元史·食货志》记载：是年规定，"诸县所属村疃，五十家为一社，择高年晓农事者立为社长……每社立学校一，择通晓经书者为学师，农隙使子弟入学。如学文有成者，申复官司照验"。又据《庙学典礼》记载：大德四年（1300年）元仁宗规定：社学"先读《孝经》《小学》书；次及《大学》《论》《孟》、经史，务要各知孝悌忠信，敦本抑末"。上述记载说明，社学是一种农闲时教育农民子弟的组织形式，主要学习《孝经》《小学》《大学》《论语》《孟子》等儒家经典，开办社学的目的在于使农民子弟"各知孝悌忠信，敦本抑末"。至元二十八年（1291年）社学发展到21300所，普及程度很高。它对于发展农村地区文化教育事业具有一定意义。这是元朝在教育组织形式上的一种创新，对后世产生了一定的影响。

此外，元代在地方还开设了蒙古字学、医学、阴阳学等专门学校。

地方蒙古字学创立于至元六年（1261年）。蒙古族本来只有语言而没有文字。中统元年（1260年），元世祖命国师八思巴制蒙古新字，以取代以前用的畏兀儿文字；至元六年（1269年），诏"以新制蒙古字颁行天下"②。为了把蒙古文字推行到全国，普及至民间，于至元六

---

① 佚名氏：《庙学典礼·官吏旨庙学烧香讲书》卷一，浙江古籍出版社1992年版。
② 宋濂等：《元史·世祖本纪》卷三，中华书局1976年版。

年创设蒙古字学，以蒙文译写的《通鉴节要》为教材，令蒙古、色目、汉官员子弟入学。蒙古字学的开办有益于普及蒙古文字和培养蒙汉文字的翻译人才，对于民族融合有一定意义。

地方医学创立于中统二年（1261年）。学生主要招收在籍医户及开设药铺人家的子弟。主要学习《素问》《难经》《神农本草》等医学经典，研习十三科（即大方脉、杂医科、小方脉、风科、产科、眼科、口齿科、咽喉科、正骨科、金疮肿科、针灸科、祝由科、禁科）的疑难问题。

地方阴阳学，创设于至元二十八年（1291年）。学习天文、算历。在地方上设立阴阳学，培养天文、算历人才，这是元朝的创新，对后来的明朝教育产生了一定的影响。

二 元朝的教育管理机构

元朝在建立从中央到地方的官学体系的同时，设置了相应的教育管理机构。元代中央最高教育行政机构为集贤院，其次是国子监。国子监、国子学隶属集贤院管辖。此外蒙古翰林院、医学提举司、司天台、大司农司等也负有管理教育的职责。在地方上，各路、府、州、县学等儒学系统的学校隶属于大司农的儒学提举司管辖。各路蒙古字学校隶属于蒙古翰林院的蒙古提举学校官管理。各路医学由隶属于太医院的医学提举司管理；各路阴阳学归隶属于太史院的阴阳学教授所管理。

元朝教育最鲜明的特点是蒙古和回族等少数民族的教育空前发展，一方面，这体现了当时的统治民族——蒙古及回族等色目人享有教育的特权；另一方面，在一定程度上提高了蒙古等少数民族的文化水平，丰富和发展了中华民族的文化教育事业，推动了各民族之间的文化交流，使中华民族的融合进入到一个新的历史阶段。

三 元朝的书院

元朝统治者对书院采取提倡、扶持和加强控制的政策，使"元代书院较宋代尤为发达,差不多成了一种官立书院"①。

在汉族士人的建议下,元朝统治者早在太宗八年(1236年)在燕京(今北京)建立了"太极书院",以纪念周敦颐。这是元朝书院之始。至元二十八年(1291年),元世祖下令江南设立小学的同时,明确提出"其他先儒过化之地,名贤经行之所,与好事之家出钱粟赡学者,并立为书院"②。鼓励恢复宋代的书院,提倡民间兴办书院。这种政策推动了书院在数量上得到较大发展,遍及全国许多地方。据学者研究统计,元代书院共227所,其中新建书院143所,复兴书院65所,改建书院19所。③ 正如清代学者朱彝尊在《日下旧闻》中所述:"书院之设,莫盛于元。设山长以主之,给廪饩以养之,几遍天下。"

元代书院比较发达,原因是多方面的。元统治者奉行"尊用汉法"政策,倡导和支持书院是书院发展的主要原因;另外,在元代不少汉族知识分子隐居不仕,自发开办一些书院,是书院发展的又一重要原因。

书院官学化是元代书院的主要特点。元朝统治者在提倡、鼓励兴办书院的同时,强化了朝廷对书院的控制。其主要表现在:书院的山长、学正、学录、教谕和教授需经礼部或行省及宣慰司任命或备案,在路、府、州书院设直学以掌钱谷;书院的学生也需由官府推荐、考核;书院的教学内容与官学基本相同,都以程朱理学为主要内容;书院毕业的学生经官府推荐、考核或任教官,或任官吏。元代书院差不多成了一种"官立书院"。书院官学化限制了书院办学的自主性,使宋代书院自主讲学、自由研究、讨论学术的特色大为减弱。

四 元朝的科举制度

元朝前40余年,科举处于酝酿、讨论阶段,元世祖对金代以诗赋

---

① 陈青之:《中国教育史》中册,福建教育出版社2009年版,第360页。
② 宋濂等:《元史·选举志一》卷八十一,中华书局1976年版。
③ 曹松叶:《元代书院概况》,《中山大学语言历史研究所周刊》第10集。

取士的科举制度印象不佳，明确表示"科举虚诞，朕所不取"①。元成宗、武宗两朝对科举持冷淡态度；加上蒙古、色目权贵的阻挠，使元朝前三朝对科举一直议而不决；到元仁宗时，科举制度才得以确立。元仁宗爱育黎拔力八达受到较多汉文化的熏陶，他积极更新朝政，提出："千百人中得一范仲淹，斯足矣。"② 力排众议，于皇庆二年（1313年）下诏在全国推行科举制度。元朝实行科举制度共48年，开科16次，录取进士1139人。

元朝科举考试，每三年举行一次；考试分三个等级：乡试（行省考试）、会试（礼部考试）和御试（即殿试）。殿试放榜后，皇帝在翰林院设恩荣宴招待新进士，并在国子监刻石题名。第一名赐进士及第，从六品；第二名以下及第二甲皆正七品；第三甲以下皆正八品。

元朝科举制度有不同于其他王朝的一些特点。其一，科举制度有明显的民族歧视的色彩。其主要表现在两个方面：一方面，考试内容"蒙易汉难"。乡试、会试时蒙古人、色目人只考两场，而汉人、南人则必须考三场；并且对蒙古人、色目人与汉人、南人考试的难易程度都不同。乡试，蒙古人、色目人只考两场，第一场经问五条，从《大学》《中庸》《论语》《孟子》四书内出题，字数不限；第二场试策一道，以时务出题，限500字以上；而汉人、南人须考三场，第一场试题分二则，一则明经经疑二问，限300字以上；二则经义一道，以《诗》《书》《易》《礼记》《春秋》五经内出题，任各治一经，限500字以上。第二场，以古赋、诏诰、章表三种内任科一道。第三场试策一道，由经史内出题，文取直述，限1000字以上为完成。会试，蒙古人、色目人也只考两场，汉人、南人须考三场。第一场，蒙古人、色目人经问五道，汉人、南人试明经经疑二问及经义一道；第二场，蒙古人、色目人试策一道，汉人、南人于古赋、诏诰、章表内任科一道；第三场，蒙古人、色目人免试，汉人、南人试时务策一道。殿试对蒙

---

① 许衡：《鲁斋遗书·考岁略》卷十三，四库书馆1968年版。
② 虞集：《道园学古录·送朱德嘉序》卷三十四，吉林出版社2005年版。

古与汉人考生的要求也不同。殿试只考一场,蒙古人、色目人试时务策一道,限500字以上为完成;汉人、南人试策一道,限1000字以上为完成。另一方面,实行两榜制,蒙尊汉卑。元代殿试放榜时,分为左、右两榜,蒙古人、色目人为一榜,称"右榜";汉人、南人为一榜,称"左榜"。两榜均各分三甲,但以右榜为尊。

其二,从《四书》中出题,以《四书章句集注》为答题标准,确立了程朱理学的绝对权威。元仁宗皇庆二年(1313年)下诏:规定科举考试从"《大学》《论语》《孟子》《中庸》内设问,用朱氏《章句集注》"[1]。从此朱熹所著的《四书章句集注》成为科举考试的答题标准,取得了与《五经》的同等地位,成为广大士人和各类学校必读的教科书,影响中国封建社会后期的文化教育长达数百年之久。[2]

元朝科举考试具有极大的导向作用,使汉人"士气复振",重新形成了读书的风气;也推动了蒙古人、色目人攻读儒书,提高了接受汉化的积极性。科举考试科目中突出经术,促使学校教育转向以程朱理学为主要内容,程朱说,"士子于朱子之书莫不家传人诵之"[3] 从而在文教领域确立了程朱理学的统治地位。推行科举制度也有益于提高元朝官僚队伍的文化修养,有助于吏治的改善,并提高了汉人、南人对元朝统治制度的认同度。但元朝推行科举制度的时间不到50年,不仅其积极作用有限,而且也有明显的负面影响。一方面元朝科举制度存在着严重的民族歧视,人为造成各民族之间的不平等和矛盾;另一方面,科举考试以程朱理学为唯一标准,禁锢了士人的思想,对明清两代的学校教育也产生了较大的消极影响。

第四节 明朝的教育

元朝末年农民起义军在杰出的领袖朱元璋的领导下,于1368年推

---

[1] 宋濂等:《元史·选举志一》卷八十一,中华书局1976年版。
[2] 孙培青:《中国教育史》,华东师范大学出版社2009年版,第227页。
[3] 黄溍:《文献集·送慈溪沈教谕诗序》卷六,吉林出版社2005年版。

翻了元朝，结束了元末混乱割据的局面，重建了统一的政权——明朝，使中国步入新的发展时代。明朝（1368—1644年）是我国封建社会的一个重要朝代，历时277年。明初，朱元璋为了巩固政权，在政治和军事方面进行了诸多改革。在政治方面，因胡惟庸案发，朱元璋废除了中书省，不设丞相，将军政大权集中于皇帝一人；将御史台改为都察院，强化了对地方官吏的监察；采用严酷的法规惩治官员贪污腐败，并坚决打击地方豪强富民，这些措施加强了中央集权，有益于吏治清明，在一定程度上减轻了农民的负担，对医治战争的创伤，维持社会稳定起了积极的作用。在经济方面，明初废除了元朝的奴隶制残余，解放了奴隶、农奴、工奴，并推行了一系列"安养生息"、发展农业生产和扶持工商业的政策，推动了农业、手工业的恢复和发展，促进了商业和城市经济的繁荣，也促进了官学教育的昌盛。

明朝在经济关系方面，出现了新的因素，即资本主义的萌芽。自明中叶以后，特别是在嘉靖、万历年间（1522—1619年），在长江三角洲和沿海地区的丝织、棉织、陶瓷等手工业部门中出现了资本主义生产关系的萌芽。在统治思想方面，明朝推行程朱理学。统治者曾采取种种措施，提高程朱理学的社会地位。明中叶以后，王守仁继承和发展了陆九渊的学说，创立了与程朱理学相悖的"王学"，曾风行一百余年。明朝是中国古代科学技术的总结阶段，出现了徐光启的《农政全书》、李时珍的《本草纲目》、宋应星的《天工开物》及方以智的《物理小识》等科技巨著；在传统科学技术有了巨大发展的同时，西方科学技术开始传入。自万历以后，一些西方耶稣会传教士，如利玛窦、汤若望、熊三拔等人，陆续来到中国。他们在进行传教活动的同时，介绍一些西方有关历算、水利、测量、火器等方面的知识。所有这一切，对明朝教育的发展产生了重要的影响。

朱元璋是中国历史上重教兴学的皇帝之一，明朝初年，他制定了"治国以教化为先，教化以学校为本"的文教政策，促进了学校教育事业的发展。明朝建立了较完备的中央官学和地方官学体系，形成了诸多特点。由于受统治阶级内部矛盾斗争的影响，明朝曾四毁书院。

在明朝众多书院中，东林书院的地位特殊。它是当时一个重要的学术文化中心和政治活动中心。明朝科举制度是中国科举史上的鼎盛时期，八股文成为固定的考试文体，学校教育受到科举制度的严重影响。王守仁是明中叶著名的哲学家和教育家。他创立了与程朱理学异趣的"心学"体系；他的讲学活动，形成了中国学术史上有重要地位的阳明学派；他的教育思想，在明中后期产生了广泛而深刻的影响。

一　明朝的文教政策

明太祖朱元璋虽出身贫苦，知文墨不多，但他从历史的经验教训和亲身的实践中，深知学校教育对于治理国家的重要意义。因此，在立国之初，他便将发展教育事业置于重要的地位。他说："治天下，当先其重且急者，而后及其轻且缓者。今天下初定，所急者衣食，所重者教化。衣食给而民生遂，教化行而习俗美。足衣食者在于劝农，明教化者在于兴学校。"[1] 从而确立了"治国以教化为先，教化以学校为本"[2] 的文教政策。这一政策具体表现在以下三个方面：

（一）广设学校，培育人才

朱元璋认为，人才是国家的宝贵财富，他说："贤才，国之宝也……贤才不备，不足以为治。"[3] 而"学校养贤育材之所"，人才主要依靠学校培养。因此，在明朝立国之前，于元至正二十五年（1365年），将应天府学改为国子学，创建了中央最高学府。明洪武元年（1368年），"令品官子弟及民俊秀通文义者"入学肄业；至洪武四年（1371年），学生已达2728人。[4] 洪武十四年（1381年），又改建国子学于鸡鸣山下。洪武十五年（1382年），改国子学为国子监，设祭酒一人，司业一人，监丞、典簿各一人，博士三人，助教十六人，学正、学录各三人，掌馔一人。永乐元年（1403年），开始设立北京国子监。

---

[1] 纪昀等：《御定执中成宪·明太祖实录》卷二六，吉林出版社2005年版。
[2] 张廷玉：《明史·选举志一》卷六十九，中华书局1986年版。
[3] 张廷玉：《明史·选举志三》卷七十一，中华书局1986年版。
[4] 黄佐：《南雍志》卷一五，国家图书馆出版社2013年版。

永乐十八年（1420年），迁都北京，将原京师国子监改为南京国子监，北京国子监则为京师国子监，而太学生有南北国子监之分。

在积极创建中央学校的同时，明朝统治者十分重视发展地方教育事业。洪武二年（1369年），发布兴学令，要求全国各地普遍设立学校。兴学令称："学校之教，至元其弊极矣。上下之间，波颓风靡，故学校之教，名存实亡。况兵变以来，人习于战斗，惟知干戈，莫识俎豆……京师虽有太学，而天下学校未兴。宜令郡县皆立学礼，延师儒，教授生徒，以讲论圣道，使人日渐月化，以复先王之旧。"① 于是，全国各府、州、县便纷纷设立学校，府学设教授，州学设学正，县学设教谕，各一人。各学校还另设训导，人数多寡不等。同时，对于各学校入学人数、师生待遇等，也都一一作了明确的规定。洪武八年（1375年）又因"京师及郡县皆有学，而乡社之民未睹教化"，下令设立社学，"延师儒以教民间子弟"。这样，从京师到郡县以及乡村地区，建起了学校教育网络。明初学校教育事业的发展，超过了历史上任何一个朝代。

（二）重视科举，选拔人才

明朝选拔人才的制度原来主要有两种：荐举和科举。明初，"两途并用，亦未尝畸重轻"。明太祖曾多次下求贤诏，访求天下贤才。例如，洪武六年（1373年）下诏称："贤才，国之宝也……人君之能致治者，为其有贤人而为之辅也。山林之士，德行文艺可称者，有司采举，备礼遣送至京，朕将任用之，以图至治。"② 荐举制度也确实为明朝政府网罗了许多人才，其中一些大学士、尚书、侍郎等高官就是通过荐举选拔出来的；但荐举制度有不少缺陷，不足以满足朝廷选拔人才的需要，于是自明惠帝、明成祖以后，科举日重，荐举日轻，士人都以科举登进为荣，而荐举则名存实亡。科举日益成为明朝主要的选士制度。

---

① 张廷玉等：《明史·选举志一》卷六十九，中华书局1986年版。
② 张廷玉等：《明史·选举志三》卷四十七，中华书局1986年版。

(三) 加强思想控制，实行文化专制

朱元璋在幼年时期就深切地感受到元朝官吏及地方豪强、地主残酷剥削、欺压贫苦农民，对官吏及地方士绅十分反感，不信任士大夫，同时出于维护高度中央集权的考量，明朝统治者广设学校，重视科举，在积极发展文化教育事业的同时，采取各种措施加强思想控制，实行文化专制统治。明朝文化专制措施主要有以下三个方面。

1. 推崇程朱，删节《孟子》

明朝统治者竭力推崇程朱理学，把它作为思想、文化、教育领域的统治思想。明太祖朱元璋曾下令，学者讲学"一宗朱氏之学，非《六经》《四书》不读，非濂、洛、关、闽之学不讲"。① 洪武二年（1369年），明确规定："国家取士，说经者以宋儒传注为宗。"明成祖永乐十三年（1415年），命翰林学士胡广等编纂《五经大全》《四书大全》和《性理大全》，颁行天下，作为钦定的学校教科书。程朱理学成为天下士人研习的基本内容，入仕的主要途径。此外，明朝统治者还表彰程朱门人。例如，景泰七年（1456年），令朱熹门人黄榦、蔡沈、刘钥、真德秀陪祭孔庙，以此来提高程朱理学的社会地位。

在推崇程朱理学的同时，对其他有碍于专制统治的思想学说则采取排斥的态度，即使是被历代统治者尊崇的《孟子》一书，也概莫能外。明太祖认为，《孟子》中的有些话不利于君主专制统治。因此，他下令把孟子逐出孔庙，罢其配享，而且在洪武二十七年（1394年），朱元璋提出："《孟子》当战国之世，故辞气抑扬太过"，于是"命刘三吾删其过者，为《孟子节文》"。《孟子》中诸如"民为贵，社稷次之，君为轻""桀纣之失天下也，失其民也；失其民者，失其心也""君有大过则谏；反复之而不听，则易位""君之视臣如草芥，则臣视君如寇仇"等被删节，全书共计"节去八十五条，课试不以命题，科举不以取士"②。经删节后的改成为《孟子节文》，刻板在太学，颁行

---

① 黄训：《名臣经济录·设学校以立教三》卷二十六，文海出版社1984年版。
② 朱彝尊：《经义考·孟子》卷二百三十五，中华书局1998年版。

全国学校。对《孟子》一书的删节,是明朝的文化专制统治政策的表现之一。

2. 严格管理学校,禁止学生议政

明朝政府对中央和地方学校都严加管理。国子监设立"绳愆厅",由监丞负责,凡"诸师生有过及廪膳不洁并纠惩之,而书之集愆册";国子监还屡次更定学规,对"堂宇宿舍饮馔澡浴具有禁例",严格管束监生的言论、行动,禁止他们"议论他人长短",各堂之间不准"往来相引","交结为非"。如有违者,则从绳愆厅纠察,严加治罪,"初犯纪录,再犯决行竹篦五下,三犯决竹篦十下,四犯照依前例,发遣安置"。"敢有毁辱师长及生事告讦者,即系干名犯义,有伤风化,定将犯人杖一百,发云南地面充军。"[1] 国子监甚至出现法外用刑现象。如洪武二十七年,监生赵麟因受不了虐待,揭帖子表示抗议,学校当局认为是犯了毁辱师长罪,按照学规应该是杖一百而后充军。但为了杀一儆百,竟将赵麟处以极刑,并在国子监前立一长竿,悬首示众。这竿子一直竖了126年,至明武宗正德十四年(1519年)才撤掉。

在地方学校中,也同样实行专制管理。洪武十五年(1382年),"颁禁例于天下学校,镌立卧碑,置明伦堂之左,永为遵守"。卧碑禁令如下。

"——府、州、县生员,有大事干于己家者,许父兄弟侄具状入官辩诉,若非大事,含情忍性,毋轻至公门。

——生员之家父母贤智者少,愚痴者多。其父母贤智者,子自外入,必有家教之方,子当受而不违。斯孝行矣。何愁不贤者哉!其父母愚痴,作为多非,子既读书得圣贤知觉,虽不精通,实愚痴父母之幸独生是子。若父母欲行非为,子自外入,或就内知,则当再三恳告,虽父母不从,致身将及死地,必欲告之,使不陷父母于危亡。斯孝行矣。

---

[1] 申时行:《明会典·国子监》卷一百七十三,中华书局1989年版。

——一切军民利病，并不许生员建言。果有一切军民利病之事，许当该有司、在野贤人、有志壮士质朴，农夫商贾技艺皆可言之，诸人毋得阻挡，惟生员不许。

——生员内有学优才赡，深明治体，果治何经，精通透彻，年及三十，愿出仕者，许敷陈王道，讲论治化，述作文词，呈禀本学教官，考其所作，果通性理，连签其名，具呈提调正官，然后亲赍赴京奏闻，再行面试。如果真才实学，不待选举，即时录用。

——为学之道，自当尊敬先生。凡有疑问及听讲说，皆须诚心听受。若先生讲解未明，亦当从容再问；毋恃己长，妄行辩难，或置之不问。有此者，终世不成。

——师长当体先贤之道，竭忠教训，以导愚蒙。勤考其课，抚善惩恶，毋致懈惰。

——提调正官务常加考较，其有敦厚勤敏，抚以进学；懈怠不律、愚顽狡诈，以罪斥去；使在学者皆为良善，斯为称职矣。

——在野贤人、君子果能练达治体、敷陈王道，有关政治得失、军民利病者，许赴所在有司，告给文引，亲赍赴京面奏。如果可采，即便施行，不许坐家，实封入递。

——民间凡有冤抑干于自己及官吏卖富差贫、重科厚敛、巧取民财等事，许受害之人将实情自下而上陈告，毋得越诉。非干己事者不许及假以建言为由坐家封者。前件如已依法陈告，当该府、州、县布政司、按察司不为受理，听断不公，仍前冤枉者，然后许赴京申诉。

——江西两浙江东人民多有不干己事，代人陈告者，今后如有次等之人治以重罪。若邻近亲戚全家被人残害，无人申诉者，方许。

——各处断发充军及安置人数不许进言。其所管卫所官员毋得容许。

——若十恶之事，有干朝政，实迹可验者。许诸人密切赴京面奏。

——前件是理仰——讲解遵守，如有不尊者，并以违制论。"[①]

---

① 申时行：《明会典·礼部·学规》卷七十六，中华书局1989年版。

这十多条禁例（令），对学生、教师、教育官员的行为规范都做出严格的规定，不准生员参与国家政治，议论朝政得失；也不准生员对教师的讲授提出不同意见。其目的在于禁锢学生的思想，钳制舆论，加强专制统治。

3. 屡兴文字狱

明朝统治者为了加强思想控制，还屡兴文字狱，以莫须有的罪名，残酷迫害士人。当时有不少人因文字而惨遭杀害。清人赵翼在《明初文字之祸》一文中作了集中的记载。如杭州府学教授徐一夔，在所撰贺表中有"光天之下，天生圣人，为世作则"等语，明太祖"览之大怒曰：'生'者，僧也，以我尝为僧也；'光'，则剃发也；'则'字音近贼也。遂斩之。"[①] 又如，浙江府学教授林元亮，为海门卫作《谢增俸表》，以表内"作则垂宪"诛；澧州学正孟清，为本府作《贺冬表》，以"圣德作则"诛；祥符县学教谕贾翥，为本县作《正旦贺表》，以"取法象魏"诛。明朝统治者如此枉杀无辜，残害各级教官，目的是为了造成一种恐怖气氛，使学校师生慑于其淫威，俯首帖耳，服从统治，为其效劳，不敢心怀二心。这是明朝专制统治在思想、文化教育领域的具体表现。

明朝确立了"治国以教化为先，教化以学校为本"的文教政策。在这一政策指导下，学校教育得到了很大发展，普及程度为唐、宋以来所不及；科举制度重新受到青睐，翰林之盛则前代所绝无。与此同时，又采取种种措施，加强思想控制，其文化专制统治，超过了历史上任何一个朝代，达到了登峰造极的地步。

二 明朝的官学教育

明朝官学也分为中央官学和地方官学两大类。中央设立的主要有国子监，此外还有宗学、武学等。地方设立的主要有府学、州学、县学，以及都司儒学、行都司儒学、卫儒学、都转运司儒学、宣慰司儒

---

① 《廿二史劄记》卷三二，世界书局1947年版。

学、按抚司儒学，此外还有武学、医学、阴阳学和社学等。其中，国子监属大学性质；武学、医学、阴阳学属专科学校性质；各府、州、县学和都司、行都司、卫、都转运司、宣慰司、按抚司儒学相当于中等学校性质；社学属小学性质；宗学是贵胄学校。在教育行政管理方面，国子监同时又是明朝最高教育行政管理机关，长官为祭酒，司业为其副，主管中央官学的政令。地方教育行政机关，明初沿袭元朝制度，在各直省设置儒学提举司。正统元年（1436年），始设"提督学校官"（简称"提学官"或"提学"），南、北直隶由御史充任，各省由按察司副使、佥事担任。"提学之职，专督学校，不理刑名……督、抚、巡按及布、按二司，亦不许侵提学职事也。"[①] 明朝地方教育行政具有一定的独立性。

（一）明朝的中央官学

1. 国子监

明朝国子监有南北之分，并以北京国子监为京师国子监。南京国子监规模恢宏，"延袤十里，灯火相辉"，校内建筑仅教官、学生宿舍、食堂等就有2000余间。学生人数一般在500—2000人之间。人数最多的洪武二十六年（1393年）高达8124名。《南雍志》描述当时的盛况说："规制之备，文教之盛，自有成均，未之尝闻也。"[②]

在国子监肄业的学生，通称为监生。因其入学资格不同，分为"举监"、"贡监"、"荫监"和"例监"。会试下第举人入监肄业，称为"举监"；地方府、州、县学生员被选贡到国子监肄业，通称为"贡监"。品官荫一子入监，称为"荫监"。庶民通过纳粟纳马等捐资入监者，称为"例监"，亦称"民生"。此外，在国子监肄业的还有来自邻邦高丽、日本、暹罗等国的留学生，称为"夷生"。国子监学生的来源虽不同，但在肄业期间，均受到较优厚的待遇。"厚给廪饩，岁时赐布帛文绮、袭衣巾靴。"每遇节日，"俱赏节钱"。朱元璋之妻

---

① 《廿二史劄记》卷三二，世界书局1947年版。
② 黄佐：《南雍志·谟训考·学规本末》卷九，国家图书馆出版社2013年版。

（孝慈皇后）并积粮监中，置红仓20余间，养诸生之妻子。永乐十八年（1420年）明朝迁都北京，改北京国子监为京师国子监。永乐二十年（1422年），国子监学生增至9972人，为明朝国子监学生数量之最。但自正德以后，则逐渐衰落，至隆庆、万历以后，"南北国学皆空虚"，已有名无实。国子监的教官各司其职。祭酒、司业"掌国学诸生训导之政令"，明初选择有学行者任之，后皆由翰林官迁转。监丞参领监务，掌管绳愆厅，"坚明其约束，诸师生有过及廪膳不洁，并纠惩之，而书之于集愆册"。博士掌分经讲授。助教、学正、学录共同负责"六堂之训诲"，对本堂学生"讲说经义文字，导约之以规矩"。典簿负责文书及经费，典籍管理书籍，掌馔负责伙食。

关于教学内容，《明史·职官志二》云：对监生"造以明体达用之学，以孝悌礼义忠信廉耻为之本，以六经、诸史为之业"。"凡经，以《易》《诗》《书》《春秋》《礼记》，人专一经；《大学》《中庸》《论语》《孟子》兼习之"。进入国子监肄业，目的是为了入仕参政，因而学习本朝律令，当为必需。刘向的《说苑》记载："多载前言往行，善善恶恶，昭然于方册之间，尝以暇时观之，深有劝诫。"因此，令监生读之，自有教益。《御制大诰》为明太祖所撰，主要内容是列举他所杀之人的罪状，以及教人民守本分，纳田租，出夫役，替朝廷当差的训话，让监生学习，可以使他们知所警戒，安分守己。除上述内容之外，每月朔望还须习射，每日还要习字200多，以二王、智永、欧、虞、颜、柳诸著名书法家的字帖为法。

明朝国子监在教学制度方面，有两点值得注意。第一，创立历事制度。洪武五年（1372年）规定：国子监生学习到一定年限，分拨到政府各部门"先习吏事"。监生须"轮差于内外诸司，俾其习于政事，半年回学，昼则趋事于各司，夕则归宿于斋舍……廪食学校，则俾其习经史；历事各司，则俾其习政法"[①]，这种历事制度被认为是"本末兼举"的教法。除中央政府各部门之外，历事监生也被分派到州、县

---

① 孙承泽：《春明梦余录·国子监》卷五十四。

清理粮田，或督修水利等。监生历事的具体时间不相同，一般为半年，或一年。建文时（1399—1402年），"定考覈法，上、中、下三等。上等选用，中下等仍历一年再考。上等依上等用，中等不拘品级随才任用，下等者上等者送吏部铨选授官，中、下等者仍历一年再考，上等者依上等用，中等者不拘品级随才任用，下等者回监读书"①。监生通过历事，可以广泛地接触实际，获得从政的实际经验。明朝监生历事制度，可视为中国古代大学的教学实习制度，不失为教学方法的一种创新。

第二，实行积分法。明朝国子监分为六堂三级：正义、崇志、广业三堂为初级；修道、诚心二堂为中级；率性一堂为高级。监生按其程度进入各堂肄业，然后逐级递升。"凡通《四书》未通经者，居正义、崇志、广业。一年半以上，文理条畅者，升修道、诚心。又一年半，经史兼通、文理俱优者，乃升率性。升至率性，乃积分；其法，孟月试本经义一道，仲月试论一道，诏、诰、表、内科一道，季月试经史策一道，判语二条。每试，文理俱优者与一分，理优文劣者与半分，纰缪者无分。岁内积八分者为及格，与出身。不及者仍坐堂肄业。"② 也就是说，当监生通过三年努力升至率性堂学习时，采用"积分法"，具体办法是：一年四季中的每一季的孟月、仲月、季月都要进行考试，每次考试文理俱优者给予一分；理优文劣者给予半分，答错者不给分。一年内积八分为及格，并给予出身；不及格者继续在率性堂学习。明朝的"积分法"是对元朝国子学积分法的继承和发展。

2. 宗学

明朝中央官学，除国子学外，"又有宗学、社学、武学"。宗学是专为贵族子弟设立的贵胄学校。据《明史·选举志》记载："宗学之设世子、长子、众子、将军、中尉年未弱冠者俱与焉。其师于王府长史、纪善、伴读、教授中择学行优长者……宗室子十岁以上俱入宗学。

---

① 张廷玉等：《明史·选举志一》卷六十九，中华书局1986年版。
② 同上。

若宗子众多，分置数师或宗室中推举一人为宗正，领其事。"后又增设宗副2人。宗学学生"令其诵习《皇明祖训》《孝顺事实》《为善阴骘》诸书，而《四书》《五经》《通鉴》《性理》亦兼诵读"。每年由提学官组织考试，后来宗生也参加科举，出了不少人才，有些宗学学生成长为学者，入选翰林。

3. 武学

明朝设有中央武学和地方武学。"武学之设自洪武置……正统中选骁勇都指挥官等五十一员，熟娴骑射幼官一百员，始命两京建武学以训诲之，寻命都司卫所应袭子弟十岁以上者提学官选送武学读书"[①]。弘治六年（1493年），接受兵部尚书马文升的建议，刊印《武经七书》分送两京武学，令武生学习。嘉靖十五年（1536年），改建京城武学，"俾大小武官子弟及勋爵新袭者，肄业其中，用文武重臣教习"。万历年间，武库司专设主事一员，管理武学。"崇祯十年（1637年），令天下府州县学皆设武学，生员提学官一体考取"。历史记载显示，明朝自朱元璋至最后一个皇帝朱由检都十分重视建设中央武学及地方武学。

（二）明朝的地方官学

明朝的地方官学，按其性质划分，可以分为儒学、专门学校和社学三类。

1. 儒学

儒学包括按地方行政区划设立的府学、州学、县学，按军队编制设立的都司儒学、行都司儒学、卫儒学以及在谷物财货集散地设置的都转运司儒学，在少数民族聚居地区设立的宣慰司儒学和安抚司儒学等。

都司儒学于洪武十七年（1384年）始设于辽东。明太祖在上谕中称："武臣子弟久居边境，鲜闻礼教，恐渐移其性。今使之诵诗书，

---

① 张廷玉等：《明史·选举志一》卷六十九，中华书局1986年版。

习礼义，非但造就其才，他日亦可资用。"① 行都司儒学于洪武二十三年（1390年）始设于北平。卫儒学于洪武十七年（1384年）始设于岷州卫。"成化中（1465—1487年），定卫学例；四卫以上军生八十人，三卫以上军生六十人，二卫、一卫军生四十人，有司儒学军生二十人，土官子弟许入附近儒学，无定额。"设立上述军队系统学校的目的是为了"教武臣子弟"，故学生称军生。各学均设教授一人，训导二人。

府、州、县学的普遍设立始于洪武二年（1369年）。这一年"诏天下府州县皆立学"。于是各地纷纷设学，府设教授一人，从九品，训导四人。州设学正一人，训导三人。县设教谕一人，训导二人。"教授、学正、教谕掌教诲所属生员，训导佐之"。凡入府、州、县学肄业者，通称为生员（俗称秀才）。每人专治一经，以礼、乐、射、御、书、数设科分教。生员分为廪膳、增广、附学三种。廪膳生员在学期间享受政府提供的伙食。明初，凡生员均食廪，"月廪食米，人六斗，有司给以鱼肉"。后来，因为要求入学者增多，所以增广人数，"增广者谓之增广生员"。正统十二年（1447年），礼部接受凤阳知府杨瓒的建议，又于额外增取生员入学，附于诸生之末，谓之附学生员。明朝初年，府、州、县学的学生数有定额，时间不长即下令增广，不拘额数。"宣德中（1426—1435年），定增广额，在京府学六十人，在外府学四十人，州学三十人，县以次减十。"明朝地方学校教育普及程度极高，"盖无地而不设学，无人而不纳之教。庠声序音，重规叠矩，无间于下邑荒缴，山陬海涯。此明代学校之盛、唐、宋以来所不及也。"②

2. 专门学校

明朝地方的专门学校主要有武学、医学和阴阳学。地方武学设立于明朝末年，因与清军的战事频繁，爆发了大规模的农民起义，急需

---

① 龙文彬：《明会要·学校上》卷二十五，中华书局1956年版。
② 张廷玉等：《明史·选举志一》卷六九，中华书局1986年版。

懂军事的人才,于是在崇祯十年(1637年),"令天下府、州、县学皆设武学生员",武学才正式成为地方学校。然而,此时明朝已濒临灭亡,未能普遍设立。

医学始设于洪武十七年(1384年),学官府设正科一人,从九品,州设典科一人,县设训科一人。

阴阳学也始设于洪武十七年,学官府设正术一人,从九品,州设典术一人,县设训术一人。

3. 社学

洪武八年(1375年)太祖"诏天下立社学"。于是全国各地纷纷设立社学。例如,《松江府志》记载:"国朝洪武八年三月,奉礼部符,仰府州县每五十家设社学一所,延有学行秀才教训军民子弟,仍以师生姓名申达,于是本府两县城市乡村皆设社学。"《姑苏志》也记载:"洪武八年,诏府州县每五十家设社学一所。本府城市乡村共建七百三十所。"可见,明朝社学是设在城镇和乡村地区,以民间子弟为教育对象的一种地方官学。社学招收8岁以上、15岁以下民间儿童入学,带有某种强制性。如《明史·杨继宗传》记载:成化初,他任嘉兴知府,大兴社学,规定"民间子弟八岁不就学者,罚其父兄"。儿童进入社学,先学习《三字经》《百家姓》《千字文》等,然后学习经、史、历、算等知识。同时也须兼读《御制大诰》、明朝律令以及讲习冠、婚、丧、祭之礼。

社学的教师称社师,一般是挑选地方上有学行的长者担任。在教学活动方面,明朝社学对于如何教儿童念书、看书、作文、记文,培养儿童学习习惯以及每日活动安排等都有较具体的要求。明代学者吕坤(1536—1618年)在《社学要略》中详细地记载了社学对学生的具体要求,其主要有以下内容:

"教童子,先学爽洁。砚无积垢,笔无宿墨。蘸墨只着水皮,干笔先要水润。书须离身三寸,休令拳揉。手须日洗两番,休污书籍。案上书休乱堆斜放,书中句、休乱点胡批。学堂日日扫除,桌凳时时擦抹。念书初要数字(即认字之法),次要联句,次要一句紧一句。

眼瞅定,则字不差;心不走、则书易入;句渐紧、则书易熟;遍数多、则久不忘。"

"看书不可就讲,先令童子将注贴经,贴过一番,令之回讲,然后一一细说,巧比再看。复回不知,再讲,庶几有得。"

"作文,出极明浅、易于发挥题目。作不得题,细讲一遍,仍作此题。一题三作,其思必尽,其理自通,胜于日易一题也(十分深奥不能作之题,则且缓出)。"

"记文,须选前辈老程文,极简、极浅、极切、极清者。每体读两篇。作文之日,模放(仿)读过文法者出题,庶易引触。"

"读书以勤为先,童子不分远近,俱令平明到学,背书完,读新书。吃饭后,略令出门松散一二刻,然后看书作文、写仿毕,仍读书。午饭后,再令出门松散一二刻,仍读书。日落后,分班对立,出对一个,破题一个,即与讲解,然后放学。盖少年脾弱,饭后不可遽用心力,恐食不消化也。"

"每日遇童子倦怠懒散之时,歌诗一章。择古今极浅,极切,极痛快,极感发,极关系者,集为一书,令之歌咏。与之讲说,责之体认"。

明朝社学是对元朝社学制度的继承和发展,比元朝的普及率更高,数量更多,在教学的各个方面也更趋成熟。它之所以得到较大发展,同明朝统治者的重视、提倡是分不开的。例如,正统元年(1436年),"诏有俊秀向学者,许补儒学生员",把社学与府、州、县等儒学衔接起来。弘治十七年(1504年),又"令各府、州、县建立社学,选择明师,民间幼童十五以下者送入读书"。当然,明朝统治者之所以如此大力发展社学,其目的是为了从小培养安分守己的"良善之民",以维护明王朝的统治。

明朝官学制度有以下四点值得注意。第一,作为最高学府的国子监有许多新发展,例如,放松学生入学资格的限制,根据学生的不同来源,分为举监、贡监、荫监和例监等;创立监生历事制度,使学校培养人才与政府部门使用人才直接挂钩,有利于促进学校教学,提高人才素质；实行积分法，使起源于宋，发展于元的这一方法，更为完善。第二，地方官学得到空前发展。不仅按地方行政区域设学，而且也按军队编制设学，"教武臣子弟"，还在全国谷物财货集散地和土著民族聚居地设学。因此，明朝地方学校的普及，超过了以前任何一个朝代。第三，社学制度更趋完善。社学产生于元朝，明朝继承和发展了元朝的社学制度，大加提倡，在全国城镇和乡村地区广泛设立，并在招生择师、学习内容、教学活动等方面形成较为完善的制度，成为对民间儿童进行初步文化知识和伦理道德教育的重要形式。第四，形成从地方到中央相衔接的学制系统。明朝政府规定，凡社学中"俊秀向学者，许补儒学生员"；府、州、县学生员则可通过岁贡、选贡、恩贡、纳贡等途径进入国子监肄业，形成了社学—府、州、县学—国子监三级相衔接的学校教育体系。明朝官学制度的上述特点，对清朝教育发生了深刻的影响。

三 明朝的书院教育

(一) 明朝书院的曲折发展

明朝的书院由于受统治阶级文教政策及其内部矛盾的影响，其发展经历了沉寂—勃兴—禁毁的曲折过程。

从明朝立国至孝宗弘治十八年（1505年）的130余年间，明朝书院处于沉寂状态。当时，统治者重视学校教育，大力发展官学，使明初官学的普及出现了唐、宋所未有的盛况。与重视官学形成鲜明的对照，统治者对于书院则既不提倡，也不修复。如著名的白鹿洞书院，自至正十一年（1351年）毁于元末兵火后，迟至正统三年（1438年）才得以重建，荒废了87年之久。有的甚至在发展官学时，还侵占书院院址，或直接将书院改为官学。据《道光南昌县志》记载，洪武五年（1372年），南昌知县将原在南昌抚州门外的县学迁入东湖书院院址，书院停办。《同治新建县志》载，宗濂书院为新建县学所占。明初统治者在积极发展官学的同时，又大力提倡科举，并将科举与学校教育紧密结合，规定"科举必由学校"，"学校则储才以应科目者"。这一政策规定影响很大，士人为了获取功名利禄，纷纷趋向官学，书院受到冷落。此外，书院比较自由的学风，也有悖于明初的专制统治。以上种种原因，造成明初的书院在一个较长的时期内，处于沉寂状态。

明初书院沉寂，并不是没有书院的设置。洪武元年（1368年），明太祖即"因元之旧"，设立了洙泗、尼山二书院。在这之后，各地亦时有书院创立。正如《续文献通考·学校考》记载："其时各省皆有书院，弗禁也。"据《白鹿洞书院史略》记载，自洪武元年至弘治十八年（1505年），江西省新建有年代可考的书院51所。《广东书院制度沿革》也记载，在明朝初期，广东新设书院17所，包括象山书院（洪武七年）、昌溪书院（洪武年间）、养正书院（永乐六年）、崇正书院（正统二年）、濂溪书院（正统二年）等。

明朝书院自正德（1506—1521年）之后开始兴盛起来，至嘉靖年间（1522—1566年）勃兴。据曹松叶《宋元明清书院概况》统计，明朝书院共计1239所，其中嘉靖年间最多，占总数的37.13%；万历年间其次，占总数的22.71%；吴景贤在《安徽书院沿革考》中统计，明朝安徽省共建书院98所，其中在嘉靖年间建39所，约占40%。又如刘伯骥在《广东书院制度沿革》中统计，自正德以后广东创建书院共计150所，其中正德年间建8所，嘉靖年间建78所，万历年间（1573—1619年）建43所。尽管上面所引的统计数字不一定十分精确，但已清楚地显示，书院自明朝中叶以后，又渐渐兴起，嘉靖年间则达到极盛。

明中叶以后书院之所以兴盛起来，主要原因有以下三点。第一，明朝统治者内部矛盾激化，尤其是出现了宦官专权，排斥异己，打击反对派。于是，在野士大夫便设立书院，在讲学之余，讽议朝政，裁量人物。因此，这个时期书院的讲学，往往带有政治色彩。第二，科举腐败，官学衰落。科场中，贿买钻营、怀挟倩代、割卷传递、顶名冒籍等弊端百出，相沿成风；官学已变成科举的附庸，学生"奸惰"，不肯读书，仅视官学为取得应试资格的场所，学校有名无实。于是，一些有志于从事学术研究的士大夫便纷纷创建书院，授徒讲学。第三，湛若水、王守仁等著名学者的倡导也是一个重要因素。湛若水（1466—1560年），是著名学者陈献章（白沙）的学生。他一生讲学55年，广建书院，门人众多。《明儒学案·甘泉学案一》记载，他"平生足迹所至，必建书院以祀白沙，从游者殆遍天下"。王守仁从34岁起开始授徒讲学，历时23年之久，先后修建了龙冈书院、濂溪书院、稽山书院、敷文书院等，并在文明书院、岳麓书院、白鹿洞书院讲学。著名学术大师到处设书院讲学，对于明中叶以后讲学之风的兴起、书院的迅速发展起了直接的推动作用。

不过，明中叶以后书院的发展命运多舛，曾先后四次遭到当权者的禁毁。第一次是在嘉靖十六年（1537年）。据《续文献通考》记载：是年二月，"御史游居敬疏斥南京吏部尚书湛若水，倡其邪学，广收无赖，私创书院，乞戒谕以正人心。帝慰留若水，而令所司毁其书院"。湛若水虽保留了官职，但所创立的书院却遭到了禁毁。第二次是在嘉靖十七年（1538年）。据《皇明大政纪》记载，这次毁书院显然是受到上年的影响，吏部尚书许赞以官学废坏不修，而各地别起书院，不仅耗财，"动费万金"，而且还与官学争师，"征取各属师儒，赴院会讲"，上书请求"毁天下书院"，诏从其言。第三次是在万历七年（1579年），执政的张居正憎恶书院聚徒讲学，害怕书院"徒侣众盛，异趋为事"，"摇撼朝廷，爽乱名实"。因此，他"不许别创书院，群聚徒党"，遂以常州知府施观民科敛民财私创书院为借口，请毁书院。结果，是年正月，"诏毁天下书院"①。第四次是在天启五年（1625年）。当时宦官魏忠贤专权，专横跋扈，坑害异己，朝政极度腐败。顾宪成、高攀龙等讲学于东林书院，在讲习之余，"讽议朝政，裁量人物。朝士慕其风者，多遥相应和。由是东林名大著，而忌者亦多"②。魏忠贤党人为倾东林，遂矫旨"毁天下东林讲学书院"。魏忠贤等把天下的书院都疑为是东林，一律严令禁毁。"宪成被诬，天下

---

① 张廷玉等：《明史·神宗本纪》卷二十，中华书局1986年版。
② 张廷玉等：《明史·顾宪成列传》卷二百三十一，中华书局1986年版。

以讲学为戒，绝口不谈孔孟之道，国家正气从此而损。"①

上述四次禁毁书院，虽然具体起因不尽相同，但都与当时统治阶级内部的矛盾斗争紧密相关，其实质是为了加强封建专制统治。然而，书院是禁不住的。嘉靖一朝连续两次禁毁书院，但明朝书院反而以嘉靖年间为最多。同样万历、天启二朝两毁书院，但万历年间书院数量之多，仅次于嘉靖时期，天启年间书院亦有发展。由此可见，官方越禁，民间越办；越是禁毁，越是发展，这就是历史的辩证法。

(二) 东林书院

在明朝众多书院中，名声大、影响广者莫过于东林书院。柳诒徵曾在《江苏书院志初稿》中说："合宋元明清四代江苏书院衡之，盖无有过于东林书院者矣。"

东林书院在江苏无锡城东南，原为北宋理学家杨时（1053—1135年）讲学之所，后在该地建书院。杨时人称龟山先生，故东林书院亦称龟山书院。元朝至正年间，废为僧庐。明万历三十二年（1604年），无锡人顾宪成（1550—1612年）及其弟顾允成，在当时常州知府、无锡知县等地方官的支持下，重新修复，邀约同志讲学其中，形成著名的"东林学派"。顾宪成去世后，高攀龙（1562—1626年）、叶茂才相继主其事。东林诸子学术思想的基本倾向是推崇程朱，反对王学。《明史·顾宪成传》记载：顾宪成"力辟王守仁'无善无恶心之体'之说"。《明史·高攀龙传》也说："初海内学者，率宗王守仁，攀龙心非之。"顾宪成还以朱熹的《白鹿洞书院揭示》为范本，制定《东林会约》，将"五教之目""为学之序""修身之要""处事之要""接物之要"作为基本内容。东林书院是当时一个重要的文化学术中心，它形成了一套完备的讲会制度。书院讲会活动产生于南宋，至明朝逐渐制度化，东林书院的讲会是明朝书院讲会制度的典型代表，集中反映在《东林会约》"会约仪式"中。《东林会约》的主要内容如下：

"每年一大会，或春或秋，临时酌定。先半月遗帖启知。每月一

---

① 张廷玉等：《明史·顾宪成列传》卷二百三十一，中华书局1986年版。

小会，除正月、六月、七月、十二月祁寒盛暑不举外，二月、八月，以仲丁之日（注：丁日指每月初四，仲丁日，即第二个丁日——十四日）为始，余月以十四日为始，各三日。愿赴者至，不必遍启。"

"大会之首日，先捧圣像，悬于前堂，午初击鼓三声，会众至，各具本等冠服，诣圣像前行四拜礼……其小会，二月、八月，如第一日之礼。余月，如第二日、第三日之礼。"

"大会每年推一人为主，小会每月推一人为主，周而复始。"

"大会设知宾二人。愿与会者，先期通刺于知宾，即登入门籍。会日，设木柝于门，客至，阍者击柝传报知宾，延入讲堂。"

"每会推一人为主，说《四书》一章。此外有问则问，有商量则商量。凡在会中，各虚怀以听。即有所见，须俟两下讲话已毕，更端呈请，不必搀乱。"

"会日，久坐之后，宜歌诗一、二章，以为荡涤凝滞，开发性灵之助。须互相唱和，反复涵泳，每章至数遍，庶几心口融洽，神明自通，有深长之味也。"

"每会须设门籍，一以稽赴会之疏密，验现在之勤惰，一以稽赴会之人，他日何所究竟，作将来之法戒也。"

"每会设茶点，随意令人传送，不必布席。"

"各郡各县同志临会，午饭四位一席，二荤二素；晚饭荤素共六色，酒数行。第三日之吃，每席加果四色，汤点一道，攒盒一具，亦四位一席，酒不拘，意浃而止。"

"同志会集，宜省繁文，以求实益。故揖止班揖，会散亦不交拜。惟主会者遇远客至，即以一公帖迎谒。客至会所，亦止共受一帖。其同会中有从未相识，欲拜者，止于会所各以单帖通名，庶不至疲敝精神，反生厌苦；其有不可已者，俟会毕行之。"

由上可知，东林书院的讲会定期举行，每年一大会，每月一小会，各三日，推选一人为主持；讲会之日，必举行隆重的仪式；讲学内容主要为"四书"，讲授时，与会者"各虚怀以听"，讲授结束，相互讨论，会间还相互歌诗唱和。此外，关于讲会组织的其他一些方面，如通知、稽查、茶点、午餐等，也都作了具体规定。所有这一切都清楚地表明，东林书院的讲会已经制度化了，这是它的一个重要特点。

东林书院的另一个重要特点，即密切关注社会政治，将讲学活动与政治斗争紧密结合起来。东林书院的这个特点，集中地体现在顾宪成题写的一副著名对联上："风声雨声读书声声声入耳，家事国事天下事事事关心。"这副对联至今仍刻存在书院旧址的石柱上。顾宪成认为："官辇毂，志不在君父，官封疆，志不在民生，居水边林下，志不在世道，君子无取焉。"①强调讲学不能脱离"世道"。因此，东林书院在讲习之余，抨击政治，评判权贵，以正义的舆论力量给朝廷施加压力。正如《明儒学案·东林学案》所云："庙堂亦有畏忌。"东林书院的清议活动，产生了巨大社会影响，使许多有识之士慕名而来。《明史·顾宪成传》记载："当是时，士大夫抱道忤时者，率退处林野，闻风响附，学舍至不能容。"甚至一部分在职官员，如吏部尚书赵南星等人，也与他们"遥相应和"。天启五年，终于遭到以魏忠贤为首的阉党的迫害，书院被禁毁，许多东林党人，如高攀龙、杨涟、左光斗、魏大中、周顺昌、黄尊素、李应升等横遭迫害致死。但不久，崇祯即位，魏忠贤缢死，其他阉党人物也受到应有的惩治，东林党人得以昭雪，东林书院也于崇祯六年（1633年）修复。经历这一番曲折之后，东林书院"名益高，人乃以附东林为荣"，又重新生意盎然。

东林书院既是当时一个重要的文化学术中心，同时又是一个重要的政治活动中心。无论是在明朝，还是在中国古代书院发展史上，东林书院都具有其特殊的地位。

四 明朝的科举制度

明朝科举制度是中国科举制度史上的鼎盛时期。它在继承宋、元科举制度的基础上，建立了称为"永制"的科举定式，将八股文作为一种固定的考试文体，并将学校教育纳入科举体系。这严重地影响和

---

① 张廷玉等：《明史·顾宪成传》卷二百三十一，中华书局1986年版。

制约着学校教育的发展。

(一) 明朝建立的科举定式

明太祖朱元璋十分重视人才，初起事，"首罗贤才"。明朝初年网罗人才，荐举与科举并用；洪武三年（1370年）五月，诏令"始特设科举，务取经明行、修博古通今、名实相称者……使中外文臣皆由科举而进，非科举者毋得与官。"并颁行了科举考试条例，规定了乡试、殿试的考试内容、日期及举额分配等具体事宜。这标志着明朝科举考试正式开始启动。

连续3年开科取士后，朱元璋发现"所取多后生少年，能以所学措诸行事者寡"；于是洪武六年（1373年）二月下令"有司察举贤才，而罢科举不用"。在罢科举、重新恢复荐举10年后，即洪武十五年（1382年），朱元璋又宣布恢复科举考试；洪武十七年（1384年），"始定科举之式，命礼部颁行各省，后遂以为永制"。至此之后"荐举渐轻，久且废不用"[①]，科举制度才逐渐取代荐举，成为明朝主要的取士制度。

明朝科举制度的主要内容：一是确定每逢三年开科考试；二是规定科举考试分为乡试、会试和殿试，再加上具有预备性质的童试。明朝科举考试实际上分为依次递进的四级考试：童试—乡试—会试—殿试。

童试，又称童生试，是府、州、县学的入学考试，也是科举的预备考试。它包括县试、府试、院试三级考试。县试由知县主持，录取者参加由知府主持的府试，府试录取者再参加由各省提学官在府、州巡回举行的院试，院试录取者取得县学、州学、府学学生资格，称为生员，俗称秀才、相公。

乡试，又称乡闱、大比，是在省城举行的考试，由皇帝钦命的正副主考官主持。在乡试举行之前，由各省提学官主持的考试称为科试，考试成绩一、二等的生员才有资格参加乡试，称为科举生员。乡试的

---

① 张廷玉等：《明史·选举志二》卷七十，中华书局1986年版。

考试时间在子、午、卯、酉年的八月，当时正是秋天，所以乡试又有秋闱、秋试、秋榜、桂榜、秋贡、秋赋等各种名称。乡试分为三场：八月初九日为第一场，试《四书》义三道，每道限200字以上；经义四道，每道限300字以上。有困难者，允许各减一道。十二日为第二场，试论一道，限300字以上；判语五条，诏诰章表内科一道。十五日为第三场，试经史策五道，限300字以上。有困难者，允许减其二。每场考试时间均为一天，如果"至晚纳卷，未毕者给烛三枝"。①

乡试录取者称举人，俗称孝廉，第一名为解元。乡试中榜称乙榜，也叫乙科。乡试的录取率各省不同，高的如成化二十二年（1486年），顺天乡试的录取率为5.8%，低的如嘉靖十三年（1534年），江西乡试的录取率不足3%。② 举人是一种正式的功名和资格，可以经吏部铨选而授官。

会试　在京城由礼部主持的考试，因而又称礼闱。会试的时间在乡试的次年，即丑、未、辰、戌年的二月，此时正是春季，故会试又称春试、春闱、春榜、杏榜等。会试的参加者为各省举人，包括上一年中式的新举人和以前历届会试落榜者。考试分三场：二月初九为第一场，试经义一篇，限500字；《四书》义一篇，限300字。十二日为第二场，试礼乐论。限600字。十五日为第三场，试时务策一道，限1000字以上。会试中试者为贡士，第一名称会元。

殿试　又称廷试。由皇帝主持的考试。时间为一整天，自成化八年（1472年）以后，定于会试当年的三月十五日。考试内容为时务策一道，限1000字以上，规定不用八股文。殿试没有黜落者，只是确定考生的等第，结果分为三甲：一甲为赐进士及第，只有三名，第一名为状元，第二名为榜眼，第三名为探花，合称三鼎甲；二甲为赐进士出身；三甲为赐同进士出身；二、三甲第一名称传胪。殿试中式为进士，又称甲科、甲榜。凡通过乙榜中举人，又通过甲榜中进士而授官

---

① 王世贞：《弇山堂别集·科试考一》卷八十一，中华书局1985年版。
② 刘海峰、李兵：《中国科举史》，东方出版中心2004年版，第286—287页。

者，称两榜出身，为官场之正途。明朝共开科91次，录取进士24363名，平均每科录取267名。[①]

殿试后，一甲三人立即授官，状元授翰林院修撰（六品官），榜眼、探花授翰林院编修（七品官）。其余二甲、三甲进士则参加翰林院庶吉士考试，称之为"馆选"，录取者入翰林院学习。庶吉士的学习年限一般为三年，期满经散馆考试，优者留翰林院为编修、检讨，其余则为给事中、御史等职。翰林院，为明朝"储才重地"，其受重视的程度为"前代所绝无"。《明史·选举志二》记载：自英宗以来，"非进士不入翰林，非翰林不入内阁，南、北礼部尚书、侍郎及吏部右侍郎，非翰林不任。而庶吉士始进之时，已群目为储相。通计明一代宰辅一百七十余人，由翰林者十九"。

开始于洪武十七年（1384年），以三年一大比，童试—乡试—会试—殿试四级考试程试为主要内容的明朝科举制度，为后来的清朝所继承，直至1905年才被废除，在1300年的中国科举史上，它历时500多年，其影响可谓巨大而又深远。

（二）"八股文"成为固定的考试文体

明朝科举制度不仅规定了考试程式，而且将八股文固定为考试文体。所谓八股文，《明史·选举志二》解释说"其文略仿宋经义，然代古人语气为之，体用排偶，谓之八股，通谓之制义。"八股文还称时艺、时文、八股文、四书文，它是在宋朝经义的基础上演变而成的，是一种命题作文，有固定的结构。一般而言，每篇八股文的结构由破题、承题、起讲、入手（又称出题、领题等）、起股、中股、后股、束股八个部分组成。

"破题"是将题目字意破译开来，要求概括题旨，肖现题神，不遗漏本题意思，又不出现本题字眼，还要避讳。"承题"是承接破题中紧要之处，申明破题未尽之意，要求语言明快、意义连贯，不必避讳。"起讲"写题大意，统罩全局。"入手"，紧接起讲，转入正文。

---

① 刘海峰、李兵：《中国科举史》，东方出版中心2004年版，第286—287页。

"起股"为正文初入讲处,贵虚不贵实,虚不可迂远,短不可局促。"中股"要求着实发挥而略留余蕴。"后股"要求畅发中股未尽之意。议有力度,文有气势。"束股",对前股未尽之意进行收束。气宜长而不宜粗,理宜完而不宜杂,词宜富丽而不宜腐冗,味宜委婉而不宜直率。其中起股、中股、后股和束股四个部分,是文章正式议论部分,文章的主体。这四个部分中每股都有两股(段),两股的文字繁简、声调缓急,都要对仗,合称八股,八股文之名即是由此而来。

作为一种考试文体,八股文源于宋代,定于明洪武年间,完备、盛行于明宪宗成化(1465—1487年)时期,泛滥于清代。在产生之初,它对于考试文体的标准化、程式化、促进人才选拔的客观公正,应该说是有其积极意义的。然而,八股文的负面影响也同样明显。它禁锢了士人的思想,严重败坏了士风、学风和社会风气。它对于学校教育的影响,危害尤甚,将学校教育推向"完美的"教条主义和形式主义,造成空疏无实的教条主义和形式主义的恶劣学风。因此,八股文遭到许多有识之士的猛烈抨击。明清之际,著名思想家顾炎武甚至认为:"八股之害,等于焚书,而败坏人才,有甚于咸阳之郊,所坑者但四百六十余人也。"[1]

(三)学校教育纳入科举体系

自洪武十七年(1384年),科举成为明朝人才选拔的制度被确定下来以后,学校教育与科举之间的关系极为密切。学校教育"储才以应科目者也"[2]。学校教育的直接目的是为了参加科举考试;"科举必由学校"[3],只有接受学校教育取得出身的学子才有资格参加科举考试。学校教育与科举制度紧密结合,既有正面的积极作用,也有负面的消极作用。其积极作用在于,推行"科举必由学校"政策,有利于士人向学,促进学校教育事业的发展。明朝学校教育的规模和数量远胜于以前各个朝代,应该说推行这一政策是起了重要作用的。其消极

---

[1] 顾炎武:《日知录·拟题》卷十六,甘肃民族出版社1997年版。
[2] 张廷玉等:《明史·选举志一》卷六十九,中华书局1986年版。
[3] 同上。

作用在于，学校教育被纳入科举体系，使学校成为科举制度的附属物，容易导致功利主义盛行，使学校成了谋取名利的重要场所。另外，由于八股文是明朝科举考试的主要文体，而八股文有固定的格式，可以通过模仿别人的文章，掌握其写作的基本技巧。因此，学做八股文，便成了明朝学校教育的主要内容和重点。学习《程墨》《房稿》等各种科举中试者的八股文刻本，是读书人的主要功课，而经史等典籍，则遭到冷落，甚至被束之高阁。

诚如顾炎武所说："天下之人，惟知此物可以取科名，享富贵。此即谓学问，此即谓士人，而他书一切不见。""嗟呼！八股盛而六经微，十八房兴而二十一史废。"① 顾炎武尖锐地指出了八股取士对学校教育、士人价值观和文化传承的破坏作用。

五 王守仁的教育思想

明代教育在 15 世纪中后期有较快的增长，到 15 世纪末，教育名人达到 68 人。明代教育高潮在阳明心学产生和传播的 16 世纪。这期间教育名人数在 80 人以上，峰值达 105 人，超过北宋高峰。② 在明朝众多的教育名人、教育家中，王守仁最具代表性。

王守仁是明中叶著名的哲学家、军事家和教育家。他长期从事授徒讲学活动，其门徒遍天下，形成了在中国学术史上有重要地位的阳明学派。他的思想远承孟轲，近接陆九渊，创立了与程朱理学异趣的"心学"体系，在明中后期产生了广泛而又深刻的影响。他的教育思想是中国教育思想史上的又一次新的探索与调整。

（一）王守仁的生平和教育活动

王守仁，字伯安，浙江余姚人。因他曾在阳明洞读书、讲学，自号阳明子，所以世称阳明先生。

王守仁出生在一个封建地主家庭。祖父王天叙是一个"环堵萧

---

① 顾炎武：《日知录·十八房》卷十六，甘肃民族出版社 1997 年版。
② 姜国钧、杜成宪：《试论中国古代教育发展周期》《华东师范大学学报》（教育科学版）2005 年第 1 期。

然，雅歌豪吟，胸次洒落"的绅士。父亲王化在明宪宗成化十七年（1481年）考中进士第一名（状元），官至南京吏部尚书。王守仁6岁才能言语。少年气概不凡，很想做一个义侠；18岁拜谒娄一斋先生，深受"圣人必可学而至"思想的影响，"搜取诸经子史读之"，走上了学习、探索学术之途。21岁中浙江乡试，28岁举进士，曾任刑部主事、兵部主事等。明武宗正德元年（1506年），因上疏援救戴铣等而得罪宦官刘瑾，被谪为贵州龙场驿丞。刘瑾被诛后，王守仁先后任庐陵知县、南京刑部主事、考功郎中、南京太仆寺少卿、鸿胪寺卿等职。正德十二年（1517年）他被推荐为左佥都御史巡抚江西、福建、湖广等八府一洲，镇压了南赣（南安府、赣州府）地区的农民起义。正德十四年（1519年）他又率兵平息了宁王朱宸濠在江西南昌发动的叛乱，受到明统治者的赏识，升任南京兵部尚书，被封为"新建伯"。

王守仁生活的时代，商品经济有了较大发展，出现了"东家已富，西家自贫""高下失均"的两极分化。在商品经济的吸引下，地方官吏、勋戚贵族乃至皇室疯狂兼并土地，竞相渔利，激化了阶级矛盾，使明王朝陷入危机之中。王守仁在镇压农民起义的过程中，深感"破山中贼易，破心中贼难"①；为了"扫荡心腹之寇，一收廓清评定之功"②，挽救明王朝，王守仁抓住心物关系、心理关系和知行关系，进行了艰苦的理论探索，提出了"心即理""致良知""知行合一"等命题，创立了与程朱理学相径庭的"阳明学派"（亦称"姚江学派"

---

① 王守仁：《王文成全书·与扬仕德薛尚诚》卷四，吉林出版集团2005年版。
② 同上。

"王学")。其学说以"反传统"的姿态出现，在明中叶以后曾广为流行，并曾流传到日本，对日本明治维新产生过积极影响。

王守仁从34岁起，开始从事讲学活动，直至去世，前后历时23年。其中除6年（1522—1527年）是专门从事讲学之外，其余均是一面从政，一面讲学。他所到之处，讲学活动不断，并热心建书院，设社学，办学校。在客观上，对于明中叶以后书院的发展，讲学之风的兴起，起了积极的推动作用。正如沈德符在《野获编·畿辅》中所云："王新建（即王守仁）以良知之学，行江浙两广间，而罗念庵、唐荆川诸公继之，于是东南景附，书院顿盛。"王守仁的著作有《王文成公全书》38卷，主要教育著作有《答顾东桥书》《稽山书院尊经阁记》《训蒙大意示教读刘伯颂等》《教约》等。

（二）论教育的作用

王守仁十分重视教育对于人的发展所起的重要作用，提出了"学以去其昏蔽"的思想。所谓"去其昏蔽"，即通过教育、学习去除物欲对人的"良知"的遮蔽。在王守仁看来，教育的作用就在于此。

"学以去其昏蔽"的思想与他的"心学"密不可分。王守仁不赞同朱熹将"心""理"区分为二；认为"理"并不在"心"外，而是存在于"心"中，提出了"心即理"。同时，他又继承和发展了孟子的"良知"学说，认为"良知即是天理"，即是"心之本体"。良知不仅是宇宙的造化者，而且也是伦理道德观念。他说："见父自然知孝，见兄自然知悌，见孺子入井，自然知恻隐，此便是良知，不假外求。"[1] 又说："良知只是个是非之心，是非只是个好恶。"[2] 在他看来，"良知"就是人先天具有的道德意识和判断是非的标准。王守仁认为"良知"具有三个特点。其一，先天性。它与生俱来，不学自能，不教自会，即所谓"不待虑而知，不待学而能，是故谓之良知"；其二，普遍性。它为人人所具有，不分圣愚，"良知之在人心，无间

---

[1] 王守仁：《王文成公全书·语录一》卷一，吉林出版集团2005年版。
[2] 王守仁：《王文成公全书·语录三》卷三，吉林出版集团2005年版。

于圣愚"；其三，永恒性。它不会泯灭，"良知在人，随你如何，不能泯灭"，也不会消失，"虽妄念之发而良知未尝不在"，"虽昏塞之极而良知未尝不明"。不过，"良知"也有致命的弱点，即在与外物接触中，由于受物欲的引诱，会受昏蔽。所以，王守仁认为，教育的作用就在于去除物欲对于"良知"的昏蔽。他说得很明确，"良知""不能不昏蔽于物欲，故须学以去其昏蔽"。① "学以去其昏蔽"的目的是为了激发本心所具有的"良知"。王守仁还认为教育的作用是"明其心"。他指出："君子之学，以明其心，其心本无昧也，而欲为之蔽，习为之害，故去蔽与害而明复。"② 所谓"学以去其昏蔽"与"明其心"的实质就是"存天理、灭人欲"，在王守仁看来这是教育的根本任务。基于此，他认为用功求学受教育，并不是为了增加什么新内容，而是为了日减"人欲"。他说："吾辈用功只求日减，不求日增，减得一分人欲，便是复得一分天理。"③

尽管"心即理""致良知"等命题是主观唯心主义的，但他的观点也有积极意义。其一，他通过假定人人都有"良知"，试图论证人人都有受教育的天赋条件，都有接受德育的可能性；圣愚的区别仅在于能不能"致良知"，"圣人能致其良知，而愚夫愚妇不能致"；其二，他通过断定"常人，不能无私意障碍"，总要受到物欲的引诱，试图论证人人都有接受德育的必要性；其三，他提出教育的作用在于去除物欲对"良知"的昏蔽，在于减少"人欲"，因此它"不假外求"，而重在"内求"，一方面试图论证德育是教育的根本任务；另一方面试图论证道德修养的主体是每一个社会个体，道德修养主要靠人的道德自觉和主观努力。这是对孔子关于"我欲仁，斯仁至矣""为仁由己，而由人乎"思想的继承与发展，有合理因素；他的失误在于把人的道德主动性绝对化，否定了外在因素对道德修养的影响。

---

① 王守仁：《王文成公全书·语录二》卷二，吉林出版集团 2005 年版。
② 王守仁：《王文成公全书·别黄宗贤归天台序》卷七，吉林出版集团 2005 年版。
③ 王守仁：《王文成公全书·语录一》卷一，吉林出版集团 2005 年版。

（三）论道德教育

王守仁坚持了我国古代儒家教育的传统，把"成德"放在学校教育工作的首要地位。他说："学校之中，惟以成德为事。而才能之异，或有长于礼乐，长于政教，长于水土播植者，则就其成德，而因使益精其能于学校之中。"[①] 认为只有培养学生形成优良的品德，才能使学生的各种才能得到发展，日臻精熟。王守仁认为要"成德"就是必须"明人伦"，"明人伦"应当成为教育的根本目的。"夫三代之学，皆所以明人伦。"[②] 所谓"人伦"，在王守仁看来，即是"'父子有亲，君臣有义，夫妇有别，长幼有序，朋友有信'五者而已。"他说："唐虞三代之世，教者惟以此为教，而学者惟以此为学。当是之时，人无异见，家无异习。安此者谓之圣；勉此者谓之贤；而背此者，虽其启明如朱，亦谓之不肖。下至闾井田野，农工商贾之贱，莫不皆有是学，而惟以成其德行为务。"[③] 他甚至认为，"明伦之外无学。外此而学者，谓之异端；非此而论者，谓之邪说；假此而行者，谓之霸术；饰此而言者，谓之文辞；背此而驰者，谓之功利之徒，乱世之政。"王守仁猛烈抨击当时在科举制度影响下的学校教育，指出："今之学宫皆以明伦名堂，则其所以立学者固未尝非三代意也；然自科举之业盛，士皆驰骛于记诵辞章，而功利得丧分惑其心，于是师之所教，弟子之所学者，遂不复知有明伦之意矣。"[④] 认为当时的学校老师所教，学生所学，都已完全失去了"明人伦"的立学本意。王守仁"明人伦"的道德教育目的论，虽然并没有超出儒家思孟学派的一贯主张，然而，他在当时士人"皆驰骛于记诵辞章"，重功利而轻修养的社会风气中，重新强调自身道德修养的重要，应该说具有一定的历史进步意义。

在道德教育和修养的方法上，王守仁主张了"知行合一"的认识

---

① 王守仁：《王文成公全书·语录二》卷二，吉林出版集团2005年版。
② 王守仁：《王文成公全书·万松书院记》卷七，吉林出版集团2005年版。
③ 王守仁：《王文成公全书·语录二》卷二，吉林出版集团2005年版。
④ 王守仁：《王文成全书·万松书院记》卷七，吉林出版集团2005年版。

论，并提出了一系列修养方法。

在认识任务方面，程朱认为认识的任务就是"穷理"，主张"于事事物物上穷理"，提出了"格物致知"的命题。王守仁认为这种"即物穷理"的办法不可取，因为"求理于事事物物者，如求孝之理于其亲之谓也。求孝之理于其亲，则孝之理其果在于吾心邪？抑果在于亲之身邪？假而果在于亲之身，则亲殁之后，吾心遂无孝之理欤？"① 在这里他提出了"理"存在于物？还是存在吾心的问题？在他看来，如果认为理存在于物，那么，如果"亲殁之后"，孝之理也就消失了。也就是说，如果认为理存在于物，就有消解理的危险。王守仁认为理并非存在于物，而是存在于吾心，于是，他便将被程朱外化的"天理"转化为内在的"良知"；认为"吾心之良知。即所谓天理"；然后又将认识的对象从"物之理""天理"转变为"吾心之良知"；并提出了"良知之外，别无知矣""良知不假外求""知行合一"等思想。他以此思想为基础提出了四个基本修养方法。

1. 静处体悟

这是王守仁早年提倡的道德修养方法。他以"心即理""致良知"等命题为基础，认为道德修养的根本任务是"去蔽明心"。因而，道德修养无须"外求"，而只要做静处体悟的功夫。他在《与辰中诸生书》中写道："前在寺中所云静坐者，非欲坐禅入定，盖因吾辈平日为事物纷拿，未知为己，欲以此补小学收放心一段工夫耳。"所谓"静处体悟"，实际上就是叫人静坐澄心，摒去一切私虑杂念，体认本心。这是对陆九渊"自存本心"思想的继承和发展，与佛教禅宗的面壁静坐、"明心见性"的修养功夫等没有根本的区别。

2. 事上磨炼

这是王守仁晚年提出的道德修养方法。这一修养方法的理论基础是王守仁的"知行合一"论。他所说的"知"是指对封建伦理道德的认识，其所为"行"是指对封建道德的践履。他针对程朱理学知而不

---

① 王守仁：《王文成公全书·万松书院记》卷七，吉林出版集团 2005 年版。

行，知行脱节的"空疏谬妄"，强调道德践履和实际行动对于道德教育和修养的重要性。一方面，他将知行统一于道德修养，认为从功能方面而言作为"知"的过程的"学、问、思、辨"与"行"是有区别的，但从道德修养的过程而言，它们是统一的。"盖析其功而言，则有五；合其事而言，则一而已。此区区心理合一之体，知行并进之功，以异于后世之学。"① 他强调"知行并进"是他区别于其他学说的核心内容。另一方面，王守仁在知行关系上，王守仁更注重"行"，他说："夫问、思、辨、行皆所以为学。未有学而不行者也。如言学孝，岂徒悬空口耳讲说，而遂可以谓之学孝乎！……尽天下之学，无有不行而可以言学者，则学之始固已即是行矣。"② 又说："知是行的主意，行是知的功夫。知是行之始，行是知之成。"③ "行之明觉精察处便是知，知之真切笃实处便是行。若行而不能精察，便是冥行，便是学而不思则罔，所以必须说个知。知而不真切笃实，便是妄想，便是思而不学则怠，所以必须说个行。原来只是一个功夫。"他的意思是说，对封建道德的认识是封建道德实践的出发点；而对封建道德的实践则是封建道德认识的归宿。知的特点是"明觉精察"，如果没有知的"明觉精察"的指导，行就没有自觉性，就是"冥行"，即愚昧无知的盲目行动；"行"就是"履其实而言"，即践履道德知识，其的特点是"真切笃实"，如果知脱离了行的"真切笃实"，知便是"妄想"，即空想、虚妄之想。正是基于这种认识论，他在晚年提出了"事上磨炼"的修养方法。

王守仁认为，不能一味强调静坐澄心，静坐时间久了，容易使人"渐有喜静厌动，流入枯槁之病"。他强调道德知识必须"时时去用"，"必有事上用工"；如果"不去必有事上用工"，"只做得个沉空守寂，学成个痴呆汉。事来即便牵滞纷扰，不复能经纶宰制。此皆由学术误

---

① 王守仁：《王文成全书·答顾东桥书》卷二，吉林出版集团2005年版。
② 同上。
③ 王守仁：《王文成全书·传习录上》卷一，吉林出版集团2005年版。

人之故，甚可悯矣"①。"事上用工"就是"事上磨炼"。王守仁主张道德修养必须在"事上磨炼"。他说："人须在事上磨炼，方立得住。"又说："人须在事上磨炼做功夫乃有益；若只好静，遇事便乱，终无长进；那静时功夫，亦差似收敛，而实放溺也。"②他所说"在事上磨炼"，即是结合具体事物，"体究践履，实地用功。是多少次第，多少积累在，正与空虚、顿悟之说相反"。也就是说，要在本体上探究，在实际行为上践履，在实事上用功；这种修养方法与空虚、顿悟之说相反，强调实践积累。他举例说："如言学孝，则必服劳奉养，躬行孝道，然后谓之学。岂徒悬空口耳讲说，而遂可以谓之孝乎！"③"在事上磨炼"，是王守仁"知行合一"思想在道德修养方法上的反映。他反对空喊道德口号，主张在具体实践中陶冶道德情操，显然有合理的因素。

3. 省察克治

所谓"省察克治"，就是要不断地进行自我反省和检察，自觉克制各种私欲。王守仁说："省察克治之功则无时而可间。如去盗贼，须有个扫除廓清之意，无事时将好色、好货、好名等私，逐一追究，搜寻出来，定要拔去病根，永不复起，方始为快。常如猫之捕鼠，一眼看着，一耳听着，才有一念萌动，即与克去，斩钉截铁，不可姑容。"最终达到"无私可克"的境界。"省察克治"是对儒家传统的"内省""克己"修养方法的继承和发展，其中所包含的强调道德修养的自觉性和主观能动性的合理因素，是可以批判地吸取的。

4. 贵于改过

王守仁认为，人在社会生活中总会发生这样或那样一些违反伦理道德规范的过错，即是大贤人，也难以避免。因此，道德修养"贵能改过"。他说："夫过者自大贤所不免，然不害其卒为大贤者，为其能

---

① 王守仁：《王文成全书·年谱三》卷三十四，吉林出版集团2005年版。
② 王守仁：《王文成全书·语录三》卷三，吉林出版集团2005年版。
③ 王守仁：《王文成全书·答顾东桥书》卷二，吉林出版集团2005年版。

改也。故不贵于无过而贵于能改过。"① 要能改过，首先必须对过错要有认识，表示悔悟，但悔悟并不等于改过。所以，他又说："悔悟是去病之药，然以改之为贵。若留滞于中，则又因药发病。"② 悔悟虽然是去掉毛病的药方，但更可贵的是改正错误；如果仅仅停留在悔悟之中，那么又会引发新的毛病。这种"贵于改过"的主张，体现了求实精神和向前看的态度，是可取的。

王守仁道德教育思想的根本目的虽然是为了"破心中贼"，维护明王朝的统治，但他对于道德教育的一些主张，反映了学校道德教育和道德修养某些规律性的东西，对我们是有启发的。

（四）论儿童教育

王守仁十分重视儿童教育，在《训蒙大意示教读刘伯颂等》一文中，比较集中地阐发了他的儿童教育思想，主要有以下内容。

1. 切中儿童教育之时弊

王守仁指出："近世之训蒙稚者，日惟督以句读课仿，责其检束，而不知导之以礼；求其聪明，而不知养之以善。鞭挞绳缚，若待拘囚。"意思是说，当时从事儿童教育的老师，每天只是督促儿童读书习字，责备约束他们，但不知道用礼节礼仪来引导；想使他们聪明，但不知道用善德来培养。对待儿童用鞭打，用绳缚，就像对付囚犯一样。这种儿童教育的结果，与施教者的愿望相反。儿童"视学舍如囹狱而不肯入，视师长如寇仇而不欲见"，常常"窥避掩覆，以遂其嬉游；设诈饰诡，以肆其顽鄙"，用欺诈伪装的方法，以满足进行各种嬉戏游玩活动的目的。久而久之，会使儿童"偷薄庸劣，日趋下流"。王守仁对此儿童教育的时弊十分愤懑，他深刻地揭露道："是盖驱之于恶，而求其为善也，何可得乎！"不顾儿童的身心特点，方法粗暴，这是传统儿童教育的致命弱点。这种揭露和批判，真可谓入木三分，切中肯綮。

---

① 王守仁:《王文成全书·教条示龙场诸生》卷二十六，吉林出版集团2005年版。
② 王守仁:《王文成全书·语录一》卷一，吉林出版集团2005年版。

2. 儿童教育必须顺应儿童的性情

王守仁认为，"大抵童子之情，乐嬉游而惮拘检，如草木之始萌芽，舒畅之则条达，摧挠之则衰萎"。一般说来，儿童的性情总是爱好嬉游，而厌恶拘束，就像草木开始萌芽，顺应它就发展，摧残它就衰萎。因而，他主张儿童教育必须顺应儿童的身心特点，使他们"趋向鼓舞，中心喜悦，则其进自不能已。譬之时雨春风沾被卉木，莫不萌动发越，自然日长月化。若冰霜剥落，则生意萧索，日就枯槁矣"。也就是说，只要满足儿童"乐嬉游而惮拘检"的心理特征，采用使儿童"鼓舞""喜悦"的方法教育他们，那么，儿童自然就能不断地长进，好比时雨春风滋润草木一样，日长月化，生意盎然，而不是如冰霜剥落，生意萧索。

3. "诱之歌诗""导之以礼""讽之读书"的儿童教育法

王守仁认为，对儿童"诱之歌诗"，不但能激发他们的意志，而且能使其情感得到正当的宣泄，这有助于消除他们内心的忧闷和烦恼，使其"精神宣畅，心气和平"。"导之以礼"，不但能使儿童养成威严的仪容和仪表，而且通过"周旋揖让""拜起屈伸"等礼仪动作，"动荡其血脉""固束其筋骸"，也有利于锻炼身体，增强体质。"讽之读书"，不但能增长儿童的知识，开发其智力，而且能"存其心"，"宣其志"，有利于培养儿童的道德观念和道德理想。在王守仁看来，"凡此皆所以顺导其志意，调理其性情，潜消其鄙吝，默化其粗顽，日使之渐于礼义而不苦于难，入于中和而不知其故"。也就是说，上述"诱之歌诗""导之以礼""讽之读书"三个方面的教育的目的在于培养儿童的意志，调理他们的性情，在潜移默化中消除其鄙吝，化除其粗顽，让他们日渐礼义而不觉其苦，进入中和而不知其故，在德、智、体和美诸方面都得到发展。

4. 要"随人分限所及"，量力施教

王守仁认为，儿童时期是儿童"精气日足，筋力日强，聪明日开"的一个重要的发展时期，因此，教学必须考虑到这个特点。儿童的接受能力发展到何种程度，便就这个程度进行教学，不可

蹑等。他把这种量力施教的思想，概括为"随人分限所及"。他说："我辈致知，只是各随分限所及……与人论学，亦须随人分限所及。""如树有这些萌芽，只把这些水去浇灌；萌芽再长，便又加水。自拱把以至合抱，灌溉之功，皆是随分限所及。若些小萌芽，有一桶水在，尽要倾上，便漫坏它了。"同样，如果不顾及儿童的实际能力，把大量高深的知识灌输给他们，就像用一桶水倾注在幼芽上把它浸坏一样，对儿童毫无益处。王守仁还认为，儿童教学"授书不在徒多，但贵精熟"。因此，教学应该留有余地，"量其资禀能二百字者，止可授以一百字。常使精神力量有余，则无厌苦之患，而有自得之美"①，即儿童有能力学习200字，只教授他100字。要经常使儿童精神力量有余。这样教学儿童就不会因学习艰苦而厌学，而乐于接受教育。

王守仁反对"小大人式"的传统儿童教育方法和粗暴的体罚等教育手段，要求顺应儿童性情，根据儿童的接受能力施教，使他们在德育、智育、体育和美育诸方面得到发展等主张，反映了其教育思想的自然主义倾向。早在距今500多年前就提出这一思想，难能可贵的。

---

① 王守仁：《王文成全书·答语录二》卷二，吉林出版集团2005年版。

第五章

中国古代教育的衰落与启蒙思想的产生
——明末清初至鸦片战争前的教育

清朝（1616—1912年）是由满族贵族建立的中国历史上最后一个封建王朝。满族的先祖是女真人，在12—13世纪曾建立"金国"。在明朝，女真族的一支——建州女真，定居于赫图阿拉（今辽宁新宾附近）为中心的苏克苏浒河（今苏子河，浑河支流）上游，这里后来改称为满洲。明神宗万历十一年（1588年），在努尔哈赤的领导下，女真族举行叛乱，反对明王朝，随后统一了东北女真诸部，建立了地方割据政权——"金"（后金）。明崇祯九年（1636年），皇太极在沈阳称帝，并改国号为"清"。1644年，清军乘李自成领导的农民起义军攻入北京、推翻明王朝之机，招降吴三桂，进入山海关，击败李自成，定都北京，后经过40多年时间，平定了各地的抗清武装，统一了中国。清王朝历时296年。

清王朝为了维护和巩固其统治，采取了一系列恢复、发展农业和手工业的措施。在农业、手工业发展的基础上，清朝商业和城市的繁荣超过了明朝。到乾嘉、道光时期，长江以南、广东等地手工业比较发达，出现了比明朝更为明显的资本主义萌芽和新兴市民。

明末清初，是一个"天崩地裂"（黄宗羲语）的时代，是"已居不得不变之势"（顾炎武语）的时代，在农民大革命风雷激荡的直接影响下，在新兴市民反封建要求的启示下，明清之际出现了中国早期的启蒙思潮和实学思潮；在政治上抨击封建专制，提出民主法治的朦胧理想；在学术上批判宋明理学"自欺欺人""以理杀人"的伪善本质，倡导"经世致用"，重视自然科学，注重实践的"实学"之风。主要代表人物有黄宗羲、顾炎武、王夫之、唐甄、颜元等。

乾隆、嘉庆时期又兴起了考据学亦称汉学或朴学，形成考据学派，称为"乾嘉学派"。主要是从文字音韵、名物训诂、校勘辑佚等方面进行经史古义的考证，范围涉及经、史、文学、天文、历算、地理、目录等，在考订整理古籍方面作出了贡献。清朝编纂了《古今图书集成》《四库全书》等大型书籍，并在地方志编撰和史学理论等方面有很大进展。古典小说的创作成绩巨大，其中《儒林外史》深刻揭露了封建教育，特别是科举考试制度对士人心灵的腐蚀和对社会的危害，可以视为是一部教育讽刺小说。在科学技术方面，虽然发展缓慢，但也取得了一定成就。在康熙的倡导下，编定了《永年历》《数理精蕴》《历象考成》等书。著名历算家梅文鼎著有天文、历法、数学书籍计86种，其中《古今历法通考》是我国第一部历法史著作，《中西数学通》反映了当时世界数学的主要成果。张履祥的《补农书》，总结了南方农业生产的经验，对水稻如何增产提出了许多有益的见解。

上述清朝社会在政治、经济以及学术、文化诸领域的发展状况，是清朝教育制度和教育思想赖以存在和发展的基础。

清朝统治者重视发展文化教育事业，制定了"兴文教，崇经术，以开太平"的文教政策。至乾隆年间，清朝官学达到全盛。在长期的发展中，清朝官学形成了自己的特点。书院在经历清初一段时间的沉寂后，至雍正年间获得长足发展。清朝书院不但数量超过前代，而且涌现出了诂经精舍、学海堂、漳南书院等颇有特色的书院。科举制度是"国家抡才大典"，但科场舞弊丛生，积重难返，学校也沦为科举的附庸。黄宗羲、王夫之、颜元是清朝著名的教育家，他们抨击理学教育的空疏无用，揭露科举制度的危害，提出了许多颇有见地的教育观点，在当时和历史上产生了重要的影响。

在清朝，虽然恢复、发展了传统儒学教育，康乾时期官学发展达到了全盛,书院数量超过了前代,但自汉至清两千的儒学教育的"空疏无用"的缺陷和科举八股取士的危害日益暴露、书院日趋腐败和启蒙思潮的产生,标志着中国古代教育走向了衰落,中国教育面临着新的历史转折。

第一节　清朝的文教政策

清朝统治者在入关定都北京以后,开始重视发展文化教育事业,确定了"兴文教,崇经术,以开太平"的文教政策。顺治十二年(1655年),在给礼部的谕令中称:"帝王敷治,文教是先。臣子致君,经术为本……今天下渐定,朕将兴文教,崇经术,以开太平。"[①] 清顺治时期确定的这一文教政策的具体内容突出地表现为以下三个方面。

一　崇尚儒家经术,提倡程朱理学

自汉武帝以来,中国封建统治者都把孔丘视为圣人,把儒学视为巩固其统治的精神支柱。清朝统治者也不例外。在清朝立国之初,顺治帝就提出"国家崇儒重道"的主张,认为"圣人之道,如日中天,上赖之以致治,下习之以事君",并下谕旨要求礼部"传谕直省学臣训督士子,凡《六经》、诸史有关道德经济者必研求通贯,明体达用"。

清朝统治者还采取了一系列尊孔措施。顺治元年(1644年),袭封孔丘第六十五世孙孔允植为"衍圣公";二年(1645年),封孔丘为"大成至圣文宣先师",十四年(1657年),改封为"至圣宣师",康熙二十二年(1683年),康熙帝亲书"万世师表"匾额,悬挂于全国各地孔庙,并于翌年到曲阜,亲自祭孔。雍正元年(1723年)下"上谕"颂扬孔子说:"至圣先师孔子,道冠古今,德参天地,树百王

---

① (清)康熙:《世祖章皇帝圣训·劝善要言成》卷五,四库书馆1868年版。

之模范，立万世之宗师，其为功于天下者至矣。"① 乾隆帝曾九次亲赴曲阜朝拜。

清朝统治者则在崇儒尊孔的同时，大力提倡程朱理学。为了表示对程朱理学的尊崇，顺治十二年（1655年）和康熙五年（1666年），分别下诏以朱熹婺源十五世孙朱煌、十六世孙朱坤承袭翰林院《五经》博士，在籍奉祀。康熙二十九年（1690年），康熙帝亲书"大儒世泽"匾额，及对联"诚意正心阐邹鲁之实学，主敬穷理绍廉洛之心传"，赐考亭书院悬挂。康熙五十一年（1712年），他下诏朱熹配享孔庙，列为"十哲之次"。康熙五十二年（1713年），他又命熊赐履、李光地等理学名臣编辑《朱子全书》，并亲自为之作序，认为"朱夫子集大成而绪千百年绝传之学，开愚蒙而立亿万世一定之规"，还说："朕读其书，察其理，非此不能知天人相与之奥，非此不能治万邦于衽席，非此不能仁心仁政施于天下，非此不能内外为一家。读书五十载，只认得朱子"。他同时称赞"二程之充养有道，经天纬地之德"。康熙五十六年（1717年），他又命李光地新编《性理精义》一书，再次推崇程朱理学。统治者的积极推崇，是程朱理学成为清朝办学的指导思想和科举考试的基本内容的政治原因。

二 广建学校，推行专制主义教育

清初沿袭明制，在中央和地方广泛设立学校。《清史稿·选举志一》记载，顺治帝刚刚定都北京，即"修明北监为太学"，太学的设置"一仍明旧"。随后，又陆续创立了算学、八旗官学、宗学、觉罗学、景山官学、成安宫官学、俄罗斯文馆等。在地方上，也因袭明制，设立府、州、县、卫儒学，并在各省设置管理教育的行政长官，起初各省称督学道，以各部郎中进士出身者充任。唯独顺天、江南、浙江称提督学政，由翰林官担任。据《清史稿·职官志三》记载：府州县学官的职责是"掌学校政令，岁、科两试。巡历所至，察师儒优劣，

---

① 文庆、李宗昉等：《钦定国子监志》卷一，北京古籍出版社2000年版。

生员勤惰,升其贤者能者,斥其不帅教者。凡有兴革,会督、抚行之"。雍正四年(1726年),一律改为学院,亦称学政。此外,还在全国城乡地区和少数民族聚居地区设立社学、义学、井学等。从中央到地方建立起完整的学校体系,各种学校的数量发展较快。

在广泛兴设学校、积极发展文教事业的同时,清政府仿照明朝的做法,制订各种严厉的学规,加强对各级学校的管理和控制。其中影响最大的是以下三个。

其一,顺治九年(1652年)颁布于直省儒学明伦堂的《卧碑文》,亦称《训士卧碑文》。清代《卧碑文》与明代《卧碑文》的基本内容相同,共计八条,归纳起来,包含两层意思:一是要求生员在校内须"诚心听受",读书明理;二是要求生员在校外要"爱身忍性",少说少管,其实质是禁止学生过问社会现实问题,剥夺他们结社和出版的权利,要求生员循规蹈矩,俯首帖耳,做一个统治者所需要的"忠臣清官"和顺民。

其二,康熙三十九年(1700年)颁布于直省学校的《圣谕十六条》。具体内容是:

"——敦孝弟以重人伦;——笃宗族以昭雍睦;——和乡党以息争讼;——重农桑以足衣食;——尚节俭以惜财用;——隆学校以端士习;——黜异端以崇正学;——讲法律以儆愚顽;——明礼让以厚风俗;——务本业以定民志;——训子弟以禁非为;——息诬告以全良善;——诫窝逃以免株连;——完钱粮以省催科;——联保甲以弭盗贼;——解仇忿以重身命。"①

归纳康熙提出的十六条,主要含三层意思:一是"重人伦";二是"崇正学";三是"讲法律"。要求生员做一个有道德、崇儒术、守法律的好臣民。这十六条可以说是康熙为学校与整个社会规定的价值标准,要求"家喻户晓","万世守之"。清政府把这十六条价值标准

---

① 浙江巡抚陈士杰敬谨摹刻:《皇朝文献通考·学校考七》卷六十九,浙江书局1882年版。

作为全国各类学校培养、教育学生的准则。并且明文规定："每月朔望，令儒学教官传集该学生员宣读，务令遵守。违者责令教官并地方官详革治罪"。

其三，雍正二年（1724年）颁布于"直省学宫"的《圣谕广训》。它出自雍正之手，是对康熙的《圣谕十六条》具体条文的"旁征远引，往复周详，意取显明"，进一步解释和发挥了《圣谕十六条》。它从道德、伦理、风尚、法律等方面规范生员的行为，是清代学校道德教育的标准。

三 注重历史文献的整理，严格控制知识分子

注重历史文献整理是清代文教政策的特点之一。康熙、乾隆年间，清政府曾组织学者编纂大型书籍，如康熙时编纂的《明史》《康熙字典》《佩文韵府》《古今图书集成》等；乾隆时编纂的《续通志》《续通典》《续文献通考》《清朝通志》《清朝通典》《清文献通考》《大清会典》《四库全书》等。其中《古今图书集成》《四库全书》最为重要。前者10000卷，内容分历象、方舆、明伦、博物、理学、经济六篇，取材宏富，脉络清晰，是我国现存规模最大的类书。后者共收图书3503种79337卷，装订成36000余册，分经、史、子、集四部，故名四库，历时10年编成，是我国最大的一部丛书。清政府组织学者编书的目的是笼络士人，宣扬所谓的文治盛世，但对于整理、保存古代文献是有积极意义的。

采用高压手段，对知识分子进行严厉钳制和残酷镇压，是清王朝文教政策又一特点。其主要措施有三：其一，严禁立盟结社。在《卧碑文》中，规定不许生员"立盟结社"。顺治十七年（1660年）又强调："士习不端，结社订盟……著严行禁止。以后再有此等恶习，各该学臣，即行革黜参奏，如学臣徇隐，事发一体治罪。"[①] 其二，销毁

---

① 浙江巡抚陈士杰敬谨摹刻：《皇朝文献通考·学校考七》卷六十九，浙江书局1882年版。

书籍。清政府在组织学者编书的同时，又对那些被认为不利于统治的书籍进行销毁。仅自乾隆三十八年（1773年）到四十七年（1782年）十年间，先后焚书24次，烧毁书籍538种，13862部。其焚书的次数和种类之多超过了秦始皇。其三，大兴文字狱。据不完全统计，康熙、雍正、乾隆三朝曾大兴文字狱多达108起。清朝文字狱株连之广，处罚之重，都是历史上罕见的。清代文字狱的典型案件主要有："庄廷鑨《明史》案""戴名世《南山集》案""汪景祺著作悖逆案""查嗣庭命题案""吕留良文选案"等。

"庄廷鑨《明史》案"发生于康熙二年（1663年）。此为清初开国以来的第一宗文字狱，株连甚广。浙江乌程（今吴兴）南浔镇富户庄廷鑨，因病眼盲，想学习历史上同为盲人的左丘明，著写一部史书。便去买得明朝天启大学士朱国祯的明史遗稿，延揽江南一带有志于纂修明史的才子吴炎、潘柽章等十六人加以编辑。书中仍奉尊明朝年号，不承认清朝的正统，还提到了明末建州女真的事，并增补明末崇祯一朝事，直呼努尔哈赤为"奴酋"，称清兵为"建夷"。这些都是清朝所忌讳的。该书定名为《明史辑略》，共一百余卷。成书不久，庄廷鑨病故。其父于顺治十七年冬（1660年）刻印此书。后被归安知县吴之荣告发。当时康熙尚未亲政，鳌拜责令刑部满官罗多等到湖州彻查，并严厉处置涉案的相关人士。庄廷鑨被掘墓开棺焚骨。康熙二年（1663）正式结案，凡作序者、校阅者及刻书、卖书、藏书者均被处死。庄廷鑨之弟庄廷钺也被凌迟处死，全族获罪。因此案入狱者2000余人，审讯后定死刑70多人，其中18人被凌迟处死。

"戴名世《南山集》案"发生于康熙五十二年（1713年）。戴名世，安徽桐城人，任翰林院编修，才思洋溢，驰名文坛，被人诬告为：恃才狂妄，私刻文集，影响恶劣，居心叵测。刑部给戴名世定的是"大逆"罪，康熙认为连累太多，故开恩将戴名世一人减刑砍头，其余被牵连的数百人皆免死罪，有的送往黑龙江，有的配入旗籍为奴。

"汪景祺著作悖逆案"发生于雍正三年（1725年）。浙江钱塘县举人汪景祺在其《历代年号论》书稿中指"'正'字有一止之象"，并认为"凡有正字者,皆非吉兆"。雍正钦定为"肆行讪谤,目无国法"的大逆不道行为,被处以极刑。

"查嗣庭命题案"发生于雍正四年(1726年)。查嗣庭为礼部侍郎,受派遣出任江西考官,他在命题时,用《大学》中"维民所止"四字作为科举考试的题目,被认为"维止二字,意在去雍正二字之首",遂被革职下狱,病死狱中后,还戮尸枭首,查氏子坐死,家属流放,查氏家乡浙江省停止乡试、会试6年。

"吕留良文选案"发生于雍正六年(1728年)。吕留良(1629—1683年),明末清初杰出的学者、思想家、诗人和时文评论家、出版家。康熙时期拒应清朝的鸿博之征,后削发为僧。吕留良著述多毁,现存《吕晚村先生文集》《东庄诗存》等。吕留良死后49年,即清雍正六年,受湖南儒生曾静反清一案牵连,被雍正皇帝钦定为"著逆书,立逆说,丧心病狂,肆无忌惮"的"大逆"罪名,惨遭开棺戮尸枭示之刑,其子孙、亲戚、弟子广受株连,无一幸免,铸成清代震惊全国的文字冤狱。

清王朝对士人采取如此残酷的镇压手段,控制社会舆论,钳制知识分子的思想,迫使他们只得埋头于故纸堆中,以求身家性命的安全。

第二节 清朝的官学制度

清朝官学始于顺治元年(1644年),其后康熙、雍正、乾隆三朝,历时134年,号称康乾"盛世",官学兴盛;嘉庆、道光年间,处于鸦片战争的前夜,整个清朝统治走下坡路,官学教育也日渐衰败。鸦片战争后,随着封建社会逐步解体,中国传统教育也日暮途穷。这是清代官学演变的大致轨迹。

清统治者,为了缓解满汉民族矛盾,笼络人心,提出"代明复仇"的口号,除兵制外,其余制度沿袭明制,几乎无所更改,清朝的官学制度也基本上沿袭明朝旧制,《清史稿》记载:"有清学校,向沿明制。京师曰国学，并设八旗、宗室等官学。直省曰府、州、县学。"① 也就是说，清沿袭明朝官学制度，官学亦分为中央和地方两大类。中央官学主要有国子监，亦称国学；此外还有宗学、觉罗学、八旗官学和宗室官学等。地方官学主要有府学、州学、县学等。此外还有卫学、社学、义学和井学等，其教育制度的构架基本与明朝相同。

一　清朝的中央官学

（一）国子监

国子监亦称国学、太学，始设于顺治元年（1644 年）。据《清史稿》记载："世祖定鼎燕京，修明北监为太学。顺治元年置祭酒、司业及监丞、博士、助教、学正、学录、典籍、典簿等官。设六堂为讲肄之所，曰率性、修道、诚心、正义、崇志、广业，一仍明旧。"② 清国子监是由修复明北京国子监而建成的，所设学官主要有：祭酒、司业、监丞、博士、助教、学正、学录、典籍、典簿等。所修建的讲堂有：率性、修道、诚心、正义、崇志、广业等"六堂"。此外还修建了五百多间号房，"为诸生读书之所"。据《清朝文献通考·学校考三》记载，顺治元年，详细制定了国子监的规制，规制的主要内容有：其一，规定了国子监内的主要建筑及其用途；其二，规定了学官的编制及职责。祭酒、司业为国子监的正、副主管官，其"职在总理监务，严立规矩，表率属员，模范后进"。祭酒为从四品，满、汉各一人。司业为正六品，满二人，蒙、汉各一人；监丞"职在绳愆，凡教官怠于师训，监生有戾规矩，并课业不精，悉从纠举惩治"；博士、助教、学正、学录"职在教诲，务须严立课程，用心讲解，如或怠惰致监生有戾学规者，堂上官举觉罚治"；典籍"职在收掌，一应经史书板"；典簿"职在明立文案，并支销钱粮，季报文册"。此外，还对国子监的教学内容，讲学方法以及监生肄业期限等其他许多重要问题，

---

① 《清史稿·选举志一》卷一〇六，中华书局 1976 年版，第 3099 页。
② 同上书，第 3100 页。

作了具体规定。顺治元年制定的这个国子监规制，对于当时国子监的恢复起了重要作用，为以后国子监的发展打下了基础。

国子监的管理制度不断完善，其先后实行的主要管理制度有：第一，实行监生历事制度和积分法。清初国子监生学习期满，即拨历各部院衙门练习吏事，每隔三月考核一次，一年期满送廷试授官，到康熙时期停止。积分法始于顺治三年（1646年）。汉人监生月试经义、策论各一道，合式者拔置一等，岁考一等十二次者为及格，免除吏事实习，送廷试。第二，设置管理监事大臣。雍正三年（1725年），开始在国子监另设管理监事大臣一人，成为国子监的主管官员。第三，实施分斋教学制度。乾隆二年（1737年），国子监仿照胡瑗"经义、治事分斋遗法"，实施分斋教学制度，设置明经斋和治事斋。"明经者，或治一经，或兼他经，务取《御纂折中》《传说》诸书，探其原本，讲明人伦日用之理。治事者，如历代典礼、赋役、律令、边防、水利、天官、河渠、算法之类。或专治一事，或兼治数事，务穷究其源流利弊。考试时，必以经术湛深、通达事理、验稽古爱民之识。三年期满，分别等第，以示劝惩。"[①] 国子监的教师都是"极一时之选"的优秀人才。国子监内"师徒济济，皆奋自镞砺，研究实学"，国子监达到全盛。

国子监的学生通称为监生。因其资格不同，又分为贡生和监生。贡生有六种：岁贡、恩贡、拔贡、优贡、副贡和例贡。岁贡为常贡，每年各府、州、县学均根据定额选送，"食廪年深者，挨次升贡"，入监肄业。恩贡与明制相同，凡国家遇有庆典或新君即位，特别开恩选送生员入监，以当年正贡作恩贡，陪贡作岁贡。拔贡即明制选贡，在常贡之外，另外"遴选文行兼优者"贡入国子监，雍正五年（1727年）规定每六年选拔一次，乾隆七年（1742年）改定为每十二年一次。优贡为每三年选送"文行兼优者"入监。副贡即选取乡试中列名副榜的生员入监。例贡为生员捐纳资财入监。其中，岁贡、恩贡、拔

[①] 《清史稿·选举志一》卷一〇六，中华书局1976年版，第3100页。

贡、优贡和副贡，时称"五贡"，被认为是正途，以区别于例贡。监生分为恩监、荫监、优监和例监。"监生凡四：曰恩监，由八旗、汉文官学生、算学馆满汉肄业各生考取。曰荫监，由各荫生咨送。曰优监，由各直省州府县学附生、武生教官申报，学臣核定，部监汇考，与优贡同。曰例监，与例贡同。"① 也就是说，恩监为朝廷特别开恩选取的八旗、汉人文官子弟及算学馆满汉学生考取国子监者。荫监分为恩荫和难荫。顺治二年（1645年）规定文官京官四品，外任官三品以上，武官二品以上，可送子一人入监读书，这种入监学生，被称为恩荫；凡任职三年期满，后死于职守的文武官员（顺治九年规定三品以上），可以荫一子入监肄业，称为难荫。荫监之设，是封建官僚子弟享受教育特权的一种重要表现。优监为优秀附生入监学习者。例监则是庶民通过捐纳资财入监者，与例贡一样，被认为是杂流。

国子监的教学内容，主要是《四书》《五经》《性理精义》《资治通鉴》等书，学生"兼通《十三经》《二十一史》，博极群书者随资学所诣"。此外，还要学习清朝有关的诏诰、表策、论判，每日临摹晋、唐名帖数百字。乾隆时命方苞编辑了明清时期的优秀时文集——《钦定四书文》，颁布于六堂，令诸生诵习，作为"举业指南"。清朝国子监的教学深受科举制度的严重影响。

关于教学方法，《清史稿·选举志一》这样记载："月朔、望释奠毕，博士厅集诸生，讲解经书。""祭酒、司业月望轮课《四书》文一、诗一，曰大课。祭酒季考，司业月课，皆用《四书》《五经》文，并诏、诰、表、策论、判。月朔，博士厅课经文、经解及策论。月三日，助教课，十八日，学正、学录课，各试《四书》文一、诗一、经文或策一。"又据《清文献通考·学校考三》记载：监生在"听讲书后，习读讲章。有未能通晓者，即赴讲官处讲解，或赴两厢质问"。从这些历史记载可知清代国子监的教学方法既有教师讲授，又有学生自学和质疑问难。清朝初期，监生的肄业时间不统一，各类监生肄业

---

① 文庆、李宗昉等纂修：《钦定国子监志·生徒》卷三十五，北京古籍出版社2000年版。

时间各异；到雍正五年（1727年），规定各类监生肄业时间率以三年为期，"告假、丁忧、考劣、记过，则扣除月日"。监生肄业时间始为统一。

与国子监相连的还有南学和辟雍。南学设于雍正九年（1731年），当时"各省拔贡云集京师，需住监者三百余人"，于是拨国子监署南面的官房，供他们及助教等学官居住，"岁给银六千两为讲课、桌饭、衣服、赈助之费"，并题其匾额曰"钦赐学舍"。因而，南学可以认为是国子监的一个分校。辟雍系仿"古国学之制，天子曰辟雍"，于乾隆四十八年（1783年）开始营建，翌年落成。供皇帝视学时举行讲学之用，是国子监内一处特设的讲学场所，类似于现代大学内的礼堂。

（二）八旗官学

顺治元年（1644年），因考虑到国子监地处京师东北隅，满族子弟就学不便，专为八旗子弟特设八旗官学，隶属于国子监。据《清文献通考·学校考二》记载：顺治元年，"八旗分为四处，各立官学一所，用伴读十人勤加教习。每十日赴国子监考课一次，春秋演射五日一次"。这四所八旗官学，由国子监教官任教，另设教习10人，生员按时到国子监考课。康熙、雍正年间增设了一大批旗学，使八旗官学几乎遍及各地。比较有名的八旗官学有景山官学、咸安宫官学等，其编制则隶属于内务府。

景山官学创立于康熙二十五年（1686年），设在京师北上门两旁官房内，满、汉文各三房。据《清史稿·选举志一》记载："初，满教习用内府官老成者，汉教习礼部考取生员文理优通者。寻改选内阁善书、射之中书充满教习，新进士老成者充汉教习。雍正后，汉教习以举人、贡生考取，三年期满，咨部叙用。"招收内府三旗佐领、管领下幼童366人入学，分习满文和汉文。

咸安宫官学创立于雍正七年（1729年）。因"景山官学生功课未专"，需要补习，所以于咸安宫内另外修理读书房3所，从景山官学生及佐领、管领下招得13—23岁俊秀青少年90名入学读书。每所有从翰林院内挑选的翰林3人任教习，学生30名。学生读书之暇，教授满语、弓马骑射。自嘉庆、道光以后，学校逐渐废弛，已有名无实。

清政府设立的旗学，除上述之外，重要的还有盛京官学、八旗蒙古官学、八旗义学、八旗教场官学、八旗学堂等。重视对旗人子弟的教育，广泛设立旗学，是清朝官学制度的重要组成部分。

（三）宗学、觉罗学

宗学是专为清宗室子弟设立的初等教育学校。顺治十年（1653年），八旗各设宗学，凡宗室子弟，年满10岁以上者，都入学学习清（满）书，由满洲生员充当教师。雍正二年（1724年）下谕令"左、右两翼各设宗学一"；规定"王公、将军及闲散宗室子弟十八岁以下愿就学读书及十九岁以上已读书愿就学者均令入宗学。分习清汉书。院内兼置剑道学，习骑射"。每所宗学"以王公一人总其事，设总管二人，副管八人"[①]。每所宗学设清书教习2人，骑射教习2人，学生每18人设汉书教习1人，并由翰林官2人讲解经义，指教文法。宗学的管理较为严格，每月试经义、翻译及射艺各一次；每年季秋试翻译及经义、时务策各一道。考列一、二等者奖赏笔墨，三、四等者留学肄业，五等者教育训诫，仍许留学，六等黜退。宗学生"三年期满，分别等第录用"。关于宗学生的出路，乾隆九年（1744年）规定，每届五年，选派大臣合试，钦定名次，以会试中式注册。俟会试年，习翻译者，与八旗翻译贡生同引见，赐进士，用府属额外主事。习汉文者，与天下贡士同殿试，赐进士甲第，用翰林部属等官。这样，通过举行特殊的考试，为宗学生的会试中式，进士及第和入仕做官，创造了条件。

觉罗学是专为清觉罗氏子弟设立的学校。始设于雍正七年（1729年），规定于八旗衙署旁设立满、汉学各1所，"八旗觉罗内自八岁以上十八岁以下子弟，俱令入学"。设总管1人，由王公大臣充任。每学设副管2人，"每日在学行走，稽查勤惰"。设清书教习、骑射教习各1人，汉书教习每生徒10人设1人。学生在学期间的待遇与宗学基本

[①]（清）乾隆十二年《大清会典则例·宗人府》，四库书馆1868年版。

相同。觉罗学属于宗学性质，只是其学生来源比宗学广，扩展到了整个觉罗氏。

（四）算学、俄罗斯文馆

明代算学教育衰落，明末清初算学复兴。清代复兴算学始于康熙九年（1170年），在八旗官学中设置算学。康熙五十二年（1713年），在畅春园蒙养斋设立算学馆，"间大臣精于数学者司其事，特命皇子、亲王董之，选八旗世家子弟学习算法"[①]。雍正十二年（1734年），扩大算学教育的规模，在八旗官学的每旗中择资质明敏者30余人学习算学。乾隆三年（1738年），在钦天监附近处专设算学一所，主要是培养天文历法所需要的算术人才。乾隆四年（1739年），命以算学隶属于国子监，称国子监算学。国子监算学共有60人，除了招收满、汉、蒙古、汉军学生36人外，还有钦天监附学生24人。算学的教学内容分为两部分，前三年教授"线、面、体三部"等算法知识；后两年教授"七政"，即天文知识，此外还学习珠算等。

俄罗斯文馆，创办于乾隆二十二年（1757年）。17世纪以后，中国与俄罗斯贸易迅速发展，边境交涉和文书往来日益频繁，中俄两国都亟需培养翻译人才，于是清朝在国子监内为俄罗斯来京子弟专设俄罗斯学，选满汉助教二人教之，每人给银、米，学成遣归。在内阁理藩院设俄罗斯文馆，八旗学生专习俄文。据《大清会典事例》卷十五记载，俄罗斯文馆"专司翻译俄罗斯文字，选八旗官学生二十四人入馆肄业"。俄罗斯文馆，也称俄罗斯学，这是中国历史上创办的第一所俄语学校，培养俄语翻译人才和外交官。学生肄业五年期满考试，列一等者授八品官，二等者授九品官，三等者不授官，且留馆继续再读。该馆于同治元年（1862年）裁撤。

二 地方官学

清朝的地方官学因袭明朝制度，按地方行政区划设立的学校称为：

[①] 文庆、李宗昉等纂修：《钦定国子监志·学志八·算学》卷一六，北京古籍出版社2000年版。

府学、州学、县学；按军队编制设立的学校称为卫学，在乡镇设立的称为社学，为孤贫儿童及少数民族子弟设立的称为义学，在云南设立的称为井学。

（一）府学、州学、县学、卫学

清朝仿效明朝的地方官学制度，普遍建立起府、州、县学和卫学。顺治元年（1644年），"诏各省府、州、县儒学食廪生员仍准廪给，增、附生员仍准在学肄业，俱照例优免"。并制定地方学校支给廪饩法，"在京者户部支给，在外者州、县官支给"。①顺治四年（1647年），又规定了地方学校廪膳、增广生员人数："直省府学各四十人，州学三十人，县学各二十人……增广生员如廪膳生员之数"②。与此同时，还在军队驻地设立卫学，以教育"武臣子弟"。卫学规模较小，设廪膳生、增广生员各10名。顺治十六年（1659年）规定将卫学并入府、州学。"府设教授，州设教谕各一，皆设训导佐之。"教授、教谕的职责是"训迪学校生徒，课艺业勤惰，评品行优劣，以听于学政"③；训导的职责是协助教授、教谕管理学生。

（二）社学、义学及井学

清朝在地方基层普遍设立社学、义学。顺治九年（1652年）"令直省州县置社学社师。每乡置社学一区，择其文义通晓、行谊谨厚者，充补社师，免其差徭，量给廪饩"④，规定"凡近乡子弟十二以上二十以下，有志学文者，令入学肄业……如有能文入学者，社师优赏；如怠于教习，钻营充补者褫革"。⑤

义学起源于宋代，是为皇家宗族内部的启蒙组织。清代义学早期也主要是为旗人子弟所设。康熙四十一年（1702年），礼部议准在京师五城各定一所义学，义学教师称为塾师，以后扩展到八旗。康熙、

---

① （清）乾隆《皇朝文献通考·学校考七》卷六十九，四库书馆1868年版。
② 《大清会典·学校》卷三十二。
③ 《清史稿·选举志一》卷一〇六，中华书局1976年版，第3114页。
④ 《皇朝文献通考·职役考一》卷二十一。
⑤ 《皇朝文献通考·学校考八》卷七十。

雍正年间开始在边远地区开办义学，令贵州、云南、广西、四川等边地设置义学，招收孤贫子弟或苗、彝、黎、瑶等少数民族子弟入学。乾隆以后义学开始在全国普及，内地各府、州、县广泛设置义学。道光六年（1826年），襄阳知府周凯在所订的《义学章程》中对设置义学的原因和目的做了明确说明："近因各乡村蒙馆太少，义学不设，一致风俗犷悍，好勇斗狠，轻生犯上，皆由蒙童失教之故。本府与诸牧令劝谕绅耆，就地设义学，以教贫民子弟，成为安身良民。"① 由此可见，义学主要是由官府资助，地方富绅开办的招收贫民子弟的蒙学，目的在于加强管束孤寒子弟，把他们教育成"安身良民"。

井学是设在云南边疆地区的学校。《清史稿·职官志三》记载：雍正二年（1724年），设置云南井学训导，"井学自此始"。

纵观清代教育，清朝前期，在顺治皇帝制定了"崇儒重道""文教为先"国策的指导下，沿袭明代，在中央和地方设置官学，学校制度健全，学校网点遍及全国，但官学教育内容单一，主要是儒学，虽有算学、俄罗斯学文馆，但影响不大，专科教育比唐宋时期落后。清代沿袭明代优待官学生员的政策，一旦经考试成为官学学生，不仅意味着走上了入仕做官之途，而且"免其丁粮，厚以廪膳""各衙门官以礼相待"，即享受免除当差纳粮、吃"皇粮"、受地方官以礼相待等特权。雍正八年（1730年）规定：国子监的监生"凡于讲课之期，每年赏银六千两，以为饭食之费。所余银以备诸生有事故，实力不足者，量加周助"。② 一旦入国子监读书，衣食无忧，地位提高，前途光明。地方学校的贫困生，可从本学学田的租赋中获得膏火之费的资助，"凡优恤诸生，例免差徭。廪生贫生给学租养赡"。③ 这些政策，促进了教育的昌盛，对于人才培养和社会发展起了积极作用。但自嘉庆、道光之后，学校逐渐废弛，已有名无实。封建教育为近代教育所取代，已成为历史发展的必然趋势。

---

① 毛礼锐、沈灌群：《中国教育通史》第三卷，山东教育出版社1987年版，第446页。
② 《大清会典·选举志一》卷一〇六，中华书局1976年版，第3103页。
③ 《清史稿·选举志一》卷一〇六，中华书局1976年版，第3118页。

第三节 清朝的书院

自唐代到清末，书院一直是官学教育的主要补充。清统治者的书院政策经历了由抑制到积极控制的演变过程，使清代书院也经历了两个时期，即沉寂期和兴盛期，呈现出由沉寂至复苏到兴盛的发展轨迹。

一 清朝书院发展的轨迹

从清朝立国至鸦片战争之前，清朝书院的发展大体上经历了两个时期。

（一）清代书院的沉寂期

自顺治元年（1644年）至雍正十年（1732年）约90年，是清代书院的沉寂期，呈现出由沉寂走向复苏的演变轨迹。这个时期书院的发展，具体可分为两个阶段，即沉寂阶段和复苏阶段。

顺治年间（1644—1661年）近20年的时间是清代书院的沉寂阶段。当时，清统治者虽已定都北京，但全国尚未统一，南明政权尚存在，汉族反清情绪十分高涨。一批鸿儒硕学之士屡征不就，隐居山林，采取与清统治者不合作的态度，清政权的根基不稳固。因此，清政府为了防止利用书院讲学宣传汉族正统思想，聚众成势反对清朝的统治，因而在积极创办官学的同时严禁创设书院。顺治九年（1652年）下令"各提学官督率教官生儒，务将平日所习经书义理，着实讲求，躬行实践。不许别创书院，群聚徒党，及号召地方游食无行之徒，空谈废业"[①]。"不许别创书院"的禁令严重抑制了书院的发展。但当时书院并未完全停办，一方面清政府允许保存或修复历史上一些著名的书院。如江西巡抚蔡士英于顺治十年（1653年）前后，将白鹿洞、鹅湖、白鹭州、友教书院修复，聘师开讲。再如顺治十四年（1657年），经湖南巡抚袁廓宇的请求，修复了衡阳的石鼓书院。另一方面，尚存明代

[①]《图书集成·选举典·学校部》。

讲学的余风，如明末清初的三大儒：北有孙奇峰，讲学于苏门山之夏峰；南有黄宗羲，讲学于浙东复兴证人书院；西有李颙，讲学于关中书院。但从总体上看，这个阶段全国的书院寥若晨星，数量很少，因此说，这一阶段书院的发展处于沉寂状态。

康熙年间（1662—1722年）至雍正初为复苏阶段。其间虽然曾发生"三藩之乱"，但清政权已基本巩固，社会相对稳定，经济得到发展。在文化教育上，清政府实行专制统治的同时，也积极采用怀柔手段，笼络汉族知识分子。对于书院则通过赐匾额、赐书籍的方法加以褒扬。如康熙二十五年（1686年），御书"学达性天"匾额，分赐周敦颐、张载、程颢、程颐、邵雍、朱熹祠及白鹿洞书院、岳麓书院，并颁发《十三经》《二十一史》等书。四十二年（1703年），赐"学宗洙泗"匾额于山东济南省城书院。四十四年，赐"经术造士"匾额于胡安国书院。六十一年（1722年），赐"学道还淳"匾额于苏州紫阳书院等。既然最高统治者对书院持褒扬态度，于是各地缙绅之士便积极创立和修复书院，清朝书院逐渐由沉寂走向复苏。

(二) 清代书院的发展期

雍正十一年（1733年）至鸦片战争以前，是清代书院发展期。雍正十一年，开始改变早期严禁创设书院的政策，对书院采取积极兴办，加强控制的政策。雍正下令"近见各省大吏渐知崇尚实政，不事沽名邀誉之为，而读书应举者，亦颇能屏去浮嚣奔竟之习，则建立书院，择一省文行兼优之士读书其中，使之朝夕讲诵，整躬励行，有所成就，俾远近士子观感奋发，亦兴贤育才之一道也。督抚驻扎之所为省会之地，着该督抚商酌奉行，各赐帑金一千两。将来士子群聚读书，须预为筹划，资其膏火，以垂永久。其不足者，在于存公银内支用"[①]。这一诏令确认吏风、学风已好转，在这种条件下，书院是"兴贤育才"的途径之一，要求督抚于省会创办书院，并提供办学经费。各省督抚

---

① 《清朝文献通考·学校考八》卷七十。

遵照这一诏令在省城陆续设置大书院：京师设立金台书院，每年动拨直隶公项银两，以为师生膏火，由布政司详请总督报销。直省省城设立书院，直隶曰"莲池"，山东曰"泺源"，山西曰"晋阳"，河南曰"大梁"，江苏曰"钟山"，江西曰"豫章"，浙江曰"敷文"，福建曰"鳌峰"，湖北曰"江汉"，湖南曰"岳麓"、曰"城南"，陕西曰"关中"，甘肃曰"兰山"，四川曰"锦江"，广东曰"端溪"、曰"粤秀"，广西曰"秀峰"、曰"宣城"，云南曰"五华"，贵州曰"贵山"，皆奉旨赐帑，瞻给师生膏火。奉天曰"沈阳"，酌拨每学学田租银为膏火，令有志向上、无力就师，各入院肄业。书院师长，由督抚学臣不分本省邻省已仕未仕、择经明行修、足为多士模范者，以礼聘请。①

各府、州、县也纷纷仿而效之，创建书院。因而，书院大发展，其数量之多，"远过前代"。有学者据《学案小识》《先正事略》《碑传集》等书籍所载的书院统计，清代设立的书院有300多所。而各省地方志记载的清代所设立书院有780多所，连同复兴的书院和改造的书院，合计有1900多所②。清代书院遍及全国19个省区，一些边远地区，如云南、甘肃、新疆、台湾等地也都设立了不少书院，有的在历史上还是首创。如乾隆元年（1736年），在大通卫（今大通县）创立的三川书院，是青海历史上第一所书院。

这些书院中，民办的只有182所，所占比例不及10%，其余均为督抚大官及地方官办。③可见，绝大多数书院已被官学化，民办书院处于弱势，已被边缘化，这是清朝书院的特点之一。

清代控制书院，使其官学化的主要措施有五。

---

① 陈谷嘉、邓洪波：《中国书院史资料》中册，浙江教育出版社1998年版，第858—859页。

② 周德昌、王建军：《中国教育史研究》（明清卷），华东师范大学出版社2009年版，第68页。

③ 陈元晖、尹德新、王炳照：《中国古代的书院制度》，上海教育出版社1981年版，第97页。

第一，重点扶植省会所在地的书院，实行书院申报制度。过去的书院多建于偏僻幽静的名胜之地，统治者往往鞭长莫及，难以管束。清代决定在各省会创办书院，由各省督抚"商酌奉行"，便于封疆大吏直接控制。清政府为了将书院的创办审批权牢牢控制在官府手中，实行书院申报制度。雍正在"上谕"中直接赋予"封疆大臣等并有化导士子之职"的领导权，各省会书院直接由督抚"商酌奉行"；乾隆五十五年（1790年）规定"府、州、县书院，或绅士出资创立，或地方官拨款经理，俱报该管官查核。惟在地方官妥为经理，自不致有名无实"①。

第二，书院经费由官府拨给。省会书院的经费由官府拨款，属于公费学校。《大清会典》："各省书院公费，各有恩赏银，委员经理。或置产收租，或筹备赏借，以充膏火。不敷，在存公项下拨补。每年造册报销。"而府、州、县书院中，虽亦有地方乡绅捐资倡立者，但更多的是"地方官拨公款经理"。由于绝大部分书院的经费来源是靠政府拨款，这就在经济上控制了书院。

第三，书院师长由政府聘请。乾隆元年（1736年）规定："嗣后书院讲席，令督抚学臣悉心采访，不拘本省邻省，亦不论已仕未仕，但择品行方正，学问博通，素为士林所推重者，以礼相延，厚给廪饩，俾得安心训导……如果六年卓有成效，该督抚学臣，酌量提请议叙。"② 书院的主持、教师均为督抚选聘，而且考核、奖励、提升制度与官学教官相同，这就控制了书院的领导权，从而控制了书院的发展方向。

第四，书院的招生和对生徒的考核也由官府掌握。乾隆元年（1736年）在"上谕"中规定：书院的生徒，由地方官"择乡里秀异，沉潜学问者，肄业其中。其恃才放诞，佻达不羁之士，不得滥入……有不率教者，则摈斥勿留"。并规定"诸生中材器尤异

---

① 素尔讷等纂：《钦定学政全书·书院事例》卷六十三，中华书局2015年版。
② （清）乾隆十二年《大清会典则例》卷三九五，四库书馆1868年版。

者，准令荐举一二，以示鼓舞"①。乾隆九年（1744年）又重申："嗣后各省书院肄业之人，令各州县秉公选择报送，各布政司会同专司稽查之道员再加考验，其果才堪造就者，方准留院肄业，毋得滥行收送。"② 这些规定使官府牢牢抓住了书院的招生权和对生徒的考核权。

第五，将书院纳入科举考试的框架。乾隆九年（1744年）清政府重申："书院肄业士子，令院长择其资禀优异者，将经学史学治术诸数留心讲贯，以其余功兼及对偶声律之学。其资质难强者，且令先工八股，穷究专经，然后徐及余经，以及史学治术对偶声律。至每月课试，仍以八股为主，或论或策，或表或判，听酌量兼试，能兼长者酌赏，以示鼓励。再各省学宫陆续颁行圣祖仁皇帝钦定《易》《书》《诗》《春秋传说汇纂》，及《性理精义》《通鉴纲目》《御纂三礼》诸书，各书院院长自可恭请讲解。"③

从这些规定可知，清代书院的教学内容、教育目标与官学并无二致，完全成了科举的预备场所，传统书院倡行的自由讲学和探讨学术之路完全被堵死了。④ 将书院纳入科举考试的框架，虽然使书院背离了"讲明义理，以修其身"（朱熹语）的根本宗旨，但却迎合了当时学子世俗的博取科举功名的价值取向，客观上增加了书院的吸引力，有益于书院扩大招生规模。当时掌教广东粤秀书院的冯敏昌对此深有感慨："但以书院为科举录遗之捷径，以故逢科举之年，趋之若鹜，惟恐后时，总以得挂名书院移送学使，即可得遗才名字。宪考书院放榜之后，又求补考，后竟补至七、八次者，粤秀附课遂几至三百余人，而越华竟多至七百人。"⑤ 书院成了科举考试的补习学校，每遇科举考试之年，落榜者生竞相赴书院补习，书院成了趋

---

① （清）乾隆十二年《大清会典则例·礼部》卷三九五，四库书馆1868年版。
② （清）乾隆十二年《大清会典则例·礼部》卷三九五，四库书馆1868年版。
③ （清）乾隆十二年《大清会典则例·礼部》卷三九五，四库书馆1868年版。
④ 周德昌、王建军主编：《中国教育史研究》（明清卷），华东师范大学出版社2009年版，第67页。
⑤ 冯敏昌：《粤秀书院管见事宜陈扎》，《小罗浮草堂文集》卷九。

之若鹜的名利场。

　　清朝书院的类型按其讲学的内容来划分，大体上可以分为以下四类。第一类，以讲求理学为主的书院。如清初的三大儒孙奇峰讲学的夏峰书院、黄宗羲讲学的征人书院、李颙讲学的关中书院。第二类，以学习制艺为主的书院，亦称考课式书院。所谓制艺，通称八股文，亦称制义、时艺、时文。这类书院办学的主要目的是为了应科举，因而其主要工作便是举行课试，一般每月两次，一为官课，一为师课，依据课试等级发给赏银，已与官学没有多大差别。第三类，以学习"经世致用"之学为主，反对学习理学和帖括的书院，如颜元主持的漳南书院，设立"文事""武备""经史""艺能"四斋，学习礼、乐、书、数、天文、地理、兵法、战法、射御技击、《十三经》、历代史、诰制章奏、诗文、水学、火学、工学、象数等内容。第四类，以博习经史辞章为主的书院。这类书院，在明末清初倡导经世致用的学术宗旨；在清中叶，为了躲避文字狱的迫害，从明末清初的"经世"转入"避世"，走上以考据训诂为方法，以博习经史辞章为主要内容，追求经文史学切实学问为目的研究之途。乾嘉时期的考据学派（亦称朴学、汉学）及其主讲的书院影响较大。在上述四类书院中，第二类最普遍，可以说，清代书院的绝大部分属于这一性质。考课式书院兴起于明代，到清代达到极盛，是书院官学化的直接后果。

　　书院的官学化和考课式书院的滥觞，将书院的发展引向了死胡同。一方面，导致书院的山长往往不是由著名学者担任，而是由地方大吏推荐的不学无术之人充斥，他们不是为学术而来，而是为利禄而来。当时一些书院的山长是由封疆大吏"为通家故旧，或转因通家故旧之请托"而推荐的，使一批不学无术者充斥书院；清人王昶于嘉庆六年（1801年）撰写的《天下书院总志序》中说，当时的书院"为郡县者攘为己有，且各请院长以主之。而所谓院长，或中朝所荐，或为上司属意，不问其人学行，贸贸然奉以为师，多有庸恶陋劣，素不学问，窜处其中。往往家居而遥领之，利其廪给，以供糊口。甚至诸生有经年不得见,见而未尝奉教一言,经史子集诗赋古文之旨茫茫无所解"。① 山长是书院的灵魂,人事腐败,导致书院山长往往不学无术,甚至不"奉教一言",这就从根本上败坏了书院。另一方面,考课式书院盛行,导致书院生员往往也不是为学术而来,而是为追求功名,注重膏奖而来。如王昶在《天下书院总志序》中指出:所谓膏火者,实不足供其仰事俯育。则在院肄业者,必且游闲出入,骛其名而失其实,将所谓群聚州处,赏奇晰疑,审问而明辨,师友之益,从何而取。是以,人数益众,学术益衰,学术衰而人才日敝,古之所为善政,今之所为大弊也。"② 书院生员或"骛其名而失其实"、"游闲出入";或"贪微末之膏火,甚至有头垂垂白不肯去者"。这种状况,必然造成"人数益众,学术益衰"和"学术衰而人才日敝"恶性循环的严重后果,将善政变成大弊!对于书院的腐败,清政府也早有所闻,并力图加以矫正,但积重难返,收效甚微。

在清代,第四类书院虽然数量不多,但学术影响较大,对清朝文化学术的发展起了积极作用,其中诂经精舍和学海堂最为著名。③

二 诂经精舍和学海堂

诂经精舍和学海堂,均为阮元所创建。阮元(1764—1849年),字伯元,号芸台,江苏仪征人。他是清朝封疆大吏,曾作过几省学政,先后任浙江、江西、河南三省巡抚,湖广、两广、云贵总督。他又是当时的学术巨子,"所至必以兴学教士为急"。诂经精舍就是他任浙江巡抚时,于嘉庆六年(1801年)在杭州孤山创立的。阮元在《西湖诂经精舍记》中写道:"圣贤之道存于经,经非诂不明,汉人之诂去圣贤为尤近……元少为学,自宋而求唐,求魏晋,求汉,乃愈得其实。尝病古人诂散而难稽也,于督学浙江时,聚诸生于西湖孤山之麓,成

---

① 王昶:《天下书院总志序》,《中国书院史资料》中册,浙江教育出版社1998年版,第1859页。
② 同上书,第1860页。
③ 孙培青:《中国教育史》,华东师范大学出版社2004年版,第272页。

《经籍纂诂》百有八卷。及抚浙，遂以昔修书之屋五十间，选两浙诸生学古者，读书其中，题曰'诂经精舍'。精舍者，汉学生徒所居之名；诂经者，不忘旧业，且勖新知也。"[1] 可见阮元创办诂经精舍的宗旨是倡导汉学，价值目标是弘扬经学、勉力新知。据《国朝先正事略·阮文达公事略》卷二十一记载：诂经精舍"不十年，上舍生致身通显及撰述成一家言者，不可殚数，东南人才，称极盛焉"。诂经精舍于光绪三十年（1904年）废止，前后长达100余年。

阮元在任两广总督时，于道光四年（1824年）在广州粤秀山创立学海堂。第二年他制定了《学海堂章程》。学海堂停办于光绪二十九年（1903年），存在了80年。诂经精舍和学海堂培养了许多能撰述一家之言的人才，成为当时浙江、广东两个重要的文化学术研究中心，并"泽溉全国"。许多地方都仿而效之，设立了不少类似的书院。这两所书院在办学宗旨、教学内容和方法等方面，也积累了许多成功的经验，形成了自己的特点。归纳起来，有以下三点。

第一，"以励品学，非以弋功名"。以激励学生的品德和学识为宗旨，而不是以获取功名为目的。当时绝大多数书院逐渐官学化，成为科举的附庸和满足学生准备参加科举考试，获取功名的重要场所。然而，阮元却一反当时书院教育的腐败之风，强调书院的宗旨是"以励品学，非以弋功名"[2]，因而，他在诂经精舍中，"课以经史疑义及小学、天文、地理、算法"等知识，而不习时文、帖括，也"不用扃试糊名法"。在学海堂，同样不事举业课试之文，而由学生在《十三经注疏》《史记》《汉书》《后汉书》《三国志》《文选》《杜诗》《昌黎先生集》《朱子大全》等书中，自择一书肄业。这无疑在当时腐败的书院教育中，注入了一股清新之风，具有积极的意义。当然，这两所书院也存在严重的局限，突出地表现为引导学生终日埋头于故纸堆，从事名物训诂，辩白考订等活动，使学校教育脱离社会现实。

---

[1] 阮元：《西湖诂经精舍记》，《中国书院史资料》中册，浙江教育出版社1998年版，第1390页。

[2] 阮亨：《瀛舟笔谈》卷四。

第二，各用所长，因材施教。对教师"各用所长"，对学生因材施教，是诂经精舍和学海堂这两所书院的重要特点。在使用教师方面，两所书院贯彻"各用所长"，即充分发挥教师学术专长的原则。如孙星衍"深究经史文字音训之学，旁及诸子百家，皆心通其义"，就请他在诂经精舍中向学生传授经史、文字、音训以及诸子之学。在学海堂，不设山长，改设学长，由吴兰修、赵均、林伯桐、曾钊、徐荣、熊景星、马福安、吴应逵等8人担任学长，规定"必须八学长各用所长，协力启示"，各人用自己的专长教育学生，但又须齐心协力，"同司课事"。在教学方面，对于学生坚持因材施教。在诂经精舍和学海堂对一些原来已有一定专长的学生，入学后则因其所长进行教育，使他们的专长得到进一步发展。如学海堂创立了专课肄业生制度，允许专课生"各因资性所近，自择一书肄业"，各因自己所长，"于学长八人中择师而从"。这一制度在实践中取得了很好的效果，有的专课生后来成为著名学者。

第三，教学与研究并重。诂经精舍和学海堂既进行教学活动，又从事学术研究。学海堂学生的学习日程包括四项，对所读之书或先句读，或加评校，或抄录精要，或著述发明；学生每人有一日程簿，"依所颁日程簿，逐日自为填注"，注重自学与独立研究。两所书院均组织师生合作编书，学生也独立从事著述，对其中优秀的文章，书院编集刊刻，甚至还出学生的专著。诂经精舍和学海堂刊刻了许多书籍，其中师生编撰的主要有《十三经注疏校勘记》《诂经精舍集》《皇清经解》（亦称《学海堂经解》）《学海堂全集》《学海堂课艺》等。这些书籍，既是学术研究成果，又是重要的教学参考书，反过来又推动和促进了书院教学和研究活动的开展。

第四节 清朝的科举制度

选拔怎样的人才，怎样选拔人才，历来是封建王朝关注的一个重大问题。科举是隋唐以来选拔人才的基本制度。清朝也不例外，清帝入关第二年，即顺治二年（1645年）就确立了以科举考试作为国家人才选拔的根本制度。它在沿袭明制的基础上，根据自身利益和实际需要在康熙、雍正、乾隆三朝进行了长达百年的反复探索、改良，注重敦崇实学，特别在严防弊窦方面创立了许多制度，使清代科举制度较之明代更为严密完善。科举制度在清朝盛行250多年，但由于科场舞弊层出不穷，积重难返，学校成为科举的附庸，丧失了作为教育机构的独立性，于是到了1905年清政府不得不废除科举制度。

一 清科举制度的确立与发展

科举取士制度是中国古代中后期各王朝实行的文官制度，也是一种重要的政治制度、政治策略，对于清王朝而言，开科取士，可以起到使"读书者有出仕之望，而从逆之念自息"[1]的政治功效。也有益于"得士心""民心"。清代大学士范文程就认为"治天下在得民心""士为秀民，士心得，则民心得"[2]。因此，清代统治者特别倚重科举制度。《清史稿·选举志三》评价说：清朝"慎重科名，严防弊窦，立法之周，得人之盛远轶前代"，即对科举十分审慎和重视，制定了各种周密的严防科场作弊的条例，为士人提供相对公平的竞争环境，所选拔的人才远远超过明朝。

清朝科举考试分常科和制科两大类。常科是主要形式，包括文科、武科和翻译科等。文科为清朝科举考试的主体，开始于顺治二年（1645年）。它沿袭明制，三年一大比，"子午卯酉年乡试，辰戌丑未年会试。乡试以八月，会试以二月。均初九日首场，十二日二场，十五日三场。殿试以三月"[3]。考试程式也与明朝一样，士人依次通过童试、乡试、会试和殿试四级考试，可以分别获得秀才、举人、贡士和进士名号。

清朝科举取士的方法也沿袭明朝的划分区域，按比例录取制。先

---

[1] 中华书局：《清世祖实录》卷十九，中华书局1985年版。
[2] 赵尔巽：《清史稿·范文程传》，中华书局1986年版。
[3] 赵尔巽：《清史稿·选举志三》，中华书局1976年版。

后采用监生分卷取录制（即分国子监生员参加乡试，分为南卷、北卷、中卷。以奉天、直隶、山东、河南、山西、陕西、甘肃为北卷；以江西、福建、浙江、湖南、湖北、为南卷；以四川、广东、广西、云南、贵州为中卷，并根据各区人数多寡确定录取名额）和会试分省取录制（即为了解决各省取中人数多寡不均、边远省份常常被遗漏的问题，于乾隆五十一年，废除分区取录制，实行分省录取制，按照应试人数多寡，确定其录取名额）。这种制度比明代更切合实际，它保证所有省份（或府、州等）都有一定的录取名额，对巩固封建统治和完善科举制度都起了积极的作用。据《清代进士登科表》统计，清朝共开科114次，录取进士26888名。[①]

武科考试与文科一样，始于顺治二年（1645年），每三年举行一次，实行武童试、武乡试、武会试和武殿试四级考试。武科的目的在选拔文武兼备的军事人才，因此考试内容与文科大不相同。武科乡、会试各分内、外共三场，其中外场两场，主要试武艺，首场马射，二场步射、技勇；内场一场，主要试文化知识，策二问、论一篇。三场之中，尤重外场。清初，一甲武进士或授副将、参将、游击、都司，二、三甲授守备、署守备。后来，一甲一名授一等侍卫，二、三名授二等侍卫。二、三甲进士授三等及蓝翎侍卫、营、卫守备等。

翻译科是清朝创立的一个科目，意在选拔满蒙语言文字翻译人才。它始设于顺治八年（1651年），分为满洲翻译和蒙古翻译。前者是将汉文翻译成满文，后者是将满文翻译成蒙古文。雍正元年（1723年），规定翻译科考试每三年举行一次，考试时间乡试为子午卯酉年二月，会试为辰戌丑未年八月，录取举人、进士数，视考试人数多寡由皇帝决定。翻译科考试中试者，授清朝处理民族事务的理藩院和各部院满蒙中书、笔帖式等职。

制科是清朝科举考试的特殊科目，为"天子亲诏以待异等之才"，设有博学鸿词科、经济特科和孝廉方正科。其中博学鸿词科影响最大。

---

① 刘海峰、李兵：《中国科举史》，东方出版中心2004年版，第472—480页。

博学鸿词科始设于康熙十七年（1678年），康熙为了网罗"学问渊通，文藻瑰丽"的奇才硕彦，"特诏内外大臣荐举博学鸿词"，以"学行兼优、文词卓越之人"[①] 为选拔标准，以由高级官员推荐与皇帝"亲试录用"相结为方法。这一举措，使"一时名儒硕彦多与其选，得人号极盛"[②]。选拔的标准是"学行兼优、文词卓越之人"，选拔的方法是由高级官员推荐与皇帝亲自考试相结合，结果录取彭孙遹等50人，均授为翰林官，其中朱彝尊等5人以布衣入选，"海内荣之"。

二 严防科场舞弊

科举得第，入仕做官，是自隋唐以来历代士人梦寐以求的人生理想。秀才、举人和进士不仅表明了社会身份和地位，同时意味着荣华富贵和光宗耀祖。巨大的物质利益和精神诱惑，促使士人皓首穷经，竭尽全力去获取功名，甚至不惜铤而走险，以身试法，营私舞弊。自隋唐以来科举考试舞弊现象较为严重，清朝科场舞弊尤甚。科场舞弊手法五花八门，层出不穷，最常见的有：冒籍、怀挟、倩代、传递和通关节。

"冒籍"就是假冒籍贯。清朝科举制度规定，各省乡试，非本省人不可以应试。同时，还实行乡试录取配额制和会试分省录取制。即根据各省的贡赋和人文情况分配举人录取名额及会试录取的比例。各省录取名额差异较大，如《钦定学政全书》记载，直隶贝字号举人定额最多，为102名，贵州最少，只有40名，湖南、广西也不多，仅各45名。为了能增加录取的机会，就有考生冒充籍贯。

"怀挟"就是考生私自将文字材料藏于衣帽、裤子和器具之中，或者直接将文字写于衣裤上面，带进考场。

"倩代"又称倩枪，就是考试时雇人代笔。代笔者称枪手，其舞弊行为称枪代或枪替。

---

① 雍正：《圣祖仁皇帝圣训·文教》卷十二，四库书馆1868年版。
② 乾隆：《世宗宪皇帝圣训·文教》卷十，四库书馆1868年版。

"传递"则是考场内外相互勾结，为考生传递各种信息，其手法多种多样。乾隆五十二年（1787年），礼部对此作了很详细的揭露："京城举场附近之地，近科以来，闻有积惯奸徒，窝藏枪手，专为场内代倩文字。而不肖举子，沟通外场巡绰兵役及闱中号军，将题目走漏消息，用砖石等物掷出场外。及文字作成，或遥点灯杆，连放爆竹；或将驯养鸽鹞，系铃纵放，作为记号，预行指定地点，以便关通接递，仍用砖石等物掷入场内，最为积弊。"[1]

"通关节"即是考生与考官相互串通，这是科场中危害最为严重的一种舞弊行为。《清史稿·选举志三》曾称："交通关节贿赂，厥辜尤重。"最常用的手法是，约定在试卷的某个地方使用某字，以作为考官阅卷时的标记。通关节俗称"用襻"，钟毓龙先生在《科场回忆录》中对此作了具体说明："襻者，随举两字，约定卷中之第几行，其上面之第几格必用某字，下面之第几格必用某字，如衣之有襻，故曰襻也。所以必用两字者，仅用一字，防其偶同，用两字则无讹矣。此等襻字，皆由誊录生拟定而交与考生，名曰'送襻'。"[2]

对于科场严重存在的种种舞弊行为，清朝统治者制定了比明朝更为严密的防范制度和严厉惩处的措施。

清代集历代防范科举舞弊制度之大成，除了继续历代的有效措施，如棘围截遮法（始于唐宪宗时，为了防止传递作弊，在试院的围墙上都插上棘枝，使人不能爬越）、锁院法（始于宋代，在试题拟完后，出题的主考官到指定的地点集中，严密封锁，不准与外界接触，待考试时，主考与考生同时进入试院）、糊名（弥封）制（始于唐武则天时期，考生在试卷上写上自己的姓名、籍贯等，然后用纸把姓名糊上，待考官阅完卷后再揭开）、誊录制（始于宋代，为防范阅卷官能认识考试生的笔体，在考生答完卷后，由誊录官将考生试卷统统誊录一遍；然后将原试卷封存，送誊录试卷供阅卷官审阅）、移试法（始于宋真

---

[1] 乾隆十二年《大清会典则例·礼部·贡院·申严禁令》卷三百四十，四库书馆1868年版。

[2] 钟毓龙：《科场回忆录》，浙江古籍出版社1987年版，第62页。

宗时，凡与考官有亲属或亲戚关系的考生，一律由别的考官考试）及严禁"公荐"考官等，在此基础上，清代还新创立了一些防范制度，主要如下。其一，考官内外分帘，各司其职，互相节制。外帘官负责考务管理及考场监试之职；内帘官负责拟题、阅卷、录取之职，考试期间不得互相往来。其二，详定考具种类规格，强行搜检，严禁挟带。顺治时设立两道搜检关卡，既搜检考生，又使搜检差役互相节制。其三，考官回避制和官民分卷法。考官回避制是指考官的亲属，或不得与试，或别试内阁，或于同闱中另编座号，另派大臣出题阅卷；考官阅卷回避本籍等规定。官民分卷法，始行于康熙年间，即将二品以上大官的子孙、同胞兄弟、同胞兄弟之子和吏部、礼部司员及内阁侍读等子弟的试卷俱入官卷，限定比例录取，防止大臣子弟被录取的比例过大，阻塞寒门子弟进身之路。其四，复试制度。从顺治十五年（1658年），因发现江南两闱考官受贿，顺治皇帝亲自复试两闱举人；乾隆、康熙年间，对乡试、会试进行部分复试；嘉庆初年，会试复试成为定例；道光二十三年（1843年）乡试全面复试成为定例。其五，磨勘制度。磨勘，即复验。此制始于唐代，清采用始于顺治二年，完善于康熙、乾隆年间。清代磨勘制度规定，乡试揭晓后，各省必须在规定期限内将考卷解送礼部复验。磨勘的目的在于防止考官校阅试卷草率，或在考试后修改试卷，营私舞弊；另外也为了复查考生试卷的瑕疵。磨勘官开始由礼部官员担任，康熙时皇帝钦派大臣负责。

除了不断完善防止科举舞弊的制度之外，清代对科场舞弊采取严厉查办的政策。如清朝第一次科场大案，顺治十四年（1657年），顺天乡试时，考官李振邺、张我朴收受科臣陆贻吉、博士蔡元禧、进士项绍芳的贿赂，录取田耜、邬作霖为举人。给事中任克溥举报核实后，李振邺、张我朴、陆贻吉、蔡元禧、项绍芳、田耜、邬作霖七人被斩首，家产没收，其父母、兄弟、妻子均流放尚阳堡戍边。主考官曹本荣、副主考宋之绳也因"失察降官"。

在如此严厉的打击之下，科场舞弊现象大有改观，史称"一时人心大震,科场舞弊为之廓清者数十年"①。虽然清代防止科场舞弊制度比明朝严密,但科场舞弊防不胜防,弊窦丛生,时遭非议。这是科举制度走向衰落的重要因素。

三 清朝科举的流弊

科举虽然是一种相对公平地选拔人才的制度,并且具有不断充实与更新官吏队伍、缓解阶级矛盾、推动教育发展、控制知识分子思想和稳定封建统治的诸多功能;但其也存在许多弊端,特别是在明清两代,中国科举制度发展到巅峰时期,其弊窦也日益暴露。自明中后期就有学者开始反思科举,批判科举。到明末清初,民间知识阶层形成了一股颇有影响的反科举思潮,著名代表人物有:刘宗周(1578—1645)、宋应星(1587—约1666)、黄宗羲(1610—1695)、顾炎武(1613—1682)、颜元(1635—1704)等,其中以顾炎武最为著名。这些反科举的斗士提出观点主张直接影响了近代"废科举、兴学校"思潮及教育改革运动。

明清时期的科举的流弊集中表现在以下三个方面。

第一,学校成为科举的附庸,削弱了学校教育功能。学校是育才之所,科举是选才之途。如何处理"选"与"育"、科举与学校的关系,历来是一个棘手的问题。只有学校与科举并重,学校的教育功能才能较好地发挥,科举也才能收选才之效。但至万历以后,科举日盛,学校日轻,重选举,轻培养,导致学校风行应试教育,科举考什么,学校便教什么,学生也就学什么;科举怎样考,学校便怎样教,学生也怎样学,科举使学校成为科举的附庸,削弱了学校教育功能。从学校的教育内容看,与科举无关的内容被置于可有可无的境地,绝大多数学生都置之不问,学习范围大为缩小。学生的品行修养和经世致用才能的培养则无暇顾及。从教育方法来看,将主要精力放在考试内容的记诵和试文程式的训练上,其中尤以八股文的训练为主,方法简单

---

① 赵尔巽:《清史稿·选举志三》,中华书局1976年版。

呆板，教学过程沉闷。从教育目的来看，教学与学习的终极目的是应试，急功近利，表现出明显的短期行为。从教育评价标准看，无论学校还是学生，绝大多数以"中式及第"作为衡量学校教学和学生学习效果的最高标准。这种社会风气，使明清成为中国古代片面追求科举录取率最严重的时期。

第二，造成空疏无实学风。明清科举考试的内容与形式均有严重缺陷，一方面，科举考试八股文命题必须取之《四书》《五经》，然而四百多年的使用，可出之题都已出尽，为了避免考生抄袭成文，所以想出了许多离奇古怪的题目。如只取半句为题"则吾从先进"，将《论语·先进篇》中一句话的上半句截了，令人不知所问。有的是所谓截搭题"其为仁之本欤？子曰'巧言令色'"，（将《论语·述而》篇中的半句话与《论语·学而》中的半句话截搭）割裂原书，不伦不类。而且还有类似的所谓"上全下截题""截上截下题""上全下偏题""上偏下全题"等，最无道理的是所谓"枯窘题"，只出一两个字，如"徙善""其然""互乡""居""坐""叟"等，与《四书》毫无关系。① 面对这种考试，作为科举准备场所的各级官学学生只好"束发《四书》，集读时文"，所谓"时文"就是清科举考试规定的文体——八股文。学生为了应试，只能以记诵八股文文选之类的书籍为敲门砖，奉为进身之宝，不仅经世致用的知识无暇顾及，而且连儒家的《四书》等经典也束之高阁，造成"舍当读之书一切不读，而读场屋课试之文，舍当学之学一切不学，而学贴括之学"②。康熙皇帝也曾斥责：当时的学生有"祗记诵陈腐时文百篇，以为弋取科名之具"③的不良学风，要求学生要留心经学。

第三，养成士子利禄之性。在科举制度的影响下，清代的一般学生读书不是为了成为"圣贤门徒"，不是为了修身，也不是为了做好人、成圣人，而是为了应科举、求功名，入仕做官，为了利禄。正如

---

① 何晓夏、高齐：《简明中国教育史》，北京师范大学出版社1985年版，第247页。
② 潘耒：《清代前期教育论著选》中册，人民教育出版社1990年版，第185页。
③ 清高宗：《清代前期教育论著选》下册，人民教育出版社1990年版，第4页。

顾炎武所说,当时的少年"以为人生所以为功名,惟此而已"。在这种价值观的左右下,容易养成士子的利禄之性,从而造成士风、学风、政风和社会风气败坏,"士不成士,官不成官,兵不成兵,将不成将"的严重局面。顾炎武尖锐地指出:"八股之害,等于焚书,而败坏人才,有甚于咸阳之郊。"

第五节 清朝的教育思想家

清代出现了众多的教育名人和教育思想家,特别是19世纪上半叶,私学教育名人达到84人,其中黄宗羲、王夫之、颜元等教育思想家更具代表性,他们的启蒙思想影响巨大。

一 黄宗羲的教育思想

黄宗羲是中国17世纪伟大的启蒙思想家和杰出的史学家,也是著名的教育家。他以书院讲学或结社会讲的形式"讽议朝政,裁量人物","兴古学,务为实用",撰写了批判君主专制制度的名著——《明夷待访录》,被梁启超誉为"人类文化之一高贵产品";他知识渊博,对经学、史学、文学、历法、数学都有独到的研究;他思想深邃、著作,开创了清代史学的新学和断代思想史的先河。他与顾炎武、王夫之并称明末清初三大思想家,或清初三大儒。他长期从事教育活动,培育了清代浙东学派。他提出了具有近代色彩的民主教育思想,对中国近代资产阶级的教育思想产生了重要的影响。

(一) 黄宗羲的生平和教育活动

黄宗羲(1610—1695年),字太冲,号南雷,学者尊称他梨洲先生。浙江绍兴府余姚县黄竹浦(今浙江余姚市明伟乡)人。其父是东林党著名首领黄尊素。他从小随父读书求学,14岁进入县学学习;19岁时,"袖长锥、草疏,入京讼冤",与阉党余孽对簿公堂,展开面对面的斗争,并当堂惩治了陷害其父的凶手。20岁时,他遵照父亲遗命,正式拜刘宗周为师,发备攻读《二十一史》。顺治二年(1645

年),他在自己家乡组织"数百人"的义军,时称"世忠营",参加南明在浙东的抗清武装斗争,前后历时8年。其间,他曾数次遭清政府"悬像"搜捕,"濒于十死",但仍坚持斗争,矢志不渝。反清失败后,长期过着政治流亡生活,曾流亡舟山群岛,远赴日本。1656年退隐家乡,从事教育与学术研究活动。康熙二年(1663年)四月,他应吕留良之邀,设馆于吕氏祖居友芳园梅花阁,教授吕留良的子侄及其友好子弟,历时4年。黄宗羲最重要的教育活动有二:一是康熙七年(1668年)三月,在宁波创建并主讲证人书院,前后长达8年,培养学生有姓名可考者60余人,其中高足18位,奠定了清代浙东学派的基础,培育了主张经世致用和擅长史学的学术风格。二是康熙十五年(1676年)二月,黄宗羲应邀到海宁主持讲席,历时5年,培养学生20余人,对清初浙西学术文化的发展作出了贡献。康熙二十八年,黄宗羲已80岁高龄,仍兴致勃勃,"会讲于(余姚)姚江书院"。黄宗羲不愧为当时著名的教育家。

黄宗羲

在坚持讲学活动的同时,黄宗羲积极开展学术研究,并在诸多领域取得了令人瞩目的成就。其中影响最大的,当首推《明夷待访录》和《明儒学案》。《明夷待访录》成书于康熙二年(1663年)。在书中,他猛烈抨击封建君主专制,集中阐发了民主启蒙思想,提出了"天下为主、君为客"的著名论点,指出"为天下之大害者,君而已矣",被称为"一部划时代的民主主义思想专著"。《明儒学案》编成于康熙十五年(1676年),共62卷,对明朝270多年的儒学,尤其是王阳明学派的发展演变状况,作了全面系统的总结,是我国学术史上第一部学术思想史专著。黄宗羲的著作甚丰,共有112种,约有1300

卷，2000万字。现流传下来的计有55种1077卷。前人编有《梨洲遗著汇刊》，今人编有《黄梨洲文集》和《黄宗羲全集》。主要教育著作有《明夷待访录》中《学校》《取士上》《取士下》三篇，以及《留别海昌同学序》《广师说》《续师说》等。

（二）"公其非是于学校"的思想

黄宗羲反对"君为主，天下为客"的君主独裁制度，主张建立"天下为主，君为客"的理想社会。为了实现这一民主理想，他设想建立太学以限制君权。黄宗羲认为，学校不仅应具有培养人才改进社会风俗的职能，而且还应该议论国家政事，成为监督君主与官僚的机构。他在《明夷待访录·学校篇》中写道："学校，所以养士也。然古之圣王，其意不仅此也，必使治天下之具皆出于学校，而后设学校之意始备。非谓班朝，布令，养老，恤孤，讯馘，大师旅则会将士，大狱讼则期吏民，大祭祀则享始祖，行之自辟雍也。盖使朝廷之上，闾阎之细，渐摩濡染，莫不有诗书宽大之气，天子之所是未必是，天子之所非未必非，天子亦遂不敢自为非是，而公其非是于学校。"黄宗羲所谓"治天下之具皆出于学校"，并不是要学校承揽政府机构的某些职能，而是希望学校成为议政中心，由大家共同来议论国家政事的是非标准。在他看来，学校议政可以使上至朝廷命官，下至里巷平民，逐渐养成普遍议政的社会风气，而不再以天子的是非为标准，这样天子也就不敢"自为非是"。

黄宗羲"公其非是于学校"设想包括两个层次的内容。一是在中央，由国家设立"太学"，天子应当受太学祭酒的监督。因为，太学的祭酒必须由"大儒"担任，而"大儒其重与宰相等，或宰相退处为之"。所以，应赋予太学祭酒以批判朝政，纠弹时弊，建议改革的权力。二是在地方，郡县设立郡县学校，郡县官吏应受学校监督，郡县学官有权"纠绳"直至驱逐郡县官吏。具体办法是：京师太学于每月朔日讲学，上自天子，下至宰相、六卿、谏议等朝廷大臣都到太学听讲，"天子亦就弟子之列"，执弟子之礼。"政有缺失，祭酒直言不讳"。也就是赋予太学祭酒于议论、监督朝廷政事的权力。地方郡县学于每月朔望讲学，当地绅士皆须入学听讲，"郡县官就弟子列"，无故缺席者，则要受到惩罚。学官对"郡县官政事缺失，小则纠绳，大则伐鼓号于众"①。黄宗羲所提出的"公其非是于学校"的实质就是让学校集讲学和议政于一身，既是培养人才，传承学术文化的机构，又是监督政府、议论政事利弊的场所。实际上就是设想使"太学"发挥类似于近代的中央"议会"的职能，郡县学校发挥类似于地方议会的职能。

"公其非是于学校"的设想，是对东林党人"清议"朝政精神的继承与发展，目的在于反对封建君主专制，改变国家政事之是非标准由天子一人决断的专制局面。这是对中国古代关于学校职能理论的创新，反映了他要求国家决策民主化的强烈愿望。

（三）论教育内容

黄宗羲被誉为明末清初三大儒之首、中国启蒙思想之父。他学识渊博，在讲学中形成了一套内容丰富、独具特色的教育思想。他讲学的主要内容是：经学、史学、诗文和天文、数学、地理等自然科学知识。

1. "经术"

黄宗羲主张学校应当首先教授"经术"，其原因有二。一是由于他认为儒家经典中有圣贤平治天下的良法和匡世济民的智慧；经术是经世致用的学问，因此他主张"受业者必先穷经""以经术为渊源"。二是由于他认为学习"经术"是克服学校教育时弊的重要途径。明中叶以来，科举制度已使"讲学之风，已为极敝"，士人或者高谈性命，直入禅障，束书不观；或者"袭语录之糟粕"，而"不以六经为根柢"；在他看来，要为了改变这种空疏学风，"学必原本于经术，而后不为蹈虚"②。

---

① 《黄宗羲全集》第一册，浙江古籍出版社1985年版，第12页。
② 全祖望：《鲒琦亭集外编》卷十六。

2. 史学

黄宗羲重视研究历史，收集史料、考校史实。认为"《二十一史》所载凡经世之业"，可以从史学中学到"古今治乱"的历史教训。因此，他在强调学经学的同时，重视向学生传授史学。他说："学者必先穷经，经术所以经世。不为迂儒，必兼读史。"① 他把"读史"看作是"不为迂儒"的重要途径。在他的影响下，不仅培养出万斯同等史学大师，而且使清代浙东学派也具有擅长史学的特点。

3. 诗文

除经学、史学之外，黄宗羲在书院中长期讲授诗文，并亲自摘选历代名家诗文进行批注，以供学生学习。他在教授诗文的过程中，积累了一些经验。一是学习诗文必须有浓厚的兴趣。因为只有"好之"，才能"专于是"，"聚一生之精力而为之"，其诗文才工。二是反对模仿，提倡独创。他强调撰写文章一定要"去陈言"，只有"皆自胸中流出"，才是好文章。三是写文章要情理交融。文章固然"以理为主，然而情不至则亦理郛郭耳"。"古今自有一种文章不可磨灭，真是天若有情天亦老……其中无有移人之情者，所谓割然无物者也。"只有情理交融的文章，才能"恻恻动人"。四是创作诗文必须兼通经史百家之学。他说："学文者须熟读三史八家，将平日家当尽行籍没，重新集聚，竹头、木屑、常谈、委事无不有来历，而后可下笔。"他强调"文必本之六经，始有根本。"② 同样，学诗也必须多读经史百家之书，"则诗不期工而自工"，博通经史是写出好文章的基础。黄宗羲的这些经验，对于今天的语文教学有一定的借鉴意义。

4. 天文、数学、地理等自然科学知识

黄宗羲学术兴趣广泛，对天文、数学、兵法、地理、医学、乐律等都有研究，曾撰有《授时历故》《西历假如》等天文类著作10种，《圆解》《割圆八线解》等数学类著作6种，《今水经》《四明山志》

---

① 赵尔巽：《清史稿·黄宗羲传》，中华书局1868年版。
② 黄宗羲：《金石要例·论文管见》，四库书馆1868年版。

等地理类著作5种，以及《律吕新义》乐律著作。黄宗羲研究的这些自然科学知识也是他讲学的重要内容。更为可贵的是，他不仅重视传授被士人忽视的"绝学"，即中国古代的科学知识，而且开清代"浙人研治西洋天算之风气"。

（四）论教学

黄宗羲在长期的教学实践中，认真吸取前人的优秀成果，不断总结自己的成功经验，形成了颇具特色的教学思想。主要有以下三点。

1. "学贵适用"

黄宗羲针对明中叶以后，官学教学日益空疏无用，脱离实际，热衷于空谈心性，专注于八股时文的社会时弊指出："今天言心学者，则无事乎读书穷理；言理学者，其所读之书，不过经生之章句，其所穷之理，不过字义之从违"。[①] 也就是说，当时无论心学学派，还是理学学派，实际上教学生只读从儒家经书中摘录的章句而已，他们所穷之理只是经书章句的字面意思，脱离实际，空疏无用。为了改变这一时弊，黄宗羲提出了"学贵适用"的思想。他说："道无定体，学贵适用。奈何今之人执一以为道，使学道与事功判为两途。事功而不出于道，则机智用事而流于伪；道不能达之事功，论其学则有，适于用则无；讲一身之行为则似是，救国家之急难则非也，岂真儒哉？"[②] 在这里他强调只有学问与事功相结合，理论与实用相统一，方是真儒，高扬学问的实用价值。

2. 勤学重行

黄宗羲十分勤奋好学，愈老弥坚，"年逾六十，尚嗜学不止，每寒夜身拥组被，以双足置土炉上，余膏荧荧，执一卷危坐。暑月，则以麻帷蔽体，置小灯帷外，翻书隔光，每至丙夜"[③]。虽年逾花甲，仍不避寒暑，嗜学不止。在教学中，他总是教育和引导学生勤奋刻苦求学。

---

① 黄宗羲：《南雷文定前集》卷一，商务印书馆1936年版。
② 《黄梨洲文集》，中华书局1959年版，第77、199页。
③ 李邺嗣：《杲堂诗文集》，浙江古籍出版社1988年版，第463页。

他对"独于静坐参悟一类工夫,绝不提倡",重视"行"的重要性。黄宗羲曾把王守仁"致良知"的"致"字解释为"行"字,认为其用意在于"救空空穷理"。梁启超在《中国近三百年学术史》评价说:"像他这样解释致良知——说致字即是行字,很有点像近世实验哲学的学风。"强调在躬行实践中求真知。

3. 学贵独创

黄宗羲反对"墨守一先生之言",重视学术创新。在长期的教学实践中,积累了许多创新经验,主要有以下三点:

其一,强调由博致精。黄宗羲认为博学多识是学术创新的前提,但由博致精更重要。他说:"学不患不博,患不能精。"[1] 这是因为,只"博"不"精",读书学习就会陷入繁杂无序,学无专长。在黄宗羲看来,读书由博致精,离不开"深湛之思"。读书学习思考得越深刻,获得的见解越真实,"求之愈艰,则得之愈真"[2]。反之,"无深湛之思,学之不成"[3]。

在他看来,"深湛之思"的关键在于必须抓住各家学派的宗旨。他说:"大凡学有宗旨,是其人之得力处,亦是学者之入门处……讲学而无宗旨,即有嘉言,是无头绪之乱丝也;学者不得其人之宗旨,即读其书,亦犹张骞初至大夏,不能得月氏要领也。"[4] 因此,读书必须抓住宗旨,把握学派思想的精华。这是黄宗羲治学的经验之谈,颇有见地。

其二,重视"异同之论"。在学术发展的长河中,由于各人"心之万殊""功力所至"不同,因而必然会出现各种不同见解,即所谓"一偏之见",或"相反之论",而这些恰恰是学者自己研究的心得。因此,黄宗羲主张读书学习应当将注意力放在各派观点的"不同处",他说:"学者于其不同处,正宜著眼理会。"并认为这是古人善于治学

---

[1] 李邺嗣:《杲堂诗文集》,浙江古籍出版社1988年版,第463页。
[2] 同上。
[3] 黄宗羲:《黄梨洲文集》,中华书局2009年版,第389页。
[4] 黄宗羲:《明儒学案·发凡》,浙江古籍出版社1992年版。

的经验,"古之善学者,其得力多在异同之论"①。学术上的创新,往往是从各种不同学术见解中引发的,黄宗羲重视"异同之论"的见解,颇有深意。

其三,能疑辩难。黄宗羲把怀疑视为"觉悟之机",即产生独到见解的重要途径和学术创新的基本条件。他说:"前辈谓学贵知疑,小疑则小近,大疑则大进。疑者,觉悟之机。一番觉悟,一番长进,更无别法也。即此便是科级学者须循此而进,渐到至处耳。"② 在读书学习中一旦发现了疑问,需要通过师生讨论辩难,提出新的见解。因此,黄宗羲将讨论辩难作为讲学的一种基本方法。在主讲证人书院期间,他"与同志讨论得失,一义未安,迭互锋起"。他在主持海宁讲席时,每当司讲读毕,亦"辩难锋起"。在讨论辩难过程中,他提倡"各持一说,以争鸣于天下"的精神,不"以一先生之言为标准",而要敢于创新,发"先儒之所未廓"。强调"能疑"和自由讨论辩难,这是黄宗羲的民主思想在教学上的集中表现。

(五) 论教师

黄宗羲长期从事教育工作,对教师问题发表了许多独特见解。他十分重视教师的重要作用,认为"古今学有大小,盖未有无师而成者也"③。古今学者不论才学大小,都不是无师自通的。为人师者必须具备传道、授业、解惑的能力;如果"道之未闻,业之未精,有惑而不能解,则非师矣"。如果没有教师的素质,却"轻自为师","则是为师者之罪也"。他强调教师不仅要有真才实学,而且必须具有优秀品德和议政的能力。反之,如果"其人稍有干于清议,则诸生得共起而易之,曰:'是不可以为吾师也。'"④

他主张提高教师的社会地位,在《明夷待访录·学校篇》中设想,中央太学祭酒的地位应该与最高行政官员宰相相当,地方郡县学

---

① 黄宗羲:《黄梨洲文集》,中华书局2009年版,第443页。
② 黄宗羲:《明儒学案·白沙学案》卷八,浙江古籍出版社1992年版。
③ 黄宗羲:《黄梨洲文集》,中华书局2009年版,第287页。
④ 《黄宗羲全集》第一册,浙江古籍出版社2012年版,第11页。

官的地位应该与同级政府的行政官员相当。他的这一设想极大地提高了教师的社会地位,在中国古代教育史上是空前的。

二 王夫之的教育思想

明朝末期,中国已经进入"能够进行思想批判"的历史阶段,王夫之是这一批判思潮的著名代表,他是我国明清之际伟大的哲学家和卓越的教育家。他在极为艰难困苦的条件下,坚持学术研究和授徒讲学数十年。他以"六经责我开生面"自勉,对教育理论进行了诸多创新。他的教育思想在我国古代教育思想发展史上占有重要的地位。

(一)王夫之的生平和教育活动

王夫之(1619—1692年),字而农,号姜斋,湖南衡阳人。晚年隐居于石船山,后人称其为船山先生。他出身于一个日益没落的在野地主知识分子家庭,从小"颖悟过人",4岁起即跟大哥王介之读书,7岁读完《十三经》,被视为"神童"。青年时期,一方面眷恋科举考试的旧路,14岁考中秀才,24岁与大哥同时中举。另一方面关心动荡的时局,参加了"行社""匡社""须盟"等民间组织,立志改革社会。明朝灭亡后,他与管冶

王夫之

仲等在衡阳举兵抗清,终因寡不敌众,"战败军溃"。此后他投奔南明永历政权,曾任行人司行人。不久,因反对大学士王化澄勾结太监夏国祥徇私枉法,排斥异己,而横遭迫害,被迫弃官逃回湖南,隐伏湘南一带,过了近四年的流亡生活。他写下了《周易外传》《老子衍》等反映明清之际社会矛盾运动的著名哲学著作,并完成了总结明朝灭亡教训,阐述自己改革主张的政论著作《黄书》。晚年隐居衡阳石船山,在极为艰苦的条件下,坚持学术研究。据其子王敔记述:"自潜

修以来，启瓮牖，秉孤灯，读《十三经》《二十一史》，及张、朱遗书，玩索研究，虽饥寒交迫，生死当前而不变。迄于暮年，体羸多病，腕不胜砚，指不胜笔，犹时置楮墨于卧榻之旁，力疾而纂注。颜于堂曰：'六经责我开生面，七尺从天乞活埋'。"①

同时，他坚持授徒讲学不断，在67岁时，"从游诸子求为解说《周易》"，"乃于病中勉为作传"，授予诸生。他带病讲学的精神甚至感动过盗贼。在一个北风呼啸，寒冷异常的深夜，王夫之在为"从游诸子"讲授其所注《礼记》，有盗贼至，"窃听而异之，相戒无犯焉"。王夫之还注意把学术研究与授徒讲学紧密地结合在一起，他的有些著作是为"授徒"而撰写的，如《礼记章句》《周易内传》等；有些则是在教学生的"口授讲章"基础上整理而成的，如《春秋家说》《四书训义》等。王夫之的这一经验，值得我们借鉴。

王夫之一生著作，计有100余种，400多卷，800多万字，后人编有《船山遗书》。主要的哲学、史学著作有《周易外传》《尚书引义》《诗广传》《张子正蒙注》《思问录》《读四书大全说》《老子衍》《庄子通》《黄书》《春秋世论》《续春秋左传博议》《读通鉴论》《宋论》等。他对宋明理学乃至整个中国古代哲学作了批判的总结，将中国朴素形态的唯物论和辩证法发展到历史的新高峰。他的主要教育著作有《太甲二》《说命中二》《书院》《学记》等，对中国古代教育理论作出了重要贡献。

（二）论教育的作用

1. 教育乃治国之本

王夫之从政治与教育关系的角度论述了教育的重要性。一方面，他提出了"政末教本"的思想，他说："王者之治天下，不外政教之二端。语其本末，则教本也，政末也。"② 在他看来，治理国家不外乎政治和教育两大问题，其中教育为本，政治为末。历史上许多王朝的

---

① 王敔：《姜斋公行述》。
② 王夫之：《礼记章句》卷五。

败亡，并非"其政之无一当于利病也"，而只是因为"言政而无一及于教也"，即败在"失其育才"也。他认为"教化日衰"，学校教育"名存实亡"，培养不出国家"可用之士"，是明朝灭亡的重要原因。他告诫"谋国者"必须记取这个历史教训，欲"安天下"，当以"文教为重"。

另一方面，他又提出了"政先而教后"的思想。在王夫之看来，教育与政治的关系，除了本末关系外，还存在先后关系，他说："语其先后，则政立而后教可施焉"①。只有"政立民安"，政治清明，人民安居乐业，才能"学校兴"。同时，教育的发展还必须以经济为基础，人民"衣食足"而"天下治"，"乃可以文"。在这里。王夫之既肯定了教育为治国之本的关键作用，又看到政治清明、经济发展是教育发展的必要条件，这一观点，弥足珍贵。

2. 教育乃使人"继善成性"之基

如果说，治国之本是教育的宏观作用，那么，使社会个体向善则是教育的微观德育作用。在王夫之看来，教育使人向善的作用主要体现在两个方面：一方面，继善成性，使之为善。王夫之人性论与传统的孟子、荀子的先天性善或性恶论截然不同，认为人性不是先天的、一成不变的，而是处在不断地变化发展过程之中，提出了人性"日生日成"的著名论断。他说："性者，生也，日生而日成之也。"又说："夫性者，生理也。日生则日成也……故善来复而无难，未成可成，已成可革。性也者，岂一受成侧，不受损益也哉？"② 他明确提出人性不是天生的，而是在后天不断地变化过程中逐渐形成的。而后天的教育可以使人"未成可成"，继善成性，使之为善。他说："道之不息于既生之后，生之不绝于大道之中，绵密相因，始终相洽，节宣相允，无他，如其继而已矣。……滋之无穷之谓恒，充之不歉之谓诚，持之不忘之谓信，敦之不薄之谓仁，承之不昧之谓明，凡此者所以善也，

---

① 王夫之：《礼记章句》卷五。
② 王夫之：《尚书引义》卷三，中华书局1977年版。

则君子之所以为功于性者，亦此而已矣。继之则善矣，不继则不善矣。"① 这种继善成性的过程，亦即是教育的过程。教育除了使人继善成性之外，还可以改变青少年时期因"失教"而形成的"恶习"。他说："教是个大炉，冶与其洁，而不保其往者，无不可施。"②

（三）论教学

王夫之认为，教学是教师和学生之间的互动过程，善教、乐施的教师，必有善学、乐受的学生。他指出，"善教育者必有善学者，而后其教之益大"，"施者不吝施，受者乐得其受"。但学生是学习的主体，教学的成功与否往往取决于他们的自觉。他指出："教者但能示以所进之善，而进之之功，在人之自悟。"③ 教师向学生指出"进善"的方向，而进善的实践，依靠学生自己的觉悟。王夫之十分重视教学和学习方法。在教学和学习方法方面，他提出了以下观点。

1. "以正志为本"

王夫之认为学生是学习的主体，学习的关键在于学生自己，在于学生"有自修之心"和严格要求自己的"自勉"精神。他说"教在我，而自得在彼。"④ "有自修之心则来学，而因以教之。若未能有自修之志而强往教之，则虽教无益。"⑤ 又说："学者不自勉，而欲教者之俯从，终其身于不知不能而已矣。"⑥ 也就是说，首先学生要有求知的愿望，愿意学习，没有学习的志向，强迫教育是无益的；其次，学生要严格要求自己的"自勉"精神，如果学生对自己要求不严格，要求教师降低标准，最终将陷于"不知不能"的结局。在王夫之看来，"自修之心"和"自勉"精神来源于远大的志向，因此，他十分强调立志的重要性，他说："学者德业之始终，以志为大小久暂之区量，

---

① 王夫之：《周易外传》卷五，中华书局1977年版。
② 王夫之：《读四书大全说》卷九，中华书局1975年版。
③ 王夫之：《四书训义》卷五，岳麓书社1990年版。
④ 王夫之：《四书训义》卷十一，岳麓书社1990年版。
⑤ 王夫之：《礼记章句·曲礼》，广文书局1967年版。
⑥ 王夫之：《四书训义》卷三十五，岳麓书社1990年版。

故《大学》教人，必以知止为始，孔子之圣，唯志学之异于人也。"① 即学生的道德修养和学业取决于立志是否远大坚定，所以《大学》教人学习必须树立远大目标；孔子之所以为圣人，就在于他树立了与普通人不同的坚定志向。在王夫之看来，志向一定要坚定不移，"身可辱，生可损，国可亡，而志不可夺"。基于这种认识，王夫之主张教师必须把端正学生的志向作为根本。他说："正其志于道，则事理皆得，故教者尤以正志为本。"② 价值取向和价值目标对人生具有重要的导向作用、约束作用和驱动作用，王夫之强调树立远大的人生价值志向的重要性，并把它作为教育工作之本的观点是对儒家和他自己的教育经验的总结。

2. "因人而进"

王夫之指出，学生之间存在着个性差异，他们"质有不齐"，有刚有柔，有敏有钝；"志量不齐"，有大有小；德性不同，有优有劣；知识不等，有多有少。因此，教师应该根据学生的实际状况，有针对性地施教，即"因人而进"。他说："君子之教，因人而进之，有不齐之训焉。"③ 如果不顾学生的个性差异，采取"一概之施"，将会造成"躐等之失"，教学难以成功。他强调，教学必须"因人而进"、因人而异、因势利导。他说："顺其所易，矫其所难，成其美，变其恶，教非一也，理一也，从人者异耳。"④ 所谓"教非一也，理一也，从人者异耳"，就是强调虽然具体教学方法各不相同，但道理是一样的，就是因人而异。

王夫之认为，实施"因人而进"的关键在于熟悉、了解学生。他说："必知其人德性之长而利导之，尤必知其人气质之偏而变化之。"而要深入了解学生，"始则视其质，继则问其志，又进而观其所勉与

---

① 王夫之：《张子正蒙注》卷五，中华书局1975年版。
② 王夫之：《张子正蒙注》卷四，中华书局1975年版。
③ 王夫之：《四书训义》卷十，岳麓书社1990年版。
④ 王夫之：《张子正蒙注·中正篇》，中华书局1975年版。

其所至,而分量殊焉"①。教师通过平时考察学生的品质、询问他的志向、观察他的行为等途径了解学生的特点,然后才能有的放矢地施教。王夫之的这些观点是颇有道理的。

3. "施之有序"

王夫之认为,任何事物的变化都有一定的规律与秩序,因而教学也应该顺序进行,即所谓"施之有序"。他把"立教之序"分为五个阶段,就是"始教之以粗小之事,继教之以精大之事,继教之以精大之理,乃使具知粗小之理,而终以大小精粗理之合一"②。这种由"事"而"理"、由"粗小"而"精大"、由分散而到总结、综合的循序渐进、不断升华的教学方法是王夫之长期从事教学活动的经验总结。

4. 学思"相资以为功"

学习必须处理好"学"与"思"的关系。王夫之主张"学"与"思"密切结合,不可偏废。他说:"学则不恃己之聪明,而一唯先觉之是效;思则不徇古人之陈迹,而任吾警悟之灵。乃二者不可偏废,而必相资以为功。……学非有碍于思,而学愈博则思愈远。思正有功于学,而思之困则学必勤。"③ 意思是说,"学""不恃己之聪明",必须虚心,要尽量吸取前人的宝贵经验;"思"则不应墨守古人的陈规,而要充分发挥自己的聪明才智,独立思考。在学与思的关系上,两者不可偏废,而必须紧密结合。学与思二者是相辅相成,相互促进关系。学识愈是广博,思考就愈深远。思考产生困惑,必定会促进人们更勤奋地学习。王夫之的这一观点是对孔子"学而不思则罔,思而不学则殆"思想的继承和发展,他的新贡献在于进一步深刻地揭示了学与思的辩证关系。他所说的"学愈博则思愈远","思之困则学必勤",是对学思关系新的概括,可谓是至理名言。

5. 学有当务

王夫之针对明末的教育不重视现实需要之弊,强调教育内容的现

---

① 王夫之:《四书训义》卷十,岳麓书社 1990 年版。
② 王夫之:《读四书大全说》卷七,中华书局 1975 年版。
③ 王夫之:《四书训义》卷六,岳麓书社 1990 年版。

实性、实用性和实践性，提出了重"当世之急务"和"教必著行"的主张。所谓重"当世之急务"，就是要求教学必须关注当下，关注社会的迫切需要，为解决社会的"急务"，开展教与学。所谓"教必著行"，包括两层意思：一是教学的内容要有用、可行；二是教学要注重力行实践。这体现了王夫之经世致用的教育精神。

6. 力行"第一"

在知行观上，程朱理学主张"知先行后"，割裂了知与行之间的联系，王夫之斥之为"先知以废行""以困学者与知见之中"。陆王心学主张"知行合一"，混淆了知与行的界限，王夫之斥之为"以知为行"；王夫之破旧立新，明确提出了"知行相资以为用""并进而有功"的知行统一观。他认为在人们具体的认识过程中，"知行终始不相离"，是不可截然分割的，但二者又相互依赖、互相促进。他说："由知，而知所行；由行，而行则知之。亦可云并进而有功。"① 王夫之虽主张"知行并进"，但他更看重"行"，认为行在认识中居主导地位。"凡知者，或未能行；而行者，则无不知。……是故，知有不统行，而行必统知也。"②

王夫之的知行观，体现在教学方法上，主张"力行"是"第一"环节。他指出，在学、问、思、辨、行五者之中，"第一不容缓则莫如行"③。在他看来，"行"不仅是检验知的效果的途径、"知者非真知也，力行而后知之真"，而且"行"还是衡量一个人道德意识的标准，如果"知而不复行"，则非真有"大公之心"。所以他说："何以谓之德？行焉而得之谓也。"④ 也就是说，所谓道德，就是将道德知识转化成为自身的道德行为。

（四）论教师

王夫之重视教师在教育过程中的主导作用，对于"教者之事"，

---

① 王夫之：《读四书大全说》卷四，中华书局1975年版。
② 王夫之：《读四书大全说》卷六，中华书局1975年版。
③ 王夫之：《四书训义》卷十三，岳麓书社1990年版。
④ 王夫之：《大学补传衍》。

即为师之道，提出了独到的看法。概括起来，主要有以下几点。

第一，"必恒其教事"。王夫之说："讲习君子，必恒其教事。"①也就是说，要成为教师中的"君子"，就必须忠诚教育事业，长期在学校耕耘。如果不恒久地从事教育事业，难以成为"讲习君子"。

第二，"欲明人者先自明"。王夫之认为，"欲明人者先自明"，这是当教师基本条件。他写道："夫欲使人能悉知之，能决信之，能率行之，必昭昭然知其当然，知其所以然，由来不昧而条理不迷。贤者于此，必先穷理格物以致其知，本末精粗晓然具著于心目，然后垂之为教。"② 否则，是不配也不能充当人师的。

第三，要"正言""正行""正教"。王夫之认为师生之间存在着"以道相交"，即道德互动的过程。因此，他十分重视教师的道德楷模作用，认为教师楷模作用是"起化之原"，即潜移默化影响学生道德行为之原。他指出："立教有本，躬行为起化之原；谨教有术，正道为渐摩之益。"③ 在他看来，教师应以身作则，做到"正言""正行""正教"，只有如此，才能教育和影响学生，以扶正世道人心。他说："师弟子者以道相交而为人伦之一……故言必正言，行必正行，教必正教，相扶以正。"④ 王夫之提出的教师应当热爱教育事业，长期从教；刻苦钻研、知识广博，对事物的"本末精粗晓然具著于心目"；在"言""行""教"等方面以身作则，为人师表等观点，既是他长期从事教育工作的经验总结，也是一个教师所必须具备的基本素质，至今仍有现实意义。

三 颜元的教育思想

颜元是清初杰出的思想家和教育家。他毕生从事教育活动，高举"实学""实用""实行"的旗帜，对自汉武帝以来的传统教育，特别

---

① 王夫之：《姜斋文集》卷一，岳麓书社2011年版。
② 王夫之：《四书训义》卷三十八，岳麓书社1990年版。
③ 王夫之：《四书训义》卷三十二，岳麓书社1990年版。
④ 同上。

是宋明理学教育进行了深刻的批判,创立了以注重实用、实践为特征的教育理论体系。他的教育思想在当时及其后世的教育界引起了巨大的震动、冲击和深远的影响。他主持的漳南书院,重视农技、兵技、艺能等实用性科目,对我国近代教育也曾产生一定的启迪作用。颜元以大无畏精神,"开二千年不敢开之口,下二千年不敢下之笔"①,他的学生评价说:"先生之力行,当今世第一人,而倡明圣学,则秦后第一人。"② 梁启超评价颜元说:"实在是二千年思想之大革命者。"③

(一)颜元的生平和教育活动

颜元(1635—1704年),字易直,又字浑然,号习斋,直隶博野县北杨村(今属河北省)人。他8岁拜吴持明为师,该师博学多才,能骑、射、剑、戟,精战守机宜,通医术,又长术数;颜元从小受到与众不同的蒙学教育。19岁,他又师从贾珍。贾珍曾作一对联,上联是"内不欺心,外不欺人,学那勿欺君子";下联是"说些实话,行些实事,做个老实头儿"④,颜元深受其恩师倡导的笃实精神的影响。同年,中秀才,但不久"遂弃举业"。20岁到23岁"究天象、地理及兵略";"阅《通鉴》,忘寝食";"学兵法,究战守机宜"。如此广泛的涉猎,为他后来的学术研究和教育理论的创新打下了基础。

24岁以后,颜元的学术思想经历了由尊陆王,转向崇程朱,再到批判程朱理学的转变过程。24岁时,他获得陆九渊和王守仁的语录,

---

① 王源:《居业堂文集·与婿梁仙来书》卷八,商务印书馆1936年版。
② 李恭:《畿辅丛书·颜习斋先生年谱》,商务印书馆1937年版。
③ 梁启超:《饮冰室全集》第14册,中华书局1916年印本。
④ 颜元:《贾处士传》,《习斋记余》卷五,中华书局1985年版。

遂"深喜陆、王,手抄《要语》一册"。成为一名崇奉陆王心学的信徒。26岁时,他"得《性理大全》,见周、程、张、朱语录","以为较陆王二子尤纯粹切实","信之甚笃",便"幡然改志"①,由尊陆王,转向崇程朱、诵读程朱之书,自名书斋为"思古斋"。34岁时,颜元的学术思想开始发生了根本性的变化,他由探索、怀疑,走向了坚决反对程朱理学的道路。据颜元自述,促使他思想转向的原因是他的养祖母去世,颜元替父行孝。他居丧期间悉遵朱熹《家礼》,结果,饥饿哀毁几死,从亲身感受,"颇觉有违于性情",开始怀疑《朱子家礼》,进而发展为批判程朱理学,将"思古斋"改名为"习斋",宣称:"今何时哉?普地昏梦,不归程朱,则归陆王,而敢别出一派,与之抗衡翻案乎!"②公开发出反对程朱、陆王的时代强音,走向了批判程朱理学、陆王心学和中国"二千年空言无用之新学"的学术道路。35岁时,他著《存性编》《存学编》,标志着颜元"实学"思想体系的初步确立。57岁时,他南游中州,拜访河南诸儒,与之辩道论学,成为一位"必反朱程"的著名学者。他说:"余未南游时,尚有将就程朱,附之圣门支派之意。自一南游,见人人禅子,家家虚文,直是孔门敌对,必破一分程朱,方入一分孔孟,以为孔孟、程朱判然两途,不愿做道统中乡愿矣。"此后,颜元无所畏惧,力辟程朱,而且老而弥坚。

颜元毕生从事教育活动。他24岁时,始设家塾,训子弟;26岁时,设教于西五夫村;33岁时,应聘在新兴村设馆;39岁时,由蠡县回博野县归宗,教书于杨村;41岁时,因学生日益增多,申订教条二十则,称"习斋教条"。在道德方面,要求学生孝顺父母,尊敬长辈,注意"男女授受不亲",诚实守信,"务存实心,言实言,行实事,违者责"。在日常生活道德行为规范方面,要求学生"须端行正坐,轻佻失仪者责";衣冠整齐,"虽燕居昏夜,不可科头露体";

---

① 颜元:《王学质疑拔》,《习斋记余》卷六,中华书局1985年版。
② 颜元:《习斋记余·递钱生晓城书》,中华书局1985年版。

读书"必铺中端坐，如对圣贤。大小便后，必盥帨洁净，方许展读"；同学之间要"长幼相敬，情义相关，最戒以大欺小，以幼欺长，甚至殴詈者重责"。此外还规定了经世致用性质的教学内容及管理细则。其中要求学生"存实心，言实言，行实事"，突出了他的实学精神。62岁时，应郝公函之聘，主持肥乡漳南书院。颜元亲自规划书院规模，制定"宁粗而实，勿妄而虚"的办学宗旨，力图"力砥狂澜"，变革学风，较全面地实践了他的"实学""实习""实用"的教育理想。

颜元的著作主要有：《存治编》《存学编》《存性编》《存人编》，简称"四存编"。此外还有《四书正误》4卷、《朱子语类评》1卷、《习斋记余》10卷等。他的著作原被收在《畿辅丛书》和《颜李丛书》中，今人编有《颜元集》上、下两册，其中主要教育著作有《总论诸儒讲学》《上太仓陆桴亭先生书》《性理评》《漳南书院记》等。

(二) 对传统教育的批判

颜元重新审视了自汉至清约二千年的传统教育，得出的结论是"二千年空言无用之新学"；"道亡学丧，通二千年成一欺局矣，哀哉"[①]！在他看来，自汉以来，二千年的学校传授的不过是"空言无用"之学，是"一欺局"。

他对传统教育，尤其是宋明理学教育的深刻揭露和批判，主要在以下几个方面。

1. 揭露传统教育空疏无用，脱离实际的弊端

颜元指出，严重脱离实际是传统教育最突出的弊端之一。他说："迨于秦火之后，汉儒掇拾遗文，遂误为训诂之学。晋人又诬为清谈，汉、唐又流为佛、老，至宋人而加甚矣。仆尝有言，训诂、清谈、禅宗、乡愿（指伪善欺世之说），有一皆足以惑世诬民，而宋人兼之，

---

① 钟錂：《颜习斋先生言行录》卷上，商务印书馆1939年版。

乌得不晦圣道，误苍生至此也！"① 意思是说，秦始皇焚书坑儒之后，汉代儒生拾取先秦的遗文，错误地研究起训诂之学；魏晋士人又崇尚骗人的清谈；汉代、唐代的学术流于佛教、老庄之学；而程朱理学兼而有之，其脱离实际更为严重。他认为训诂、清谈、禅宗、乡愿，其中之一就足以惑世骗民；而程朱理学兼而有之，怎能不遮蔽圣人之道、贻误民众。

颜元认为程朱、陆王的学说都是"无用"之学。他说：程朱、陆王"两派学辩，辩至非处，无用；辩至是处，亦无用……虽致良知者，见吾心真足以统万物；主敬著读者，认吾学真足以达万理，终是画饼望梅。画饼倍肖，望梅倍真，无补于身也，况将饮食一世哉！"宋明时期的士大夫"指办干政事为粗豪、为俗吏；指经济生民为功利、为杂霸"②，不屑一顾。在价值观上鄙视"实学"。

令人遗憾的是，这种鄙视"实学""画饼望梅"的"无用"之学，直至清朝仍十分盛行。颜元指出，他所处的那个时期，只闻家家都在研习二程、朱熹注释的儒家经典，人人都在热衷于练习参加科举考试的八股文章，整个社会都被无用之学所败坏。"徒闻家家程注、朱注，人人套文钞策，子午科也，卯酉科也，乾坤全坏于无用老学究！"③颜元认为传统教育空疏无用、脱离实际的思想根源在于：汉、宋腐儒把"义"与"利"绝对对立起来。西汉董仲舒提出"正其谊不谋其利，明其道不计其功"，宋代程朱仍崇尚这种观点。颜元明确指出："'正其谊，不谋其利'，过矣！宋人喜道之，以文其空疏无用之学。"④在他看来这种观点违背生活常识，"世有耕种，而不谋收获者乎？世有荷网持钩，而不计得鱼者乎？""宋儒之学不谋食，能无饥乎？"，颜元针锋相对提出"正其谊以谋其利，明其道而计其功"的观点，突破了儒家传统的义利观，这是对陈亮事功学派思想的继承与发

---

① 《颜元集》，中华书局1987年版，第439页。
② 颜元：《朱子语类评》。
③ 颜元：《习斋记余》卷六，中华书局1985年版。
④ 《颜元集》，中华书局1987年版，第163页。

展，为他的实学奠定了理论基础。

2. 揭露迷信书本，批判崇尚静坐的观点

自汉代以来，中国二千年的传统教育以崇尚读书、注书、讲述、著书为主要特征；读死书，死读书，读书死是儒生生活的基本轨迹。汉代训诂，"从章句上用功"，以注经为尚；宋儒更甚，颜元指出：程朱学派"将道全看在书上，将学全看在读上"①，他又说："汉宋之儒，全以道法摹于书，至使天下不知尊人，不尚德，不贵才。"②颜元反对迷信书本，指出书本上的东西往往大多数都是虚假错误的，而程朱理学家却盲目相信，以为全是真理；全国的书生受其影响，也逐渐把书本奉为不可改变的道理，这种状况很令人诧异。"且书本上所穷之理，十之七分舛谬不实，朱子却自认甚真，天下书生遂奉为不易之理，甚可异也。"颜元认为，纵使书本上的都是真知，但学者没有在自己的实践中使用过、检验过，也仍然是无用的东西。他说："心中醒，口中说，纸上作，不从身上习过，皆无用也。"③ 因此，颜元不主张书读得太多，他说："读书愈多愈惑，审事机愈无识，办经济愈无力。"④ 颜元认为朱熹是倡导死读书的典型代表，"千余年来，率天下入故纸堆中，耗尽身心气力，作弱人、病人、无用人者，皆晦庵为之，可谓迷魂第一洪涛水母矣。"并将死读书比作吞食砒霜，"入朱门者便服砒霜，永无生气生机"⑤。颜元也深受其害，他说："仆亦吞砒人也，耗竭心思气力，深受其害。"颜元并不是全盘否定读书的价值，而是针对读死书、读无用的书而言的，确实切中时弊。

程朱学派主张"习静""居敬"的教育方法，可以说，崇尚"静坐"是程朱理学教育的一个显著特点。颜元讥讽朱熹"教人半日静

---

① 《颜元集》，中华书局 1987 年版，第 163 页。
② 颜元：《存学编》卷四，商务出版社 1937 年版。
③ 颜元：《存学编》卷二，商务出版社 1937 年版。
④ 颜元：《朱子语类评》。
⑤ 同上。

坐，半日读书"，这"无异于半日当和尚，半日当汉儒"。他尖锐地指出：这种教育方法"耗气劳心书房，萎惰人精神，使筋骨皆疲软，天下无不弱之书生……生民之祸，未有甚于此者也"①。也就是说，"静坐"教学方法，容易使学生把精力都耗费在书房里、故纸堆里，变成精神萎靡懒惰、身体虚弱的白面书生。这是传统教育对民生最严重的祸害。

3. 斥责传统教育的危害

颜元认为，二千年传统教育是统治者所设的一大骗局。他说："后人为汉儒所诬，从章句上用功；为释氏所惑，从念头上可行。此所以纸上之学问易见博洽，心头之觉悟易见了彻，得一贯之道者接迹，而道亡学丧，通二千年成一欺局矣。"② "仙佛之害，止于庸人，程朱之害，偏迷贤知。"③ 如果说道教、佛教只能欺骗庸人，那么，程朱理学则迷惑知识阶层。而这个骗局正是历代统治者所设。他说："历代君相，方且以爵禄诱天下于章句浮文之中。"④

传统教育的危害极大，败坏社会分气，摧残人才，颜元指出："宋人但见料理边疆，便指为多事；见理财，便指为聚敛；见心计材武，便憎恶，斥为小人。此风不改，乾坤无宁日也。"又说："误人才，败天下事者，宋人之学也。"⑤

在颜元看来，传统教育所培养的"上品"不过是些"无事袖手谈心性，临危一死报君王"之类的腐儒、庸才，他们在太平时期，袖手旁观，不关心社会，只会空谈心性，而面临国家危亡之时，则束手无策，只会以死报君而已。特别是宋明理学教育，往往只能培育一些弱人、病人、无用之人，甚至使人养成妇人女人的脆弱之态。颜元严厉指出："宋元来儒者，却习成妇女态，甚可

---

① 李恭：《颜习斋先生年谱》卷下，中华书局1985年版。
② 颜元：《存人编》卷一，商务印书馆1937年版。
③ 李恭：《颜习斋先生年谱》卷下，中华书局1985年版。
④ 钟錂：《颜习斋先生言行录》卷上，商务印书馆1939年版。
⑤ 李恭：《颜习斋先生年谱》卷，中华书局1985年版。

羞!"① 颜元对传统教育的批判可谓入木三分,发出了根本改变传统教育的呐喊。

4. 抨击八股取士的科举制度

颜元指出科举制度的主要危害有二,一是科举实际上是"名利引子",在价值取向上,把士人引向名利场。他说:在科举制度的利诱下,士人"自幼惟从事破题、捭八股,父兄师友期许者,入学、中举、会试,做官而已",读书求学完全为了功名利禄。这对教育危害极大,"学从名利入手,如无基之房,垒砌纵及丈余,一倒莫救"。二是科举以文字和八股取士,其危害甚于"焚坑"。他说:"魏晋学政不修,唐宋诗文是尚,其流毒至今日,国家之取士者,文字而已;贤宰师之劝课者,文字而已;父兄之提示,朋友之切磋,亦文字而已。"②针对八股取士,他尖锐指出:"天下尽八股,中何用乎!故八股行而天下无学术,无学术则无政事,无政事则无治功,无治功则无升平矣。故八股之害,甚于焚坑。"③ 意思是说,自唐宋以来的科举考试,实际上是以"文字"取士而已,导致上自宰相,下至父兄、朋友都崇尚"文字"。明清两代,文字取士发展为八股取士,把全国的学生都引入学习无聊、难学的八股文的旋涡之中,败坏学术风气,贻误社会,其危害比秦始皇焚书坑儒还要严重。

科举制度在中国历史上曾是一个重要的创举,也曾起过推动教育和社会发展的进步作用,但中国的科举制度本身存在着严重的缺陷,特别到了明清两代,科举弊病丛生,危害日益严重,颜元对科举制度的尖锐批评反映了改变科举制度的时代要求。

(三)"实才实德之士"的教育目标

颜元把人才看作治国安民之本。他说:"学术者,人才之本也。人才者,政事之本也。政事者,民命之本也。无学术则无人才,无人

---

① 颜元:《存学编》卷一,上海古籍出版社1957年版。
② 颜元:《存治编·学校》,上海古籍出版社1957年版。
③ 《颜元集》,中华书局1987年版,第691页。

才则无政事，无政事则无治平、无民命。"① 学术是人才之本，人才是国家、民生之本。

颜元进一步指出人才主要依靠学校教育培养。他说："朝廷，政事之本也；学校，人才之本也，无人才则无政事矣。"② 在他看来学校比朝廷更为根本，"昔人言本原之地在朝廷，吾则以为本原之地在学校"③。颜元的这个思想，正确地揭示了学校、人才、治国三者之间的关系，突出了学校教育的重要地位。即使在今天，对于我们正确认识教育的作用也不无意义。

颜元认为宋以来的学校"徒事口笔"，不务实事，培养的全是无用的"白面书生"。他主张学校应当"浮文是戒，实行是崇"，培养"实才实德之士"。他说："令天下之学校皆实才实德之士，则他日列之朝廷者皆经济臣"，若"令天下之学校皆无才无德之士，则他日列之朝廷者皆庸碌臣"。④ 所谓"实才实德之士"，即是品德高尚、有真才实学的"真才真器"。在颜元看来，"实才实德之士"应为两类人才，一是"通儒"；二是专才。所谓"通儒"，就是具有"建经世济民之勋，成辅世长民之烈，扶世运，奠民生"的远大抱负的德才兼备的人物，也就是能办大事、敢干难事、"上下精粗皆尽力求全"的通才。培养这样的通才就是颜元办教育的理想。他说："以六德、六行、六艺及兵农钱谷、水火工虞之类教其门人，成就数百通儒。朝廷大政天下所不能办，吾门人皆办之；险重繁难天下所不敢任，吾门人皆任之。"⑤

颜元认为，把学生培养成为通才乃是"圣学之极致"；但学校不可能将所有学生培养成通才，对于那些难以成为通儒的学生，则应培养成"终身止精一艺"的专门人才；能经世致用的专才同样"便是圣

---

① 《颜元集》，中华书局 1987 年版，第 398 页。
② 同上书，第 403 页。
③ 同上书，第 768 页。
④ 同上。
⑤ 颜元：《存学编》卷一，商务印书馆 1937 年版。

贤一流"。他说:"上下精粗皆尽力求全,是谓圣学之极致矣。不及此者,宁为一端一节之实,无为全体大用之虚。如六艺不能兼,终身止精一艺可也。"①"虽六德之一德,六艺之一艺,不自失为儒也。"②"学需一件做成便有用,便是圣贤一流。"③

颜元倡导培养专才的思想,突破了封建社会一般教育家忽视专门技能教育、不重视专才培养的传统观念,反映了17世纪工商业发展需要科学技术的时代需要,在当时无疑具有进步的意义。

(四)"真学""实学"的教育内容

颜元针对传统教育空疏无用的弊端,明确提出:"彼以虚,我以其实"办学原则,突出一个"实"字,主张以"真学""实学"为教学内容,他说:"庶几学则真学"④,"真学不明,则生民将永被毒祸"⑤。又说:"救弊之道在实学不在空言。"⑥

颜元所倡导的实学教育的特点是,打着复古旗号,别开生面。他认为,尧舜周孔时代的教育就是"实学",他说:"孔孟以前,天地所生以主此气机者,率皆实文、实行、实体、实用,卒为天地造实绩,而生民安、物以阜。"⑦ 而程朱、陆王的理学教育都不是"周公、孔子三物之学","空谈性命",主张的是"虚"学。

颜元在《删补三字经》中曾扼要地阐述了实学的具体内容,他说:"三事、六府,尧舜之道也。六德、六艺,周孔之学也。古者师以是教,弟子以是学,居以养德,出以辅政,朝廷以取士,百官以举职。《六经》之文,记此薄耳。"在他看来古代的三事、六府、六德、六艺都是"实学"。这里所说的"三事""六府",即《尚书·大禹谟》所云的"正德、利用、厚生"和"水、火、金、木、土、谷";

---

① 颜元:《存学编》卷一,商务印书馆1937年版。
② 颜元:《存学编》卷二,商务印书馆1937年版。
③ 钟錂:《颜习斋先生言行录》卷下,商务印书馆1939年版。
④ 《颜元集》,中华书局1987年版第77页。
⑤ 《颜元集》,中华书局1987年版第743页。
⑥ 《颜元集》,中华书局1987年版,第75页。
⑦ 颜元:《存学编》卷一,商务印书馆1937年版。

"六德"即《周礼·地官》所云的知、仁、圣、义、忠、和;"六艺"即礼、乐、射、御、书、数。在颜元看来,在古代的实学中,"六艺"最为根本,他说:"先之六艺,则所以为六行之材具,六德之妙用。艺精则行实,行实则德成矣。"① 因此,颜元便将六艺之学作为他教授学生的主要内容。他说:"学自六艺为要""凡吾徒者,当先学礼乐射御书数及兵农钱谷、水土工虞,予虽未能,愿共学焉。"②

颜元在晚年曾规划漳南书院设置六斋,并规定了各斋的具体教育内容。这是对他"真学""实学"内涵最明确也是最有力的说明。

漳南书院的六斋及各斋教育内容为:

文事斋:开设礼、乐、书、数、天文、地理等课程;

武备斋:开设黄帝、太公以及孙、吴五子兵法,并攻守、营阵、陆水诸战法,射御、技击等课程;

经史斋:开设《十三经》、历代史、诰制、章奏、诗文等课程;

艺能斋:开设水学、火学、工学、象数等课程;

理学斋:开设静坐,编著程、朱、陆、王之学等课程;

帖括斋:开设八股举业课程。③

设置后两斋,只是为了"应时制",不得已而为之。颜元注重的是前四斋的实学教学。颜元设置的这个百科全书式的教学体系,突破了古代以《四书》《五经》为主要内容教育的僵化传统,超越了"六艺"教育的范围,突出了经世致用的实学内容,将中国古代关于教育内容的理论推进到一个新的发展阶段。

(五)"习行"教学法

颜元在尖锐批判汉代以来崇尚读经、讲经的教学方法的同时,积极倡导"习行"和"习动"的教学方法。他反复强调"习行"是做学问、培养人才的根本途径和方法。"读书无他道,只需在'行'字

---

① 颜元:《四书正误》卷三,上海古籍出版社1995年版。
② 李恭:《颜习斋先生年谱》卷上,中华书局1985年版。
③ 《颜元集》,中华书局1987年版,第413页。

着力。①""吾辈只向习行上做功夫,不可向言语文字上着力。②""人之为学,心中想,口中谈论,尽有百千义理,不如身上行一理之为实也。"③"讲之功有限,习之功无已。"④

所谓"习行"是指"学而必习,习又必行","习"有练习、实习之意;"行"即亲自动手实践。归纳起来,颜元所说的"习行"教学法的主要内容是:其一,重实践,"躬行而实践之"。在认识论上,颜元认为只有动手实践才能获得有用的真知。他对《大学》中"格物致知"做出了新的解释,提出"格物"之"格"当如史书"'手格猛兽'之'格','手格杀'之'格',乃犯手搥打戳弄之义,即孔门六艺之教也"⑤。也就说,"格"如同格杀猛兽必须亲手搥打操作。他又将"格物"解释为"犯手实做其事",即动手实践,做实事。在他看来,动手实践是获得真知的根本途径。他说:"今之言致知者,不过读书、讲问、思辨已耳。不知致吾知也,皆不在此也……辟(譬)如欲知乐,任读乐谱几百遍,讲问、思辨几十层,总不能知,直需搏拊击吹,口歌身舞,亲下手一番,方知乐是如此。知乐者,斯至矣。是谓物格而后知至。"⑥ 显然,颜元把亲自动手实践看作获得真知的根本途径,只有会动手做的知识才是有用的知识。他说:"读得书来,口会说,笔会做,都不济事,须是身上行得出,才算学问。"⑦

其二,重"实事实物",教学内容必须是实在的知识。颜元认为,尧舜周孔之道,讲的都是"事实实物"。孔学与程朱理学的区别在于:孔学是"见理于事",落脚于实;而程朱却侈谈"无事之理",着眼于虚。他说:"迨见理于事,则已彻上彻下矣。此孔子之学与程朱之学

---

① 《颜元集》,中华书局1987年版,第623页。
② 钟錂:《颜习斋先生言行录》卷下,商务印书馆1939年版。
③ 钟錂:《颜习斋先生言行录》卷下,商务印书馆1939年版。
④ 颜元:《存学编》卷一,商务印书馆1937年版。
⑤ 颜元:《习斋记余》卷六,商务印书馆1936年版。
⑥ 颜元:《四书正误》卷一,上海古籍出版社1995年版。
⑦ 颜元:《习斋记余》卷四,商务印书馆1936年版。

所由分也。"①

其三，贵"动"，以"动学代静学"。颜元反对程朱"静坐"的学习方法，尖锐指出："晋、宋之苟安，佛之空，老之无，周、程、朱、邵之静坐，徒事口笔，总之皆不动也，而人才尽矣，圣道亡矣，乾坤降矣。"② 长期静坐读书，只能"萎惰人精神，使筋骨皆疲软，以至天下无不弱之书生，无不病之书生"③。针对程朱主静的方法，颜元提出"习动"的教学方法。他强调说："己身动则一身强，一家动则一家强，一国动则一国强，天下动则天下强。"④ 意思是说，"习动"教育可以强身、强家、强国、强天下。颜元所说的"习动"教育包括体育锻炼、生产劳动和武备活动等多种内容。颜元的"习动"教育思想至今仍有现实的借鉴意义。梁启超先生指出颜元的教育思想的特点是："以实学代虚学，以动学代静学，以活学代死学。"⑤ 这是对颜元教育思想实事求是的概括和总结。

---

① 颜元：《存学编》卷三，商务印书馆1937年版。
② 钟錂：《颜习斋先生言行录》卷下，商务印书馆1939年版。
③ 颜元：《朱子语类评》。
④ 钟錂：《颜习斋先生言行录》卷下，商务印书馆1939年版。
⑤ 梁启超：《清代学术概论》，中华书局2011年版。

第 六 章

中国教育的近代转型
——鸦片战争至清末"新政"时期的教育

清朝是中国最后一个封建王朝,它既是中国封建社会的终结,又是中国近代社会的起点。作为少数民族入主中原的清统治者,在鸦片战争以前的近 200 年间,曾接受并自觉地提倡中国传统文化,在继承明代教育体制的基础上,大力发展各种教育,无论官学教育体系的完善、书院的数量,还是国民识字率的提高,都超过了前代,教育事业取得了辉煌的成就。然而,乾隆后期,传统教育由盛而衰。1840 年的鸦片战争以后,以英国为首的西方资本主义列强用大炮打开了中国的大门,中国社会开始由封建社会向半封建半殖民地社会演变。中国传统教育日益腐朽,外国列强对中国实行文化教育侵略,太平天国农民起义对旧教育进行了猛烈的打击,洋务派创办新式学堂、翻译西学书籍、派遣留学生,客观上开启了中国教育近代转型的进程。

第一节 鸦片战争及洋务运动时期的教育

一 传统教育的危机和早期改革派的文化教育主张

(一)明末清初"西学东渐"与清政府的闭关锁国政策

明中叶以前,中国的科学技术在世界上处于领先地位。但自 1640 年以后,欧洲爆发了资产阶级革命和第一次工业革命,科学技术发生了革命性变革，产生了近代科学技术；而中国的科学技术则开始落伍。于是从16世纪末到18世纪初，即明万历至清康熙的一百多年间，出现了"西学东渐"的过程。

公元1582年，意大利传教士利玛窦来到中国，揭开了"西学东渐"的帷幕。利玛窦，意大利学者、传教士，字西泰。明万历十一年（1583年）到中国澳门，为了适应新的环境，他剃掉发须，身着僧衣，学汉语，说汉话，诵读四书五经，赠小礼物、介绍西方科学技术等手段，广交地方官绅和名士，深得人们的信任和赞许。经过二十多年努力，他终于在万历二十九年（1601年）被获准进京，向万历皇帝献上天主教圣像、《圣经》、自鸣钟、万国图等礼物。而万历皇帝对他也倍加宠信，"钦赐官职"，"准驻京城"，"享受荣禄"，进行传教布道，万历三十八年（1610年）殁于北京。

利玛窦在来华传教期间，与徐光启合译了欧几里得的《几何原本》，撰写了《万国舆图》等著作，成功地预测了一次日食，并刻苦学习汉语，将《四书》翻译成拉丁文，为沟通中西文化教育、介绍西方近代自然科学技术作出了重要的贡献，被誉为"沟通中西文化第一人"。

继利玛窦之后，西方传教士频繁来华，带来西方有关地图、钟表、望远镜、天文历法、医学、水利、音乐、生理等方面的知识。其中汤若望、南怀仁影响较大。

汤若望，德国耶稣教会传教士，字道末。明天启二年（1622年）来华，在中国生活47年，历经明、清两个朝代。雍正朝封为"光禄大夫"，官至一品。他以渊博的知识，出众的才能，奠定了他在中西文化交流史上的重要地位。他继承了利玛窦通过科学传教的策略，在明清朝廷历法修订以及火炮制造等方面多有贡献，中国今天的农历是汤若望在明朝以前沿用的农历基础上加以修改而成的"现代农历"。他曾成功地预测了3次月食，声望遂起，明崇祯二年（1629年）奉诏进入历局从事天文测算和译书诸事，他与徐光启主编和完成了《崇祯历书》（共计46种137卷）的巨著；他还著有《远镜说》《火攻契要》

等书。《远镜说》是从原理、结构功能和使用方法上详细介绍了伽利略式望远镜的专著,将西方的光学和望远镜制造技术首次传入中国。《火攻契要》是详述西方火器制造方法的著作,开创了介绍西方火器知识的先河。

南怀仁,比利时传教士。字敦伯,又字勋卿。清顺治十五年(1658年)来华,是清初最有影响的来华传教士之一,为近代西方科学知识在中国的传播作出了重要贡献。他是康熙皇帝的科学启蒙老师,精通天文历法、擅长铸炮,是当时国家天文台(钦天监)业务上的最高负责人——钦天监监正,官至工部侍郎,正二品。1688年1月28日南怀仁在北京逝世,享年66岁,卒谥勤敏。他曾为天文台督造了赤道经纬仪、黄道经纬仪、地平经仪、地平纬仪、纪限仪、天体仪等新式天文仪器,著有《康熙永年历法》《坤舆图说》《西方要记》等。

从明万历到清康熙末期的一百年时间,中国政府对西方传教采取宽容和礼遇有加的态度,有益于所谓"西学东渐"的开展,给中国传统文化教育注入了一种崭新的元素;但到了康熙末期形势逆转,开始禁止西方传教士传教,其直接原因是罗马教廷改变了利玛窦等早期传教士尊重中国传统文化的策略,采取与中国传统文化和中国法令相对抗的态度。康熙四十四年(1705年)罗马教皇派特使到中国,公开命令禁止中国入教者祭孔祀祖,挑起了所谓"礼仪之争"。罗马教廷的傲慢态度引起当时朝野一些人士的极力反对,也激怒了一向对传教士有好感的康熙皇帝。康熙五十六年(1717年),康熙接受广东碣石镇总兵陈昂的建议,下令禁止传教。雍正即位后,在雍正元年(1723年)实行全面禁教,驱逐传教士。

清政府在禁止西方传教士传教的同时,开始推行闭关政策。1757年,乾隆皇帝下令封闭江苏、浙江、福建三个海关,只留下广州一口岸对外通商,开始对外实行闭关政策。造成清朝推行闭关政策的原因是多方面的,其中西方新兴的资本主义国家在世界各地到处扩张、推行殖民政策,进行海盗式的掠夺是重要原因。葡萄牙、荷兰冒险家在

16世纪20年代前后也开始在中国进行海盗活动。明嘉靖四十年（1561年）左右，葡萄牙人通过贿赂占据了澳门。荷兰侵略军在1642年强占了台湾全岛。清统治者虽还不了解西方列强在世界各地的暴行，但已朦胧地意识到西方资本主义国家的潜在威胁，如雍正皇帝就已意识到西方传教士传教的目的在于"欲中国人人为天主教徒"，进而成为西方列强的"国君之臣属"，也感到一旦"洋船千百沓至，必将生事"①。

他们把驱逐传教士、关闭通商口岸作为民族自卫的重要措施。但其在客观上阻碍了中国人民与世界各民族的正常交往和思想文化与科学技术的交流，隔断了中国与西方的联系。这是造成清朝末年科技文化全面落后，传统教育陷入严重危机的重要原因。

（二）传统教育的危机

清朝末年传统教育危机主要表现在官学教育有名无实、私学内容单一陈旧、科举考试弊病丛生等方面。

1. 官学教育有名无实

鸦片战争时期的教育制度与清朝前期一脉相承，在形式上是相当完备的。中央设国子监，地方有府、州、县学及书院，此外还有义学、社学、私塾。但当时官学已徒具虚名，甚至很少从事教学活动，"儒学寝衰，教师不举其职"。早在乾隆十六年（1751年），就出现了教官老化，滥竽充数，学生长期滞留官学，视学校为栖身避役之所的颓败现象。到嘉庆、道光年间以后，国子监因年久失修，生徒"坐监"制度已无法执行，只是到释奠、月课、季考之时，方需回监一时；八旗官学更"积渐废弛，八旗子弟仅恃此进身。教习停年期满予录用例，月课虚应故事"②。道光末年，府、州、县学教学活动亦几乎停废，学风败坏。编印于嘉庆年间的《文章游戏》一书描述了当时的学风说："可奈进来子弟……惟是口衔烟袋，手捧茶杯；此往彼来，案位何曾

---

① 《启示和奇妙信札》第三卷，1877年巴黎法文版，第364页。
② 《清史稿·选举志一》，中华书局1976年版。

坐着。东游西荡，书声久已无闻。逍遥古董摊头，游戏旧书坊。五更梦醒，立心尚想读文章；两顿饭完，却恨依然无主意。"① 当时学风之败坏，可见一斑。

2. 私学内容单一陈旧

鸦片战争前后，蒙学、初等私学的教学仍以儒家经典为主要内容，单一陈旧，青少年苦读多年，无法学到经世致用的知识。当时书院"未几山长以疲癃充数，士子以儇薄相高，其所日夕呫唔者，无过时文帖括，然率贪微末之膏火，甚至有头垂垂白，不肯去者"②。当时书院的山长往往由老弱病残者充数，学生以轻薄比高下，他们每天所读的不过是些应付科举考试范文和帖括用的儒家经典。一般学生贪图书院提供的微不足道的学习费用，甚至有满头白发也不愿离开书院。书院失去了研究学术的传统。

3. 科举考试弊病丛生

科举制度在清代以前就存在许多弊端，到了清代末期更为严重。首先，科举考试命题本身就无聊、空疏。《四书》中可以出的题目大多已出尽，因此，往往出一些偏怪的"截搭题""枯窘题"来刁难考生，考试命题的本身就缺乏学术性。其次，考试形式古板、专制。考试严格规定文章必以八股为体裁，书写字体必用小楷，从字体、格式、文章结构等方面约束禁锢考生。再次，清末期，考试舞弊已积重难返，更为严重。当时不仅存在着"通关节"、"冒名顶替"、挟带、联号换号等常用的舞弊方式，而且作弊手段花样百出，防不胜防。形形色色的科举舞弊行为已成为公开的秘密。科举制度日益走向末路。

(三) 早期地主阶级改良派的教育主张

鸦片战争的惨败，加速了中国封建社会走向解体的进程。地主阶级内部出现了改良派与守旧派的斗争，以龚自珍、林则徐、魏源等为

---

① 缪艮：《文章游戏·初编》卷二，宏道堂刊本。
② 刘锦藻：《清续文献通考》卷一百，浙江古籍出版社1988年版。

代表的早期改良派尖锐抨击清末的教育制度和科举制度，提出了改革教育，学习西学的教育主张。其中龚自珍、魏源的改革主张最为突出。

1. 龚自珍改革教育的主张

龚自珍（1792—1841年），清代思想家、文学家及改良主义的先驱者。27岁中举人，38岁中进士。曾任礼部主事等职。主张革除弊政，抵制外国侵略，曾全力支持林则徐禁止鸦片。道光二十一年（1841年）春，龚自珍辞官南归，执教于江苏丹阳云阳书院，这年逝世，年仅50岁。他著有《定庵文集》一书和著名诗作《己亥杂诗》。

龚自珍生活的时代，清王朝处于"日之将夕，悲风骤至"的"衰世"，他在青年时期就目睹了清朝经济走向崩溃的现状，"自京师始，概乎四方，大抵富户变贫户，贫户变饿户"，"各省大局，岌岌乎不可以支月日"[1]，后来他敏锐地意识到中国面临着西方列强侵略的严重民族危机，因此迫切要求"更法""改图"。

在教育改革方面，他的主要贡献有二。其一，抨击旧教育，倡导复兴"经世致用"之学。龚自珍认为，学用一致、学术与政务统一是中国教育的优良传统，"自周而上，一代之治，即一代之学也……是道也，是学也，是治也，则一而已矣"[2]。但唐宋元明以降，士子为了应付科举考试，"疲精神耗日力于无用之学"，所培养的学生都是一些不学无术而狂妄自大的人。他尖锐地指出，当时"生不荷耰锄，长不习吏事，故书雅记，十窥三四，昭代功德，瞠目未睹，上不与君处，下不与民处。……且援古以刺今，嚣然有气声矣。……国有养士之资，士无报国之日。殆夫！殆夫！终必有受其患者，而非士之谓夫！"[3] 他主张从空谈心性的"宋学"和烦琐的考据治学中解脱出来，复兴经世致用之学。龚自珍认为"兰台序九流，儒家但居一，诸师自有真，未肯附儒术"[4]。儒家不过是"九流"之一，所以不能作为教育之独尊的

---

[1] 龚自珍：《西域置省议》。
[2] 《龚自珍全集》，上海人民出版社1975年版，第4页。
[3] 龚自珍：《定庵文集·治学》。
[4] 《龚自珍全集》，上海人民出版社1975年版，第487页。

内容。他指出，有关民生日用的知识都是士人应当学习研究的，"田夫、野老、驵卒之所习熟，今学士大夫谢之，以为不屑知，自珍获知之，而以为创闻"①。他指出："今世科场之文，万啄相因，词可猎而取，貌可拟而肖，坊间刻本，如山如海，《四书》文禄士，五百年矣，士禄于《四书》，数万辈矣，既穷既极。"因此，呼吁改革科举考试。

其二，提出"不拘一格降人才"的人才观。龚自珍认为当时的社会是一个智力普遍低下，"无才之世"。他嘲讽道："左无才相，右无才史，阃无才将，庠序无才士，陇无才民，廛无才工，衢无才商，抑巷无才偷，市无才驵，薮泽无才盗；则非但臖君子也，抑小人甚臖。"②不仅缺乏"才相""才史""才将""才士""才民""才工""才商"，而且连"才偷""才驵""才盗"也少有。这种平庸、鄙俗、无人才可言的社会状态令龚自珍激愤和担忧，于是他写下著名诗篇——"九州生气恃风雷，万马齐喑究可哀，我劝天公重抖擞，不拘一格降人才"③。他呼唤社会变革之"风雷"，呼唤创造一种新的"不拘一格"培养和选拔人才的教育制度和取士制度，期盼能培养一大批有个性的多样化人才。

龚自珍由于历史的局限，虽没有提出超越封建传统教育思想的改革观点，但他对传统教育和科举制度的批判和改革主张，具有开晚清一代改革新风的意义，对后来资产阶级维新派也产生了深刻的影响。梁启超曾指出："龚自珍……讥切时政，抵排专制……晚清思想之解放，自珍确与有功焉。光绪间所谓新学家者，大率人人皆经过崇拜龚氏之一时期；初读《定庵文集》，若受其电然。"④

2. 魏源学习西方科学技术的思想

魏源（1794—1857年），湖南邵阳隆回（今湖南邵阳市隆回县）人，名远达，字默深，号良图，进士，曾任知县、知州等，晚年弃官

---

① 《龚自珍全集》，上海人民出版社1975年版，第10页。
② 同上书，第6页。
③ 同上书，第527页。
④ 梁启超：《清代学术概论》，《饮冰室合集》专集第九册，中华书局2011年版。

归隐。魏源是清代启蒙思想家、政治家、文学家，坚决反对西方资本主义列强侵略中国的爱国者，也是近代中国"睁眼看世界"的先行者之一。魏源学识渊博，著述很多，主要有《书古微》《诗古微》《默觚》《老子本义》《元史新编》和《海国图志》等。

魏源在教育方面的主要贡献，除了倡导"经世致用"的学风，批判考据之学和义理之学远离政治、不切实际之外，还主张学习西方先进科学技术，提出了"师夷长技以制夷"的新思想。

魏源是林则徐的好友，推崇林则徐为"睁眼看世界的第一人"，为了抵抗列强的侵略，他与林则徐都主张了解、学习西方的长技。他在林则徐主持编译的《四洲志》的基础上，增补中外资料，编成《海国图志》60卷，后来又扩编为100卷。他在介绍世界主要国家的地理、历史概况和社会现状的同时，明确提出了"师夷长技以制夷"的思想，他在《海国图志》的序言中说：编纂此书的目的在于"以夷攻夷而作，为以夷款夷而作，为师夷长技以制夷而作"。他把学习西方的长技看作"攻夷""款夷""制夷"的重要手段。魏源认为，"夷之长技三：一战舰，二火器，三养兵练兵之法"。[①] 但他反对仅仅注重西方军火，指出："人但知船炮为西夷之长技，而不知西夷之所长不徒船炮也。"[②] 认为除了学习西方船炮之长技之外，还应学习西方的工业和科学技术，并设想将西方的军用技术转化为民用技术，在制造军舰、军火的同时，生产"量天尺、千里镜、龙尾车、风锯、水锯、火轮机、火轮舟、自来火、自转碓、千斤秤之属"[③] 等民用仪器和机械。

魏源不拘泥于夷夏之辨，突破了将西方近代科技知识视为奇技淫巧的保守观念，主张以西方为师，学习其科学技术，这是中国人在思想上由闭关自守转向向西方学习的重要变化。

魏源所编著的《海国图志》对中国近代的改良思想家产生过巨大的影响，梁启超在《中国近三百年学术史》中指出："《海国图志》之

---

① 魏源：《海国图志·筹海篇》，中州古籍出版社1999年版。
② 同上。
③ 同上。

论，实支配百年来之人心，直至今日犹未脱离净尽，则其在中国历史上关系不得谓细也。"

二 太平天国运动对传统教育的冲击

太平天国运动，是中国历史上规模空前的农民革命运动。1850年末至1851年初，由洪秀全、杨秀清、冯云山等人在广西金田村发动对清朝廷的武装起义，后建国号"太平天国"，并于1853年攻下金陵，定都于此，号称天京（今南京）。1864年，太平天国首都天京陷落。1872年太平军的最后一支部队在贵州败亡，太平天国终结。它坚持斗争14年之久，纵横18省，在中国农民起义的历史上，留下了最悲壮的一幕。

太平天国运动具有反帝反封建的性质，它不仅强烈冲击了清王朝的封建统治，在文化教育领域也引起强烈的震动。

太平天国运动对传统文化教育的冲击主要表现在：实施反儒、反封建的文教政策，改革教育和科举制度等。

（一）反儒、反封建的文教政策

太平天国运动借以发动和组织农民的思想武器，是洪秀全等创立的"拜上帝教"教义。此教义是从西方基督教原始教义中吸取了"天下多男人，尽是兄弟之辈；天下多女人，尽是姊妹群"的朴素平等思想，加以改造，描绘了"有田同耕、有饭同吃、有衣同穿、有钱同使，无处不均匀，无人不饱暖"的理想社会。洪秀全认为封建社会的一切罪恶都渊源于孔丘及其学说："推勘妖魔作怪之由，总追究孔丘教人之书多错"[①]，因此，为了实现理想社会，扫除思想障碍，太平天国运动从一开始就把斗争矛头指向了孔子及其儒家思想。

在金田起义之前，洪秀全、冯云山、洪仁玕就在他们任教的私塾里撤除孔子的牌位，以示与传统儒学教育的决裂。金田起义之后，太平天国采取了激烈的批儒文化教育政策，在中国历史上掀起了第一次

---

① 《太平天日》，《太平天国》（2），神州国光社1952年版，第635页。

大规模的反孔运动。

1853年太平天国定都南京后，宣布《四书》和《五经》都是"妖书邪说"，下令"凡一切孔孟诸子百家妖书邪说者尽行焚除，皆不准买卖藏读也，否则问罪也"。① "凡一切妖书如有诵读者，一概皆斩。"② 马寿龄记载了当时太平天国在南京搜书烧书运动的情况："搜得藏书论担挑，行过厕溷随手抛。抛之不及以火烧，烧之不及以水浇。读者斩，受者斩，买者卖者一同斩，书苟满家法必犯，昔用撑肠今破胆。"③ 出现了"敢将孔孟横称妖，经史文章尽日烧"④ 的局面。

太平天国后来对儒家的文化的政策有所改变，对儒家经典不再采用火烧、水浇的粗暴方式，而是成立"删书衙"，对儒家经典进行删改后印行，准民间阅读。1861年颁布《钦定士阶条例》，在所附《劝诫士子文》中声称："孔孟之书不必废，其中合于天情道理亦多。"并让士子们"诵习书史，博览篇章"⑤。

尽管太平天国对儒家文化采取粗暴、幼稚的措施，后期态度有所变化，但它却使儒家斯文扫地、孔子的地位一落千丈，对中国几千年以来的封建文化教育造成巨大的冲击和震撼。

（二）对文字、文风的改革

为了有利于广大群众掌握文化、理解和接受革命道理，太平天国对文字进行了两个方面的改革：一方面，吸收民间常用的简体字作为官方用字，首开了汉字简化之先河。另一方面，仿照西方的做法，在书写、印刷时引入标点符号，便于识读。在文风改革方面，提倡文章

---

① 黄再兴：《诏书盖玺颁行论》，《太平天国》（一），上海人民出版社1957年版，第313页。
② 黄德坚：《贼情汇编》，《太平天国》（三），上海人民出版社1957年版，第232页。
③ 黄再兴：《诏书盖玺颁行论》，《太平天国》（一），上海人民出版社1957年版，第313页。
④ 山曲寄人：《题壁·禁孔孟书》，《太平天国资料丛编简辑》第六册，中华书局1963年版，第388页。
⑤ 陈学恂：《中国近代教育史教学参考资料》（上册），人民教育出版社1986年版，第10页。

要语言朴实，一目了然，要求"文以纪实"，反映现实生活，倡导使用"俗语"，使语言大众化、平民化。

（三）对科举制度的改革

太平天国的领袖们十分重视人才，主要采取出榜招贤和科举考试两种形式争取人才。

太平天国定都南京后，便利用传统的科举考试形式为革命收罗人才，但对科举考试进行了根本性的改革，改革措施主要有：在考试内容上，不再从"四书""五经"中出题，而根据太平天国所颁发各种官方文件出题评卷；在考试对象上，取消对考生门第、出身、籍贯等方面的限制，"无虑布衣、绅士、倡优、隶卒"，均准应考。特别是1853年还曾开设女科，专门选拔女子人才，突破了中国古代科举考试对女性的限制。当时的文人张德坚敏锐地感受到太平天国科举制度改革对儒学的威胁，他说："斯敢废圣籍，虚构妖言，竟以为儒林式，取士之资，欲掩乎孔孟，则斯文之一厄，再见于秦火余烬也。"[①]

（四）对教育的改革

由于当时战争条件的限制，太平天国除了设置育才馆、育才院等儿童教育学校外，尚未开办系统的学校教育，主要实施了临时性的社会教育。在社会教育实践中，推行了普遍教育、平等教育的原则，重视儿童、妇女和群众教育。

在儿童教育方面，太平天国在天京城区"设有育才书院，延师教各官子弟读"。"育才书院"是一种比较正规并主要面向将官子弟的学校。太平天国所占领的城市，也常设立育才馆和义学，对儿童实施教育[②]。儿童学习内容主要是《御制千字文》《三字经》《幼学诗》等自编教材。这类教材吸收了中国传统启蒙教材的韵语形式，以宣传拜上帝教教义和太平天国的政治、伦理思想为主。

在妇女教育方面，太平天国实行男女平等的教育政策，打破了排

[①] 罗尔刚：《太平天国史》，中华书局1991年版，第1268页。
[②] 中国近代史资料丛刊《太平天国》（四），上海人民出版社1957年版，第709、621页。

斥妇女教育的封建教育传统。女童可以参加育才馆等初级学校学习，成年妇女则可像男子一样，凡礼拜日，到礼拜堂听讲道理，体现了对妇女受教育权的尊重。

在群众教育方面，主要采取两种形式：一是在"两司马"礼拜堂听讲；二是群众集会。太平天国的纲领性文件《天朝田亩制度》规定："凡二十五家中设国库一，礼拜堂一，两司马居之……其二十五家中童子俱日至礼拜堂，两司马教读《旧遗诏书》《新遗诏书》及《真命诏旨书》焉。凡礼拜日，伍长各率男妇至礼拜堂，分别男女行，听讲道理，颂赞祭奠天父上主皇上帝焉。"[1] 这里所说的"两司马"，由25家组成，是太平天国的基层政权组织。每个"两司马"都设立一座储存粮食的国库和一座礼拜堂，由两司马领导。两司马实际上是一个集军政头领、教师、教士等角色于一身的基层组织负责人。按《天朝田亩制度》的规定，儿童全天都要到礼拜堂学习；而成年人不分男女，每逢礼拜日都要去礼拜堂听讲道理。除去礼拜堂外，集会也是群众教育的重要形式之一。据当时人记载："每二十五家设一礼拜堂（天厅）。每礼拜日，师帅、旅帅、卒长更番至其所统辖的两司马礼拜堂中去讲道巡察。全体士兵人民、妇女婴孩，每月聚会一次，于旷地搭起天篷，建立讲坛，听取王或官长的讲道，其内容系关于纪律、军事、民事和社会问题。"[2]

值得注意的是，太平天国打破了传统教育忽视科技教育的传统，比较重视科技知识的教育。特别是1859年，洪仁玕总理朝政以后，撰写了《资政新篇》，大力提倡学习西方资本主义国家的先进科学技术，主张用西方的科学技术"开人蒙蔽以慰其心，广人之智慧以善其行"，认为"火船、火车、钟表、电火精、寒暑表、风雨表、日晷表、千里镜、量天尺、连环枪、天球、地球等物，皆有夺造化之巧，足以广闻见之精，此正正堂堂之技"[3]，应当列入教育内容。洪仁玕的教育改革

---

[1] 《太平天国》（一），上海人民出版社1957年版，第322页。
[2] 呤唎：《太平天国革命亲历记》上册，上海人民出版社1997年版，第256—257页。
[3] 中国近代史资料丛刊《太平天国》（二），上海人民出版社1957年版，第526页。

主张虽未能实行，但对中国近代教育的发展有一定启迪作用。

总之，虽然太平天国的教育还处在初创时期，未完全摆脱封建教育的羁绊，也有不少迷信成分，但它批判儒家思想、推行教育平等的原则，重视妇女教育与科技教育，这些大胆地改革尝试，对传统教育的终结和近代教育的产生都具有一定的促进作用。

三 教会学校的兴办

教会学校是西方资本主义列强推行殖民扩张的产物，它产生于19世纪初，初步兴起于两次鸦片战争期间，19世纪70年代末以后进入较大发展时期。19世纪末，马礼逊等人创建"英华书院"是西方人在中国建立第一所教会学校。两次鸦片战争期间，蜂拥而来的西方传教士纷纷在广州、福州、厦门、宁波、上海等通商口岸开始兴办学校；第二次鸦片战争之后，教会学校向中国内地发展；19世纪70年代末以后，在华的基督教传教士先后成立了"学校与教科书委员会"和"中华教育会"，促进了教会学校向制度化、规范化、高层次发展。这就是教会学校发展大致轨迹。

（一）教会学校的尝试

西方在中国的教会学校产生于19世纪初。马礼逊（Robert Morriso，1782—1834年）是历史记载的"第一个踏上中华帝国的新教徒"，也是在华创办教会学校的第一人。他受基督教新教伦敦会的派遣，于1807年来到澳门，然后进入广州。在华期间，马礼逊苦学汉语，熟读儒家典籍，成为一代汉学大师。鉴于清廷的传教禁令，他将传教重点暂时放在南洋一带的华人身上，然后徐图向中国大陆发展。1818年，为了扩大教会的影响，马礼逊与伦敦会派遣另一名传教士米怜（1785—1822年）在马六甲开办了一所教会学校，定名为英华书院（The Anglo-Chinese College），米怜任院长，马礼逊任校监。书院涵盖中学、小学，以中、英文交互进行教学。书院初创时期，学生很少，1818年仅7人，1839年才达到70人的规模。第一次鸦片战争后，英国强占了香港。1843年，英华书院正式迁往香港，1844年更名为英华神学院（Anglo-Chinese the logical Seminary），1856年停办。可以说，马礼逊是西方传教士在中国开办教会学校的先驱，英华书院是教会学校的早期尝试。

1834年8月1日，马礼逊因积劳成疾，病逝于广州。为了纪念马礼逊，1839年11月，英美传教士在澳门正式开设马礼逊学校，由美国人布朗（1810—1880年）主持并任教师。1842年11月，马礼逊学校迁往香港，成为香港开埠后的第一所学校。开设课程有宗教、中文、英文、天文、地利、历史、算术、代数、几何、初等机械学、生理学、化学、音乐，以及儒家经典《易经》《诗经》《书经》等。1850年马礼逊学校因故停办。在马礼逊学校接受教育的学生中，日后知名的有容闳、黄宽、黄胜等人，其中容闳对中国近代教育的影响最大。

马礼逊学校是中国境内第一所正规的新教教会学校，在当时具有示范意义。

西方传教士之所以热衷于开办学校，就在于他们认为教育对中国的影响比"迄今为止任何陆海军力量，比最繁荣的商业刺激，比其他一切手段的联合行动效果都显著"[①]。由此可见他们办学的目的具有文化教育侵略的性质。

（二）教会学校的兴起

鸦片战争期间，西方列强通过强迫清政府签订《中英南京条约》《中美望厦条约》《中法黄埔条约》等获得了在中国建教堂、传教、办医院、办学校的特权，使教会学校得到较大发展。

教会学校的兴起大体经历了两个阶段。第一阶段是两次鸦片战争时期，教会学校在广州、福州、厦门、宁波、上海等通商口岸兴起。到1860年，天主教耶稣会在江南一带已发展教徒7.7万余人，有传教据点400余处、传教士约50人、天主教小学90所[②]；基督教传教士约100人，教徒约2000人[③]，设于"五口"的基督教新教小学就达50

---

① 顾长声：《传教士与近代中国》，上海人民出版社1982年版，第40页。
② 同上书，第107页。
③ 同上书，第117页。

所、学生 1000 余人。

这一阶段的教会学校集中在五个开放通商的沿海城市和香港。大多附设于教堂，规模小，开始时一般不满 10 人，有的只有两三个学生；程度低，绝大多数是相当小学程度的学塾。招生对象以贫苦人家的孩子为主，也有一些教徒子弟和无家可归的难童。为吸引学生，早期教会学校多免收学费和膳食费，甚至还提供衣服和路费等。尽管如此，教会学校一开始就引起了中国人民的猜疑与抵制，导致其招生困难，特别是女校招生十分困难。

第二阶段是第二次鸦片战争后至 19 世纪 70 年代末，教会学校在中国内地初步发展时期。这一阶段教会学校的数量迅速增加，由 20 世纪 60 年代初的不足 200 所，发展到 1876 年的大约 800 所，学生人数达到 2 万人左右。[①] 但多数教会学校仍停留在初等教育的层次。

（三）教会学校的发展

19 世纪后期，教会学校进入向制度化和高层次发展时期。教会学校的发展有两个标志性事件：一是基督教"学校与教科书委员会"的成立；二是"中华教育会"的成立。

在华基督教势力为了协调不同国家所派遣的传教士的传教活动，加强教会学校之间的联系与交流，于 1877 年 5 月，在上海举行了有 126 名基督教传教士参加的第一次传教士大会。大会交流办学的经验，并为适应教会学校的发展，规范教会学校的教学内容，决定成立"学校与教科书委员会"（School and Textbook Series Committee），当时中文名称为"益智书会"。这是近代第一个在华基督教教会的联合组织。委员会成立后，决定编写初、高级两套中文教材，其科目包括：(1) 初级和高级的教义问答手册；(2) 算术、几何、代数、测量学、物理学、天文学；(3) 地质学、矿物学、化学、植物学、动物学、解剖学和生理学；(4) 自然地理、政治地理、宗教地理和自然史；(5) 古代史纲要、现代史纲要、中国史、英国史、美国史；(6) 西方工

---

① 陈景磐：《中国近代教育史》，人民教育出版社 1983 年版，第 65 页。

业；（7）语言、文法、逻辑、心理哲学、伦理科学和政治经济学；（8）声乐、器乐和绘画以及各类教学用图、教学艺术等。①

"学校与教科书委员会"编写的教材除供应教会学校使用外，还向传教区的私塾赠送教材，既加强了教会学校的教材建设，又促进了与中国教育的交流。

1890年5月7日至20日，第二次"在华基督教传教士大会"在上海召开，将1877年成立的"学校与教科书委员会"改组为"中华教育会"（The Educational Association of China），并通过了《中华教育会章程》。

中华教育会标榜"以提高对中国教育之兴趣，促进教学人员友好合作为宗旨"，对整个在华基督教教育进行指导。中华教育会，后来实际上成为中国基督教教会教育的最高领导机构，对当时教会学校的发展产生过较大影响。

"学校与教科书委员会"和"中华教育会"成立之后，基督教教会学校改变了过去各自为政的状态，加速了教会学校的制度化、规范化建设，促进了办学层次和教学质量的提高。

到19世纪末，教会学校总数增加到2000所左右，学生人数增加到4万人以上。办学层次有了较大提高，其中中等学校占教会学校总数的10%，很多学校在中学的基础上发展了大学班级。大学生总数虽不到200人，但表明教会大学在逐渐形成之中。②

这一时期设立的教会学校，其比较著名的有：

1864年：美长老会狄考文在山东登州创办蒙养馆（后改为登州文会馆，即齐鲁大学前身）；

1867年：公理会在通州设立潞河书院（后发展为华北协和大学，并进而发展为燕京大学）；

1879年：圣公会教士施约瑟将1865年设立的培雅书院和1866年

---

① 朱有瓛、高时良：《中国近代学制史料》（第四辑），华东师范大学出版社1993年版，第33—34页。

② 顾长声：《传教士与近代中国》，上海人民出版社1981年版，第228页。

设立的度恩书院合并为圣约翰书院（后发展为上海圣约翰大学）；

1882年：监理会林乐知在上海设立中西书院（后与苏州的博习书院等合并，发展为东吴大学）；

1885年：美长老会在广州设立格致书院（后发展为岭南大学）；

1888年：美以美会在南京创办汇文书院（后发展为金陵大学）。[①]

这一时期，多数教会学校，特别是位于沿海通商口岸的教会学校，已不再免费招收穷苦人家的孩子，而是吸收富裕家庭的子弟，收取较高的学费，注重获取办学的经济利益。

（四）教会学校的性质和影响

教会学校历来具有两重性。一方面，教会学校是西方列强以武力开道，以不平等条约为保护伞，企图用基督教征服世界，带有强烈的殖民性质。两次鸦片战争之后，教会学校的大量存在，是近代中国半殖民地的国家地位在教育领域的反映。教育主权是国家主权的一部分，外国列强逼迫清政府向西方开放教育的权利，正是中国教育主权不能独立的表现。另一方面，教会学校同时既是中西教育交流的重要途径，也是中国传统教育向近代教育过渡的促进因素。19世纪后期的教会学校普遍开设宗教、外语、西学、儒学经典等课程；除宗教课程外，教会学校的课程设置和洋务学堂并无显著差别，特别是开设的数学、物理、化学、天文、地理等"西学"课程都是当时中国人亟须了解的近代自然科学知识。教会学校的广泛设立，无疑加速了西学在中国的传播进程。教会学校所采用的教学体制、课程规划、教学方法、考试制度都具有近代教育的特征，比较先进，在客观上为中国人带来了新的教育理念和方法；教会学校的办学模式为中国近代提供了开办"洋学堂"的办学样本。教会学校毕业生也是清末中国创办新式学堂所亟须的懂"西学"的新式教师的重要来源，从这个意义上讲，教会学校在客观上是促进中国传统教育向近代教育过渡的重要因素。

---

① 熊月之：《西学东渐与晚清社会》，上海人民出版社1994年版，第291—292页。

四 洋务运动时期的教育

洋务运动，旧称"同光新政"（同治、光绪年间的新政），或"自强新政"，是指1861年（咸丰十年底开始）至1894年，清朝政府内的洋务派官僚所掀起的与西方资本主义有密切联系的军事、政治、经济、文教等方面的改良运动。1861年1月，清政府批准设立"总理各国事务衙门"，标志着洋务运动的开始。1894年，中国在甲午战争中惨败，标志着洋务运动以失败而告终。

洋务运动以奕䜣、文祥、曾国藩、左宗棠、李鸿章、张之洞等人为代表，历时30多年，它以"自强""求富"为目标，以"练兵制器"和开办近代军事工业、民营工矿企业、运输业等经济活动为中心，以"剿发（指太平天国）捻（指捻军），勤远略"为"救时第一要务"（曾国藩语），在本质上是封建统治阶级的一种自救运动。

在教育方面，洋务派以"中学为体，西学为用"为指导思想，举办的一批新式学堂，开展了向西方派遣留学生，虽没有从根本上变革中国的传统教育，但在客观上为中国教育打开了一扇通向近代化的大门，在中国教育近代转型的过程中，起到了开拓性的作用。

（一）兴办新式学堂

兴办新式学堂是洋务运动的重要组成部分，其目的在于培养洋务活动所需要的翻译、外交、水陆军事、工程技术等多方面的专门人才。1862年，清政府在北京开办了第一所新式学堂——"京师同文馆"，它是中国近代教育的历史开端。此后洋务教育大致经历了从开办外国语学堂发展到兴办学习西方军事技术与科学技术学堂，再到派遣留学生到国外求学的发展轨迹。在30多年间，洋务派创办了30余所新式学堂，这些学校大致上可以分为三类：外国语学堂、军事学堂和技术学堂。

1. 外国语学堂

外国语学堂，旧称"方言"学堂，是洋务运动时期开办的专门培养亟须的翻译人才、外交人才的新式学堂。外国语性质的学堂主要有：

京师同文馆，1862年，由恭亲王奕訢奏请设立于北京，1866年后发展为综合性学校，是清末最早的"洋务学堂"。中国近代教育肇始于此；

上海广方言馆，1863年，由江苏巡抚李鸿章奏请设立于上海；

广州同文馆，1864年，由广州将军瑞麟等奏请设立于广州；

新疆俄文馆，1887年，由巡抚刘襄勤奏请在新疆设立；

台湾西学馆，1888年，由巡抚刘铭传奏请在台湾设立的；

珲春俄文馆，1889年，由吉林将军长顺奏请设立于吉林珲春；

湖北自强学堂，1893年，由湖广总督张之洞奏请设立于湖北武昌。

2. 军事学堂

军事学堂，旧称"武备"学堂，是洋务运动时期培养海军、陆军军官和军事工程人才的学校。洋务派开办的军事学堂主要有：

福建船政学堂，1866年，由闽浙总督左宗棠奏请在福州船政局附设船政学堂，是中国近代第一所海军学校；

上海江南制造局操炮学堂，1874年，附设立于上海江南制造局内；

天津水师学堂，也称北洋水师学堂，1881年，由直隶总督李鸿章奏请设立于天津；

实学馆及广东水陆师学堂，1882年，由两任两广总督刘坤一、张树声等人奏请筹划建于广州黄埔设立实学馆；1844年张之洞接任两广总督，将"实学馆"改为"广东水陆师学堂"；

广州黄埔水雷学堂，1884年，两广总督张之洞奏请设立于广州；1904年并入广东水陆师学堂；

天津武备学堂，1885年，由李鸿章奏请设立于天津，是我国近代设立的第一所陆军军官学校，北洋军阀将领段祺瑞、冯国璋、曹锟、王士珍、段芝贵、吴佩孚等曾在该堂肄业；

北京昆明湖水师学堂，1886年，由总理海军衙门大臣醇亲王奕譞

(xuan) 奏请设立于北京昆明湖边；

山东威海卫水师学堂，1890 年，由北洋海军提督丁汝昌奏请在威海卫刘公岛设立的；

江南水师学堂，亦称南洋水师学堂，1890 年，由两江总督兼南洋大臣曾国荃奏请设立于南京下关，辛亥革命后停办；

旅顺口鱼雷学堂，1890 年，由北洋舰队设立于辽宁大连，甲午战争后停办；

山东烟台海军学堂，1894 年，由北洋大臣李鸿章奏请设立于山东烟台；

江南陆师学堂，1896 年，由两江总督张之洞奏请设立于南京，1909 年停办；

直隶武备学堂，又称新建陆军行营武备学堂。1896 年，由直隶按察使督练新建陆军袁世凯奏请设立于天津；

湖北武备学堂，1896 年，由湖广总督张之洞奏请设立于武昌。

3. 技术实业学堂

洋务派兴办的机械、电报、采矿、医学、铁路等技术学堂，主要有：

江南制造局机械学堂，1865 年，上海江南制造局成立的附设学堂；

福州电报学堂，1876 年，由福建巡抚丁日昌奏请在福建船政学堂附设的培训电报技术人员的学校，这是我国最早的电报学堂；

天津电报学堂，1880 年 9 月，由李鸿章奏请设立于天津；

上海电报学堂，1882 年，设立于上海，规模较大；

天津西医学堂，又称天津海军医学校。1893 年，李鸿章在 1881 年设立的"总督医院附属医学校"的基础上扩建而成的，它是我国近代最早的官办西医学堂；

湖北矿务局采矿工程学堂，1892 年，湖北矿务局附设工程学堂；

山海关铁路学堂，1895 年由津榆铁路公司在山海关创办，1900 年义和团运动后解散，这是我国最早的铁路学堂；

南京储才学堂，1896年2月，两江总督张之洞在南京创办的学校。1898年，继任两江总督刘坤一将其改名为江南高等学堂，后更名为南京格致书院。

在上述洋务学堂中，京师同文馆是中国近代新式学堂的历史开端，福建船政学堂是办得最有成效的一所，历来受人注目。

4. 京师同文馆与福建船政学堂

（1）京师同文馆

鸦片战争后，亟须培养熟悉西方语言文字、能与西方列强打交道的人才，以便"不受人欺蒙"，这是京师同文馆等外语学校兴起的大背景；而英法等西方列强推行语言霸权政策则是开办外语学堂的直接原因。第二次鸦片战争后，英法逼迫清政府签订的《天津条约》中明文规定，在以后交涉中只使用英文和法文，交涉文件停止附中文。这一语言歧视性规定迫使清政府不得不开办外语学校。

1861年1月，奕䜣等人奏请在总理各国事务衙门下设立外语学馆。1862年6月，学馆正式上课，定名为同文馆。开办之初，只是专修英文的学校，第二年才添设了俄文馆和法文馆，各馆学生均为10名，学生只限招收十三四岁以下的八旗子弟。

1866年12月，为了学习洋人制造机器、火器，"从根本上用着实功夫"[1]，奕䜣奏请在同文馆增设天文、算学馆，朝野震动，引发了中国近代史上关于教育改革问题的第一场大争论。以山东监察御史张盛藻及同治皇帝的师傅、大学士倭仁等为代表的保守派极力反对增设天文、算学馆。倭仁提出"立国之道，尚礼义不尚权谋；根本之图，在人心不在技艺"的观点，指责学习西方科学技术，就是"求一艺之末，而又奉夷人为师"，会导致"正气为之不申，邪气因而弥炽，数年以后，不尽趋中国之众咸归于夷不止"[2]。在朝廷的干预下，虽暂时平息了这场争论，但因受保守派的负面影响，1867年6月，天文、算

---

[1] 中国史学会：《洋务运动》（二），上海人民出版社1961年版，第22页。
[2] 高时良：《中国近代教育史资料汇编·洋务运动时期教育》，上海教育出版社1992年版，第9页。

学馆的招生结果很不理想，仅招到合格生10名，被并入英、法、俄文馆。所谓天文、算学馆名存实亡。

1869年11月，聘请美国传教士丁韪良为京师同文馆总教习，他采取了一些改革措施，逐渐丰富了同文馆的教学内容。1876年，正式规定除外语外，学生还要学习数学、物理、化学、天文测算、万国公法、各国历史、地理等课程，同文馆发展成为一所以外语教学为主、兼习各门"西学"的综合性学校。后来又陆续添设翻译处、天文台、格致馆、东文（日文）馆。

京师同文馆的教师称为"教习"，按职责可分为总教习、教习和副教习。同文馆由总理各国事务衙门直接管理，校内最初并无专任长官。后来聘丁韪良为总教习，总揽全馆教务近30年。教习（教师）多数为外国传教士，至1898年底，同文馆先后共聘请86名中外教习。其中外国人50余名，担任外语及自然科学方面的教学任务；中国学者30余名，担任汉文、算学等方面的教学任务。副教习协助教习的教学工作，一般都是从优秀的高年级学生中挑选，他们仍为学生。

同文馆最初只招收八旗子弟，后来招生范围扩大，凡15岁以上、20岁以下文理通顺者，不分满汉，皆可报考；具备一定天文、算学和外文基础者，不限年龄。学堂规模不大，1887年学生最多时仅有120人。

学习期限，最初定为3年毕业，到1876年分为两种：一种是8年制，除学习外语外，还要学数学、天文、机械、化学等自然科学课程；另一种是5年制，是为那些年龄偏大，"汉文熟谙，资质聪慧者"安排的学制，不学习外语只借助译本来学习数学、物理、化学、天文等自然科学课程。

1902年，京师同文馆并入1898年成立的京师大学堂。

京师同文馆办学40多年，虽规模不大，但从它是中国开办的第一所洋务学堂、中国近代教育的开端和开办之初曾引起朝野关注与争论的影响来看，京师同文馆无疑在中国近代教育史上具有重要意义。

(2) 福建船政学堂

福建船政学堂，又称"求是堂艺局""福州船政学堂"。1866年由闽浙总督左宗棠奏请创办的中国近代第一所海军学校。

左宗棠十分重视创办学校，学习和推广西方科学技术，他说："习造轮船，非为造轮船，欲尽其制造驾驶之术耳；非徒一二人能制造驾驶也，欲广其传使中国才艺日进，制造、驾驶辗转授受，传习无穷耳。故必开艺局，选少年颖悟子弟习其语言文字，诵其书，通其算学，而后西法可衍于中国。"[1] 正是在这种思想的指导下，1866年左宗棠奏请创办了福建船政学堂。学堂学生"均民间十余岁粗解文义子弟"[2]，主要从闽、粤、浙、沪等地招来16岁以下的学生。福建船政学堂分为前学堂、后学堂两部分。

前学堂，先后设立造船、设计两个专业。

造船专业：学制五年，主要学习法文、算术、代数、画法几何、解析几何、三角、微积分、物理和力学等课程，并设立蒸汽机制造和船体制造等实习课。

设计专业（绘画院）：1868年添设，学制三年左右，主要学习法文、算术、平面几何、画法几何、微积分、透视原理以及蒸汽机结构等课程，熟悉各种轮机和工具的细节。

此外，前学堂于1868年2月还开办了学徒班（艺圃），学制3年左右，学徒从船政局各生产部门招收的15—18岁"有膂力悟性"的青年工人，实行半工半读，开了中国近代职工在职教育的先河。

因当时法国造船技术最先进，前学堂的教习多由法国人担任。

后学堂，设立驾驶和轮机两个专业。

驾驶专业：学制5年，前3年学习理论，后两年进行航海实践。据驾驶专业首届毕业生严复的回忆，所学课程主要有："英文、算术、几何、代数、解析几何、割锥、平三角、弧三角、代积微、动静重学、

---

[1] 中国史学会：《洋务运动》（五），上海人民出版社1961年版，第28页。
[2] 同上。

水重学、电磁学、光学、音乐、热学、化学、地质学、天文学、航海术等。"①

轮机专业：基本课程设有英语、算术、几何、制图、发动机绘制、海上操纵轮机规则及仪器、仪表的使用方法等课程；学生主要招收香港、上海有实践经验的青年工人，目标是培养高级轮机人员。

因当时英国的航海技术最先进，后学堂多以英国人担任教习。

福建船政学堂十分重视教育质量，实行了严格考试和淘汰制度。规定"每三个月考试一次，由洋员分别等级……三次连考三等者斥出"②。如造船专业首届学生105人，毕业时仅剩39名，其中除6名死亡外，60名学生由于各种原因被淘汰，淘汰率在60%以上。

1872年前后，是福建船政学堂的兴盛期，在校的学生和艺徒达到300余人。1913年，前学堂改组为福州制造学校；后学堂改组为福州海军学校，直属民国政府海军部；"艺圃"改组为艺术学校。

福建船政学堂是洋务学堂中持续时间最久的、办学成效最好的一所新式学校，从1867年开办，到1913年改组，历时近半个世纪，共培养造船、驾驶和轮机等专业人才637人，为近代中国培养了第一代轮船设计制造人才和第一代轮船驾驶人才，其中北洋水师有11艘舰的管带是福建船政学堂的毕业生，被誉为"近代中国海军人才摇篮"。

(二) 洋务留学教育

派遣留学生也是洋务运动的重要组成部分，在中国近代教育发展史上占有重要的地位。19世纪70年代初，曾国藩等洋务派在创办新式学堂的实践中，体会到在国内难以培育出"通达洋情"、掌握西学的高级专门人才；不走出国门，去西方学习，"则本源无由洞澈，而曲折无以自明"③，于是便决定向国外派遣留学。

洋务留学教育主要包括派遣幼童留美和派遣留欧学生的两大举措。

---

① 王栻主编：《严复集》第51册，中华书局1986年版，第1546页。
② 中国史学会：《洋务运动》（五），上海人民出版社1961年版，第29页。
③ 中国史学会：《洋务运动》（二），上海人民出版社1961年版，第164页。

1. 派遣幼童留美

中国近代留学教育的倡导者是容闳。容闳（1828—1912年），字达萌，号纯甫，广东香山人。容闳曾是马礼逊学校最早招收的两个学生之一，也是由教会资助的中国第一批留美学生（3人）之一。1854年，容闳毕业于耶鲁大学，获学士学位，成为第一个"毕业于美国第一等之大学"的中国人。1870年，容闳向曾国藩提出派遣留学生的计划。计划包括派遣留学生的目的、派遣的方法、留学生管理措施及经费来源等内容："政府宜选派颖秀青年，送之出洋留学，以为国家储蓄人才。派遣之法，初次可先定一百二十名学额以试行之。此百二十人中，又分为四批，按年递派，每年派送三十人。留学期限定为十五年。学生年龄，须以十二岁至十四岁为度。视第一、第二批学生出洋留学卓有成效，则以后即永为定例，每年派出此数。派出时并须以汉文教习同住，庶幼年学生在美，仍可兼习汉文。至学生在外国膳宿入学等事，当另设留学生监督二人以管理之。此项留学经费，可于上海关税项下，提拨数成以充之。"①

容闳的计划得到曾国藩、李鸿章的赞许，1872年，清政府批准了派遣留学生计划。后又经各方函商和总理衙门复议，确定了最终方案和有关事宜，并任命刑部候补主事陈兰彬、容闳为赴美留学正、副监督委员驻美负责管理幼童留学。

1872年8月11日（同治十一年七月八日），詹天佑等第一期30名学生经上海预备学校培训后，在监督陈兰彬带领下从上海出发赴美。1873年6月、1874年11月、1875年10月第二、三、四期各30名学生也按计划出发。其中，第二批、第四批还有7名和3名自费留学生。

学生到美国后，英文基础较好的学生直接进入美国学校，不合格者在教师家中接受个别补习。学生一般根据各自的情况先进入小学不同的年级，而后由中学至大学。学生由留美事务所管理，每逢假期要到事务所补习中文。

---

① 容闳：《西学东渐记》，湖南人民出版社1981年版，第86—87页。

留学幼童勤奋好学，成绩优异，赢得了中外人士的赞誉。但他们却没有按计划完成学业而被中途撤回。撤回幼童的主要原因在于：这些十几岁的少年在美国学习，不可避免地会受到美国人的价值观和行为方式的影响，在思想观念和行为方式上出现了清朝保守势力不能容忍的变化。后来担任正监督的吴子登禀告朝廷说："学生在美国，专好学美国人为运动游戏之事，读书时少而游戏时多；或且效尤美人，入各种秘密社会，此种社会有为宗教者，有为政治者，要皆有不正当之行为；坐是之故，学生绝无敬师之礼，对于新监督之训言，若东风之过耳；又因为习耶教科学，或入星期学校，故学生已多半入耶稣教；此等学生，若更令其久居美国，必致全失其爱国之心，他日纵能学成回国，非特无益于国家，亦且有害于社会；欲为中国国家谋幸福计，当从速解散留学事务所，撤回留美学生，能早一日施行，即国家早获一日之福。"[①] 在他眼里，这些留学生离经叛道，长此以往，"非特无益于国家，亦且有害于社会"。因此，他主张尽快撤回。吴子登等人的激烈反映，引起清政府高层的关注与争论。此外，当时美国出现了排华浪潮，助长了撤退留学生的声浪。这些因素促使清政府于1881年7月做出了全数撤回留美学生的决定。这些留美学生分三批凄然回国，除詹天佑、欧阳赓两人获学士学位外，大多数学业半途而废。

然而，即使这些未完成学业的留学生，后来仍然成为近代中国科技、实业和管理等领域的一支重要力量。如铁路工程师詹天佑、开滦煤矿矿冶工程师吴仰曾、北洋大学校长蔡绍基、清华学校校长唐国安等人为中国铁路、矿山、高等教育的发展作出了重要的贡献。

2. 派遣留欧学生

留欧学生的派遣始于船政大臣沈葆桢的建议，并以福建船政学堂的学生为主。

---

① 容闳：《西学东渐记》，湖南人民出版社1981年版，第104页。

1873年12月，外国技术人员和教师按合同即将期满回国，为了使福建船政局继续发展下去，于是沈葆桢正式向朝廷提出派遣福建船政学堂学生赴欧洲留学的建议。这一建议得到李鸿章的赞许，并于1876年上奏朝廷，得到清廷批准。

1875年初，沈葆桢奏准选派福建船政学堂学生5人赴欧洲考察，并留2人在法国学习。可以说，此为近代中国官派留欧学生的前导。1876年，北洋大臣李鸿章奏准派遣武弁卞长胜、王得胜等7人赴德国学习军事，这是中国近代最早的陆军留欧学生。

1877年3月31日，中国近代第一批正式派遣的留欧学生在监督李凤苞、日意格的带领下出发赴欧。其中福建船政学堂前学堂学生12人，制造艺徒裘国安等4名，赴法国学习制造；后学堂学生12人，赴英国、西班牙等国学习驾驶。规定在洋期限均为三年。他们是清政府公派的"第一届留欧生"。

1881年底清政府又选派福建船政学堂学生10名分赴英、法、德三国，学习营造、枪炮、火药、轮机、驾驶、鱼雷等，年限为三年，这是第二届留欧学生。

1886年，由船政大臣裴荫森奏请，从福建船政后学堂中选取24名学生和从北洋（天津）水师学堂中选取10名学生，赴欧洲学习驾驶和制造技术。驾驶留学期限为三年，制造为六年。此为第三届留欧学生。

这三届留欧学生，从1879年起陆续学成归国。他们有些人成为造船的技术骨干，把中国近代军舰制造技术推进到一个新水平；有些人则成长为近代海军的重要将领，如甲午海战中北洋舰队的12艘主力舰的管带，有一半以上是留欧学生。民国成立后，刘冠雄、萨镇冰、李鼎新等留欧学生先后出任海军总长。有些人成为海军教习，例如严复、蒋超英等为中国近代海军教育作出了重要贡献。尤其是严复，担任北洋水师学堂总教习达20余年，并翻译英国生物学家赫胥黎的《天演论》，宣传进化论和天赋人权思想，影响深远。这些留欧学生除成为海军人才外，有些则成为中国近代第一代实业人才，在近代工业发展中也有建树。

派遣留欧学生的成效比较显著，是因为沈葆桢、李鸿章等吸取了幼童留美的经验教训，在挑选留学生时把关比较严格，学生必须通过英语和专业基础考试；年龄多在20岁左右；并对留欧学生的课程设置、实习安排、学习目标都有具体、明确的要求和检查措施。

洋务留学教育虽然规模小、人数少，但它首开了中国政府向外公派留学生的先河，是中国向西方学习先进的科学技术所采取的重要举措，为促进中国教育近代化转型作出了一定的贡献。

（三）张之洞与"中学为体，西学为用"

"中学"与"西学"都是在鸦片战争之后特定历史条件下产生的概念。中学是指中国传统文化，尤指儒家的纲常名教；西学则指西方文化，主要内容是近代科学技术。

"中学为体，西学为用"（简称"中体西用"）是洋务派关于中西文化关系的核心命题，也是洋务教育的指导思想。张之洞是洋务运动后期的著名代表，也是"中体西用"思想的系统阐发者。

1. "中体西用"思想的演变

如果说，在鸦片战争时期，开始觉醒的中国人只是提出了"师夷之长技"的问题，那么，到了洋务运动时期，中国人则必须回答如何学习"西学"和如何处理"中学"与"西学"的关系问题。洋务派对这个时代课题的答案是："中学为体，西学为用"。这个命题既反映了洋务派主张移植"西学"、学习"西学"的愿望，又体现了洋务派维护封建文化与体制的根本立场。

"中体西用"命题有一个逐渐形成的过程。1861年，林则徐的高足冯桂芬在《校邠庐抗议》中写道："如以中国之伦常名教为原本，辅以诸国富强之术，不更善之善者哉？"[①] 可以说，冯桂芬已经提出了"中体西用"思想的雏形。此后，经王韬、薛福成、郑观应等人的阐

---

① 冯桂芬：《校邠庐抗议·采西学议》，上海书店出版社2002年版，第48页。

释发挥,"中学"与"西学"作为对应之词被屡屡并用,而前者为体、道、本,后者为用、器、末的主从关系也形乎其辞。① 到了19世纪90年代中叶,"中体西用"命题日益明晰。1896年4月,沈寿康在《万国公报》上发表题为《匡时策》的文章中说:"中西学问本自互有得失,为华人计,宜以中学为体,西学为用。"他较早地提出了"中学为体,西学为用"的"中体西用"说。② 同年8月,孙家鼎在《遵议开办京师大学堂折》中说:"今中国创立京师大学堂,自应以中学为主,西学为辅,中学为体,西学为用,中学有未备者,以西学补之,中学有失传者,以西学还之,以中学包罗西学,不能以西学凌驾中学,此是立学宗旨。"③ 他把"中体西用"作为创立京师大学堂的根本指导思想。1898年,张之洞在《劝学篇》中,对"中体西用"的主旨进行了全面系统地阐述,使这一命题成为"举国以为至言"的思想体系。

2. 张之洞对"中体西用"思想的集中阐述

张之洞(1837—1909年),直隶南皮(今河北南皮县)人,字孝达,号香涛,晚号抱冰,死后谥号文襄。张之洞出身官宦之家,27岁时,以一甲第三名中进士,任翰林院编修。曾任湖北学政、国子监司业、礼部侍郎、山西巡抚。后来先后任两广总督,湖广总督,两江总督,军机大臣等职。他是晚期洋务派的主要代表,热心教育,曾创办湖北自强学堂(1893年)、湖北武备学堂(1896年)、南京储才学堂(1896年)等新式学堂和广雅书院(1888年)、两湖书院(1890年),撰写了著名的《劝学篇》一书,对清末的教育思想和教育实践都产生过重要影响。

1895年清政府在甲午战争中被日本战败,民族危机日益严重。而当时,"士大夫顽固益深",康有为、梁启超等维新派的变法思想"遂

---

① 薛化元:《晚清"中体西用"思想论:1861—1900》,台湾弘文出版社1987年版。
② 陈旭麓:《论"中体西用"》,《历史研究》1985年第10期。
③ 陈学恂:《中国近代教育史教学参考资料》(上册),人民教育出版社1986年版,第413页。

张"，面对这种局面，张之洞既反对顽固派"因噎而食废""不知通则无应敌制变之术"；又指责维新派"不知本""有菲薄名教之心"。他说："旧者因噎而食废，新者岐多而羊亡；旧者不知通，新者不知本。不知通则无应敌制变之术，不知本则有菲薄名教之心。"① 他试图在顽固派和维新派之间走一条中间道路——"会通中西，权衡新旧"，为当时的中国提供改革的指导思想，于是在1898年著成了《劝学篇》一书。此书深得慈禧太后和光绪帝的赏识，下令军机处发给各省督抚学政各一部，广为刊布。此书"挟朝廷之力以行之，不胫而遍于海内"，成为晚清的政治纲领和文化教育的指导思想。

《劝学篇》共24篇4万余字，分内篇和外篇。"内篇务本，以正人心；外篇务通，以开风气。"② 而全书的核心在于全面阐述了"旧学为体，新学为用"的思想。

"旧学"是张之洞对"中学"的称谓，"新学"则是他对"西学"的称呼。

张之洞将"中学"界定为："四书五经，中国史事、政书、地图为旧学"③，包括经、史、子、集等内容。他认为"三纲五常"是"中学"的根本，"五伦之要，百行之原，相传数千年更无异义。圣人所以为圣人，中国所以为中国，实在于此"。"中国神圣相传之至教，礼政之原本，人禽之大防"，因此必须坚持。他反对维新派废除"三纲"、提倡民权、男女平权的主张，他说："近日微闻海滨洋界，有公然创废三纲之意者，其意欲举世放恣黩乱而后快，怵心骇耳，无过于斯"；只有维护"三纲"才能消弭民权平权之说："故知君臣之纲，则民权之说不可行也；知父子之纲，则父子同罪免丧废祭祀之说不可行也；知夫妇之纲，则男女平权之说不可行也。"④

张之洞将"西学"界定为："西政、西艺、西史为新学"。也就是

---

① 张之洞：《张文襄公全集》（四），中国书店1990年版，第544页。
② 张之洞：《劝学篇·序》，吉林出版集团2010年版。
③ 张之洞：《劝学篇·设学》，吉林出版集团2010年版。
④ 张之洞：《劝学篇·明纲》，吉林出版集团2010年版。

说西学包括：西政、西艺、西史等三个方面的内容。"西政"主要是指西方的文教、工商、财政、军事、法律等管理制度；"西史"是指西方各国的历史；而"西艺"则是指西方科学技术。在张之洞看来，"西政"与"西艺"二者相比较，"西艺非要，西政为要"，"大抵救时之计，谋国之方，政尤急于艺"，因此，更应重视学习"西政"。

在"中学"与"西学"的关系问题上，张之洞主张"旧学为体，新学为用，不使偏废"[①]。"体用"是中国哲学的特有范畴。"体"有形体、实体、本体、本质、根本原则等含义；"用"则有功能、作用、属性、现象、具体方法等含义。"旧学为体，新学为用"的基本内涵就是主张以"中学"为本，以"西学"为末；以"中学"为主，以"西学"为从；以"中学"为根本原则，以"西学"为具体方法，用西方的科学文化辅助中国的封建名教。

张之洞认为"器"可变，而"道"不可变，"三纲四维之道不可变"，"夫不可变者，伦纪也，非法制也；圣道也，非器械也；心术也，非工艺也"[②]。他从三纲五常是"圣道"，不可改变的立场出发，强调学校教育必须以"中学"为基础和前提，"如中士而不通中学，此犹不知其姓之人，无辔之骑，无舵之舟，其西学愈深，其疾视中国亦愈甚，虽有博物多能之士，国家亦安得用之哉？""不先以中学固其根柢，端其识趣，则强者为乱首，弱者为人奴，其祸更烈于不通西学矣。"在他看来，如果抛弃了"中学为体"的根本原则，危害无穷。

张之洞在强调"中学为体"的重要性的同时，也认为"西政之刑狱、立法最善。西艺之医，最于兵事有益，习武备者必宜讲求"[③]。西学可以"补吾缺者""起吾疾者"，因此，应当"新旧兼学"，"不使偏废"。总而言之，"中体西用"命题的实质，就是主张以中国封建文化为主，以西方资本主义文化为辅，达到维护封建统治的目的。

---

① 张之洞：《劝学篇·设学》，吉林出版集团2010年版。
② 张之洞：《劝学篇·变法》，吉林出版集团2010年版。
③ 张之洞：《劝学篇·设学》，吉林出版集团2010年版。

3. "中体西用"的历史作用和局限

"中体西用"说，是在鸦片战争之后，中西文化剧烈碰撞、逐渐交融的时代产物，也是提倡"西学"和反对"西学"的激烈论战的产物。它既是洋务派应对守旧派、维新派的策论，又是洋务派开展洋务运动的指导思想和改良文化教育的理论基础。

"中体西用"本身包含不可克服的矛盾，正如严复在《与"外交报"主人论教育》一文中所指出的那样："体用者，即一物而言之也……故中学有中学之体用，西学有西学之体用，分之则两立，合之则两亡"。这一命题割裂了体用关系，存在着逻辑矛盾。但这一命题主旨在于极力论证以儒家纲常为核心的中学具有主导作用，同时又想方设法说明西学对于富国强兵的重要作用，在中国近代社会演进中发挥了积极与消极、进步与保守的双重作用。

从其积极、进步作用而言，张之洞针对保守派所谓的指责讲求西学者为"名教罪人，士林败类"，主张"新旧兼学""政艺兼学"，既论证了学习西学的合理性，又超越了鸦片战争时期有识之士只重视"西技""西艺"的初始认识，将向西方学习的范围扩大到文教、工商、财政、军事、法律等管理制度的层面，这显然是一种进步。从中西文化交流而言，"中体西用"主张在保持本民族文化传统的基础之上有选择地引进、吸纳、融合西方外来文化，这符合世界各国文化交流的普遍规律，而对于中国这样一个具有五千年历史的文明古国来说则尤为如此。[1] 从教育改革层面而言，"中体西用"指导了各类新式学堂的开办和留学生的派遣，并为清末"新政"时期制定中国第一个近代学制——《奏定学堂章程》、废除科举制度等教育改革奠定了理论基础。

从其保守性和消极作用而言，"中体西用"说将历史悠久、博大精深、灿烂多彩的中华文化归结为"三纲五常"的儒家伦理政治的信条，是一种偏狭的文化观。张之洞等洋务派都极力表明自己是纲常名

---

[1] 田正平：《中国教育史研究》（近代卷），华东师范大学出版社2009年版，第344页。

教的卫道士,这是"中体西用"保守性的重要表现。张之洞在《劝学篇》中盛赞:"自汉唐以来,国家爱民之厚,未有过于我圣清者也。"[①]鼓吹"三纲四维之道不可变",抨击维新派的变法主张,表明他全面阐述"中体西用"的根本目的在于维护清朝封建专制统治和封建意识形态,这是其保守性的集中体现。

第二节 维新运动到清末"新政"时期的教育

自中日甲午战争到辛亥革命17年之间,曾发生了几次重大历史事件:1894—1895年中日甲午战争,清政府的陆海军被日本打得大败,逼迫清政府签订《马关条约》,割让台湾和澎湖列岛,赔款2亿两;1895—1898年,资本主义列强掀起了瓜分中国的狂潮。面对日益严重的民族危机,为了救国图强,康有为、梁启超等资产阶级维新派掀起了戊戌变法运动;1899—1900年,山东、直隶(今河北)等地的劳动群众开展了以"扶清灭洋"为口号的反帝爱国运动——义和团运动;1900年帝国主义为了镇压义和团运动组成了由英、美、德、法、俄、日、意、奥军队参加的八国联军攻陷北京,慈禧太后逃亡西安,清政府与列强签订了《辛丑条约》,赔款4.5亿两白银。中国近代教育就是在这样的历史背景下艰难启动的。

一 早期资产阶级改良派的教育改革思想

甲午战争之前,以上海、香港为中心,出现了一些倡导变法的资产阶级早期改良派知识分子。如王韬(1828—1897年)、容闳(1828—1912年)、陈虬(1851—1904年)、汤震(1857—1917年)、陈炽(?—1899年)、薛福成(1838—1894年)、郑观应(1842—1922年)、马建忠(1845—1900年)等。他们通过留学、阅读西方的书籍和介绍西方的报刊文章直接或间接地了解了西方文化,对西方文

---

① 张之洞:《张文襄公全集》(四),中国书店1990年版,第548页。

化的价值有不同程度的认同，对中国面临的危机和洋务运动的局限性有较深的认识，主张在经济、政治、教育等方面实行变法。在教育方面，郑观应等人认为造就人才是"治天下之大本"，"奏富强之效，原本首在学校"①，明确提出"兵战"不如"商战"、"商战"不如"学战"和"教育为立国之本"②的思想。他们提出效法"泰西"国家建立近代学校制度、博采西学、改革科举取士制度、发展女子教育等教育改革主张。

（一）"博采西学"

早期资产阶级改良派把魏源提出的"师夷长技"的观点发展为"博采西学"的思想，扩大了学习西学的范围和内容。如马建忠、陈炽等已看到了洋务派的局限性，只重视西学的皮毛，而没有关注西学的精华。马建忠在1884年指出，洋务运动热衷的"制造、军旅、水师诸大端，皆其末者也"③。甲午战争前夕，陈炽批评洋务派的学习外国是"弃其菁英而取其糟粕，遗其大体而袭其皮毛"④。郑观应在《盛世危言·西学》中，将西学分为天学、地学、人学三部分，在他的心目中，西学不仅包括自然科学、技术，而且还包括"政教""刑法"等社会科学，对西学的内容有较深入的认识。王韬盛赞"西儒实学"，对西学有独到的见解，强调应当学习西方的科学方法和"独创"精神。他十分推崇英国哲学家弗兰西斯·培根，其在《英人培根》一文中说：培根"其为学也，不敢以古人之言为尽善，而务在自有发明。其立言也，不欲取法于古人，而务极乎一己所独创。其言古来载籍乃糟粕耳，深信胶守则聪明为其所囿，于是澄思渺虑，独察事物以极其理，务期于世有实济，于人有厚益"⑤。他把学习"西学"的层次深化到方法论的层面。

---

① 夏东元编：《郑观应集》，上海人民出版社1982年版，第261页。
② 同上书，第270页。
③ 同上书，第261页。
④ 同上。
⑤ 王韬：《瓮牖余谈》卷二。

（二）改革科举制度

早期改良派抨击八股取士制度，主张改革科举制度，如王韬抨击八股取士制度，认为"时文不废，人才不生，必去时文尚实学，乃见天下之真才"，主张"以学时文之精神才力，专注于器艺学术"。[①] 他在《上丁中丞》一文中明确提出"请废时文而别以它途取士"。郑观应也主张废除八股取士，他说："不修学校，则人才不出；不废除帖括，则学校虽立亦徒有虚名而无实效也。"[②] 他在《考试》中主张改革科举考试的内容，将科举考试分为两科，一为经史科；二为西学科。西学科"一试格致、化学、电学、重学、矿学新法（西法虽多，以上数种，是当今最要者）。二试畅发天文精蕴、五洲地舆、水陆形势（知天文者必知算学）。三试内外医科配药及农家植物新法"[③]。通过增设西学科，以便选拔懂得富强之道的有用人才。

（三）建立近代学制

郑观应是勾画中国近代学制轮廓的第一人。他的主要观点如下。其一，建立小学、中学、大学三级学制系统。"设于各州县者为小学，设于各府省会者为中学，设于京师者为大学"[④]，大、中、小学均采取班级授课的形式，规定学习年限各为三年，以考试的结果为升学的标准。其二，将各省、府、县的书院改为学堂。其三，分科教育。从"小学"开始实行文科、武科分科教育。这种学制设想虽然还显得粗糙，但它却是中国近代学制的先声。

（四）倡导女子教育

早期改良派在近代西方男女平权思想的影响下，颇为关注女子教育。陈虬认为把女子排除在教育之外，是"无故自弃其半于无用，欲

---

① 璩鑫圭、童富勇：《中国近代教育史资料汇编·教育思想》，上海教育出版社1997年版，第49页。

② 夏东元编：《郑观应集》（上册），上海人民出版社1982年版，第261页。

③ 璩鑫圭、童富勇：《中国近代教育史资料汇编·教育思想》，上海教育出版社1997年版，第75页。

④ 同上书，第77页。

求争雄于泰西，其可得乎①?"明确提出中国应仿照西方"设女学以拔取其材，分等录用"的主张。郑观应主张"增设女塾"，强调开展女子教育的重要性。他指出："蒙教之本，必自母教始；母教之本，必自学校始。推女学之源，国家之兴衰存亡系之焉。"他把家庭幼儿教育归结为"母教"，有把"母教"归结为"女学"，从而得出国家兴衰存亡系于"女学"的结论。他还指出："女学最盛者其国家最强……女学衰，母教失，愚民多，智民少。"②

早期资产阶级改良派的上述观点为维新派的教育改革做了一定的理论铺垫。

二 资产阶级维新派的教育改革实践

（一）兴办新式学堂

中日甲午战争后，民族危机加深，1895 年 5 月，康有为在北京发动各省应试举人 1300 余人，联名向光绪皇帝上书，反对签订《马关条约》，提出"拒和、迁都、变法"的主张，史称"公车上书"。后来又在北京、上海组织强学会，创办《万国公报》（后改名《中外纪闻》）和《强学报》；梁启超、谭嗣同、康有为、严复等人先后在上海、湖南、天津等处创设《时务报》《湘报》《国闻报》，掀起了维新变法运动。维新派看重日本维新"援照西法，广兴学堂"的成功经验，认为"参用西制，兴学树人"是当时中国的"先务之急"③，于是他们便把兴办学堂作为维新变法的重要内容。

维新派先后创办了万木草堂（1891 年，广州）、北洋西学堂（1895 年，天津）、南洋公学（1896 年，上海）、湖南时务学堂（1897 年，长沙）、通艺学堂（1897 年，北京）、浏阳算学馆（1897 年）、绍兴中西学堂（1897 年）、经正女学（1898 年）、时敏学堂（1898 年，

---

① 陈虬：《治平通议》，《戊戌变法》第 1 册，神州国光社 1953 年版，第 228 页。
② 夏东元编：郑观应集（下册），上海人民出版社 1988 年版，第 264 页。
③ 盛宣怀：《筹集商捐开办南洋公学折》，《清代后期教育论著选》（下），人民教育出版社 1997 年版，第 9 页。

广东）等新式学堂。其中北洋西学堂，后来发展为北洋大学；南洋公学，民国后发展为交通大学。其中影响最大的是万木草堂、湖南时务学堂。

万木草堂 1891 年至 1893 年期间，由康有为创办于广州长兴里，它是康有为宣传变法主张，培养变法人才的重要基地。开始只有学生 20 多人，后来达到 100 多人。康有为任这所学校的总教习、总监督。1898 年戊戌变法失败后被清政府查抄。学校既开设中国经史、诸子之学等课程，又开设西方的自然科学和社会科学课程。康有为在此讲学 4 年。万木草堂为维新变法培养了一批骨干，梁启超即是典型代表。

湖南时务学堂 1897 年 10 月，由湖南巡抚陈宝箴及熊希龄、黄遵宪、梁启超、谭嗣同等在湖南长沙创办。熊希龄任提调（校长），梁启超任中文总教习，李维格任西文总教习。学堂以"保国、御侮、创新"为办学宗旨，"提倡新学，鼓吹维新"。时务学堂课程分为普通学和专门学。普通学包括：经学、诸子学、公理学、中外史志及粗浅的格算学；专门学包括：公法学、掌故学、格算学。入学六个月以前，读普通学；六个月以后，开始学习专门学。1898 年戊戌变法失败，时务学堂被迫停办。时务学堂从创办到停办，历时不到一年，却培养出了蔡锷、范源濂、杨树达等一批有影响的人才。

（二）"百日维新"中的教育改革

"百日维新"是指 1898 年 6 月 11 日支持变法的光绪皇帝发布《明定国是诏书》，宣布维新变法，到 9 月 21 日慈禧太后发动政变，软禁光绪皇帝，变法宣告夭折。在这 103 天中，光绪皇帝颁布了一系列改革法令，其中关于教育改革的内容主要有：设立京师大学堂、废除八股文、改书院为新式学堂等。

1. 设立京师大学堂

京师大学堂是中国近代第一所国立综合性大学，也是当时中国的最高教育行政机关。1898 年 7 月设立于北京。1900 年八国联军侵占北京后停办。1902 年复校。辛亥革命后改称北京大学。

1896年6月，刑部侍郎李端棻在《请推广学校折》中首次向朝廷正式提出设立京师大学堂的建议。1898年初，康有为在《应诏统筹全局折》中再次提出："自京师立大学，各省立高等中学，各府县立中小学及专门学。"在维新派的推动下，1898年6月11日，光绪帝在《明定国是诏书》中下令："京师大学堂为各行省之倡，尤应首先举办。"总理衙门委托梁启超草拟《京师大学堂章程》，委派吏部尚书、协办大学士孙家鼐为管学大臣，管理京师大学堂。聘请许景澄为中学总教习、美国传教士丁韪良为西学总教习。《京师大学堂章程》规定："各省学堂皆当归大学堂统辖。"京师大学堂不仅为全国最高的学府，也是全国最高的教育行政机关。

京师大学堂初创时，以"中学为体，西学为用"为立学宗旨，强调中学、西学"二者相需，缺一不可"。《钦定京师大学堂章程》，将大学堂分为预备科（简称预科）、大学专门分科和大学院三级。课程设置仿照西方资本主义国家办法，分普通学科和专门学科两类：普通学科为全体学生必修课，包括经学、理学、掌故、诸子、初等算学、格致、政治、地理、文学、体操10科。专门学科由学生任选其中一或两门，包括高等算学、格致、政治、地理、农矿、工程、商学、兵学、卫生学等科。另设英、法、俄、德、日5种外语，学生凡年龄在30岁以下者必须修一门外语。戊戌变法失败后，京师大学堂以"萌芽早，得不废"而保存下来[①]。1900年，京师大学堂毁于八国联军战火，校舍被占，图书设备被毁，逼迫停办。1902年恢复开办，由管学大臣张百熙掌管，建立了师范馆，后来发展为北京师范大学。后又设立了医学、法政学堂，真正成为综合性大学。1912年5月，京师大学堂更名为国立北京大学，是中国历史上第一所冠名"国立"的大学。

京师大学堂是中国近代综合性大学创办的标志，也是中国近代高等教育制度初步形成的标志，在中国教育史上具有重要的意义。

[①] 《清史稿·学校》，中华书局1977年版。

2. 废除八股文，改革科举制度

废除八股取士是戊戌变法的又一重要内容。1898年6月23日，光绪皇帝下诏"著自下科为始，乡会试及生童岁科各试，向用'四书'文者，一律改试策论"。① 这里所说的"四书文"是指明清科举考试所用的文体。因多取"四书"语命题，故称"四书文"，亦称八股文、时文。废除"四书文"，即废除八股文，改试策论。但因戊戌变法失败，清廷到1901年才正式宣布废除"八股文"，并于1905年宣布废除科举制度。

3. 提倡西学，书院改新式学堂

光绪皇帝在《明定国是诏》中明确宣示：从今以后，王公大臣、士子以及庶民百姓，都要兼习中、西学问，"以圣贤义理之学，植其根本，又须博采西学之切于时务者，实力讲求，以救空疏迂谬之弊"。嗣后，光绪皇帝又令各省督抚督饬地方官将各省府厅州县之大小书院，一律改为兼习中学、西学的新式学堂。以省会之大书院为高等学堂，郡城之书院为中学堂，州县之书院为小学堂，地方自行捐资办理的社学、义学等一律兼学中、西学。凡民间祠庙不在祀典者，也一律改为学堂，力求形成"人无不学，学无不实"的局面。② 虽然"百日维新"以慈禧太后重掌政权、光绪帝被囚禁、康梁等人逃亡国外、谭嗣同等"戊戌六君子"被杀而告终，但"百日维新"却在中国激起一股思想解放的潮流，为后来中国旧民主主义革命准备了思想基础。当时所采取的教育改革措施，对封建传统教育产生了极大冲击。谭嗣同等维新勇士为了变法图强和改革教育不惜牺牲生命的拼搏精神，在中国近代文化教育发展史上留下了宝贵的精神财富。

---

① 汤志钧、陈祖恩：《中国近代教育史资料汇编·戊戌时期教育》，上海教育出版社1993年版，第47页。

② 朱有瓛：《中国近代学制史料》（第一辑下册），华东师范大学出版社1986年版，第65、442页。

三 维新代表人物的教育思想

(一) 康有为的教育思想

1. 康有为的生平和教育活动

康有为（1858—1927年），原名祖诒，字广厦，号长素，广东南海县人，人称南海先生。他出生世代官宦家庭，初受业于名儒朱次琦，博通经史。1879年出游香港、上海等地，开始学习西学，逐渐突破了封建传统观念的樊篱，形成资产阶级改良主义思想。1888年，康有为到北京参加顺天乡试，不第，向清帝上书，提出变成法、通下情、慎左右三事，较系统地提出了政治改革的主张，被守旧派扣压而未能上达。他深感"非别制造新国之才，不足以救国，乃决归讲学于粤城"。[①]他于1891年至1893年在广州创办万木草堂，以聚徒讲学的形式，著书立说，培养维新力量。1895年5月，在康有为入京参加会试期间，听到"与日本议和，有割奉天沿边及台湾一省"的消息，发动著名的"公车上书"，要求清政府拒签合约、迁都抗战、变法图强，产生了巨大影响。后来他参加会试，中进士，授工部主事，不就。此后，他多次上书，劝说光绪皇帝变法，并与维新人士一起以"保国、保种、保教"为宗旨，组织强学会、创办报纸，鼓吹维新变法。1898年"百日维新"期间，康有为受光绪帝召见，"着在总理衙门章京行走"，并许专折奏事。他与梁启超、谭嗣同、杨深秀等全力策划推动新政。戊戌变法失败后，康有为逃亡日本，从事保皇活动。辛亥革命

---

① 陆乃翔等：《新镌康南海先生传》，1929年万木草堂刊本，第9页。

后,他大造尊孔复古舆论。1927年3月病逝于青岛。

康有为著述甚丰,主要教育论述有:《长兴学记》《新学伪经考》《孔子改制考》《公车上书》《请废八股试帖楷法试士改用策论折》《请开学校折》《大同书》等。

2. 康有为维新运动中的教育改革主张

梁启超在《康有为传》中评价其一生说:"吾以为谓之政治家,不如谓之教育家,谓之实行者,不如谓之理想者。"康有为不仅亲自创办新式学堂,而且提出了丰富的教育改革思想,不愧为中国近代著名的教育家。他的教育改革思想主要有:重教育,开民智;废八股,改科举;"大同"教育等主张。

第一,重教育,开民智。

"重教育,开民智"是康有为主张教育改革的思想基础。他在探讨国家强弱的原因中,得出两个结论,其一,西方国家之所以强,在于教育发达。他说:"泰西之所以强,不在炮械军兵,而在穷理劝学。彼自七八岁皆入学。有不学者责其父母,故乡塾甚多"[1],"近者日本胜我,亦非其将相兵士能胜我也。其国遍设各学,才艺足用,实能胜我也"[2]。其二,中国与西方国家的差距在于民智未开,才智之士少。他指出:"才智之民多则国强,才智之士少则国弱。"[3] 因此,他认为"开中国之新世界,莫亟于教育"。在他看来,"兴学育才""开民智"是中国维新救国的基本路径和图强救亡的当务之急。

第二,废八股,改科举。

康有为认为,八股取士只能选拔一些既不懂中国历史,又不了解西学的空疏无用之才。他指出,通过八股选拔的"巍科进士,翰苑清才,而竟有不知司马迁,范仲淹为何代人,汉祖唐宗为何朝帝者。若

---

[1] 璩鑫圭、童富勇:《中国近代教育史资料汇编》,上海教育出版社2007年版,第143页。
[2] 同上书,第141页。
[3] 同上书,第143页。

问以亚非之舆地,欧美之政学,张口瞠目,不知何语矣"。① 并认为甲午战争失败源于八股取士,"中国之割地败兵也,非他为之,而八股致之也"。因此,他主张中国要图强救亡,必须变法;而变法应以改革科举为先,"今变法之道万千,而莫急于得人才;得人才之道多端,而莫先于改科举"②。提出在科举之法"未能骤废"之前,"则莫先于废弃八股"。他建议光绪帝"立废八股""罢试贴",改试策论,"然后宏开校舍,教以科学,俟学校尽开,徐废科举"。③

第三,"大同"教育思想。

1902年,康有为在《大同书》中不仅提出了一个没有阶级、没有国家、没有家庭、财产公有、"人人平等,天下为公"、"至平、至公、至仁、至治之型"的大同社会,而且设计了一个大同教育的理想图景:"太平世以开人智为主,最重学校。自慈幼院之教之小学、中学、大学。人人皆自幼而学,人人皆学至二十岁,人人皆无家累,人人皆无恶习。图书器物既备,语言文字同一,日力既省,养生又备,道德一而教化同,其学人之进化过今不止千万倍矣……若其公理乎,则德教、智教、体教之外,以实用教为最重,故大学科专行之"④。

他在这种以儿童归社会公有和实行"公养""公教"制度的基础上,还构想出一个前后衔接的完整的大同教育体系,即从母亲受孕怀胎进入"人本院"接受胎教起,到婴儿出生后进"育婴院",然后再进入"慈幼院",直到进入小学院、中学院和大学院的教育体系。

(1) 人本院

人本院,即胎教的场所。胎教是康有为设计的大同教育的首要环节。康有为认为"生人之本,皆在胚胎,人道之始,万物之源

---

① 陈学恂:《中国近代教育文选》,人民教育出版社2001年版,第103页。
② 同上书,第102页。
③ 璩鑫圭、童富勇:《中国近代教育史资料汇编》,上海教育出版社2007年版,第136—139页。
④ 康有为:《大同书》,中华书局1959年版,第278页。

也";因此,对人的教育应从胎教开始。他主张在地球的温带和近寒带之间,建设"楼观高峻,林园广大,水池环绕,花木扶疏,皆务使与孕妇身体相宜,俾其强健"①的人本院。人本院配备女医、女师、女保、女傅等工作人员,女医负责孕妇的健康,女师、女傅负责孕妇的教育。孕妇进入人本院后,可以通过观赏优美的环境,阅读欣赏健康的书画、音乐和接受生育常识的教育等活动,使胎儿得到良好的胎教。

(2) 育婴院和慈幼院

育婴院和慈幼院,都是幼儿教育机构。康有为设想婴儿断乳之后,即送入育婴院抚养,3岁后送入慈幼院。为了促进幼儿健康成长,达到"养儿体、乐儿魂、开儿知"的育儿目标,康有为提出育婴院应当有良好的自然环境和健康的文化氛围,他说:"楼居少而草地多,务令爽垲而通风,日临池水以得清气,多植花木,多蓄鱼鸟,画图雏形之事物,皆用仁爱慈祥之事以养婴儿之仁心。凡争杀、偷盗、奸诈种种恶物,皆当屏除。"并主张育婴院的管理人员应当从医生中挑选"仁质最厚,养生学最明者"。育婴院的主要工作人员是女保,他还提出了选配女保的条件:"凡女保皆由本人自愿,而由总医生选其德性慈祥,身体强健,资禀敏慧,有恒性而无倦心,有弄性而非方品者,乃许充选。"②

(3) 小学院(6—10岁)

康有为认为,少年时期的德育教育十分重要,"幼童习于善良则终身善良,幼童习于邪恶则终身邪恶",因此,他主张小学教育应该遵循"以德育为先""养体为主而开智次之"的原则。小学阶段不能过分增加学生的课业负担,只开设修身、习算、地理、历史及"人事、普通纸学"等课程。

他主张小学院应建立在爽垲广原之地,要远离戏院、酒馆和市场,

---

① 康有为:《大同书·去家界为天民》,中华书局1959年版。
② 陈学恂:《中国近代教育文选》,人民教育出版社2001年版,第113页。

以使儿童的学习和精神免受干扰。校园要环境优美，多设置秋千、跳木，供学生游戏，满足儿童好动的天性。

他主张小学院的管理者和教师均用"女博"，因为女性比男性更温柔、耐心和体贴；小学生活泼好动、身体稚嫩、易受损伤，需要慈母般的关怀和爱护。"女博"应选择那些"德性仁慈、威仪端正，学问通达，诲诱不倦者为之"①。

（4）中学院（11—15 岁）

康有为认为中学院阶段是人生的关键时期，"人生学问之通否，德性之成否，皆视此年龄"。因此，应当德、智、体兼重，但尤应以育德为重。中学院课程设置应该注重系统知识的传授，并照顾学生的个性特征，根据学生的"敏钝好尚"设班开课。

中学院的设施应该齐全，应设置农、工、商、矿等行业的实验场所，要有食堂、体操场、藏书楼、游乐园等。中学院的管理者应当由"学行并高，经验甚深，慈爱普被者"担任；中学院的教师应具备"行谊方正，爱性仁明，文学广博，思悟通妙，而又诲人不倦，慈幼有恒"② 等素质的人担任。

（5）大学院（16—20 岁）

康有为认为，大学院教育是专门之学，实验之学。大学教育的主要任务在于开发学生的智力，他说：大学院"于育德强体之后，专以开智为主"③。

大学教育应注重实验，校址的选择应结合专业的实际，如农学设于田野，矿学设于矿山，工学设于工场，商学设于市肆，渔学设于水滨，政学设于官府，为便于实验。大学教育是专业训练，应让学生"各从其志"，自由选择专业。大学教师不限男女，但应注重他们的专业素养和实验能力，应选择那些"专学精深奥妙实验有得者"担任。

康有为在《大同书》中设专章——《去形界保独立》论述了男女

---

① 陈学恂：《中国近代教育文选》，人民教育出版社 2001 年版，第 115 页。
② 同上书，第 118 页。
③ 同上书，第 119 页。

平等和女子教育问题。他认为"男女皆为人类，同属天生"，几千年来世界各国"压制女子"是最大的不平等，主张男女平等，重视女子教育。

康有为的大同教育蓝图，虽然具有空想社会主义的色彩，但他提倡教育平等、公费教育，提出根据儿童的年龄特征开展不同层次的教育、注重大学的专业教育和实验训练、重视女子教育等主张，冲决了封建教育的樊篱，弘扬了民主主义精神，对推动中国近代教育的发展具有积极的意义。

(二) 梁启超的教育思想

1. 梁启超的生平和教育活动

梁启超（1873—1929年），广东新会人，字卓如，号任公，别号沧江，又号饮冰室主人。他是与康有为齐名的维新变法运动的主要领导人之一，中国近代著名的思想家和教育家。

梁启超举人出身，1891年起在"万木草堂"从学于康有为，深受其影响。1895年春，他入京参加会试，随康有为发动"公车上书"。8月，参加强学会，他与康有为一起创办《万国公报》。1896年，他担任上海《时务报》主笔，发表《变法通议》《论君政民政相嬗之理》等重要政论文章，把《时务报》办成了宣传维新变法的重要阵地；编辑《西政丛书》凡32种；创办大同译书局，大力宣传变法理论，成为康有为的得力助手，时人合称"康梁"。1897年秋，他赴长沙担任湖南时务学堂中文总教习，制定《湖南时务学堂学约》，倡导民权学说。1898年"百日维新"期间，他全力协助康有为组织保国会、倡行新法、新政，受到光绪皇帝的召见。草拟《京师大学堂章程》，以六品衔主持京师大学堂译书局。

"百日维新"失败后,梁启超逃亡日本,继又远游美澳印度。他先后在日本创办东京高等大同学校、《清议报》和《新民丛报》,亲自撰文介绍西方民主主义政治学说和自然科学知识,但是,他同时也礼赞改良,主张保皇。1905年后,他以《新民丛报》为阵地,与资产阶级革命派进行激烈论争,主张实行君主立宪制。1913年他自海外回国,曾反对袁世凯称帝,策动蔡锷组织护国军反袁。"五四运动"时期,他反对尊孔复古,反对封建复辟,批判封建文化,讴歌民主与科学,倡导"诗界革命""小说界革命",首开白话文风之先河,不愧为资产阶级的启蒙思想家。他晚年先后在北京大学、北京师范大学和南京东南大学讲学,并任清华研究院导师。1929年病逝于北京。

梁启超学识渊博,学术涉猎广泛,于学无所不窥,于论无所不及,著述宏富,其著作编为《饮冰室合集》传世。教育代表作有《变法通议》《湖南时务学堂学约》《教育政策私议》《论教育当定宗旨》等。

2. "开民智""兴民权"的教育作用论

梁启超认为,从中国前途考虑,亟待解决发展教育的问题。"为中国前途计,莫亟于教育。"① 他指出:"中人之家,犹且节衣缩食以教子弟,冀其成就,光大门闾。今国家而不欲自强则已,苟欲自强,则悠悠万事,惟此为大,虽百举未遑,犹先图之。"② 学校是救亡图强之本,"亡而存之,废而举之,愚而智之,弱而强之,条理万端,皆归本于学校"③。又说:"欲求新政,必兴学校,可谓知本矣。"④ 在他看来"兴学校、养人才"乃是关系国家兴亡,变法图强的头等大事。

梁启超认为"开民智"是教育的基本功能,而"开民智"则是中国自强的第一要义。他说:"世界之运,由乱而进于平,胜败之原,

---

① 璩鑫圭、童富勇:《中国近代教育史资料汇编·教育思想》,上海教育出版社1997年版,第256页。
② 朱有瓛:《中国近代学制史史料》,华东师范大学出版社1986年版,第482页。
③ 璩鑫圭、童富勇:《中国近代教育史资料汇编·教育思想》,上海教育出版社1997年版,第193页。
④ 梁启超:《梁启超作品精选》,长江文艺出版社2005年版,第12页。

由力而趋于智，故言自强于今日，以开民智为第一义。①"

他特别强调，"开民智"是"兴民权"的前提。他说："有一分之智，即有一分之权；有六七分之智，即有六七分之权"，"权之与智相倚者也，昔之欲抑民权，必以塞民智为第一义。今之欲伸民权，必以广民智为第一义"。②梁启超的这一观点在一定程度上揭示了专制与愚民、民智与民权的内在联系，同时也揭示了教育在开发民智、保障民权方面的基础作用。

3. 培养"新民"的教育宗旨论

梁启超在戊戌政变后，觉察到了将教育的主要功能归结为"开民智"的片面性。他在《论教育当定宗旨》一文中，指出："夫培养汉奸之才，亦何尝非人才；开奴隶之智，亦何尝非民智。"梁启超在重新思考教育的宗旨问题时，提出了"新民"教育思想，把培养造就具有"国家思想"和"独立意识"的新国民作为教育的宗旨。

梁启超在《新民丛报》的创刊号中，指出："欲维新吾国，当先维新吾民。中国所以不振，由于国民公德缺乏，智慧不开。"在《新民说》中指出："苟有新民，何患无新制度，无新政府，无新国家？"在他看来，中国问题的根本解决在于塑造新的国民，因此，他把培养"新民"视为今日中国第一急务。

在梁启超看来，所谓"新民"应当是"品行智识体力"，即道德、智力、体力全面发展之国民；应是具有国家思想、权利思想、义务思想、社会公德意识、个人私德意识、合群精神、进取冒险精神、尚武精神和政治能力的国民；应当是独立、自由、自治、自尊、有毅力的新一代新国民；应当是既能"为本国之民""为现今之民"，又能"为世界之民"③，即具有民族精神、现代精神、世界意识的新型国民。梁启超"新民说"的实质就是企图革新国民思想，塑造新的国民性，培

---

① 璩鑫圭、童富勇：《中国近代教育史资料汇编·教育思想》，上海教育出版社1997年版，第188页。
② 同上书，第237、238页。
③ 同上书，第252—260页。

养一代具有新思想、新道德、新精神和新品质的国民，从根本上维新图强。

梁启超的"新民说"虽然代表了中国近代资产阶级的立场和要求，具有时代的局限性，但他意识到不能把教育的功能仅仅归结为"开民智"，而应当将改造国民性，培养新型国民作为教育的宗旨。他的"新民说"不仅对于引导近代教育的改革具有积极的意义，而且对我国现代教育的发展也有重要的启迪作用。

4. 维新运动时期的教育改革主张

在维新运动时期，梁启超的教育改革主张主要有：废八股，倡"师范"、改"幼学"、重"女学"、引介西方学制等。

其一，废除八股，变革科举。

梁启超在1896年撰写的《学校总论》中指出，明太祖建立八股取士制度与秦始皇焚书的目的相同，都是为了愚民和巩固君权。他说："秦始皇之燔诗书，明太祖之设制艺，遥遥两心，千载同揆，皆所以愚黔首，重君权，驭一统之天下，弭内乱之道，未有善于次者也。"[①]他认为"八股取士，为中国锢蔽文明之一大根源"，不仅使学者坠聪明，不识古今，不知五洲，而且使中国人不重视学习农、工、商、兵等专门知识，这是导致中国实学人才缺乏、农业、工业、商业远远落后于西方的重要根源。因此，他提出："欲兴学校，养人才，以强中国，惟变科举为第一义，大变则大效，小变则小效。"[②]

他在《论科举》一文中还提出了改革科举的上、中、下三策：所谓上策，就是"合科举于学校"，即废除科举考试，兴办各级学校，对各级学校的毕业生都给予相当于科举的出身，如"入大学者比举人，大学学成比进士"，引导学生成才。所谓中策，就是"用汉唐之法，多设诸科，与今日帖括一科并行"，即增设明经、明算、明字、明法、明医、兵法等实用科目，鼓励学者学习实学，成为国家有用之

---

① 朱有瓛：《中国近代学制史史料》，华东师范大学出版社1986年版，第478页。
② 同上书，第43页。

才。所谓下策，就是"一仍今日取士之法，而略变其取士之具"，即在各场考试中，加试政治、时事和自然科学知识，不拘形式，不论楷法，破除八股定式的限制。在他看来，"由上策者强，由中策者安，由下策者存"①。如果不改革科举弊制，就无以自强，国将不保。

其二，倡导"师范"教育。

1896年，梁启超于《时务报》上发表《变法通议·论师范》，在中国近代教育史上首次专文论述师范教育问题。他借鉴日本优先发展师范学校的成功经验，首先提出了"师范学校立，而群学之基悉定"的论断，确立了师范学校是发展其他各类学校的基础思想。他继而分析了中国教育发展的历史，从中得出"故夫师者，学子之根核也。师道不立，而欲学术之能善，是犹种稂莠不齐而求稻苗，未有能获者也"②的结论。

他接着对当时的新、旧学堂教师状况进行了分析。一方面，从当时府州县学、书院和蒙馆等传统学校的师资看，他们是一些"不通六艺，不读四史，不知五洲，不识八星之人"③，让这些既不通中学又不知西学之人做学校的教习，"是欲开民智而适以愚之，欲使民强而适以弱之也"。"求人才，乌可得也。"④ 另一方面，从洋务运动兴办的新式学堂的教习看，同文馆、水师学堂等新式学堂"一切教习，多用西人"，这些外国教习，存在着五个方面的缺陷，如言语不通，转译费时，效率低下；聘金昂贵；学问粗陋；聘请这些人为教师，"是驱人而焚毁诗书，阁束传纪，率天下士而为至粗极陋之西人"⑤。

梁启超指出：师范不立"此吾国数百年积弱之根源"，有四万万之众的大国缺乏合格的教师，这是天下最为"可伤可耻"之事。他强调"故欲革旧习，兴智学，必以立师范学堂为第一义"。提出在维新

---

① 朱有瓛：《中国近代学制史史料》，华东师范大学出版社1986年版，第43—44页。
② 同上书，第980页。
③ 同上书，第981页。
④ 同上书，第981—982页。
⑤ 同上书，第982页。

变法的过程中，除了要设立大学堂之外，"自京师以及省府州县，皆设小学，而辅之以师范学堂，"① 以发展师范学堂来解决各类学校的师资问题，促进教育的发展。

梁启超还提出了发展师范学堂的六点设想，即"一须通习六经大义，二须讲求历朝掌故，三须通达文字源流，四须周知列国情状，五须分学格致专门，六须仂习诸国言语"②。培养学贯中西的专业教师是梁启超倡导建立师范学堂的基本目标。

其三，改革"幼学"。

梁启超高度重视儿童教育，他在《少年中国说》一文中说："故今日之责任，不在他人，而全在我少年。少年智则国智，少年富则国富，少年强则国强，少年独立则国独立，少年自由则国自由，少年进步则国进步，少年胜于欧洲，则国胜于欧洲，少年雄于地球，则国雄于地球。"③ 为了使少年"胜于欧洲""雄于地球"，就必须发展幼儿教育。儿童教育的意义在于："人生百年，立于幼学。"④ 正是基于这些认识，他在《变法通议·论幼学》《趣味教育与教育趣味》等文章中提出了较系统的儿童教育改革思想。

一方面，梁启超对传统儿童教育方式进行了深刻地批判。他认为中、西儿童教育的差异主要表现在四个方面。（1）西人循序渐进的教学规律，"先识字，次辨训，次造句，次成文，不躐等也"；而中国儿童教育则忽视由易到难、由浅入深的教学秩序，"未尝识字，而即授之以经。未尝辨训，未尝造句，而即强之为文"。"开塾未及一月，而大学之道在明明德之语腾跃于口，洋溢于耳。"他的意思是说，儿童还未识字就传授儒家经典，还不会造句就强迫学写文章，开学不到一月就教儿童学习《大学》之道，这完全违背了正常的教学秩序。（2）西人注重兴趣教学，"必教以天文地学、地学浅理，如演戏法，

---

① 朱有瓛：《中国近代学制史史料》，华东师范大学出版社1986年版，第982页。
② 同上。
③ 梁启超：《梁启超全集》第二卷，北京出版社1999年版，第409页。
④ 同上书，第34页。

童子所乐知也,必教以古今杂事,如说鼓词,童子所乐闻也",西人在"日用饮食,歌唱嬉戏,随机指点,因势利导,何在非学,何事非教"①;而中国儿童教育则注重读经,忽视了对儿童的趣味教育。(3)西人重视理解,而"中国之教人,偏于记性也,……惟苦口呆读,必求背诵而后已"。(4)西人注意用实物教学、直观教学,而中国只注重言语文字等。造成这些差异的根本原因在于,中国传统的儿童教育是以科举考试为目标和导向。从教学内容方面看,为了科举考试,"凡书而非考试所有事者,可无读也",导致了教育内容狭窄;从教育价值导向看,学校教育为了使儿童考取功名,忽视了对儿童的智育和德育教育,导致"锢智慧、坏心术、滋游手"的有害效果;从学习方法看,科举考试注重从四书五经命题,导致了教育过程中以读经诵经为主和死记硬背的学习方法,延误了学童大脑的开发,"故窒脑之祸,自考试始"。总而言之,西方的教育有益于开发儿童的智慧,而中国传统教育则窒息儿童的智慧。"导脑者脑日强,窒脑者脑日伤,此西人之创新法制新器者,所以车载斗量而中国殆几绝也。"② 正因为传统的儿童教育存在诸多弊端,因此梁启超主张必须对儿童教育进行改革。

另一方面,梁启超提出了新编蒙学教材、改革课程内容和教学方法等改革幼儿教育的具体措施。

梁启超认为,要改革儿童教育,必须"非尽取天下之学究再教之不可,非尽取天下蒙学之书而再编之不可"③。在"再编"蒙学教材方面,他提出应当编写识字书、文法书、歌诀书、问答书、说部书、门径书和名物书(字典)等七类启蒙教材,并主张蒙学教材应该通俗易懂,由浅入深,联系时事,阐发道理,起到使"人心自新,人才自起"的启蒙作用。

在课程改革方面,他为儿童设计了一张课程表,其所学内容主要

---

① 梁启超:《梁启超全集》第一卷,北京出版社1999年版,第34、40页。
② 同上书,第35页。
③ 同上书,第37页。

有：语文、算术、外语、体育及经学、史学、天文、地理、历史、物理等各门的基本常识，具有鲜明的中西兼学的特点。

在教学方法方面，他主张由浅入深、由易到难的教学方法，特别提倡趣味教学法。梁启超十分欣赏西方人通过演戏、鼓词、歌唱、嬉戏等方式开展儿童教育，倡导"趣味"教育，他说："教育事业从积极方面说，全在唤起趣味；从消极方面说，要十分注意不可以摧残趣味。"①

其四，倡导女学。

1896年，他在《时务报》上发表《变法通议·论女学》一文，力主妇女教育。在他看来，中国积弱是从"妇人不学"开始的。"吾推极天下积弱之本，则必自妇人不学始。"② 因此，他主张"欲强国必由女学"。他从"分利"之害说、"妇女无才"之累说、"母教之本"说和"女学保种"说等四个方面阐述了大力兴办女学的必要性和重要性。

第一，"分利"之害说。他认为受教育是就业的基础，妇女"既不教矣，其无从执业"。妇女无业这就决定了她不是"生利"之人，而是"分利"之人；这是造成妇女不能自养、自立和男尊女卑的根本原因。他说："女子二万万全属分利，而无生利者。惟其不能自养，而待养于他人也，故男子以犬马奴隶蓄之，于是妇人极苦。惟妇人待养而男子不能不养之也，故终岁勤劳之所入，不足以赡其妻孥，于是男子亦极苦。"③ 他认为充分就业，增加劳动力是国家强盛的前提，人人自养，减少抚养人口是民众富裕的基础，因此，发展女子教育是强国富民的根本要求。

第二，"妇女无才"之类说。梁启超尖锐指出："'女子无才即是德'此龥言也。世之瞽儒执此言也，务欲天下女子不知一字，不读一书，然后为贞淑之正宗，此实祸天下之道也。"女子接受教育，"内之

---

① 梁启超：《梁启超全集》第十三卷，北京出版社1999年版，第3964页。
② 朱有瓛：《中国近代学制史史料》，华东师范大学出版社1986年版，第869页。
③ 同上书，第869—870页。

拓其心胸，外之以助其生计，一举而获数善，未见其于妇德之能为害也"①。反之，妇女一字不识，缺乏教育不仅会使妇女"志量局琐，才气消磨"，而且容易使妇女养成鄙吝、忿争、心胸狭小、恶毒等诸多的陋习。

第三，"母教之本"说。他说："西人分教学童之事为白课，而由母教者居七十焉。孩提之童，母亲于父，其性情嗜好，惟妇人能因势利导之，以故母教善者，其子之成立也易；不善者，其子之成立也难。"他指出在当时母教不兴乃是"天下存亡强弱之大原"。"治天下之大本二：曰正人心，广人才。而二者之本，必自蒙养始，蒙养之本，必自母教始，母教之本。必自妇学始，故妇学实天下存亡强弱之大原也。"②

第四，"女学保种"说。梁启超说："今之前识之士，忧天下者有三：曰保国、曰保种、曰保教；国乌乎保？必使其国强而后能保也；种乌乎保？必使其种进而后能保也；进诈而为忠，进私而为公，进涣而为群，进愚而为智，进野而为文，此其道也。教男子居其半，教妇人居其半，而男子之半，其导原亦出于妇人，故妇学为保种之权舆也。"③他较早提出妇女是半边天的观点，将女学上升到"保种之权舆"的高度。

梁启超通过比较世界各国的情况，认为："女学最盛者，其国最强"；"女学次盛者，其国次强"；"女学衰，母教失，无业众，智民少，国之所存者幸矣"。④ 因此，他主张"欲国强必由女学始"；而要发展女学，必须提倡男女平等，从破除女子缠足陋习开始，"缠足一日不变，则女学一日不立"⑤。

梁启超不仅从理论上论证女学的重要性，而且在1898年积极参与中国第一所女学——"经正女学"的筹办，以实际行动推动女子教育

---

① 朱有瓛：《中国近代学制史史料》，华东师范大学出版社1986年版，第870—871页。
② 同上书，第872页。
③ 同上。
④ 同上书，第875页。
⑤ 同上。

的发展。舒新城先生评价梁启超倡导女学的思想说："在近代中国教育史中正式提出贤妻良母为女子教育目的者要以他为始。惟他之提倡女学，系为外侮所刺激，所以以强国保种为女学最后的目的。"① 梁启超不愧是中国近代倡导女学的"先觉"者。

其五，引介西方学制，倡导建立新的教育制度。

梁启超在考察欧美、日本近代教育制度的基础上，撰写了《教育政策私议》《教育次序议》等文章，既引介了西方小学、中学、大学三级学校教育制度，又提出了在中国建立三级学校教育制度的设想。他依据西方教育心理学研究成果，列出了一个《教育期区分表》，将中国的教育体系划分为四个年龄段：5岁以下（幼儿期—家庭教育与幼稚园期）；6—13岁（儿童期—小学校期）；14—21岁（少年期—中学校期）；22—25岁（成人期—大学校期）。并分别介绍了各个年龄阶段的学生在身体、知、情、意、自观力（自我意识）等方面的发展情况和基本特征。梁启超是我国最早系统介绍西方教育心理学和倡导依据学生不同成长阶段的身心发展特征来确定学前教育和小学、中学、大学三级学校教育制度的学者。

在教育制度方面，梁启超还主张建立分科大学、师范学校、军事学校、美术学校、政治学校以及实业学校等。主张实行义务教育，并率先论述了学校经费筹措、管理等问题，他借鉴西方"凡小学校者，大率由国家监督，立一定之法，而征地方税以支办其财政者"的经费筹措制度，建议小学的办学经费由公产所入支办。无公产或公产不足者，则征"学校税"来补充；主张通过立法，依法征收"学校税"。

梁启超的教育思想虽然具有浓厚的改良主义的时代局限性，但其内容丰富，观点新颖，措施具体，在中国教育近代化发展过程中起到了思想先导的作用。

---

① 舒新城：《近代中国教育思想史》，福建教育出版社2006年版，第280页。

(三) 严复的教育思想

1. 严复的生平和教育活动

严复（1854—1921年），福建侯官（今福建闽侯县）人，初名传初，后改名宗光，字又陵，又字几道。中国近代著名的启蒙思想家、教育家和翻译家。

1866年，严复被福建船政学堂录取为第一届学生。1877年，严复作为第一批留欧学生，赴英国格林尼次海军大学留学。1879年留学归国后任福建船政学堂教习、1880任天津水师学堂总教习、总办等职，执教达20年之久。1896年，他创办天津俄文馆，兼任总办；1906年，他协助马相伯创办复旦公学，出任监督；1912年，他出任京师大学堂总监督；同年5月，京师大学堂改北京大学后，严复担任首任校长并兼任文科学长。

严复

中日甲午战争后，严复先后在天津《直报》上发表了《论世变之亟》《原强》《救亡决论》《辟韩》等重要文章，斥责历代帝王为"大盗窃国者"，反对顽固保守，主张变法图存，倡导兴教救国。1897年，他与夏曾佑等合作创办《国闻报》，成为宣传维新变法的重要阵地。1898—1909年，他先后翻译出版了《天演论》、亚当·斯密《原富》、约翰·穆勒《群己权界论》、斯宾塞《群学肄言》、甄克思《社会通诠》、孟德斯鸠《法意》、穆勒《名学》（前半部）、耶芳苏《名学浅说》等，较系统地介绍和传播了西方资本主义文化，不仅冲击了当时的思想界，而且影响了几代青年知识分子。1915年严复参加为袁世凯复辟帝制服务的"筹安会"，晚年反对五四运动，从维新派倒退为守旧派，但他对中国近代学术和教育发展的贡献是主要的。

严复在教育方面的主要著作有：《原强》《救亡决论》《西学通门

径功用说》《与外交报主人论教育书》《论教育与国家的关系》等。中华书局于1986年出版有《严复集》共5册。

严复的教育思想主要有：德、智、体"三育论"、"体用一致"论和科学教育论等，极大地深化了中国近代的教育思想。

2. "鼓民力""开民智""新民德"的"三育论"

严复依据社会生物进化论，从资本主义价值观念和优胜劣汰的国际竞争形势出发，在中国近代第一次系统提出了以德、智、体三要素全面发展的教育目标论，即"鼓民力""开民智""新民德"的"三育论"。

1895年，严复在《原强》中，推崇英国经验主义哲学家斯宾塞关于在优胜劣汰的竞争中，取得胜利的是德、智、体三方面突出者的观点，他指出，国家的强弱存亡取决于三个因素："一曰血气体力之强，二曰聪明智虑之强，三曰德行仁义之强。"在他看来，中国"积弱积贫"的根源正在于"民力已苶，民智已卑，民德已薄"[1]，要救国图强就必须从根本上改变这种状态。因此，他大声疾呼："今日要政统于三端：一曰鼓民力，二曰开民智，三曰新民德。"[2] 严复认为，中国犹如一病夫，受病至深，只有大力提高国民的德、智、体三方面的素质，才是治本之策。

所谓"鼓民力"，就是提倡国民要有强健的身体。严复认为"一国富强之效，而以其民之手足体力为之基"[3]，也就是说，强健的国民体质是国家富强的基础和前提，因此，必须重视体育和身体锻炼。他不赞成少年只顾学习而不注重身体锻炼的做法，他指出："少年用功本是佳事，但若为此转致体力受伤，便是愚事。"[4] 他认为当时对国民体质"害效最著者，莫若吸食鸦片、女子缠足二事"[5]。吸食鸦片和女

---

[1] 璩鑫圭、童富勇：《中国近代教育史资料汇编·教育思想》，上海教育出版社1997年版，第278页。

[2] 同上书，第285页。

[3] 同上书，第298页。

[4] 严复：《严复集》，中华书局1986年版，第821页。

[5] 陈学恂：《中国近代教育文集》，人民教育出版社2001年版，第176页。

子缠足是造成中国"种以之弱,国以之贫,兵以之窳"的根本原因,因此必须禁止。

所谓"开民智",就是要全面提高人民的文化教育水平,开发国民的智力。严复认为:"民智者,富强之原。"① 在他看来,开民智,就要注重思维训练,学习西方近代科学方法,改革科举制度,废除八股取士和训诂辞章之学,讲求西学。他认为八股考试具有"锢智慧""坏心术""滋游手"三大弊端,因此"欲开民智,非讲西学不可;欲讲实学,非另立选举之法,别开用人之途,而废除八股、试贴、策论诸制科不可"②。

所谓"新民德",主要是改变传统德育内容,用西方的民主自由平等观念重新塑造国民的人格,提高国民的爱国主义精神。严复说:西方"人无论王侯君公,降以至于穷民无告,自教而观之,则皆为天之赤子,而平等之义已明。平等义明,故其民知自重,而有所劝于为善"。"故以公治众而贵自由。自由,故贵信果。"③ 他的意思是说,西方国家国民的道德素质之所以高,是因为他们倡导自由、平等;而中国自秦以来的君主专制制度剥夺了人民的自由,使国民形成了"有家无国"的道德缺陷。"欲进吾民之德,于以同力合志,联一气而御外仇,则非有道焉,使各私中国不可也。"他强调要培养国民"各私中国"的爱国精神,重塑民德。他认为要培育"新民德",使国民"忠爱"国家,应当从改革政治制度开始。他建议:"设议院于京师,而令天下郡县各公举其守宰。是道也,欲民之忠爱必由此,欲教化之兴必由此,欲地利之尽必由此,欲道路之辟、商务之兴必由此,欲民各束身自好而争濯磨于善必由此。"

如果说康梁把变法作为救国图存的第一要务,那么,严复则把改革教育,全面提高国民素质看作救国的根本途径。他的教育救国的理

---

① 璩鑫圭、童富勇:《中国近代教育史资料汇编·教育思想》,上海教育出版社1997年版,第299页。

② 同上书,第300页。

③ 陈学恂:《中国近代教育文选》,人民教育出版社2001年版,第178—179页。

想虽然难以实现，但他提出的德、智、体"三育"兼备的教育思想，则科学地解决了中国近代教育的目标问题，对中国近代教育的发展起了积极的推动作用。

3. "体用一致"的文化教育观

严复通过对中西文化进行比较研究，克服了洋务派"中体西用"文化教育思想的局限性，提出"体用一致"的文化教育观，在当时较好地回答了中国文化教育何去何从的时代课题。

严复开中西文化比较之先河，他从历史观、自然观的高度对中西文化进行比较，他说："尝谓中西事理，其最不同而断乎不可合者，莫大于中之人好古而忽今，西之人力今以胜古；中之人以一治一乱、一盛一衰为天行人事之自然，西之人以日进无疆，既盛不可复衰，既治不可复乱，为学术教化之极则。"① 也就是说，中西文化的最大差别表现在历史观和自然观方面。在历史观上，中国人"好古而忽今"；而西方人"力今以胜古"。在自然观上，中国人屈从命运，"委天数"；而西方人追求"日进无疆""侍人力"。

除了上述根本差异外，中西文化差异还表现在政治、经济、道德、学术和社会风尚等诸多方面。他指出："中国最重三纲，而西人首明平等；中国亲亲，而西人尚贤；中国以孝治天下，而西人以公治天下；中国尊主，而西人隆民；中国贵一道而同风，而西人善党居而州处；中国多忌讳，而西人众讥评。其于财用也，中国重节流，而西人重开源；中国追淳朴，而西人求欢虞。其于接物也，中国美谦屈，而西人务发舒；中国尚节文，而西人乐简易。其于为学也，中国夸多识，而西人尊新知。"② 通过比较分析，严复颂扬了西方的民主、自由、平等，肯定西方文化的先进性和优越性。

针对洋务派"中体西用"的思想，一方面，严复批判了"天不变，道亦不变"的形而上学观点，提出"天有变，道亦有变"的新思

---

① 王栻主编：《严复集》第1册，中华书局1986年版，第1页。
② 同上书，第3页。

想，直捣"中体"不可变的立论前提；另一方面，严复指出"中体西用"在逻辑上是不能成立的，一个国家的政教学术犹如完整的有机体，"一群之成，其体用功能，无异生物之一体"①，也就是说"体"与"用"是统一的，不可分的。"体"不同，"用"也不同。"中学有中学之用，西学有西学之用，分而则两立，合之则两止。"② 西学"以自由为体，以民主为用"③，而中国最重"三纲"，深畏自由，二者是截然不同的。严复还在《与外交报主人论教育书》一文中，用"牛体马用"的比喻说明"中体"无法与"西用"结合在一起，他说："有其元首脊腹而后有其六府四支；有其质干根菱，而后有其支叶华实。使所取以辅者与所主者绝不同物，将无异取骥之四蹄以附牛之项领，从而责千里焉。"也就说，"中体西用"犹如取马的四蹄附在牛的躯体之上，幻想牛变成千里马一样可笑。他形象地嘲笑、否定了"中体西用"的思想框架。

严复在对待中西文化的态度上，主张"统新故""苞中外"，他说："今之教育……必将阔视远想，统新故而视其通，苞中外而计其全，而后得之。"④ 所谓"统新故"，就是贯通古今；所谓"苞中外"，就是兼采中学和西学，全面把握人类的文化教育成果。严复为中国近代教育开拓了一个"阔视远想"，即囊括古今，包容中西的广阔远大的文化视野，使中国近代教育界向西方学习的运动突破了"中体西用"的思想框架，拉开了由器物、制度层面，向思想、观念、精神层面过渡并进行综合考察的历史帷幕。⑤

4. 科学教育观

科学教育思想是严复对中国近代的最重要贡献之一。舒新城先生评价严复说："近数十年以受过科学的训练而首倡科学教育的人，要

---

① 璩鑫圭、童富勇：《中国近代教育史资料汇编·教育思想》，上海教育出版社1997年版，第276页。

② 同上书，第319—320页。

③ 同上书，第281页。

④ 王栻主编：《严复集》第1册，中华书局1986年版，第560页。

⑤ 田正平：《中国教育史研究》（近代分卷），华东师范大学出版社2009年版，第370页。

推严复。"①

严复的科学教育思想主要有以下几个方面。

其一，科学分类、重视哲学。严复将西方近代科学分为三类：第一类"玄学"，即名学（逻辑学）和数学；第二类是"玄著学"，即基础理论科学；第三类是"著学"，即应用科学。他所理解的科学不仅包括自然科学，而且包括哲学和社会科学。严复十分重视名学（哲学），认为名学（哲学）是"一切法之法，一切学之学"②，哲学是革新中国学术的关键。严复特别重视归纳和演绎方法。他把归纳法称之为"内籀之学"，把演绎法称之为"外籀之学"，认为它们是见微知著，闻因决果的最基本的科学方法，他说"自古学术不同，但大经不出此两者"③。其二，推崇西方的科学方法教育。他在《原强》中说："夫西洋之于学，自明以前，与中土亦相埒耳。至于晚近言学，则先物理而后文词，重达用而薄辞藻。且其教子弟也，尤必使自竭其耳目，自致其心思，贵自得而贱因人，喜疑而慎信古。其名数诸学，则借以教致思穷理之术，其力质诸学，则假以导观物察变之方，而其本事则筌蹄之于鱼兔而已矣。"故赫胥黎曰："'读书得智是第二，唯能以宇宙为我简编，民物为我文字者，斯真学耳。'"此西洋教民之要术耳。其大意是说，在明朝以前，西洋教育与中国教育之间区别不大，但近代以来则明显不同。西洋教育重视广泛的实用价值，而不是辞藻；西洋特别注重教育学生自己观察和独立思考，倡导"自得"和怀疑精神，而反对因袭他人和盲目信古。西洋的哲学、数学等科学，侧重思维方法的研究和教育；力学等基础科学则重视经验观察方法，它们本来就是探讨科学方法的学科。因此，赫胥黎认为读书在获得知识、智慧的过程中是第二位的，只有以自然界和人类社会为研究对象，才能获得真实的学问。这就是西洋教育的主要方法。严复回顾中国的传统教育，推崇"读书穷理""必求古训""记诵辞章"，不仅不能开民

---

① 舒新城：《中国近代教育思想史》，福建教育出版社2007年版，第201页。
② 王栻主编：《严复集》，中华书局1986年版，第1028页。
③ 同上书，第278—285页。

智,而且还"破坏人才"。他感叹说:"每致叹于中国读书人少,自我观之,如是教人,无宁学者少耳。"①

其三,主张学习西洋近代科学精神。他说:"西学格致则其道与是适相反:一理之明,一法之立,必验之物物事事而皆然,而后定之为不易。其所验也贵多,故博大,其收效也必恒,故悠久,其究极也必道通为一,左右逢源,故高明。方其治之也,成见必不可居,饰词必不可用,不敢私毫主张,不得稍行武断,必勤必耐,必公必虚,而后有以造其至精之诚,践其至实之途……一言救亡则舍是而不可。"②在这里,严复论述的是西方近代科学的观察实验精神和实事求是精神,认为中国要救亡,离不开这种科学精神。舒新城先生指出,在当时科学两字尚未通行于中国,故严氏不曾提出科学教育四字,但他竭力申述科学态度在于善疑慎言,科学方法在于直接观察,科学效用在于辨是非,尤非当时之空谈西学者所能望其项背。③

四 清末"新政"时期的教育改革

戊戌变法失败后,在帝国主义瓜分中国的狂潮中,1900年爆发了义和团反帝爱国运动,七、八月间,英、法、德、美、意、奥、日、俄等八国联军在镇压了义和团运动的同时,攻陷了北京,慈禧太后挟光绪皇帝和一批王公大臣仓皇西逃西安。在西安,慈禧太后一面表示全盘接受帝国主义的"议和"条件,一面宣布要参照"西法",整顿一切政事,"以期渐致富强"。1901年4月,清政府成立了督办政务处,作为主持"新政"的机关,陆续颁布了一些维护摇摇欲坠的清政府封建统治的法令,如调整官制、整顿刑律、编练新军、奖励实业、废除科举、兴办学校等。这就是清末的所谓"新政"。

在教育方面的"新政"主要有:废除科举、建立新的学制、建立教育行政机构、厘定教育宗旨、兴办学校,鼓励留学等。

---

① 舒新城:《近代中国教育思想史》,福建教育出版社2007年版,第202页。
② 同上书,第202—203页。
③ 同上书,第203页。

(一) 科举制度的改革与废除

明清之际，顾炎武、颜元曾尖锐抨击科举制度的弊端。戊戌变法前后，改革科举制度已成为有识之士的共识，废除科举制度势在必行。

清末的科举制度从改革到废除大致经历了三个步骤。第一步，改革科举内容。1898年在"百日维新"期间，出台设立经济科和废除八股、改试策论两项改革，但因戊戌变法失败而未能实施。1901年6月，慈禧太后下懿旨"开经济特科，于本届会试前举行"，8月，光绪皇帝下令"一切考试均不准用八股文程式"[1]，对科举制度内容的改革才得以实施。第二步，递减科举中额。1901年7月，刘坤一、张之洞等联合发出的"江楚会奏三疏"中的第一疏，明确提出："俟学堂人才渐多，即按科递减科举取士之额，为学堂取士之额"；1903年，张百熙、荣庆、张之洞合写《奏请递减科举注重学堂折》，建议"请自下届丙午科起，每科分减中额三分之一。俟末一科中额减尽以后，即停止乡会试"[2]。第三步，废除科举制度。1901年以来，科举制度虽进行了一些改革，但此制度依旧存在，仍然是兴办新式学校的障碍。当时的封疆大吏，如直隶总督袁世凯、盛京将军赵尔巽、两湖总督张之洞、两江总督周馥、两广总督岑春煊、湖南巡抚端方联合奏请立停科举，认为："欲补救时艰，必自推广学校始。而欲推广学校，必自先停科举始。"[3]迫于形势，光绪皇帝于光绪三十一年八月四日（1905年9月2日）下令："著即自丙午科（1906年）为始，所有乡会试一律停止，各省岁科考试亦即停止。"至此，自隋炀帝大业二年（606年）开始，实行了1300年之久的科举考试制度终告废除。

科举被废除是历史的必然，但它是中国古代沿袭时间最长的官吏选拔制度和考试文化遗产，并对西方的文官制度产生过一定的影响，

---

[1] 朱有瓛：《中国近代学制史料》（第一辑下册），华东师范大学出版社1986年版，第120、129页。

[2] 朱有瓛：《中国近代学制史料》（第二辑上册），华东师范大学出版社1986年版，第108页。

[3] 舒新城：《中国近代教育资料》，中华书局1928年版，第63、64页。

因此，我们今天仍需对它进行历史的客观的评价，总结其经验和教训。

（二）建立"新学制"

建立新的学制是清末教育"新政"的重要内容之一。清末颁布"新学制"始于"壬寅学制"，成于"癸卯学制"。

1. 壬寅学制

"壬寅学制"是指光绪二十八年（1902年），清政府颁布的《钦定学堂章程》，因该年为农历壬寅年，所以又称为"壬寅学制"。

《钦定学堂章程》包括《京师大学堂章程》、《考选入学章程》、《高等学堂章程》、《中学堂章程》、《小学堂章程》和《蒙学堂章程》等①。

"壬寅学制"是中国近代第一个以中央政府名义制定的全国性学制体系。它将普通教育划分为初等教育、中等教育、高等教育三段七级；并对各类实业学堂、师范学堂、仕学堂等做出了具体的规定，从而制定了一个比较完整的学校系统。

"壬寅学制"虽然正式公布，但并未实行，很快被"癸卯学制"所取代。

2. 癸卯学制

由于制定"壬寅学制"比较仓促，存在诸多不足，公布后即有人提出不同意见，因此，光绪二十九年（1904年）又由张百熙、张之洞、荣庆主持重新拟订了《奏定学堂章程》，因1904年为阴历癸卯年，这个学制也称"癸卯学制"。这是中国近代由中央政府颁布并首次得到实施的全国性的法定的学制系统。

"癸卯学制"，即《奏定学堂章程》，包括《学务纲要》《各学堂管理通则》《蒙养院章程及家庭教育法章程》《初等小学堂章程》《高等小学堂章程》《中学堂章程》《高等学堂章程》《大学堂章程》（附通儒院章程）、《初级师范学堂章程》《优级师范学堂章程》《任用教

---

① 朱有瓛：《中国近代学制史料》（第二辑上册），华东师范大学出版社1987年版，第64页。

员章程》《初等农工商实业学堂章程》（附实业补习普通学堂及艺徒学堂各章程）、《中等农工商实业学堂章程》《高等农工商实业学堂章程》《实业教员讲习所章程》《实业学堂通则》《译学馆章程》（译学馆又称方言学堂）、《进士馆章程》等①。"癸卯学制"的内容比"壬寅学制"更为系统详备。

"癸卯学制"在主系教育方面，将整个学程划分为三段七级。

第一阶段为初等教育，包括蒙养院 4 年、初等小学堂 5 年、高等小学堂 4 年，共 3 级 13 年。

蒙养院《奏请学堂章程》规定"蒙养家教合一之宗旨，在于以蒙养院辅助家庭教育包括女学"②。蒙养院招收 3—7 岁儿童，以游戏、歌谣、说话和手技为教育内容，每日受教育不超过 4 小时。将蒙养院纳入学制系统，标志着我国学前幼儿教育已进入国家规划发展的新阶段。

初等小学堂

《奏请初等小学堂章程》规定："凡国民七岁以上者入焉，以启其人生应有之知识，立其明伦理爱国家之根基，并调护儿童身体，令其发育为宗旨；以识字之民日多为效。每星期不得过三十点钟，五年毕业。"③

初等小学堂的课程有修身、读经讲经、中国文字、算术、历史、地理、格致、体操等。

初等小学堂被规划为强迫教育（义务教育）阶段，要求 7 岁儿童一律进入学校，"使邑无不学之户，家无不学之童"。

高等小学堂《奏请高等小学堂章程》规定，高等小学堂"以培养国民之善性，扩充国民之知识，强壮国民之气体为宗旨"④。设置课程

---

① 朱有瓛：《中国近代学制史料》（第二辑上册），华东师范大学出版社 1987 年版，第 78—79 页。
② 《奏请学堂章程·蒙养院及家庭教育法》，湖北学务处本，第 1 页。
③ 《奏请学堂章程·初等小学堂章程》，湖北学务处本，第 1 页。
④ 同上书，第 1 页。

有：修身、读经讲经、中国文学、算术、中国历史、地理、格致、图画、体操等。4年毕业。

第二阶段为中等教育，未分级，5年。

中学堂

《奏请中学堂章程》规定：中学堂以"施较深之普通教育，俾毕业后不仕者从事于各项实业，进取者升入高等专门学堂均有根柢为宗旨"[①]。设置课程12门：修身、读经讲经、中国文学、外国语、历史、地理、算学、博物、物理及化学、法制及理财、图画、体操。

第三阶段为高等教育，分3级，11—12年。

高等教育分为三级：高等学堂（即大学预科）3年；大学堂3—4年；通儒院5年。

高等学堂

分为三类：第一类为经学、法学、文学、商学等大学的预科；第二类为格致、工科、农科等大学的预科；第三类为医科大学的预科。《奏请高等学堂章程》规定："普通中学毕业愿求深造者入焉；以教大学预备科为宗旨，以各学皆有专长为成效。每日功课6点钟，三年毕业。"

大学堂

《奏请大学堂附通儒院章程》规定：高等学堂或大学预科毕业生入大学堂，"以各项学术艺能之人才促进任用为成效"。大学堂分设8科，也称分科大学。所设8科是：经学科大学、政治科大学、文学科大学、商科大学、医科大学、格致科大学、工科大学、农科大学。设于京师的大学堂8科全备，设于各省至少备其中3科。分科大学一般为3年毕业，只政法科及医科中的医学门为4年毕业。

通儒院是全国最高学府，属研究院性质，设在京师大学堂内。招收分科大学毕业生，学制5年。通儒院以"造就通才"为目标，以

---

① 《奏请学堂章程·高等堂章程》，湖北学务处本，第1页。

"能发明新理以著成新书,能制造新器以利民用为成效"①。

"癸卯学制"在主系教育方面,规定从小学堂到大学堂,学制总年限长达20—21年之久。

"癸卯学制"在主系列之外,还设置了各类学堂,其中主要有以下二类学堂。

实业类学堂

《实业学堂通则》认为"振兴农工商各项实业,为富国裕民之计",必须开办实业教育。实业学堂分为初、中、高三级。初等实业学堂与高等小学平行;中等实业学堂与中学堂平行;高等实业学堂与高等学堂平行。各级实业学堂一般划分为农业、工业、商业、商船4个专业。3年毕业。此外,还设立有实业补习普通学堂、艺徒学堂、实业教员讲习所。

师范类学堂

分为初级和优级两级。初级师范学堂与中学堂平行,招收高等小学毕业生,以培养初等、高等小学堂教员为宗旨;优级师范学堂与高等学堂平行,招收初级师范毕业生和普通中学毕业生,"以造就初级师范学堂及中学之教员管理人员为宗旨"。初、优级师范学堂都要有附属学校(小学、中学),作为师范生的实习基地。

"癸卯学制"一直沿用到清朝灭亡为止,中间也有一些补充和修正,其中影响较大的有:在学制中开放了"女禁";其二,对初等小学章程进行了修订,根据各地小学教育条件的差异,将小学分为两类:完全科和简易科。简易科小学的课程可以删减,学制可缩短为4年或3年;宣统元年(1909年)仿照德、法学制,对中学教育实行文、理分科;规定了各项留学章程,逐步形成了留学制度。

"癸卯学制"的性质属于半资本主义半封建学制。一方面,它直接参考了日本、欧美学制,实行三级学制系统模式,规定初级小学为义务教育,确立了德、智、体三方面协调发展的"三育"教育目标,

---

① 《奏请学堂章程·高等堂章程》,湖北学务处本,第1页。

设置了众多的实业学堂,重视师范教育,以分年课程规划、班级授课制作为基本的教学管理和教学组织形式;要求尊重儿童个性,禁止体罚儿童等等体现了资本主义学制的性质。但另一方面,它又具有浓厚的封建性。其一,教育思想仍然沿用洋务教育"中体西用"的指导思想,强调对学生进行封建伦理道德知识的灌输,没有本质上的突破。其二,"读经讲经"课程的比重过大,初等小学堂占课程总时数的五分之二,高等小学堂占三分之一,中学堂占四分之一,大学设有经学科。其三,将女子排斥在学校教育之外。章程中明确指出:"惟中国男女之辨甚谨,少年女子断不能令其结队入学,游行街市。"1909年虽肯定了女子受教育的权利,但仍然规定男女不得同校学习。其四,《各学堂管理通则》中对教职员和学生规定了许多旨在维护封建统治秩序的禁令和严厉的惩儆条例,体现了较强的封建专制性。

(三) 建立教育行政机构,厘定教育宗旨

1. 建立教育行政机构

清朝在中央政府一直未设立专门管理教育的机构,教育由礼部兼管,下属国子监管理国学。为保证学制颁布后兴学政策的落实,加强教育管理,清政府进一步对教育行政体制进行了改革。

1905年12月,清廷批准成立学部,作为统辖全国教育的中央教育行政机关,将国子监并入学部。学部的最高长官为尚书,其次为左、右侍郎;在尚书、侍郎之下设有左右承、左右参议、郎中、员外郎等事务官。学部内分为5司12科,即:总务司(下设机要、案牍、审定3科);专门司(下设教务、庶务2科);普通司(下设师范教育、中等教育、小学教育3科);实业司(下设实业教务、实业庶务2科);会计司(下设度支、建筑2科)。各司设郎中,各科设员外郎,主持司、科事务。此外,学部还附设有编译图书局、京师督学局、学制调查局、高等教育会议所,教育研究所等机构。

1906年,清政府对地方教育行政机构也做了相应改革,各省设立提学使司作为专管教育的行政机构,长官为提学使。提学使司设学务公所,分为六课:总务、专门、普通、实业、图书、会计,并设省视学6人，巡视各府厅州县学务。

1906年，在府、厅、州、县设立劝学所，为各级教育行政机关，劝学所设总董一人，下分若干学区，每区设劝学员，具体管理学务。

晚清"新政"时期，已建立了从中央到地方一套完整的教育行政机构。

2. 教育宗旨的厘定

"宗旨"指主要的旨趣，也指主要目的和意图。19世纪末，随着洋务运动学堂的兴办，人们开始讨论教育宗旨问题。1898年，严复第一次系统提出了德、智、体三要素协调发展的教育目标论；1898年，张之洞以"中学为体，西学为用"概括了办学的指导思想；1902年，梁启超著文明确提出教育"当定宗旨"的主张，并提出了"新国民"的教育目标。1904年，张之洞等在奏请颁布的《奏定学堂章程》中明确提出了清末的教育宗旨，即"至于立学宗旨，无论何等学堂，均以忠孝为本，以中国经史之学为基。俾学生心术壹归于纯正，而后以西学瀹其智识，练其艺能，务期他日成材，各适实用，以仰副国家造就通才、慎防流弊之意"①。此项宗旨，既提出了以造就"以忠孝为本"的"通才"教育目标，又反映了"中学为体，西学为用"的指导思想。

1906年，由学部拟订，经朝廷认定，并向全国正式颁布了五条教育宗旨："忠君、尊孔、尚公、尚武、尚实。"其中"忠君""尊孔"被认为是"中国政教之所固有，而亟宜发明以距异说者"；"尚公""尚武""尚实"被看作"中国民质之所最缺，而亟宜箴砭以图振起者"。② 中国近代第一次正式宣布的这一教育宗旨仍然固守了"中体西用"的精神，带有明显的半封建半资本主义的性质。

（四）新学堂的兴办和留学教育的勃兴

在清末推行的一系列教育改革措施，推动了全国新学堂的兴办和

---

① 朱有瓛：《中国近代学制史料》（第二辑上册），华东师范大学出版社1987年版，第78页。

② 同上书，第151—156页。

留学教育的勃兴。

1. 新学堂的兴办

清末全国学校迅速发展，据学部统计，自光绪二十九年（1903年）至宣统元年（1909年），学校数由719所增加到52000多所，约增加了73倍。自光绪二十八年（1902年）至宣统元年（1909年），学生数由6943人增加到1562170人，增加了225倍。[①]

2. 留学教育的勃兴

在清朝末年"新政"的激励下，近代留学教育进入20世纪后骤然勃兴，先后兴起了两次留学高潮：一次是1906年前后的留日高潮；另一次是1908年"退款兴学"后的留美热潮。

其一，留日高潮的兴起。

甲午战争之后，中国的士大夫们开始寻求日本迅速强大的原因。他们认为日本早期派遣的大量留学生对日本的富强起了重要作用，中国也必须仿效。由于日本路近费省，中日文字接近、风俗习惯近似，西书已由日本择要翻译等缘由清政府便将日本作为中国派遣留学生的首选国。1903年，清政府公布《约束奖励游学毕业生章程》，明确了对留学毕业生给予相应的科名奖励办法，留日学生逐年增多，到1905年形成留日高峰。1901年底留日学生约280名，1904年约3000名，1906年达8000名以上，之后人数逐渐减少。[②]

其二，留美潮流的兴起。

1900年，八国联军入侵中国，占领了北京紫禁城，1901年迫使清政府签订了《辛丑条约》。条约规定，中国要向列强赔付4.5亿两白银，分39年还清，本息总计达9亿多两。因1900年为中国的"庚子年"，因而史称"庚子赔款"。

1908年，美国国会从其在华的长远利益出发，通过议案，决定从1909年起，将美国所得庚子赔款的一部分以"先赔后退"的方式退还

---

① 何晓夏：《简明中国教育史》，北京师范大学出版社2008年版，第327页。
② 孙培青：《中国教育史》，华东师范大学出版社2009年版，第353页。

给中国，并和中国政府达成默契，以所退庚子赔款发展留美教育。美国的"退款"举动，后来为俄、日、法等国仿效，这就是所谓的"庚款兴学"或称"退款兴学"。

美国之所以率先做出"退款兴学"的决定，主要原因如下。

第一，1905年前后，由于美国推行排斥华工的政策，中国沿海各地激起了广泛的抵制美货运动，使美国的在华经济利益受到损失；

第二，1905年，中国形成了留日高潮，美国认为这不利于美国在华的长远利益；

第三，1906年，美国伊里诺大学校长詹姆士提出了长远控制中国的新思路，这就是以"从知识上与精神上支配中国的领袖的方式"来控制中国的发展。[①]

为了实施"庚款留美"计划，清政府专门拟定了《遣派留美学生办法大纲》。此大纲一方面规定在华盛顿设立"游美学生监督处"，作为管理中国留美学生的机构，在北京设立"游美学务处"，负责留美学生的考选派遣事宜；另一方面提出派遣留美学生的计划，即从1909年起，前四年清政府每年向美国派遣留学生100名，自第五年起，每年至少增加50名留学生。

为了实施派遣留美学生计划，清政府还采取了一个重要措施，即于1911年4月正式开办了留美预备学校——清华学堂，1912年，民国政府改称清华学校，是我国著名学府——清华大学的前身。

虽然"退款兴学"并不是美国良心的发现，而是出于维护其在华的长远利益的考虑，但它在客观上推动了留美潮流的兴起。1909年之后，留美人数逐年增加，中国留学生的流向结构从此发生了重大的变化。美国达到了"把中国的留学潮流引向美国"的目的。

尽管清末"新政"时期进行的教育改革是清政府在摇摇欲坠之际采取的自救措施，具有西方资本主义教育和中国封建专制主义教育的

[①] 清华大学校史研究室：《清华大学史料选编》（一），清华大学出版社1991年版，第72页。

双重色彩，但这次改革结束了延续 1300 年之久的科举制度。依照西方近代三级教育模式，首次建立了规范全国的学制系统；提出了普及全民教育的设想；设置了与近代教育相匹配的各级教育行政管理机构；新式学堂的数量迅速增加；"西学"在学校教学内容中开始占主导地位；形成了规模空前的留学教育高潮；随着西方近代教育观念的大量引入，也促进了教育理论的发展；中国教育的近代转型已经开始。同时也应看到，传统封建教育在形式上虽已崩溃，但其精神仍然寄生于新的教育形式之中，如占较大比重的经学教育内容、教育管理的专制性、体现"中体西用"的教育宗旨等等，这些都说明要在较深层次上改革传统教育的路程还很漫长，中国教育亟须革命性的变革。

第七章

中国现代教育的曲折探索

——辛亥革命及民国时期的教育

辛亥革命推翻了统治中国270多年的清王朝。辛亥革命虽然失败了,但资产阶级革命派在辛亥革命前后和建立中华民国临时政府后开始了对中国现代教育历史性探索。20世纪20年代在进步知识分子中形成了新的教育思潮,为中国现代教育的发展作了重要的理论准备;在国共第一次合作中,创建了黄埔军校;1927年蒋介石集团和汪精卫集团相继叛变革命,疯狂屠杀中国共产党人和革命群众,建立了南京国民政府;中国共产党开展武装斗争,开始建立农村革命根据地,中国出现了两个政权、两个区域。辛亥革命和"五四"新文化运动中倡导和努力创建现代教育的教育家和教育界人士绝大多数留在了"国统区",为中国现代教育发展作出了重要贡献,奠定了中国现代教育的基本模式。抗日战争时期,国民党政府制定了"抗战建国"的基本国策,提出了"战时须作平时看"的教育指导方针。为了减少日寇的破坏与蹂躏,保存我国民族教育之国脉,民国政府将一批重点高校迁往西南及西北地区,勉力应变,并取得了一定成效。国统区的广大教育工作者在极其艰苦的战争条件下,苦苦支撑民族教育,表现出可敬的爱国精神。

第一节　辛亥革命及民国初期的教育改革

戊戌变法失败后，康有为、梁启超等改良派冥顽不化，甚至堕落为保皇派；而以孙中山为代表的一批爱国知识分子抛弃了改良主义幻想，走上了革命的道路。早在1894年，孙中山在檀香山发起组织了第一个中国资产阶级革命团体——"兴中会"，开始宣传和策动推翻清政府的革命活动。1903—1904年前后，孙中山、章炳麟、邹容、陈天华、秋瑾等资产阶级革命派代表人物对封建专制制度进行了猛烈的抨击，与康、梁等保皇派的观点进行了初步的交锋，传播了民主革命的思想，革命思潮逐步代替改良思潮而成为时代的主流。1905年孙中山倡议成立了"中国革命同盟会"（简称中国同盟会），提出了"驱逐鞑虏，恢复中华，创立民国，平均地权"的革命纲领和"民族、民权、民生"三大主张，标志着民主革命思想的成熟，促进了革命高潮的到来。1911年10月10日，湖北革命党人打响了辛亥革命第一枪，各省纷纷响应，革命风暴席卷全国，清王朝土崩瓦解。1912年1月1日，在南京成立了中华民国临时政府，孙中山就任临时大总统，亚洲第一个民主共和国——中华民国宣告成立。辛亥革命推翻了统治中国270多年的清王朝，结束了持续两千多年的封建君主专制制度，中国社会发展进入了一个新的历史时期。

1912年2月，在袁世凯威胁下，临时参议院选举袁世凯为临时大总统；4月，孙中山正式解除临时大总统职务，临时政府迁往北京，标志着辛亥革命的失败。

辛亥革命虽然失败了，但资产阶级革命派在辛亥革命前后、建立中华民国临时政府后对封建教育思想和改良派的教育思想进行了猛烈批判，创办了革命学校，颁布教育改革令，颁布新的教育方针，改革学制，为中国教育的发展，作出了重要贡献。

一 对封建专制主义教育和改良主义教育的批判

（一）对封建专制主义教育的批判

资产阶级革命派对封建专制主义教育的批判包括两个方面：一是对封建专制主义教育宗旨的批判；二是对孔子的批判。

1. 对封建专制主义教育宗旨的批判

资产阶级革命派批判封建专制主义教育的锋芒直指清政府制定的教育宗旨——"忠君""尊孔"。他们指出，封建教育的宗旨就是要培养"忠君"的奴隶。清政府所开设的学堂实际上就是奴隶学堂，所使用的教科书就是"造奴隶之教科书也"，在本质上就是奴隶教育。邹容在《革命军》一书中，反对以"忠君"为教育宗旨，他说："以言夫忠于国也则可，以言夫忠于君也则不可"[1]，指责封建伦理道德教育以"顺民奴隶以为忠，割骨埋儿以为孝，焚身殉葬以为节"为伦理价值取向，其目的无非教人"柔顺也、安分也、韬晦也、服从也、做官也、发财也"。这种"顺民奴隶"教育所培养的学生往往是一些"无自治之力，亦无独立之心……依赖之外无思想，服从之外无精神，呼之不敢不来，麾之不敢不去，命之生不敢不生，命之死不敢不死"的"五官不具，四肢不全，人格不完""奄奄无生气之人"[2]。这是对人性的残酷践踏。

资产阶级革命派不仅批判封建专制主义的"顺民奴隶"教育，而且批判歧视妇女教育的制度，提出"女子家庭革命"和"振兴女学"的主张。陈天华在《警世钟》中指出："女子无才便是德"是"真正害人得很"的观点，主张妇女"入了学堂，讲些学问，把救国的担子也担在身上，替数千年的妇女吐气"。秋瑾激烈抨击男权统治，号召妇女走出家门，走进学堂，"求一个自立的基础，自活的艺业"，"学得科学工艺，做教习，开工厂"，免得做那"幽禁闺中的囚犯"[3]。他

---

[1] 邹容：《革命军》，上海大同书局1903年版。
[2] 同上。
[3] 秋瑾：《敬告姊妹们》，《秋瑾集》，中华书局1960年版。

们将妇女教育与民主革命紧密联系在一起，为妇女教育增添了新的内涵。

2. 对孔子的批判

革命派既反对"忠君"，也反对"尊孔"。1902 年，章炳麟在《订孔》一文中指责孔子是中国的祸根，"八十世无进取者，咎之于孔氏，祸本成，其胙尽矣"①。他首开了革命派直接抨击孔子之先河。1903 年，他在《驳康有为论革命》一文中指出，封建统治者之所以要"尊事孔子，奉行儒术"，目的在于"便其南面之术，愚民之计"。② 他在《东京留学生欢迎会演说词》中明确指出，"我们今日想要实行革命，提倡民权……孔教是断不可用的"。

(二) 对资产阶级改良派"教育救国"论的批判

1905 年，中国同盟会成立，孙中山在《〈民报〉发刊词》中正式提出民族、民权、民生三大主义，开始宣传资产阶级民主革命的纲领，引起了改良派的不满，于是双方展开了激烈的论战。其中要不要革命的问题是革命派与改良派论战的焦点之一。

如果说 19 世纪末，维新派鼓吹教育救国论具有一定的积极意义，那么，戊戌变法失败后，他们仍旧坚持原来的主张则具有阻挠民主革命的消极作用。改良派以中国人民受教育程度普遍低下、愚昧无知、缺乏治理国家的基本能力为理由，极力反对革命和推行共和。梁启超说："一二十年内，我国民万不能遽养成共和资格，未养成而遽行之，必足招亡。"③ 在梁启超看来，当人民素质没有普遍提高之前，采取暴力革命的方式强行建立共和制，将有导致国家民族灭亡的危险。严复更是主张教育救国。1905 年，严复在伦敦会见来访的孙中山时明确地表述了教育救国的思想，他说："中国民品之劣，民智之卑，即有改革，害之除于甲者将见于乙，泯于丙者将发之于丁。当今之计，惟急

---

① 汤志钧编：《章太炎政论选集》，中华书局 1977 年版，第 179 页。
② 中国科学院哲学研究所中国哲学史组编：《中国哲学史资料》近代之部（下），中华书局 1983 年版，第 426 页。
③ 梁启超：《答某报第四号对于本报之驳论》，《新民丛报》1906 年。

从教育著手，庶几逐渐更新乎！"在孙中山看来，这种思想是不实际的空想，他感慨道："俟河之清，人寿几何！君为思想家，鄙人乃实行家也。"① 孙中山坚决主张先革命后教育的主张，认为"改造中国的第一步只有革命"，"若必俟我教育之普及，知识之完备，而后行，则河清无日，坐失良机，殊可惜也。必也治本为先，救穷宜急，衣食足而知礼节，仓廪实而知荣辱，实业发达，民生畅遂，此时则普及教育乃可实行也"②。也就说，等待教育普及和知识完备，然后再进行革命，不仅是一种"河清无日"的空想，而且会坐失革命良机。必须先治本，推翻专制腐朽的清政府，建立起民主共和国，发展实业，才能谈得上实施普及教育。

章炳麟在《驳康有为论革命书》中认为革命实践本身是开民智、明公理、去旧俗的根本途径。他说："人心之智慧，自竞争而后发生，今日之民智不必恃他事以开之，而但恃革命以开之。""民主之兴，实由时势迫之，而亦由竞争以生此智慧者也。""公理之未明，即以革命明之；旧俗之俱在，即以革命去之。"③

这场论辩的实质不是要不要发展教育的问题，而是要不要革命的问题。改良派强调真正的民主政治必须建立在相应的民众素养基础上，强调普及教育和提高国民素质的重要性，这种认识有其合理因素。但是，改良派以民智未开而反对革命，以教育救国而否定革命救国，不仅对资产阶级革命起阻碍作用，而且歪曲了教育与政治之间辩证关系。发展教育需要一定的政治和经济条件，如果不推翻封建专制制度和发展实业，中国近代现代教育是难以顺利发展的。

二 创办革命学校

资产阶级革命派虽然批判资产阶级改良派"教育救国"的主张，

---

① 严复：《严复集》（五），中华书局1986年版，第1550页。
② 《孙中山选集》上册，人民出版社2011年版，第167页。
③ 璩鑫圭、童富勇：《中国近代教育史资料汇编·教育思想》，上海教育出版社1997年版，第617—618页。

但是他们十分重视教育的作用。早在1895年，孙中山就将"立学校，以育人才"作为"兴中会"拟办的重要事项之一。1902年，蔡元培等人提出"我辈欲造成共和的国民，必欲共和的教育"①。他把"共和的教育"看作建立民主共和国的基础。正是在这些思想的指导下，革命派在社会教育和创办革命学校两个方面作了不懈的努力。革命派创办的革命学校主要有：孙中山在东京面向留日学生创办的青山革命军事学校；蔡元培等在上海创办的爱国学社、爱国女校；徐锡麟、秋瑾等在绍兴创办的大通学堂。其他革命者还创办有中国公学、福建侯官两等小学堂、芜湖安徽公学、安徽崇实学堂、江苏丽泽书院、贵州的光懿小学等。其中最有名的是爱国学社、爱国女学和大通师范学堂。

1. 爱国学社、爱国女学

1902年4月，由章太炎、蔡元培、叶瀚、蒋观云、林少泉等人发起成立"中国教育会"，蔡元培任会长。中国教育会创办了两所著名的革命学校——爱国学社、爱国女学。

爱国学社，1902年创办于上海，校址设在上海泥城桥福源里，以蔡元培为学校总理，吴稚晖为学监，黄炎培、蒋智由、蒋维乔、章太炎等为义务教员。学生分4个班，实行学生自治。爱国学社与清政府的官办学堂最大的区别在于，校内师生高谈革命，放言无忌。强调"重精神教育，重军事教育，而所授各科学皆为锻炼精神激发志气之助"②。所设课程主要有：数学、国文、历史、地理、理科、英语、经济、政治、法理、体育等。1903年6月，清政府逮捕了邹容和章太炎，爱国学社被迫解散。

爱国女学，是由中国教育会蔡元培、蒋观云等人于1902年12月在上海创办的。蒋观云、蔡元培先后任经理。爱国女学以"增进女子之智、德、体力，使其有一副爱国心为宗旨"③，提倡男女平等，妇女解放。规定学习年限为预科3年，本科2年。课程主要有：外语、国

---

① 《爱国学社之建设》，《选报》1902年12月第35期。
② 《爱国学社章程》，《选报》1902年12月第35期。
③ 《警钟日报》1904年8月10日。

文、物理、化学、代数、几何、法国革命史及图画、音乐、体操等。

爱国学社和爱国女学都是革命性质的学校，为同盟会和辛亥革命培养了不少人才。

2. 大通师范学堂

1905年9月，光复会会员徐锡麟等在浙江绍兴创办大通学校，后改为大通师范学堂。该校设有体育专修科，6个月毕业，以培训小学体育教师为名，招收各地会党首领入学堂练习兵操，培养革命军事干部。1907年，该校由女革命家秋瑾主持。开设的课程主要有：语文、算术、历史、地理、物理、化学、外语、教育、伦理等。学校对学生进行严格的军事训练，培养了一支重要的革命力量。1907年7月，秋瑾准备领导绍兴革命党人响应徐锡麟在安庆发动的武装起义，被清政府侦悉，双方在大通师范学堂展开激战，导致"血战大通学堂"事件，许多革命青年壮烈牺牲，秋瑾被捕后遇害于绍兴轩亭口。大通范师学堂在中国近代资产阶级革命史上和教育史上写下了浓重的一笔。

三 南京临时政府及民国初年的教育改革

（一）发布教育改革令

1912年元旦，孙中山在南京宣誓就任民国临时政府大总统。宣布中华民国临时政府成立。孙中山领导下的南京临时政府，在短短的3个月时间里，颁布了不少资产阶级文化教育法令，倡导"自由平等博爱"的"公民道德"；禁止清政府颁布的教科书，废止"有碍民国精神及非学校应收授之科目"；特别是南京临时政府教育部颁布了《普通教育暂行办法》和《普通教育暂行课程标准》，这是民国初年改革封建教育的纲领性文件。

《普通教育暂行办法》共14条，主要规定：清末各种学堂一律改称学校，监督、堂长一律改称校长；"初等小学可以男女同校"；"凡各种教科书，务必合于共和民国宗旨，清学部颁行之教科书，一律禁用。""小学读经科，一律废止。""小学手工科，应加注重。"

"初等小学算术科,自第三年起兼珠算。"中学校为普通教育,不必分文科与实科;中学和初级师范学校学制改为4年。《暂行办法》废止了忠君、尊孔、读经等封建教育制度,体现了资产阶级民主精神和注重实用的原则立场,比较充分地反映了资产阶级共和国对教育的要求。

《普通教育暂行课程标准》是具体规定改革课程内容的法令,共11条,规定初等小学、高级小学、中学、初级师范学校学习的科目,各学年每周各科授课的时数等。《普通教育暂行课程标准》反映了《暂行办法》的有关原则,为以后《壬子癸丑学制》关于小学、中学、初级师范课程设置奠定了基础。

(二) 颁布新的教育方针

确立民国教育方针,是民国初期教育改革的重大任务。1912年7月10日至8月10日,"中华民国成立以后第一次中央教育会议"召开,讨论并通过了民国教育方针;9月2日,由教育部公布施行。新的教育方针是:"注重道德教育,以实利教育、军国民教育辅之,更以美感教育完成其道德。"[①]

这一教育方针以道德教育为核心,以培养学生具有共和国国民的健全人格作为首要任务,体现了使学生在德、智、体、美四方面和谐发展的思想。新的教育方针的确立和颁布,是中国教育的一个进步,也是资产阶级反对封建教育的一个重大胜利。

(三) 壬子癸丑学制

1. 学制的形成过程

清末在推进"新政"期间颁布的"癸卯学制",虽然比传统的学制有所进步,但仍带有浓厚封建性,所以南京临时政府教育部成立之初,即注重制定民国新学制的工作,召集了一批留学日本和欧美的归国人员,经过反复研讨,形成了一个《学制系统案》。在这个草案的

[①] 陈学恂:《中国近代教育史教学参考资料》(中册),人民教育出版社1987年版,第178页。

基础上，又广泛征求了教育界的意见，并经过多次修订，于1912年9月由教育部正式颁布《学制系统令》。因这一年为中国阴历的壬子年，故称"壬子学制"。

壬子学制公布后，教育部又于1913年8月陆续公布了各级各类学校的具体法令，使"壬子学制"得以充实和具体化，最终形成一个新的完整的学制系统，史称"壬子癸丑学制"。

2. 学制体系

"壬子癸丑学制"将从小学至大学的普通教育期限规定为17—18年，共分为三段四级：第一阶段为初等教育，分两级：初小4年（义务教育）和高小3年；第二阶段为中等教育阶段：不分级，中学4年；第三阶段为高等教育段：预科3年、本科3—4年，大学之上，有大学院，属研究生院性质的学校，不限年限。小学前的蒙养园和大学本科之上的大学院均不计入学制年限。

除普通教育系统之外，还设有师范教育和实业教育两个系统。师范教育分两级：师范学校、高等师范学校，分别相当于中等和高等教育阶段。并专门设立女子师范学校和女子高等师范学校。实业教育主要有：乙种实业学校、甲种实业学校，分别相当于高小和中等教育阶段。

与大学平行，设有专科类学校，分类培养法政、医学、药学、农业、工业、商业、美术、音乐、商船、外国语等高级应用型人才。专科学校分预科、本科、研究科三个层次，预科1年，本科2—3年。

壬子癸丑学制还特设或附设有补习科、专修科、讲习所之类的旁支。

3. 课程标准

"壬子癸丑学制"对各级各类学校的课程设置、教学目标、授课时数都作出具体的规定。

（1）小学校

1912年11月教育部颁布的《小学校令》规定，儿童6岁至14岁为小学教育阶段，"小学校教育以留心儿童身心之发育，培养国民道德之基础，并授以生活所需之知识技能为宗旨"①。初等小学校开设修身、国文、算术、手工、图画、唱歌、体操共7门课程，女子加缝纫课。高等小学校开设修身、国文、算术、本国历史、地理、理科、手工、图画、唱歌、体操共10门课程，女子增加缝纫课，男子增加农业课。高小有条件的学校可增加英语课（或其他外国语）。实业学校可根据情况改设商业课。

（2）中学校

1912年9月教育部颁布的《中学校令》规定："中学校以完足普通教育，造成健全国民为宗旨。"② 中学校课程有：修身、国文、外国语、历史、地理、数学、博物、物理、化学、法制经济、图画、手工、乐歌、体操等14门。女子中学增加家事、园艺（可缺）、缝纫等课。强调外国语应以英语为主，也可从法、德、俄语中选择一种。

（3）大学

1912年10月，教育部公布的《大学令》规定："大学校以教授高深学术，养成硕学宏材，应国家需要为宗旨。"③ 大学分文、理、法、商、医、农、工7科。大学毕业生可进入大学院，修业期限不限。教育部颁布的《大学规程》详细地规定了大学各科的课程，如文科，主要有哲学、文学、历史学、地理等4门。

（4）师范学校

1912—1913年，教育部公布了有关师范学校的规定："师范学校以造就小学教员为目的"；"高等师范学校以造就中学校、师范学校教员为目的"；"女子师范学校以造就小学教员及蒙养园保姆为目的"；"女子高等师范学校以造就女子中学、女子师范学校教员为目的"④。高等师范学校、高等女子师范学校均设选科、专修科、研究科。

在《师范学校规程》中，具体规定了对师范学生的要求和各级师

---

① 舒新城：《中国近代教育史资料》（中），人民教育出版社1981年版，第149页。
② 同上书，第526页。
③ 同上书，第647页。
④ 同上书，第646页。

范学校的课程标准。

师范学校课程标准是：预、本科的课程为修身、教育、国文、习字、英语、历史、地理、数学、博物、物理、化学、法制、经济、图画、手工、农业（或商业）、乐歌、体操；女子师范学校免农业（或商业），加修家事、园艺、缝纫课。教育类课程的比重较大，包括普通心理学、伦理学、教育理论、哲学发凡、教授法、保育法、教育史、教育制度、学校管理、学校卫生、教授实习等。

高等师范学校课程标准是：预科课程有伦理学、国文、英语、数学、图画、乐歌、体操等。本科分为6部，各部课程不同。其中心理与教育类课程有心理学、教育学、教育史、教授法、学校卫生、教育法令等。

(5) 实业学校

1913年8月，教育部公布《实业学校令》和《实业学校规程》，规定"实业学校以教授农工商业必需之知识技能为目的"。"实业学校分甲乙种：甲种实业学校施完全之普通实业教育；乙种实业学校施简易普通实业教育，亦得应地方需要授以特殊之技术。"[1]《实业学校规程》详细规定了实业学校的种类、分科和课程等。与清末的"癸卯学制"相比较，"壬子癸丑学制"有了明显的进步：总学制缩短了3—4年；女子享有与男子平等的法定教育权；消除了"癸卯学制"中的"读经讲经"课程、毕业生奖励科举出身等体现封建性的有关规定；取消了清末中学文、实分科的做法，取消高等学堂；增加了自然科学课程和生产技能培训，改进了教学方法。

"壬子癸丑学制"虽然存在一些不完善之处，但它的公布是中国近代资产阶级反对封建教育的重大胜利，具有重要的历史进步意义。

---

[1] 舒新城：《中国近代教育史资料》（中），人民教育出版社1981年版，第785页。

第二节　北洋军阀统治时期的教育

自 1912 年 3 月，袁世凯窃取了辛亥革命的成果，就任中华民国临时大总统，至 1928 年 6 月奉系军阀统治结束，史称北洋军阀统治时期。北洋军阀是袁世凯在清朝末年建立的封建军阀集团，袁世凯死后，分化为直、皖、奉三系。在北洋军阀统治中国 17 年的时间里，北京中央政府像走马灯一样，前后更换了 13 任总统（包括临时总统、临时执政、摄政内阁大元帅等称谓），更换了 46 届内阁，最短命的内阁只维持了一个星期。北洋军阀各派系之间争权夺利，军阀混战不断，是中国历史上一个黑暗时期。但实事求是地讲，这一阶段也是中国封建教育回潮与反回潮时期，中国教育缓慢进步时期；也是现代教育思想、现代学制和大学教育的积极探索和取得重要成果的时期。这一时期的教育发展与北洋政府的教育政策不无关系，由于民国初期形成的一些教育改革理念、教育政策已经在教育界深入人心，成为共识，因此北洋军阀政府或难以改变，或为了保存民主共和的招牌不得不沿用，如 1912 年 10 月，北洋政府教育部由蔡元培主持制定的《大学令》，准许设办私立大学；1914 年 12 月，北洋政府教育部制定的《整理教育方案草案》第一条规定，要"变通从前官治的教育，注重自治的教育"。注重教育自治和允许开办私立大学等政策，为当时教育的发展留下了空间；另外个别军阀比较重视教育，如张作霖创办东北大学、阎锡山在山西推行中小学免费义务教育、曹锟在保定创办河北大学等，曾起过某些积极的作用；但必须指出的是，北洋军阀政府把教育界视为支持学生爱国运动的祸首，北洋军阀与教育界的民主思想是水火不相容的，北洋政府的教育经费短缺，而且时有挪用、拖欠教育经费的现象；他们不是推动北洋军阀统治时期中国教育改革和发展的主体，而真正的主体则是教育界爱国民主的知识分子群体，尤其是"五四"新文化运动为中国现代教育发展注入了强大的精神动力。教育史学界过去将这一阶段的教育改革和教育进步全部归属于"民国初期"，显然不妥；

近年来一些学者不同意这种划分，我们认为应当尊重历史，应当实事求是地描述这一阶段中国教育发展的历史进程。

一　封建教育的回潮

1912年1月1日，孙中山解除了临时大总统的职务，南京临时政府迁往北京；袁世凯在帝国主义和封建势力支持下篡夺了临时大总统的职务，建立起北洋军阀反动政权。在南京临时政府和全国临时教育会议期间，蔡元培主持制定了一系列教育改革措施，遭到了北洋政府的肆意践踏，掀起一股恢复封建文化教育的浪潮。袁世凯复辟封建教育主要表现在以下三个方面。

第一，恢复尊孔祀孔。资产阶级革命派批判孔子是中国封建专制主义的祸根；南京临时政府教育部曾通令废止祀孔典。然而，袁世凯政府一方面支持康有为等人发起的"孔教会"，另一方面于1913年6月发布政令，宣称应"查照民国体制，根据古义，将祀孔典礼，折中至当，详细规定，以表尊崇，而垂久远"①。袁世凯政府的教育部通令各地学校恢复祀孔典礼，孔子的神位被重新请回学校。1914年1月，袁世凯操纵下的"政治会议"通过了"祀孔案"，命令全国恢复祀孔典礼。

第二，恢复封建主义的教育方针。中华民国成立以后的第一次中央教育会议制定、颁布了"注重道德教育，以实利教育、军国民教育辅之，更以美感教育完成其道德"的民国教育方针；而袁世凯政府于1915年2月颁布的《颁定教育要旨》，正式确定以"爱国、尚武、崇实、法孔孟、重自治、戒贪争、戒躁进"②为教育宗旨，完全推翻了民国元年的教育方针，基本袭用清末教育宗旨的内容。

第三，重新确定"读经"为学校教育的基本课程。南京临时政府教育部的有关文件和民国初期学制都明确规定小学废止读经，大学不

---

① 陈学恂：《中国近代教育大事记》，上海教育出版社1982年版，第231页。
② 陈学恂：《中国近代教育史教学参考资料》（中册），人民教育出版社1987年版，第233、242页。

设经学科，但不久即被袁世凯政府否定。1915 年初颁布的《特定教育纲要》重新规定"中小学校均加读经一科，按照经书及学校程度分别讲读，由教育部编入课程"；大学阶段设立经学院，独立于其他各科大学之外，"专以阐明经义发扬国学为主，按照各经种类，分立科门"①。不仅使儒学文化重回课堂，而且在社会上还引发了尊孔读经的思潮，引起革命民主人士的强烈愤慨和奋起反击。

二　反击封建教育回潮，恢复和发展新的教育宗旨

辛亥革命失败后，袁世凯政府推翻了民国初年南京临时政府颁布的新的教育方针，于 1915 年 2 月颁布了以"爱国、尚武、崇实、法孔孟、重自治、戒贪争、戒躁进"为内容的所谓的教育宗旨，这是袁世凯复辟封建教育的重要举措。袁世凯死后，迫于日益高涨的民主呼声，1916 年 9 月、1917 年 5 月，北洋军阀政府先后撤销了袁世凯所颁布的教育纲要及其所谓的教育宗旨，否决了"定孔教为国教"的提案，并撤销了 1913 年《宪法草案》中规定的"国民教育以孔子之道为修身大本"的有关条文，恢复了民国初年的教育方针。1919 年 4 月，由范源濂、蔡元培、陈宝泉、蒋梦麟等人组成的教育部教育调查会议提出了新的国民教育宗旨——"养成健全人格，发展共和精神"，并对此宗旨做出了具体解释："所谓健全人格者，当具下列条件：一、私德为立身之本，公德为服务社会国家之本。二、人生所必需之知识技能。三、强健活泼之体格。四、优美和乐之感情。所谓共和精神者：一、发挥平民主义，俾人人知民治为立国根本。二、养成公民自治习惯，俾人人能负社会国家之责任。"② 这个教育宗旨发展了民国初年的教育宗旨，反映"五四"新文化运动倡导的新道德和科学、民主精神。

---

　　① 陈学恂：《中国近代教育史教学参考资料》（中册），人民教育出版社 1987 年版，第 222—233 页。
　　② 朱有瓛：《中国近代学制史料》第三辑上册，华东师范大学出版社 1983 年版，第 106—107 页。

三 改革学校教学内容

北洋军阀统治时期学校教学内容的改革主要包括两个方面：一是采用国语及白话文教学；二是倡导科学教育。

其一，采用国语及白话文教学。

所谓"国语"就是本国共同使用的语言。国语运动就是推行将北京话作为汉民族共同语的运动。它提出"言文一致"和"国语统一"两大口号。"言文一致"是指书面语不用古代文言，改用现代白话。"国语统一"是指现代白话要以北京话为全国通用的国语。统一国语，必须先从统一读音开始，而统一读音就必须推行注音字母。这个运动对于现代汉民族共同语的建立和推行，对于文体改革和文字拼音化，都有重要的贡献。

为了统一汉字读音，1913年教育部召开了读音统一会，议定了注音字母40个，用以标注汉字读音；1917年10月，第三届全国教育会联合会议决《推行注音字母以期语言统一案》，"请教育部速定国语标准，并设法将注音字母推行各省区，以为将来小学国文科改国语科之准备"[①]。1918年11月，教育部正式公布注音字母，供各地推广。

为了推行白话文，1919年10月，全国教育联合会提出改中小学国文科为国语科；1920年，教育部通令规定全国各小学一、二年级国文改用语体文（亦称白话文）教授；并规定至1922年止，凡旧时所编的文言文教科书一律废止，改为语体文体。中学教科书和高等学校的讲议也逐步采用语体文。从此确立了国语教学和白话文教材在各级学校教学中的主导地位。采用国语及白话文教学是20世纪20年代中国学校教学内容的重大改革，它对于教育的普及、科学知识的传授和现代思想观念的传播及现代汉语的发展都具有重要意义。

其二，倡导科学教育。

"科学"是新文化运动高扬的两面旗帜之一。五四运动以后，特

---

① 《推行注音字母以期语言统一案》，《教育杂志》9卷11号。

别是 1921 年 5 月，美国教育家孟禄来华调查教育，批判中国科学教育之不良，科学教育思想乃大倡。① 当时教育工作者撰写了不少关于科学教育的论文，认为不注重科学教育是中国旧教育的一大弊端，认为科学教育的重点在于训练科学方法和培养科学精神。如范源濂强调："科学于教育上之重要，不在物质上之智识，而在于其研究事物之方法。尤不在研究事物之方法，而在其与心能之训练。"② 所谓"心能之训练"是指科学思维能力的训练和科学精神的培养。在科学思潮的影响和推动下，学校自然科学教育和科学实验得到加强，促进了教育的科学化。

四　改革女子教育、师范教育和高等教育

女子教育的改革。五四运动前，虽从教育制度上开了女禁，但妇女的受教育权仍然受到不少限制。在"五四"新文化运动影响下，"大学开女禁"有了突破性进展。1917 年全国教育联合会第三界会议向教育部提出了推广女子教育案。1920 年北京大学首开招收女大学生的先例，1921 年全国各大学都开始招收女生；一些比较进步的中学也开始男女合校，甚至男女合班；1922 年颁布的新学制——"壬戌学制"，取消了男女中学之间的差别。这些改革措施，突破了几千年来"男女授受不亲"的防线，确立了女子享有与男子平等的教育权，是中国教育史上一次重大变革。

师范教育改革主要表现在调整了全国师范教育的布局，改建了一批高等师范学校。1913 年，教育部调整了全国师范教育布局，筹划直隶、东三省、湖北、四川、广东、江苏六大师范区，每区设一所高等师范学校。1912 年至 1918 年先后改建了北京高师、广东高师、武昌高师、成都高师、南京高师、沈阳高师六所高等师范学校，它们逐渐成为各大区师范教育的学术中心，从而带动全国师范教育的改革。

---

① 舒新城：《近代中国教育思想史》，福建教育出版社 2007 年版，第 20 页。
② 范源濂：《科学与教育》，《科学》第一卷第十二期。

高等教育改革以北京大学的改革为代表。北京大学前身是戊戌变法时创办的京师大学堂,辛亥革命后更名为北京大学,是民国初年中国唯一的国立大学。当时的北京大学经费短缺,校长频繁易人,清末京师大学堂遗风犹存,学生"仍抱科举时代思想,以大学为取得官吏资格之机关";教师队伍有不少封建官吏、前清遗老,他们思想陈旧、抱残守缺,严重窒息了北大的生机。1917年蔡元培就任北京大学校长后,首开了大学改革之风。蔡元培注重改变学生观念,认为要办好北大"第一要改革的是学生的观念",他把大学的性质界定为"大学者,研究高深学问者也",将培养"研究学问之兴趣"和"养成学问家之人格"作为大学办学的宗旨;要求学生"抱定宗旨,为求学而来","为学问而求学问",破除学生读书做官的陈腐观念。他"从聘请积学而热心的教员着手",整顿和充实教师队伍,规定政府官员不得为专任教员,专任教员不得在他校兼课;辞退了那些学术水平不高、不适合在大学任教的职员;聘请了陈独秀、李大钊、胡适、李四光、马寅初等一批国内著名学者任教,建设了一支高水平的教师队伍;并制定"思想自由,兼容并包"的办学方针和教授治校、学生自治等民主管理原则;改革了学科和课程设计,使一所有浓厚的封建官僚习气的旧学堂转变为一所具有代表性的现代大学。这是北京大学发展的里程碑,也是中国大学发展的里程碑。北京大学改革之后,全国不少大学纷纷仿效,从而推动了新文化运动时期全国大学教育改革的进程。

五 20世纪20年代的教育思潮

1915年,爆发了"五四"新文化运动,极大地解放了人们的思想,促进了教育观念的变革和各种教育思潮的涌现。其中影响较大的教育思潮有:平民教育、工读主义教育、职业教育、科学主义教育、国家主义教育等。

(一) 平民教育思潮

平民教育思潮,是新文化运动中反对封建贵族主义等级教育,倡导普通百姓享有平等教育权的思潮。当时宣传平民教育思潮的主要有三个派别（机构），即早期马克思主义者；"平民教育社"的师生和"中华平民教育促进会"的进步知识分子。

"平民教育社"是北京师范高师部分师生"由于受杜威学说之影响和感动"，于1919年10月成立的一个平民教育团体。平民教育社初期由24人组成，到1923年成员发展到近170人。1924年，因经费困难，停止了活动。该团体以"研究、宣传及实施平民教育"为宗旨，以刊发《平民教育》杂志、约请文化名流和著名学者进行专题演讲和编辑书籍为主要活动方式，批判旧教育，研究平民教育理论，探讨平民教育办法，是实施平民教育最早的团体。他们认为："教国民人人都有独立人格与平等思想的教育，就叫作教育。平民教育，是平等主义的教育，不是阶级主义的教育；是造就一般公民的教育，不是造就少数贵族或特殊势力人的教育。"① 平民教育的真精神，就是求得社会中各分子的真正平等和真正自由，改造社会是平民教育最终目的。"平民教育社"也是当时平民教育实践最早的团体，他们开办了平民学校、夏令学校和劳动平民学校。其中平民学校规模较大，坚持了8年时间，共计毕业了700多名学生。他们的教育思想带有一些时代的局限性，如他们受杜威的教育思想较大，把平民教育看作是化除社会阶级和消弭社会革命的最正当、经济和最有效的方法，看作是改造中国社会的"回春丹""再造丸"，带有社会改良主义的色彩。

"中华平民教育促进总会"（简称"平教会"），成立于1923年8月，朱其慧任董事长，陶行知任董事部书记，晏阳初为总干事。总会设在北京，后来在全国18个省及32个市设立了分会。"平教会"以"除文盲，作新民"为宗旨，首先在华北、华南、华东、华西和城市开展了轰轰烈烈的识字运动；1926年，"平教会"将工作重心逐渐转移到农村，在河北定县开展平民教育实验和改造乡村运动。1937抗日战争爆发，定县沦陷，"评教会"迁往湖南长沙，成立了农民抗战教育团，对农民进行爱国主义教育。"平教会"认为平民教育是平民政

---

① 张允侯等：《五四时期的社团》(3)，生活·读书·新知三联书店1979年版，第19页。

治的前提，改造社会的利器，民族复兴的根基，是"一切事业的总根本"。

晏阳初（1890—1990年）是"平教会"的主要组织者、领导者之一，中国乡村建设运动的开创者和奠基人，也是国际著名的平民教育家。他对农村平民教育进行了较长时间的实验，提出了系统的平民教育理论，他的爱国热情和不畏艰辛献身于平民教育的奉献精神，是难能可贵的，值得后人学习和崇敬。

（二）工读主义教育思潮

"工读主义"是一种在五四运动时期颇有影响的思潮。"工读主义"的主要倡导团体是"工学会"和"工读互助团"。他们主张通过"劳力"与"劳心"结合，"半工半读"，"工读互助"等新的生活方式，消弭脑力劳动与体力劳动之间的差别，改造社会，实现"各尽所能，各取所需"[①] 的理想社会。它的特点在于强调"工读"不仅仅是解决青年失学问题的一种手段，而且是一种新的生活方式，一种改造社会的有效途径。

"工学会"是由北京高等师范学校的学生、五四运动天安门大会和会后游行的三位主要组织者之一匡互生与周予同等于1919年2月发起组织的，倡导"工学主义"。他们所说的"工"，包括体力劳动和脑力劳动，"学"则是求得做工的知识。他们认为，工、学不可分割，"工便是学，学便是工"。工、学并立的目的在于扫除中国几千年来"贵学贱工"的不平等观念。"要把工和学并立，作工的人一定要读书，读书的人一定要作工。绝对反对作工的人可以'目不识丁、蠢如鹿豕'，读书的人可以'高其身价、坐享福禄'；一心想把我国数千年来'贵学贱工'的一种谬见一扫而空之"[②]。工学会在实践方面，创办了《工学》杂志，开办了石印、照相、打字、雕刻等小组。

"工读互助团"是1919年初由李大钊、蔡元培、陈独秀、胡适、

---

① 王光祈：《工读互助团》，《少年中国》1920年1月15日第1卷第7期。
② 《工学会旨趣书一》，《工学月刊》一卷1号。

周作人、高一涵、张崧年、罗家伦、王光祈等17人发起成立的工读主义团体。其主要发起人和组织者是"少年中国学会"执行部主任王光祈。他在1919年12月，发表了《城市中的新生活》一文，主张在城市中组织"工读互助团"。王光祈和蔡元培等联名公布的《工读互助团简章》规定，该团体的宗旨是"本互助的精神，实行半工半读"。"团员每日每人必须工作四小时"。工作种类分为：石印、食堂、洗衣、制浆糊、印信笺、装订书报、贩卖商品等九种。"工作所得，归团体公有。"团员生活必需之衣、食、住，由团体供给。在管理上，"由全体团员组织团员会，选举事务员并讨论团中重要事务及审查新入团员"①。该团体旗帜鲜明地提出其目的在于改造社会。王光祈说："工读互助团是新社会的胎儿，是实行我们理想的第一步。一若是工读互助团果然成功，逐渐推广，我们'各尽所能，各取所需'的理想渐渐实现，那么这次'工读互助团'的运动，便可以叫作'平和的经济革命'。"②他们主张以"工读结合"为手段，以"互助"为基本精神，以建设新农村为重要途径，逐步"消灭差别"，"创造新社会"，最终实现"人人作工，人人读书，各尽所能，各取所需"③的理想社会。

从1920年3月开始，因缺乏经费、经营不善和内部意见分歧等原因，北京工读互助团各组相继解散。"工读互助团"虽昙花一现，但它对教育与社会改革进行了有益的探索，在全国曾产生过广泛的影响，也曾得到了早期马克思主义者李大钊等人的支持和倡导，促进了新民主主义教育事业的产生和发展。

（三）职业教育思潮

1911年，近代著名教育家陆费逵在《教育杂志》发表《世界教育状况》序中，首次提出职业教育的概念。他说："吾国今日亟宜注意国民教育、职业教育、人才教育"；"国民程度之高下恃国民教育，国

---

① 《新生活》周刊1919年12月21日第18期。
② 王光祈：《工读互助团》，《少年中国》1920年1月15日第一卷第7期。
③ 同上。

民生计之赢绌,恃职业教育,而国势之隆替,教育之盛衰,厥惟人才教育。"① 他把职业教育定义为:"职业教育则以一技之长可谋生活为主。"② 1917年10月,蒋梦麟发表《教育与职业》一文,将职业教育定义为:"教育为方法,职业为问题,故曰职业教育。故职业教育无他,提出职业上种种问题而以教育为解决教育之方法而已。职业……言操一技之长而借以求适当之生活也。"他与陆费逵的观点相近,都把职业教育的内容确定为"一技之长",即技术教育;把职业教育的目的定为"谋生"。

黄炎培是倡导职业教育的代表人物。1917年,黄炎培在上海发起组织了中华职业教育社,1918年创办了中华职业学校,积极开展职业教育的研究、实验和推广活动。在中华职业教育社、全国教育联合会、中华教育改进社等教育团体的推动下,1922年,北洋政府公布的新学制——"壬戌学制",第一次以法令的形式确立了职业教育的地位,职业教育思想达到高潮,并在全国范围内开展了职业教育运动。1918年,全国职业教育机构有531个,1926年达1695个,增长速度高于其他各类教育。③ 20世纪30年代中期,职业教育思潮趋于消沉。

(四) 勤工俭学运动

出国勤工俭学运动兴起于辛亥革命之后,1912年,吴稚晖、蔡元培、李石曾等在北京发起组织"留法俭学会",并设预备学校于方家胡同;吴玉章等发起组织"四川俭学会"和预备学校;上海也组织了留英、留法俭学会;从此开始,逐渐形成了出国勤工俭学运动。第一次世界大战爆发,勤工俭学的规模逐渐扩大,1915年,蔡元培、李石曾、吴玉章等人在法国创立"勤工俭学会",明确提出以"勤于工作,俭于求学,以进劳动者之智识"④ 为宗旨,并对留法勤工俭学的程序、费用、求学、工作等做了具体的规定。1916年春,法国政府招募10

---

① 舒新城:《近代中国教育思想史》,福建教育出版社2007年版,第149页。
② 《陆费逵教育文存》卷一,中华书局1922年版。
③ 孙祖基:《十年来中国之职业教育》,《教育与职业》1927年第85期。
④ 《留法勤工俭学会一览》,《史料》第一册,第185页。

多万华工赴法。为了组织和领导华工的教育和学生出国留学与谋工，蔡元培、吴玉章等人与法国人士共同在巴黎发起组织"华法教育会"，蔡元培为中方会长，李石曾为书记，在北京设总会，在广东、上海等地设分会，并重组和新办留法预备学校，吸引贫苦有志青年赴法勤工俭学留学，进一步明确提出"发展中法两国交通，尤重以法国科学与精神之教育，图中国道德、知识经济之发展"[①] 的目的。1919—1920年，勤工俭学运动进入高潮，先后共20批约1600多人到法国留学。他们到法国后，一般采用先工后学，先勤工积攒学费再入学；先学后工；半工半读等三种方式进行勤工俭学。第一次世界大战结束后，赴法勤工俭学运动走向衰落。

在留法勤工俭学生中，一部分人后来成为中国无产阶级革命的领袖和骨干，也有一部分人回国后没有参加政治活动，从事科技方面的工作。勤工俭学运动对中国革命的发展和中国科学技术的进步都产生了深远的影响。

（五）科学教育思潮

严复在中国近代史上最早提出科学教育思想，但掀起科学教育思潮的团体，当首推"中国科学社"。"中国科学社"是中国近代第一个民间综合性科学团体，也是近现代中国历史上规模最大、影响最广的科学团体。1914年4月一批中国留学生在美国康奈尔大学创立了"科学社"，后改名为"中国科学社"，主要发起人为：任鸿隽、秉志、周仁、胡明复、赵元任、杨杏佛（杨铨）、过探先、章元善、金邦正等9人，任鸿隽为首任社长。1915年在上海创办了《科学》杂志。1918年底，选举蔡元培为中国科学社董事长，竺可桢、丁文江等科学家为理事，张謇、马相伯等社会名流为董事。同年中国科学社迁回国内，总社设于南京高等师范学校（今南京大学的前身）。它以"提倡科学，鼓吹实业，审定名词，传播知识"为宗旨，竭力提倡科学和科学教育，促进中国社会和教育界在"五四"以后形成颇具声势的教育实验

---

① 《旅欧华法教育会一览》，《史料》第一册，第205—206页。

运动。

1923—1924年爆发的科学与玄学的论战将科学教育思想推向了高潮。"科玄论战"（又称人生观论战）发端于1923年2月，北京大学教授张君劢在清华大学作了题为《人生观》的演讲，对科学主义"科学万能"的思想倾向提出批评。认为科学是关乎物质的，而人生观是关乎精神的；科学不能解决人生观问题，因为"科学之中，有一定之原理原则，而此原理原则，皆有证据"；然而"同为人生，因彼此观察点不同，而意见各异，故天下古今之最不统一者，莫若人生观"。他分析了科学与人生观之间区别，并得出结论："科学无论如何发达，而人生观问题之解决，决非科学所能为力，惟赖诸人类之自身而已。""人生观问题必须由玄学来解决。"① 同年4月12日，地质学家丁文江在《努力周报》发表《玄学与科学》一文，向张君劢提出挑战，拉开了"科玄论战"帷幕。丁文江反对将科学与人生观对立起来的观点，主张应用科学方法分析人生观问题。他指出："科学不但无所谓向外，而且是科学同修养最好的工具。因为，天天求真理，时时想破除成见，不但使学科学的人有求真理的能力，而且有爱真理的诚心。无论遇见什么事，都能平心静气去分析研究，从复杂中求简单，从紊乱中求秩序，拿伦理来训练他的意想……了然于宇宙生物心理种种关系，才能够真知道生活的乐趣。"②

在近两年的科玄论战中，大致出现三个派别：玄学派、科学派和历史唯物主义派。梁启超持中立态度，一方面认为："人生观问题，有大部分是可以而且必要用科学方法来解决，有一小部分——或者是最重要的部分，是超科学的。"另一方面，又认为"人生观的统一，非惟不可能，而且不必要。非惟不必要，而且有害"③。胡适主张科学主义派的观点，他从实证主义立场出发，把科学方法解释为"大胆地假设，小心地求证"，并强调在中国人的人生观还不曾和科学"行见

---

① 张君劢、丁文江等：《科学与人生观》，山东教育出版社1997年版，第33—37页。
② 同上书，第53—54页。
③ 同上书，第139—145页。

面礼"的时候,是谈不上什么科学带来的"灾难"的;中国迫切需要科学,"我们试睁开眼看看:这遍地的乩坛道院,这遍地的仙方鬼照相,这样不发达的交通,这样不发达的实业——我们哪里配排斥科学?"①

接受马克思主义的陈独秀、邓中夏等人站在历史唯物主义的理论高度审视科学与玄学问题,并提出了马克思主义的观点。

科学与玄学的论战实际上是西方科学主义与人文主义两大对立思潮在中国的表现。科学主义片面地、无限地夸大自然科学的地位和功能,认为自然科学是人类知识的典范,它可以用来解决人类面临的所有问题,排斥"形而上学";而人文主义则反对理性操纵和决定一切,反对将人作为理性的工具,反对科学技术和人的异化现象,主张将现实的活生生的人作为一切问题的出发点,具有非理性主义的特点。我们以前将"科玄论战"简单化,全盘否定"玄学派"的观点;实际上,科学与人生观问题涉及的是自然科学与人文科学的关系问题和事实认知与价值评价的关系问题。在西方学术界长期争论不休,尚无定论。价值标准是主观性、多元性的,玄学派反对自然科学万能论的观点有可取之处。因此,对张君劢为代表的玄学派的观点不应一概否定。但张君劢为代表的玄学派宣称只有用"言心言性"的新宋学,才能解决人生观问题的观点是守旧的、有害的。

科玄论战,科学派战胜了玄学派,扩大了科学教育思潮的传播,对于推动20世纪20年代教育研究和教学方法的科学化发挥了重要作用。

(六) 国家主义教育思潮

国家主义思潮产生于欧洲,最早提倡国家主义思想的是18世纪末19世纪初德国唯心主义哲学家约翰·哥特利勃·费希特(1762—1814年)。中国近代的国家主义教育思潮是一种深受欧洲思潮影响的具有强烈资产阶级民族主义色彩的社会思潮。

---

① 张君劢、丁文江等:《科学与人生观》,山东教育出版社1997年版,第13页。

国家主义教育思潮起源于清末民初，兴盛于20世纪20年代中叶。1912年7月教育部在北京召开临时教育会议期间，刘以钟、吴曾褆提议以"相对的国家主义"作为民国教育方针，引起了与会者的关注。五四运动时期，国家主义教育形成了一种社会思潮，开始流行。1923年，曾琦、李璜在法国发起成立"国家主义青年团"（"中国青年党"），1924年秋，青年党的活动中心转移到国内，在上海创办《醒狮周报》，作为其宣传国家主义的喉舌，因此又被称为"醒狮派"。1925年7月，国家主义派主要骨干39人联名发起组织"国家主义教育协会"，该会的总部设在上海，南京、北京、武昌甚至美国设有分会；1926年，该会会员发展到160人，极力鼓吹以国家主义的教育为宗旨。至此，国家主义教育思潮达到了高潮。在大革命时期，国家主义教育思潮受到国共两党知识分子批判；1926年国民党政府将国家主义派视为反动团体而予以禁止，这一思潮从此衰落。

国家主义教育思潮的代表人物主要有代曾琦（1892—1951年）、左舜生（1893—1969年）、李璜（1895—?）、陈启天（1893—1984年）、余家菊（1898—1976年）等人。1923年10月，余家菊与李璜合著了《国家主义的教育》一书；1925年余家菊出版了他的论文集《国家主义教育学》。这两本书是国家主义教育思潮的代表作。

国家主义教育思潮的主要观点如下。其一，教育是立国之本。倡导国家主义教育的目的对内在于保持国家团结和谋求国家进步，对外在于抵抗侵略、延存国脉。其二，教育应是国家的事业、国家的工具和国家的制度。教育设施应完全由国家负责经营、办理，国家对教育不能采取放任态度。其三，教育是一种国家的主权，而不属于任何党派、私人、地方、教会和外国，国家必须收回教育权。1923年9月，余家菊发表《教会教育问题》一文指出："于中华民族之前途有最大的危险的，当首推教会教育。教会在中国取得了传教权与教育权，实为中国历史上之千古痛心事。""教会教育是侵略的""教会教育妨害中国教育之统一"。因此，对于现时中国来说，"教育权之收回实为一紧急问题"。① 其四，注重对民族文化、民族精神和国家意识的教育。他们认为"文化的基础，亦国家主义最大的基础"②。反对五四运动时期的文化激进主义。余家菊、李璜等人明确表示：凡毁弃国家文化之优点者，凡为一切自暴自弃有损自尊精神之说者，"国家主义必反对之"。③ "奉劝非国粹论者""莫使国民失望太甚，以至于个人自恨其非黄发碧眼者之子孙。"④ 他们主张："（一）培养自尊精神以确立国格；（二）发展国华以阐扬国光；（三）陶铸国魂以确定国基；（四）拥护国权以维国脉矣。"⑤ 将学生培养成能"感觉到祖国的问题便是他自己的问题，他自己一日不去寻解决，便一日不能安"⑥ 的具有爱国精神、国家意识的好国民。其五，倡导教育机会的均等和普及教育、义务教育；提倡蒙、藏教育和侨民教育、提倡学校中的爱国"知耻"教育、军事教育，提倡教育和学术独立，倡导乡村教育。其六，重提"教育救国论"，反对国际主义和社会主义。1923年8月21日，余家菊、李璜在《国家主义的教育》序言中说："因恐国命之将斩，特重提十年来为人遗忘的'教育救国论'"。⑦ 1925年，国家主义者、东南大学政治学教授陈逸凡在演讲中，攻击"新文化运动名流"，指责说："中国近日一班学者，好高骛远，不问中国过去的历史和现实的危机，徒然剽窃国际主义大同主义社会主义争相夸炫，腼然以新文化运动名流自号，势不率国人直入九重地狱不止，此等'名流'，直亡国的'名流'而已。"⑧

---

① 余家菊：《教会教育问题》，《少年中国》1923年第四卷第7期。
② 余家菊：《国家主义的基础》，《醒狮周报》民国十五年九月十一日第100号。
③ 余家菊：《国家主义教育学·释义篇》，中华书局1925年版，第4—5页。
④ 李璜：《国民教育与国民道德》，《国家主义的教育》第一集，中华书局民国十二年版，第5页。
⑤ 余家菊：《国家主义教育学》，中华书局1925年版，第32页。
⑥ 李璜：《国民教育与国民道德》，《中华教育界》第十三卷第7期。
⑦ 余家菊、李璜：《〈国家主义的教育〉序言》，《国家主义的教育》第一集，中华书局民国十二年版，第1页。
⑧ 陈逸凡：《国家主义之今昔观》，少年中国学会编：《国家主义论文集》第一集，中华书局民国十四年版，第34—35页。

国家主义教育思潮，对"五四"新文化运动时期的教育改革存在的偏重个体，忽视社会；偏重自由，忽视集中；偏重儿童，忽视成人；偏重学生，忽视教师；偏重实用，忽视系统等弊端进行了初步反思，这对中国近现代教育的健康发展有积极意义；它从内除"国贼"，外御侵略，维护国家的统一，绵延民族，振兴国家的目的出发，强调民族意识、民族精神、民族文化教育，有一定的积极作用；它反对帝国主义的文化侵略，主张收回教会学校的教育权是爱国的，进步的。但国家主义教育思潮是一种文化保守主义思潮，在本质上是一种教育救国论。其核心概念"国家"是含糊的、抽象的，在当时北洋军阀攫取国家政权的条件下，抽掉国家的政治属性，鼓吹"国家至上"的观点，与当时业已形成的中国民主革命潮流是相悖的，有害的。因此，它受到了马克思主义者萧楚女、恽代英、张闻天等人的批判。

六 "壬戌学制"

民国初期颁布和实施的"壬子癸丑学制"推动了中国教育的发展，但也存在不少的缺陷，如模仿日本学制的彩色明显，不适合中国国情；中小学年限划分不当，中学年限太短，小学年限过长；预科阻碍学制统一；升学、就业难以兼顾；等等。因此，改革"壬子癸丑学制"，研究和制定新的学制便成为当时推动教育发展的重要任务。

（一）"壬戌学制"的形成过程

"壬戌学制"，亦称"新学制""六三三学制"。"壬戌学制"是在"五四"新文化运动影响下，各种教育团体的推动下，教育界经过约7年之久自下而上的反复研讨，集思广益的结晶。

这个学制的酝酿可以追溯到1915年。这一年，在全国教育会联合会第一届年会上，湖南省教育会在会上提出了改革学制系统案。当时因"问题重大，未便仓促决议，只将原案附函请各教育会召集教育家研究"[①]。1920年第六届年会成立了学制系统研究会；1921年第七届

[①] 《第七届全国教育会联合会记略》，《教育杂志》1922年第1期。

年会以学制改革为中心议题,广东、黑龙江、甘肃、浙江、湖南、江西、山西、奉天、云南、福建、直隶等 11 省提出了各自的学制改革案。经会议认真审查,认为广东案较为完备,决定以广东方案为根据,吸取其他省方案的优点,制定新的"学制系统草案"。"学制系统草案"于 10 月 30 日通过,为进一步征求各方面意见,大会要求各地组织讨论,并向全国征求修改意见。这次年会后,学制改革引起了人们的高度关注,舒新城、陶行知、黄炎培等纷纷发表文章阐述他们对学制改革的意见和建议,掀起了全国研究学制改革的高潮。1922 年 9 月教育部在北京召开专门会议,召集各省教育界代表和教育专家 78 人讨论和修改全国教育会联合会提交的《学制系统草案》。同年 10 月又在全国教育会联合会第八届年会上征询意见,最终于 1922 年 11 月 1 日以大总统令公布了《学校系统改革案》。这就是 1922 年"新学制",因这一年是中国阴历的壬戌年,所以称"壬戌学制";由于它采用的是美国式的六三三分段法,又称"六三三学制"。新学制的颁布和实施,标志着中国资产阶级新教育制度的确立,也标志着中国近代以来的学制体系建设的基本完成。

(二) 学制改革的指导原则

全国教育会联合会在研究、制定"壬戌学制"的过程中,遵循了以下七项原则:(1) 适应社会进化之需要;(2) 发扬平民教育精神;(3) 谋个性之发展;(4) 注意国民经济力;(5) 注意生活教育;(6) 使教育易于普及;(7) 多留各地伸缩余地。

(三)"壬戌学制"体系

"壬戌学制"仍然将普通教育分为三个阶段,即初等教育、中等教育和高等教育。

初等教育 初等教育为 6 年,分初、高两级。初级小学 4 年,为义务教育,可单设;高级小学 2 年,可斟酌地方情形,增设职业准备教育。

中等教育 中等教育效法美国的"六三三制",即中等学校修业 6 年,分初、高两级,初级 3 年,高级 3 年。初级中学为普通教育,可以单设，也可视地方需要，兼设各种职业科。高级中学分为普通、农、工、商、师范、家事各种职业科，可依据地方情形，单设一科，或兼设数科。（依旧制设立的甲种实业学校改为职业学校，或高级中学农、工、商科）中等教育得用选科制。职业学校的期限及程度，可根据地方实际需要而定（依旧制设立的乙种实业学校改为职业学校，招收高等小学毕业生，亦可依据地方情形招收相当年龄的修了初等小学学生）。师范学校修业年限6年，并可单设后两年或后三年，招收初级中学毕业生。师范学校后三年实行分组选修制。

高等教育　大学可设数科，或单科。其单设一科者称某科大学，如医科大学、法科大学之类。大学修业年限4—6年，医学、法科至少5年，师范大学修业4年。大学采用选科制。依据学科特点和地方情况可设专门学校，修业年限3年；大学及专科学校可设立专修科，修业年限依据情况而定。

大学院为大学毕业生及同等程度者研究之所，年限无定。

（四）"壬戌学制"的特点

第一，在指导原则方面，它既注重社会发展的需要、经济发展的状况和地方的差异性，又考虑到了教育要切近生活、教育阶段的划分要符合儿童身心发育阶段的特点和教育普及等问题，是中国教育发展史上一个新里程碑。

第二，缩短了初等教育的年限，改原小学修业7年为6年，并将初级小学法定为义务教育，有利于初等教育的普及。它把幼稚园正式纳入初等教育阶段，确立了学前教育的地位。

第三，延长了中等教育的修业年限，由原来的4年改为6年，实行"六三三制"，有利于提高中学教育的程度；它规定"中等教育得用选科制"，有利于扩大学生发展的余地。

第四，建立了比较完整的职业教育系统，提高了职业教育的地位。新学制不仅要求设立独立的职业学校和专门学校，而且提倡在高小、初中、高中设立职业科和在大学设立专修科。这一改革有利于加强普通教育与职业教育之间的沟通，加重了职业教育在整个教育体制中的比重。

第五，提高师范教育的程度，增加了师范学校的类别。一方面，将原来师范学校修业5年改为6年；将原来的高等师范学校升格为师范大学；另一方面，增加了师范学校的类别、学制，除师范讲习所、师范学校、师范大学外，还可设立高级中学师范科，后期师范学校和大学师范专修科。

第六，它取消了大学预科，缩短高等教育年限，使大学不再担任普通教育的任务，这有利于大学集中精力进行专业教育和科学研究。大学采用选科制、学分制有利于学生的个性发展。

第七，强调要根据地方的实际情况和需要适当调整学制，增加了新学制的灵活性和可操作性。

"壬戌学制"虽然受美国实用主义的影响较大，但从总体上看，它克服了民国初期制定的"壬子癸丑学制"的缺陷，反映了新文化运动的要求，比较符合当时中国的情况。用陶行知先生的话说，它是"应时而生的制度"，是"颇有独到之处"的[①]。这一学制，后来经受住了历史的考验，除某些部分在1928年、1932年、1940年分别被修补外，其总体框架一直沿用到中华人民共和国成立。尤其是"六三三制"，我国现在还在沿用。

新学制的颁布和实施，促进了初级小学教育的普及和中等教育、高等教育的初步发展。1912年全国小学86000余所，到1923年全国小学共计177000余所，增加了两倍，其中高小10200余所，初小167000所，小学生共计6580000余人。初级小学占小学总数94%。当时，初小教育的普及程度有所提高。1916年，全国只有350所中学；到1928年，中学数增加到950余所，增加了2.7倍。其中初级中学发展迅速。清朝末年，中国只有3所大学（京师大学堂、北洋大学堂、山西大学堂）；1911年，各省办的专门学堂111所，私立大学两所（中国工学、

---

① 陶行知：《陶行知教育文选》，教育科学技术出版社1981年版，第18页。

复旦大学）；到 1925 年全国高等学校达 108 所，比 1920 年增加了 3.5 倍。①

七 收回教育权运动

教会学校是西方传教士依仗西方列强的船坚炮利迫使清政府签订的《天津条约》等不平等条约而逐渐发展起来的。它虽然对中国教育的近代化起着某种催化作用，但其办学的根本目的在于对中国人民进行宗教教育和奴化教育，进而从精神上控制中国，是帝国主义对中国进行文化侵略和教育侵略的重要工具。20 世纪 20 年代，教会学校在中国迅速扩张，严重地侵犯了中国教育主权，激起人们的强烈反对，20 年代中期，中华大地掀起了一场轰轰烈烈的向在华基督教机构收回教育权的运动，推动了教会学校的本土化和世俗化变革。这场运动是中国人民反抗帝国主义文化教育侵略的重大举措，对中国教育的独立和发展具有深远的历史意义。

（一）教会教育的扩张

西方传教士在中国开办教会学校开始于 19 世纪初，到 20 世纪 20 年代，在华外国教会已建立起一个从初等教育到高等教育及各种专门教育相互衔接的教会教育系统。据统计，1926 年，全国已有基督教小学 5000 余所，中学 200 所，大学 16 所，学生 30 万名；天主教小学和神学约 9000 所，中学 200 余所，大学 3 所，学生 50 万名。两者合计，共有学生约 80 万名。② 特别需要注意的是，20 世纪 20 年代教会大学在中国占据着领先地位。1921 年全国公立大学（包括国立和省立）只有 3 所，私立大学也只有 5 所，而著名的教会大学却有 16 所之多。教会大学的学生数占全国大学生总数的 80%。仅仅从高校数量和在校大学生数量上看，教会大学明显地占领了中国教育的高地，基本上控制着中国的高等教育，严重地侵犯了中国教育主权。

---

① 高奇：《中国教育史研究》（现代卷），华东师范大学出版社 2009 年版，第 34、37 页。
② 顾长声：《传教士与近代中国》，上海人民教育出版社 2004 年版，第 336 页。

教会学校虽然在一定程度上传播了西方近代科学技术与文明，对中国教育的近代化起到了一定的催化作用；但所有的教会学校都没有向中国政府立案注册，是在中华大地上的一个自成体系的教育独立王国。这些教会学校以传播宗教、发展教徒为目的，强行组织学生参加各种宗教活动，粗暴干预学生的思想和信仰，企图通过控制中国教育，进而控制中国人的精神。1906年，美国伊利诺伊州大学校长詹姆斯在给美国总统罗斯福的备忘录中曾说："哪个国家能成功地教育这一代年轻的中国人，哪一个国家就将由于这方面所付出的努力而在精神上、知识上和商业影响上获得最大可能的报偿……为了扩张精神上的影响而花一些钱，即使只从物质意义上说，也比用任何其他方法收获得更多。商业追随道义和精神上的支配，要比追随军旗更可靠得多。"[①] 他的这番言论暴露了美国等西方国家在中国创办教会学校和"退款兴学"（即退还一部"庚子赔款"来发展留学教育）等教育活动的根本企图就是"扩张精神上的影响"，从而"获得最大可能的报偿"。帝国主义的奴化教育和文化侵略，必然会引起中国人民的愤怒和反对，向教会收回教育权是一种历史的必然。

（二）收回教育权运动的概况

20世纪20年代初的"收回教育权运动"，是在"五四"新文化运动影响下，爱国知识分子的倡导下，以青年学生特别是教会大学的学生为主力的一场反对帝国主义文化侵略的爱国运动。

收回教育权运动是由"非基督教运动"发展而来的。1922年3月，蔡元培较早举起反基督教教育的大旗，他在《新教育杂志》上发表《教育独立议》一文，主张："各学校中均不得有宣传教义的课程，不得举行祈祷式，以传教为业的人，不必参与教育事业。"[②]

导致"非基督教运动"兴起的直接原因是"世界基督教学生同盟"决定于1923年3月在清华学校召开第11次大会。这一决定立即

---

① 清华大学校史研究室：《清华大学史料选编》（一），清华大学出版社1991年版，第72页。

② 舒新城：《收回教育权运动》，中华书局1927年版，第54页。

激起了中国进步学生的反抗，1922年3月9日，在中国社会主义青年团的倡议下，上海学生建立了"非基督教学生同盟"，并公开发表了《非基督教学生同盟宣言》，接着发出通电，反对世界基督教学生同盟在清华开会。提出"清华为国校，非教会所立，焉能供一教之用，此而不拒，国无人矣。"[1] 上海学生的行动立即得到了北京青年学生的支持。1922年3月20日，北京大学师生联合北京其他八所学校的师生发起组织"北京非宗教大同盟"，一些著名学者和各党派名流也参加这一团体；同年4月4日，李大钊、邓中夏等12人在《晨报》上发表了《非宗教者宣言》，于是全国各地的大、中学校师生纷纷响应，在各地陆续建立起"非宗教大同盟"的分支机构，在全国掀起了一场揭露基督教的反动本质及教会学校文化侵略的社会浪潮。

"世界基督教学生同盟"置中国人民的抗议于不顾，居然在1922年4月4日至9日于清华举行会议，引起了全国青年，特别是北京青年的强烈不满和反对。在"非宗教大同盟"的领导下，北京大学举行了大规模的学生集会，李大钊、李石曾、萧子异等发表讲演，揭露基督教对中国社会的毒害。

继"非基督教运动"之后，中华大地又掀起了"收回教育权运动"。

1923年9月，余家菊在《少年中国》月刊上发表《教会教育问题》一文，率先提出"收回教育权"的主张，要求对教会学校"施行学校注册法"。同年10月，"少年中国学会"苏州会议，主张反对"丧失民族性的教会教育及近于侵略的文化政策"。

1924年4月，英国圣公会开办的广州"圣三一"教会学校当局禁止学生组织学生会，并一再开除学生，激起全校学生的公愤，学生罢课，并发表退学宣言，首先举起了反对教育会奴化教育的旗帜。这次抗议活动得到了广州其他教会学校的普遍响应。1924年6月，广州学生联合会发起组织了"广州学联收回教育权运动委员会"，发表了

---

[1] 梁寒冰、魏宏运主编：《中国现代史大事记》，黑龙江人民出版社1984年版，第24页。

《宣言》，提出了收回教育权的"最低限度的办法"："一是所有外人在华所办之学校，须向中国政府注册与核准；二是所有课程及编制须受中国政府教育机关之支配及审查；三是不许在课程上正式编入、正式教授及宣传宗教，同时也不许强迫学生做礼拜、念《圣经》；四是不许压迫学生，剥夺学生之集会、结社、言论、出版等自由。"① 广州学潮得到了全国各地的迅速响应，北京、天津、上海、武汉、长沙、广州、杭州、成都、济南、福州等地的学生联合会通过组织集会、游行、罢课、退学等形式，开展收回教育权的斗争。

1924年10月，全国教育会联合会在开封召开年会，通过了《教育实行与宗教分离》和《取缔外人在国内办理教育事业》两个议案②。收回教育权已成为教育界的共同要求。

在1925年反帝怒潮——"五卅"运动时期，中国人民提出了取消领事裁判权，废除不平等条约等维护中国主权的要求，将收回教育权运动推向高潮。北洋政府迫于压力，于1925年11月16日，颁布了《外人捐资设立学校请求认可办法》，规定："（一）凡外人捐资设立各等学校，遵照教育部所颁布之各等学校法令规程办理者，得依照教育部所颁关于请求认可之各项规则，向教育部行政官厅请求认可；（二）学校名称上应冠以私立字样；（三）学校之校长，须为中国人，如校长原系外国人者，必须以中国人充任副校长，即为请求认可时之代表人；（四）学校设有董事会者，中国人应占董事名额之过半数；（五）学校不得以传布宗教为宗旨；（六）学校课程，须遵照规定标准，不得以宗教科目列入必修科。"③ 这个文件的颁布与执行是收回教育权运动最大的实际性成果。

虽然20世纪20年代的收回教育权运动，并未完全收回教会学校的教育权，直到1950年12月29日，中华人民共和国中央政府发布决

---

① 《响导周报》第72期，第580页。
② 舒新城：《收回教育权运动》，中华书局1927年版，第58—61页。
③ 朱有瓛、高时良主编：《中国近代学制史料》第四辑，华东师范大学出版社1993年版，第784页。

定，接办帝国主义在华的教育机构，才完全收回了中国的教育主权；但这场运动深刻地揭露了帝国主义利用教会学校进行文化侵略和奴化教育的本质，维护了中国人民文化教育的自主权，并迫使教会学校不得不向中国政府立案注册，不得不进行一些改变，如将宗教课程由必修改为选修；教学内容增加中国文化元素；注意提高教育质量和社会服务等，使教会学校的宗教色彩较以前有所淡化，教育功能有所强化。这场运动对于中国教育的独立和现代化发展具有深远的历史意义。

第三节 抗日战争前南京国民政府统治地区的教育

1927年蒋介石、汪精卫集团先后发动"四一二"政变和"七一五"政变，血腥屠杀共产党人和革命群众，第一次国共合作破裂，中国人民反帝反封建大革命失败。中国出现了两个政权、两个区域，即蒋介石集团建立的南京国民政府与"国统区"；中国共产党发动武装起义建立的农村革命根据地和各级苏维埃政权与苏区。在中国共产党领导下，"苏区"将新民主主义教育推向新的发展阶段。在"国统区"，蒋介石集团打着"三民主义"的旗号，推行一个政党、一个主义、一个领袖的反动独裁统治；军阀混战，政局动荡；残酷围剿中国共产党领导的农村根据地；大力推行党化教育，严重影响了教育发展的总体水平。但与北洋军阀统治时期相比较，在这风雨如晦的10年里，中国教育事业有了一定的发展，特别是在教育界一大批爱国民主知识分子群体的推动下，教育改革进一步深化，调整了学制，颁布了一系列的教育法律法规，开展了大规模的农村教育实验，使中国教育的各项规章制度臻于完备，奠定了中国现代教育的基本模式，中国现代教育在曲折探索中迈出了重要的一步。

一 "三民主义"教育宗旨

三民主义是1905年孙中山在同盟会机关刊物《民报发刊词》中明确提出来的资产阶级民主革命纲领，它由民族主义、民权主义和民生主义构成。民族主义包括"驱逐鞑虏，恢复中华"两项内容；民权主义的内容，是号召推翻封建专制主义的统治，建立资产阶级民主共和国；民生主义的具体内容为"平均地权"。1924年1月20日国民党与共产党合作，在广州召开第一次全国代表大会，孙中山在《中国国民党第一次全国代表大会宣言》中重新解释了三民主义，新三民主义有三大特点：第一，把革命的三民主义和联俄、联共、扶助农工三大政策结合了起来；第二，三民主义有了崭新的内容：新的民族主义有了对外反对帝国主义、对内主张民族平等的新内容；新的民权主义主张普遍平等民权而对帝国主义和封建军阀则实行专政；新的民生主义提出了"平均地权"和"节制资本"的办法。新三民主义是共产党与国民党合作的政治基础，是革命统一战线的旗帜。

南京民国政府确立"三民主义"的教育宗旨有一个演变过程。1927年5月，蒋介石提出要实行"党化教育"；同年7月，国民政府教育行政委员会通过的《国民政府教育方针草案》，阐述了"党化教育"的含义："我们所谓党化教育，就是在国民党指导之下，把教育变成革命化和民众化。换句话说，我们的教育方针要建筑在国民党的根本政策之上。国民党的根本政策是三民主义、建国方略、建国大纲和历次全国代表大会的宣言和决议案。我们的教育方针应根据这几种材料而定，这是党化教育的具体意义。""党化教育不但要革命化和民众化，而且要科学化和社会化。"① 从这个《草案》可以看出，"党化教育"的实质就是要把全国的教育严密控制在国民党的政策之下，变成国民党的工具。

由于国民党企图通过"党化教育"把持教育的目的过于露骨，受到教育界进步人士的抨击，且"在国民党之理论中并无根据，所以歧义百出，而且"党化"两字为通名，可适用于一切政党。党化教育在伦理上更不能专指国民党之教育"②。因此，到1928年，"党化教育"

---

① 韦悫：《教育方针讨论》，《国立大学联合月刊》1928年第8期。
② 舒新城：《近代中国教育思想史》，中华书局1932年版，384页。

被"三民主义"教育宗旨所代替。

1928年5月,中华民国大学院在南京召开第一次全国教育会议,决定取消"党化教育"一词,以"三民主义教育"代之,并通过了《三民主义教育宗旨说明书》。该说明书将三民主义教育界定为:"就是以实现三民主义为目的的教育,就是各级教育行政机关的设施,各种教育机关的设备和各种教学科目,都是以实现三民主义为目的的教育。"[①] 并解释了三民主义教育宗旨的具体内涵:"(1)恢复民族精神,发扬固有文化,提高国民道德,锻炼国民体格,普及科学知识,培养艺术兴趣,以实现民族主义。(2)灌输政治知识,养成运用四权之能力;阐明自由界限,养成服从法律之习惯;宣扬平等精神,增进服务社会之道德,训练组织能力,增进团体协作之精神,以实现民权主义。(3)养成劳动习惯,增高生产技能,推广科学之应用,提倡经济利益之调和,以实现民生主义。提倡国际正义,涵养人类同情,期由民族自决,进于世界大同。"[②]

1929年4月26日,南京国民政府正式以《中华民国教育宗旨及其实施方针》通令的形式颁布了经国民党第三次全国代表大会通过的教育宗旨,其内容是:"中华民国之教育,根据三民主义,以充实人民生活,扶植社会生存,发展国民生计,延续民族生命为目的;务期民族独立,民权普遍,民生发展,以促进世界大同。"[③] 至此,国统区"三民主义"教育宗旨正式确立。

需要指出的是,南京国民政府所谓的"三民主义"教育宗旨及其实施方针,不仅背离孙中山"联俄、联共、扶助农工"的三大政策,而且篡改了新三民主义的重要内容,其"民族主义"放弃了反对帝国主义的革命目标;其"民权主义"缺少了主张"普遍平等民权而对帝国主义和封建军阀则实行专政"的内容,强调的重点是"阐明自由界限,养成服从法律之习惯";其"民生主义"缺少了孙中山"平均地

---

① 《全国教育会报告》,《大学院公报》1928年第7期。
② 中华民国教育部:《第一次中国教育年鉴》甲编,开明书店1934年版,第10页。
③ 同上书,第18页。

权""节制资本"的根本主张。南京国民政府所谓"三民主义"教育宗旨的实质在于：借"三民主义"之名，行专制主义教育之实。

二 教育制度的改革

这一时期，南京国民政府的教育改革主要体现在两个方面：一是改革教育行政制度，试行了大学院和大学区制；二是调整了学校制度，颁行了"戊辰学制"。

（一）大学院与大学区制的试行

1927年6月，国民党中央执行委员会政治会议通过蔡元培等人的提案，教育行政制度改用"大学院制"和"大学区制"，即中央设中华民国大学院主管全国教育，地方试行大学区，取代民国以来中央政府设教育部、各省设教育厅的教育行政制度。

1927年10月1日，大学院正式成立，蔡元培任大学院院长。《中华民国大学院组织法》规定：大学院为全国最高学术教育机关，隶属国民政府，管理全国学术和教育行政事宜。大学院设院长1人，综理全院事务，为国民政府委员，下设秘书处、教育行政处、中央研究院、国立学术机关和各种专门委员会。大学院的最高评议机构为大学委员会，有权推荐大学院院长、审议全国教育、学术一切重大方案。

所谓"大学区"，就是在全国各地按教育、经济、交通等状况划分为若干个大学区，每区设大学1所，大学设校长1人。综理区内一切学术和教育行政事务。大学区设审议机构，为学区的立法机关；大学区下设高等教育处、普通教育处、扩充教育处、秘书处、研究院等机构，分管区内各类学校及社会教育等事项。[①] 大学区制先在江苏、浙江、河北三省试行，取得经验后推广到全国。

蔡元培等人倡导试行大学院制和大学区制的目的在于"改官僚化为学术"，以求"一事权，而利教育事"[②]。推行这一改革的意义在于：

[①]《大学院公报》1928年第1期。
[②] 高平叔：《蔡元培教育论著选》，人民教育出版社1991年版，第519、515页。

既可以促使教育与学术的结合,实现教育行政机构的学术化,又可以使教育摆脱官僚的支配,事权统一,使教育经费、图书设备、教职人员得到保障,还可以实现国家和地区教育决策的民主化。

由于这一改革"过重理想而忽视现实"[①],冲击了当时的教育官僚体制,并与国民党的"党化教育"相冲突,因而国民党中央党部及各级党部均不支持,学界也不理解和同情,并受到了众多的非议和反对,难以推行。1928年10月,国民政府下令,将大学院改为教育部;1929年7月1日,国民政府决议停止试行大学区制,一律恢复教育厅制度。

大学院和大学区改革,虽事与愿违,以失败而告终,但它对如何破除教育行政官僚化、实现教育学术化和民主化进行了尝试,积累了重要的经验和教训。

(二)"戊辰学制"的制定

南京国民政府基本上沿用了1922年新学制——"壬戌学制"。1928年出于关注民生,广设实习学校,加强职业学校、高中集中、师范教育独立、提高教育效率和质量等需要[②],于1928年5月在中华民国大学院第一次全国教育会议上,提出《整理中华民国学校系统案》,形成新的学制,即"戊辰学制"。这个学制是在修改1922年"壬戌学制"的基础上制定的,它包括制定学制的原则与组织系统两部分。第一部分提出七项原则:(1)根据本国实情;(2)适应民生需要;(3)增高教育效率;(4)提高学科标准;(5)谋个性之发展;(6)使教育易于普及;(7)留地方伸缩之可能。第二部分为学校系统。

这个学制较为重视义务教育和职业教育;对中等教育和高等教育,注重质量的提高,不求数量的增加;对地方学校的学制留下了较大的伸缩空间。

---

① 雷国鼎:《中国近代教育行政制度史》,台北教育文物出版社1983年版,第334页。
② 蔡芹香:《中国学制史》,世界书局1933年版,第239页。

三　学校教育的概况

（一）初级教育

这一时期是国统区初等教育"稳定发展期"①。南京国民政府在1921年、1936年、1937年几次提出实行国民义务教育，制定了扫盲计划，但均"由于经费困难，未能实施"②。初等教育的学制仍然沿袭1922年的"壬戌学制"的规定，采用四二分段制，即小学4年，高小2年。课程设置经三次修订，1936年7月，教育部颁布的《修正小学课程标准》规定的课程有：公民训练、国语、社会、自然、算术（四年级起加授珠算）、劳作、美术、体育、音乐等；高小加设公民知识、历史、地理等。据统计，1929年全国有小学21385所，学生8882077人。到1936年学校增加到320080所，学生18364956人。③ 由此可以看出初等教育正在快速发展。

（二）中等教育

这一时期，国统区的中等教育也有一定的发展。1932年公布《中学法》，中学分为省立、市立、县立、联立和私立。学制仍沿袭"壬戌学制"的三三分段制，初、高中修业年限各3年。但根据地方的情况，可调整为初中4年，高中2年。1936年教育部公布了《修正中学课程标准》规定：初中设公民、国文、英语、历史、地理、算学、物理、化学、动物、植物、生理卫生、图画、音乐、体育、劳作（女生为家事课），第三年视地方情形可设职业科目4学时，减去音乐、图画、劳作4学时。高中设公民、国文、外语、数学、本国史、外国史、本国地理、外国地理、物理、化学、生物、军事训练、体育。高中从二年级起分为甲乙组，甲组可多选习算学，乙组可多选习国文、伦理、英文三科12学时。从第三学期酌设商业会计、簿记、统计、应用文书、打字、农艺、园艺等简易职业科目。

---

① 《大学院公报》1928年第1期。
② 孙邦正：《六十年来的中国教育》，中正书局1971年版，第145页。
③ 教育部教育年鉴委员会：《第二次中国教育年鉴》，商务印书馆1948年版，第1455页。

1932年公布了《职业学校法》；1932年通过了《师范教育法》，规范了职业教育和师范教育。1932年起教育部规定对中学毕业生实行会考制度。

据统计，1928年全国中等学校1339所，学生234811人；1936年，学校增加到3264所，学生627246人。因此，中等教育也在不断发展。

(三) 高等教育

1929年，南京政府教育部公布了《大学组织法》《大学章程》及《专科学校规程》规定：大学"以研究高深学术养成专门人才为培养目标，专科学校则以教授应用科学养成技术人才"为培养目标。

在学院与大学设置方面，《大学章程》规定：大学的设立分为国立、省立、市立和私立（师范教育不得私立）。大学分为文、理、法、教育、农、工、商、医各学院，凡具备3个学院以上（必须具备理学院、农、工、商、医学院之一）得称为大学，否则称为独立学院。大学各学院及独立学院附设专修科。大学凡有3个研究所以上者，设研究院。

在修业年限方面，医科修业年限5年，其余均为4年。专科的修业年限为2—3年。大学研究院研究生的研究期限为2年。1935年南京政府公布学位授予法，规定学位分为学士、硕士、博士三级。获硕士学位，在研究院继续研究2年以上，或在高校任教3年，经审查合格者都可申请授予博士学位。专科的修业年限为2—3年。

在教育管理方面，采用学分制。1931年，南京国民政府教育部公布的《学分制划一办法》规定：各高等学校一律采用学年兼学分制，四年制最低修满132学分始准毕业。

在大学师资方面，1927年6月教育部公布的《大学教育资格条例》规定：大学教员名为教授、副教授、讲师、助教。

据《第二次中国教育年鉴》统计：1928年全国专科以上学校有74所，学生25198人；1936年，学校增加到108所，学生41922人。在这一时期，高等教育有了较快的发展，国立大学主要有：北京大学

(前身为1898年创办的京师大学堂，1912年改为国立北京大学）；清华大学（前身为1925年清华学堂大学部，1928年改为国立清华大学）；北平师范大学（前身为1901年成立的京师大学堂师范馆，1912年改为北京高等师范学校，1923年改为北京师范大学，1931年与北平女子师范大学合并，改为国立北平师范大学）；北洋工学院（前身为1903年创办的北洋大学堂，1928年改为北洋工学院）；中央大学（前身为1914年创办的南京高等师范学院，1912年改为东南大学，1927年改为国立中央大学）；浙江大学（1927年成立第三中山大学，1928年改为国立浙江大学）；武汉大学（前身为1913年创办的武昌高等师范学校，1924年改为国立武昌大学，1928年改为国立武汉大学）；中山大学（1924年为孙中山创办的国立广东大学，1926年改为国立中山大学）；四川大学（前身为1926年成立的省立四川大学，1931年与国立成都大学合并为国立四川大学）；山东大学（1926年成立省立山东大学，1928年与青岛大学合并为国立青岛大学，1931年改为国立山东大学）；西北大学（成立于1912年，1923年改为国立西北大学，1927年改为西安中山大学，1932年改为中学）；交通大学（前身为南洋工学，1920年北洋政府交通部将上海工业专门学校、唐山工业专门学校、北平铁路管理学校、北平邮电学校合并为交通大学；1937年上海交通大学改为国立交通大学）；同济大学（前身为1907年创建的上海德文医学院，1912年改为同济医工学堂，1927年改为国立同济大学）；暨南大学（前身为南京暨南学堂，后迁至上海，1927年更名为国立暨南大学）等。

著名私立大学有：复旦大学（前身为1905年马相伯创办的复旦公学，1927年改为复旦大学）；南开大学（1919年由严修、张伯苓创办）；厦门大学（1921年由著名爱国华侨领袖陈嘉庚创办，1937年改为国立厦门大学）等。

此外还有一批教会大学：北京的燕京大学、辅仁大学、协和医学院；上海的震旦大学、沪江大学、圣约翰大学；苏州的东吴大学；天津的津沽大学；南京的金陵大学、金陵女子大学；广州的岭南大学；

杭州的之江大学；济南的齐鲁大学；武汉的华中大学；福州的福建协和大学；成都的华西协和大学；长沙的湘雅医学院等。

这一时期的教育，与北洋军阀统治时期相比较，小学、中学、大学教育都有所发展，但蒋介石及其南京政府在围剿革命根据地的同时，极力向各类学校的学生灌输国民党的"党义"，以"整饬学风"的名义对进步教师和学生进行监视、绑架、逮捕、暗杀，企图把整个教育纳入"一个党、一个主义、一个领袖"的独裁统治的轨道，严重影响了当时中国教育的健康发展。

第四节　抗日战争时期国统区的教育

"七七"事变以后，日本侵略军大举进攻，国民党平津京沪相继陷落，使我国的教育遭受了重大损失。"当时平津京沪各地之机关学校均以变起仓促不及准备，其能将图书仪器设备择要转运内地者仅属少数，其余大都随校舍毁于炮火，损失之重，实难数计"[①]。为了维持战时教育，国民党政府制定了"抗战建国"的基本国策，提出了"战时须作平时看"的教育指导方针，并采取了高校内迁、学校国立、收容失学青年、设置战区教育指导委员会等一系列措施，勉力应变，取得了一定成效。国统区的广大教育工作者在极其艰苦的战争条件下，苦苦支撑民族教育，表现出可敬的爱国精神。

一　国民党政府的抗战教育方针政策

在抗日战争爆发不久，国民政府于1937年8月提出了"战时须作平时看"的教育方针，颁布了《总动员时督导教育工作办法纲领》规定抗战时期办理各级教育的基本政策是："（1）战争发生时，全国各地各级学校及其他文化机关，务力持镇静，以就地维持课务为原则。

[①]　教育部青年年鉴编撰委员会：《第二次中国教育年鉴》第二章，商务印书馆1948年版，第8页。

(2)比较安全区域之学校,尽可能范围内,设法扩充容量,收容战区学生。(3)各级学校之训练,应力求切回国防需要,但课程之变更,仍需遵照部定范围。(4)各级学校之教职员暨中等以上学校之学生,得就其本地成立战时后方服务团,但需严格遵照部定办法,不得以任何名义妨害学校之秩序。(5)为安定全国教育工作起见,中央及各省市教育经费,在战时仍应照常发给,倘至极万不得已有量予紧缩之必要时,在中央应由财教两部协商呈准行政院核定后办理。(6)中央及各地方主管教育行政机关,对于战区内学校之经费,得为财政紧急处分,酌量变更其用途,必要时并得对于其全部主管教育经费,为权宜之处置,以适应实际需要。"①

1938年4月,国民党临时全国代表大会通过了《中国国民党抗战建国纲领》,对抗战教育作了四点规定:"(1)改订教育制度及教材,推行战时教程,注重于国民道德之修养,提高科学之研究,与扩充其设备;(2)训练各种专门技术人员,与以适当之分配,以应抗战需要;(3)训练青年,俾能服务于战区及农村;(4)训练妇女,俾能服务于社会事业,以增加抗战力量。"② 在这次会上,还制定了《战时各级教育实施方案纲要》,规定了战时教育的九大方针:"三育并进;文武合一;农村需要与工业需要并重;教育目的与政治目的一贯;家庭教育与学校教育密切联系;以科学方法整理发扬我国固有文化之精粹,以立民族自信;加速自然科学研究,以应国防与生产急需;社会科学要取人之长,补己之短,以求适合国情;各级学校目标明确,谋求各地均衡发展;普及义务教育依原计划按期实现,有计划地实施社会教育与家庭教育。"

上述这些抗战教育的方针政策,既顾及了教育为抗战服务的近期任务,也考虑了教育为战后国家重建和发展的远期目标,使得教育事业在艰苦卓绝的战争环境中仍能苦苦支撑,并在大后方西南、西北地

---

① 教育部青年年鉴编撰委员会:《第二次中国教育年鉴》,商务印书馆1948年版,第10页。

② 同上书,第10—11页。

区有所发展。①

二 国民党政府统治区抗战时期的学校教育

（一）初等教育

抗日战争爆发后，国民政府推行"抗战建国"的基本国策和"战时须作平时看"的教育方针，教育部于1940年3月公布了《国民教育实施纲领》，将小学改为国民小学和中心国民小学，要求每乡镇成立国民中心学校1所，至少每3保成立国民学校1所。规定："（1）国民教育分义务教育及失学民众补习教育两部分，应在国民学校及乡镇中心学校内同时实施；（2）全国自6足岁至12足岁之学龄儿童，除可能受六年制小学教育者外，应依照纲领受四年或二年或一年之义务教育；（3）全国自15足岁至45足岁之失学民众，应依照本纲领分期受初级或高级民众补习教育，但得先自足15岁至35岁之男女实施，继续推挤年龄较长之民众；（4）12足岁至15足岁之失学儿童，得视当地情形及其身心发展状况，施以相当之义务教育或失学民众补习教育。"②据《第二次中国教育年鉴》统计，抗日战争爆发前的1936年，全国有小学320080所，学生18364956人；抗战爆发的1937年，小学减为229911所，学生减为12847924人；到1945年，小学又增为269937所，学生增至21831898人。初级教育有所恢复，但尚未达到战前发展水平。1945年失学儿童有175209934人。

（二）中等教育

抗战时期，为了救济沦陷区流亡学校师生，提高大后方的中等教育质量，民国政府对中等教育采取了一些调整措施，其主要有：（1）设立国立中等学校。从1937年开始，共设立国立中学34所，国立师范学校14所，国立职业学校14所。这些国立中等学校都是公费住宿制学校，条件较优越，不仅安置了不少流亡学校师生，而且促进了西

---

① 孙培青：《中国教育史》，华东师范大学出版社2009年版，第420页。
② 《国民教育实施纲领》，《教育通讯周刊》1940年第11期。

南、西北地区中等教育水平的提高。(2) 实行中学分区制。教育部于 1938 年 12 月要求西南、西北地区先行中学分区制，即各省根据省内交通、经济、人口、文化、教育实际情况，划分若干个中学区，各区内调整公立私立学校配置，每区设 1 所完全中学、1 所女子中学，并建设 1 所示范性学校。(3) 修订课程标准。1940 年教育部根据抗战需要，修订了初高中课程标准，主要是将初高中学生分为甲乙两组，增设了职业选修课和战时服务训练，并将英语改为选修课。这些措施不同程度地促进了中学教育的发展。

抗日战争胜利后，中等教育一度得到短暂的恢复和发展。据《第二次中国教育年鉴》统计，抗战前的 1936 年，有中等学校 3264 所，学生 627246 人。抗战爆发的 1937 年，中等学校减至 1896 所，学生减至 389948 人。抗日战争胜利后，在 1946 年 10 月，中等学校为 4226 所，学生为 1495874 人，学校和学生的数量均超过战前，有所发展。

（三）高等教育

抗日战争爆发前，高等学校有 108 所。从"七七事变"后，日军轰炸、炮击、强占、掳掠各类学校，至 1938 年 10 月，有 91 所高等学校遭到日寇破坏，高等教育严重受挫。民国政府采取了高等学校内迁、大学统一招生或考区内联合招生及调整规范高等学校课程等措施，保存了国家教育实力，使高等教育在西南、西北有所发展，1947 年高等学校和学生数量都达到国民党政府时期的最高点。

为了减少日寇的破坏与蹂躏，保存我国民族教育之国脉，国民政府将一批重点高校迁往西南及西北地区。从 1937 年 10 月南京中央大学西迁四川重庆开始，前后 60 多所高等院校内迁，如将北京大学、清华大学、南开大学迁到昆明，成立西南联合大学；将北平师范学院、北洋工学、河北省立女师一部迁到陕西城固，成立西北联合大学；武汉大学迁至四川乐山，东北大学迁到四川三台，浙江大学迁至贵州遵义，上海交通大学迁至四川重庆。这些内迁高校有的不得不多次辗转搬迁，饱受颠沛流离之苦，损失惨重。如山东大学千里迁川，师生沿途几乎散失殆尽，不得不在渝宣布停办。有些院校则有所发展，如西南联大，在日寇不断轰炸的艰苦条件下，培养了一大批杰出人才，成绩斐然。

国立西南联大创办于1938年，它是由国立北京大学、国立清华大学和私立的南开大学西迁到昆明后共同组成的，是当时中国规模最大的著名学府，它设置两个行政机构，即校务委员会和教授会。校务委员会是权力管理机构，负责讨论和决定全校的重大事务。校务委员会委员由教授会推荐，校长任命，校长为校务委员会主席。西南联大由三位大师级领袖人物——北京大学校长蒋梦麟、清华大学校长梅贻琦、南开大学校长张伯苓共同主持教务委员会的工作。教授会是一个校务咨询机构，成员包括全校教授，日常工作由教授推举的常委会主办；各学院、各系也设有教授会。西南联大设立文、理、法商、工、师范5个学院26个系，两个专修科和一个选修班。西南联大荟萃了一批著名的专家、学者、教授，人才济济，前后任教的教师有：朱自清、闻一多、叶企孙、陈寅恪、赵元任、吴有训、梁思成、金岳霖、陈省身、王力、冯友兰、王竹溪、沈从文、陈岱孙、钱穆、钱锺书、吴大猷、周培源、费孝通、华罗庚、朱光潜、赵九章、李楷文、林徽因、吴晗、吴宓、潘光旦、卞之琳、李宪之、梅贻琦、张伯苓、蒋梦麟、杨武之、冯景兰、袁复礼、冯至、刘文典、穆旦、赵以炳、任继愈等300余人。西南联大树立了"依靠教师、民主治校、兼容并包、学术自由"的办学思想；以"通才教育"为办学宗旨，实行以学分制为主和共同必修课、充分选修课与严格要求、严格管理相结合的教学制度，高度重视基础课程和课程的适用性及创新性。自1938年至1946年8年的时间里，西南联大前后共招收学生8000余人，本专科生及研究生毕业学生3343人，办学成绩斐然，培养出了大批杰出人才。1949年民国中央研究院首届院士中有27人为西南联大的师生；1955年以来西南联大有154人（学生80人）为中国科学院院士；12人（全为联大学生）为中国工程院院士；赵炳章、邓稼先等8人获得两弹一星功勋奖章；国家最高科学技术奖获得者4人（黄昆、刘东生、叶笃正、吴征镒）；诺贝尔奖获得者2人（杨振宁和李政道）；另外还培养出了一大批国际一流的科学家。这些成就使西南联大成为中国高等教育史上的一颗璀璨夺目的明珠，成为我国现代教育史上一座不朽的丰碑。

需要指出的是，蒋介石集团曾在 1945 年镇压了昆明学生的反战运动，杀害了西南联大潘琰等四名师生，制造了"一二·一"惨案；1946 年 7 月 11 日，国民党特务暗杀了社会大学副校长、民族革命大学副校长李公朴；7 月 25 日又暗杀了西南联大教授、《民主周刊》社长闻一多，其法西斯暴行破坏了西南联大的正常发展。

第五节　20 世纪上半期的教育家

20 世纪上半期是中国人民反对帝国主义、封建主义的波澜壮阔的民主革命时期，也是中国社会发生急剧变革的时期。中国教育在革命中、变革中不断发展和进步，涌现出几十位大师级的教育家，如深圳越众影视公司大型纪录片《先生》的作者就遴选了蔡元培、胡适、马相伯、张伯苓、梅贻琦、竺可桢、晏阳初、陶行知、梁漱溟、陈寅恪等十位"先生"，这些"先生们"为国传承与担当，像庇护小鸡的老母鸡一样，以弱身御强世，对学生教之导之帮之扶之惜之爱之，提供学问坐标系和人格营养，示范风骨与风度，为后辈的成长赢得时间、空间和方感。[①] 这些"先生"是 20 世纪上半期推动中国现代教育探索、发展、进步的正能量"他们宛如灯塔，各自照亮一方山河"，对中国教育发展作出了不可磨灭的重要贡献。在这里我们仅选择蔡元培、陶行知、晏阳初、梁漱溟、黄炎培等五位"大先生"加以简介。

一　蔡元培的教育思想

蔡元培是中国近代著名的资产阶级思想家和杰出的教育家。他一生的大部分时间主要从事教育工作，担任过民国南京临时政府的教育部部长和北洋军阀北京政府的教育总长，担任了十年半时间的北京大

---

① 《先生》编写组：《先生·前言》，中信出版社 2012 年版。

学校长，是我国大学教育理念的奠基者，提出了"五育"并举，德、智、体、美和谐发展的教育方针，领导和制定了中国第一个资产阶级性质的学制——"壬子癸丑学制"，对封建主义教育进行了变革；1917年他任北京大学校长，对北京大学进行了大刀阔斧的改革，提出了"思想自由，兼容并包"、教授治校、沟通文理、教育独立等教育、教学思想，对中国近代高等学校的管理制度和学科建设进行了开创性的探索。后人评价道："他是新文化运动之父，他通过改变一所大学进而改变了一个民族！"[1]

（一）蔡元培的生平和教育活动

蔡元培（1868—1940年），浙江绍兴府山阴县人，字鹤卿，号子民。1892年，他参加殿试，被录取为进士，授翰林院庶吉士。1894年补翰林院编修。中日甲午战争后，接触西学，同情维新派，推崇谭嗣同。戊戌变法失败后，他深感清政府已"无可希望"，毅然辞去翰林院编修之职，回到绍兴兴办教育，提倡新学，曾任绍兴中西学堂监督。1901年9月，他任南洋公学经济特科班总教习，宣传爱国民权思想。1902年，他与章太炎等人发起成立"中国教育会"，任会长，并创办爱国学社、爱国女校，宣传资产阶级革命思想。1904年，他与陶成章等组织光复会，被推为会长。1905年，同盟会成立，光复会并入，孙中山委任蔡元培为同盟会上海分会负责人。

1907年5月，蔡元培留学德国，在莱比锡大学学习和研究哲学、文学、心理学、美学。1911年辛亥革命爆发，他取道西伯利亚回国。1912年1月，蔡元培被任命为民国南京临时政府第一任教育总长，主

---

[1] 《先生》编写组：《先生·前言》，中信出版社2012年版，第1页。

持制定了一系列教育政策和法规，积极改革封建教育，奠定了民国教育的基本体制。1912年7月，因不满袁世凯专权，他与同盟会阁员集体辞职。蔡元培再赴欧洲，先后留学德国和法国，中途应孙中山之召回国参加"二次革命"。在法国，他与李石曾、吴稚晖、吴玉章等人组织"勤工俭学会"；与法国友人一道发起"华法教育会"，任中方会长。这些组织直接推动了留法勤工俭学运动的开展。

1917年1月，蔡元培任北京大学校长，对北京大学进行全面改革，使北大这所充满封建教育遗风的旧式学堂转变为生机勃勃的新型大学。1919年五四运动爆发，北洋政府镇压学生，蔡元培多方营救被捕学生，一度辞去北京大学校长的职务。1912年中国国民党在广州召开第一次全国代表大会，他被选为候补中央监察委员，1926年第二次全国代表大会时，被选为中央监察委员。1927年4月18日南京国民政府成立后，蔡元培先后任国民政府大学院院长、国民政府常务委员、中央政治会议委员、代理司法部长、中央研究院院长等职。1931年"九一八"事变后，他积极主张抗日。1932年12月，他与宋庆龄、鲁迅、杨杏佛等发起成立中国民权保障同盟，任副主席，尽力营救被捕的爱国人士和中共党员。1939年，他被推举为国际反侵略大会中国分会名誉会长。1940年3月5日病逝于香港。毛泽东曾发唁电，评价说："孑民先生，学界泰斗，人世楷模。"[①]

蔡元培的著述较多，《蔡元培全集》和《蔡元培教育论集》是研究蔡元培教育思想的宝贵资料。

（二）"五育"并举的教育方针

蔡元培受德国哲学家康德的二元论哲学和以人为中心的教育思想的影响，在教育方针方面，以人为本，把"养成共和国民健全之人格"[②]作为教育的价值目标，他说："教育是帮助被教育的人，给他能发展自己的能力，完成他的人格，于人类文化上能尽一分子的责

[①] 《新华日报》，中华民国29年3月8日。
[②] 高平叔编：《蔡元培教育论集》，中华书局1984年版，第51页。

任。"① 为了实现教育目标，他于1912年初，在《对新教育之意见》一文中，提出了"五育"并举的教育方针。所谓"五育"，即军国民教育、实利主义教育、公民道德教育、世界观教育和美感教育。其中美感教育、世界观教育是蔡元培的首创。

1. 军国民教育

军国民教育，就是将军事训练引入学校教育，倡导尚武精神，传授军事知识。蔡锷在1902年首倡军国民教育；蔡元培发展了这一思想，他说："军国民教育者，与社会主义舛驰，在他国已有道消之兆。然在我国则强邻交逼，亟图自卫，而历年丧失之国权，非凭借武力，势难恢复。且军人革命以后，难保无军人执政之一时期，非行举国皆兵之制，将使军人社会永为全国中特别之阶级，而无以平均其势力。"② 他将军国民教育的目的由强兵、御侮，扩展为对外保卫国权，对内对抗军阀拥兵自雄两大目的。

2. 实利主义教育

所谓实利主义教育，就是注重实用，主张对学生和国民进行以生活知识、谋生技能为主要内容的教育。蔡元培将实利主义教育看作是"以人民生计为普通教育之中坚"，认为发展实利主义是发展实业、解决人民失业和国家贫困的当务之急。他说："我国地宝不发，实业界组织尚幼稚，人民失业者至多，而国甚贫。实利主义之教育，固亦当务之急者也。"③

3. 公民道德教育

蔡元培认为，公民道德是养成健全人格之本，"若无德，则虽体魄、智力发达，适足助其为恶，无益也"④。蔡元培所主张的德育的基本内容是：自由、平等、亲爱。他说："法兰西之革命也，所表揭者，

---

① 《蔡元培文选》，上海远东出版社1995版，第352页。
② 高平淑编：《蔡元培全集》第二卷，中华书局1984年版，第130页。
③ 同上书，第131—132页。
④ 高平淑编：《蔡元培教育文集》，人民教育出版社1980年版，第12页。

曰自由、平等、亲爱。道德之要旨，尽于是矣。"① 显然，这是对法国资产阶级革命所标榜的自由、平等、博爱的一种修正。

4. 世界观教育

世界观教育，就是哲学教育，这是蔡元培的独创。他将世界观教育看作是教育的最高境界。蔡元培深受康德心物二元论哲学的影响，将世界分为"现象世界"与"实体世界"两个方面。他说："盖世界二方面，如一纸之有表里：一为现象，一为实体。现象世界之事，为政治，故以造成现世幸福为鹄的；实体世界之事，为宗教，故以摆脱现世幸福为作用。而教育者则立于现象世界，而有事于实体世界者也。故以实体世界之观念，为其究竟之大目的。而以现象世界之幸福，为其达于实体观念之作用。"② 在蔡元培看来，教育者不能像宗教那样，企图摆脱现世，而应当教育学生既立足于现世，又追求理想境界的观念和超越精神。

虽然蔡元培依据的康德哲学是主观唯心主义和二元论哲学，但他主张对学生进行哲学教育，培养学生的理想境界和超越精神则是难能可贵的。

5. 美感教育

美感教育，又称为审美教育或美育，是一种按照审美标准培养人的形象化的情感教育。美感教育的倡议，以民国元年（1912年）为始，首倡者为蔡元培。③ 蔡元培认为："美育者，应用美学理论于教育，以陶养感情为目的者也。"④ 在他看来，军国民教育和实利主义教育都是功利主义教育，而美感教育则是一种超功利主义的教育，能使人超利害，"忘人我"，进入"与造物为友"的崇高境界。美感教育是联系"现象世界"与"实体世界"之间的桥梁，是世界观教育的主要途径。他说，审美能使人"对于现象世界，无厌弃而亦无执着也。既

---

① 《蔡元培教育文选》，人民教育出版社1980年版，第2页。
② 舒新城：《近代中国教育思想史》，福建教育出版社2007年版，第116—117页。
③ 同上书，第115页。
④ 《蔡元培美学文选》，北京大学出版社1983年版，第174页。

脱离一切现象相对之感情，而为浑然之美感，则即所谓与造物为友，而已接触于实体世界之观念矣。故教育家欲由现象世界而引以到达实体世界之观念，不可不用美感之教育"①。蔡元培主张以美育代替宗教，美育的目的在于陶养人的情感，培育人的高尚纯洁之习惯，消沮人的利己损人的思想观念。他指出："美育之附丽于宗教，常受宗教之累，失其陶养之作用，则转以激刺情感……鉴激刺情感之弊而专尚陶养情感之术，则莫如舍宗教而易以纯粹之美育；纯粹之美育，所以陶养吾人之情感，使有高尚纯洁之习惯，而使人我之见、利己损人之思念以渐消沮者也。"②

蔡元培注重学生的情感陶冶和精神培育，不仅在民国初期，而且在现代，对于我国教育的发展仍有重要的指导意义。他认为"五育"虽各有偏重，但不可偏废。"夫完全人格，首在体育"，"次在智育"，而"德育实为完全人格之本"。③ 世界观教育是教育的最高境界，而美育则是德育的辅助手段和世界观教育的重要途径。可见他倡导的"五育"是以养成健全人格为目标，以德育为核心，以世界观教育为理想境界，主张德、智、体、美均衡发展的教育方针。他的"五育"思想对民国时期的教育发展产生了深远的影响。

（三）高等教育思想

1917年1月，蔡元培就任北京大学校长，在他改造和管理北京大学10多年教育实践中形成了深邃的高等教育思想，奠定了我国大学教育的基本理念，其中主要有以下几个。

1. 大学的性质与办学宗旨

蔡元培指出大学应该成为"研究高尚学问之地"。④ 他认为："一个民族或国家要在世界上立得住脚，——而且要光荣的立住，——是要以学术为基础的。""学术昌明的国家，没有不强盛的；反之，学术

---

① 舒新城：《近代中国教育思想史》，福建教育出版社2007年版，第119页。
② 同上书，第119页。
③ 《蔡元培美学文选》，北京大学出版社1983版，第36页。
④ 《教育杂志》第四卷第4号。

幼稚和知识蒙昧的民族没有不贫弱的。"① 正是由于学术是立国之本，也是立校之基，因此，他强调"大学为纯粹研究学问之机关，不可视为养成资格之所，亦不可视为贩卖知识之所。学者当有研究学问之兴趣，尤当养成学问家之人格"②。他把研究高尚学问看作大学的本质规定，把培养"研究学问之兴趣，尤当养成学问家之人格"作为大学教育的根本宗旨。他要求学生"入法科者，非为做官，入商科者，非为致富。宗旨既定，自趋正轨"。③ 可以说，以养成学生的健全人格为宗旨，以研究学术为大学的主要使命，这是蔡元培对高等教育的根本看法。

2. "思想自由，兼容并包"的办学方针

蔡元培在主持北京大学办学的过程中，聚焦大学之"大"的含义。在他看来，大学之所以为"大"，首先在于大学具有海纳百川的博大气度和能容不同学术派别的宽广胸怀。他说："大学者，'囊括大典，网罗众家'之学府也。"为了实现"囊括大典，网罗众家"的办学目标，他明确提出了"循'思想自由'原则，取兼容并包主义"④的办学方针，这既奠定了北大办学的基本精神，也为全国大学开创了一条学术繁荣、人才辈出的发展之路。所谓"思想自由，兼容并包"主要有三层含义。其一，在大学与教师的关系方面，教师言之有理，持之有故的学术见解、思想观点应不受任何拘束地自由发表、自由讨论、自由发展。蔡元培说："大学教员所发表之思想，不但不受任何宗教或政党之拘束，亦不受任何著名学者之牵制。苟其确有所见，而言之成理，则虽在一校中，两相反对之学说，不妨同时并行，而一任学生之比较而选择，此大学之所以为大也。"⑤ 他指出：如"哲学之唯心论与唯物论，文学、美术之理想派与写实派，计学之干涉论与放任

---

① 高平叔编：《蔡元培教育论集》，湖南教育出版社1987年版，第481页。
② 高平叔编：《蔡元培全集》第三卷，中华书局1984年版，第191页。
③ 《蔡元培文选》，上海远东出版社1995年版，第295页。
④ 高平叔编：《蔡元培教育论集》，湖南教育出版社1987年版，第231页。
⑤ 杨东平：《大学精神》，文汇出版社2003年版，第74页。

论，伦理学之动机论与功利论，宇宙论之乐天观与厌世观"①，"无论为何种学派，苟其言之成理，持之有故，尚不达自然淘汰之命运者，虽彼此相反，而悉听其自由发展"②。其二，在教师与教师的关系方面，互相不得束缚他人的学说。"一己之学说，不得束缚他人，而他人的学说，亦不束缚一己"③。其三，在教师与学生的关系方面，教师不得将自己的观点强加给学生，"教者不宜硬以自己的意思，压到学生身上"④，"而一任学生之比较而选择"。

"思想自由，兼容并包"方针体现在教师的聘任上，就是"网罗众家"学术大师引领学术发展。蔡元培以"有学问"，特别是"很有研究的兴趣"作为聘任教师的主要标准，而不考虑教师的政治与学术派别、资历、年龄、国籍。他说："延聘教员，不但是求有学问的，还要求于学问上很有研究的兴趣，并能引起学生的研究兴趣。不但世界的科学取最新的学说，就是我们本国固有的材料，也要用新方法来整理它。"⑤ 他在上述思想的指导下，积极网罗各类学术人才，如史学方面，有信古派与疑古派学者；在文学方面，有文言派与白话派学者，在文化方面，有国粹派与西化派代表人物；在政治倾向方面，既有马克思主义者、三民主义者，又有无政府主义、国家主义者。他既为北京大学聚集了一批著名学者，又在北大营造了一种派别林立、百家争鸣的学术氛围。

3. 以"学为基本"和文、理沟通的教学思想

在教学思想方面，蔡元培受德国洪堡的教学理念的影响，提出了"学为基本"和文、理沟通思想。

一方面，蔡元培反对大学教育重视实际应用学科而轻视基础理论学科的倾向，主张大学既要重视技术应用，更应重视基础理论。蔡元

---

① 高平叔编：《蔡元培教育论集》，湖南教育出版社1987年版，第213页。
② 同上书，第231页。
③ 梁柱：《蔡元培与北京大学》，北京大学出版社1996年版，第89页。
④ 《蔡元培美学文选》，北京大学出版社1983年版，第107页。
⑤ 《蔡元培文选》，上海远东出版社1995年版，第318页。

培将基础理论科学与哲学称为"学",将技术应用科学成为"术",认为"学"与"术",要以"学"为基础。他说:"学与术可分为二词,学为学理,术为应用。各国大学中所有科目:如工商,如法律,如医学,非但研求学理,并且讲求适用,都是术。纯粹的科学与哲学,就是学。学必借术以应用,术必以学为基础,两者并进始可。"① 在蔡元培看来,大学应以"治学"为主,而高等专科学校则以"治术"为主。他说:"治学者可谓之大学,治术者可谓之高等专门学校,两者有性质之别,而不必有年限和程度之差。"② 蔡元培还针对重技术而轻学理的现象,指出:"但知练习技术,不去研究学理;或一国中,练习技术的人虽多,研究科学的人很少,那技术也是无源之水,不能会通改进,发展终属有限。"③

另一方面,蔡元培主张大学应沟通文、理,打破各个学科、专业之间的壁垒,防止学生"局守一门",受狭隘专业知识的限制。并认为传统的文、理分科的做法不符合科学发展的趋势。他说:"文科的哲学,必植根于自然科学,而理科学者最后的假定,亦往往牵涉哲学。"④ 正是在这种思想的指导下,他对北京大学的学科进行了改造,废科设系,停办工科,扩充了文科和理科,加强了对基础理论的研究和教育。

4. 教授治校与民主管理思想

蔡元培任北京大学校长期间,大力推行教授治校和学生自治等民主管理制度,首先在全校组织了教授评议会,作为全校最高的立法机构和咨询机构,负责全校重大事务的决策工作和章程条例、教师学衔、经费预算等审核工作。1919年12月,教授评议会通过学校内部组织章程,决定设立行政会议、教务会议和总务处,负责实施教授评议会各项决定,具体管理教学、人事、后勤等学校各项事务。在各院、各

---

① 《蔡元培教育文选》,人民教育出版社1980年版,第135页。
② 高平叔编:《蔡元培教育论集》,湖南教育出版社1987年版,第203页。
③ 高平叔撰著:《蔡元培年谱长编》(中),人民教育出版社1996年版,第398页。
④ 高平叔编:《蔡元培教育论集》,湖南教育出版社1987年版,第539页。

系，则组织各院、系教授会。1918年，北大共成立了国文、英文、法文、德文、数学、物理、化学、法律、政治、哲学、经济等11个学科教授会。蔡元培推行教授治校的目的在于把推动学校发展的责任交给教授，让真正懂得学术的人来管理学校。

蔡元培在主持北京大学期间还倡导学生自治，提出了"尚自然""展个性"的教育思想，重视广泛调动学生的积极性。他要求学校教育"处处要使学生自动"[1]，反对"满堂灌"，要求"教者不宜硬以自己的意思，压到学生身上"[2]。为了发展学生的个性，蔡元培在北京大学废年级制，试行选科制，他认为选科制"比现行年级制、划一制可以发展个性"[3]。本科生的课程一半必选，一半自选，文、理科学生可以互选课程，修满规定的学分即可毕业，不受年限限制。

5. 教育独立思想

"教育独立"思想不是蔡元培的独创，而是五四运动前后在教育界与北洋政府的冲突中形成的一种思潮；但"从理论上主张教育应脱离政党与宗教而独立，以蔡元培为最彻底"。

五四运动以后，由于军阀的割据和混战，经济凋敝，军阀政府将国家大部分经费用于军事开支，教育经费只占国家预算的很少一部分。1920年，北京政府国家预算中军费占二分之一以上，而教育经费只及七十五分之一。即使是有限的预算内的教育经费，也常因被侵占而不能如数拨付。1912年2月北京政府积欠教育部直辖的北大、高师等北京国立专门以上学校经费40余万元，导致学校连教职员的工资都不能按月发放，正常教学工作难以为继。于是在北京便引发了罢教、罢课、请愿学潮，并形成了"教育独立"的思潮。

舒新城先生将教育独立思想的内涵概括为："一是教育经费独立；二是教育事务独立；三是教育离政治而独立；四是教育离宗教而独立；

---

[1] 《蔡元培美学文选》，北京大学出版社1983年版，第109页。
[2] 同上书，第107页。
[3] 高平叔编：《蔡元培全集》第三卷，中华书局1984年版，第395页。

五是高等教育之学术独立"①等五个方面。蔡元培于1912年3月在《新教育》上发表了《教育独立议》一文,全面地阐述了教育独立的基本观点和实施办法。

首先,他从教育的本质特征出发,论述了教育独立的理论依据,他说:"教育是帮助被教育的人,给他能发展自己的能力,完成他的人格,于人类文化上能尽一分子的责任;不是把被教育的人,造成一种特别器具,给抱有他种目的的人去应用的。所以教育事业,当完全交与教育家,保有独立的资格,毫不受各派政党或各派教会的影响。"②在他看来,教育的本质特征在于以人为本,以人为目的,教育的根本使命就是育人,而不是制造器具;教育高扬的是人作为目的的价值,而不是人的工具价值,这是应当把教育事业"完全交与教育家,保有独立的资格"的理论依据。

其次,在教育与政党的关系上,他论述了教育应当"超然于各派政党以外"的三个理由:其一,教育与政党的目标不同,"教育是要个性与从性平均发达,政党是要制造一种特别的从性,抹杀个性。例如鼓励人民亲善某国,仇视某国;或用甲民族的文化,去同化乙民族的文化;今日的政党,往往有此等政策,如参入教育,便是大害。"其二,教育与政党的着眼点不同。"教育是求远效的,政党的政策,是求近效的。中国古书说:'一年之计树谷,十年之计树木;百年之计树人。'可见教育的成效,不是一时能达到的。"其三,执政党往往更迭较快,如果将教育权交予政党,那么教育方针就要随政党的更迭而改变,"教育就没有成效力"。他说:"政党不能常握政权,往往不出数年,便要更迭。若把教育权也交与政党,两党更迭的时候,教育方针,也要跟着改变,教育就没有成效力。所以教育事业不可不超然于各派政党之外。"③

再次,在教育与宗教的关系上,蔡元培论述了教育"不可不超然

---

① 舒新城:《近代中国教育思想史》,福建教育出版社2007年版,第197—198页。
② 同上书,第191页。
③ 同上书,第191—192页。

于各派教会以外"的依据。在蔡元培看来教育与宗教之间有两个方面的差别,一是教育是进步的,而教会是保守的。他指出:"教育是进步的:凡有学术,总是后胜于前;因为后人凭着前人的成绩,更加一番功夫,自然更进一步。教会是保守的:无论什么样尊重科学,一到《圣经》的成说,便绝对不许批评;便是加了一个限制。"二是教育是共同的,而教会是差别的。他分析说:"教育是共同的:英国的学生,可以读阿拉伯人所做的文学,印度的学生,可以用德国人所造的仪器;都没有什么界限。教会是差别的:基督教与回教不同;回教又与佛教不同。不但这样,基督教里面,天主教与耶稣教又有不同。不但这样,耶稣教里面,又有长老会、浸礼会、美以美会等派别的不同。彼此谁真谁伪,永远没有定论。只好让成年人,自由选择;所以各国宪法中,都有信仰自由一条。"所以,蔡元培主张不能将教育权交与教会,"教育事业,不可不超然于各派教会以外"[①]。

此外,蔡元培还提出了实行教育独立的具体办法。其中主要有:其一,全国分为若干个大学区,每区设立大学一所,管理本区内各类学校教育、社会教育、文化学术事宜。其二,大学的事务,由大学教授组成的教育委员会主持,校长由教育委员会选举产生。其三,各大学区大学的校长组成高等教育会议,处理各大学区间的事务。其四,教育部只负责处理经高等教育会议决议而与中央政府发生关系的事务,以及教育统计报告等,不干涉各大学区事务。教育总长必经高等教育会议认可。其五,各类学校不得有宣传教义的课程,不得举行祷告仪式。其六,各区教育经费,都从本区中抽税充用;较贫困地区的教育经费由高等教育会议决定,中央政府拨国家税补助。

教育脱离教会而独立是近代以来全世界的共识,教育学术独立是高等院校科学技术创新和文化创新的内在要求,学校管理有其不同于政府行政管理的特殊规律,有其一定的独立性,但主张教育完全脱离政治而独立,则是不现实的。正如舒新城先生指出的那样,教育离政

[①] 舒新城:《近代中国教育思想史》,福建教育出版社2007年版,第192页。

治而独立,是"不通之论",也是绝对办不到的。① 但在当时军阀政府专制的历史条件下,提出这一思想,具有反对军阀政府干涉、摧残教育和抵御帝国主义殖民教育的性质,具有进步意义。

蔡元培是我国近现代最负盛名的教育家,他的教育思想深邃博大,影响深远,对于我国建构大学理念和大学精神至今仍有重要的指导意义。

二 陶行知的"生活教育"思想

陶行知是我国五四运动以后最有影响的、伟大的人民教育家、卓越的民主主义者、"一个无保留追随党的党外布尔什维克"。他创立的生活教育理论在我国现代教育史上占有重要的地位,他的许多思想至今仍有重要的指导意义。他的"捧着一颗心来,不带半根草去"的无私奉献精神,永远值得后人学习。

(一) 陶行知的生平与教育活动

陶行知(1891—1946年),原名文濬,因崇尚王阳明的"知行合一"学说,改名"知行",后来他主张"行是知之始,知是行之成",又改名为"行知"。安徽歙县人。1914年他以全校第一名的成绩毕业于金陵大学,随后赴美国留学。1915年获得伊利诺斯大学政治学硕士学位,秋季转入哥伦比亚大学师范学院攻读教育,师从杜威、孟禄,深受杜威实用主义教育思想和进步教育运动的影响。1916年,陶行知回国后担任了南京高等师范学校的教务主任。1920年,他辞去教务主任一职,担任"中华教育

---

① 舒新城:《近代中国教育思想史》,福建教育出版社2007年版,第198页。

改进社"总干事。1923年,他与朱其慧、晏阳初等人发起成立"中华平民教育促进会",为平民教育奔走呼号。1926年,陶行知为"中华教育改进社"起草了《改造全国乡村教育宣言书》,提出"要筹壹佰万元基金,征集一百万位同志,提倡一百万所学校,改造一百万个乡村",决心把乡村学校办成改造农村生活的中心。1927年春,他受中华教育改进社的委托,与赵叔愚在南京创办实验乡村师范学校,1929年改名为晓庄学校。晓庄学校一反闭门读书的旧传统,别开生面。初创时,没有教室、礼堂,只有200亩荒地。他们"以宇宙为学校,奉万物作宗师",师生共同开荒种地、烧饭、盖草房、说书、演戏、办民校,以生活为中心,开展教育活动,并形成了陶行知的"生活教育理论"。1930年5月,晓庄学校被国民党政府封闭,陶行知受到通缉而逃亡日本。1931年春,陶行知从日本回国,在上海开展科学普及教育,倡导"科学下嫁运动",创办了"自然科学园",编辑了许多通俗的自然科学丛书。1932年,他在上海郊区创办"山海工学团",主张将工场、学堂、社会打成一片;梦想创造一个人人生产、人人长进、人人平等、人人自卫的新社会。在他看来,"工学团是中华民族之救命圈"。为了普及教育,他提出,并实行了"小先生制"。1935年"一二·九"抗日爱国运动爆发后,他立即号召"山海工学团"师生参加抗日救亡运动,并与宋庆龄、何香凝、马相伯、沈钧儒等知名人士发表了《上海文化界救亡运动宣言》,筹组了上海文化界救亡联合会,坚决主张抗日。1936年,他发起组建了"国难教育社",提出国难教育、战时教育的主张。1937年7月,陶行知应邀赴伦敦参加"世界新教育会议",大力宣传中国人民的抗日主张,发动海外侨胞共赴国难。1939年,他在重庆创办育才学校,提出了抗战建国教育的主张。抗日战争胜利后,陶行知以极大的革命热情和胆略积极参加反内战、反独裁、争取和平、民主的民主运动,倡导民主教育。1946年7月25日,陶行知病逝。宋庆龄评价他"万世师表"。郭沫若评价他"两千年前的孔仲尼,两千年后的陶行知"。毛泽东赞誉他是"伟大的人民教育家"。

(二) 为"农工劳苦阶级"办学的思想

陶行知之所以能成为伟大的人民教育家,就在于他的教育思想是从农工劳苦阶级的利益出发的,是为劳苦大众服务的。1926 年,他在《我们的信条》一文中写道:"我们从事乡村教育的同志,要把我们整个的心献给我们三万万四千万的农民。我们要向着农民'烧心香'才配为农民服务,才配担当改造乡村生活的新使命。倘使个个乡村教师的心都经过了'农民甘苦化'。我深信他们必定能够叫中国个个乡村变做天堂,变做乐园,变做中华民国的健全的自治单位。这是我们绝好的机会,也就是我们绝大的责任。"[1] 他不仅倡导"把我们整个的心献给我们三万万四千万的农民",而且知行合一,以身作则,带头实践为劳苦大众服务的意愿。在创办晓庄学校时,连住的地方有没有。当年晓庄学校的小学生陈云说:"他来到晓庄没地方住,每天就住在牛棚里,和老牛生活在一块儿,所以老牛和陶先生的关系很好。""和马牛羊鸡犬豕做朋友,对稻粱黍麦稷菽下功夫"——这是陶行知在创办晓庄当年给自己写的一副楹联,表露出他对农事、对农村、对农民的深情。[2] 为了使劳苦大众享受到受教育权,他大力提倡"科学下嫁"运动。他说:"资本家占有了教育,他们设立了科学研究室,开办了大学和专门学校,可是能够享受现代自然科学成果的,只有他们和他们的子女。我们现在要做相反的工作,我们要使做工种田的人,捡垃圾的孩子,烧饭的老太婆也享受近代科学知识,要科学变得和日光、空气一样普遍,人人都能享受,这就需要来一个科学下嫁运动。"[3] 为了将科学下嫁给穷苦民众,他主编了许多通俗易懂的自然科学教科书,创办了儿童通讯学校,并利用无线电台创办"空中学校"。为了普及教育,他提出和推行了"小先生制"。所谓"小先生制",就是举办小

---

[1] 华东师范大学教育系教科所:《中国现代教育史》,华东师范大学出版社 1983 年版,第 388 页。
[2] 《先生》编写组:《先生》,中信出版社 2012 年版,第 169 页。
[3] 华东师范大学教育系教科所:《中国现代教育史》,华东师范大学出版社 1983 年版,第 388 页。

先生养成所,"教小孩子自己教自己","教小孩子做小先生"。"小先生制"对师资缺乏地区开展群众教育起了较大作用,当时的老解放区曾广泛地采用过这种"穷办法"。

(三)"生活教育"理论

陶行知对传统教育深恶痛绝,认为传统教育存在着学校与社会隔离、生活与教育分家、先生教而不做、学生学而不做、教劳心者不劳动、不教劳力者劳心、教少数人升官发财等弊端。他尖锐地指出:传统教育是"先生是教死书,死教书,教书死;学生是读死书,死读书,读书死"。传统教育"教人吃饭不种稻,穿衣不种棉,住房子不造林。他教人羡慕奢华,看不起务农……他教农夫子弟变成书呆子"。[①] 为了从"根本上"改造中国的传统教育,他创立了一套"生活教育"理论。在他看来,"传统教育,是吃人的教育;生活教育,是打倒吃人的教育"[②]。陶行知的"生活教育理论"有三大要点,即"生活即教育""社会即教育""教学做合一"。这三大命题的理论来源于杜威的"教育即生活""学校即社会""以儿童为中心""从做中学"等教育思想,但不是简单地照搬,而是从中国国情出发,对杜威教育思想"翻了半个筋斗",是对杜威教育思想的改造和发展。

1. "生活即教育"

"生活即教育"是陶行知生活教育理论的核心命题。他解释什么是"生活教育"说:"生活教育是生活所原有,生活所自营,生活所需的教育。教育的根本意义是生活之变化。生活无时不变,即生活无时不含有教育意义。"[③] 他又说:"生活教育与生俱来,与死同去。出世便是破蒙,进棺材才算毕业。"[④] 从他的这些论述看,所谓"生活即教育"的命题有三层含义:其一,教育的产生源于生活的需要;其

---

① 华东师范大学教育系教科所:《中国现代教育史》,华东师范大学出版社1983年版,第391页。
② 董宝良主编:《陶行知教育论著选》,人民教育出版社2011年版,第400页。
③ 江苏省陶行知教育思想研究会编:《陶行知文集》,江苏人民教育出版社1981年版,第423页。
④ 同上书,第424页。

二，生活本身就具有教育的功能；其三，生活决定教育，生活的变化决定教育的变化。他说："是生活就是教育，不是生活的就不是教育；是好生活就是好的教育，是坏生活就是坏的教育；是认真的生活就是认真的教育，是马虎的生活就是马虎的教育；是合理的生活就是合理的教育，是不合理的生活就是不合理的教育"①；生活无时不变，生活对人的教育也是不断变化的；生活是没有止境的，生活对人的教育也是一种终生教育；改造生活、改造社会才能改造教育。生活有健康与不健康的、劳动与不劳动的、科学与不科学的、艺术与不艺术的、有计划与没有计划的、合理与不合理的之别；要改造不健康的、不劳动的、不科学的、不艺术的、没有计划的、不合理的生活为健康的、劳动的、科学的、艺术的、有计划的、合理生活，通过改造生活、改造社会来改造教育。陶行知强调"生活即教育"的目的在于反对旧教育脱离生活实际，强调教育应以生活为中心，要满足生活需要，服务生活目标。他指出："没有生活做中心的教育是死教育，没有生活做中心的学校是死学校，没有生活做中心的书本是死书本。"②

2．"社会即教育"

"社会即教育"是对杜威"学校即社会"命题的改造，他说："自有人类以来，社会即学校，生活即教育。士大夫之所以不承认他，是因为他们有特殊的学校给他们的子弟受特殊的教育。从大众的立场上看，社会是大众惟一的学校，生活是大众惟一的教育。"③ 他主张"社会即教育"这一命题的目的是为了把教育从鸟笼里解放出来。他说："学校即社会，就好像把一个活泼的小鸟从天空里捉来关在笼子里一样，他要以一个小的学校去把社会上所有的一切东西都吸收进来，所以容易弄假。社会即学校则不然，他要把笼中的小鸟放到天空中去，

---

① 董宝良主编：《陶行知教育论著选》，人民教育出版社 2011 年版，第 292—293 页。
② 中央教育科学研究所编：《陶行知教育文选》，教育科学出版社 1981 年版，第 116 页。
③ 华东师范大学教育系教科所编：《中国现代教育史》，华东师范大学出版社 1983 年版，第 398 页。

使他能任意翱翔，是要把学校的一切伸张到大自然里去。"① 他的意思是说，在社会与学校的关系问题上，杜威提出的"学校即社会"命题，要学校囊括社会一切，不仅不可能，而且会导致将教育禁锢在学校狭小范围里；反之，主张"社会即学校"则要将学校教育的范围扩大到整个社会，伸张到大自然里去，从而解放教育、解放学生。因为主张"社会即学校"，可以使教育的材料、教育的方法、教育的工具、教育的环境，都大大地增加。学生、先生也可以多起来。陶行知认为，在社会这所"伟大的学校"里，人人可以做先生，人人可以做同学，人人可以做学生，"随手抓来都是活书，都是学问，都是本领"②。"社会即教育"命题强调的是"社会含有学校的意味"，社会本身就是学校，整个社会就是一所大学校；教育应当冲破学校与社会之间的一道"高墙"，走向社会，走向大自然。

3. "教学做合一"

"教学做合一"是陶行知生活教育理论的教学论。"教学做合一"这一命题的含义是什么？陶行知说："教学做合一是生活形象之说明，即教育现象的说明。在生活里，对事说是做，对己之长进说是学，对人之影响说是教，教、学、做只是一种生活之三方面，不是三个各不相谋的过程。同时，教学做合一是生活法也就是教育方法。它的含义是：教的方法要根据学的方法；学的方法要根据做的方法。事怎样做就怎样学，怎样学就怎样做，教与学都以做为中心。"③ 他又说："教学做是一件事，不是三件事。我们要在做上教，在做上学。在做上教的是先生，在做上学的是学生。从先生对学生的关系说，做便是教；从学生对先生的关系说，做便是学。先生拿做来教乃是真教，学生拿做来学方是实学。不在做上用工夫，教固不成教，学也不成为学。"④

---

① 董宝良主编：《陶行知教育论著选》，人民教育出版社2011年版，第294页。
② 华东师范大学教育系教科所编：《中国现代教育史》，华东师范大学出版社1983年版，第399页。
③ 陶行知：《教学做合一下之教科书》，《中华教育界》1931年10月第十九卷第四期。
④ 董宝良主编：《陶行知教育论著选》，人民教育出版社2011年版，第225页。

从他的这些论述看,"教学做合一"的主要内涵是:其一,"教"、"学"、"做"本来是"一种生活之三方面","是一件事,不是三件事",是不可分割的。其二,"教学做合一"的中心是"做",先生"做便是教",学生"做便是学"。只有在做上教、做上学,才是"真教""实学"。

陶行知强调"做"就是"在劳力上劳心,用心以制力"。"做是发明、是创造、是实验、是建设、是生产、是破坏、是奋斗、是探寻出路。"① 陶行知提出"教学做合一"命题的目的在于根本改变传统教育脱离社会生产实践的弊端,将教育牢固地建筑在有科学指导的实践的基础之上。

在知行观上,陶行知主张"行是知之始,知是行之成"。他的生活教育理论是对其知行观在教学方面的具体体现。这一理论对克服中国传统教育脱离生活、脱离社会、脱离生产劳动的顽疾有十分积极的意义,但也存在着对学校教育的相对独立性和学校教育的重要性估计不足的偏颇,在当今科学技术已成为生产实践的先导的条件下,我们既要注重教育与生活、社会、生产实践的密切结合,也要重视学校教育的功能和意义。

(四)"国难教育"和"民主教育"思想

1936年以后,陶行知积极参加抗日救亡运动,提出了"国难教育""战时教育"和"民主教育"的思想。

陶行知认为,中国已到了生死存亡的关头,"为教育而教育,不行动的教育,乃是加重国难的教育,而不是解决国难的教育"②。他反对国民党教育当局提出"救国不忘读书"的口号,指出这是"恨不得把一个个学生关进学校里去读死书,死读书,读书死"。他在《中国大众教育问题》一文中,系统地阐述了"国难教育"的目标、对象、教师、课程、组织、方法等问题。他认为"国难教育"目标是:推进

---

① 董宝良主编:《陶行知教育论著选》,人民教育出版社2011年版,第361页。
② 江苏省陶行知教育思想研究会编:《陶行知文集》,江苏教育出版社2008年版,第537页。

大众文化；争取中华民族之自由平等；保卫中华民国领土与主权之完整。"国难教育"的对象是人民大众和知识分子；教育大众联合起来解决困难，教育知识分子将民族危机之知识向大众传播。"国难教育"的教师是前进的大众、前进的小孩、前进的教师和前进的技术人员。"国难教育"的课程是政治经济专家的演讲讨论、防卫作战技术的操练、医药救护的实习、交通工具运用的实习、国防科学的研究、大众教育的推广研究等。

抗日战争胜利后，他又提出了具有生活教育特点的"民主教育"思想。他指出"民主教育"的任务有二：一是教人争取民主，二是教人发展民主。在反民主的时代或是民主不够的时代，民主教育的任务是教人争取民主；到了政治走上民主之路，民主教育的任务是配合整个国家之创造计划，教人依着民主的原则发挥个人及集体的创造力，以为全民造幸福。民主教育的方针应当是民主的、大众的、科学的、创造的方针。

陶行知"国难教育""民主教育"思想符合当时中华民族抗日救亡的需要，表达了抗战胜利后全国人民要民主、要和平、反独裁的心声，是一种爱国思想、进步思想。

（五）创造的儿童教育思想

1941年6月，陶行知首次提出创造教育的问题。他为育才学校制定了《创造年计划大纲》，拟定了《育才学校创造奖金办法》，要求育才学校师生"在共同努力创造学校上来学习，共同努力创造新中国、新世界"[①]。

在陶行知看来，"处处是创造之天地，天天是创造之时，人人是创造之人，让我们至少走两步退一步，向着创造之路迈进吧！"[②]。他认为"先生之最大的快乐，是创造出值得自己崇拜的学生"。

陶行知特别强调，"小学教育是建国之根本，幼儿教育尤为根本

[①] 董宝良主编：《陶行知教育论著选》，人民教育出版社2011年版，第581页。
[②] 同上书，第585页。

之根本"①。幼儿教育应当是创造的儿童教育，即培养儿童创造力的教育。他认为，儿童具有创造力，只有将这种创造力解放出来，才能使创造力不被埋没和浪费。因此他提出解放儿童创造力的六大方法：解放儿童的眼睛；解放儿童的头脑；解放儿童的双手；解放儿童的嘴；解放儿童的空间；解放儿童的时间。他说："解放眼睛，敲碎有色眼镜，教大家看事实。解放头脑，撕掉精神的裹头布，使大家想得通。解放双手，剪去指甲，摔掉无形的手套，使大家可以执行头脑的命令，动手向前开辟。解放嘴，使大家可以享受言论自由，摆龙门阵，谈天、谈心、谈出真理来。解放空间，把人民与小孩从文化鸟笼里解放出来，飞进大自然大社会去寻觅丰富的食粮。解放时间，把人民与小孩从劳碌中解放出来，使大家有点空闲，想想问题，谈谈国事，看看书，干点于老百姓有益的事，还要有空玩玩，才算是有点做人的味道。有了这六大解放，创造力才可以尽量发挥出来。"②陶行知关于六大解放的思想很有见地，至今仍具有指导意义。

1946年7月25日，因受好友李公朴、闻一多被国民党特务暗杀事件的刺激，陶行知突发脑溢血逝世。他在给这个世界的最后一封信中写道："公仆去了，昨今两天有两个方面的朋友向我报告不好的信息。如果信息确实，我会很快结束我的生命……我提议，为了民主死了一个，就要加紧感召一万人来顶，这死了一百个就是一百万人，死一千个就是一千万人。"现代学者评价说："一个人去了，一万人来了；百万人来了，千万人来了……在陶行知身后，他创办的育才学校像一颗具有强大生命力的种子，随着地火的蔓延，播撒向四野八荒。"③

---

① 华中师范学院教育科学研究所编：《陶行知全集》第二卷，湖南教育出版社1985年版，第81页。

② 江苏省陶行知教育思想研究会编：《陶行知文集》，江苏教育出版社2008年版，第192—193页。

③ 《先生》编写组：《先生》，中信出版社2012年版，第179页。

三 晏阳初的平民教育思想

晏阳初是平民教育思潮的著名代表人物之一，中国乡村建设运动的开创者和奠基人，也是国际著名的平民教育家。他提出了系统的乡村教育思想，并进行了较长时间的实验，对中国现代教育的发展曾产生过重要影响。

（一）晏阳初的生平与教育实验活动

晏阳初（1890—1990年），原名兴复，又名遇春，字阳初。他出生于四川省巴中县的一个书香世家。他在幼年时期，从父母那里获得了中国经典和做人的礼仪。他在《九十自述》中谈及幼年受父亲启蒙的情况，"我读的古书，虽然有限，但它们都悄悄在我幼小心田中，埋下微妙火种，要经过一二十年，才发现它的存在和意义。那是什么呢？就是儒家的民本思想和天下一家的观念。平民教育运动、乡村建设运动，不论在中国，或是在海外，都是民本思想的实践，而以天下一家为最高宗旨。"[①] 1903年，晏阳初的父母把他送到教会创办的华英学堂学习，受到西方民主科学思想的洗礼，所以他说"我是中华文化与西方民主科学思想相结合的一个产儿"。1916年夏，赴美留学，在耶鲁大学半工半读；1918年6月，从耶鲁大学毕业，应募去法国为参加第一次世界大战的10万华工服务。在此期间，他既目睹华工不识字之苦，又发现了这些"苦力"具有潜在的"力大无比的力"的"脑矿"，于是他便办起了华工识字班，并萌发了开展平民教育的志愿。他在50多年后的回忆中说："我当时发现了苦力之力，我从此有个志愿，回到中国，不发财、不升官，我找到了一

---

① 《先生》编写组：《先生》，中信出版社2012年版，第140页。

个大矿。"① 1920年7月，他获得普林斯顿大学历史学硕士学位，回国后担任了中华基督教青年会全国协会平民教育科科长。1923年8月，他与陶行知、朱其慧等人创立中华平民教育促进会总会，担任总干事，在城市掀起了平民识字运动。1926年秋，晏阳初把平民教育的重点从城市移到乡村，选定河北定县为"华北实验区"，以翟城村为中心，开展平民教育和乡村建设实验活动。1936年，晏阳初南下，先后在湖南、四川、广西推行平民教育实验。1940年，他在重庆北碚创办了中国乡村建设育才院，并任院长。

1943年5月24日，美国纽约举行哥白尼逝世400周年纪念会，他被美国百余所大学的学者推选为"现代世界最具革命性贡献的伟人"之一，在授予晏阳初这一殊荣的奖状上写道："杰出的发明者：将中国几千文字简化且容易读，使书本上的知识开放给万千以前不识字人的心智。又是他的伟大人民的领导者：应用科学方法，肥沃他们的田土，增加他们辛劳果实。"②

1950年以后，他开始从事国际平民教育运动，协助菲律宾、泰国、危地马拉、哥伦比亚及加纳等国建立乡村改造促进会。曾担任国际平民教育委员会主席、联合国教科文组织特别顾问。1955年10月，美国《展望》杂志评选晏阳初博士为当代世界100位最主要人物之一，尊称他为"世界平民教育之父""真正的哲学家与人道主义者"，"是一个具有坚定信仰和丰富想象力的英勇学者，是劳苦平民心智与精神的解放者"③。1990年1月，他在纽约逝世，享年100岁。他的主要教育著作有：《平民教育的真义》《农村运动的使命》等。

(二) 晏阳初的教育思想

晏阳初在我国教育思想史上的主要贡献在于，他倡导平民教育，主张将平民教育的重点从大城市转向中国广大的农村，提出了系统的乡村教育思想。

---

① 詹一之编：《晏阳初文集》，四川教育出版社1990年版，第301—302页。
② 毛礼锐、沈灌群主编：《中国教育史》（第五卷），上海教育出版社1989年版，556页。
③ 《先生》编写组：《先生》，中信出版社2012年版，第155页。

1. "化农民"与"农民化"思想

"化农民"与"农民化"是晏阳初提出的重要的平民教育思想。他说:"我们欲'化农民',我们须先'农民化'。"① 所谓"化农民",是指帮助"农民科学化",即用科学知识武装农民,这是晏阳初和平教会开展农村平民教育的目标。所谓"农民化",就是倡导知识分子向农民学习,彻底与农民打成一片。晏阳初认为这是实施农村平民教育的根本途径。晏阳初之所以提出"化农民"的平民教育目标,就在于他认为"人的改造"的重点是农民,平民教育重心在农村。一方面,从量的关系而言,"中国大部分的文盲不在都市而在农村,中国是以农立国,中国的大多数人民是农民。农村是85%以上人民的着落地,要想普及中国的平民教育,应当到农村里去"②。他在总结平民教育的经验时再次指出:"我们从事平民教育运动,起初是发动于城市,普遍到各省,但这样还不够,我们认为中国的基本,不在城市而在农村。中国的广大人口是农民,中国的经济基础在农村,改造中国就应该从改造农村,建设农村做起。"③ 另一方面,从质的方面而言,自古以来大部分英雄豪杰来自田间。他说:"古来有许多英雄豪杰成大功,立大业的,大部分都来自田间。所以就质的关系来说,民族再造的对象,当然也要特别注重农村。"④ 另外,他认为:"中国真正最大之富源不是煤,也不是铁,而是三万万以上不知不觉的农民。"他在定县实验中体会到:"我们越和农民在一起,就越认识到他们是中国未来的希望。在中国传统的'士农工商'四个'阶层'中,农民当为最好的公民,他们需要得到发展和施展才能的机会。"⑤

晏阳初认为,欲"化农民",就必须先实现知识分子"农民化"。他号召到定县开展平民教育实验的博士及其他知识分子,"抛下东洋

---

① 宋恩荣编:《晏阳初全集》第一卷,湖南教育出版社1989年版,第221页。
② 同上书,第245—246页。
③ 同上书,第531页。
④ 詹一之编:《晏阳初文集》,四川教育出版社1990年版,第178—179页。
⑤ 宋恩荣编:《晏阳初全集》第一卷,湖南教育出版社1989年版,第171页。

眼镜、西洋眼镜、都市眼镜，换上一副农夫眼镜"。他说："我们知道自己不了解农村，才到乡间来求知道。我们不愿安居太师椅上，空做误民的计划，才到农民生活里去找问题，去解决问题，抛下东洋眼镜、西洋眼镜、都市眼镜，换上农夫眼镜。换句话说，我们欲'化农民'，我们必须先'农民化'。可是'农民化'不容易，必须先明了农民生活的一切。我们正在农村作学徒。几年来工作愧少成绩，亦正以此。"晏阳初为了实现"化农民"，努力实践"农民化"，他说："我们穿粗布大褂，住农民的漏雨的房子。我们从北京连家属一同去，与农民一同吃苦，吃穿住一样，才逐渐成了农民的朋友、亲人。"①

2. "四大教育"与"三大方式"思想

晏阳初认为，中国的平民教育不能盲目地抄袭和模仿外国的模式，必须"最低限度要明了中国的情形"。1926年，中华平民教育促进会将工作重心转移到农村，选择河北定县为实验研究中心，并对定县的社会情况开展了系统的调查研究。晏阳初根据大量的调查事实，提出中国农村存在"愚""穷""弱""私"四个病症。所谓"愚"，是指"中国最大多数的人民，不但缺乏智识，简直他们目不识丁，所谓中国人民有80%是文盲"；所谓"穷"，是指"中国最大多数人民的生活，简直是在生与死的夹缝里挣扎着，并谈不到什么叫生活程度，生活水平线"；所谓"弱"，是指"中国最大多数人民是毋庸讳辩的病夫"；所谓"私"，是指"中国最大多数人民是不能团结，不能合作，缺乏道德陶冶，以及公民的训练"②。晏阳初针对这些病症，提出了"四大教育"和"三大方式"的农村平民教育思想。

(1) "四大教育"

所谓"四大教育"是指"文艺教育"、"生计教育"、"卫生教育"和"公民教育"。

所谓"文艺教育"，主要是指对平民进行文字教育和艺术教育。

---

① 《先生》编写组：《先生》，中信出版社2012年版，第149—150页。
② 宋恩荣编：《晏阳初全集》第一卷，湖南教育出版社1989年版，第247页。

"文艺教育"的目的是培养"知识力",以治"愚"。晏阳初指出,应当"从文字及艺术教育着手,使人民认识基本文字,得到求知识的工具,以为接受一切建设事务的准备"①。在文字教育方面,他和同事们先后研究制定了通用字表、基本字表和词表;在扫除文盲中,积极推行简笔字。在艺术教育方面,他们搜集了大量的民间文艺,编辑出版了《定县秧歌选》;编写了《农民高级文艺课本》和农民《千字课》等书籍,既向农民传授了科学知识,又丰富了定县农民的文化生活。

所谓"生计教育",主要是向农民普及农业生产知识和训练农民参加产业合作组织的能力。"生计教育"的目的在于培养"生产力",以攻"穷"。晏阳初指出:生计教育,"一方面普及科学知识,一方面训练参加各种产业合作的能力。用表征的方法使平民确信科学方法之优良,与合作组织之经济。必须如此真能增加其生产力,以解决其生计困难"②。他们在农作物育种,猪种、鸡种改良、栽培技术,手工业技术改进和组织合作社等方面,进行了多方面的实验和研究。

所谓"卫生教育",主要是普及卫生知识,培养卫生习惯,建立农村医药卫生制度和设施。"卫生教育"的目的在于培养"强健力",以攻"弱"。晏阳初提出:卫生教育的关键是使农民"了解健康之重要,与保持健康的知识与习惯,以培养其强健力。在卫生工作上则侧重预防,然亦不废治疗"③。他们在定县建立了从村到县的三级保健组织,使农民能及时得到必要的医疗。他们在消灭天花、普及治疗沙眼和皮肤病的方法等方面开展了很有成效的工作。

所谓"公民教育",主要是对农民实施公民道德和公民常识教育。目的在于培养"团结力",以攻"私"。晏阳初指出:公民教育要"激起人民的道德观念,施以良好的公民训练,使它们有公共心、

---

① 宋恩荣编:《晏阳初全集》第一卷,湖南教育出版社1989年版,第175页。
② 詹一之编:《晏阳初文集》,四川教育出版社1990年版,第38页。
③ 同上。

团结力,有最低限度的公民常识,政治道德,以立地方自治的基础。我们办教育,固然要注意文艺、生计、卫生,但是我们不要忘了根本的根本,就是人与人的问题,大家要都是自私自利,国家就根本不能有办法,他没有复兴的希望"①。在"四大教育"中,公民教育更根本。为搞好公民教育,他们开展了民族精神研究、农村自治研究、公民教育材料研究、公民活动指导研究等工作,编写出版了《民族精神论例浅释》《公民道德纲目》《农村自治研究设计》等教材。

(2)"三大方式"

晏阳初所说的"平民教育的三大方式"是指"学校式教育"、"家庭式教育"和"社会式教育"。

"学校式教育",以青少年为主要教育对象,包括初级平民学校、高级平民学校、生计巡回学校。

初级平民学校以识字教育为主,力求增强学生读、写、说能力,以达到流畅通顺的水平。课本为《公民千字课》,学习期限为4个月(后来改为3个月)。

高级平民学校为毕业于初级平民学校的一部分青年农民所设立,晏阳初在《定县的乡村建设实验》中说:"高级平民学校实验的目的是为了培养执行计划的村长,特别是同学会会长。"②

生计巡回学校,是为"使农民取得应用于农村当前实际需要的训练,以生活的秩序为教育的秩序,顺一年中时序的先后,在研究区内分区轮流巡回训练,传授切实的技术"③。

"家庭式教育",是对各家庭中不同地位的成员用横向联系的方法组织起来进行教育的一种方法。要求每个家庭应对其成员进行公民道德训练、卫生习惯、儿童保护、家庭预算、家庭管理、妇女保健、生育节制等方面的教育。晏阳初倡导家庭式教育的目的在于使

---

① 宋恩荣编:《晏阳初全集》第一卷,湖南教育出版社1989年版,第248—249页。
② 同上书,第260页。
③ 《晏阳初全集》第一卷,湖南教育出版社1989年版,第323页。

每个家庭都担负起对其成员进行教育的责任，培养家庭关心社区利益，乐于承担社会责任的意识。评教社在定县实验区，曾通过家主会、主妇会、少年会、闺女会、幼童会等形式开展家庭教育。

"社会式教育"，是向一般群众及有组织的农民团体实施教育的一种方式。社会式教育以平民学校毕业生组织的同学会为中心，以他们开展的各项活动为载体，如成立读书会、演说比赛会、演新剧、练习投稿，成立自助社、合作社、农业展览会等，使平民学校的毕业生继续受教育。

人们的认识有所见，必有所蔽。晏阳初的平民教育思想也不例外。千家驹在20世纪30年代指出，晏阳初所提出的中国农村四大"病症"说，没有看到"帝国主义之侵略与封建残余的剥削才是造成'愚、穷、弱、私'的原因"。① 也就是说，晏阳初只看到当时农村病症的表层现象，没有揭示出产生这些病症的根本原因。所以，他所开出的药方可不能解决旧中国农村的根本问题，也无法达到"复兴民族"的根本目的。

尽管晏阳初的教育思想有一定的历史局限性，但他提出的欲"化农民"须先"农民化"的思想，体现了他和平教会的同人真诚地面向农民、向农民学习、与农民打成一片的精神境界和为农民服务、为农民造福的献身精神。晏阳初及其同人在河北定县所探索的"四大教育""三大方式"的农村平民教育经验，突破了学院派的思维方式，建立了一种将农村教育改革与乡村建设紧密联系在一起的"整体连环"的农村大教育模式。这不仅帮助定县的许多农民扫除了文盲，发展了经济，得到了实惠，而且产生了较大的国际影响，20世纪50年代定县经验在亚非拉一些国家得到了推广。1938年，毛泽东就曾表示，对晏阳初及其同人"以宗教家的精神努力于平教运动，深致敬佩"。②

---

① 千家驹：《中国农村的出路在哪里》，《中国农村》（第2卷）1936年第1期。
② 宋恩荣编：《晏阳初文集》（附录），教育科学出版社1989年版，第400页。

四 梁漱溟的教育思想

梁漱溟的一生是一部传奇。他接受的学校教育止步于中学，却被蔡元培请到中国最高学府北京大学教印度哲学；他在北京城出生成长，却一度决议过农村生活，长期从事乡村建设；他一生致力研究儒家学说和中国传统文化，却也不排斥印度文化和西方文化。[①] 在20世纪20—30年代中国兴起的一场声势浩大的乡村教育和乡村建设运动中，梁漱溟及其同事开展的"乡农教育"实验独树一帜，在当时产生过广泛的社会影响。冯友兰评价他"钩玄决疑，百年尽瘁，以发扬儒学为己任，一代直声，为同情农夫而之言"[②]。

（一）生平与教育活动

梁漱溟（1893—1988年），初名焕鼎，字寿铭，后改字漱溟，原籍广西桂林，生于北京一个官宦之家。他是我国现代著名的思想家、教育家、社会活动家、著名学者、国学大师，现代新儒学早期代表人物之一，有"中国最后一位儒家"之称。他1911年加入京津同盟会。1917年被聘为北大哲学系讲师，讲授印度哲学、印度宗教。1928年任国民党中央政治会议广州分会建设委员会代理主席，筹办"乡治"讲习所，提出了自己的乡村建设思想。1929年秋，他受河南省主席韩复榘之邀，在河南辉县创办"河南村治学院"，开始了他的乡村建设的实验活动。1930年他赴北平主编《村治》月刊，宣传村治理论。1931

---

① 《先生》编写组：《先生》，中信出版社2012年版，第183页。
② 同上书，第183页。

年1月，因发生蒋（蒋介石）、冯（冯玉祥）、阎（阎锡山）中原大战，"河南村治学院"停办。他受调任山东省主席的韩复榘之请赴山东邹平，创办"山东乡村建设研究院"，先后任研究部主任、院长，并兼邹平实验县县长，从事乡村建设实验和理论研究。抗日战争和解放战争期间，他任最高国防参议会参议员、国民参政会参议员。1941年，他参与创建中国民主政团同盟（1944年改为"中国民主同盟"），任中央常务委员，赴香港创办民盟机关报《光明报》，致力于民主运动，并在重庆、成都、桂林等地高校中任教。

中华人民共和国成立后，他历任第一至六届全国政协委员，第五、六届全国政协常委。他在晚年创办中国文化书院，任院务委员会主席、书院发展基金会主席等。他的代表作有《印度哲学概论》《东西文化及其哲学》《乡村建设理论》《人心与人生》《中国文化要义》等。

（二）乡村建设与乡村教育理论

梁漱溟从文化本位出发，对近代以来中国社会进行的种种改革提出质疑，认为"欧洲近代民主政治的路"和"俄国共产党发明的路"都不适合中国国情，只有走"第三条道路"——乡村建设之路，才能把中华民族引向复兴。

1. 乡村建设的理论基础

梁漱溟的乡村建设和乡村教育理论是建立在他对中国国情、社会性质分析的基础之上的。

梁漱溟认为中国社会是一个"理性早启，文化早熟"的社会，与西洋个人本位的社会和苏俄社会本位的社会不同，"中国旧社会可说为伦理本位、职业分立"[1]的社会。他说："中国之以伦理组织社会，最初是有眼光的人看出人类真切美善的感情，发端在家庭，培养在家庭。他一面特为提掇出来，时时点醒给人——此即'孝悌'、'慈爱'、'友恭'等。一面则取义于家庭之结构，以制

---

[1] 梁漱溟：《乡村建设理论》，《梁漱溟全集》第二卷，山东人民出版社1990年版，第167页。

作社会之结构——此即所谓伦理。"① 然而"伦理本位只说了中国社会结构之一面,还有另一面。此即在西洋社会,中古则贵族地主与农奴两阶级对立,近代则资本家与农工两阶级对立,中国社会于此,又一无所似。假如西洋可以称阶级对立的社会,那么,中国便是职业分途的社会"②。梁漱溟所说的"伦理本位"是指中国社会以道德为本位,家庭与国家同构,重视家庭和亲情伦理。所谓"职业分立",是指中国社会的士、农、工、商只是职业的不同,虽有贫富贵贱差别,但各职业之间流转相通,并不对立。中国未形成西方那样的阶级和阶级对立。

他在提出中国社会是"伦理本位、职业分立"的假说的基础上,进而探讨了改造中国的道路。他认为中国固有的"伦理本位、职业分途"的无阶级对立的社会,在近百年的历史中遭到了帝国主义的侵略和国内人所作所为的破坏,渐趋瓦解,呈现出"旧辙已破坏新轨未立"的混乱局面。"中国的问题,并不是什么旁的问题,就是文化失调;——极严重的文化失调!"③ 解决中国的根本问题,"不是对谁革命,而是改造文化,民族自救"。"中国的政治经济问题,皆是如何建造成功新秩序的问题,而没有旧势力之可推翻。凡以军阀为民主革命的对象,以有钱有地的人为社会革命的对象,均属错误笑话"。④ 由此,他否定中国走西方民主政治道路和走阶级对抗、暴力革命道路的现实可能性,明确提出:"我们政治上第一个不通的路——欧洲近代民主政治的路";"我们政治上的第二个不通的路——俄国共产党发明的路"⑤;只有"第三条道路"——"乡村建设",才是中国的唯一出路。他说:"中国社会是以乡村为基础的,并是以乡村为主体的,所有文化,多半从乡村而来,又为乡村而设——法制、礼俗、工商业等

---

① 梁漱溟:《中国文化要义》,学林出版社1987年版,第88页。
② 同上书,第142页。
③ 《梁漱溟全集》第二卷,山东人民出版社1990年版,第164页。
④ 梁漱溟:《中国民族自救运动之最后觉悟》,上海中华书局1933年版,第229—230页。
⑤ 《梁漱溟全集》第五卷,山东人民出版社1990年版,第111、261页。

莫不是。"① 因此,"救中国从乡村建设着手,谁也逃不出去"②。

2. 乡村建设目的和重要性

梁漱溟认为乡村建设的目的是为了"农村求新生命","复兴农村",进而达到"文化再造"和"民族复兴"的目的。其根本目的是以文化救中国,从农村复兴中国。1928年,他在讲演中说"所谓乡治,是我认为我们民族前途的唯一出路;因为构成中国社会的是一些农村。大家每以为先国家好,才得农村好;这实在是种颠倒的见解。其实是要农村兴盛,全个社会才能兴盛;农村得到安定,全个社会才能安定。设或农村没有新生命中国也就不能有新生命。我们只能从农村的新生命里来求中国的新生命;却不能希望从中国的新生命里,去求农村的新生命。我的所谓乡治,就是替农村求新生命的方法"③。

他认为,乡村建设的重要性在于,它是建设中国的根本途径,在本质上是"一种建国运动"。他说:"只有乡村安定,乃可以安楫流亡;只有乡村产业兴起,可以广收过剩的劳力;只有农产增加,可以增进国富;只有乡村自治当真树立,中国政治才算有基础;只有乡村一般的文化能提高,才算中国社会有进步。总之,只有乡村有办法,中国才算有办法,无论在经济上、政治上、教育上都是如此。"④ "乡村建设,实非建设乡村,而意在整个中国社会之建设,或可云一种建国运动。"⑤

3. 乡村建设的理论要点

(1) 乡村建设的内容:经济、政治、教育。他说:"所谓乡村建设,事项虽多,要可类归为三大方面:经济一面,政治一面,教育一面。虽分三面,实际不出乡村生活的一回事。"⑥

---

① 《梁漱溟全集》第三卷,山东人民出版社1980版,第150页。
② 宋恩荣编:《梁漱溟教育文集》,江苏教育出版社1987年版,第245页。
③ 同上书,第17页。
④ 同上书,第45页。
⑤ 梁漱溟:《乡村建设理论》,《梁漱溟全集》第二卷,山东人民出版社1990年版,第1页。
⑥ 宋恩荣编:《梁漱溟教育文集》,江苏教育出版社1987年版,第47页。

(2) 乡村建设的核心：创造新文化、建设新礼俗，实现"文化再造"。他说："创造新文化，那便是乡村建设的真正意义所在。乡村建设除了消极地救济乡村之外，更要紧的还是在积极地创造新文化。"① 他将创造新文化比喻为"老根发新芽"，即在继承、发扬中国文化的前提下，吸收西方文化的长处，创造出一种能体现中国精神的文化"新芽"。他说："当中国精神与西洋长处二者调和的事实有了时，就是一个新社会的实现，也是人类的一个新生活。"② 梁漱溟所说的中国精神，即"伦理主义，人生向上"。这种中国精神与西方科技相结合，创造新文化的过程就是中国精神与西方科学技术相结合的过程，也就是中华民族文化再造的过程。"文化再造才有民族复兴。"③

梁漱溟之所以将创造新文化，建设新礼俗作为乡村建设的核心，就在于他认为中国文化是世界文化未来的发展路向。梁漱溟将世界文化归结为三种路向，一、遇到问题，向前面下手，改造局面，也就是奋斗的态度。二、遇到问题，随遇而安，不求奋斗，而是求自我的满足。三、遇到问题，就想取消问题和要求④。梁漱溟认为，西方、中国、印度的文化分别体现了这三种生活的态度，具体说来：西方文化走第一路向，是以"意欲向前要求为根本精神"的；中国文化走第二路向，是以"意欲调和、持中为其根本精神"的；印度文化走第三路向，是以"意欲反身向后为其根本精神"⑤ 的。西方文化注重享乐、追求幸福；中国文化安遇知足、注重理性；印度文化力求解脱、注重来世。

在文化三种路向说的基础上，梁漱溟又把对西方文化的肯定置于时间坐标的"现在"时段，而把对中国、印度文化的肯定移植到时间

---

① 《梁漱溟全集》第一卷，山东人民出版社1990年版，第611页。
② 《梁漱溟全集》第三卷，山东人民出版社1990年版，第278页。
③ 《梁漱溟全集》第五卷，山东人民出版社1990年版，第943页。
④ 《梁漱溟全集》第一卷，山东人民出版社1990年版，第381—382页。
⑤ 同上书，第383页。

坐标的"未来"时段。[①] 他说:"人类文化要有一个变革,由第一路向改变为第二路向,亦即由西洋态度改变为中国态度……这只为他由第一种问题转入第二种问题了。"[②] 这里所说的"第一种问题"是指物质生活问题;"第二种问题"是指人与人的关系问题。在他看来,人类将从解决物质问题的时代转而进入解决人对人的问题之时代;世界文化将转向第二路向,即中国文化处理人与人的关系所体现的路向。他认为,中国文化在处理人与人关系问题方面有"优长之处",是人类的宝贵财富,"无论为中国人打算,为世界人类打算,都应当宝爱中国文化而莫要损坏它"。他强调解决中国问题、改造中国社会,必须"顾及中国文化",要能够"达到中国文化长存于世界之目的"[③]。因此,乡村建设应高度重视创造一种既体现中国精神又吸收西洋科技的新文化。

(3) 乡村建设关注的要点:"团体组织""科学技术"。梁漱溟说:"进行乡村建设工作,我头脑中所设想的有两个要点,因为从我的眼光看,中国有两大缺欠。中国农民的散漫几乎到了自生自灭的程度。农民不关心国家,国家也不管农民。农民散漫,缺乏团体组织,这是一个缺陷。中国社会所缺乏的另一面是科学技术。我所想的宪政的新中国,必须从地方自治入手,而地方自治又必须从团体自治入手,将农民组织起来才能实现。我梦想的团体自治是合作社;这种合作社主要是生产合作,也包括消费合作、信用合作。西洋进步从都市入手,是向外侵略发展贸易,而牺牲农村发展起来的。我们不能走这个路子。总之,中国缺乏'团体组织'和'科学技术'八个字。将这两方面补进来,中国即发达进步,成为很好的国家。这个好,要胜过西洋,因为其富强是建立在广大农村之上的。"[④]

[①] 陈来:《论梁漱溟早期的中西文化观》,《武汉大学学报》(人文科学版) 2001 年第五十四卷第 3 期,第 265 页。

[②] 《梁漱溟全集》第一卷,山东人民出版社 1990 年版,第 493 页。

[③] 宋恩荣编:《梁漱溟教育文集》,江苏教育出版社 1987 年版,第 274 页。

[④] 《梁漱溟全集》第七卷,山东人民出版社 1993 年版,第 565—566 页。

(4) 乡村建设的主要方法："以教统政"。他认为乡村建设是"纳社会运动于教育之中，以教育完成社会改造"①；乡村建设"不能不归于教育一途"②。因为，在他看来教育是较之暴力革命更为有效的社会改造手段。"论理说社会上不应当再有暴力革命，因为社会出了毛病，教育即可随时修缮补正，固不待激起暴力革命而使社会扰攘纷乱也！人类社会的所以有革命，就因为教育不居于领导地位。"③

(三) 乡村建设与乡村教育实验

1. 成立山东乡村建设研究院

1931年6月，梁漱溟及其同人在邹平县创办了山东乡村建设研究院。研究院下设研究部、乡村服务人员训练部、乡村服务指导处、社会调查部等机构。后又增设了医院和图书馆，开办了一个附属农场，负责培养良种，推广农业技术改革。此外，还创办了《乡村建设》刊物。研究院以"知行合一"为宗旨，研讨乡村建设理论，训练乡村建设干部。研究院主要培养两类人才，一是乡村建设理论研究人员，由乡村建设研究部负责，招收大学、专科毕业生或同等学力的人员；课程只有一门，即"乡村建设理论"，由梁漱溟主讲。一类是乡村服务人员，由服务人员培训部承担，招收具有初中文化程度的当地乡村青年，开设的课程较多，除乡村建设理论外，还有"三民主义""建国大纲""建国方略"等必修课，"乡村教育""乡村自卫""乡村自治""农业经济""农业技术""土壤肥料""水利建设""造林学""会计学""法律常识""社会调查""军事训练"等专门课程。毕业后担任乡村建设实际工作或乡、村学校教员。

2. 建立乡村建设实验区，创办乡农学校

1931年后，经山东省政府批准，梁漱溟等人先后在邹平县、菏泽

---

① 梁漱溟:《教育的出路与社会的出路》，《梁漱溟教育文集》，当代中国出版社2012年版，第284页。

② 梁漱溟:《乡村建设理论》，《梁漱溟全集》第二卷，山东人民出版社2005年版，第472页。

③ 梁漱溟:《社会教育与乡村建设之合流》，《乡村建设》（第四卷），1934年第9期。

县建立"实验县",又在鲁西津浦路以西十多个县建立"鲁西实验区"。实验县的实验主要包括县政改革和县以下社会改革。县政改革主要是裁局改科,目的在于改变原来各局各自为政的局面,实现事权统一,提高工作效率。县以下行政机构改革是实验的重点,主要是撤销原区、乡(镇)等行政机构,将实验县重新划分若干乡自治区,建立乡、村、间、邻四级自治组织。然后,在乡自治区范围内"先成立校董会。校董会中都是些领袖人物,再从校董会推出一个校长,来主持教育的事情,教员可以从外边去聘请,聘请一个有新知识、更明白的人来做教员。学生即本地农民。只有教员是外来的,其他三项人都是本地人"[①]。乡农学校分为乡学、村学两级。从教育程度上分,文盲和半文盲入村学,识字的成年农民入乡学;从行政功能上分,村学是乡学的基础组织,乡学是村学的上层机构。

梁漱溟设计的乡、村学校已不再是一般性质的农村学校,而是一种集"教政养卫"(即教育、行政、生产、卫生)于一体的"政教合一"的机关和团体。

乡、村学校建立起来后,就形成一种新的"以教统政"的组织系统:县—乡学—村学,代替原来的行政组织系统。

在教育方面,乡、村学校实行学校教育与社会式教育的"融合归一",在学校中成立儿童部、成人部、妇女部和高级部。儿童部主要实施普通的学校教育;成人部、妇女部则主要开展社会教育,多在农闲进行;高级部是为了培养乡村建设的骨干人才。乡农学校最重视对成年人的社会教育。

乡、村学校的课程由两类组成:一类是所有乡、村学校均需开设的基础性课程,如识字、音乐、唱歌、精神讲话等;重视对"学众"的精神陶冶;一类是按照实验地区的实际需要而设立的课程,如在产棉区,开展植棉技术培训;在匪患严重的地区,成立农民自卫武装组织,进行自卫训练等,重视教育与实验区人民的社会生产和生活紧密

[①] 《梁漱溟全集》第二卷,山东人民出版社2005年版,第347页。

梁漱溟开展乡村建设实验，着眼于民族组织再造，着眼于解决整个中国的问题，试图建设一种以乡村为本位的理想社会。他将理想社会的特点概括为六个方面。(1)农业工业相结合，而非相分离；二者为自然均衡地发展而无敬轻敬重。(2)以乡村为本，都市为末；乡村与都市不相矛盾而相沟通，不相乖离而相调和。(3)以人为主体；是人支配物而非物支配人的。(4)不落于个人本位，或社会本位之两极端。(5)政教合一，政治经济合一，综合言之，是三者合一。(6)社会秩序出于理性而非由武力统治，是无阶级的社会，而非阶级的社会。①

梁漱溟的乡村建设理论与实验在当时引起了各方关注，取得了一些成绩，但也存在着不少缺陷，如他关于中国社会是"伦理本位、职业分途"的无阶级对立社会的观点，显然没有揭示中国传统社会的根本性质；他所倡导的"第三条道路"——乡村建设之路，"没有与中国的民族革命运动联系起来，亦没有与侵略中国的帝国主义者根本对立的意义"②；希望在不违反现存社会秩序的前提下，运用和平的手段、文化教育运动的形式改造乡村社会，实际上是一种改良主义的道路；并且有意无意地企图以此消解中国共产党领导的农民运动。他说："共产党的作为，实是中国的一种农民运动。""要想消除共产党的农民运动，必须另有一种农民运动来代替才可以。我们的乡村组织除了一面从地方保卫上抵御共产党外，还有一面就是我们这种运动，实为中国农民运动的正轨道，可以代替共产党。"③ 他在乡村建设实验中，回避了当时农村的根本问题，即土地所有权的问题，未能调动广大农民的积极性和主动性，梁漱溟自己也承认："我们动，农民不动，他们不惟不动，反而和他们闹得很不合适，几乎让我们作不下去。此足

---

① 刘江船：《梁漱溟乡村建设理论的特征》，《江西师范大学学报》(哲学社会科学版)1996年第2期。

② 《中国农村运动的理论与实际》，《新中华》第三卷第18期。

③ 梁漱溟：《乡村建设理论》，邹平乡村书店1937年版，第280页。

见我们未能代表农村要求。"① 千家驹先生曾批判说："一个由地主与豪绅所组织的'乡学'与'村学'，是否能为一般小农与贫农谋利益是值得怀疑的。"② 尽管梁漱溟的乡村建设和乡村教育理论与实验具有较大的历史局限性，但我们应当肯定，他在主观上是为了拯救农村，实现民族复兴，具有强烈的民族意识和爱国情怀。他强调农村和农民问题的重要性，强调知识分子下乡，与农民相结合的观点代表了当时一批爱国知识分子的共识。他对中华民族传统文化具有强烈的文化自觉与文化自信，强调"文化再造"的重要性，至今仍有重要的借鉴价值。文化难以救国，但文化可以兴国。总而言之，梁漱溟的乡村建设理论与实验，是对建设具有中国特色的现代化社会的有益探索，也是对发展具有中华文化精神的现代教育的有益探索，在中国现代教育史上占有重要的地位。

五　黄炎培的教育思想

（一）黄炎培的生平与教育活动

黄炎培（1878—1965年），号楚南，改号韧之、任之，江苏川沙（今属上海市）人。他早年父母双亡，9岁起随外祖父发蒙，接受传统教育。21岁时在松江府以第一名考中秀才，三年后又中江南乡试举人。1901年，他考入南洋公学特班，师从蔡元培先生，专攻外交。1902年，他创办了川沙第一所新学堂——川沙小学堂及开群女学。1905年秋，他加入同盟会，先后创办和主持广明小学、师范讲习

黄炎培

---

① 章有义：《中国近代农业史资料》，生活·读书·新知三联书店1957版，第389页。
② 千家驹：《中国的歧路》，《中国农村》1935年第一卷第7期。

所和浦东中学。辛亥革命后，他先后出任江苏都督府民政司总务科长兼教育科长、江苏省教育司长等职，全力以赴改革地方教育。在教育改革实践中，他深感不仅普通教育不切实用，而且实业学校存在诸多弊端。因此，他奔走呼号，大力倡导职业教育。1917年，黄炎培在上海发起并组织中华职业教育社，1918年创办了中华职业学校，积极开展职业教育的研究、实验，推广活动。他曾参与起草1922年学制，进行乡村建设实验和筹办南京高等师范专科学校、东南大学、上海商科大学、厦门大学等高校。"九一八"事变后，他积极投身抗日救亡活动。1941年，他参与创建中国民主政团同盟，一度任主席。1945年7月，他应邀访问延安。1946年，在上海创办比乐中学，探索兼顾升学和就业双重准备的普通中学。

中华人民共和国成立后，他历任政务院副总理兼轻工业部部长、全国人大常委会副委员长、全国政协副主席、中国民主建国会中央主任委员等职。1965年12月1日，病逝于北京。

（二）职业教育思想体系

1913年，黄炎培在《教育杂志》上发表《学校教育采用实用主义之商榷》一文，提倡实用主义教育。1914年至1917年，他的教育思想发生了重要转变，从主张实用主义教育转变为倡导职业教育，并逐渐创立了一个较完整的职业教育思想体系，成为我国职业教育的著名代表人物。

黄炎培的职业教育思想主要包括以下四个方面。

1. 职业教育的目的

黄炎培对职业教育的目的，在不同时期有不同的论述。在20世纪20年代前，他认为当时中国最重要、最困难的问题就是"生计"问题；要根本解决生计问题，首先要改革现时教育，实施职业教育。职业教育的主要目的就是解决"生计"问题。他在《中华职业教育社宣言书》中指出："今吾中国至重要、至困难问题，厥惟生计；曰求根本解决生计问题，厥惟教育；曰吾中国现时之教育，决无能解决生计问题之希望；曰吾中国现时之教育，不惟不能解决生计问题，且将重予关于解决生计问题之莫大障碍。"① 当时的教育不仅不能解决生计问题，而且成为解决生计问题的严重障碍，因此"亟宜改革"，而改革的方向就是发展职业教育。他说："职业教育者，在学说上为后起之名词，在社会上为切要之问题，在教育上实为最新最良之制度也。"②也就是说，职业教育是解决"中国至重要、至困难"的"生计"问题的"最新最良之制度"。

黄炎培在论述职业教育重大意义的基础上，较全面地提出了职业教育的三大目的："为个人谋生之准备"、"为个人服务社会之准备"和"为世界、国家增进生产力之准备"③。20世纪20年代后，他又把"谋个性之发展"列为职业教育的目的之一；并将职业教育的目的概括为："使无业者有业，使有业者乐业"。所谓"使无业者有业"就是要帮助无业者解决就业问题、生存问题。所谓"使有业者乐业"就是要帮助有业者解决"谋个性之发展"问题，解决发展的问题。

1939年，黄炎培对职业教育的目的进行了深刻的总结和阐述。他说："职业教育的目的何在呢？本社工作的目标又何在呢？往远处说，是在实现一个民生幸福的社会。在那社会里，确切达到了'无业者有业，有业者乐业'的目的。要使社会上没有无业者，也没有不乐业者，职业教育，本社的任务，才算真正完成。就近处说，本社的使命，是在以最高的积极性，参加抗战建国的努力。吾们确信，职业教育，只有在民族解放、民权平等、民生幸福的社会里，才能实现他的造福人群的理想。反过来讲，又赖有职业教育的努力，吾们民族解放、民权平等、民生幸福的国家，才能加速的出现。"④

黄炎培提出的"使无业者有业，使有业者乐业"的职业教育目的论既重视职业教育对社会个体求生存、求发展意义，又强调职业教育对增进社会生产力、民族解放、民权平等、民生幸福的重大意义，是

---

① 中华职业教育社编：《黄炎培教育文选》，上海教育出版社1985年版，第52—56页。
② 黄炎培：《抱一日记》，《教育杂志》第八卷第10号。
③ 黄炎培：《职业教育谈》，《黄炎培教育文选》，上海教育出版社1985年版，第59页。
④ 中华职业教育社编：《黄炎培教育文选》，上海教育出版社1985年版，第184—285页。

对我国职业教育理论的重要贡献。

2. 职业教育的方针

黄炎培认为职业教育应当坚持社会化和科学化的教育方针。

所谓"社会化"的主要内涵是：职业教育应"适应社会需要"，"沟通联络"农、工、商职业界，服务社会。

黄炎培把社会化视为"职业教育机关唯一的生命"和灵魂。他说："就吾最近几年间的经验，用吾最近几个月的思考，觉得职业学校有最紧要的一点，譬如人身中的灵魂，'得之则生，弗得则死'。是什么东西呢？从其本质说来，就是社会性；从其作用说来，就是社会化……职业教育机关的本质，是十分富于社会性的，所以职业教育机关唯一的生命——是什么？就是——社会化。"[1]

对社会化的内涵，黄炎培有不少的论述。他在《河车记》中说："办理职业教育，并须注意时代趋势与应走之途径，社会需要某种人才，即办某种学校。""职业教育的原则，着重在适应社会需要。"[2] 他把"适应社会需要"作为职业教育的根本原则。1926年，他提出"大职业教育主义"，他认为"（一）只从职业学校做工夫，不能发达职业教育；（二）只从教育界做工夫，不能发达职业教育；（三）只从农、工、商职业界做工夫，不能发达职业教育"[3]。"办职业学校的，须同时和一切教育界、职业界努力的沟通联络；提倡职业教育的，同时须分一部分精神，参加全社会的运动。"[4] 他把职业学校和教育界与农、工、商职业界沟通联络、合作办学和参加全社会活动作为职业教育社会化的重要内容。

黄炎培十分重视科学化的教育原则。他说："用科学解决，百业有进步；不用科学解决，便无进步。外国用科学早，占了先着；中国

---

[1] 中华职业教育社编：《黄炎培教育文集》，中国文史出版社1994年版，第182页。
[2] 《黄炎培教育文选》，上海教育出版社1985年版，第179页。
[3] 黄炎培：《提出大职业教育主义征求同志意见》，《黄炎培教育文选》，上海教育出版社1985年版，第154页。
[4] 同上书，第155页。

落后，就为不早用科学。这种道理，已为一般人所公认。职业教育，直接求百业的进步，间接关系民生国计大问题，并不会在科学以外，别有解决的新办法。"① 他认为职业教育工作可分为两类：一是物质方面的工作，包括农业、工业、商业、家事等专业课程的设置、教材的选编、教学训练原则的确定、实习设施的配置等；二是人事方面的工作，包括教育管理的组织、机构自身的建设等。这两方面工作都必须遵循科学原则。他特别关注职业学校系科设置，课程、教材的科学化问题。他指出："社会日趋进步，职业日趋分化，职业学校的设科，各系科的课程、教材，尤需赶上科学发展，使学生不至于落后于社会形势、科学之后。"②

黄炎培还尝试将职业心理学和社会心理学运用与职业教育之中，在中国率先运用心理测验的手段进行职业学校招生，并指导学生选择职业。他指出："因职业的各个不同，与人的天性、天才、兴趣、环境的各个不同，替他分别种类，谁则宜某种。谁则不宜某种，发明所谓职业心理学，以为选择和介绍职业的标准。"③

黄炎培在职业教育科学化方面进行了锐意探索，做了大量开创性工作，为中国的职业教育发展积累了宝贵的经验。

3. 职业教育的教学原则

在职业教育的教育原则方面，黄炎培总结提出了"手脑并用""做学合一""理论与实际并行""知识与技能并重"等原则。

黄炎培认为，在中国传统社会，存在着士大夫"死读书老不用手的"，而劳动者"死用手老不读书的"，"两下"分化的现象；职业教育必须"矫正"这一缺陷，"要使动手的读书，读书的动手，把读书和做工两下并起家来。要使人们明了，世界文明是人类手和脑两部分

---

① 中华职业教育社编：《黄炎培教育文集》，中国文史出版社1994年版，第169页。
② 张嗣玺：《黄炎培教育思想研讨会综述》，《教育研究》1987年第7期。
③ 中华职业教育社编：《黄炎培教育文集》，中国文史出版社1994年版，第170页。

联合产生出来的。做工自养，是人们最高尚、最光明的生活"①。他指出，清末兴办的"所谓实业教育，非教以农工商也，乃教其读农工商之书耳"②。重理论而轻实习，造成学生富于欲望而贫于能力。"职业教育的目的乃在养成实际的、有效的生产能力，欲达此种境地，需要手脑并用。""只注重书本知识，而不去实际工作，是知而不能行，不是真知。"③ 因此，黄炎培特别强调要注重实习，在《中华职业学校设立旨趣》中明确规定："生徒半日授课，半日工作，务期各种技能能达于熟练。"他主张职业学校要坚持知识与技能并重的原则，"仅有应用之知识而无纯熟之技能，则仍不足以致用"④。

在教师聘用方面，黄炎培主张聘用理论与职业经验并重的教师。他说："凡职业学校欲聘学校专门教师，如不易得学校教授与经验并重者，毋宁聘有职业经验者，较之仅受学校教授者必差胜。"⑤

难能可贵的是，黄炎培还十分重视培养学生的创业能力，他指出："社会之事业有限，而各方之求事者日增。以学校毕业之生徒而欲尽纳于社会固有事业中以求生活，势必不能；是故学生而无创设新业、增进生产之能力，实不足生存于今日之世，本校有鉴于此，对于此点竭力注意养成之。"⑥ 黄炎培提出的职业教育的教学原则体现了职业教育的特殊规律，具有重要的教育理论和实践价值。

4. 职业道德教育

职业道德教育思想是黄炎培职业教育思想体系的重要组成部分。黄炎培认为，职业教育"不仅是为个人谋生的，并且是为社会服务的"⑦。职业教育的"第一要义，即'为群服务'"。职业道德也是职

---

① 黄炎培：《职业教育该怎么样办》，《黄炎培教育文选》，上海教育出版社1985年版，第194页。
② 黄炎培：《中华职业教育社宣言》，《教育杂志》1917年第九卷第7号。
③ 黄炎培：《河车记》，《断肠集》，生活书店1926年版，第54页。
④ 黄炎培：《中华职业学校设立旨趣》，《社史资料选集》第3期，第12页。
⑤ 中华职业教育社编：《实施职业教育要览》，中国文史出版社1994年版。
⑥ 黄炎培：《中华职业学校设立旨趣》，《社史资料选集》第3期，第12页。
⑦ 黄炎培：《职业教育》，《新教育》第五卷第3期。

业学校学生的立身之本。他说:"既得应用之知识,纯熟之技能矣,而无善良的品行,仍不足以立身社会。"①

黄炎培将职业道德要求概括为"敬业乐群"四个字,并以此作为中华职业学校的校训。所谓"敬业",是指"对所习之职业具嗜好心,所任之事业具责任心";所谓"乐群",是指"具优美和乐之情操及共同协作之精神"②。"敬业"强调的是要有"就业之诚",干一行爱一行,对所从事的职业尽职尽责。"乐群"则强调要"抱有最高之信念",有高尚情操,有群体合作精神、服务人群、造福人群的奉献精神。

黄炎培对"敬业乐群"的职业道德进行了详细的阐述。他说:"诸君须知,人生必须服务,求学非为自娱。无论受教育至若何高度,总以其所学应用社会、造福人群为贵,彼不务应用而专读书,无有是处。

诸君须知,职业平等,无高下,无贵贱。苟有益于人群,皆是无上上品。

诸君须知,求学与习事,初非两橛。以实地功夫求学,以科学方法习事,互相印证,其乐无穷。若歧而二之,不惟习事无是处,即求学亦无是处。

诸君须知,人不可无业矣。更当知任何职业,必须积小为大,先轻后重。吾敢断言,今之当大任者,即昔日服微末之务而不以为小者也。吾敢断言,今之不屑服微末之务者,即他日并微末之务而不得者也。"③

在黄炎培看来,以读书做官为荣、以读书做事为耻的传统观念是"职业教育之礁",要培养职业道德就必须树立"以其所学应用社会、造福人群为贵"、"职业平等"和从"微末之务"做起等观念,必须正确认识和处理好"求学与习事"的关系。

---

① 黄炎培:《中华职业学校设立旨趣》,《社史资料选集》第3期,第12页。
② 潘文安:《最近之中华职业学校》,《新教育评论》第三卷第18期。
③ 中华职业教育社编:《黄炎培教育文集》,中国文史出版社1994年版,第115—116页。

1937年，在中华山河被破碎、国权被蹂躏的严峻形势下，黄炎培对职业道德的内涵进行了新的发挥，他说："大抵非常时期所需求之人才，从消极说来，第一，自私自利者不可用；第二，圆滑取巧者不合用；第三，绳趋矩步，束身自好者不够用。从积极来说，一，须有高尚纯洁之人格；二，须有博爱互助之精神；三，须有侠义勇敢之气概；四，须有刻苦耐劳之习惯。而更需以坚强贞固的节操，战胜千艰百险的环境。"[①]

　　黄炎培不仅丰富了我国职业教育理论，而且他和中华职业教育社的同人们"下决心为大多数平民谋幸福"，为实现"使无业者有业，使有业者乐业"的职业教育理想，"不厌不倦，用全副精力去干"的爱国热情和实干精神为我国职业教育的发展积淀了一笔宝贵的精神财富。

---

　　① 中华职业教育社编：《黄炎培教育文集》，中国文史出版社1994年版，第253页。

第八章

中国新民主主义教育的勃兴

——五四运动到解放战争时期中国共产党领导的教育

新民主主义教育是指五四运动以来，以无产阶级领导的人民大众反帝反封建的新型教育。新民主主义教育以五四运动为开端，马克思主义的初步传播和中国共产党的诞生，为新民主主义教育的产生提供了政治和思想条件；中国共产党与中国国民党的第一次合作，中国共产党领导的工农大众教育实践开创了新民主主义教育的先河；第二次国内革命战争时期，农村革命根据地积累了宝贵的新民主主义教育的经验；抗日战争时期，确立了新民主主义文化教育理论，八路军、新四军和共产党领导下的敌后抗日根据地在培养中高级干部、抗敌教育和反对敌伪奴化教育等方面取得了巨大成绩；解放战争时期，解放区的教育开始出现了由农村向城市、由战时向正规的重大转折，新民主主义教育进入新阶段，为即将到来的新中国教育奠定了基础。

第一节 "五四"新文化运动对封建教育的批判

辛亥革命失败后，袁世凯为了复辟帝制，肆意践踏民国初期的教育改革成果，掀起了一股恢复封建文化教育的逆流，引起了知识分子的强烈不满。于是陈独秀、李大钊、鲁迅、胡适等一批先进的知识分子掀起了一场崇尚科学、反对封建迷信和愚昧的新文化运动，提倡自由，反对专制；提倡新道德，反对旧道德；提倡新文学，反对旧文学。

1915年9月陈独秀在上海创办《青年杂志》（该杂志第二期改名为《新青年》），率先举起了民主（"德先生"）和科学（"赛先生"）两面大旗，向封建主义及其意识形态发起进攻，标志着新文化运动的开始；1919年5月4日，北京爆发了反帝、反封建的爱国运动，将新文化运动推向了高潮。

"五四"新文化运动对封建文化进行了前所未有的冲击和批判，动摇了封建思想的统治地位，唤起了民众的觉醒，也对青年知识分子的思想解放，起了巨大的催化作用，从思想观念上促进中国教育开始走向新民主主义之路。

一 新文化运动对封建传统教育的批判

"五四"新文化运动对封建文化教育的批判主要集中在以下三个方面。

（一）抨击恢复封建文化教育的倒行逆施

针对袁世凯恢复封建教育的核心——"尊孔读经"，陈独秀、李大钊等以《新青年》为主要阵地，以民主、科学为武器，猛烈批判"尊孔读经"的沉渣泛起。

陈独秀在《复辟与尊孔》一文中指出，袁世凯恢复尊孔读经是复辟帝制的需要，"复辟论相依为命之尊孔论"，恢复尊孔的目的在于为复辟帝制提供思想文化基础。因为，"盖以孔子之道治国家，非立君不足以言治"[1]。因此，反对复辟帝制，必须反对恢复尊孔。李大钊在《孔子与宪法》一文指出：孔子是"历代帝王专制之护身符"，北洋政府在宪法草案中规定"国民教育以孔子之道为修身大本"的目的在于

---

[1] 陈学恂：《中国近代教育史教学参考资料》（中册），人民教育出版社1987年版，第265页。

"欲以宪法之权威,为孔子壮其声势",是"专制复活之先声"。①

(二) 揭露封建礼教的罪恶

封建专制主义是以儒家所鼓吹的"三纲五常"封建礼教为核心的,因此封建礼教必然要成为民众斗士批判的主要对象。陈独秀指出,儒家的"三纲"学说是一切封建道德和政治的本源,它提倡的是"片面之义务,不平等之道德,阶级尊卑之制度"②,本质上是一种"奴隶道德"。"中国历史上、现社会上种种悲惨不安的状态,也都是这三样道德在那里作怪。"③ 所以,必须抛弃。

1918年5月,鲁迅在《新青年》第四卷第五号发表《狂人日记》,借狂人之口,愤怒痛陈封建礼教"吃人"的罪恶。他说:"我翻开历史一查,这历史没有年代,歪歪斜斜的每页上都写着'仁义道德'几个字。我横竖睡不着,仔细看了半夜,才从字缝里看出字来,满本都写着两个字是'吃人'。"④ 揭露了封建礼教的巨大危害性。

五四运动时期影响较大的人物吴虞于1919年11月在《新青年》第六卷第六号上发表《吃人与礼教》一文,也抨击封建礼教是"吃人的礼教"。他指出:"孔二先生的礼教讲到极端,就非杀人吃人不成功",历代封建统治者都是在"一面讲礼教,一面尊孔子,一面吃人肉"。⑤

(三) 运用马克思主义理论分析儒学的历史命运

李大钊、陈独秀等人力图用历史唯物主义的观点分析社会意识问题,从而将新文化运动引向深入。例如,李大钊运用马克思经济基础与上层建筑的关系理论,对儒家学说在中国长期占统治地位的原因和必然没落的历史命运进行了科学地分析。他认为以孔子为代表的儒家学说支配了中国思想界两千多年,根源于中国古代的小农经济、大家

---

① 陈学恂:《中国近代教育史教学参考资料》(中册),人民教育出版社1987年版,第262页。
② 陈独秀:《宪法与孔教》,《新青年》二卷3号。
③ 陈独秀:《调和论与旧道德》,《新青年》七卷1号。
④ 鲁迅:《狂人日记》,《鲁迅全集》第一卷,人民文学出版社1956年版,第12页。
⑤ 吴虞:《吃人与礼教》,《新青年》1919年第六卷第6号。

族制度和封建君主专制制度。他指出：儒家思想"是适应中国两千余年来未曾变动的农业经济组织反映出来的产物，因为他是中国大家族制度上的表层构造，因为经济上有他的基础。这样相沿下来，中国的学术思想都与那静沉沉的农村的生活相照映，停止在静止的状态中，呈现一种死寂的现象"①。然而，到了近代，中国的小农经济动摇了，大家族制度也开始瓦解了，孔子学说赖以存在的经济基础发生了动摇，它被新的思想取而代之就成为历史的必然趋势。他强调："余之剖击孔子，非剖击孔子本身，乃剖击孔子为历代君主所雕塑之偶像的权威也，非剖击孔子，乃剖击专制政治之灵魂也。"②因此，要反对封建专制和封建道德，就必须批判孔孟之道。

"五四"新文化运动对封建专制主义文化批判的深度超过了以往任何时期，是中国历史上一次伟大的思想启蒙运动，但是"五四"新文化运动也具有一定的历史局限性，当时一些激进的知识分子提出了全盘否定中国传统文化和"全盘西化"的观点，他们看问题的方法基本上是形而上学的。正如毛泽东所指出的："那时的许多领导人物还没有马克思主义的批判精神，他们使用的方法，一般还是资产阶级的方法，即形式主义的方法，他们反对旧八股、旧教条，主张科学和民主，是对的，但是他们对现状、对历史、对外国事物，没有历史唯物主义批判精神，所谓坏就是绝对的坏，一切皆坏；所谓好就是绝对的好，一切皆好。这种形式主义看问题的方法，就影响了以后这个运动的发展。"③这一形而上学方法，也影响了以后知识界对中国传统文化的态度。

二 早期马克思主义者对 20 世纪 20 年代教育思潮的特殊贡献

"五四"新文化运动极大地解放了人们的思想，促进了教育观念的变革和各种教育思潮的形成。早期马克思主义者对 20 世纪 20 年代

---

① 《李大钊文集》（下），人民出版社 1984 年版，第 179 页。
② 《李大钊选集》，人民出版社 1959 年版，第 80 页。
③ 《毛泽东选集》三卷，人民出版社 1991 年版，第 831—832 页。

的"平民教育""科学教育"和"勤工俭学"运动等教育思潮作出了特殊的贡献。

(一) 对平民教育思潮的贡献

平民教育思潮,是新文化运动中反对封建"贵族主义"等级教育,倡导普通百姓享有平等教育权的思潮。当时早期的马克思主义者对"平民教育"提出了自己的深刻见解。如陈独秀、李大钊、邓中夏等人认为平民教育应以广大"劳工阶级"为教育对象,使"引车卖浆之徒""瓮牖绳枢之子"能够读书受教育。[①] 陈独秀、萧楚女等人认为,平民教育问题首先是一个社会问题,要真正解决平民教育问题,就必须改变社会的政治和经济制度。陈独秀曾指出:"在现在的贪狠的资本家生产制度之下,工银如此之少,工作时间如此之多,有何神通可以使一般工人得到平等的教育?"[②] 萧楚女曾说:"平民教育是要紧的,但起码的生活,不更要紧么?"[③] 如果不变革社会制度,不解决平民起码的生活问题,平民教育就只能是空谈。

1917年11月,毛泽东在湖南第一师范学校创办了工人夜校,1919年3月邓中夏发起组织了"平民教育讲演团",筹办了长辛店劳动补习学校,这些是早期马克思主义者开展的平民教育实践。

(二) 对勤工俭学运动的贡献

出国勤工俭学运动兴起于1912年,1919—1920年勤工俭学运动进入高潮。第一次世界大战结束后,赴法勤工俭学运动走向衰落。李大钊、吴玉章、毛泽东等人曾积极发起和组织留法勤工俭学;赴法勤工俭学的学生主要有徐特立、蔡和森、蔡畅、周恩来、邓小平、陈毅、王若飞、陈延年、陈乔年、李维汉、何长工等人。他们到法国后,一般采用先工后学,先勤工积攒学费再入学、先学后工、半工半读等三种方式进行勤工俭学,他们的勤工俭学生活十分艰苦。何长工回忆说:"一心想多赚几个钱,寻找机会好读书。轻活重活,临时杂工,碰上

---

① 陈独秀:《今日之教育方针》,《新青年》1917年2月第二卷第6号。
② 陈独秀:《答知耻——劳动教育问题》,《新青年》1920年5月第七卷第6号。
③ 萧楚女:《陶朱公底平民教育》,《中国青年》1924年第18期。

就干。我们半夜起来,到市场打杂、推蔬菜、送牛奶……我们也到火车站、码头去上货、下货,给人搬行李,甚至到街上倒垃圾。①"

他们在法国逐渐深入了解了资本主义社会的生活实际,接触工人运动和欧洲社会主义思潮和马克思主义,既看到了法国科学技术的先进和资本主义民主制度的进步,又目睹了资本主义的罪恶,赴法勤工俭学学生陈毅曾感慨地说:"资本家完全为自己利益起见,丝毫无人心,我才知道,欧洲资本界是罪恶的渊薮。"② 他们中的一部分人逐渐走上了反帝反封建的革命道路。1922 年 6 月,赵世炎、周恩来、李维汉等在巴黎成立了旅欧中国少年共产党(后改为"旅欧中国共产主义青年团")。1924 年第一次国内革命战争开始,大批革命者先后奉调回国,成为中国民主革命的一支重要力量。在赴法勤工俭学学生中,一部分人后来成为中国无产阶级革命的领袖和骨干。勤工俭学运动对中国新民主主义革命和教育的发展都产生过重要影响。

(三) 对科学教育思潮的贡献

1914 年 4 月,"中国科学社"成立,它以"提倡科学,鼓吹实业,审定名词,传播知识"为宗旨,竭力提倡科学和科学教育,掀起了中国科学教育思潮。

1923—1924 年爆发的科学与玄学的论战将科学教育思想推向了高潮。在近两年的科玄论战中,陈独秀、邓中夏等人站在历史唯物主义的理论高度审视科学与玄学问题。陈独秀指出科学派并未能解释"科学何以能支配人生观"的问题,各种不同的人生观都是由人们所生活的环境造成的,"什么先天的形式,什么良心,什么自由意志,一概都是生活状况不同的各时代各民族之社会的暗示所铸而成!"③ 邓中夏认为"玄学派"实际上就是东方文化派,代表农业手工业的封建思想和宗法思想,"科学派"实际上就是科学方法派,代表新式工业资产阶级思想,而唯物史观则代表工业的无产阶级思想。他主张:"劳资

---

① 何长工:《勤工俭学生活回忆》,北京工人出版社 1958 年版,第 14 页。
② 陈毅:《我两年来旅法勤工俭学的实感》,《晨报》1921 年 8 月 17—19 日。
③ 张君劢、丁文江等:《科学与人生观》,山东人民出版社 1997 年版,第 7 页。

两阶级尚有携手联合向封建阶级进攻的必要。换句话说,就是代表劳资两阶级思想的科学方法派和唯物史观派尚有携手联合向代表封建思想的东方文化派进攻的必要。"

陈独秀、邓中夏等人以唯物主义历史观为指导,指出了"科学派"和"玄学派"的偏颇,为人们正确认识自然科学与人文学科的关系提供了新的视觉和新的观点,对于推动20世纪20年代教育研究和教学方法的科学化发挥了重要作用。

第二节 新民主主义教育的产生

"五四"运动后,特别是1917年俄国十月社会主义革命后,中国出现了传播马克思主义的热潮。1921年中国共产党成立,1924年国共实现第一次合作,1926年7月开始北伐战争,中国进入了第一次国内革命战争时期,即"大革命"时期。在这一社会大变革时期,教育领域也发生了重大变化,出现了新民主主义教育的思潮和教育实践,从此中国教育史翻开了新的一页。其中马克思主义的广泛传播和中国共产党的诞生,是新民主主义教育产生的思想和政治条件,国共合作和资产阶级民主革命的第一次高潮为新民主主义教育的产生提供了一定的社会条件。

一 马克思主义的传播与马克思主义教育思想的形成

(一)马克思主义的传播

1898年夏上海出版的《泰西民法志》一书,首次出现马克思的名字。20世纪初,改良主义者梁启超、资产阶级革命民主主义者马君武、朱执信、孙中山、无政府主义者刘师培等人都曾不同程度地介绍过马克思的主张。其中孙中山曾赞誉马克思为"社会主义中的圣人""集几千年来人类思想的大成"。[①] 1906年,朱执信在《民报》上发表

[①]《孙中山全集》第九卷,中华书局1986年版,第360—362页。

了《德意志社会革命家小传》一文，比较详细地介绍了马克思。

俄国十月社会主义革命后，马克思主义在中国的传播进入了新的阶段，即广泛传播阶段。当时"社会主义"在中国"变成最时髦的东西了"。[①] 李大钊是这个时期系统传播马克思主义理论的代表人物。他在1918年率先举起了马克思主义的旗帜，先后发表了《法俄革命之比较观》《庶民的胜利》《布尔什维克主义的胜利》《新纪元》等著名文章，热情歌颂十月革命"是世界革命的新纪元，是人类觉醒的新纪元""是二十世纪革命的先声"，坚信"将来的环球，必是赤旗的世界"。[②] 1919年5月，李大钊在《新青年》第六卷第五期《马克思主义专号》上，发表了介绍马克思主义的专著《我的马克思主义观》，比较系统地阐述了马克思主义的历史地位，着重介绍了唯物史观、阶级斗争学说等马克思主义的主要内容，在社会上引起了巨大的反响。同年7月，胡适挑起了"问题与主义"的论战，李大钊发表了《再论问题与主义》等论文，系统地批驳了胡适的观点，捍卫了马克思主义。1920年，李大钊又发表了《由经济上解释中国近代思想变动的原因》《唯物史观在现代史学上的价值》等一系列论文，初步运用辩证唯物主义和历史唯物主义的观点来分析研究中国的社会政治问题和思想理论问题，探求中国革命的道路。

除了通过发表文章传播马克思主义之外，李大钊还在我国首开了利用大学讲堂讲授马克思主义和利用图书馆宣传马克思主义的先河。从1918年1月开始，李大钊担任北京大学图书馆主任，后兼任经济学教授。一方面，他先后在北京大学、北京女子高等师范学校等高校讲授"唯物史观""社会主义与社会运动""史学概论""史学思想史""女权运动史"等课程，是我国系统讲授马克思主义的第一位教授；另一方面，他领导北大图书馆，千方百计购进了不少马克思主义的著作，为师生阅读、研究马克思主义提供条件。俄国十月革命胜利后，

[①] 许新凯：《共产主义与基尔特社会主义》，《新青年》1921年9月1日第九卷第五号。
[②] 《李大钊选集》，人民出版社1959年版，第114—118页。

他组织搜集了有关十月革命的资料,在图书馆开辟了介绍十月革命经验的专题阅览室,为师生了解十月革命提供了一个重要窗口。

(二) 马克思主义教育思想的形成

李大钊、陈独秀、恽代英、毛泽东、邓中夏、萧楚女等人在传播马克思主义一般理论的同时,也传播了马克思主义的教育学说,开始用马克思主义的观点考虑、探讨中国的教育问题,形成了初步的马克思主义教育思想,其中李大钊、恽代英的马克思主义教育思想最为突出。

1. 李大钊的教育思想

李大钊(1889—1927年),字守常,河北乐亭人。1913年赴日本就读于东京早稻田大学,开始接触社会主义学说。1917年,在"十月革命"的影响下,他从革命的民主主义者转变为共产主义者。他是"五四"新文化运动的领袖之一、中国共产主义运动的先驱、中国共产党的主要创始人之一、著名学者和教授,也是中国新民主主义教育思想的奠基人。1927年4月28日,被北洋政府杀害。

李大钊

李大钊在教育方面的主要理论贡献有以下三个方面。

其一,运用马克思主义经济基础决定上层建筑的唯物史观原理,论述了教育对经济基础的依赖关系和教育的可变性,为根本变革中国教育提供了哲学基础。他指出,社会有"基础与上层""基础是经济的构造""上层是法制、政治、宗教、艺术、哲学等。"①"人类社会一切精神的构造都是表层构造,只有物质的经济的构造是这些表层构造

---

① 《李大钊文选》,人民出版社1959年版,第293页。

的基础构造。"① 精神构造"不能限制经济变化物质变化，而物质和经济可以决定思想、主义、哲学、宗教、道德、法制等等"②。因此，"经济问题的解决，是根本解决"③。他进一步指出，发生变化的动因是生产力；随着生产力的发展，经济基础和上层建筑都要发生变化。他说："物质既常有变动，精神的构造也就随着变动。"④ "譬如这座楼，可以分出楼顶、楼身和基础来。假使基础摇动，楼身、楼顶全得摇动。基础变更，楼身、楼顶也得跟着变更。"⑤ 并针对袁世凯在教育领域"尊孔读经"复辟封建教育的逆流，指出，儒家学说只适应于"农业经济组织"，如今西洋的工业经济来压迫东洋的农业经济，"孔门伦理的基础就根本动摇了！"⑥ 这就从哲学上论述了变革封建教育的历史必然性。

由于上层建筑具有相对独立性，李大钊提出"要做两面的文化运动"的主张。他说："不改造经济组织，单求改造人类精神，必致没有效果。不改造人类精神，单求改造经济组织，也怕不能成功。"⑦ 所以"要做两面的文化运动：一个是精神改造的运动，一个是物质改造的运动"⑧。要进行"物心两面的改造，灵肉一致的改造"⑨。他把这两个方面的文化运动"当成车的两轮，鸟的双翼"⑩。李大钊为解决教育问题指明了基本路径。

其二，揭示教育的阶级性，揭露封建教育、教会教育的本质。李大钊认为，自从人类社会"分出治者与被治者"以后，教育就具有了阶级性，变成阶级支配的工具。他揭露中国历代封建统治阶级进行封

---

① 《李大钊选集》，人民出版社1959年版，第265页。
② 同上书，第261页。
③ 同上书，第233页。
④ 同上书，第261页。
⑤ 同上书，第480页。
⑥ 《李大钊文集》（下），人民出版社1984年版，第179页。
⑦ 《李大钊文选》，人民出版社1959年版，第104页。
⑧ 同上书，第236页。
⑨ 同上书，第224页。
⑩ 同上书，第236页。

建纲常教育的目的在于损卑下以奉尊长，牺牲被治者的个性以事统治者。他批判北洋军阀恢复"尊孔读经"的倒退行为，指出："孔子为数千年前之残骸枯骨""历代帝王专制之护符""保护君主政治之偶像"①。李大钊在"非基督教"运动和收回教育权运动中作出了重要贡献，他指出，"宗教的本质就是不平等关系的表现"②；中世纪的教会组织是"掠夺组织，阶级组织"③，"基督教义中所含的无抵抗主义"的实质是"欺骗无产阶级而正足为资产阶级所利用"，是要无产阶级"安分守己""不必与资产阶级争抗"，"以空幻其妙的天国慰安无产阶级在现世所受的剥削与苦痛"④。1922年4月，李大钊与邓中夏、蔡元培、吴虞等人，在北京发起组织了"非宗教大同盟"，指出："教毒日深，真理日泯"，指导青年学生开展反对帝国主义的文化侵略的宣传教育活动。李大钊揭露了资本家剥夺劳工受教育的权利危害性，他指出，资本家设些初级教育机构，不过是"想要造就些更有用的奴隶，还可以猎取温情主义的美名罢了"。资本家剥夺劳工受教育的权利比掠夺资财更可怕、更可恶。他说：人们"哪知道那些资本家夺去劳工社会精神上修养的工夫，这种暴虐，这种罪恶，却比掠夺他们的资财更是可怕，更是可恶！"⑤

其三，倡导工农大众教育。平民教育是当时最重要的教育思潮之一，李大钊认为，"专立几个专门学校，拿印板的程序去造一班知识阶级就算了事"⑥，是不能真正解决平民受教育的问题的，他主张必须解决劳工大众受教育的实际问题。他建议，"必须多设补助教育机关，使一般劳作的人，有了休息的工夫也能就近得个适当的机会去满足他们知识的要求……劳工聚集的地方，必须有适当的图书馆、书报社，专供工人在休息时间的阅览……像我们这教育不倡、知识贫弱的国民，

---

① 《李大钊文选》，人民出版社1959年版，第79—80页。
② 同上书，第393页。
③ 同上书，第263页。
④ 同上书，第394页。
⑤ 《李大钊文集》，人民出版社1959年版，第632—633页。
⑥ 同上书，第139页。

劳工补助教育机关,尤是必要之必要"。① 他建议在城市,"多立劳工教育机关(如夜校、半日学校等)""使工不误读,读不误工,工读打成一片",② 在"劳工聚集的地方,必须有适当的图书馆,书报社";要专供在农村"利用农闲时间,尤其是旧历新年一个月的时间,作种种普通常识及国民革命之教育的宣传……并须联合乡村中的蒙学教师,利用乡间学校,开办农民补习班",以便做到"耕读作人"。③ 李大钊倡导知识青年树立"劳工神圣"的新思想新道德,到工厂去,到农村去,与劳工阶级打成一片。他说:"要想把现代的新文明,从根底输到社会里面,非把知识阶级与劳工阶级打成一气不可。"④ 只有知识阶级作民众的先驱,民众作知识阶级的后盾,才能创造出一个"青春中华"。这里已经初步提出了劳动人民知识化和知识分子劳动化的问题。

李大钊同志关于教育的论述和实践,揭开了中国教育思想史上新的一页,使教育开始摆脱封建的、资产阶级的窠臼和影响,把我国的教育理论推到了前所未有的高度。⑤

2. 恽代英的教育思想

恽代英(1895—1931年),字子毅,湖北武昌人。1918年毕业于武昌中华大学。他是中国共产党早期杰出的青年运动领导人,先后教过中学、师范、大学,有着比较系统全面的教育主张和教育理念,是一位教育理论的探索者和教育改革的实践者。恽代英的教育思想集中在以下几个方面。

第一,对教会教育和教育救国论的批判。西方教会组织在中国兴办学校、举办慈善事业,是教会组织发展教徒,扩大势力的最重要手段。恽代英一针见血地指出培养"洋奴"是教会教育的根本目的,他说:"我们很知道帝国主义者在中国办教育的用意,而受过那种教育

---

① 《李大钊文集》,人民出版社1959年版,第633—634页。
② 同上书,第285页。
③ 同上书,第284页。
④ 同上书,第146页。
⑤ 苗春德:《论李大钊的教育思想》,《史学月刊》1987年第2期。

的更是明了。他们只顾劫掠中国，他们的教育并不是中国所需要，更不必适应什么时代。他们所需要的，是制造几个洋奴，好替他们做买卖，替他们宣传，侵略中国，这是从他们平时灌输给我们的，可以知道的，他们是想引我们背着进化的道路后退，制造成头脑简单奴隶性成的民族，任从他们宰割。"① 他指出，教会教育的本质就是文化侵略，"外国先生在中国办学校，有的人要说这是帝国主义的文化侵略，这些办学校的人是帝国主义的走狗。我之所以主张取缔外人设立学校的理由很简单，只是因为外国先生是爱他们本国的，他们为中国人办学校，一方固要为我们中国人谋幸福，然而一方亦决不愿他们所教育的中国学生反对他们的本国，所以英国人办的学校，一定鼓吹中英亲善，美国人办的学校，一定鼓吹中美亲善；外国先生劝我们中英亲善、中美亲善，是很对的。不过可惜在他们劝我们亲善的时候，他们本国的帝国主义的政府者同时却正在侵略压迫我们"②。恽代英积极倡导收回教育权运动，他说："谁请外国人到中国来办学校的呢？想在中国办学校，便应受中国官厅的管理，便应当顺应中国青年的要求。谁要他的狗屁不通的'上帝'和《圣经》呢？中国青年要学习中国所需要的教育，教会学校不能给我们这样的教育，官厅与社会应当干涉他们、要他们改良。不然便要他们停办才是。"他运用马克思主义经济基础决定上层建筑的理论，指出要战胜在华的基督教势力，收回教育权，必须争得经济独立和政治革命，他说："我以为基督教必须攻击，但非经济上争得独立，恐究不易攻击得倒呢。""要求经济的独立，终必须经过一番政治革命。但我以为必须认清这个政治

---

① 《恽代英文集》（上），人民出版社1984年版，第522页。
② 《恽代英文集》（下），人民出版社1984年版，第819页。

革命，完全是为求经济独立去障碍的法子。政治革命如何能成功是一个问题。成功了如何才能求经济的独立，更是一个重大的问题。"① 他为中国人民彻底收回教育权指明了方向。

"教育救国论"曾是中国近代一种主要的教育思潮，是改良主义在教育领域中的具体体现。"国家主义派"是这一思潮的典型代表之一。恽代英先后撰写了《学术与救国》《再论学术与救国》《读国家主义的教育》等文章，对"国家主义派"和"教育救国论"进行了深刻的批判。他指出，"国家主义派"在政治上是"反对共产主义"的，在教育理论上是"于救国全无益处"。恽代英指出："国家主义者总想拿国家观念来压倒阶级观念"，"他们所谓自卫的国家主义，总含有反对阶级斗争的意思在内"，②"他们名为讲国家主义，其实对于帝国主义的罪恶，军阀政府与帝国主义相勾结的实况，似乎还没有多少精力顾到，他们最大的努力，处处看出只是一个反对共产主义"③。恽代英批判国家主义教育思潮说："他们说到要拔救中国民族，不从打倒中国的经济压迫上着手，专门说些提倡教育、中国文化与中国历史，这都是二三十年来经许多人鼓吹而没有功效的话。""他们虽开口闭口总说教育救国，然而他们专给学生一些不痛不痒的学术品性"，这些东西"于救国全无益处"。④ 恽代英认为，在军阀混战、列强进逼的民族危亡关头，救国的首要任务是"尽力促进革命，以根本改造这种社会"⑤。"若我们照今天的样子谈甚么办教育，救国家，改造社会，总是一场笑话。"⑥ 他通过批判国家主义的教育思潮，宣传了马克思主义的教育思想，澄清了20世纪20年代教育界的一些理论是非。

第二，培养"社会上有益的人"和"国家的主人翁"的教育目标论。1917年，恽代英发表《社会性之修养》一文中，指出："欲改良

---

① 《恽代英文集》（上），人民出版社1984年版，第407—408页。
② 《恽代英文集》（下），人民出版社1984年版，第684—685页。
③ 同上书，第666页。
④ 《恽代英文集》（上），人民出版社1984年版，第410页。
⑤ 《恽代英文集》（下），人民出版社1984年版，第741—742页。
⑥ 《恽代英文集》（上），人民出版社1984年版，第287页。

社会，以建设社会事业，以吾之愚，舍修养国人之社会性，更无由也。"① 后来，恽代英进一步提出要"注意教育的成绩，要使学生一个个成为社会上有益的人"，如果教育"不能使被教育者为社会上有益的人，那教育者便只是与私家做奴隶，不配做人类的教育家"。② 恽代英所说的"社会上有益的人"，通俗地说就是"好人"，他在《怎样才是好人》一义中说："好人要有操守以站脚，能站脚然后能做事……好人的做事，要向着为社会谋利的一个目标，好人的好，是说于社会有益。"③

1924年8月，恽代英发表了《民治的教育》一文，又提出了培养"国家的主人翁"的教育目标。他说："皇帝时代的主人翁，就是皇帝，所以他的教育要养成为皇帝做事，知道忠君爱国的道理；民国时代与此大不相同，主人翁就是民众，所以要大家明白自己的地位，知道自己的责任。"在他看来，"国家的主人翁"，应当是独立思想、独立行动、自尊、自信、有办事能力，尊重民众、了解工农，能为民众的利益而努力的人。

第三，教育改造论。恽代英从事教育的时间较长，对改造教育提出了不少设想，较集中地论述了对儿童教育和中等教育的改造问题。

恽代英对儿童教育有所研究，曾翻译和撰写了《家庭教育》《儿童读书年龄之研究》《儿童公育在教育上的价值》等论文。恽代英认为儿童关系着国家社会未来的前途和命运，因此，必须"发大心立大愿"来挽救和教育儿童。他在《理想之儿童俱乐部》一文中说："儿童乃国家社会将来托命之人，苟彼等听为恶势力所吞啖，则将来之国家社会必尽为恶势力所占据，即将来之国家社会绝对无可托命之人，如此，吾国之前途有较今日更悲惨无望之，一个爱国家与社会者，故不可不发大心立大愿以救此一般儿童乎。"

在恽代英看来，学前教育至关重要。一方面，幼儿阶段是道德教

---

① 《恽代英文集》（上），人民出版社1984年版，第27页。
② 同上书，第287页。
③ 同上书，第363页。

育的重要机遇期。他指出："人类的本能，多在幼儿时期逐步发达，在这个时候，若无恰当的指导，易因彼此仿效，发达于错误的方面。这样，即使幼儿时候的教育，无所谓性善性恶，能善导他的本能，使他本能发达于个人及社会有益的方面，那便成为善。不善导他的本能，以致他本能发达于个人及社会有害的方面，那便成为恶。每个儿童，若能于本能初萌芽的时候能与以适当的引导，不难信他们都可以成为善人。所以说改良人类社会，没有什么比幼儿教育更要紧。"[①] 在这里，他既反对中国传统的性善论和性恶论，又阐述了幼儿时期德育的重要性。另一方面，他认为，学龄前阶段是儿童教育的关键时期。学龄前阶段，是人生的开端、教育的起点。这一阶段，人的求知欲望已发达，如果虚掷这一求学的好时机，将会减少人的造就；反之，利用儿童的"游戏、猎寻、搜集、模仿诸种本能"，加以正确的引导和训练，就可打下日后学校教育的"好根基"。[②]

恽代英提出了"儿童公育"的设想。所谓"儿童公育"是指，由社会负担起儿童教育的主要责任，设立专门机构，儿童一坠地即受到良好的公众教育。这一设想的主要根据是，首先，"儿童公育"是社会发展的必然趋势。因为："人类的教育要根据生物学、社会学、生理学、心理学各种的理论，才能找出一个正确的教育途径使婴幼儿生理上得合度圆满的发达，心理上得合度的理想地步。"这些教育理论和方法是旧中国的父母所难以具备，尤其广大劳动人民根本没有受教育的机会，更无法具备。公育机关的老师是"有研究有经济的专家担任照顾一切，具备较高的素质和丰富的经验，热爱孩子，负责，谨慎精细的人"，远远优于家庭教育。其次，儿童公育有利于儿童的社会化，有利于改造社会。一方面，对儿童进行公育，可以使儿童从小接触许多人，长大后容易适应社会生活；另一方面，儿童公育，使儿童的人生从共同生活、集体生活开始，有利于人类社会的改造与进步。

[①] 恽代英：《儿童公育在教育上的价值》，《中华教育界》（第十卷）1920 年第 6 期。
[②] 同上。

恽代英说："我信儿童的公育，是持人类的彻底解放，是持人类对于社会的自觉。"恽代英强调指出，儿童公育只有在社会彻底改造后才能真正实现，"非世界彻底改造，谈不上甚么理想的儿童公育"。①

恽代英对中学教育有较深入的研究，曾撰写《中学改制论》《编辑中学教科书的先决问题》等论文，认为当时中学教育存在根本性错误，亟须改造，提出了许多改造中等教育的主张。

其一，中学教育的目的。当时中国的中等教育深受科举的遗毒，存在着外国教会教育和帝国主义教育的影响。恽代英认为，当时的中学教育以培养学者为"唯一职志"，学生"视甲等第一为其囊中之物"。当时中学一个班三四十人，只能成就三五人，成就的三五人也"只是为读书而读书，为求学而求学"。②然而，在多数不能升学的毕业生中，一些人"出校门，恒有衣食不给，穷饿以终身者"。③恽代英尖锐地指出，这样的中学教育只对少部分人有用，对大多数人无用，"简直是无希望"！④

针对当时中学教育目的的根本性错误，恽代英明确提出了中学教育的目的，他说："中学乃养成一般国民必须的最低限度的独立生活的知识和技能的学校。"⑤并且"中学教育，是养成一般中等国民应有的品格、知识、能力的教育"⑥。再者，"中等教育应该是养成健全的公民的教育"⑦。在他看来，中学教育不能以升学为唯一目的，理想的中学教育应当是兼顾"升学就业两均便利"的教育。

在中学课程设置方面，恽代英认为，当时中学以升学为目的，课程设置偏重英文与数学，"为了一部分要学习数、理、工科的人，却勉强全部分的中学生，去学习英文、数学"，只对小部分人有用，而

---

① 恽代英：《儿童公育在教育上的价值》，《中华教育界》（第十卷）1920年第6期。
② 恽代英：《编辑中学教科书的先决问题》，《中华教育界》（第十卷）1920年第3期。
③ 恽代英：《经验与智识》，《东方杂志》1917年第10期。
④ 恽代英：《编辑中学教科书的先决问题》，《中华教育界》（第十卷）1920年第3期。
⑤ 恽代英：《中学英文教授刍议》，《中华教育界》（第十卷）1920年7月第1期。
⑥ 恽代英：《编辑中学教科书的先决问题》，《中华教育界》（第十卷）1920年第3期。
⑦ 《恽代英文集》（上），人民出版社1984年版，第391页。

对大部分人无用,"没有一点工夫学习做人的做公民的学问"。他将这样的教育斥为"洋八股的教育"。

恽代英反对将中学办成大学的预科,主张"要让中学生多有些时间精力去学习读书、写字、算账的必要技术,自然科学的常识以及历史、地理、政治、经济的大概"①,强调所有课程都围绕品格、知识、能力,体现中学教育培养健全公民的需要,学以致用,为学生进入社会作准备。

在教材建设方面,恽代英指出,当时中学的教科书存在着"是为教授的非为自学的""是用演绎法的非用归纳法的""是彼此独立的不是相互联络的""是合学理的非合实效的""是依据论理学编辑的,而非依据心理学编辑的"等弊病。他提出了对教科书改革的五点要求:第一,遵循自学辅导的指导思想,叙述详明,附参考书目和思考题,以便自学;第二,以归纳法编撰,通过提供事实,让学生自己得出结论;第三,强调各学科的联系;第四,讲究实际效用,利于培养学生实际生活能力;第五,教材组"打破论理的次序,建设心理的次序"②。

在教学方法方面,恽代英反对注入式教学,指出采用这种教学方法,"上课时教师太劳,学生太逸;学生倚赖教师,脑筋退化,无自己求学之心;教师讲授全班,无法注意个性""注则有之,入则未也""只能教学生成一个无意识承受知识的器皿,脑筋中不能有一点创造能力"。他批判说,这样的教育"不配说什么教育"③!

恽代英主张当时中小学较为流行的一种教学方法,即自学辅导法。自学辅导法又称"研究法""自学教学",它强调自学,在学生自学过程中培养自学习惯和自学能力。恽代英认为采用这种方法可以增强学生注意力、养成学生疑问之习惯,养成无师自习之习惯,便于教师个别指导。

---

① 《恽代英文集》(上),人民出版社1984年版,第391页。
② 恽代英:《编辑中学教科书的先决问题》,《中华教育界》(第十卷)1920年第3期。
③ 同上。

恽代英改革中学教育的思想既是他对中学教育改革实践经验的总结，也反映了20世纪20年代中学教育改革的潮流，对于我们今天的改革应试教育的弊端仍有重要的指导价值。

二 新民主主义教育纲领的提出

1921年中国共产党成立后，十分重视文化教育工作，并逐步形成了新民主主义教育纲领，为以后革命根据地教育和新民主主义教育的发展奠定了基础。

新民主主义教育纲领是在中国共产党第二次全国代表大会上提出来的。它的先导是1922年5月中国社会主义青年团第一次全国代表大会通过的《关于教育运动的决议案》。这一决议案具体规定了青年团在青年教育工作的任务："（1）关于教育方面，要求提高社会青年的知识，提高社会觉悟，并使年长失学青年达到普通文化教育；（2）关于政治教育方面，要求对大多数无产阶级青年宣传社会主义，启发并培养他们的政治觉悟及批判能力；（3）关于学校教育方面，发动改革学校制度，使一般贫苦青年得受初步的科学教育，并发动实施普遍的义务教育；发动学生参加校务管理；发动取消基于宗教关系和其他方面关系的一切不平等待遇。"[①] 这一决议案被看作是中国共产党第二次代表大会新民主主义教育纲领的先行表述。

1922年7月，中国共产党第二次全国代表大会在上海召开，大会选举了新的中央领导机构，推选陈独秀为中央执行委员会委员长，这次大会的历史功绩在于明确了新民主主义革命时期的纲领。在《中国共产党第二次全国代表大会宣言》中，分析了国际形势和中国社会半殖民地半封建的性质，阐明了中国革命的性质、动力和对象，制定了党的最高纲领和最低纲领。最低纲领即中国现阶段的革命任务是："（一）消除内乱，打倒军阀，建设国内和平；（二）推翻国际帝国主义的压迫，达到中华民族完全独立；（三）统一中国本部（东三省在

---

① 《中国社会主义青年团纲领》，《先驱》1922年第8号。

内）为真正民主共和国",最高纲领即"它的目的是要组织无产阶级,用阶级斗争的手段,建立劳农专政的政治,铲除私有财产制度,渐次达到一个共产主义的社会"。

在《大会宣言》中,也对新民主主义教育进行了论述:"保护女工和童工""废除一切束缚女子的法律,女子在政治上、经济上、社会上和教育上一律享受平等权利""改良教育制度,实行教育普及"。[①]这些内容被教育史界看作中国共产党所提出的新民主主义的教育纲领。

三 中国共产党领导下的工农教育运动

(一) 工人教育运动

1921年8月11日,中国共产党在上海成立了领导工人运动的总机关——中国劳动组合书记部,主要负责对工人进行宣传教育,组织工会,领导工人开展罢工斗争等活动。劳动组合部依靠各地工会,开展了灵活多样的工人教育活动。

1920年10月,北京共产主义小组成立。1921年李大钊委派邓中夏等人为京汉铁路修车厂工人及其子弟开办了劳动补习学校,这是共产党人在北方创办的最早的工人学校。

中国共产党成立后,许多中共党员受命深入工矿企业开展工人运动,创办工人补习学校、子弟学校、俱乐部、图书馆和读书阅报处,其中最具代表性的是安源煤矿的工人教育,安源煤矿位于江西萍乡。1898年由清末邮传大臣、官商盛宣怀创办。从1921年秋开始,毛泽东、李立三、刘少奇先后来到安源开展工人运动,并创办了平民学校和"路矿工人补习学校",成立了中国第一个工人组织——安源路矿工人俱乐部;1922年9月,成功组织并取得了安源路矿工人大罢工的胜利。此后,工人补习学校陆续增设。从1923年夏到1925年春,由刘少奇任总主任的安源工人俱乐部所办的补习学校有7所,学生近2000人。俱乐部白天办工人子弟班,晚间办工人夜校,还设立妇女职

[①] 魏宏运:《中国现代史资料选编》,黑龙江人民教育出版社1981年版,第394页。

业部，帮助工人家属学文化、学职业技能。安源的工人教育与工人运动互相促进，培养了不少工人骨干，使安源成为全国工人运动的一面旗帜和"秋收起义"的策源地和爆发地之一。

1925年，在共产党的领导下，第二次全国劳动大会召开。会议通过了《工人教育决议案》，认为"成年工人和青年工人为目前斗争上唯一的战士，工人子弟为将来的工人，是有力的后备军"[①]，因此必须重视对工人的教育工作。《决议案》对如何开展工人教育作了明确的规定，指出工人教育的任务为两方面："一、促进阶级觉悟；二、训练斗争能力。"内容须注意工人日常生活，并以之说明工人生活困苦和社会罪恶的根源；工人教育的形式则为工人补习学校、子弟学校、阅书报社、讲演、游艺等，并以补习学校为重点教育工人。

1925年后，工人教育在全国各地更为广泛地开展起来，各种形式的工人学校逐渐普及，有效地促进了工人运动的深入开展和北伐战争。

（二）农民教育运动

共产党在开展工人教育运动的同时，也高度重视农民教育。彭湃领导的广东农民教育运动和毛泽东领导的湖南农民教育运动最具有代表性。

彭湃（1896—1929年），原名彭汉育，广东省汕尾市海丰县城郊桥东社人，是中国无产阶级革命家，中国共产党早期农民运动的主要领导人之一，海陆丰农民运动和革命根据地的创始人，被毛泽东称为"中国农民运动大王"。海陆丰地区是农民运动和农民教育开展最早的地区。1923年1月，彭湃组织成立海丰农民总会。农民总会下设教育部，开办了农民学校，实施"农民教育"。农会为农民学校指定校舍，代请教师。通过向地主"批耕"土地作为学田，解决了办学经费，不到一个月，海丰地区陆续办起了十多所农民学校，"自是与教育绝缘的农村儿童，有五百余人得入学校读书了。[②]"农民学校设有日班和夜

---

① 高奇：《中国现代教育史》，北京师范大学出版社1985年版，第44页。
② 彭湃：《海丰农民运动》，作家出版社1960年版，第29—30页。

班,以教授记数、识字和生产、生活日用知识和传授革命道理为主要内容。海陆丰的农民教育为该地区农民运动的蓬勃发展作出了重要贡献。

湖南曾是平民教育策源地之一,也是农民教育开展得比较早的地区之一。1924年底毛泽东回到韶山领导农民运动,在杨开慧、庞叔侃等人的协助下,在20多个乡成立了农会,办起了农民夜校。国共合作后,湖南农民运动迅猛发展,于1926年至1927年春形成高潮,农会会员激增到200多万。毛泽东在《湖南农民运动考察报告》中指出:"地主势力一倒,农民文化运动便开始了。试看农民一向痛恶学校,如今却在努力办夜学……名之曰农民学校。有些已经举办,有些正在筹备,平均每乡有一所。他们非常热心开办这种学校,认为这样的学校才是他们自己的……农民运动发展的结果,农民的文化程度迅速地提高了。不久的时间内,全省当有几万所农民学校在乡村中涌现出来,不若知识阶级和所谓'教育家'者流,空唤'普及教育',唤来唤去还是一句废话。"[①]

湖南农民运动推动了农民教育的蓬勃发展,既提高了农民的文化程度,又实现了一些进步的知识分子呼唤"普及教育"的梦想。

除广东、湖南之外,湖北、江西、福建、河南等省,随着农民运动的兴起,农民教育也发展起来了。1926年5月,广东省举行第二次农民代表大会,通过了《农村教育决议案》;12月湖南省召开第一次农民代表大会,也通过了《农村教育决议案》。这些在农民运动中提出的有关农民教育的纲领性文件,既促进了当时农民教育的蓬勃开展,又为后来中国共产党领导的农村革命根据地的教育事业,奠定了良好的基础。

四 中国共产党早期创办的干部学校

中国共产党成立后,在深入工矿、乡村开展工农教育运动的同时,

[①] 《毛泽东选集》(第一卷),人民出版社1991年版,第39—40页。

十分重视革命干部的培养和教育工作，创办了一批各具特色的干部学校。其中湖南自修大学、上海大学、农民运动讲习所最具代表性。

(一) 湖南自修大学

湖南自修大学是中国现代教育史上最早的一所培养革命者的新型学校，也是中国无产阶级的第一所革命大学。它是由毛泽东、何叔衡、易礼容等人在长沙利用船山学社的旧址和经费，于1921年8月创办的。1922年12月，李达任校长。

毛泽东起草的《湖南自修大学创立宣言》将自修大学的办学形式、教学内容和性质规定为"取古代书院的形式，纳入现代学校的内容，而为适合人性便利研究的一种特别组织"。自修大学与书院和当时的学校的本质区别在于"自修大学为一种平民主义的大学"，力矫旧学校的弊病，破除等级限制，"凡有志向学以上均可入学"；"打破学术秘密，务使学术公开"；在"金钱就是生命的时代"，"务必使他趋向'不须多钱可以求学的路上去'"。

湖南自修大学的办学方针是："第一，自修大学学生研究学问的主脑，是'自己看书，自己思索'。自修大学里面的'图书馆'，就是专为这一项用的。第二，自修大学学生，于自己看书自己思索之外，又有'共同讨论共同研究'。各种研究会的组织，就是专为这一项而设的。第三，自修大学虽然不要灌注食物式的教员，但也要有随时指导的人做学生自修的补助。第四，自修大学以学科为单位，学生研究一科也可，研究数科也可，每科研究的时间和范围，都听学生依自己的志愿和程度去定。第五，自修大学学生不但修学，还要有向上的意思，养成健全的人格，涵涤不良的习惯，为革新社会作准备。"[①] 在这里，《宣言》既明确了教育的主要方式，即反对注入式教学，以自学和共同讨论、共同研究为主，教师指导为辅，又确立了学校培养的目标，即培养有知识、有向上精神、有健全的人格、涵涤不良的习惯的

---

① 《建党初期毛泽东的几篇文稿·湖南自修大学创立宣言》，《党的文献》2010年第1期。

"革新社会"[1] 的革命干部。

《湖南自修大学入学须知》和《湖南自修大学组织大纲》对办学宗旨、教学制度、课程设置、学习方法等作了具体规定。在办学宗旨方面，明确指出："我们不愿意我们同学中有一个少爷或小姐，也不愿有一个麻木糊涂的人。"要求学生明确学习目的在于"改造现社会，我们求学是求实现这个目的的学问"[2]。在课程设置方面，《组织大纲》规定："暂设文、法两科。"文科设有：中国文学、西洋文学、英文、伦理学、心理学、教育学、社会学、历史学、地理学、新闻学、哲学；法科设有：法律学、政治学、经济学，每个学员选修其中一个科目。特别强调脑力劳动与体力劳动相结合，"本大学学友为破除文弱之习惯，图脑力与体力之平均发展，并求知识与劳力两阶段之接近，应注意劳动。本大学为达劳动之目的，应有相当之设备，如艺园、印刷、铁工等"。在学习方法方面，"取自动的方法，研究各种学术"[3]。所谓"自动的方法"，即学生自己选科、自己看书、自己思索，共同讨论、共同研究的方法。教学方式有"特别授课""函授指导"和"特别讲座"。除外语需要"特别授课"外，其余课程皆无上课时间；"函授指导"和"特别讲座"均邀请国内外学者、名流担任。教员职责是解答问题、订正笔记、修改作文。修业年限无定，以修习一科完毕，成绩及格，给予修业证书。

由于自修大学的文化层次高，不能满足一般青年的学习要求，1922 年 9 月又附设补习学校，设置国文、英文、数学、历史、地理 5 个学科，招收学生 100 多人。

由于湖南自修大学坚持学习和宣传马克思列宁主义，坚决反对帝国主义、官僚资本主义和封建主义，遭到反动军阀赵恒惕的嫉恨和仇视，于 1923 年 11 月以"所倡学说不正，有碍治安"罪名，派驻军队，强行关闭。

---

[1] 《建党初期毛泽东的几篇文稿·湖南自修大学创立宣言》，《党的文献》2010 年第 1 期。
[2] 毛泽东：《湖南自修大学入学须知》，《新时代》1921 年第 1 号。
[3] 同上。

湖南自修大学办学时间虽不长，但锻炼和培养了一批优秀的革命干部，如何叔衡、毛泽民、郭亮、夏曦、夏明翰、陈佑魁、姜梦周、陈昌、罗学瓒等。湖南自修大学和补习学校，是中国共产党人创办革命干部学校的一次成功的试验。

（二）上海大学

上海大学是共产党参与创建的一所高等学校，它的前身是1921年春开办的私立东南高等专科师范学校，因办学不善，发生学潮，学生赶走了原学校的老板。同年10月，通过多方努力，聘请于右任为校长，邵力子为副校长（1924年4月起任代理校长），更名为"上海大学"。于右任上任伊始，确定了"养成建国人才，促进文化事业的办学宗旨；并决定与共产党联手，把上海大学办成东南地区的最高学府和革命人才的摇篮"[①]。

1923年春，中共领导人李大钊来到上海，于右任立即面晤恳谈办学事宜，得到李大钊的大力支持。共产党人陈望道、瞿秋白曾任教务长，邓中夏曾任校务总长（总务长）。恽代英、萧楚女、张太雷、杨贤江、任弼时、蔡和森、沈雁冰等共产党人都曾任教，章太炎、刘大白、戴季陶等不同政治倾向的著名学者也曾执教，上海大学生机勃勃，面貌为之一新。原东南高等专科师范学校只有文学和美术两科，改组后的上海大学设社会科学院、文艺学院和附属中学三部分。两个学院下设社会学系、中国文学系、英国文学系、艺术系和俄文班。瞿秋白曾任社会学系主任，陈望道曾任中国文学系主任。

在李大钊的建议下，上海大学在国内首创了社会学系，其课程以马克思主义基本理论为主，重视政治经济学、社会主义、社会发展史等课程和对劳动问题、农民问题、妇女问题等现实社会问题的研究。社会科学课主要讲授国际共运史，哲学课则为辩证法唯物论，政治经济学课则用《通俗资本论》译本[②]。

[①] 李海珉：《于右任创办上海大学》，《人民政协报》2009年5月7日。
[②] 薛尚实：《回忆上海大学》，钟叔河、朱纯编：《过去的学校》，湖南教育出版社1982年版，第522页。

上海大学不是"一个死读书本的学校",鼓励学生投身于社会活动和革命斗争。学生"没有一个是读书不做事的"[①],他们在上海各区开办工人夜校,兼任义务教员。在"五卅运动"中,上海大学学生是游行示威的先锋;在北伐战争期间,上海大学组织学生军参加了上海工人发动的三次武装起义,受到社会的广泛关注,社会上流传着"文有上大,武有黄埔"的说法。

1924年,上海大学遭到英租界当局强令解散,被迫迁址。1927年蒋介石发动"四一二"反革命政变,5月2日查封了上海大学。上海大学办学五年,为中国共产党培养了许多干部,为新民主主义革命作出了重要贡献。

(三) 农民运动讲习所

第一次国内革命战争时期,共产党和国民党先后合作创办了广州农民运动讲习所和武昌中央农民运动讲习所,它们是当时培养农民运动干部的学校和研究农民运动的中心。

广州农民运动讲习所,初创办于1924年7月,是在共产党人彭湃等人倡议下,经中国国民党中央执行委员会通过而开办的培训农运干部的学校。从1924年7月至1926年9月,共举办了6期,培养农运干部800多名。第一至五期统称"中国国民党中央执行委员会农民运动讲习所",第六期称为"中国国民党农民运动讲习所"。共产党人彭湃、罗绮园、阮啸仙、谭植棠、毛泽东分别担任第一至第六期农民运动讲习所主任。谭平山、陈延年、唐澍、萧楚女、彭湃、周恩来、恽代英、李立三和国民党著领袖廖仲恺、苏联驻中国国民党代表、国民政府高等顾问鲍罗廷等曾担任教员。

"武昌中央农民运动讲习所"是毛泽东等人于1927年3月创办的。北伐军攻克武汉后,湘、鄂、赣三省的农民运动迅速发展,势如暴风骤雨,急需大量从事农民运动的人才,于是毛泽东建议在武昌开办农

---

① 周启新:《革命的大学——上海大学》,钟叔河、朱纯编:《过去的学校》,湖南教育出版社1982年版,第510、517页。

民运动讲习所。1926年12月，毛泽东以国民党中央农民运动委员会委员身份从上海抵达武汉，与湘、鄂、赣三省国民党党部商议筹办事宜。后来，根据国民党中央的决定，将湘、鄂、赣三省农民运动讲习所扩大为中央农民运动讲习所。1927年3月7日正式上课，毛泽东、邓演达、陈克文三人组成学校执行委员会，毛泽东任主任委员，邓演达任政治部主任，下设教务、总务、训导三个处，由周以栗任教务主任，季刚任总务主任，陈克文任训导主任。恽代英、瞿秋白、彭湃、方志敏、李汉俊、李达等分别讲授主要课程；毛泽东亲自担任《农民问题》和《农村教育》等主要课程的教学，并作了著名的《湖南农民运动考察报告》的专题报告。

1927年6月，中央农讲所首届学员毕业。此时"白色恐怖"已很严重，农讲所难以继续，学员撤离武汉，后成为南昌起义的骨干。

农民运动讲习所采用短期培训班的形式，每期3个月。教学形式以专题讲授为主，如广州农民运动讲习所第六期共25个专题。如中国史概要、中国民族革命运动史、中国国民党史、各国革命史、中国政治状况、中国财政经济状况、社会问题与社会主义、帝国主义、经济学常识、法律知识、地理、三民主义和中国农民问题、农村教育、中国职工运动、农业常识等。

农民运动讲习所十分重视对学员的军事训练，"俾学成之后，能为农民武装自己之领导"[①]，军事教育的课时数占教学总时数的三分之一。

湖南自修大学、上海大学、农民运动讲习所为当时的农民运动培训大量的骨干，也为中国共产党准备了干部队伍，为新民主主义革命作出了重要贡献。

（四）协助国民党创建黄埔军校

1924年1月，孙中山接受了中国共产党的建议，在广州召开国民党第一次全国代表大会，改造国民党，实行联俄、联共、扶助

[①]《第六届农民运动讲习所办理经过》，《中国农民》1926年11月第二集第九期。

农工三大政策，并决定筹办"中国国民党陆军军官学校"，校址选在广州黄埔岛。1924年5月，黄埔军校领导机构正式成立，孙中山任黄埔军校总理，蒋介石任校长，廖仲恺任党代表。1926年3月，广州国民政府决定改组黄埔军校，合并广州一带其他军事学校，成立"中央军事政治学校"，蒋介石任校长，李济深任副校长，邓演达任教务长，邵力子任政治部主任，校址仍设在黄埔岛。1926年6月5日，国民革命军开始北伐，黄埔军校一、二、三期毕业生多随军北伐，英勇作战。"四一二"政变后，蒋介石成立南京国民政府，并决定将黄埔军校改名为"中央陆军军官学校"，校址由广州迁至南京。

黄埔军校是第一次国共合作的产物，中国共产党在黄埔军校初期倾注了大量人力，为军校的发展作出了巨大的贡献。周恩来、熊雄先后任政治部主任，叶剑英任教授部副主任，聂荣臻、毛泽覃、萧楚女、许德珩、恽代英、阳翰笙等曾在政治部工作或担任政治教官，李富春、蔡畅、项英、陈潭秋等曾任武汉分校政治教官。毛泽东曾负责上海地区考生的复试工作，董必武曾任武汉分校招生委员会委员。

黄埔军校除培养了大批国民党将领外，也为中国共产党培养出了许多高级将领，如徐向前、陈赓、左权、林彪、刘志丹、陶铸等。

第二节　自1927年至抗日战争前农村革命根据地的教育

自1927年到1937年这十年间，被称为"第二次国内革命战争"时期。1927年蒋介石、汪精卫集团先后发动"四一二"政变和"七一五"政变，血腥屠杀共产党人和革命群众，第一次国共合作破裂，中国人民反帝反封建大革命失败。中国共产党发动多次武装起义，在全国陆续建立了10多个革命根据地和各级苏维埃政权，开创了"工农武装割据"的崭新局面。这一阶段，农村革命根据地（简称为苏区），在严酷的战争环境下，继承和发展了第一次国内革命战争时期的新民主主义教育的方针政策，提出了苏维埃文化教育的总方针，推动新民主主义教育进入一个新阶段。

一 苏维埃文化教育总方针

1931年11月，中华苏维埃共和国临时中央政府宣告成立。在第一次全国工农兵代表大会通过的《宣言》中，明确提出了苏维埃政权的教育方针："工农劳苦群众，不论男子和女子，在社会、经济、政治和教育上，完全享有同等的权利和义务"；"取消一切麻醉人民的封建的、宗教的和国民党的三民主义教育"①。在大会通过的《中华苏维埃共和国宪法大纲》第十二条中也规定："中华苏维埃政权以保证工农劳苦民众有受教育的权利为目的。在进行国内革命战争所能做到的范围内，应开始施行完全免费的普及教育，首先应在青年劳动群众中施行并保障青年劳动群众的一切权利，积极地引导他们参加政治和文化的革命生活，以发展新的社会力量。"② 这些规定阐明了苏区的教育是平等的、工农大众的新型教育。

1933年4月，中华苏维埃临时中央政府人民教育委员部训令（第一号）规定：苏区当前文化教育任务是用教育与学习的方法，启发群众的阶级觉悟，提高群众的文化水平与政治水平，打破旧社会思想习惯的传统，以深入思想斗争，更有力地动员群众，加入战争，深入阶级斗争，参加苏维埃各方面的建设。1934年1月，毛泽东在第二次全国苏维埃代表大会的工作报告中明确提出了中华苏维埃共和国苏维埃文化教育的总方针和文化建设的中心任务，他说："苏维埃文化教育的总方针在什么地方呢？在于以共产主义的精神来教育广大的劳苦民众，在于使文化教育为革命战争与阶级斗争服务，在于使教育与劳动联系起来，在于使广大中国民众都成为享受文明幸福的人。"苏维埃

---

① 教育科学研究所筹备处编：《老解放区教育资料》（一），教育科学出版社1981年版，第27页。

② 同上书，第28页。

文化建设的中心任务"是厉行全部的义务教育,是发展广泛的社会教育,是努力扫除文盲,是创造大批领导斗争的高级干部"[①]。毛泽东阐述的苏区教育总方针和总任务,是对革命根据地教育实践经验的总结,反映了新民主主义教育的基本特征。

二 苏区教育发展概况

1931年,中央苏维埃临时政府下设人民教育委员部,领导全国的学校教育和社会教育。1933年,颁布《省、县、区教育部及各级委员会的暂行组织纲要》,规定设立省、县、区教育部,作为地方教育行政机构。在各级教育行政机构的领导下,各革命根据地建立了自己的学校系统,各类教育蓬勃兴起,在红军教育、干部教育、群众教育、儿童教育等方面,取得了很大成绩,积累了丰富的经验。

(一)红军教育

各根据地要保卫和扩大新生的红色政权,开展土地革命,就必须建立一支强有力的红军。然而当时红军主要是由参加武装暴动的农民、参加起义的工人、旧军队的士兵及地方的农民自卫军等组成,他们组织纪律性和战术技术素养较差,亟待提高政治素质和军事素质,因此,根据地十分重视对红军战士的教育。

红军教育主要包括政治教育、军事教育和文化教育三个方面的内容。

在政治教育方面,1929年《中国共产党红军第四军第九次代表大会决议案》中规定了对红军战士进行政治训练的内容:"一,目前政治分析及红军之任务与计划;二,土地革命方面;三,武装组织及其战术;四,三条纪律建设的理由;五,早晚点名的口号;六,识字运动;七,怎样做群众工作;八,红军标语之逐个解释;九,各种偏向

[①] 教育科学研究所筹备处编:《老解放区教育资料》(一),教育科学出版社1981年版,第20页。

之纠正；十，苏俄红军；十一，革命的目前阶段和它的前途；十二，红军白军比较；十三，共产党国民党比较；十四，革命故事；十五，社会进化故事；十六，卫生；十七，游击区域的地理及政治常识；十八，革命歌；十九，图报。"[1]

红四军编写了《新战士教材》，提出了三项纪律和六个注意：红军纪律有哪些？"一，打土豪要归公；二，服从上级命令；三，不拿农工一针一线。"红军有哪六个注意？"一，要扫地、捆卧草、上门板；二，借东西要还；三，保护学校、邮局、商店；四，对群众说话态度要和气；五，不拿新同志私人的东西；六，没有事时就读书写字。"[2] 后来毛泽东将其概括为"三大纪律八项注意"，成为红军教育的重要内容。

开展政治教育的方法有：上政治课、早晚点名说话、集合讲话、个别谈话、游艺活动等。

在军事教育方面，1934年1月，第二次全国苏维埃代表大会关于红军问题的决议中提出了"军事技术与战术"和政治教育"同时并进"的红军教育方针，强调"在现代的战争中军队若不具有军事科学的素养，是不能胜利的"。必须"以现代的战术来重新教育我们的指挥干部，从实际战斗的经验与教训中来学会更正确地进行战斗的方法"。[3]

在文化教育方面，因工农红军的战士很少有人受过教育，所以，文化教育首先开展识字教育，扫除文盲，在此基础上，再开展军事知识和科学知识的教育。

培养红军干部是红军教育的重要任务。为了培养军事干部，根据地先后创办了许多红军干部学校，比较重要的有：红军学校、红军大学、红军第一步兵学校、第二步兵学校、工农红军特科学校、游击干

---

[1] 教育科学研究所筹备处编：《中国共产党红军第四军第九次代表大会决议案》，《老解放区教育资料》（一），教育科学出版社1981年版，第1—3页。

[2] 高奇：《中国教育史研究》（现代卷），华东师范大学出版社2009年版，第145页。

[3] 同上。

部学校、通讯学校、卫生学校等。其中红军学校和红军大学的影响最大。

1. 红军学校

1931年10月，红一方面军将当时的红一军团和红三军团的随营学校合并，组建成中央军事政治学校。开始时，由萧劲光、何长工、邓萍等同志负责组建工作。萧劲光、叶剑英、刘伯承、何长工、周昆等先后任校长。校址在江西瑞金县城。开始时，学校开设了步兵科、政治科和特科（包括机枪、炮兵、工兵等特种连队）。后来，随着革命战争的需要和学校规模的发展，又开办了政治营和军事营等训练班。学制一般为3—5个月。从1931年到1933年，共举办了6期；在举办第三期时，将校名改为"中国工农红军学校"，简称"红军学校"。

2. 红军大学

是苏区最高军事学府，为了纪念在广州起义牺牲的苏联驻广州领事馆副领事郝西史，又名"工农红军郝西史大学校"。校址在江西瑞金。何长工为校长兼政治委员。分设指挥科、政治科、参谋科，培养营团以上军事政治干部，还设有一个高级科，培养军级以上干部。此外，还设教导队、高射队、测绘队三个大队。刘伯承、王稼祥、邓小平等曾任教员。学习期限一般为8个月。1934年10月，红军大学随红军长征，1937年改称"中国人民抗日军事政治大学"。

（二）干部教育

根据地在高度重视培养红军干部的同时，也十分重视培养党政系统的各级干部。干部教育主要采用两种形式，一是开办干部训练班，对党员干部进行短期训练；二是创办干部学校，对干部进行较正规的教育。

1. 干部训练班

1933年8月10日，中央组织局发出《关于党内教育计划致各级党委的信》，指出目前最迫切的教育任务是训练广大党员，特别是新党员。要求各级党委开办各种训练班。省级训练班培训县级干部、县训练班的教师等；县训练班培训区级干部及部分支部书记。训练班一般学习3—4周，每天上课6小时。各级训练班的教学内容有所不同，但有一个共同的特点，就是密切联系实际，从工作实际出发。如省级训练班主要学习政治常识、党的建设、苏维埃建设等；而县级训练班则学习《党员须知》、区委应怎样领导党支部、党支部应怎样做工作以及地方武装、工会工作等。各级干部训练班大面积地提高了党和各级苏维埃政府工作人员的政治理论水平和实际工作能力，对土地革命的开展、巩固苏维埃政权，起到了促进作用。

2. 干部学校

1933年以后，根据地创办了一批干部学校，党政系统创办的比较著名的学校有：苏维埃大学、马克思共产主义学校、中央农业学校、中央列宁师范学校、高尔基戏剧学校等。

(1) 苏维埃大学

于1933年8月，由中华苏维埃共和国中央人民委员会创办的一所综合性大学，校址在瑞金沙洲坝。初创时，毛泽东、沙可夫、林伯渠、梁柏台、潘汉年五同志为大学委员会委员，毛泽东任校长，沙可夫任副校长。《苏维埃大学简章》规定："苏维埃大学，以造就苏维埃建设的各项高级干部为任务。"招收有半年以上工作经验和能看普通文件的干部。大学下设普通班和特别工作班，创立初期特别工作班设有土地、国民经济、财政、工农检察、教育、内务、劳动、司法等班。课程包括苏维埃工作理论、实际问题研究和实习三个部分；修业期限为半年。学校设本科部及预科部，预科部对文化程度不足的学生，给以补习的教育。1934年，为纪念苏维埃革命运动的领袖沈泽民，学校更名为"沈泽民苏维埃大学"，瞿秋白任校长，徐特立任副校长。1934年7月，经中央人民委员会决定，该校并入马克思共产主义学校，即中央苏维埃党校。

(2) 马克思共产主义学校

即中央苏维埃党校，创办于1933年3月，直属苏区中央局，为苏维埃党校,校址在江西瑞金沙洲。坝。首任校长任弼时,后由董必武继任,副校长杨尚昆。其任务是培养能领导前方和后方政治工作的干部。由于当时条件的限制,马克思共产主义学校在中央苏区只办了一期,共有260余人。分设初级班和高级班,高级班训练由各省委、省苏维埃及省工会派送的高级干部,学习期限为6个月。初级班又分为新苏区工作人员训练班和党、团、苏维埃和工会的工作者训练班,学习期限前者为2个月,后者为4个月。主要课程有:马列主义基础、党的工作和党的建设原理、苏维埃政权建设的理论及农业、工业经济问题、农民、工人运动问题、文化工作问题、游击队组织和训练等专题。重视理论与实际的结合,是马克思共产主义学校的一个特点,要求学员在学校期间要深入农村开展调查研究,帮助基层开展工作。

(3) 中央农业学校

创办于1932年,是为苏区培养农业建设中下层干部和农业技术人才的学校,校址在瑞金东山寺,徐特立任校长。分设本科班、预科班和教员研究班。本科班、预科班招收有志于农业的青年,学习期限分别为1年和2个月。教员研究班是由教员组成的农业科学机构,主要开展农业科学实验和成果的推广。主要课程有政治常识、科学常识和农业知识等。

(4) 中央列宁师范学校

创办于1932年10月,办学目的是为苏区培养群众教育、儿童教育的教员。徐特立、罗欣然先后任校长。学习期限3—6个月,学生均为由各级苏维埃政府保送的贫苦人民子弟。课程有:语文、算术、历史、地理、政治、图画、唱歌、生理、体操、游戏、劳作等。

(5) 高尔基戏剧学校

创办于1934年2月,是一所培养苏维埃文艺人才和俱乐部、剧社、剧团干部的学校。它的前身是1933年3月成立的"蓝衫剧团学校"。教育人民委员部艺术局局长李伯钊任校长。招收有革命经验、对戏剧和文艺有兴趣、能认识几百字的青年。学习期限4个月,主要学习政治、文学、戏剧理论、创作、舞蹈、唱歌等,先后培养了一大批苏区文艺骨干。

（三）工农群众教育

"发展广泛的社会教育"是苏区教育的三大任务之一。1932年5月，江西省第一次工农兵代表大会明确提出："群众教育不独与儿童教育并重，以目前革命需要发展斗争的形势而论，应视为首务。"[①] 根据地经济文化落后，文盲占90%以上，因此，扫除文盲便成为工农群众教育的首要任务。中央和地方苏维埃政府还制定了许多措施和办法，以保证和督促识字运动的开展。

当时各根据地普遍采用以自然村落为单位，以夜校、补习学校、识字班、俱乐部为组织形式，以及识字牌、剧团、板报、宣传栏等教育形式，开展群众性的识字运动，并通过识字运动向工农群众宣传科学文化知识和工农革命的思想。如1930年在根据地广为流传的《工农兵三字经》，就向工农群众宣传反剥削、反压迫、打土豪、除劣绅等革命思想。其中写道："天地闻，人最灵，创造者，工农兵。男和女，总是人，一不平，大家鸣。工人们，劳不停，苦工做，晨到昏……农人苦，写不清，租税重，难生存。……有钱的，压迫人，不做事，吃现成，此等事，最不平。无可忍，结同心，入共党，组红军。打土豪，除劣绅，毙军阀，莫容情。阶级敌，一扫清。世界上，一样人，人类中，永无争，大同现，享安宁。此等事，非现成，全靠的，工农兵。"

当时根据地的工农文化教育活动蓬勃兴起，据1934年统计，仅中央苏区就有"补习学校4562所，学员108000人；识字组23286个，组员120000人；俱乐部1917个，工作员93000人"[②]。在城市建立了许多工人补习学校、夜校。如瑞金市建立了"瑞金市工人学校"。

苏区工农群众教育之普及、成效之显著，在中国教育史上是前所未有的。

[①] 教育科学研究所筹备处编：《江西省工农兵第一次代表大会文化教育工作决议》，《老解放区教育资料》（一），教育科学出版社1981年版，第79页。

[②] 《红色中华》，第289页。

(四) 儿童教育

根据地十分重视儿童教育,"履行全部的义务教育",广泛发展小学,凡8—12岁的学龄儿童,首先是工农子弟均得免费入学,红军家属、烈士子女或家庭特别困难者,还给予一定补贴。苏区小学原称"劳动小学",1934年2月后一律改称"列宁小学"。

《中华苏维埃共和国小学制度暂行条例》明确规定了小学教育的目的:"在工农民主专政下的小学教育,是要训练参加苏维埃革命斗争的新后代,并在苏维埃革命斗争中训练将来共产主义的建设者。"[①]小学学制为五年,实行三二分段,前三年为初级列宁小学,后两年为高级列宁小学,以三年的初级小学为多。此外,还有半日制小学,招收年龄较大,能够参加一些生产劳动的儿童入学。

在教材方面,1931年9月,《湘鄂赣省工农兵苏维埃第一次代表大会关于文化问题的决议案》中明确规定:"禁止用基督教书籍""禁止采用国民党文化书籍""禁止采用四书、五经等作教材",强调要"用唯物的科学的理论解说来肃清唯心主义世界观""实施马克思主义、列宁主义的阶级教育"[②]。

在课程设置方面,1933年10月,中央教育人民委员部发布的《小学课程与教则草案》规定,列宁小学的主要课程是:国语、数学、自然、唱歌、图画、运动等。

在教学方法方面,1934年中央教育人民委员部发布的《小学课程教则大纲》作了详细的规定,共分为三个方面:第一,"小学教育与政治斗争的联系","要养成儿童的共产主义道德、阶级友爱和互助精神,集体生活遵守纪律的习惯,顽强地克服困难的精神,坚定的意志,刻苦耐劳、勤快敏捷的品性"。第二,"小学教育与生产劳动的联系","苏维埃的教育,是要扫除那种'读书'同劳动脱离的寄生虫式的教

[①] 教育科学研究所筹备处编:《中华苏维埃共和国小学制度暂行条例》,《老解放区教育资料》(一),教育科学出版社1981年版,第308页。

[②] 教育科学研究所筹备处编:《湘鄂赣省工农兵苏维埃第一次代表大会关于文化问题的决议案》,《老解放区教育资料》(一),教育科学出版社1981年版,第100—101页。

育制度的残余"，要培养工农知识分子，使他们成为"有能思想的头脑，有能劳动的双手，有对于劳动的坚强意志的完全新的人物"。第三，"小学教育及儿童创造性的发展"，反对灌输式的儿童教育方法，"苏维埃的教育，必须采取启发式，要充分发展儿童自动的能力和创造力，用实物显示，参观各种机关团体，观察自然界的物产现象，儿童自己练习选举、办事，等等，用具体的问题，去引起儿童对课目的兴趣，自动地思索、解答"。"对儿童，必须用种种游艺，以适合着儿童智力体力的发展，去引导他们来观察和了解新的问题、新的现象和运动。[①]"禁止强迫和威吓儿童。

这些教学方法的提出，是对"五四"新文化运动以来儿童教育改革的继承和发展。

尽管条件极端困难，苏区政府仍坚持拨出一定的经费保证办学，并采取公办和民办相结合的办学原则，充分调动了苏区人民办教育的积极性，促进了小学教育的普遍发展。据1934年江西、福建、粤赣苏区统计，在2932个乡中共有列宁小学3052所，学生89710人。小学入学率显著提高，如兴国县，列宁小学的学生12806人，占学龄儿童总数的60%；而同期国民党政府统治下的贫困山区，儿童入学率不到10%。

第二次国内革命战争时期，根据地的教育总的来说是在党的正确领导下建立和发展起来的，但也曾受到"左"倾路线的干扰，特别是1933年和1934年"左"倾路线在中央占统治地位，他们脱离根据地的实际，照搬苏联的教育，指责苏区教育有"游击主义的残余"；1933年8月发动了"团对教育部工作的协助运动"；1933年10月召开的全苏维埃教育大会的决议案提出了实施共产主义教育方针，统一劳动学校制度、消灭文盲等"左倾"教育政策，对根据地教育的发展产生了较大的影响。但从总体上看，这一时期的教育是对新民主主义教

[①] 教育科学研究所筹备处编：《小学课程教则大纲》，《老解放区教育资料》（一），教育科学出版社1981年版，第316—317页。

育的有益探索,为抗日战争时期根据地教育的发展积累了宝贵的经验。

三 杨贤江的教育思想

杨贤江是中国共产党早期青年运动领导人之一,也是中国最早的马克思主义教育理论家,对建立中国马克思主义教育思想体系作出过重要贡献。

(一)杨贤江的生平与教育活动

杨贤江(1895—1931年),字英父,笔名李浩吾。浙江慈溪人(原属浙江余姚)。1917年夏,他以优异的成绩毕业于浙江省立第一师范学校。同年秋,他在南京高等师范学校任职,一面工作,一面进修教育学、心理学等课程。其间,始与武汉中华大学学生恽代英通信,开始讨论改造社会的问题。1919年,他参加"少年中国学会",1920年秋,他应邀赴广东肇庆县,任县国民师范补习所教务主任。

杨贤江

杨贤江从1921年春起,到上海担任商务印书馆《学生杂志》编辑,撰写和编发大量文章,动员青年投身革命事业,被赞为"青年一代最好的指导者"。1922年5月,他由沈雁冰等介绍加入中国共产党。1923年8月,他协助恽代英编辑《中国青年》,向青年学生介绍马克思主义。1926年底,他转而从事工人运动和学生运动。为配合北伐,他曾三次参加上海工人武装起义。1927年蒋介石发动"四一二"反革命政变后遭通缉;汪精卫发动"七一五"事变后,因形势险恶,他受命到日本避难,并在日本从事进步教育论著的研究、撰写、翻译工作。1929年5月回国,以隐蔽身份从事党的地下工作和教育科学方面的研究,著有《教育史ABC》《新教育大纲》

等重要教育理论著作。《教育史ABC》是我国第一部用马克思主义唯物史观论述教育发展历史的教育史专著。《新教育大纲》是运用马克思主义立场、观点和方法系统阐述教育的基本问题的重要著作，它的出版标志着马克思主义教育学理论在中国的形成，也最终奠定了杨贤江的马克思主义教育理论家的历史地位。1931年8月9日，杨贤江在日本长崎病逝，年仅36岁。

（二）论教育的本质

马克思主义经典作家在论述社会结构时，列举各种属于社会上层建筑、意识形态等社会成分时，均未涉及教育。杨贤江运用历史唯物主义创造性地论述了教育的本质，即"观念形态的劳动领域之一"。所谓"观念形态的劳动"，就是指教育工作者研究、传授科学文化知识的脑力劳动。在杨贤江看来，作为"观念形态的劳动领域之一"的教育具有双重属性：即教育既是"社会上层建筑之一"，又是"劳动力再生产的手段"。他在《新教育大纲》中指出："教育为'观念形态的劳动领域之一'，即社会的上层建筑之一。"[1]"教育只是一件'日用品'，是与社会的生产过程、物质生产关系有密切联系的，而且是以这种现实社会经济生活为基础，只要是现实的经济关系变了，它是必然地跟着变的。"[2] 既然教育以社会经济结构为基础，是社会上层建筑之一，那么，新兴社会科学为什么往往不将教育列入上层建筑呢？他解释说："教育虽是和法制、宗教、道德、艺术、哲学、科学等同为社会的上层建筑，但它有一点特别的地方，就是它不像别的精神生产各有各的内容，而是以其他的各项精神生产的内容为内容的。"[3] 也就是说，教育属于上层建筑，但由于它以"各项精神生产的内容为内容"，因而不是一种具有独立形态的上层建筑。

在肯定教育是社会上层建筑的同时，杨贤江也认为教育是劳动力再生产的手段。他说："学校都是社会的劳动领域，为赋予劳动力以

---

[1] 《杨贤江教育文集》，教育科学出版社1982年版，第412页。
[2] 李浩吾：《新教育大纲》，福建人民教育出版社2007年版，第8页。
[3] 同上书，第12—13页。

特种的资格的地方,就是使单纯的劳动力转变为特殊的劳动力的地方。"① 这就揭示了教育的另一种本质属性——"劳动力再生产的手段"。社会生产力的发展离不开教育。

杨贤江对教育的本质和双重属性的论断反映了教育的本来面貌,十分深刻。他告诉人们,教育既是上层建筑之一,又不是纯粹的上层建筑,教育同时具有"劳动力再生产"的强大功能,属于生产力的领域。他的论断为科学解释教育与经济、教育与政治的关系和揭示阶级社会教育的阶级性奠定了坚实的理论基础。

杨贤江在揭示教育的本质的同时,还考察了"教育进化"的轨迹,分析了原始社会的教育、阶级社会的教育,并展望了未来社会教育的发展趋势。他认为,在原始社会,教育起源于人民实际生活的需要。他说:"教育的发生植根于当时当地的人民实际生活的需要;它是帮助人经营社会生活的一种手段。"② 原始社会的教育具有与生活劳动不分,无论男女每个人都享有受教育的权利与义务等特征。

在阶级社会,教育从原始社会全人类所享有、为生产所需要的教育,变为支配阶级的统治工具,与生产实际相脱离的教育。阶级社会的教育具有阶级性和对立性。他指出:"阶级的和对立的教育,是人类有文明历史以来的教育的特质;这在教育的本质上言,却是变质。"③ 他认为奴隶社会和封建社会的教育具有五大特征,其一,教育与劳动分家;统治者变成了"劳心者",被统治阶级变成了"劳力者,阶级的分化与对立,导致了教育与劳动分家";其二,教育权跟着所有权走。"你有所有权,你便有教育权";其三,教育专为支配阶级的利益服务。支配阶级实施教育的目的是为了"俘虏被压迫者的心意,且使之成为对支配阶级服役的工具";其四,两重教育权的对立。两重教育权是指教育制度与教育行动。在杨贤江看来,在阶级社会里,教育制度是专为支配阶级制定和服务的,而"被支配阶级是被摈在这

---

① 《杨贤江教育文集》,教育科学出版社 1982 年版,第 413 页。
② 同上书,第 413—414 页。
③ 同上书,第 419 页。

种制度之外的，所靠者只有不成为制度的一种实质的行动"。所谓"教育行动"是指被支配阶级为了满足社会所必要的生产与生活的需要而进行的教育活动；其五，男女教育的不平等。造成这种情况的根本原因是妇女没有获得在经济上的独立权。

到了资本主义社会，教育又增加了"独占化与商品化"的特征。

杨贤江指出，未来社会主义社会，"一切生产手段归公，私有财产消灭"。社会主义社会的教育就是要以马克思主义教育思想为指导，实行普遍劳动义务制度，对一切儿童实行公共的和免费的教育，教育与物质生产相结合，促使城乡之间的差别逐步消灭，义务（免费）就学以及人人平等的国民教育等。教育的本质将"在一个更高形态上的复活"[1]。

杨贤江对教育的本质、双重属性的揭示和对阶级社会教育的种种变态的剖析，颇为深刻，为中国马克思主义教育理论奠定了重要基础。

（三）"批判几种对教育的曲解"

20世纪20年代，教育界在探索救国图强的过程中，提出了许多教育观点，兴起了多种教育思潮，其中有一些思想、观点曲解了教育，颇为有害，有必要澄清。杨贤江在《新教育大纲》第一章第三节专门"批判几种对教育的曲解"，对教育"三论"和"四说"进行了批判，澄清了一些理论是非。

1. 对教育"三论"的批判

所谓教育"三论"是指20世纪20年代在教育界流行的"教育万能论""教育救国论""先教育后革命论"。这"三论"的共同特点是对教育的功能作了不恰当的夸大，曲解了教育的效能。

对于"教育万能论"，杨贤江认为，这是"幼稚可笑的瞎说"。他指出，"教育也有率先领导作用或者促进功能"，但它受制于社会的政治制度和经济关系既不是超越时代的"独立独行的存在"，也没有"非凡的本领"。

---

[1] 《杨贤江教育文集》，教育科学出版社1982年版，第527—532页。

对于"教育救国"论，杨贤江指出，它是由教育万能论派生出来的，"既以教育为万能，自以教育为能救国乃至建国了"①。针对当时教育救国论的一个支流——"道德教育救国论"，他指出："殊不知道到了民穷财尽，大家没有饭吃，快要饿死的时代，还有什么道德好讲。何况我们已经明白所谓道德这样东西，同法制一样，是支配阶级维护自己的利器，根本是没有做到社会道德或人类道德的。"② 对教育救国论另一支流——"职业教育救国论"，他指出只要帝国主义和国内军阀不打倒，中国不摆脱殖民地位，"靠职业教育能救国，简直是笑话！"教育不但不能救国，且实足以转移人们的视线，迷失方向。

对于"先教育后革命论"，他指出："在阶级社会中，教育只是支配阶级的，为支配阶级的利益的。不能在这种阶级教育中来推翻支配阶级的教育，以实施革命的教育。"③ 统治阶级不可能允许自己所支配的教育去培养推翻自己的革命人才，甚至不允许发生不利于统治的教育。"先教育后革命"的实质是不要革命、放弃革命。但是，强调革命也不表示否认教育。教育无论在革命前、革命中和革命后，都是"斗争武器之一"。

2. 对教育"四说"的澄清

所谓"四说"，是指当时教育界流行的"教育神圣说"、"教育清高说"、"教育中正说"和"教育独立说"。杨贤江认为，这些说法是对教育的曲解。

针对"教育神圣说"者将教育奉为"觉世牖民""精神修养"的崇高事业的观点，杨贤江指出："政治方针、文艺政策等等，都是'觉世牖民'的；经济制度、社会秩序等等，都是有补于'精神修养'的。未听说政治神圣、文艺神圣，或经济神圣、社会神圣，而独说教育神圣，究竟有何根据？"④ 说它为"神圣"，"大谬不然"。如封建社

---

① 《杨贤江教育文集》，教育出版社1982年版，第67页。
② 同上书，第68页。
③ 同上书，第70页。
④ 同上书，第41页。

会的教育只限于道德规范的范畴，意在使人安分守己，只是"愚民"而非"牖民"，只是"囿世"而非"觉世"；资本主义教育虽对国民实行义务教育，目的则是造就适用其经济组织的劳动力。因此，空喊"教育神圣"很容易为统治阶级所利用。

针对"教育清高说"者将教育奉为"清苦廉洁""高贵超俗"的事业的观点，杨贤江指出，这首先是把教育与政治隔绝了，以为政治肮脏，教育廉洁，其本质是不问政治，超然政治；其次是把教育与劳动隔绝了，使事教育者成为"食于人者"，变成空谈者，既无益于政治，也无助于生产。

针对"教育中正说"者将教育奉为不偏不倚的"公正"事业，杨贤江指出，这是欺人之谈。事实是在阶级社会，教育无"中正"可言，不仅教育机会极其不均等，而且教育制度、经费、课程、教材乃至教师，均由当权者审定。

针对"教育独立说"，杨贤江认为，在阶级社会里，政治支配着一般社会的精神生活过程，"教育当然不在例外。教育意义的变迁，便为在社会阶级关系的历史变动期中所表现的形态；自有历史，就没有脱离过政治关系的教育。无论哪一种教育制度，终只是由支配阶级掌握，且是为支配阶级服务的"[1]。他指出，在当时需要强调政治的条件下，如果还要专讲教育，不问政治，就既无常识，且无良心。"教育者应当是一个革命者。要评定教师能不能尽职，就看他有没有革命的精神。有革命精神的教师，是不为利势所动的，不为章部所拘的，不为成例旧习所迷蒙的，乃是向着更善更美更适宜更光明的路上走，能指导受教育者都有活泼的态度奋斗的勇气的。"[2]

（四）对青年的"全人生指导"思想

杨贤江十分重视青年教育，他借用美国著名青年心理学家赫尔的观点，称青年期是人生"第二诞生期"、"第二危险期"和"人生改造

---

[1]《杨贤江教育文集》，教育出版社1982年版，第542页。
[2] 同上书，第186—187页。

期"。他指出："因为青年是个人生改造期,把少年的小规模完全打破,再进而大规模的向上和发展,使身体和精神的内容更为丰富。并且在这种破坏动摇的时代,就可规定其将来的生活,或是向上,或是堕落,所以青年期的教育,竟是万分重要了。""在教育上讲,青年期的教育万一贻误,这不但是青年个人的不幸,实是社会全体要受影响的。"①

杨贤江为了教育、指导青年健康发展,创造性地提出了"全人生指导"的思想。

所谓"全人生指导",就是以培养"完全的人"为目标,以人生观为核心,对青年的德、智、体、知、情、意的全面指导,对青年求学、择业、交友、恋爱、家庭及为人处世、兴趣爱好的全面关怀和疏导。用我们当下的话语讲,"全人生指导",就是对青年进行全面的素质教育和人文关怀。

1. 对青年人生观的指导

杨贤江认为,人生观就是人们对人生存价值和意义的看法。青年"第一着要做的,就是对于人生问题,总该有个确定的观念。因为人的生活要有意义、有价值,必得先定个人生观。不然,一天天的过活,还不知道忙个什么,岂不可笑"②。

在怎样树立人生观问题方面,他主张应当从青年的需要、时代的趋势和中国的实际三个方面去研究和思考人生观。

人为什么活着?杨贤江说："我的答语是,人生的目的,在于对全人类有贡献,来促进人生的幸福。"③

在人应当怎样活着的问题上,杨贤江指出："正当的人的生活不外乎两种:一是劳动;一是愉快。""劳动是生活的要素","愉快是生活的真趣。"④ 但他告诫青年,要防止享乐主义的人生观。他认为持这

---

① 杨贤江：《第二诞生期——人生第二危险期》,《学生杂志》1922 年第九卷第 3 号。
② 《杨贤江全集》第一卷,河南教育出版社 1995 年版,第 199 页。
③ 同上书,第 199—200 页。
④ 《杨贤江教育文集》,教育出版社 1982 年版,第 202、203 页。

种人生观的人,"把这个'人'字看得太小了。他只打算自己做人要快乐,不再想人家怎么样。有了这一种专谋自身快乐的心理,无论他是怎样高尚的、纯洁的幸福,也不能达到人生的目的。因为他没有顾到全体人类的利益,单想个人的好处,总是不可能的"①。

2. 对青年求学的指导

杨贤江在回答关于学生求学的目的问题时,他"干脆地答复一句,在做人,在做一个更有效能的人。""求学的目的,乃在学了,好教我们做个有用的人。"他对青年说:"请你们再莫为'功名'观念、'利禄'观念、'读书'观念所拘囿了。请你们打破一切世袭的成见,来合力创造一个新世界罢!"② 在他看来做一个有用的人需要具备六个方面的素质:"第一要有坚强的身体,能够忍得住辛苦,担得起责任;第二要有灵活的头脑,能够应付随发的事项,解决疑难的问题;第三要有消闲的能力,能够利用空余的时间,丰富社交的趣味;第四要有文化的修养,能够浚发高尚的思想,增进想象的能力;第五要有劳动的习惯,能用自力取得一部分的生活资料;第六要有社会的人格,能谋人群幸福,铲除公众祸害的志愿。"他还旗帜鲜明地主张青年要干预政治,投身革命,"求学不忘救国,救国不忘求学",把"做今后救国的准备"③ 也作为求学的重要目的。

3. 对青年生活的指导

杨贤江提出,青年生活的形式大致可分为四种:健康的、劳动的、公民的和文化的生活方式。

关于健康的生活,杨贤江曾提出"健康第一"的观点。他说:"盖惟有强健之体魄者,始能运用精神,以成学问事业。彼精神萎靡、器官衰弱者,无论其学不能修,业不能习,前途之事皆废也。即使博学多闻,而不能裨益人世,果何所用乎?故余卫生一端,极为注意。诚以健康为人生之幸福,病患实为人生之大不幸也。"并强调指出:

---

① 杨贤江:《论个人改造》,《学生杂志》1920年第七卷,第5号。
② 杨贤江:《青年求学的目的是什么》,《学生杂志》1925年第一十二卷,第4号。
③ 杨贤江:《求学与救国》,《学生杂志》1924年第一十一卷第4号。

"我们必须承认强健的身体和活泼的精神是个人兴趣的根源、工作的利器。我们倘使忽视或耗费这方面的生活,就无异于自己是个废物,是书呆子。所以遵守卫生规则,练习运动方法,自是青年生活应尽的本分,也是享受的权利。"①

关于劳动生活,杨贤江说:"我们必须承认劳动是人类生活的要求,幸福的源泉,我们若是轻视或放弃这方面的生活,就不免于死,否则也是社会的寄生虫。所以我们都应做工,以养活自己并以养活大家。"②他要求青年树立这样的信念:"第一,我们该信仰'工作即生活',该实习'一天不做工,一天不吃饭'的教训——这里要把从前名士派'不问生产事'的狂妄思想除去了。第二,我们该学得一件技艺,使用体力的,以实现分工互助的原则——这里要把从前贱视肉体的荒谬观念除去了。第三,我们该为现代被压迫的劳动群众做解除束缚,改良生活的运动,向不劳而获,作威作福的压迫阶级实行攻击,以期实现大家做工且有工可做的社会。"③

关于公民生活,杨贤江解释为"公民生活,就是社会生活"。他指出:"团体生活是人类生活的要素,实业发达的来源。倘使我们拒绝团体,社会就会生活不成,倘若我们忽视团体,生活就使人类生活变为不健全、不进步。试看我们所有的团体如伴侣、家庭、学校、乡里、机关、社会,乃至国家世界,有哪一种是可以不要的?有哪个人是可以脱离这些关系的?这是万万不可以的啊!……所以我们要做一个好公民,就必须对种种团体生活有效率的所在。"④

关于"文化生活",杨贤江说:"文化生活就是学艺生活,可以使人有兴趣,使社会进步,如文艺、科学、语言、游历等都是。""一个人若不注意这方面的生活,则人生将没有温情与光明,即将隐于枯寂

---

① 《杨贤江全集》第一卷,河南教育出版社1995年版,第17页。
② 杨贤江:《现在青年的社会态度》,《学生杂志》1924年第11期3号。
③ 杨贤江:《青年对于体育的自觉》,《学生杂志》1923年第0期第4号。
④ 杨贤江:《现在青年的社会态度》,《学生杂志》1924年第11期3号。

荒凉。"①

总之，杨贤江希望青年"要有强健的体魄和精神，要有工作的知识和技能，要有服务人群的理想和才干，要有丰富的风尚和习惯"②。青年们应当"努力求生活内容的健全，努力求生活内容的多趣，努力求生活内容的适应需要，努力求生活形式的有规律有计划"③。

杨贤江关于"全人生指导"的思想是对现代青年教育理论的重要贡献，对当时乃至当代青年的健康成长都具有深远的指导意义。

第三节 抗日战争和解放战争时期的教育

抗日战争，亦称中日战争。1931年9月18日，日本帝国主义悍然发动侵华战争，妄图将中国变成其殖民地。中国共产党提出了建立抗日民族统一战线的号召。1936年12月西安事变和平解决后，开始出现了国民党与共产党合作抗日的局面。1937年7月7日"卢沟桥事变"后日本帝国主义发动了全面侵华战争，中国进入全面抗击日本帝国主义侵略的历史时期。1945年8月15日日本无条件投降，抗日战争宣告结束。在抗日战争时期，中国的教育经受了严峻的考验，中国共产党领导的抗日民主根据地推行抗战教育方针政策，确立了新民主主义教育思想，推动抗日根据地的教育有了很大发展。

1946年7月，国民党发动全面内战，中国共产党及其领导下的人民解放军奋起反抗，中国历史进入解放战争时期，亦称第三次国内革命战争时期（1945年8月至1949年9月）。在这一时期，随着中国人民解放军的日益强大、战略反攻的节节胜利和解放区的迅速扩大，解放区的教育开始出现了由农村教育向城市教育、由战时教育向正规教育的重大转折，新民主主义教育进入新阶段，为即将到来的新中国教

---

① 杨贤江：《学生生活改造论》，《学生杂志》1926年第一十三卷第8号。
② 杨贤江：《现在中国青年的生活态度》，《学生杂志》1924年第一十一卷第3号。
③ 《学生生活改造论》，《杨贤江教育文集》，教育科学出版社1982年版，第257页。

育奠定了基础。

一 抗日民主根据地的教育

抗日战争期间,中国共产党建立了以陕甘宁边区和晋察冀、晋冀鲁豫、晋绥、山东、华中、鄂豫皖、东江、琼崖等 14 个大的抗日民主根据地。在根据地建立了民主政权,实行减租减息,改善了人民生活,在教育方面实施了抗战教育。

这些抗日民主根据地大多处于交通不便、经济落后、地广人稀的偏僻山区,文化教育基础特别薄弱。1937 年以前的陕甘宁边区,学校非常稀少,且多为初级小学;中学只有 2 所(绥德师范学校和米脂中学);文盲占总人口的 99%,知识分子更是凤毛麟角。能上学读书的大多是地主子女,一般民众无力供子女上学。抗日民主政府建立后,边区的教育事业迅速发展起来。抗日民主根据地的教育可以分为两个阶段:一是前期阶段,从抗战开始到 1942 年整风运动,为新民主主义教育在根据地初步建立的阶段。学校不仅数量少,而且所办的学校多按正规模式办理,出现了教条主义和形式主义倾向。二是后期阶段,从整风运动到抗战胜利,是大规模的群众文化运动迅速发展阶段。在 1942 年的整风运动、1943 年的整学运动和 1944 年边区文教大会的推动下,总结了前期教育改革的经验教训,纠正了教条主义和形式主义的错误,建立了为长期战争服务的新学校教育体制,新民主主义教育发展进入新阶段。

(一)抗日战争时期中国共产党的教育方针政策

为了实现抗日救国的伟大目标,培养抗日干部、提高民族文化和民族觉悟,中国共产党逐步提出了抗战的教育方针政策。

1937 年 7 月 23 日,毛泽东在《反对日本进攻的方针、办法和前途》中提出了"国防教育"的主张。他说:"国防教育,根本改革过去的教育方针和教育制度。不急之务和不合理的办法,一概废除。新闻、出版事业、电影、戏剧、文艺,一切使之合于国防利益,禁止汉奸的宣传。"①。

1937年8月，在中共洛川会议上通过的《抗日救国十大纲领》中的第八条提出抗战教育纲领为："改变教育的旧制度、旧课程，实行以抗日救国为目标的新制度、新课程。"② 1938年11月，毛泽东在中国共产党六届六中全会上所作《论新阶段》的报告中，又进一步提出："在一切为着战争的原则下，一切文化教育事业均应使之适合战争的需要，因此全民族的第十个任务，在于实行如下各项的文化教育政策。第一，改订学制，废除不急需与不必要的课程，改变管理制度，以教授战争所必需之课程及发扬学生的学习积极性为原则。第二，创设并扩大增强各种干部学校，培养大批的抗日干部。第三，广泛发展民众教育，组织各种补习学校、识字运动、戏剧运动、歌咏运动、体育运动，创办敌前敌后各地方通俗报纸，提高人民群众的民族文化与民族觉悟。第四，办理义务的小学教育，以民族精神教育新后代。"③

上述抗战教育方针、任务和办法的基本精神是：一切文化教育应为"抗日救国"战争服务，培养大批的抗日干部，提高人民群众的民族文化与民族觉悟，以民族精神教育新的后代，实行教育与生产劳动相结合。这是中国共产党和各抗日民主根据地发展教育的总政策和总的指导方针。

(二) 新民主主义文化教育理论的确立

新民主主义教育，从五四运动时期就开始了。1922年7月，中国共产党第二次全国代表大会提出了新民主主义的教育纲领；第二次国内革命战争时期，农村革命根据地积累了宝贵的新民主主义教育的经验，但一直没有从理论上系统地准确地论述新民主主义文化教育问题，在苏区还出现过"共产主义教育方针"的"左倾"错误。

---

① 《反对日本进攻的方针、办法和前途》，《毛泽东选集》第二卷，人民出版社1991年版，第348页。

② 《为动员一切力量争取抗战胜利而斗争》，《毛泽东选集》第二卷，人民出版社1991年版，第356页。

③ 《毛泽东同志论教育工作》，人民教育出版社1958年版，第33—34页。

1940年1月9日，毛泽东在陕甘宁边区文化界抗日救亡协会第一次代表大会上发表《新民主主义的政治和新民主主义的文化》的报告（单行本出版时更名为《新民主主义论》），第一次创造性地提出了"新民主主义"的概念，并相应地提出了"新民主主义政治""新民主主义经济""新民主主义文化"等概念，系统、完整地论述了新民主主义文化教育的问题，标志着新民主主义文化教育理论的确立，这是抗日战争时期中国共产党在教育思想方面的最重要的发展之一。

1. 新民主主义文化教育的性质

在《新民主主义论》里，毛泽东首先从世界历史的高度，将中国资产阶级民主革命发展的历史分为两个历史时期，即旧民主主义革命和新民主主义革命。与此相联系，他将中国近代以来文化或思想战线上的斗争也分为两个历史时期，即五四运动以前和五四运动以后。五四运动以前的中国新文化是"旧民主主义性质的文化；而五四运动以后的中国新文化，却是新民主主义的文化"。

毛泽东明确地界定新民主主义文化的含义：它"既不是资产阶级的文化专制主义，又不是单纯的无产阶级的社会主义，而是以无产阶级社会主义文化思想为领导的人民大众反帝反封建的新民主主义"[①]。

毛泽东既论述了新民主主义文化教育"是什么"，又说明了它"不是什么"。毛泽东认为新民主主义文化既区别于旧民主主义文化，又区别于社会主义的文化。他指出，旧民主主义文化和新民主主义文化都是反帝、反封建的文化，都属于"新文化"的范畴，但二者有重大区别：其一，旧民主主义文化"属于世界资产阶级的资本主义的文化革命的一部分"，而新民主主义文化"属于世界无产阶级的社会主义文化的一部分"；其二，旧民主主义文化"是由资产阶级领导的"，而新民主主义文化"只能由无产阶级的文化思想即共产主义思想去领导，任何别的阶级的文化思想都是不能领导了的"。

新民主主义文化的兴起"是由于中国政治生力军即中国无产阶级

---

① 《新民主主义论》，《毛泽东选集》第二卷，人民出版社1991年版，第706页。

和中国共产党登上了中国的政治舞台，这个文化生力军，就以新的装束和新的武器，联合一切可能的同盟军，摆开了自己的阵势，向着帝国主义文化和封建主义文化展开了英勇的进攻……从思想到形式（文字等），无不起到极大的革命。"① 新民主主义文化与社会主义文化既有联系，又有区别。其一，"因为现阶段革命的基本任务主要是反对外国的帝国主义和本国的封建主义，是资产阶级民主主义革命，还不是以推翻资本主义为目标的社会主义革命"。这就决定了国民文化的性质只能是新民主主义的，而不是社会主义的。其二，新民主主义文化，"虽包含社会主义文化的重大因素"，"但就整个社会来说，我们现在还没有形成这种整个的社会主义的政治和经济，所以还不能有这种整个的社会主义的国民文化"②。毛泽东强调，不能"把共产主义思想体系的宣传，当作了当前行动纲领的实践，把用共产主义的立场和方法去观察问题、研究学问、处理工作、训练干部，当作了中国民主革命阶段上整个的国民教育和国民文化的方针"。新民主主义的文化教育方针必须反映新民主主义的政治、经济状况。

2. 新民主主义教育的特征

"以无产阶级社会主义文化思想为领导的人民大众反帝反封建的新民主主义文化"的论断，实际上既是对新民主主义文化的界定，也是对新民主主义教育的界定。

毛泽东认为新民主主义的文化教育具有三大本质特征：民族的、科学的、大众的。

"民族的"，毛泽东解释说："这种新民主主义的文化是民族的。它是反对帝国主义压迫，主张中华民族的尊严和独立的。它是我们这个民族的，带有我们民族的特性。"但它不是狭隘民族主义的、崇洋媚外的和闭关自守的。

它既主张应该大量吸收外国的进步文化，又反对"全盘西化"，

---

① 《新民主主义论》，《毛泽东选集》第二卷，人民出版社1991年版，第697页。
② 同上书，第705页。

对一切外国的东西,要吸收其精华,排斥其糟粕;对待马克思主义,"必须将马克思主义的普遍真理和中国革命的具体实践完全地恰当地统一起来,就是说和民族特点相结合";注重民族形式与新民主主义的内容相结合。① 根据毛泽东的诠释,可以说,中华民族的特点、形式与新民主主义内容的统一,也就是新民主主义的教育。

"科学的",毛泽东解释说:"这种新民主主义的文化是科学的。它反对一切封建思想和迷信思想,主张实事求是,主张客观真理,主张理论和实践一致的。"对中国古代的文化,必须尊重历史,决不割断历史,但决不能无批判地兼收并蓄,而要剔除其封建性的糟粕,吸收其民主性的精华。②

"大众的",毛泽东解释说:"这种新民主主义文化是人民大众的,因而即是民主的。它应当为全民族百分之九十以上的工农劳苦民众服务,并逐渐成为他们的文化。"③

毛泽东对新民主主义文化教育的性质、内容和特征的深刻论述,是对以往革命根据地教育实践的理论总结,又为当时的抗战教育和后来的解放战争时期的新民主主义教育发展奠定了指导思想。

(三) 抗日民主根据地教育发展的概况

抗日民主根据地的教育,大体可分为干部教育和国民教育两大部分;国民教育又可分为儿童教育和成人教育两类。陕甘宁边区既是中共中央所在地,又是八路军、新四军和党领导下的敌后抗日根据地的总后方,环境相对稳定,因此,它主要负责前方中高级干部的培养,而其他敌后根据地则以抗敌教育和反对敌伪奴化教育为主要任务。

1. 高级干部学校

干部教育是抗日民主根据地教育的重心。陕甘宁边区及其他根据地在极为困难的条件下,创办了许多培养高级干部的高等学校,其中比较著名的有中共中央党校、中国人民抗日军事政治大学、陕北公学、

---

① 《新民主主义论》,《毛泽东选集》第二卷,人民出版社1991年版,第706—707页。
② 同上书,第707—708页。
③ 同上书,第708页。

鲁迅艺术学院、华北联合大学等。

(1) 中共中央党校

中共中央党校的前身是马克思共产主义大学,在工农红军长征到达陕北以后,于1935年11月在瓦窑堡复校,改名为中共中央党校,董必武任校长;1937年1月随中央机关迁到延安,李维汉接任校长;1938年10月,党的六届六中全会以后,陈云担任中央党校校长,谢觉哉任副校长。这时,中央党校已有11个班,学员1000余人,开设的课程有:哲学、政治经济学、联共(布)党史、中国近代史、中国基本问题、军事、文化等。党校成立了马列主义、政治经济学、中国问题、党的建设四个研究室。1941年12月17日,中共中央政治局通过了《中共中央关于延安干部学校的决定》,规定:中央党校为培养地委以上及团级以上具有相当独立工作能力的党的实际工作干部及军队政治工作部。1943年3月20日,中央政治局做出《关于中央机构调整及精简的决定》,中央党校归中央政治局宣传委员会管理,毛泽东兼任校长,彭真任副校长。党校分设六个部:一部主要培训党的高级干部;二部主要培训地方中级干部和军队团级干部;三部主要培训知识分子党员;四部主要培训有丰富斗争经验的军队干部;五部主要培训陕甘宁边区县级干部;六部主要培训从敌后根据地来延安进修的县、区级干部和投奔延安的青年知识分子。[①]

1947年初,中央党校在安子文率领下东渡黄河,前往华北解放区。毛泽东曾在中央党校作《整顿党的作风》《反对党八股》《党校的学习目的和方法》等报告,并为中央党校题词——"实事求是"。

(2) 中国人民抗日军事政治大学

1936年6月创办于陕北瓦窑堡,前身是红军大学。中央红军长征到达陕北后,决定继续开办红军大学,初称为"西北抗日红军大学"。1937年1月,学校随中共中央迁往延安,更名为中国人民抗日军事政

[①] 姬乃军:《延安中央党校》,《文博》1984年第3期。

治大学,简称"抗大",林彪任校长,刘伯承任副校长,罗瑞卿任教育长。抗大总校先后开办了8期,还在晋东南、晋察冀、华中、苏北、鄂豫皖、太行、太岳等根据地开办了12所抗大分校,先后培养出20多万军政干部。

抗大"以训练抗日救国军政领导人才"为宗旨。1938年3月5日,毛泽东为抗大第三期同学会成立题词:"坚定正确的政治方向,朴素的工作作风,灵活机动的战略战术",后确定为抗大的教育方针。同年8月,他又为抗大题词:"团结、紧张、严肃、活泼"①,后来成为抗大的校训。

抗大的主要课程有军事课、政治课和文化课。"军事、政治、文化并重。"但因各期的情况不同,各期的具体课程不完全一致。第一期的课程有联共党史、马列主义、政治经济学、军事战略等。第二期有马列主义、哲学、政治经济学、中国革命运动史、统一战线政策、游击战的战略战术等。抗大学员中有许多人是来自全国各地以及海外的知识青年,为了把他们培养成抗日干部,抗大坚持"学校的一切工作都是为了转变学生的思想"的方针,把政治教育作为中心一环,非常重视对学员进行以马克思列宁主义毛泽东思想为核心内容的政治思想教育,这是抗大教育的一个重要特点。一边学习、一边参加生产,教育与生产劳动相结合,是抗大教育的又一特点。

"少而精""理论与实际并重""理论联系实际"、"军事与政治并重"是抗大教学的基本原则。"启发式教学""自动学习"与"集体研究"相结合是抗大的教学方法。

抗大是毛泽东、朱德等亲自领导和培育的学校,毛泽东曾在抗大讲授《论反对日本帝国主义的策略》《中国革命战争的战略问题》《实践论》《矛盾论》等文章。

抗日战争胜利后,抗大总校奉命东进,组成东北军政大学。

---

① 姬乃军:《延安中央党校》,《文博》1984年第3期。

中国人民抗日军事政治大学

（3）陕北公学

1937年8月成立于延安，校长为成仿吾，教务长为邵式平。是一所培养行政干部、民运干部和文化工作干部的学校。办学方针是：坚持抗战，坚持持久战，坚持统一战线，实现国防教育，培养抗战干部。国统区一批著名学者和文化人士，如艾思奇、何干之、徐冰、吕骥等曾在陕北公学任教。

学校分普通班和高级班，前者学期为4个月，后者学期为1年。1938年5月，在关中设分校，学生3000余人。至1939年7月，中央决定陕北工学的一部分与延安鲁艺等四校合并成华北联合大学，由校长成仿吾率领，开赴华北抗日根据地。剩下一部分留在延安，改制成立师范部和社会科学部，1940年继续招生，李维汉为校长。1941年，延安陕北公学并入延安大学。陕北公学从创立到并入延安大学，4年内共培养了1万多名干部，分赴各抗日根据地。

（4）鲁迅艺术文学院

又称鲁迅艺术学院，简称"鲁艺"。1938年4月由毛泽东、周恩来、林伯渠、徐特立、成仿吾、艾思奇、周扬联名发起成立，旨在培养抗战艺术干部，研究革命艺术理论，整理中国文化遗产，建立中国的新艺术。毛泽东为首任院长，后来吴玉章、周扬先后任院长。学院初设戏剧、音乐、美术三系，后又增设文学系。鲁艺的教育方针是：团结与培养文学艺术的专门人才，致力于新民主主义的文学艺术事业。毛泽东为鲁艺题写的校训是："紧张、严肃、刻苦、虚心"。学院初期学制为9个月，1940年后加强了专业学习，学制延长至3年。1943年4月并入延安大学。鲁艺从成立到并入延安大学，培养了500余名学员，派赴八路军、新四军和各根据地，为抗战作出了特殊的贡献。

（5）延安大学

延安大学创建于1941年9月，是由陕北公学、泽东青年干部学校（成立于1940年5月，主要培养青年运动干部，陈云任校长）、中国女子大学（成立于1937年7月，主要培养妇女干部）合并而成，吴玉章任校长。延安大学初设社会科学院、师范学院、法学院三个学院及俄文、英文两个专修科。1943年鲁迅艺术文学学院、自然科学院、民族学院并入，1944年行政学院并入，使得延安大学成为解放区第一所规模较大、学制正规，拥有工、农、文、理、医、艺等专业的综合性大学。延大"以培养与提高新民主主义即革命三民主主义的政治、经济、文化建设的实际工作干部"为目的。规定学习时间占80%，生产时间占20%。在课程设置中，共同课占30%，专业课占70%。共同课有边区建设概论、中国革命史、革命人生观、边区民主建设的现行政策、时事教育等。

（6）华北联合大学

1939年7月在延安成立，是由陕北公学、鲁迅艺术学院、延安工人学校、安吴堡战时青年训练班等四校合并而成，简称"华北联大"。东渡黄河，开赴敌后抗日前线，坚持华北抗战，开展国防教育。同年9月到达晋察冀边区的阜平县城南庄。初设社会科学、文艺、工人、青年四个部。成仿吾任校长。1940年10月，实行"正规化"，社会科学部改为社会科学院，设财经、法政两系及一个少数民族回民队，还成立一个为本校培养干部的预备队。文艺部改为文艺学院，设文学、戏剧、音乐、美术四个系及一个文工团。教育学院设教育系及中学班。

1941年3月起，又改设法政、文艺、教育三个学院和群众工作、中学两个部。全校教工和在校学员最多时达4000余人。

1941年秋，日寇进行大"扫荡"，华北联大减少为三个学院。1942年是晋察冀边区最困难的时期，学校决定缩编，仅保留教育学院。抗日战争胜利后，1945年底华北联大随军迁入张家口，恢复三个学院。

华北联大的校训是："团结、前进、刻苦、坚定"。校歌的歌词为："跨过祖国的万水千山，突破一层层封锁线，民族的儿女们，联合起来，到敌后方开展国民教育，为了坚持华北的抗战，同志们，我们团结，我们前进，我们刻苦，我们坚定。国土要收复，人民要自由，新社会的创造要我们担任。努力学习革命的理论，培养我们革命的品质，我们誓死绝不妥协投降，战斗啊！胜利就是明天。"[1]

华北联大在敌后办学，不可能有集中的校舍，只能分散在农村办学；在十分艰苦的条件下，先后培养了8000多名学员，对华北抗战的坚持作出了重要贡献。1948年8月与北方大学合并成立华北大学。

华北联合大学

---

[1] 高奇：《中国教育史研究》现代分卷，华东师范大学出版社2009年版，第233页。

2. 中级干部学校

抗日民主根据地的中等教育，无论是中学或师范都属于干部教育范围。中学兼办短期训练班或干部科，也有以训练班为主兼办中学科的①，它们的主要任务是培养在职干部。

抗战初期，陕甘宁边区的中等教育基础薄弱，1937 年创办了鲁迅师范学校，次年又创办了边区中学，1939 年两校合并为边区第一师范学校。1941 年以后，陕甘宁边区的中等教育有较大发展，创办及接管了第二、第三师范、绥德师范、郎县师范、陇东中学、米脂中学、延安中学、三边公学、子长中学等。

其他抗日根据地的中等教育也都有一定的发展，到晋察冀根据地 1940 年有中学 9 所，培养了 7000 多名中层干部。苏皖根据地原来基础较好，抗战后期中学发展到 80 多所。②

3. 国民教育

抗日民主根据地的国民教育可分为两类：一是群众教育，二是普通教育，主要是小学教育。

（1）群众教育

抗日民主根据地十分重视群众教育，1940 年 12 月，毛泽东提出："关于文化教育政策，应以提高和普及人民大众的抗日的知识技能和民族自尊心为中心。"③ 根据中央精神，各根据地普遍开展了形式多样的群众教育活动。陕甘宁边区的群众教育，主要以扫除文盲、学习时事政治和生产技能为主要内容；而敌后根据地的群众教育则以反对日本帝国主义的奴化教育为中心内容。从 1941 年起，敌后根据地和广大的游击区开展了"军民誓约"和儿童"五不运动"。"军民誓约"的誓词是："我们是中华民国的国民，我们是中华民国的军人，在日本帝国主义打进我们国土的时候，为着中国人民的利益，为着中华民族的生存，我愿意遵守军民公约，作如下宣誓：'一不做汉奸顺民，二

---

① 王炳照等：《简明中国教育史》，北京师范大学出版社 1985 年版，第 416 页。
② 孙培青：《中国教育史》，华东师范大学出版社 2009 年版，第 496 页。
③ 《论联合政府》，《毛泽东选集》第二卷，人民出版社 1991 年版，第 726 页。

不当敌伪官兵，三不给敌人粮食，四不替敌人汉奸做事，五不给敌人汉奸粮食，六不买敌人货物，七不用汉奸票子，八爱护抗日军队，九保守军事资财秘密，十服从抗日民主政府'。"儿童的《五不誓约》是：一不告诉敌人一句实话，二不报告干部和八路军，三不报告地洞和粮食，四不要敌人东西，不上敌人当，五不上敌人学，不参加敌人少年团。[①] 这样的反奴化教育形式多样、普遍深入，粉碎了日本帝国主义奴化教育的计划。

根据地群众教育采用冬学（利用冬闲时对农民群众进行教育的组装形式）、民众学校（简称"民校"）、夜校、半日校、识字班、读报组、剧团、俱乐部、救亡室等多种形式，其中冬学、民校最受欢迎，开展得最为普遍。据统计，陕甘宁边区1937年有冬学600处，学员10000人；1938年底，单识字组就有5834个，学员39983人；1941年10月，有80%的文盲参加了扫盲运动。晋冀鲁豫的太岳地区1942年参加冬学者已占文盲数的82%—91%；1944年全区有冬学3131所，学员100746人；1945年发展到5000多所，学员30万人。1940年晋西北根据地19个县，共建冬学3116所，学员178182人。[②] 冬学对根据地的广大民众扫除文盲和提高民族觉悟、生产技能发挥了重要作用。

（2）小学教育

抗日民主根据地的普通学校主要是高等小学和初等小学，基本延续苏区的制度，学制五年，前者三年，为初小，后者二年为高小。1940年前后各根据地的小学教育得到迅速恢复和发展。据统计，1940年9月，陕甘宁边区共有小学1341所，其中高小47所，初小1294所。全区共有小学生41260人。[③] 晋察冀边区在日寇侵略下，几乎所有学校都被毁，到1940年前后，小学增加到1万所以上[④]。在陕甘宁边

[①] 王炳照等：《简明中国教育史》，北京师范大学出版社1985年版，第421页。
[②] 中央教育科学研究所编：《老解放区教育资料》（二），教育科学出版社1986年版，第174页。
[③] 毛礼锐、沈灌群：《中国教育史》第五卷，山东教育出版社1995年版，第215页。
[④] 李公朴：《华北敌后——晋察冀》，生活·读书·新知三联书店1979年版，第139—140页。

区也出现过强行推行义务教育的脱离实际的问题，1942年延安整风开始，纠正了以前发展过程中的偏差，提出了"停止数量发展，提高质量"的办学思想，普遍推行"民办公助"政策，发动群众自己办学，推动小学教育健康发展。

陕甘宁边区小学较为正规，初小的主要课程有：国语、算术、常识、美术、音乐、劳作、体育。高小增加政治、自然、历史、地理。劳作以生产劳动为主，体育以军事训练为主。

敌后根据地小学的主要课程是：识字、算术、常识和应敌办法等。

敌后根据地的"抗日小学""游击小学""流动小学"的教育工作者克服了极大的困难，在对付日寇"扫荡"、袭击的过程中，用鲜血和生命坚守了儿童教育事业，对培养儿童的民族意识、革命精神及抗日救国的知识技能作出了不可磨灭的贡献。

二 解放战争时期解放区新民主主义教育的发展

1945年8月，中国人民迎来了抗日战争的胜利。中国共产党根据全国人民和平建国的迫切愿望，同国民党统治集团在重庆进行和平谈判，努力避免内战，实现国内和平，并与国民党签订了《双十协定》和《停战协定》。1946年6月底，在美帝国主义的支持下，国民党反动派撕毁停战协定，悍然对解放区发动全面进攻。中国共产党领导解放区军民英勇地进行自卫，中国历史进入了解放战争（亦称第三次国内战争）时期。

在国民党发动全面内战时，中国共产党领导的解放区面积已占全国面积的四分之一，人口约占全国1/3。1947年7月，人民解放军开始战略反攻向蒋管区推进，增加了大量的新解放区，包括一大批中小城市，1949年9月，除台湾、西藏等地外，全国均已解放。在解放战争期间，中国共产党为新、老解放区制定了扩大教育界的统一战线、教育重心转移、向正规化发展、保护新解放地区的公私学校等方针政策，推动了新民主主义教育的迅速发展，为建设新中国的教育作了重要的准备。

(一) 解放战争时期的教育政策

1. 建立广泛的教育统一战线

"统一战线"是中国共产党领导中国人民夺取新民主主义革命胜利的"三大法宝"之一。解放战争时期，为打倒蒋介石，建设新中国，仍然高度重视统一战线，对教育界的知识分子采取"谨慎的态度"和"团结、教育和任用"的政策。

1947年10月10日，毛泽东起草的《中国人民解放军宣言》，号召"联合工农兵学商各阶级、各团体、各民主党派、各少数民族、各地华侨和其他爱国分子，组成民族统一战线，打到蒋介石，成立民主联合政府"[①]。1948年1月18日，毛泽东为中共中央起草的《关于目前党的政策中的几个重要问题》的决议中指出："对于学生、教员、教授、科学工作者、艺术工作者和一般知识分子，必须避免采取任何冒险政策。中国学生运动和革命斗争的经验证明，学生、教员、教授、科学工作者、艺术工作者和一般知识分子的大多数，是可以参加革命或者保持中立的，坚决的反革命分子只占极少数。因此，我党对于学生、教员、教授、科学工作者、艺术工作者和一般知识分子，必须采取慎重态度，必须分别情况，加以团结、教育和任用，只对极少数坚决的反革命分子，才经过群众路线予以适当的处置。"[②] 1948年10月10日，《中共中央关于九月会议的通知》提出"夺取全国政权的任务，要求我党迅速地有计划地训练大批的能够管理军事、政治、经济、党务、文化教育等工作的干部。"这是一个很大的困难，"虽然大部分应当依靠老的解放区，但是必须同时注意从国民党统治的大城市中去吸收，国民党区大城市中有许多工人和知识分子能够参加我们的工作，他们的文化水准较之老解放区的工农知识分子的文化水准要高些，除去反动分子外，我们应当大批地利用。解放区的学校教育工作，必须恢复和发展"[③]。上述重要文件，肯定了学生、教员、教师及其他知识

[①] 《毛泽东选集》第四卷，人民出版社1991年版，第1237页。

[②] 同上书，1269—1270页。

[③] 同上书，第1347页。

分子的大多数,"是可以参加革命或者保持中立的",强调对他们"必须采取慎重态度,必须分别情况,加以团结、教育和任用";必须"大批地利用"国民党统治的大城市的知识分子,这些政策对于在教育界建立广泛的统一战线,恢复和发展教育具有重大的意义。

1947年解放区开展土地改革,一度出现过排挤和打击地主、富农出身的学校教师的现象,中共中央及时纠正了这一"左"倾错误,保证了根据地学校教育的正常秩序。

2. 适时转移教育工作的重心

1948年9月至1949年1月,中国人民解放军发动了辽沈、淮海、平津三大战役,基本上消灭了国民党赖以维持其反动统治的主要军事力量,奠定了人民解放战争在全国胜利的基础。在这种形势下,中共中央适时提出了转移工作重心和保护一切公私学校的政策。

1949年3月5日,毛泽东《在中国共产党第七届中央委员会第二次全体会议上的报告》中,明确提出:"从一九二七年到现在,我们的工作重点是在乡村,在乡村聚集力量,用乡村包围城市,然后取得城市。采取这样一种工作方式的时期现在已经完结。从现在起,开始由城市到乡村并由城市领导乡村的时期。"[1] 随着中国共产党整个工作重心的转移,教育工作的重心也开始由农村向城市转移,由短期训练班向正规化学校教育过渡。

3. 保护新解放区的公私学校

1949年4月25日,《中国人民解放军布告》在约法八章中郑重宣布,在人民解放军所到之处,"保护一切公私学校、医院、文化教育机关、体育场所和其他一切公益事业。凡在这些机关供职的人员,均照常供职,人民解放军一律保护,不受侵犯"[2]。这一保护政策,为新中国教育事业的发展保护了一大批有丰富经验的教职员工大量的校舍和其他教育资源。

---

[1] 《毛泽东选集》第四卷,人民出版社1991年版,第1426—1427页。
[2] 同上书,第1458页。

(二) 中小学教育的正规化

抗战胜利后，1946年陕甘宁边区、苏皖、山东等解放区召开教育会议，开始酝酿学校正规化的问题。不久，因蒋介石发动全面内战而中断。

从1947年7月起，人民解放军由战略防御转入战略进攻，随着大批城市相继解放，学校正规化逐渐提到了议事日程上来。1948年7月，华北解放区的太行行署、冀中行署分别召开中等教育会议，开始注意学校教育正规化问题。同年8—9月，东北解放区、华北解放区、山东解放区相继召开教育会议，重点讨论了中等教育正规化问题。东北行政委员会第三次教育会议（1948年8月12日—30日）认为，随着解放而接管的大量城市和工矿企业，需要大批有科学文化知识的干部，仅靠根据地斗争时期通过短训班培养干部的形式已不能适应需要，必须建立正规制度，办正规学校，注意文化科学知识的学习。[①] 华北中等教育会议（1948年8月25日—9月5日）拟定了《普通中学与师范学校实施办法》《中小学教职员待遇标准草案》等文件，解放区的中等教育正规化拉开了帷幕。

对东北、华北、山东解放区教育的正规化改革，中共中央及时予以肯定。1948年9月16日，新华社发表社论《恢复和发展中等教育是当前的重大政治任务》，明确提出，中等教育的性质是普通教育，任务是为国家培养具有中等文化水平和科学知识的人才。培养大量具有中等文化水平的知识分子，是当前头等重要的政治任务。要办好中等教育，必须正规化。社论对中等学校的学制和加强科学文化知识等问题提出了具体的要求，认为中等学校的学制一般仍采用"三三制"；中学文化课占90%，政治课占10%；师范学校文化课占70%—75%，业务课占15%—20%，政治课占10%，教学方法注重课堂教学和教师指导的作用。新民主主义的学校管理，应是在校长领导下，由校长、

[①] 辽宁省教育科学研究所编：《东北解放区教育资料选》，教育科学出版社1983年版，第120—121页。

主要教职员、学生代表（1—2人）组成的学校管理委员会统一进行。①

1949年五六月间，华北人民政府率先开展小学教育正规化工作，在北平召开了华北小学会议，研究、部署小学"新型正规化"问题，拟定了《小学教育暂行实施办法》《小学教师暂行服务规程》等文件，受到中共中央的肯定，1949年6月15日，《人民日报》发表题为《贯彻华北小学会议精神，把小学教育从现在的基础上提高一步》的社论，向全国推广华北小学"新型正规化"的实施办法。

（三）高等教育的整顿与建设

在解放战争期间，解放区在发展高等教育方面主要采取了以下主要措施。

其一，办"抗大"式训练班。为加快培养军队和地方管理干部，有序地开辟新的解放区，1948年7月，中共中央发出办"抗大"式训练班，争取对绝大多数知识青年进行政治训练，于是解放区建立了一批军政大学和人民革命大学，如东北军政大学（1945年10月，林彪兼校长、政委）、华北军政大学（1948年5月，叶剑英兼校长、政委）、华东军政大学（1949年10月，陈毅兼校长、政委）、华北人民革命大学（1949年2月，刘澜涛任校长）、西北人民革命大学（1949年，马名方兼校长）、华东人民革命大学（1949年5月，舒同任校长）、湖北人民革命大学（1949年5月，李先念兼校长）等。这些学校大都采取短训班的形式，培训军队干部和青年学生，主要开设马列主义基本理论、中国革命的基本问题、当前各种政策、党的建设及其历史等课程，培养了大批随军"南下"的各类干部。

其二，加强解放区原有的大学的进一步正规化建设。如1948年原华北联合大学与北方大学合并，成立华北大学，校长吴玉章，副校长范文澜、成仿吾。学校设有四个部和两个学院，成为当时一所规模大、门类全、集中了许多知名学者的综合性大学。1949年1月迁入北京，后组成中国人民大学。

---

① 孙培青：《中国教育史》，华东师范大学出版社2009年版，第506页。

其三，整顿旧大学，创办新大学。整顿旧大学创办新大学是从东北解放区开始的。1949年8月，中共东北局、东北行政委员会发布《关于整顿高等教育的决定》，决定建立完整的学校教育体系和统一的学校制度，实行正规的学校教育，在整顿旧大学基础上，创办一批培养经济建设人才的新大学。在这一决定的指导下，创办了沈阳工学院、哈尔滨工业大学、大连大学工学院、沈阳农学院、哈尔滨农学院、沈阳医科大学、哈尔滨医科大学、大连大学医学院、东北大学、东北行政学院、东北鲁迅文艺学院、延边大学等。此外，山东解放区成立了山东大学，晋冀鲁豫解放区成立了新华大学（后改名北方大学），苏皖解放区成立了华中建设大学等。

解放区在整顿旧大学的基础上，创办新大学，为中华人民共和国成立后开展大规模的高等教育整顿和建设积累了经验，意味着新民主主义教育的深入发展。

参考文献

胡适：《先秦名学史》，学林出版社 1984 年版。

黄仁宽：《中国教育史》，福建人民出版社 2003 年版。

黄炎培：《中国教育史要》，商务印书馆 1930 年版。

马寿龄：《金陵癸甲新乐府》，《太平天国》（四），上海人民出版社 1957 年版。

世界书局编：《诸子集成》，上海书店出版社 1986 年版。

王炳照、郭齐家：《中国教育史研究》（宋元卷），华东师范大学出版社 2009 年版。

曾国藩：《讨粤匪檄》，《曾文公文集》卷二，光绪丙子年刻本。

张瑞璠：《中国教育史研究》（先秦卷），华东师范大学出版社 2009 年版。

中华民国教育部：《第一次中国教育年鉴：甲编》，开明书店 1934 年版。